Les 8 microrégions du guide :
(voir la carte à l'intérieur de la couverture ci-contre)

Provence

Collection Le Guide Vert sous la responsabilité d'Anne Teffo

Édition
Stéphanie Vinet, Anne-Claire Juramie

Rédaction
Guylaine Idoux, Anne Duquénoy, Stéphanie Vinet, Christine Barrely, Sandrine Favre

Cartographie
Véronique Aissani, Stéphane Anton, Michèle Cana, Géraldine Deplante, Thierry Lemasson, Aura Nicolae, Alexandru Iorga, Cristina Bragaru, Mirela Spita, Teodora Coroiu

Relecture
Marylène Cudeville

Remerciements
Pierre Berger, Didier Broussard, Marie Simonet

Conception graphique
Christelle Le Déan

Régie publicitaire et partenariats
michelin-cartesetguides-btob@fr.michelin.com

Contacts
Le Guide Vert – 46 avenue de Breteuil - 75324 Paris - Cedex 07
✆ 01 45 66 12 34 - Fax 01 45 66 13 75
cartesetguides.michelin.fr

Parution 2010

Note au lecteur

Michelin a apporté le plus grand soin à la rédaction de ce guide et à sa vérification. Toutefois les informations pratiques (formalités administratives, prix, adresses, numéros de téléphone, adresse Internet…) doivent être considérées comme des indications du fait de l'évolution constante de ces données.

Il n'est pas totalement exclu que certaines d'entre elles ne soient plus, à la date de parution du guide, tout à fait exactes ou exhaustives. N'hésitez pas à nous signaler toute omission ou inexactitude que vous pourriez constater ainsi que de nous faire part de vos avis et suggestions sur les adresses contenues dans ce guide.

Avant d'entamer toute démarche (formalités administratives ou douanières notamment), vous êtes invités à vous renseigner auprès des organismes officiels. Ces informations ne sauraient, de ce fait, engager notre responsabilité.

Le Guide Vert, mode d'emploi

Le Guide Vert, un guide en 3 parties

- **Organiser son voyage** : les informations pratiques pour préparer et profiter de son séjour sur place
- **Comprendre la destination** : les thématiques pour enrichir son voyage
- **Découvrir la destination** : un découpage en **microrégions** *(voir carte générale dans le 1er rabat de couverture et sommaire p. 1)*

En ouverture de chaque **microrégion**, retrouvez un **sommaire** et une **carte** qui indiquent :

- les villes et sites traités dans le chapitre
- les itinéraires conseillés

Pour chaque chapitre, consultez « **Nos adresses...** » :

- des informations pratiques
- des établissements classés par catégories de prix
- des lieux où boire un verre
- des activités à faire en journée ou en soirée
- un agenda des grands événements de l'année

En fin de guide

- un **index général** des lieux et thèmes traités
- un **index** des cartes et plans du guide
- la légende des symboles du guide
- la liste de nos publications

Et en complément de notre guide

- Créez votre voyage sur **Voyage.ViaMichelin.fr**

Votre avis nous intéresse
Rendez-vous sur votreaviscartesetguides.michelin.fr

Sommaire

1/ ORGANISER SON VOYAGE

2/ COMPRENDRE LA PROVENCE

3/ DÉCOUVRIR LA PROVENCE

1 MARSEILLE ET SES ENVIRONS

2 AIX-EN-PROVENCE ET SAINTE-VICTOIRE

3 ARLES ET LA CAMARGUE

4 LES ALPILLES ET LA MONTAGNETTE

5 AVIGNON ET LE PAYS DES SORGUES

6 ORANGE ET SES ENVIRONS

7 COMTAT VENAISSIN ET VENTOUX

8 AUTOUR DU LUBERON

1/ ORGANISER SON VOYAGE

M. Barraud/Ojo Images/Photononstop

Venir en Provence

Par la route

LES GRANDS AXES

On rejoint la Provence par l'autoroute du Soleil : **A 6** jusqu'à Lyon, puis **A 7** qui se divise en deux branches à hauteur d'Orange : l'A 7 permet d'atteindre Aix-en-Provence en suivant la vallée de la Durance (tandis que l'A 9 dessert Nîmes et le Languedoc).
Depuis Paris, compter 8h de trajet, dans des conditions de circulation normales.
Infos autoroutières – ✆ 0 892 681 077 - www.autoroutes.fr

LES CARTES MICHELIN

Carte de France 721.
Carte Région 527 (PACA).
Cartes Départements 332 (Drôme, Vaucluse), **334** (Alpes-de-Haute-Provence, Hautes-Alpes) et **340** (Bouches-du-Rhône, Var).
Cartes Zoom : **112** Vallée du Rhône, **113** Provence, Camargue et **114** Pays varois, Gorges du Verdon.
En ligne : calcul d'itinéraires sur **www.ViaMichelin.fr**

En train

LE RÉSEAU GRANDES LIGNES

Au départ de Paris, nombreux TGV pour Avignon (2h40), Aix-en-Provence et Marseille (3h).
D'autres grandes villes de province sont également directement reliées à Marseille :
Lille : 4h50 ;
Lyon : 1h43 ;
Montpellier : 1h27 ;
Strasbourg : 6h35 ;
Toulouse : 3h53.
Cependant depuis l'ouest (Brest, Rennes, Nantes), il vous faudra passer par Paris (ou Toulouse ou Montpellier pour Bordeaux).
Renseignements et réservations – ✆ 36 35 (0,34 €/mn) - www.voyages-sncf.com

LES TRAINS EXPRESS RÉGIONAUX

La ligne Marseille-Aubagne-Toulon dessert les calanques ; celle de Marseille-Miramas rejoint la Camargue. Entre Marseille et Avignon, arrêts à Salon-de-Provence, Cavaillon, Arles, Tarascon

DISTANCES (en km)	Aix	Arles	Avignon	Manosque	Marseille	Orange
Aix	-	76	82	58	30	102
Arles	76	-	38	133	93	86
Avignon	82	38	-	133	98	31
Manosque	58	133	133	-	86	146
Marseille	30	93	98	86	-	124
Orange	102	86	31	146	124	-

ou Orange. De Marseille, vous vous rendrez directement à Aix-en-Provence.

Renseignements et réservations – ✆ 36 35 (0,34 €/mn)- www.ter-sncf.com

En avion

LES COMPAGNIES AÉRIENNES

Air France

Liaisons quotidiennes entre Marseille et Ajaccio, Bastia, Bordeaux, Clermont-Ferrand, Calvi, Figari, Lille, Lyon, Nantes, Paris, Rennes, Strasbourg, Toulouse.

Renseignements et réservations – ✆ 36 54 (0,34 €/mn, achat de billets) ou 0 820 320 820 (0,12 €/mn, info réservation) - www.airfrance.fr

Ryanair

Selon les saisons, cette compagnie low-cost relie Marseille à Beauvais, Brest, Biarritz, Lille, Nantes et Tours.

Renseignements et réservations – www.ryanair.com

CCM-Airlines

La compagnie relie plusieurs fois par jour Marseille au départ d'Ajaccio, Bastia, Calvi et Figari.

Renseignements et réservations – ✆ 36 54 (0,34 €/mn) - www.aircorsica.com

LES AÉROPORTS DE LA RÉGION

Aéroport de Marseille Provence – À Marignane, 22 km au nord-ouest de Marseille - ✆ 04 42 14 14 14 - www.marseille.aeroport.fr

Aéroport low-cost de Marseille Provence, mp2 – Situé à côté de l'aéroport traditionnel - ✆ 04 42 14 14 14 - www.mp2.aeroport.fr

LIAISONS DEPUIS L'AÉROPORT

Aéroport de Marseille Provence – Liaisons en **bus** avec Marseille-gare (8,50 €, dép. ttes les 20mn de 5h30 à 21h50, trajet 25mn) et Aix (7,80 €, dép. ttes les 30mn de 4h40 à 22h40, trajet 30mn). Moins fréquents (mais quotidiens), d'autres bus relient Manosque, Salon-de-Provence et Saint-Maximin.

Aéroport low-cost de Marseille Provence, mp2 – Les bus à destination de l'aéroport traditionnel s'arrêtent aussi à mp2. Dans le sens retour, il faut aller chercher le départ des navettes devant l'aéroport traditionnel, à 400 m.

En **taxi**, pour rejoindre le centre de Marseille, comptez 40 € en journée, 60 € de nuit.

Côté budget

À titre indicatif, pour un aller Paris-Marseille :

Auto – Environ 130 € (52,50 € de péage plus le carburant).

Si en voiture vous rentabiliserez le prix du voyage selon le nombre de passagers, pour les transports en commun vous bénéficierez d'un tarif intéressant si vous réservez longtemps à l'avance ou si vous vous y prenez à la dernière minute (consultez les offres « Bons plans » de la SNCF ou les promotions d'Air France sur Internet).

Train – De 80,90 € (tarif normal) à 22 € (Prem's, j -90).

Avion – Air France : de 342 € (plein) à 57 € (promotion j -42) ; Ryanair : les prix d'appel peuvent être alléchants (5 € Nantes-Marseille), mais ils n'incluent pas les taxes. Au départ de Paris-Beauvais ou Lille, ce n'est pas avantageux (rapport prix et temps de trajet).

Avant de partir

Météo

Services téléphoniques de Météo France – ✆ **3250** suivi de :
1 – météo d'une commune, d'un département ou de l'outre-mer ;
2 – météo du prochain week-end ;
3 – météo activités de bord de mer et navigation ;
4 – météo montagne ;
5 – météo des routes.
Accès aux prévisions du département – ✆ **0 892 680 2** suivi du numéro du département (0,34 €/mn).
En ligne : **www.meteo.fr**

ÉTÉ

Chaleur et absence de pluie font la joie des visiteurs venus chercher du soleil ! Le thermomètre dépasse souvent les 30 °C. Quelques orages, parfois homériques, viennent rafraîchir l'atmosphère. C'est le temps des baignades sur la côte ou des balades au fil de l'eau dans les villages rafraîchissants tels L'Isle-sur-la-Sorgue, Pernes-les-Fontaines, Venasque… ou bien du côté de Sault, où s'étendent les champs de lavande en fleur. Enfin, en juillet-août, les festivals battent leur plein dans toute la région.
L'accès aux massifs est réglementé *(voir p. 19)*.

AUTOMNE

Il est marqué par l'apparition des pluies sous l'influence des dépressions atlantiques : ce sont parfois de véritables trombes d'eau qui s'abattent. Cependant, c'est une période agréable pour se promener, passé la foule de la haute saison.

HIVER

Relativement doux et ensoleillé, le froid peut provenir des redoutables « coups de mistral ». Les chutes de neige sont rarissimes, excepté sur les hauteurs, comme au mont Ventoux où l'on skie. L'hiver est la saison des moulins, qui pressent les olives récoltées dans les champs pour obtenir la précieuse huile *(voir p. 312)*. Et en décembre commence le Noël provençal, avec ses foires aux santons, ses pastorales et ses marchés aux treize desserts *(voir p. 34)*.

PRINTEMPS

Retour des dépressions atlantiques (en général moins violentes qu'en automne) qui alternent avec de belles journées, presque estivales. Mais méfiance : le mistral fait souvent des siennes (emporter une « petite laine »). C'est le moment d'entrer dans l'arène, avec le retour des ferias (de mars à septembre) en Camargue, et la saison idéale pour parcourir les calanques.

Adresses utiles

INSTITUTIONS

Comité régional de tourisme Provence-Alpes-Côte d'Azur –
Les Docks - Atrium 10.5 - 10 pl. de la Joliette - BP 46214 - 13567 Marseille Cedex 02 - ✆ 04 91 56 47 00 - www.decouverte-paca.fr

Comités départementaux de tourisme
Bouches-du-Rhône –
Le Montesquieu - 13 r. Roux-de-

Brignoles - 13006 Marseille - ✆ 04 91 13 84 13 - www.visitprovence.com
Vaucluse – 12 r. du Collège-de-la-Croix - BP 147 - 84008 Avignon Cedex 1 - ✆ 04 90 80 47 00 - www.provenceguide.com
Agence de développement touristique des Alpes-de-Haute-Provence – Immeuble François-Mitterrand - BP 170 - 04005 Dignes-les-Bains Cedex - ✆ 04 92 31 57 29 - www.alpes-haute-provence.com

Offices de tourisme

Les adresses des offices de tourisme se trouvent dans la rubrique « S'informer » de chaque ville ou site dans la partie « Découvrir la Provence ».
En ligne : une mine d'informations pour faire du tourisme en France sur **www.franceguide.com**

TOURISME DES PERSONNES HANDICAPÉES

Le symbole ♿ signale les sites accessibles aux personnes à **mobilité réduite**.

Accessibilité des infrastructures touristiques

Consultez les sites labellisés **Tourisme et Handicap** sur le site www.franceguide.com, rubrique « Voyageurs », puis « Tourisme et Handicap ».
Association Tourisme et Handicaps – 43 r. Max-Dormoy - 75018 Paris - ✆ 01 44 11 10 41 - www.tourisme-handicaps.org

Accessibilité des transports

Train – Un guide gratuit *Mobilité réduite* est disponible dans les gares et boutiques SNCF.
SNCF Accès Plus – ✆ 0 890 640 650 (0,11 €/mn, 7h-22h). Service gratuit facilitant le voyage des personnes handicapées, disponible sur réservation 48h avant le départ dans 350 gares de France, dont 25 en PACA.
En ligne : **www.accessibilite.sncf.fr**
Avion – Air France propose aux personnes handicapées le service d'**assistance Saphir** : ✆ 0 820 01 24 24.
En ligne : **www.airfrance.fr**

Se loger

Retrouvez notre sélection d'hébergements dans « Nos adresses à… » en fin de description des principaux sites de la partie « Découvrir la Provence ».
Bon à savoir – Les comités départementaux de tourisme et certains offices de tourisme proposent un service de réservation en ligne mais aussi parfois des formules thématiques de courts séjours et des offres promotionnelles.

NOTRE SÉLECTION

Hôtel ou chambre d'hôte : à vous de choisir ! Les établissements sont classés par catégories de prix *(voir le tableau ci-dessous)*. Les tarifs

NOS CATÉGORIES DE PRIX				
	Hébergement		Restauration	
	Province	Grandes villes	Province	Grandes villes
Premier prix	jusqu'à 45 €	jusqu'à 65 €	jusqu'à 14 €	jusqu'à 16 €
Budget moyen	de 45 € à 65 €	de 65 € à 100 €	de 14 € à 25 €	de 16 € à 30 €
Pour se faire plaisir	de 65 € à 100 €	de 100 € à 160 €	de 25 € à 40 €	de 30 € à 50 €
Une folie	plus de 100 €	plus de 160 €	plus de 40 €	plus de 50 €

communiqués, prix minimum et maximum pour une chambre double, sont ceux pratiqués en haute saison.
À consulter aussi : le **Guide Michelin France** et le guide **Camping France**.

SERVICES DE RÉSERVATION

Fédération nationale des comités départementaux du tourisme (RN2D) – 74-76 r. de Bercy - 75012 Paris - ✆ 01 44 11 10 20 - www.destination-france.net
Regroupant les agences départementales de réservation, vous trouverez des hôtels et chambres d'hôte, mais aussi des hébergements locatifs labellisés (Gîtes de France, Clévacances…) et des courts séjours thématiques.
Fédération nationale Clévacances – 54 bd de l'Embouchure – 31022 Toulouse Cedex 2 - ✆ 05 61 13 55 66 - www.clevacances.com. Locations de vacances ou chambres d'hôte.

HÉBERGEMENT RURAL

Maison des Gîtes de France et du Tourisme vert – 56 r. St-Lazare - 75439 Paris Cedex 09 - ✆ 01 49 70 75 75 - www.gites-de-france.com
Fédération des stations vertes de vacances – BP 71698 - 21016 Dijon Cedex - ✆ 03 80 54 10 50 - www.stationsvertes.com. Sault, Valréas, Beaumes-de-Venise, Forcalquier portent ce label.

Pour les randonneurs
En ligne : **www.gites-refuges.com**

AUBERGES DE JEUNESSE

Fédération unie des auberges de jeunesse (FUAJ) – 27 r. Pajol - 75018 Paris - ✆ 01 44 89 87 27 - www.fuaj.org
Aix-en-Provence, Arles, Cassis, Fontaine-de-Vaucluse, Manosque, Marseille, Tarascon.
Ligue française pour les auberges de jeunesse (LFAJ) – 67 r. Vergniaud - bâtiment K - 75013 Paris - ✆ 01 44 16 78 78 - www.auberges-de-jeunesse.com
Aix-en-Provence *(ouverture programmée 2010)*, Avignon, Carpentras, Marseille, Les Saintes-Maries-de-la-Mer.

POUR DÉPANNER

Centrales de réservation des principales chaînes hôtelières :
B & B – ✆ 0 892 78 29 29 (0,34 €/mn) - www.hotel-bb.com
Etap Hôtel – ✆ 0 892 688 900 (0,34 €/mn) - www.etaphotel.com
Campanile – www.campanile.fr
Kyriad – ✆ 0 825 003 003 (0,15 €/mn) - www.kyriad.fr
Ibis – ✆ 0 825 882 222 (0,15 €/mn) - www.ibishotel.com

Se restaurer

Retrouvez notre sélection de restaurants dans « Nos adresses à… », en fin de description des principaux sites de la partie « Découvrir la Provence ». Comme pour les hébergements, ils sont listés par catégories de prix, sur la base mini/maxi en haute saison.

NOTRE SÉLECTION

Pour répondre à toutes vos envies, nous proposons des **restaurants** régionaux, mais aussi classiques, gastronomiques et des adresses où faire une petite pause.
À consulter également : le **Guide Michelin France**.
En ligne : les fermes-auberges sur **www.bienvenue-a-la-ferme.com**

LABELS

Sites remarquables du goût
Oliveraie de la vallée des Baux pour ses olives et son huile, **Beaumes-de-Venise** pour son

muscat, **Châteauneuf-du-Pape** pour ses vins, **Apt** pour ses fruits confits et pays de **Forcalquier** pour l'huile d'olive de Lurs, les apéritifs aux plantes aromatiques et le fromage de Banon.
En ligne : **www. sitesremarquablesdugout.com**

Bistrots de Pays
Ouverts toute l'année et situés dans de petits villages (moins de 2 000 habitants), ces établissements labellisés contribuent à l'animation économique et sociale en milieu rural. Vous en trouverez en **Luberon** et en **Haute-Provence**.
En ligne : **www.bistrotdepays.com**

Villes de terroir
Les offices de tourisme des villes membres mettent l'accent sur les circuits originaux et des parcours de découverte hors des sentiers battus. En Provence : Apt, Aubagne, Carpentras, Cavaillon et Martigues.
En ligne : **www.villes-de-terroir. com**

Sur place de A à Z

Pour obtenir de la documentation traitant des différentes activités à pratiquer, s'adresser aux **comités départementaux** et **comités régionaux** de tourisme *(voir p. 10)*.
En ligne : certaines brochures sont téléchargeables sur leurs sites Internet.

ARCHÉOLOGIE

DRAC Provence-Alpes-Côte d'Azur – Service régional de l'Archéologie - 21 allée Cl.-Forbin - 13100 Aix-en-Provence - ✆ 04 42 99 10 00.
Bon à savoir – En mai, la revue *Archéologia* publie la liste des chantiers ayant besoin de recrues.
En ligne : **www.archeologia-magazine.com**

BAIGNADE

Plages de sable fin en pente douce (La Ciotat) ou plus abrupte (Les Saintes-Maries-de-la-Mer), criques rocheuses (les calanques, la Côte Bleue, les îles du Frioul) ou plages de galets (Cassis), voire d'herbe (plages Borély à Marseille), il y en a pour tous les goûts ! Reste à vous renseigner sur la propreté des eaux.
En ligne : **http://baignades.sante. gouv.fr**

BALLON

Plusieurs sociétés proposent des vols dans la région du **Luberon**. Se renseigner auprès des offices de tourisme locaux pour s'assurer qu'elles sont agréées.
Voir La Tour-d'Aigues.

CANOË-KAYAK

En rivière

Fédération départementale de canoë-kayak du Vaucluse – 1 r. Bourget - 84000 Avignon - ✆ 04 90 27 90 63 - www.canoe-paca.fr

La **Sorgue** *(voir Fontaine-de-Vaucluse).*

En mer

Profitez du kayak de mer pour découvrir les **calanques**. Se renseigner aussi auprès des offices de tourisme.

Fédération départementale de canoë-kayak des Bouches-du-Rhône – 109 av. Pierre-Mendès-France - BP 135 - 13008 Marseille - ✆ 04 91 76 51 41.

CHINER

L'Isle-sur-la-Sorgue compte quelque 300 spécialistes réunis au sein des « villages des antiquaires ». Un bémol : les tarifs, parfois élevés. Moins onéreux, le marché aux puces des Arnavaux à **Marseille** attire, en particulier le dimanche, une foule bigarrée, les uns venus pour les boucheries halal et les primeurs très abordables, les autres pour les galeries d'antiquités, certaines spécialisées *seventies* et *eighties*. Plus haut de gamme, **Villeneuve Lez Avignon** rassemble chaque samedi matin à l'entrée de la ville une quarantaine de brocanteurs. Autres rendez-vous provençaux : le dimanche après-midi sur le parking des platanes de **Carpentras** ; à **Pernes-les-Fontaines**, chaque mercredi d'été en nocturne sur le quai de Verdun.

COURS DE CUISINE ET D'ŒNOLOGIE

Côté assiette

Très en vogue, les cours de cuisine, proposés par de nombreux chefs. Quelques adresses, qui affichent toutes les informations sur leurs sites Internet : « Le Passage » *(voir Aix-en-Provence)*, « Le Jardin de la Tour » *(voir Avignon)*, « La Chassagnette » *(voir Camargue)*, « Le Garage » *(voir Martigues)*, « Le Moment » *(voir Marseille) ou* l'auberge « La Fontaine » *(voir Venasque).*

Bon à savoir – Les offices de tourisme locaux organisent parfois des ateliers, comme à Marseille, où des matinées sont consacrées à la sacro-sainte bouillabaisse.

Côté verre

Les ateliers d'initiation au vin et de dégustation se sont multipliés avec le développement de l'œnotourisme. Les offices de tourisme des régions viticoles (Alpilles, Côtes du Rhône, Cassis, dentelles de Montmirail…) les recensent.

Autres adresses : l'Espace vin à Cairanne, l'école de dégustation de Mouriès et la chambre d'hôte « The Wine B&B » à Châteauneuf-du-Pape *(voir « Nos adresses » à Orange)* et la Maison de la truffe et des vins du Luberon à Ménerbes *(voir La montagne du Luberon)*. Sans oublier les sentiers pédestres viticoles, comme celui du domaine des Terres Blanches, à Saint-Rémy-de-Provence *(voir ce nom).*

CYCLOTOURISME

Principaux itinéraires

Les **circuits balisés** : pour pédaler sur terrain plat, cinq grands circuits en **Camargue** *(voir ce nom).*

Le **Vaucluse** est particulièrement dynamique en matière de cyclotourisme, proposant une quarantaine d'itinéraires et de boucles dans tout le département, au fil des dentelles de Montmirail, de l'Enclave des Papes, des vignobles des Côtes du Rhône, du Luberon et, pour les plus sportifs, du mont Ventoux *(voir ces noms).*

Documentation

Cyclo-guide : 35 itinéraires mis au point par le comité départemental de cyclotourisme du **Vaucluse**, disponible gratuitement au comité départemental du tourisme, tout comme le topoguide *Spécial VTT*, décrivant 10 itinéraires balisés sur le mont Ventoux.

Bon à savoir – Les 9 fiches de circuits situés dans le nord du Vaucluse sont téléchargeables sur le site de l'Agence de développement du Haut Vaucluse : www.hautvaucluse.com

Concernant les **Bouches-du-Rhône**, une carte décrivant tous les itinéraires possibles (dont ceux balisés pour le VTT) est disponible gratuitement au comité départemental du tourisme.

« Accueil Vélo »

En Vaucluse, un réseau de professionnels labellisés (hôtels, loueurs, restaurants, etc.) s'est organisé pour accueillir les cyclotouristes. La brochure gratuite les recensant est disponible sur demande au Comité du tourisme du Vaucluse ou téléchargeable sur : **www.provence-a-velo.fr**

ESCALADE

Avec plus de 200 km de voies équipées, les **Bouches-du-Rhône** arrivent en tête des départements les mieux équipés de France. Les calanques et la montagne Sainte-Victoire sont deux des plus célèbres spots d'escalade du pays, sans oublier d'autres sites exceptionnels, comme le massif de la Sainte-Baume, les Alpilles ou le Garlaban. En **Vaucluse**, les Dentelles de Montmirail, les falaises de Buoux, Venasque, Fontaine-de-Vaucluse ou encore Oppède-le-Vieux attirent les grimpeurs.

Club alpin français Marseille-Provence – 14 quai de Rive-Neuve - 13007 Marseille - 04 91 54 25 84 - http://cafmarseille.free.fr

En ligne : **www.ffme.fr**, carte des sites en France et fiches techniques.

GOLF

Le **golf-pass Provence** est un forfait qui donne accès à 3 ou 5 *greenfees* (valable dans 16 golfs partenaires de la région).
En ligne : **www.golfpass-provence.com**

LAVANDE

Le Haut Vaucluse, le Ventoux, le Luberon sont de grandes zones de production. La fleur est en fête : aux corsos de Valréas début août ou à Sault le 15 août.

Les Routes de la lavande – 2 av. de Venterol - 26110 Nyons - 04 75 26 65 91 - www.routes-lavande.com

Bon à savoir – Créée en 1996 pour soutenir la filière de production de lavande, cette association édite un **guide pratique** ainsi qu'un calendrier des séjours, ateliers et animations du printemps à l'automne.

Voir aussi « Comprendre la Provence » *(p. 51).*

MARCHÉS

Nous répertorions les plus réputés dans **« Nos adresses à... »** dans la partie « Découvrir la Provence ».

Bon à savoir – Sur un **« marché paysan »**, vous trouverez des producteurs qui se sont engagés à ne vendre que les produits qu'ils récoltent eux-mêmes. Les revendeurs sont interdits.

Marché aux truffes

De mi-novembre à mi-mars.

Carpentras – Vendredi à 9h. Marché professionnel et petit marché pour particuliers.

Richerenches – Samedi à 10h. Marché de gros et petit marché pour particuliers.

Voir aussi « Comprendre la Provence » *(p. 41).*

MÉDIAS

Presse

Quotidiens : *La Provence*, *Vaucluse Matin* et *La Marseillaise*.

Hebdomadaire : *Marseille l'Hebdo*, politique, société, culture et art de vivre à Marseille et ses alentours.

Bimestriel : *Terre de Provence*, reportages de découverte du terroir.

Télévisions câblées

La Chaîne Marseille et **Télé Local Provence** pour le pays d'Aix, le Luberon et la Haute-Provence.

Télévision numérique

Mativi Marseille diffuse des reportages sur la ville et les environs (www.mativi-marseille.fr).

NAVIGATION

Croisière ou promenade en bateau sur le **Rhône** et les canaux de la **Petite Camargue** : se renseigner respectivement à Avignon *(voir ce nom)* et aux Saintes-Maries-de-la-Mer *(voir ce nom)*.

Au départ de **Marseille** *(voir ce nom)*, visite du château d'If, des îles du Frioul et des calanques; au départ de **La Ciotat** et de **Cassis** *(voir ces noms)*, visite des calanques.

PÊCHE

Lacs et rivières

Il convient d'observer les réglementations nationale et locale, de s'affilier pour l'année en cours dans le département de son choix à une association de pêche, d'acquitter les taxes afférentes au mode de pêche pratiqué, ou d'acheter une carte journalière.

Bon à savoir – Suite à la pollution du **Rhône** aux PCB, certains poissons restent interdits à la consommation (aloses, anguilles, lamproies, carpes, silures…).

Fédération nationale de la pêche en France et de la protection du milieu aquatique – 17 r. Bergère - 75009 Paris - ✆ 01 48 24 96 00 - www.federationpeche.fr

En mer

Nul besoin d'autorisation pourvu que ces produits soient réservés à votre consommation personnelle. En revanche, il existe une réglementation pour le ramassage des **oursins** : il n'est autorisé que de novembre à mars, à raison de quatre douzaines par personne, et les oursins doivent avoir une taille supérieure à 5 cm, sans les piquants !

Bon à savoir – Dans les deux zones gérées par le **Parc marin de la Côte Bleue** (Carry-le-Rouet et Cap-Couronne), la pêche est interdite.

Fédération française des pêcheurs en mer – Résidence Alliance, centre Jorlis - 64600 Anglet - ✆ 05 59 31 00 73 - www.ffpm-national.com

PLAISANCE

Les offices de tourisme vous fourniront les coordonnées des capitaineries pour savoir où jeter l'ancre.

En ligne : **www.ffports-plaisance.com**

PLONGÉE

Avec 250 sites et plus de 80 épaves, le littoral provençal est l'un des spots les plus réputés de France. Possibilité de pratiquer à **Marseille** *(voir ce nom)* et dans les **calanques** *(voir Cassis et la Côte Bleue)*, à **La Ciotat** *(voir ce nom)*, dans le Parc naturel aquatique du Mugel.

Bon à savoir – Les plongeurs peuvent explorer **six sites exceptionnels** : des épaves comme celles du *Chaouen*, cargo marocain échoué sur l'île du Planier (au large de Marseille), de la *Drôme*, épave reposant par

51 m de fond, du paquebot *Liban* qui sombra devant l'île Maïre en 1903 ; ou bien des sites naturels comme Les Impériaux, célèbre pour ses immenses gorgones rouges, la Cassidaigne, zone de passage de poissons au pied du phare à 4 milles de Cassis, ou encore l'île Verte, au large de La Ciotat, riche en poissons et en flore sous-marine.

Fédération française d'études et de sports sous-marins – 24 quai de Rive-Neuve - 13284 Marseille Cedex 07 - ✆ 04 91 33 99 31 - www.ffessm.fr

RANDONNÉE ÉQUESTRE

Pour vous mettre en selle : la Camargue *(voir ce nom)*, le Luberon *(voir ce nom)*, la Montagnette *(voir Tarascon)* et la Sainte-Victoire *(voir ce nom)*.

Bon à savoir – Le comité départemental du Vaucluse édite une carte intitulée *Tourisme équestre en Vaucluse*. Une brochure gratuite de huit pages sur le tourisme équestre peut être téléchargée sur le site www.provenceguide.com

Comité régional de tourisme équestre de Provence – 28 pl. Roger-Salengro - 84300 Cavaillon - ✆ 04 90 73 24 63.

En ligne : les itinéraires départementaux sur **www.tourisme-equestre.fr**

RANDONNÉE PÉDESTRE

Principaux itinéraires

De nombreux sentiers de Grande Randonnée sillonnent la région décrite dans ce guide. Le **GR 4** (Royan-Grasse) relie l'Atlantique à la Méditerranée via le mont Ventoux, le **GR 42** (Saint-Étienne-Avignon) longe la vallée du Rhône, le **GR 6** relie l'Aquitaine aux Alpes, suivant en chemin le cours du Gard jusqu'à Beaucaire, puis s'enfonçant dans les Alpilles et le Luberon. Le **GR 9** relie le Jura au Var, via la face nord du Ventoux, le plateau du Vaucluse, le Luberon, puis les massifs de la Sainte-Victoire et de la Sainte-Baume. Les GR 63, 653 (Camargue), 92, 97 et 98 -51 (calanques de Marseille à Cassis) en sont les variantes.

Il existe aussi une multitude de sentiers de Petite Randonnée **(PR)** correspondant à des parcours de quelques heures à 48 heures.

Comité régional de la randonnée pédestre PACA – 21 av. de Mazargues - 13008 Marseille - ✆ 04 91 32 17 11 - http://paca.ffrandonnee.fr

Documentation

Voir les *Topo-guides* édités par la Fédération française de randonnée pédestre (possibilité d'achat en ligne : www.ffrandonnee.fr).

Le comité départemental du tourisme des **Bouches-du-Rhône** édite un coffret, *Balades et randonnées en Provence*, avec 20 itinéraires détaillés, régulièrement enrichis et remis à jour.

Le comité départemental du tourisme du **Vaucluse** fournit sur demande la brochure *Je me bouge* : 10 circuits pédestres y sont détaillés, avec d'autres activités de pleine nature.

Bon à savoir – Les syndicats d'initiative et les offices de tourisme proposent souvent des dépliants de balades et de randonnées, tout comme les Parcs naturels régionaux. La plupart sont gratuits.

Pour mieux lire le paysage, vous pourrez effectuer des randonnées accompagnées, notamment dans **les Alpilles** *(voir ce nom)*, dans les **collines marseillaises sur les traces de Pagnol** *(voir Aubagne)* ou dans le **Luberon** *(voir ce nom)*.

Accès aux massifs

En Vaucluse et Bouches-du-Rhône, il est réglementé par arrêté

préfectoral du 1er juillet au 31 août, période pouvant être allongée en fonction des aléas climatiques. Selon les prévisions de risque de Météo France, la préfecture émet quotidiennement une carte matérialisant le niveau de risque incendie par massif. Cette carte est consultable tous les jours, à partir de 19h, sur les sites des préfectures et par téléphone :

Bouches-du-Rhône – www.bouches-du-rhone.pref.gouv.fr - ✆ 04 91 15 00 00 (accueil) et 0 811 20 13 13 (serveur vocal dédié en haute saison).

Vaucluse – www.vaucluse.pref.gouv.fr - ✆ 04 88 17 80 00.

Alpes-de-Haute-Provence – www.alpes-de-haute-provence. pref.gouv.fr - ✆ 0 892 68 02 04.

Renseignements également dans les **syndicats d'initiative** et les **offices de tourisme**.

Équipement

Même si le parcours est balisé, il est préférable de se procurer une carte ou un topoguide.

Gourde, chapeau et crème solaire à prévoir dès les premiers rayons.

Porter des chaussures adaptées à la randonnée (durée et niveau).

Bon à savoir – Certes, les beaux jours riment avec nu-pieds, mais tongues ou autres sandales ne sont pas appropriées sur les sentiers caillouteux ou dans les calades des villages perchés. Gardez-les à portée de main pour les chausser dès la promenade terminée.

SPÉLÉOLOGIE

Exploration de la Sorgue à **Fontaine-de-Vaucluse**, du Grand Draioun, gouffre de 200 m ouvert dans la falaise de **cap Canaille** ou du **plateau d'Albion** *(voir Sault)* également réputé.

En ligne : **www.ffspeleo.fr**, présentation générale de la fédération française.

SOUVENIRS

Les adresses de boutiques ou d'artisans que nous avons retenues se trouvent dans « Nos adresses à… » dans la partie « Découvrir la Provence ».

Pour la bonne bouche

Les spécialités : huile d'olive et olives *(voir p. 312)*, tapenade et anchoïade.

Les gourmandises : papelines d'Avignon, calissons d'Aix-en-Provence, fruits confits d'Apt, berlingots à Carpentras, nougat et miel à Saint-Saturnin-lès-Avignon.

Les pâtisseries : croquants d'Arles et navettes de Marseille.

Les alcools : le pastis *(voir Aix-en-Provence, Marseille, Aubagne)*, le vin *(voir Aix-en-Provence, les Alpilles, la montagne du Luberon, Orange)*.

Pour la maison

Céramiques et poteries : Aubagne, Apt et Bonnieux.

Les tissus provençaux : les boutiques *Souleïado* à Tarascon.

Les santons : Aubagne, Aix-en-Provence, Marseille, Saint-Rémy-de-Provence et Salon-de-Provence.

Les savons : Marseille, Salon-de-Provence et Gardanne.

Pour le plaisir

Les boules : Marseille.

Les pigments : Roussillon.

ENCLAVE DES PAPES

Provence

Patrimoine

Marchés

Gastronomie

Lavande

Truffes

Balades

Vignes

Office de Tourisme de Valréas
Et de l'Enclave des Papes
Avenue Maréchal Leclerc - BP 28
84601 VALREAS Cedex
Tél. : 04.90.35.04.71
info@ot-valreas.fr - www.ot-valreas.fr

TOURISME INDUSTRIEL

Distillerie du pastis Janot à **Aubagne**, savonnerie Marius Fabre à **Salon-de-Provence**, fabrique de calissons Léonard Parli à **Aix** ou melonnière à **Cavaillon**. Pôle historique minier de **Gréasque** *(voir Aix-en-Provence).*

URGENCES

Police Secours – ✆ 17.
Pompiers – ✆ 18 ou 112.
Samu – ✆ 15.
SOS Médecins – ✆ 36 24 (0,12 €/mn).
Centre antipoison – ✆ 04 91 75 25 25 (Marseille).

Chéquier et carte de crédit

En cas de perte ou de vol, déposez immédiatement plainte auprès de la police et faites opposition :
Chéquiers volés – ✆ 0 892 68 32 08 (0,34 €/mn).
Carte Visa – ✆ 0 892 705 705 (0,34 €/mn).
American Express – ✆ 01 47 77 72 00.
Mastercard – ✆ 0 800 90 13 87.

Téléphone portable

Orange – ✆ 0 800 100 740.
Bouygues Télécom – ✆ 0 800 29 10 00.
SFR – ✆ 06 10 00 19 00.

VILLES ET PAYS D'ART ET D'HISTOIRE

Ce réseau propose des visites générales ou insolites (1h30 ou plus), conduites par des guides-conférenciers et des animateurs du patrimoine agréés par le ministère. Visites-découverte et ateliers du patrimoine pour les enfants (merc., sam. et vac. scol.).
Arles, Beaucaire, Carpentras et comtat Venaissin, Marseille.
En ligne : **www.vpah.culture.fr**

VOILE

Martigues et **La Ciotat** sont labellisées « Station nautique » car elles s'engagent à offrir les meilleures conditions pour pratiquer l'ensemble des activités nautiques.
France Stations nautiques – 17 r. Henri-Bocquillon - 75015 Paris - ✆ 01 44 05 96 55 - www.france-nautisme.com
Autrement, Marseille et la plupart des stations balnéaires possèdent des écoles de voile proposant des stages et il est possible de louer, en saison, des bateaux (avec ou sans équipage).
En ligne : **www.ffvoile.org**, liste des clubs (repérage voile loisir et points plages).

En famille

Le tableau récapitulatif ci-contre présente les sites que nous avons sélectionnés pour vous et vos enfants. Repérez-les dans la partie « Découvrir la Provence » grâce au pictogramme.

EN FAMILLE

VILLES OU SITES	NATURE	MUSÉES, SITES	LOISIRS
Aix-en-Provence	Écomusée de la Forêt méditerranéenne (Gardanne)	Muséum d'histoire naturelle ; Pôle historique minier (Gréasque)	Visite d'une fabrique de calissons ; atelier de santonnier
Alpilles		La Petite Provence du Paradou ; Cathédrale d'images (près des Baux) ; moulin de Daudet (Fontvieille)	Train des Alpilles
Apt			Base de loisirs
Arles	Marais du Vigueirat		
Aubagne	Visites guidées « Dans les pas de Marcel Pagnol »	Musée d'Art sacré (Allauch)	Le Petit Monde de Pagnol
Avignon		Musée de l'Œuvre (palais des Papes) ; pont Saint-Bénezet	Promenade en bateau sur le Rhône, circuit en 2CV, petit train touristique
Les Baux-de-Provence		Musée des Santons ; château	
Beaucaire	Le Vieux Mas		
Calanques	Découverte des calanques des Goudes et de Sormiou		Promenades en bateau (départs Marseille, Cassis, La Ciotat)
Camargue	Parc ornithologique de Pont-de-Gau ; plages de Piémanson et Beauduc		Promenade à cheval
Carpentras	Écomusée des Appeaux (Saint-Didier)	Collection d'instruments mécaniques (Mormoiron)	Visite d'une confiserie
Cassis	Sentier découverte du Petit Prince		Petit train touristique
La Ciotat	Initiation à la plongée		Parc OK Corral
Côte Bleue	Plages de Sausset-les-Pins, du Verdon et de Sainte-Croix		« Train bleu » (ligne TER touristique)
Forcalquier	Centre d'astronomie de Saint-Michel		
Gordes		Village des Bories	
L'Isle-sur-la-Sorgue	Grottes de Thouzon		
Manosque	Maison de la Biodiversité		Plan d'eau des Vannades
Marseille	Plages du Prophète, du Prado et de Pointe-Rouge	Muséum d'histoire naturelle ; musée du Terroir marseillais ; préau des Accoules ; musée-boutique de l'OM et visite guidée du Stade Vélodrome ; musée du Santon M.-Carbonel	Bateaux pour le château d'If, les îles du Frioul et les calanques ; ferry-boat ; « Grand tour » en bus ; petit train touristique
Martigues	Grand Parc de Figuerolles		Miniport de l'Olivier
Mont Ventoux	Balades VTT		
Orange		Forteresse de Mornas (visite en costumes d'époque) ; animation au théâtre antique	Promenade à cheval
Roussillon	Sentiers des ocres	Conservatoire des ocres	Colorado Aventures (parc acrobatique, Rustrel)
Salon-de-Provence	Zoo de La Barben	Musée de l'Empéri ; musée Grévin de Provence ; maison de Nostradamus	
Sault	Centre de découverte de la nature		
Tarascon		Château du Roi René ; maison de Tartarin	Promenade à cheval (Montagnette)
La Tour-d'Aigues		Musée de Géologie et d'Ethnographie (La Roque-d'Anthéron)	
Saint-Rémy-de-Provence		Musée des Alpilles	
Villeneuve Lez Avignon	Parc d'Astronomie, du Soleil et du Cosmos	Musée du Vélo et de la Moto	Parc Amazonia (Roquemaure)

Mémo

Agenda

Certaines manifestations sont détaillées dans « Nos Adresses à... », dans la partie « Découvrir la Provence ».

JANVIER

Marseille – Pastorales en provençal (tout le mois) dans des théâtres.

FÉVRIER

Carry-le-Rouet (Côte Bleue) – Oursinades (trois 1ers dim.) : pour déguster les oursins sur le port.
Carpentras – Fête de la truffe et du vin (1er dim.), pour honorer l'or noir de Provence.
Marseille – Fête de la Chandeleur à la basilique Saint-Victor (le 2) : pèlerinage à N.-D.-de-la-Garde et bénédiction des navettes.

MARS-AVRIL

Aix-en-Provence – Les Rencontres du 9e art, festival de la BD.

AVRIL

Villeneuve Lez Avignon – Fête de la Saint-Marc (dernier w.-end) : autour de la vigne et du vin.

PÂQUES

Arles – Feria pascale (du vend. au lun.) : dans les arènes, le rendez-vous qui ouvre la saison des *aficionados*.
L'Isle-sur-la-Sorgue – Foire à la brocante (la plus grande de Provence, avec celle d'août).

MAI

La Nuit des musées – Au printemps, visite nocturne des musées de France (du coucher du soleil jusque vers 1h du matin).
Arles – Fête des gardians (le 1er) : grand rassemblement à cheval avec procession.
Bouc-Bel-Air – Journées des plantes rares et méditerranéennes aux jardins d'Albertas (dernier w.-end).
Les Saintes-Maries-de-la-Mer – Pèlerinage des Gitans (le 24) et des Saintes (le 25).

PENTECÔTE

Saint-Rémy-de-Provence – Fête de la transhumance (w.-end) : l'une des plus célèbres fêtes du Sud. Chèvres et moutons des alpilles traversent la cité.

JUIN

Boulbon (Alpilles) – Procession des Bouteilles (le 1er), réservée aux hommes, avec bénédiction des bouteilles de vin de l'année.
Salon-de-Provence – Les Nostradamiques (fin du mois) : reconstitution historique.
Tarascon – Fêtes de la Tarasque (dernier w.-end) : la plus emblématique des fêtes autour d'un monstre légendaire.

JUILLET

Aix-en-Provence – Festival international d'art lyrique, l'un des plus prestigieux de France.
Arles – Pegoulado (vend. précédant le 1er dim. du mois) : défilé nocturne en costumes traditionnels.
Avignon – Festival de théâtre et de danse. Depuis 1947, les célèbres In et Off sont devenus un événement théâtral européen majeur.

Beaucaire – Fêtes de la Madeleine (dix derniers jours) rappelant l'époque des foires médiévales.
Cavaillon – « Melons en fêtes » (w.-end av. le 14).
Châteaurenard – La charrette de Saint-Éloi (du 1er dim. au mar.).
Graveson – Fête de la Saint-Éloi (dernier w.-end) : cavalcades et charrettes décorées pour fêter le patron des maréchaux-ferrants.
Marseille – Festival de Marseille, ultra-contemporain (musique, danse).
Mondial de pétanque au parc Borély (déb. du mois) : le plus populaire des concours du genre.
Martigues – Fêtes de la mer et de la Saint-Pierre (1er w.-end), avec bénédiction des bateaux.
Orange – Chorégies : opéras et concerts symphoniques dans le théâtre antique. Un incontournable pour les amoureux du genre.
Saint-Maximin-la-Sainte-Baume – Fête de Sainte-Marie-Madeleine (dim. suivant le 22), à la basilique.
Valréas – Cuvée du Marot (2e dim.), 10 000 magnums de vin rouge libérés après un an passé à vieillir dans les grottes du château.

JUILLET-AOÛT

Lacoste – Festival d'art lyrique et de théâtre, dans les anciennes carrières du château de Sade.
La Roque-d'Anthéron, abbaye de Silvacane – Festival international de piano (dernière sem. de juil. et 3e sem. d'août) : des grands noms dans un écrin d'exception.
Villeneuve Lez Avignon – Rencontres d'été de la Chartreuse, haut lieu des écritures contemporaines.

DE DÉBUT JUILLET À MI-SEPTEMBRE

Arles – Les Rencontres internationales de la photographie : l'un des festivals photo les plus prestigieux de France.
Cabrières-d'Avignon, L'Isle-sur-la-Sorgue, Goult, Roussillon et abbaye de Silvacane – Festival international de quatuors à cordes du Luberon.
Saint-Rémy-de-Provence – Festival Organa, dans la collégiale Saint-Martin, festival international d'orgue.

AOÛT

Aubagne – Argilla (w.-end après le 15 août, années impaires) : fête de la céramique.
Carpentras – Festival de musique juive (1re sem.) : rappel de l'épopée des Juifs du pape, à la synagogue.
Châteauneuf-du-Pape – Fête de la Véraison (1er w.-end), dans une ambiance à la fois médiévale et vigneronne. Une institution.
Gordes – Festival Soirées d'Été (1re quinz.), théâtre des Terrasses.
L'Isle-sur-la-Sorgue – Foire à la brocante (w.-end du 15) : la plus grande de Provence, avec celle de Pâques.
Salon-de-Provence – Festival de l'Empéri (1re quinz.), avec les solistes des plus grands orchestres.
Sault – Fête de la lavande (le 15) : coupes à la main, marchés spécialisés, défilés parfumés.
Tarascon – Médiévales (3e w.-end d'août), la cité à l'heure du Moyen Âge (défilés, reconstitutions...).
Vaison-la-Romaine – Choralies internationales (1re quinz., tous les 3 ans, la prochaine en 2010).
Valréas – Corso de la lavande (1ers sam. et lun. d'août) avec défilé de chars fleuris.

SEPTEMBRE

Journées du patrimoine – 3e w.-end de septembre. Châteaux, musées, jardins ou monuments, mais aussi cours intérieures ou lieux insolites, les sites patrimoniaux se dévoilent au public durant 2 jours.

Arles – Feria et Fêtes du riz (du vend. au dim., déb. du mois) : plongée au cœur des traditions camarguaises.
Cassis – Ban des vendanges (1er dim.) : pour découvrir les vins blancs les plus célèbres de Provence.
Manosque – Festival littéraire « Les Correspondances », dédié à l'art épistolaire.

SEPTEMBRE-OCTOBRE

Roquevaire – Festival international d'orgue (de mi-sept. à déb. oct.), l'un des plus prestigieux du genre.

OCTOBRE

Marseille – La Fiesta des Suds, autour des musiques du monde, la plus courue de l'année à Marseille, dans des friches portuaires.
Les Saintes-Maries-de-la-Mer – Pèlerinage des saintes (w.-end autour du 22).

NOVEMBRE

Tarascon, Gardanne – Marché aux santons (dernier w.-end).

DE FIN NOVEMBRE À FIN DÉCEMBRE

Arles – Salon international des santonniers dans le cloître Saint-Trophime (jusqu'à mi-janv.).
Marseille – Foire aux santons : la plus importante de la région, avec tous les grands santonniers.

DÉCEMBRE

Aix – Marché des treize desserts (toute la semaine précédant Noël), pour les gourmandises traditionnelles.
Aubagne – Biennale de l'art santonnier (1er w.-end, années paires), dans l'un des fiefs du genre.
Istres – Fête des bergers (début du mois) : défilé des transhumants.
Mouriès – Fête de l'huile nouvelle (1er w.-end), dans la plus grande commune oléicole de France (vallée des Baux-de-Provence).

24 DÉCEMBRE

Allauch – Messe de minuit avec descente des bergers.
Arles – Veillée calendale et messe de minuit (Saint-Trophime).
Les Baux-de-Provence – Fête des bergers et messe de minuit.
Saint-Michel-de-Frigolet – Messe de minuit avec pastrage.
Saint-Rémy-de-Provence – Messe de minuit avec pastrage.
Les Saintes-Maries-de-la-Mer – Messe de minuit avec offrande des bergers, gardians, riziculteurs et pêcheurs.
Séguret – Représentation de la pastorale *Li Bergié de Séguret*.
Tarascon – Messe de minuit avec pastrage.

Bibliographie

OUVRAGES GÉNÉRAUX

Provence, 500 coups de cœur, E. Bousquet-Duquesne, Ouest-France, 2009. Un hit-parade général.
Bouches-du-Rhône, portrait, J. Viard, L'Aube, 2005. Le département vu par un sociologue et un photographe.
La Provence, Encyclopédie Bonneton, 2002. Des traditions à l'économie, la Provence décryptée.
Les Plus Beaux Villages de Provence, M. Jacobs, Bibliothèque des Arts, 2001.
La Provence de Giono, P. Magnan, Chêne, 2000. Promenade photo en compagnie de l'auteur manosquin.

HISTOIRE

Histoire de la Provence, M. Agulhon, N. Coulet, coll. « Que sais-je ? », P.U.F., 2001. Petit ouvrage pour une longue histoire.

cartes & guides MICHELIN
UNE MEILLEURE FAÇON DE VOYAGER
cartes et atlas MICHELIN
guide MICHELIN
Les guides Verts MICHELIN
Les guides Voyager Pratique MICHELIN

Atlas Routier France 2010
FRANCE
ALSACE LORRAINE
Séville
AMSTERDAM
España & Portugal

Marseille, J. Contrucci, R. Duchêne, Fayard, 1998. Un gros livre pour la longue histoire de la plus vieille ville française (2600 ans en 862 pages !).

ART- ARCHITECTURE

Architecture contemporaine en Provence, D. McDowell, Aubanel, 2009. Visite guidée de 25 maisons d'architectes à la pointe.

L'Art de vivre en Provence, D. McDowell, Flammarion, 2002. Ce beau livre vous convie dans les plus belles demeures privées de Provence.

Provence antique, C. Le Prioux, Ouest-France, 2009. Un tour d'horizon de la Provence romaine.

Chapelles de Provence ; Châteaux de Provence, S. Panarotto, Édisud, 2009.

Pierre Puget, L. Lagrange, éd. Jeanne Laffitte, 1999. La vie et l'œuvre du célèbre sculpteur du 17e s.

CULTURE ET TRADITIONS

Dictionnaire du marseillais, Académie des sciences et lettres de Marseille, Édisud, 2006. Un ouvrage incontournable pour qui veut faire bon usage de cet idiome.

Proverbes et dictons provençaux, M. Vovelle, Rivages, 1984.

Les Fêtes provençales, J.-C. Clébert, J. Aoun, Aubanel, 2001. Précieux pour décrypter les nombreuses fêtes traditionnelles.

METS ET VINS

Cuisine de famille en Provence, J. Bayol, Aubanel, 2009. En 60 recettes, tout l'héritage gourmand d'une famille saint-rémoise.

Cuisine provençale d'hier et d'aujourd'hui, C. Étienne, Ouest-France, 2003. En format poche, un chef d'Avignon livre ses recettes.

Les Meilleures Recettes de Provence, M. Biehn, Flammarion, 2002.

Desserts et douceurs de Provence, A. Maureau, Édisud, 2003.

Secrets et recettes des herbes de Provence, C. Gardet, Éditions Ouest-France, 2009. Petite monographie sur les aromates du soleil.

La Truffe, P. Sourzat, Aubanel, 2005. Pour connaître les bienfaits de la truffe et savoir la cuisiner.

Les meilleures recettes à l'huile d'olive, J. Chibois, O. Baussan, 2003. Un grand chef et un grand œnologue ouvrent leurs cuisines.

Oléologie, M. et L. Brault, Édisud, 2009. Pour apprendre à déguster l'huile d'olive comme le vin.

Vins du Sud et leurs accords gourmands, M. Mastrojanni, Édisud, 2008. Guide des terroirs, des cépages et des crus.

Vins de Provence, F. Millo, Éditions Féret, 2003. Une ode aux vins du sud.

BD – JEUNESSE

Léo Loden, Carrère/Arleston, Éd. Soleil Productions. Les aventures BD d'un privé à Marseille. Déjà 18 tomes !

Les Santons de la Judée à la Provence, M. Chavaribeyre, Éditions Ouest-France, 2007. Les principaux personnages de la crèche.

La Belle Histoire des santons de Provence, Giorda, Hatier, 2003. Un roman de Noël pour les 7/8 ans.

Mistral, cheval de gardian, F. Vincent et M. Lamigeon, Éd. L'École des Loisirs, 2007. L'histoire d'amitié entre un jeune poulain et un taurillon.

Engane, taureau de Camargue, F. Vincent et M. Lamigeon, Éd.

L'École des Loisirs, 2002. Un enfant sauve un petit veau tombé à l'eau (dès 7 ans).
Contes de Provence, N. Daladier, Éd. L'École des Loisirs, 2003. Neuf contes traditionnels du 19e s. qui racontent un monde disparu.

LITTÉRATURE

Les Écrivains et Marseille, J. Agostini, Y. Forno, éd. Jeanne Laffite, 1997. Une précieuse anthologie commentée de textes littéraires sur Marseille, du 5e s. av. J.-C. à nos jours.

Classiques

Frédéric Mistral, Contes et Légendes de Provence, F. Morvan, Ouest-France, 2009. Des contes collectés au siècle dernier par Mistral.
Le Mas Théotime ; L'Enfant et la rivière ; Malicroix, H. Bosco, coll. Folio, Gallimard. Le Luberon sous la plume de l'écrivain, inhumé à Lourmarin.
Lettres de mon moulin ; Contes du lundi ; Tartarin de Tarascon ; Port Tarascon, A. Daudet, Pocket éditions. Retour aux classiques, avec l'un des auteurs majeurs de l'école occitane.
Marius ; Fanny ; César ; Jean de Florette ; Manon des Sources ; Angèle ; Topaze ; La Gloire de mon père ; Le Château de ma mère ; Le Temps des secrets, M. Pagnol, coll. Fortunio, De Fallois. La Provence sous la plume d'un auteur, lié comme peu d'autres à la terre qui l'a vu naître.
Le Grand Troupeau ; Le Chant du monde ; Le Hussard sur le toit ; Provence ; Colline ; Un de Baumugnes ; Regain, J. Giono, coll. Folio, Gallimard, ou Le Livre de Poche. Dans ses romans, l'écrivain a sublimé tous les charmes d'une Provence éternelle.
La Conquête de Plassans, É. Zola, Le Livre de Poche. Un regard acide sur la bourgeoisie de Plassans, un nom sous lequel se cache Aix, où Zola a passé son enfance.
L'Œuvre, É. Zola, Le Livre de Poche. Le peintre mis en scène serait Cézanne, d'où une longue brouille entre les deux amis d'enfance.

Auteurs contemporains

Le Voleur d'innocence, R. Frégni, coll. Folio, Gallimard. L'épopée d'un minot de Marseille, par un auteur contemporain, tendre et noir à la fois.
Une année en Provence ; Provence toujours ; Hôtel Pastis ; Le Bonheur en Provence, P. Mayle, coll. Points, Le Seuil. Les défauts et les charmes des Provençaux, vus par un Anglo-Saxon, exilé volontaire dans le Luberon.
La Splendeur d'Antonia, J.-P. Milovanoff, Le Livre de Poche. Un roman aussi tragique qu'éblouissant, l'histoire d'une Nîmoise du siècle dernier.

Polars

Total Khéops ; Chourmo ; Solea, J.-C. Izzo, coll. Folio policier, Gallimard. La célèbre et sombre trilogie du pionnier du roman noir marseillais.
Trois Jours d'engatse, P. Carrese, Pocket Noir. Pour découvrir l'univers d'un des chefs de file du polar marseillais.
L'Immortel ; Le Lessiveur, F.-O. Giesbert, coll. Flammarion Noir. Le patron du journal *Le Point* inspiré par Marseille et ses voyous.
Tête de serpent ; E. Zucchelli, Stock. Sous la plume d'un ancien grand reporter, l'enquête d'un privé marseillais au cœur du bioterrorisme.

LILAS
ABLE SAVON
ARSEILLE 100% VEGETAL
LILAS

2/ COMPRENDRE LA PROVENCE

Savons de Marseille.
Anne Duquénoy / MICHELIN

Traditions et art de vivre

L'air est saturé de soleil, les cigales chantent et le parfum suave des figuiers embaume. Là, sous la treille, une table est dressée. Sur la nappe aux couleurs provençales, quelques olives et des verres de pastis perlés de gouttes de fraîcheur : c'est l'heure de l'apéritif. La galéjade fuse et montre l'attachement de la région à ses traditions : ici on parle pétanque ou corrida, bouillabaisse et aïoli.

Les rythmes de vie

Les clichés ont la vie dure. Ainsi, paresse et indolence feraient partie du patrimoine de tout Provençal. Détrompez-vous : ces généralités n'ont plus rien à voir avec le quotidien de nombreux habitants, dont les emplois du temps ressemblent à ceux de Parisiens ou Lillois. Ceci dit, comment résister à un climat clément et à une géographie bercée par le bleu de la mer, appelant à une certaine douceur de vivre ? Ainsi, sous ses dehors amènes, cette région est un véritable supplice, peuchère! Comment ça, on exagère ?

TIRER OU POINTER

Non, les boulodromes n'ont pas disparu. Du centre-ville marseillais au plus petit village de l'arrière-pays, c'est peut-être l'une des traditions qui survit le mieux. Les joueurs de **pétanque** (« pieds tanqués » : immobiles) ou de **longue** (jeu provençal se déroulant à plus longue distance) entrent en lice dans un concert de paires de boules entrechoquées. Et l'appréciation des distances entre boules et cochonnet suscite les plus vives controverses : chacun affirme avoir le compas dans l'œil, invoque la Bonne Mère, puis finit par s'incliner devant le verdict du mètre pliant... Que l'on participe ou que l'on s'assoie sur un banc, juste pour profiter du spectacle, c'est à ne pas manquer!

PRENDRE OU PASSER

Ouvrez l'œil dans les bars de Provence : vous croiserez toujours quelques joueurs de carte, ou, à défaut, les tapis de jeux abandonnés dans un coin, en attendant les amateurs éclairés qui ne tarderont pas. La belote contrée est encore très prisée en Provence. Pour gagner, on étale tout son talent : visage impassible au moment de la donne, coups d'œil « voyeurs », remarques qui déstabilisent, signes et mimiques, tout est bon tant il est vrai que « si on ne peut plus tricher avec les amis, ce n'est plus la peine de jouer aux cartes » (Marcel Pagnol, *Marius*).

Partie de pétanque.
Camille Moirenc / hemis.fr

FAIRE LA SIESTE

Moment sacré ! Tous, petits et grands, se plient au rituel du « pénéquet » (petit somme). Après le déjeuner, la chaleur accablante incite à fermer les volets : dans le silence de la maison commence alors la sieste, bercée par le chant stridulant et répétitif des cigales… Toutefois, inutile de rêvez : les travailleurs – ils sont nombreux – n'y sacrifient pas. Ou alors, juste pendant les vacances !

DROIT AU BUT

Il est un rituel auquel des dizaines de milliers de Marseillais sacrifient chaque fois que l'occasion se présente, c'est-à-dire souvent : le match de l'OM ! Club mythique, au point que la rencontre bi-annuelle avec l'équipe de la capitale endosse le nom de « clasico », l'OM a fourni à l'équipe de France quelques-uns de ses plus grands prodiges. À domicile, les matchs ont lieu au Stade Vélodrome *(voir p. 105)*, l'un des sites les plus visités de Marseille, même en dehors des matchs ! C'est alors un guide de l'office de tourisme qui vous fera pénétrer en coulisses.

Un peu de folklore

DANSONS LA FARANDOLE…

Dans les fêtes de villages, on retrouve le goût prononcé des Provençaux pour la fête. Temps fort des festivités, les premières notes des musiciens ouvrent la **farandole**. Entraînés par un rythme à six temps, les danseurs évoluent main dans la main. Véritables virtuoses de la mélodie, les **tambourinaires** jouent de leur main gauche du galoubet, petite flûte très aiguë, tandis que, de la droite, ils battent le tambourin.

À CHACUN SON COSTUME

D'autres célébrations font revivre les plus somptueuses parures d'autrefois. Élégante, avec son gracieux éventail, **l'Arlésienne** revêt une longue jupe et un corsage à manches serrées. Un grand fichu de dentelle blanche, ou assorti à la jupe, tombe sur un plastron de tulle au drapé complexe. Plus sobres, les hommes portent une chemise blanche attachée au col par un fin cordon, parfois recouverte d'un gilet sombre. Un pantalon de toile, retenu par une large ceinture rouge ou noire, et un chapeau de feutre à larges bords complètent la tenue.

Noël en Provence

Aussi éloigné soit-il de ses racines, tout Provençal renoue avec les traditions séculaires du pays à la période des fêtes calendales. De la Sainte-Barbe, le 4 décembre, à la Chandeleur, le 2 février, il vit au rythme des crèches colorées, du *blad de Calendo* (blé de Noël), du gros souper et des célébrations qui suivent la nuit du pastrage.

CRÈCHES DE SANTONS

Héritage imprévu de la Révolution de 1789, les santons naissent de la fermeture des églises, et avec elles, des crèches. Un figuriste de Marseille (un artisan qui moulait des statues pour les églises), **Jean-Louis Lagnel**, a l'idée de fabriquer de petites figurines de crèche à bon marché pour les vendre aux familles... qui se mettent à créer leurs propres crèches.

De facture naïve, façonnés dans l'argile crue, séchée, puis peinte à la détrempe, les santons font se côtoyer dans une débauche de couleurs figures bibliques et types provençaux traditionnels : la sainte Famille, les Rois mages, les bergers et leurs moutons rencontrent ainsi le tambourinaire, le rémouleur, le meunier, le ravi, les bohémiens, l'aveugle et son guide, la marchande de poissons, le couple de vieux, Bartoumieu...

Chaque famille possède bientôt sa crèche, dont les préparatifs commencent le dimanche précédant Noël, jour tant attendu. Dans un paysage miniature, souvent improvisé avec les moyens du bord, les santons se rendent en foule à l'étable de Bethléem pour y adorer l'Enfant Jésus (que l'on ne dépose que le 24 décembre à minuit) et lui faire don de leurs présents, parmi lesquels la morue et les oignons le disputent sans rougir à la myrrhe et à l'encens!

Voir aussi : le musée des Santons aux Baux-de-Provence et les foires aux santons de la période calendale à Marseille ou Aix *(voir ces noms et l'Agenda, p. 26)*.

LA NUIT DU PASTRAGE

Traditionnellement, la soirée du 24 décembre commence par le **cacho-fio**, l'allumage de la bûche de Noël. Cette tâche revient au plus jeune enfant et à l'homme le plus âgé de l'assemblée. Ensemble, ils portent vers la cheminée une souche qu'ils bénissent avec du vin cuit tout en répétant les paroles rituelles : *que l'an que vèn se sian pas mai, que siaguen pas mens* (« l'an prochain, si nous ne sommes pas plus, que nous ne soyons pas moins! »), avant de la brûler. La famille passe alors à table pour le gros souper. Sur la table recouverte de trois nappes, on dispose trois chandeliers (symbolisant la Sainte-Trinité) et trois soucoupes contenant le blé de Noël, ainsi que treize pains. Au menu, sept plats, et leurs vins, préludent aux **treize desserts** : les mendiants (noix et noisettes, figues, amandes et raisins secs), les fruits frais, la fougasse et les nougats, blanc et noir.

Nombre de villages perpétuent la tradition des crèches vivantes pour mettre en scène la Nativité. La messe de minuit débute avec **lou pastrage** : tandis que le prêtre dépose le Divin Enfant sur la paille, les cloches appellent le cortège des bergers. Guidés par les anges et les tambourinaires, ces derniers apportent un agneau pour Jésus. Fifres et tambourins entonnent alors les airs de Noël (en provençal), repris par les fidèles.

DE L'AN NÒU À LA CHANDELEUR

Dès le lendemain de Noël commencent les **pastorales**, qui illustrent le chemin parcouru par Joseph cherchant un toit pour la nuit. Après l'*an nòu* (le Nouvel An), que chacun passe en famille le 31 décembre, vient la fête des Rois mages, le 1er dimanche de janvier. On mange à cette occasion le « gâteau des Rois », une couronne de brioche décorée de fruits confits cachant une fève grillée.
Le 2 février, soit 40 jours après la naissance de Jésus, la Chandeleur célèbre la purification de la Vierge et sa visite au Temple. Au programme, procession de cierges verts, bénédiction du feu et, à Marseille, dégustation de navettes, ces biscuits dont la forme de barque évoque l'arrivée des saintes Maries en Provence. Enfin, en ce jour de liesse qui clôt la période calendale, on démonte les crèches… jusqu'à l'année suivante.

Traditions tauromachiques

Née en Camargue, la tauromachie provençale s'est enrichie des traditions venues d'Espagne. Profondément ancrée dans le pays, elle décline aujourd'hui toutes sortes de festivités. La feria d'Arles est bien sûr la plus célèbre. Corridas avec picadors et mises à mort, ou simples courses à la cocarde, elles attirent des foules passionnées, *aficionados* ou simples curieux!

LES COURSES CAMARGUAISES

Fief des **manades** (troupeaux de taureaux noirs accompagnés de chevaux blancs), les « terres de bouvine » s'animent d'une joyeuse effervescence lors des courses taurines. En Provence, outre Arles (la capitale incontestée), nombre de localités affichent d'avril à octobre un calendrier rempli qui culmine en juillet avec la Cocarde d'or et se clôture, en octobre, avec la grande finale du Trophée des raseteurs. Ponctuées de **ferrades** (les taureaux, terrassés, reçoivent au fer à chaud la marque du propriétaire) et de courses équestres entre gardians, les courses à la cocarde (également appelées courses camarguaises ou courses libres) marquent les temps forts de ces fêtes.
Tradition camarguaise, cette course taurine demeura longtemps l'apanage des garçons de ferme avant de se développer dans les villages. Chacun pouvait s'élancer

PETIT LEXIQUE TAUROMACHIQUE

Bannes : cornes.
Bravo : taureau qui se montre offensif.
Capelado : défilé des raseteurs au début de la course camarguaise.
Cocardier : taureau, souvent castré, appelé aussi biou.
Matador de toros : « tueur de taureaux », qui affronte le taureau lors d'une corrida.
Simbèu : bœuf dressé accompagnant le troupeau. À la fin de la course camarguaise, il entre en piste pour aider à ramener au toril les taureaux.
Raseteur : dans les courses camarguaises, celui qui, habillé de blanc, se mesure au taureau, et tente d'attraper sa cocarde.
Tenues blanches : l'ensemble des raseteurs.

sur la piste et défier le taureau, pour tenter d'attraper la cocarde fixée entre ses cornes. Codifiée au fil des ans, elle se déroule désormais dans les arènes, entre professionnels.

LES CORRIDAS ESPAGNOLES

Introduite à Nîmes en 1853, la corrida espagnole ne pouvait qu'y trouver un écho favorable. Aujourd'hui, l'*aficionado* (amateur de taureaux) provençal n'a guère le temps de souffler : **corridas** (avec mise à mort), **novilladas** (affrontement avec un jeune taureau, première étape de la carrière d'un torero) et **corridas de rejón** (à cheval) s'y succèdent d'avril à septembre.

Côté rue…

Les **ferias** rassemblent chaque année à Arles des milliers de personnes. Plusieurs jours durant, les *peñas* (fanfares) animent les festivités de leurs airs gais et entraînants, tandis que dans les *bodegas* (bars), vin et pastis coulent à flots. On danse la sévillane dans les bals et, entre deux courses aux arènes, on joue à défier les taureaux lâchés dans les rues. Jadis, les taureaux galopaient jusqu'au village où se déroulait la course, encadrés par les gardians à cheval : le grand jeu consistait à les faire s'échapper par tous les moyens. Ils arrivent aujourd'hui en camion, mais la tradition se perpétue avec les tumultueux *abrivado* (arrivée), *bandido* (départ) et *encierros* (lâchers de taureaux).

… et côté arène

Clou du spectacle, la corrida commence par un *paseo* (salut). Après une première série de passes, les picadors jouent de leur pique pour exciter la fougue du taureau, bientôt relayés par le torero, qui plante ses banderilles à l'encolure de la bête. Lorsque les clarines ont retenti, le torero entame les passes à la *muleta* (cape rouge), prélude majestueux à l'*estocade* (mise à mort). Les matadors les plus méritants se voient attribuer les oreilles ou, trophée suprême, la queue de leur victime.

La relève tricolore

Aux côtés des toreros espagnols et sud-américains les plus aguerris, des Français ont su se faire une place à l'affiche des ferias provençales : hormis Christian Montcouquiol, surnommé « Nimeño II », longtemps le seul à se prévaloir d'une véritable carrière internationale, citons les Arlésiens Juan Bautista et Mehdi Savalli, ainsi que, à cheval, les jeunes Camarguaises Patricia Pellen et Julie Calvière.

Gastronomie

La Provence est une gourmande. Son riche terroir est placé sous le signe du blé, de la vigne et de l'olivier, bien sûr, mais sa table se plaît aussi à mettre en valeur les fruits et légumes gorgés de soleil, les poissons et les crustacés tout frais pêchés et ces herbes aromatiques parfumées, cueillies dans la garrigue des collines.

LES PRODUITS DU TERROIR

Le Vaucluse est le 2e département français producteur de fruits (4e pour les légumes), voilà pourquoi les **marchés** de la région sont si bien approvisionnés. Véritable Provence en miniature, où les produits de la terre et de la mer le disputent parfois aux pièces d'artisanat et de tissus, ils animent la place du village, le port ou le cours ombragé de la ville. Chaque jour ou chaque semaine, parmi les étals rivalisant de couleurs et d'arômes, dans la faconde des marchands à l'accent chantant, on vient faire ses provisions, mais aussi prendre son temps, échanger les dernières nouvelles…

Marché de Castellane.
OTC Marseille / ADD

Voir les marchés emblématiques de la région à Apt, Carpentras, Coustellet, L'Isle-sur-la-Sorgue…

Fruits et légumes

Au rythme des saisons, les marchés déclinent toutes les richesses de la terre : si l'oignon, l'ail et la pomme d'amour (tomate) occupent une place privilégiée, les cardons, le fenouil, les poivrons, les courgettes, les aubergines et les asperges ne sont pas en reste. La truffe se trouve dans le Vaucluse, premier producteur en France.

Aux quatre coins de la Provence, les paniers regorgent des fraises de Carpentras, pastèques et melons de Cavaillon, cerises de Remoulins, figues vertes de Marseille, pêches, poires et abricots de la vallée du Rhône, mais aussi raisin de table muscat du Ventoux, tous sucrés et juteux à souhait.

Les olives

Dans les villages qui jalonnent la Route de l'olivier en Baronnies (autour de Nyons et de Buis-les-Baronnies) et celle de l'olivier des Alpilles et de la vallée des Baux (deux circuits jalonnés de moulins à huile et de savonneries, *voir p. 313*), les marchés abondent en olives de toutes sortes. Vertes, brunes ou noires, tirant parfois sur le mauve ou sur le rouge : parmi les meilleures variétés, la **tanche** (ou olive de Nyons), délicieuse en saumure ; **l'aglandau**, pressée pour l'huile ; la **grossane**, une olive noire charnue, piquée au sel ; la **salonenque** (ou olive des Baux), une variété verte préparée en olives cassées ; ou encore la **picholine**, olive verte fine et allongée, conservée en saumure.

Achetez donc un petit pot de **tapenade** : ce mélange d'olives noires, d'anchois et de câpres (*tapèno*, en provençal) pilé au mortier avec un filet d'huile d'olive est délicieux à l'apéritif ou en hors-d'œuvre, tartiné sur des tranches de pain.

Les herbes de Provence

Cultivées ou poussant à l'état sauvage dans la garrigue, les herbes de Provence embaument les marchés de leurs fragrances subtiles. Elles constituent, avec l'ail et l'huile d'olive, l'un des fondements de la cuisine

PASTAGA

Le **pastis** est l'apéritif provençal par excellence depuis les Années folles. Des marques renommées telles que Ricard, Casanis ou Janot ont fait de la belle boisson jaune la reine incontestée des terrasses de cafés. Produit de la macération de plantes (anis vert, anis étoilé, réglisse, etc.) dans l'alcool, le « pastaga » peut être plus ou moins coupé d'eau fraîche, suivant le goût de chacun. Certains préfèrent la « momie » servie dans un petit verre, d'autres le dégustent avec du sirop : orgeat pour la « mauresque », grenadine pour la « tomate » ou menthe pour le « perroquet ».

provençale : ainsi, la **sarriette** parfume certains fromages de chèvre et de brebis ; le **thym** (ou farigoule) et le **laurier** assaisonnent la ratatouille ou les grillades ; le **basilic**, délicieux dans la salade de tomates, est aussi pilé avec de l'ail, de l'huile d'olive et du parmesan pour préparer le pistou ; la **sauge**, bouillie avec de l'ail, puis enrichie d'huile d'olive et de pain, donne le traditionnel « aigo boulido » ; le **romarin** parfume les gratins de légumes, le poisson et, pris en infusion, facilite la digestion ; le **serpolet** relève le lapin, la soupe de légumes et les plats à la tomate ; le **genièvre** aromatise les pâtés et les gibiers ; la **marjolaine** agrémente les civets ; **l'estragon** relève les sauces blanches ; le goût anisé du **fenouil** se marie avec le poisson…

Poissons et crustacés

Dès l'aube, les poissons fraîchement pêchés alignent leurs écailles moirées dans les caisses de glace des marchés et des criées. Effilés ou ventrus, plats ou charnus, s'ils ne finissent pas en bouillabaisse ou en bourride, ils atterriront sur le gril, généreusement saupoudrés d'herbes : mérous, loups, daurades, mulets, merlans, sardines, anchois, merlus, grondins, rascasses, congres, turbots, rougets… À leurs côtés sur les étalages, poulpes, langoustes et cigales de mer, mais aussi clovisses, **violets**, moules et oursins (sur les ports de la Côte Bleue notamment), ou encore, palourdes et **tellines** (coquillages des sables de Camargue), délicieuses avec une sauce piquante. Sans oublier la **poutargue**, une spécialité de Martigues, à base d'œufs de poisson mulet. Aujourd'hui, en raison de la raréfaction des mulets, les œufs sont souvent importés de Mauritanie, du Sénégal et du Brésil. Surnommée le « caviar de la mer » la poutargue reste un produit de luxe.

Les fromages

Pays des saveurs fortes, la Provence produit aussi quelques fromages de caractère, comme la tomme **de brebis** (région d'Arles) ou de chèvre (monts de Vaucluse), ou encore la **brousse**, fromage de chèvre frais au petit-lait (Arles) ou au lait entier (brousse du Rove, près de Marseille), que l'on déguste salée, avec des herbes et un filet d'huile d'olive, ou sucrée, avec des fruits.

UN DÉJEUNER AU SOLEIL

La bouillabaisse

Le secret de la réussite tient autant au choix des poissons qu'à l'assaisonnement. Aux indispensables « trois poissons » – rascasse, grondin et congre – peuvent s'ajouter loup, turbot, sole, rouget, lotte ou crustacés. Oignon, tomate, safran, ail, thym, laurier, sauge, fenouil, zeste d'orange, parfois vin blanc ou cognac aromatisent le **bouillon**, que l'on savourera sur des tranches de pain grillé. La **rouille**, sauce à base de piments d'Espagne, apporte sa touche finale, colorée et relevée !

L'aïoli

Cette mayonnaise à l'huile d'olive, généreusement relevée d'ail pilé, accompagne les hors-d'œuvre, les légumes et plus particulièrement la « bourride », une soupe de poissons.

Les artichauts à la barigoule

Le mot *barigoule* (champignon) évoque la façon dont on coupe les artichauts pour ce plat de légumes agrémenté de vin blanc, d'ail, d'huile d'olive et de lardons.

La soupe au pistou

Cette soupe d'été à base de légumes coupés en morceaux est parfumée d'une sauce composée de basilic, d'ail pilé et d'huile d'olive.

Autres plats typiques

La Méditerranée regorge de savoureuses créatures comme le rouget ou le loup (nom local du bar), particulièrement délicieux lorsqu'on le grille au fenouil ou aux sarments de vigne. On pourrait encore évoquer les pieds-paquets à la marseillaise (pieds et tripes de mouton, farcis et mijotés), le **bœuf gardian** de Camargue (bœuf en daube, mijoté dans du vin rouge avec des aromates), ou encore les **saucissons d'Arles**, sans oublier les innombrables préparations à base de légumes : la ratatouille, bien sûr, mais aussi les gratins *(tian)*, les soupes, les beignets...

PETITES DOUCEURS

On ne saurait parler des spécialités provençales sans mentionner toutes ces petites douceurs qui émoustillent les papilles : les melons confits et les papelines d'Avignon, les **calissons** d'Aix (petits fours à la pâte d'amande, délicatement parfumés à la fleur d'oranger et nappés de sucre glacé), les **berlingots** de Carpentras, le chichi frégi de L'Estaque (un long beignet torsadé saupoudré de sucre), les **navettes** de Marseille, les caladons (biscuits aux amandes), les tartarinades (bonbons au chocolat) de Tarascon, les **fruits confits** d'Apt, les **nougats** de Sault et d'Allauch...

LES VINS

Ce sont surtout les vins **rouges** qui font la renommée et la diversité des vins de Provence. Ils sont francs et corsés, ou souples et délicats suivant leur provenance, et leur qualité s'améliore sans cesse grâce à la sélection rigoureuse des cépages et à leur association, parfois complexe, au sein d'un même cru.

Les côtes

L'un des plus grands crus de l'appellation côtes-du-rhône, le **châteauneuf-du-pape**, d'un

PÉPIN DE DISCORDE ET GAIN DE CAUSE

Les vins **rosés**, emblématiques d'un certain art de vivre provençal (ah, l'apéritif sous la tonnelle !), ont fait l'objet d'une vive polémique européenne en 2009 : d'un côté, les partisans de l'autorisation de fabriquer des vins « coupés », des rosés obtenus par mélange de rouge et blanc, une méthode jusqu'alors interdite en Europe mais pratiquée par les « nouveaux producteurs » tels l'Australie ou l'Afrique du Sud ; de l'autre, les tenants de la fabrication traditionnelle, obtenue après une macération courte de raisins noirs pressés à cet effet, une méthode plus onéreuse. Après des semaines de protestations, particulièrement vives en Provence où les producteurs de rosés sont nombreux, la Commission européenne a finalement renoncé à autoriser le coupage.

rouge sombre, dégage des notes fruitées, boisées et poivrées, et se bonifie en vieillissant. **Vacqueyras** produit des rouges charpentés et des blancs élégants. Le vignoble de **Séguret** fournit des vins capiteux et parfumés, celui de **Cairanne** des vins tanniques, qui demandent un certain vieillissement. Le **gigondas**, vieilli quelques années en fûts de chêne, s'apparente au châteauneuf-du-pape.

Voir Itinéraire conseillé des Côtes du Rhône (p. 330).

Les vins rouges des **côtes-du-luberon** sont légers et se boivent jeunes tandis que les blancs sont plus frais et fins. Les **côtes-du-ventoux** produisent des vins rouges tanniques et charpentés, lorsque les raisins ont mûri sur les versants bien exposés du mont Ventoux. Les plus légers se consomment en primeur.

Les appellations de Provence

Sur les collines de basse Provence, **Cassis** se distingue par son vin blanc sec, riche en arômes fruités, mais aussi par son rouge, plus velouté. Aux portes d'Aix-en-Provence se trouve le tout petit vignoble de **Palette** (40 ha) qui produit un rouge suave et tannique, parfois qualifié de « bordeaux de la Provence ». Les **coteaux-d'Aix-en-Provence** donnent des rouges chaleureux, solides, et des rosés secs. Rouges, rosés ou blancs, les vins des **Baux-de-Provence** se boivent jeunes. Sous l'appellation **côtes-de-provence** se décline une grande variété de vins rosés. Enfin, parmi les innombrables vins de pays, retenez ceux de la **Petite Crau** et de la principauté d'**Orange**.

Les vins doux

Liquoreux, ils s'obtiennent par adjonction d'alcool dans le moût (le jus de raisin) en cours de fermentation. Les plus savoureux sont le **rasteau**, ambré ou rouge, et le **muscat de Beaumes-de-Venise**, à la belle robe dorée et au bouquet riche en tonalités fleuries et fruitées.

LES GRANDS CHEFS DE PROVENCE

Gérald Passédat

Il représente la 3e génération de cette famille fixée sur la Corniche depuis 1917, année où le grand-père Germain créa le restaurant. Lui succéda le fils Jean-Paul, cuisinier étoilé, désormais chargé de l'accueil en salle alors que le petit-fils est au fourneau depuis déjà plus vingt ans. La cuisine de cet ancien élève de Troisgros et Guérard est un mariage de tradition familiale, raffinement et originalité. À la carte, le loup de ligne « Lucie Passédat » côtoie avec bonheur la bouillabaisse revisitée tandis que les poissons de la pêche du jour tiennent la vedette. Déjeuner ou dîner au Petit Nice, dans ce véritable bijou formé de deux villas perchées sur les rochers, face à la Grande Bleue, est un rare privilège... que les Marseillais auraient volontiers gardé pour eux ! Mais il y a bien longtemps que la réputation de la maison, mise en lumière par l'attribution de la troisième étoile en mars 2008, n'est plus à faire.

Voir « Nos adresses » à Marseille.

Christian Étienne

Enfant, il rêvait d'être cuisinier et c'est au cours de repas de famille mitonnés par ses grands-mères et sa maman qu'il conforta sa vocation. Natif d'Avignon, c'est dans une demeure historique accolée au palais des Papes qu'il régale aujourd'hui ses clients d'une cuisine régionale où les légumes provençaux tiennent une grande place. Maître cuisinier, cet homme chaleureux et à l'accent chantant aime communiquer sa passion et faire découvrir sa région aux quatre coins du monde.

Voir « Nos adresses » en Avignon.

Édouard Loubet

Savoyard de naissance, il est désormais attaché à la Provence et plus particulièrement au Luberon. Après avoir exploité le Moulin de Lourmarin où il fut le plus jeune chef étoilé de France en son temps, il exerce maintenant son talent à la Bastide de Capelongue, mas idéalement niché dans la garrigue. La cuisine inventive, où il fait partager les couleurs et les senteurs de la Provence, s'appuie sur de solides acquis reçus notamment chez Alain Chapel et Marc Veyrat. De ses origines savoyardes, Édouard Loubet a gardé la passion pour les sports de montagne tels le ski et l'escalade, mais le jardinage constitue également un de ses hobbies préférés. Aussi, les plantes entrent-elles dans un bon nombre de ses plats.

Voir « Nos adresses » dans La montagne du Luberon.

Reine Sammut

C'est une autodidacte de la cuisine. Au départ, rien ne prédisposait cette jeune femme originaire des Vosges à s'installer au fourneau. Mais la Provence et l'amour lui ont fait abandonner ses études de médecine et c'est aux côtés de la mère de son mari qu'elle a commencé par apprendre les secrets de la cuisine méditerranéenne. Passionnée, et bien soutenue par son époux en salle, elle régala rapidement les fins palais de la région dans leur première auberge située au cœur de Lourmarin, tandis que la réputation de sa cuisine n'a cessé de grandir dans sa nouvelle adresse à la campagne, où elle fait chanter la cuisine provençale entre lavandes et oliviers.

Voir « Nos adresses » dans La montagne du Luberon.

Escapade truffée

Premier producteur de France, le **Vaucluse** est la terre de prédilection de la **truffe noire**. Pour partir sur les traces du divin tubercule : attendez la saison, qui dure de mi-novembre à mi-mars, et équipez-vous d'un véhicule.

Marché de Carpentras

Vendredi dès 9h.

Dans ce marché réservé aux professionnels, vous verrez vendeurs et négociants chuchoter leurs prix autour des sacs de jute. Allez ensuite flâner dans les ruelles de Carpentras, avant de choisir l'un des restaurants de la vieille ville proposant un menu truffé. L'après-midi, partez « caver » (ramasser la truffe) avec un « rabassier » (trufficulteur), dont l'office de tourisme vous fournira les coordonnées. Pour la nuit, l'une des maisons d'hôte postées au pied du mont Ventoux, au cœur des truffières, semble tout indiquée.

Voir aussi « Nos adresses à Carpentras » (p. 363).

Marché de Richerenches

Samedi dès 10h.

Plus rustique que le précédent, il augure un déjeuner truffé dans un restaurant du village. Faites quelques pas dans l'ancienne cité templière avant de mettre le cap sur le sommet du mont Ventoux. Consacrez l'après-midi à une promenade sur les sentiers balisés du Géant de Provence, ou offrez-vous, si l'enneigement le permet, quelques descentes à ski sur le versant nord.

Voir aussi « Nos adresses à Valréas » (p. 341).

Histoire

La Provence fit ses premiers pas dans l'Histoire bien avant notre ère, comme en témoigne la découverte de la grotte Cosquer. Ce territoire n'est pas né d'un découpage administratif mais d'une façon de vivre ensemble, dans une région carrefour enrichie par les Grecs, les Romains puis les comtes de Provence, autant de civilisations dont les Provençaux sont aujourd'hui les fiers héritiers.

La Provence antique

Aucune autre région de France ne conserve de telles traces de son passé antique : cela tient bien sûr à l'empreinte romaine, plus profonde et durable que dans tout le reste de la Gaule, mais aussi à l'exceptionnel état de conservation des monuments. Hormis les Romains, les autochtones celto-ligures, avec leurs oppidums, les Étrusques et les Grecs, avec leurs comptoirs, ont marqué l'Histoire.

NOS ANCÊTRES LES LIGURES

Aux Ligures qui peuplent la région dès l'âge du bronze (1800 à 800 av. J.-C.) viennent se mêler des Celtes au 7e s., puis surtout aux 5e et 4e s. De ce brassage naissent les **Celto-Ligures**, qui s'installent progressivement sur les hauteurs où ils édifient de véritables villes fortifiées : les oppidums. Ils y vivent dans des maisons très simples, en pierre et en brique crue, organisées selon un plan régulier à l'intérieur d'une enceinte, et se consacrent essentiellement à l'agriculture, à l'élevage et à la chasse.
Parmi les vestiges qu'ils nous ont laissés, leur statuaire célèbre volontiers les guerriers morts, héros protecteurs de la cité. Il était en outre du dernier chic d'incruster dans le linteau de sa porte les têtes des ennemis vaincus ou, à défaut, leur représentation sculptée.

La bosse du commerce

Si les Rhodaniens ne laissent guère que leur nom au grand fleuve provençal, Rodhanos, et si les Étrusques se limitent à quelques échanges commerciaux, les **Phocéens**, venus d'Asie Mineure (Ionie), sont les premiers à fonder une colonie permanente, vers 600 av. J.-C. : Massalia, l'actuelle Marseille.
Peu à peu, la civilisation hellénique se diffuse dans toute la région. Son influence accélère notamment l'évolution de l'économie (introduction de la monnaie) et de la société (techniques de construction). Mais au 2e s., les relations commencent à se gâter entre les autochtones et la cité phocéenne, et la **confédération salyenne** (qui regroupe les peuplades provençales) réagit à « l'impérialisme massaliote ».

ROME À LA RESCOUSSE

La cité phocéenne obtient en 154 la protection de Rome face aux menaces gauloises, et, dès 125,

Quartier de Puymin (Vaison-la-Romaine).
S. Sauvignier / MICHELIN

alors que la montée en puissance de l'empire arverne met en péril la sécurité du midi de la Gaule, clé du trafic entre l'Italie et l'Espagne, les légions romaines ne se font pas prier pour répondre à l'appel des Massaliotes : elles soumettent facilement les Voconces de Vaison, puis les Salyens d'Entremont et, après avoir fondé le camp d'Aquae Sextiae (Aix) en 122, infligent une sanglante défaite aux Arvernes et aux Allobroges.

La Transalpine, une nouvelle province bientôt nommée la **Narbonnaise** en référence à la première colonie romaine (Narbonne) définie en 118 par le consul Domitius Ahenobarbus, reçoit le statut de *Provincia Romana* : la Provence en tirera sans doute son nom et, pour l'heure, Massalia conserve son indépendance et son territoire.

Des chemins qui mènent à Rome

Sitôt installés en Provence, les Romains mettent en place des voies de communication terrestres dont le tracé suit celui de chemins antérieurs (sentiers tracés par les Gaulois, ou drailles empruntées par les troupeaux). Pavées à l'entrée des villes, elles sont en rase campagne couvertes d'un paletage très compact, et jalonnées de ponts de bois ou de pierre, de bornes milliaires et de relais.

Trois grandes voies romaines sillonnent ainsi la Provence : la **voie Aurélienne** *(via Aurelia)* relie Rome au Rhône en longeant la côte par Antibes, Fréjus, Aix et Salon-de-Provence, pour rejoindre la voie Domitienne à Tarascon ; la **voie Domitienne** *(via Domitia)* relie l'Italie du Nord à l'Espagne, en passant par Briançon, Gap, Sisteron, Apt, Cavaillon, Tarascon, Nîmes, Béziers, Narbonne et Perpignan. Enfin, la **route d'Agrippa** part d'Arles et suit la rive gauche du Rhône en direction de Lyon, en passant par Avignon et Orange.

Marius et César : la Paix romaine

En 102 av. J.-C., Marius vainc près d'Aix les Cimbres et les Teutons. Un juste retour des choses, après la cuisante défaite infligée par ces derniers aux légions romaines, à Orange, trois ans avant.

Dès lors, la domination romaine s'étend de manière irréversible sur le pays, avec son lot d'abus et de spoliations. La Gaule transalpine s'intègre rapidement au monde romain et soutient **César** sans états d'âme pendant la guerre des Gaules (58 à 51).

Mais dans la lutte qui oppose ensuite le général victorieux à son rival, Pompée, Marseille mise sur le perdant : assiégée (49 av. J.-C.), puis envahie, elle perd son indépendance, à l'heure où des villes comme Narbonne, Nîmes, Arles et Fréjus prennent leur envol.

La civilisation gallo-romaine connaît son apogée entre les 1er et 3e s., sous l'impulsion de l'empereur **Auguste**, et plus tard, d'Antonin le Pieux, nîmois d'origine. L'agriculture demeure la première activité de la Provence, tandis que le commerce enrichit les villes (Arles en particulier, qui profite de la disgrâce de Marseille).

LE CHANT DU CYGNE

Après les incertitudes du 3e s., les 4e et 5e s. apportent des transformations religieuses et politiques considérables.

Au cours du 3e s., la Provence doit faire face à une série d'invasions (Allamans et Vandales), qui mettent à mal sa prospérité et le bel ordonnancement de la Paix romaine : déclin des villes (comme Nîmes et Glanum, abandonnées par leurs habitants), appauvrissement des campagnes et insécurité entraînent une nouvelle occupation des sites de hauteur, abandonnés depuis trois siècles. Partout, des remparts s'élèvent.

Le christianisme (qui semble n'apparaître qu'à la fin du 2e s.) triomphe des autres religions après la conversion de **Constantin**. Ce dernier fait d'Arles sa ville favorite en Occident, la dotant notamment d'un palais impérial et de thermes. Véritable centre commercial où s'élaborent tissus, orfèvrerie, sarcophages, armes et navires, Arelate (qui faillit bien devenir Constantina, en hommage à son bienfaiteur) devient un important centre politique (préfecture des Gaules en 395), puis religieux, en accueillant dans ses murs 19 conciles. Cette prospérité se prolonge jusqu'en 471, date de la prise de la ville par les Wisigoths. Pendant ce temps, Marseille redevient un port actif et Aix un important centre administratif.

La fin de la civilisation gallo-romaine

La prise d'Arles par les Wisigoths marque la fin de la civilisation gallo-romaine, en dépit d'une tentative de « restauration » menée par les Ostrogoths, qui remettent en vigueur les institutions romaines entre 476 et 508.

La vie religieuse poursuit son essor : les conciles se multiplient dans les villes de Provence, prescrivant notamment la création d'une école par paroisse afin de parfaire l'évangélisation des campagnes. L'évêque d'Arles, **Césaire**, jouit d'un immense prestige en Gaule. En 536, la Provence entre dans le royaume franc et subit le sort incertain des autres provinces, ballottées au gré des partages successoraux de la dynastie mérovingienne. La décadence s'accélère.

La première moitié du 8e s. n'est que confusion et tragédies : Arabes et Francs transforment la région en véritable champ de bataille et, entre 736 et 740, **Charles Martel** la soumet avec une brutalité inouïe.

Un royaume de Provence est érigé en 855, dont les contours correspondent à peu près au bassin rhodanien. Mais, affaibli par la menace des Sarrasins et des Normands, il ne tarde pas à échoir aux rois de Bourgogne. Leurs possessions (du Jura à la

Méditerranée) sont placées sous la protection des empereurs germaniques, qui en héritent en 1032. Cette date capitale fait de la Provence une terre d'empire.

Chronologie

À la croisée des civilisations française et italienne, la Provence fut le théâtre de guerres et d'annexions, mais aussi de relations culturelles et commerciales rayonnantes : Grecs et Romains laissèrent leur empreinte dans la région.

PRÉHISTOIRE ET ANTIQUITÉ

Avant J.-C.

- **Vers 6000** – Néolithique cardial (du mot *cardium*, coquillage utilisé dans la décoration des poteries) : sites de Châteauneuf-lès-Martigues et de Courthézon.
- **Vers 3500** – Chasséen : apparition de véritables éleveurs-agriculteurs vivant dans des villages.
- **1800-800** – Âge du bronze. Présence des Ligures.
- **8e-4e s.** – Installation progressive des Celtes.
- **Vers 600** – Fondation de Massalia (Marseille) par les Phocéens.
- **4e s.** – Apogée de Massalia ; voyages du navigateur massaliote Pythéas dans les mers du Nord.
- **125-122** – Conquête de la Gaule méridionale par les Romains. Destruction d'Entremont et fondation d'Aix.
- **102** – Victoire de Marius sur les Teutons.
- **58-51** – Conquête de la Gaule chevelue par César.
- **27** – Auguste organise la Narbonnaise.

Après J.-C.

- **284** – La Narbonnaise est divisée en deux provinces : Narbonnaise sur la rive droite du Rhône, Viennoise sur la rive gauche.
- **4e s.** – Apogée d'Arles. Mise en place des diocèses.
- **416** – Jean Cassien, venu d'Orient, fonde l'abbaye Saint-Victor de Marseille.

LE COMTÉ DE PROVENCE

- **471** – Prise d'Arles par les Wisigoths.
- **536** – Cession de la Provence aux Francs.
- **843** – Traité de Verdun : la Provence, la Bourgogne et la Lorraine reviennent à Lothaire.
- **855** – Création d'un royaume de Provence au profit de Charles, 3e fils de Lothaire.

ONZE DATES CLÉS

- **Vers 600 av. J.-C.** – Fondation de Massalia (Marseille) par les Phocéens.
- **58-51 av. J.-C.**– Conquête de la Gaule chevelue par César.
- **416** – Jean Cassien fonde l'abbaye Saint-Victor de Marseille.
- **536** – Cession de la Provence aux Francs.
- **855** – Création du premier royaume de Provence.
- **1032** – Rattachement de La Provence au Saint Empire romain germanique.
- **1316-1403** – Avignon devient une ville phare, celle des papes.
- **1434-1480** – Règne du roi René.
- **1486** – Réunion de la Provence à la France.
- **1791** – Avignon et le comtat Venaissin sont réunis à la France.
- **Août 1944** – Libération de Marseille par les troupes alliées.

- **2e moitié des 9e et 10e s.** – Incursions répétées des Sarrasins, des Normands et des Hongrois.
- **879** – Boson, beau-frère de Charles le Chauve, roi de Bourgogne et de Provence.
- **1032** – Rattachement de la Provence au Saint Empire romain germanique. Les comtes de Provence bénéficient, toutefois, d'une indépendance effective.
- **1125** – Partage de la Provence entre les comtes de Barcelone et de Toulouse. La Provence vit en union avec le Languedoc, pratiquant la même langue (d'oc) et des coutumes semblables.

La **croisade contre les Albigeois** entraîne l'union tardive des partis catalan et toulousain face aux « envahisseurs » du Nord, mais la défaite de Muret (1213) ruine tout espoir d'une Occitanie unie.

- **Vers 1135** – Les villes sont devenues des puissances locales depuis le début du 12e s.; elles élisent des consuls dont le pouvoir s'est accru au détriment des seigneurs traditionnels (évêques, comtes et vicomtes). Au 13e s., elles gagnent progressivement leur indépendance.
- **1229** – L'expédition de Louis VIII (siège d'Avignon en 1226) et le **traité de Paris** (1229) aboutissent à la création de la sénéchaussée royale de Beaucaire; la rive droite du Rhône est désormais terre royale. À l'est, le comte catalan Raimond-Bérenger V maintient son autorité et dote la Provence d'une organisation administrative; lui-même réside souvent à Aix.
- **1246** – **Charles Ier d'Anjou**, frère de Saint Louis, épouse Béatrice de Provence, fille du comte de Barcelone, et devient comte de Provence. Son gouvernement est apprécié : la sécurité est rétablie, une administration honnête gère les affaires publiques et la prospérité reprend.
- **1248** – Saint Louis s'embarque à Aigues-Mortes pour la 7e croisade.
- **1274** – Cédé par le roi de France à la papauté, le comtat est dit « Venaissin ».

Durant la première moitié du 14e s., les successeurs de Charles Ier, Charles II et Robert d'Anjou le Sage, poursuivent une politique d'ordre et de paix.

- **1316-1403** – Avignon devient la ville phare, où l'évêque Jacques

MASSACRE DES VAUDOIS

L'hérésie vaudoise remonte au 12e s. : un certain **Vaudès** ou Valdès, riche marchand lyonnais, fonde en 1170 une secte prêchant la pauvreté et le retour à l'Évangile, refusant les sacrements et la hiérarchie ecclésiastique. Excommuniés en 1184, les Vaudois sont désormais pourchassés comme hérétiques.

La **Réforme** se propage dans le Midi, grâce aux colporteurs de bibles et aux marchands. Le protestantisme est stimulé par le rayonnement de l'Église vaudoise, implantée dans les communautés villageoises du **Luberon**. En 1530, les Vaudois sont repérés par l'Inquisition et, en 1540, le parlement d'Aix (institué en 1501) lance contre dix-neuf d'entre eux l'« arrêt de Mérindol ». François Ier temporise et prescrit un sursis. Mais lorsqu'en 1544 des hérétiques saccagent l'**abbaye de Sénanque**, le président du parlement d'Aix, Meynier d'Oppède, obtient du roi l'autorisation d'appliquer l'arrêt et organise une expédition punitive. Du 15 au 20 avril 1545, une véritable folie sanguinaire s'abat sur les villages du Luberon dont certains sont incendiés et rasés : 3 000 personnes sont massacrées et 600 envoyées aux galères.

Duèse, élu pape sous le nom de Jean XXII en 1316, décide de se fixer. Déjà, Clément V résidait depuis 1309 dans le Comtat et bénéficiait de la « protection » du roi de France ; aussi l'acte de Jean XXII est confirmé par son successeur Benoît XII qui entreprend la construction d'une nouvelle résidence pontificale. Le séjour des **papes en Avignon** se traduit par un essor et un rayonnement de la ville pendant près d'un siècle.

- **1348** – Clément VI achète Avignon à la reine Jeanne Ire d'Anjou.

La Provence entre dans une phase difficile. Outre la famine et la peste, les ravages des Grandes Compagnies (les routiers) et l'instabilité politique due à la faiblesse de la reine Jeanne (petite-fille du roi Robert, assassinée en 1382) affaiblissent gravement le pays. Après une violente querelle de succession, Louis II d'Anjou (neveu du roi de France Charles V) rétablit la situation en 1387. La pacification est provisoirement ralentie par les agissements d'un seigneur turbulent, le vicomte de Turenne, qui pille et rançonne le pays (1389-1399). La tranquillité ne revient définitivement qu'au début du 15e s.

- **1409** – Fondation de l'**université d'Aix**, qui est élevée au rang de capitale administrative avec un sénéchal et une cour des maîtres rationaux (officiers chargés de la gestion des finances du comté).
- **1434-1480** – Règne du roi **René Ier** le Bon, oncle de Louis XI. Fils cadet de Louis II d'Anjou († 1417), il hérite de la Provence à la mort de son frère (1434). Son règne laissera un souvenir heureux, car il coïncide avec une période de restauration politique et économique qui se fait sentir dans toute la France. Poète et amateur d'art éclairé, il attire quantité d'artistes à Aix, qui prend en quelque sorte le relais de l'Avignon des papes.
- **1450** – Jacques Cœur installe ses comptoirs à Marseille.
- **1481** – Charles du Maine, neveu de René d'Anjou, laisse par testament la Provence à Louis XI.

LES ÉTATS DE PROVENCE

- **1486** – Les **États de Provence**, réunis à Aix, ratifient la réunion de la Provence à la France.
- **1501** – Institution du parlement d'Aix, cour souveraine de justice qui s'arroge des prérogatives politiques.
- **1524-1536** – Invasion de la Provence par les Impériaux (soldats de l'Empire germanique).
- **1539** – Édit de Villers-Cotterêts imposant l'usage du français pour les actes administratifs.
- **1545** – **Massacre des Vaudois**, hérétiques du Luberon.
- **1555** – **Nostradamus**, né à Saint-Rémy, publie les *Centuries astrologiques*.
- **1558** – L'ingénieur salonnais Adam de Craponne fait creuser le canal qui porte son nom.
- **1567** – **Massacre de la Michelade** à Nîmes : 200 prêtres ou notables catholiques sont assassinés par les huguenots. Le protestantisme continue en effet à se répandre en dépit des massacres. Ses bastions se concentrent à l'ouest du Rhône et dans la principauté d'Orange. La Provence adopte le catholicisme tandis que le Languedoc-Cévennes, sous la houlette des marchands et des artisans du textile qui animent le mouvement réformé, adhère à la cause protestante, dont Nîmes est le flambeau.
- **1622** – Louis XIII visite Arles, Aix et Marseille.
- **1660** – Louis XIV entre solennellement dans Marseille.
- **1685** – Révocation de l'édit de Nantes.

PACA : ENQUÊTE DE RECONNAISSANCE
Comment appelle-t-on les habitants de la région PACA ? Les Pacaïens ? Jalouse des doux noms des Bretons, Auvergnats et autres Lorrains, PACA rêve de changer le sien. Aussi a-t-elle lancé en 2009 une consultation auprès de ses habitants-mal-nommés, afin qu'ils proposent des pistes… sachant qu'il faudra mettre ensuite d'accord les six départements qui la composent : Alpes-de-Haute-Provence, Alpes-Maritimes, Bouches-du-Rhône, Hautes-Alpes, Var et Vaucluse. Vaste programme !

- **1713** – La principauté d'Orange, possession de la famille de Nassau depuis 1559, est acquise par la France au **traité d'Utrecht**.
- **1720** – La grande peste, partie de Marseille, décime les populations provençales.
- **1771** – Suppression du parlement d'Aix.

DE LA RÉVOLUTION À NOS JOURS

- **1790** – L'Assemblée constituante décide la création de trois départements dans le sud-est de la France : les Basses-Alpes (chef-lieu : Digne), les Bouches-du-Rhône (chef-lieu : Aix) et le Var (chef-lieu : Toulon).
- **1791** – Avignon et le comtat Venaissin sont réunis à la France.
- **1792** – 500 volontaires marseillais défilent dans Paris au chant de l'armée du Rhin, qui s'appellera *La Marseillaise*.
- **1815** – Chute de Napoléon. Assassinat du maréchal Brune à Avignon par des fanatiques royalistes (Terreur blanche).
- **1854** – Fondation du Félibrige, école littéraire provençale.
- **1859** – Frédéric Mistral publie le poème provençal *Mireille*.
- **1904** – Attribution du prix Nobel de littérature à Frédéric Mistral.
- **1942** – Invasion de la Provence par les troupes allemandes le 11 novembre.
- **1944** – Débarquement des armées alliées le 15 août sur la Côte d'Azur. Du 23 au 28 août, les troupes du **général de Montsabert**, aidées par les forces de la Résistance, libèrent Marseille de l'occupation allemande.
- **1965** – Début de la construction de l'ensemble portuaire de Fos.
- **1970** – Marseille est reliée à Paris par les autoroutes A 6 et A 7. Création du Parc naturel régional de Camargue.
- **1977** – Mise en service à Marseille de la première ligne du métropolitain.
Création du Parc naturel régional du Luberon.
- **1981** – Le TGV arrive à Marseille.
- **1991** – Découverte dans la calanque de Sormiou, au sud de Marseille, de la grotte ornée dite **grotte Cosquer** *(voir p. 122)*.
- **1993** – L'**Olympique de Marseille** est le premier club français à remporter une coupe européenne de football.
- **1999** – Marseille fête ses 2600 ans d'existence.
- **Juin 2001** – La nouvelle ligne TGV tracée au sud de Valence, « TGV Med », met Paris à 3h de Marseille et à 2h40 de la nouvelle gare d'Avignon-TGV.
- **2007** – Création du Parc naturel régional des Alpilles.
- **2009** – La région **PACA** (Provence-Alpes-Côte d'Azur) ne veut plus de l'acronyme qui la désigne et veut changer de nom *(voir l'encadré ci-dessus)*.
- **2010** – Création du Parc national des Calanques.

Marseille-Provence 2013 : le fol espoir

MARSEILLE... ET TOUTE LA PROVENCE

Le 16 septembre 2008, Marseille a été désignée Capitale européenne de la Culture pour 2013. En cas de succès, comme ce fut le cas à Lille en 2004, la capitale régionale pourrait devenir une destination de choix pour les touristes et, plus encore, pour les investisseurs. Derrière la bannière « Marseille-Provence 2013 », c'est tout un territoire qui tente d'unir ses forces dans ce grand projet qui se rêve fédérateur, soit 130 communes (dont Aix-en-Provence, Arles, Toulon ou Salon-de-Provence), rassemblant 2,2 millions d'habitants et attirant chaque année 10 millions de touristes. Cette promesse d'union sacrée au nom de la culture constitue un énorme défi, dans une région jusqu'alors déchirée par les rivalités traditionnelles, parfois au sein d'un même camp politique. Les chefs d'entreprise sont aussi mobilisés, représentés par la chambre de commerce et d'industrie Marseille-Provence, qui s'est beaucoup investie dans le dossier de candidature victorieux. Objectif avoué : faire rimer développement économique et développement culturel, sur le modèle de « Lille 2004 ».

WORK IN PROGRESS

« Nous avons voulu bâtir un projet qui fasse de Marseille et de la Provence un espace privilégié et pérenne, qui vivra au-delà de 2013, consacré au dialogue des cultures de l'Europe et de ses Suds, à l'accueil et à la rencontre de leurs artistes, de leurs savants, des maîtres et des élèves, à la transmission des savoirs et à la production des œuvres. » Voilà pour le credo général, résumé par le directeur de « Marseille-Provence 2013 », Bernard Latarjet, l'ancien directeur du Parc de la Villette à Paris. Les grandes lignes du projet artistique sont en train de se dessiner. Parmi les annonces phares : dix établissements culturels euroméditerranéens devraient ouvrir d'ici fin 2012, représentant un investissement de 570 millions d'euros (MuCEM, Silo et Cité des arts de la rue à Marseille, Grand Saint Jean à Aix-en-Provence, Centre international de la photographie à Arles...) ; la mise en place de grandes fêtes populaires à vocation durable en 2013 ; l'organisation de grandes expositions et festivals...

UN NOUVEAU SOUFFLE ?

Après des années de déclin économique et culturel, Marseille et sa région ont amorcé le redressement à la fin des années 1990. Beaucoup espèrent que « Marseille-Provence 2013 » sera le catalyseur d'un vrai changement, capable d'insuffler une dimension internationale à une capitale régionale qui en manque en dépit de ses formidables atouts, notamment géographiques et démographiques. Mené par des acteurs de tous horizons, le projet aura déjà permis d'identifier quelques failles du territoire qu'il faudra combler pour que la grande fête annoncée en 2013 soit réussie. Marseille, plus particulièrement, révèlent des besoins de construction de logements et de développement de l'emploi. Quant à la propreté urbaine et aux transports collectifs, ils continuent de susciter l'attention.

Économie

Révolution agricole, industrialisation accélérée, développement d'un tourisme de masse, urbanisation galopante : l'économie provençale a subi depuis un demi-siècle des mutations considérables, sans renier pour autant ses savoir-faire séculaires. En 2013, Marseille, Capitale européenne de la Culture, sera au cœur de toutes les attentions. La région saura-t-elle en faire un tremplin pour l'avenir ?

Le « jardin de la France »

La filière **agroalimentaire** pèse lourd dans l'économie provençale. Dans les Bouches-du-Rhône, elle est représentée par plus de 250 établissements de plus de 10 salariés (dont une trentaine de plus de 100).

C'est grâce à la douceur du climat que prospèrent les **cultures maraîchères** et **fruitières**. En tête : la courgette (plus de la moitié de la production nationale), les salades, le melon, les concombres, les asperges, les cerises ou encore les fraises. Les riches terres de Provence assurent également d'abondantes récoltes de **blé**, mais aussi de maïs et de colza. Le **riz**, lui, est cultivé en Camargue.

Autrefois tourné vers la laine, l'**élevage de moutons** a aujourd'hui vocation à la production de viande, plus rentable. Les troupeaux se contentent de la modeste pâture des garrigues ou de la Crau, qu'ils glanent en parcourant d'immenses territoires. L'été, ils trouvent refuge dans la fraîcheur du Larzac ou de la montagne lozérienne, certains gagnant même les Alpes (une transhumance à présent motorisée).

Beaucoup plus marginale d'un point de vue économique, la **pêche** souffre bien souvent de la pollution des eaux. La flotte s'organise autour de deux types de pêche : les petits métiers (90 %) et les métiers du large (chalutiers, lamparos et thoniers). Chaque année, 4 500 t de sardines, d'anchois, de maquereaux et autres anguilles se déversent dans les ports provençaux. La conserverie, la salaison et la commercialisation des produits sont assurées par une quarantaine d'entreprises dans la région.

Le **vignoble** prospère lui aussi dans les plaines, où il produit quantité de vins ordinaires, peu comparables avec ceux des coteaux. Sous leur appellation commune, les côtes-du-rhône déclinent en effet des crus plus délicats.

Aux arômes des **herbes de Provence** qui poussent à l'état sauvage (thym, romarin, sarriette) ou font l'objet d'une culture minutieuse (basilic, marjolaine, estragon) se mêlent ceux, non moins subtils, des vergers de **tilleul**, dont les fleurs séchées font d'agréables infusions, et de l'**amandier**.

Production d'**huile d'olive** *(voir p. 312)*.

Senteur lavande

Sur les sols calcaires ensoleillés du **plateau de Sault**, le manteau mauve des champs de **lavande** exhale une senteur délicate. Après la récolte, l'été, on laisse les fleurs sécher, avant de les distiller à l'alambic. L'essence ainsi obtenue (1 litre pour 100 kg de fleurs !) est utilisée en parfumerie.

IDÉE DE WEEK-END PARFUMÉ

Outil indispensable : une voiture, à louer dans les gares d'Avignon ou d'Orange si vous arrivez en train. Vous pourrez alors établir votre QG dans une maison d'hôte, d'où vous partirez, le premier jour, à la découverte de **Sault** *(voir ce nom)*, berceau de la distillation industrielle. Le matin, faites des emplettes à la Maison des producteurs. Déjeunez terroir dans un restaurant ou une ferme-auberge. L'après-midi, découvrez l'exposition sur la lavande du Centre de découverte de la nature, faites un tour à la distillerie du Vallon et à la savonnerie Brunarome. Option plein air : suivez la boucle pédestre de 4 km, « Chemins des lavandes ».
Le lendemain, direction le sud. Suivez la spectaculaire route des gorges de la Nesque. Rendez-vous ensuite à l'abbaye de Sénanque *(voir ce nom)*, entourée de ses célèbres champs odoriférants. Achevez votre descente vers le sud en consacrant l'après-midi au **musée de la Lavande** de Coustellet *(voir p. 400)*. Le week-end est terminé : vous voilà au parfum.

En route vers demain

Impossible de manquer le **port autonome de Marseille**, 1er port de France et de Méditerranée, 4e port européen. Il déroule ses gigantesques installations sur près de 50 km entre Marseille et Fos-sur-Mer. Les hydrocarbures représentent près des deux tiers du trafic maritime et le **site pétrochimique** de l'étang de Berre traite annuellement plus de 30 % de la production nationale de pétrole brut.
Les pôles de recherche et de développement se sont développés à Marseille (parc scientifique de Luminy, technopôle de Château-Gombert), Avignon (Agroparc) et Aix (Europôle de l'Arbois). Autres pôles d'excellence : Eurocopter à Marignane (premier fabricant mondial d'hélicoptères), Comex à Marseille (leader mondial de la pénétration sous-marine) et Gemplus à Gémenos (leader mondial de la carte à puce).
Fleuron de la recherche nucléaire mondiale, le site de Cadarache a été choisi pour accueillir le réacteur à fusion nucléaire Iter, avec lequel les physiciens espèrent maîtriser l'énergie des étoiles. Menace sur l'environnement pour les uns, défi technologique pour les autres, la région devrait en tout cas bénéficier à terme d'importantes retombées économiques, avec l'arrivée de nombreux chercheurs internationaux.
Créée en 1995 pour revitaliser le cœur de Marseille et sa façade maritime, Euroméditerranée *(www.euromediterranee.fr)* est la plus grande opération française actuelle d'aménagement urbain. Remodelage de quartiers, création de nouveaux sites culturels, aménagement d'anciennes friches portuaires… Prévu jusqu'en 2015, ce projet, s'il tient ses objectifs de départ, pourrait être décisif pour l'avenir de la cité.

LEXIQUE DU PÊCHEUR DES CALANQUES

Le langage des **pescadous**, encore fortement imprégné de provençal :
Arapède : patelle, coquillage en forme de chapeau chinois accroché aux rochers… D'où l'expression « collant comme une arapède » !
Esquinade : araignée de mer.
Favouille : petit crabe.
Fielas : congre.
Galinette : rouget grondin.
Pourpre : poulpe.
Supion : calmar.
Totène : seiche.
Violet : ascidie (délicieux fruit de mer en forme de pomme de terre).

DES OMBRES AU TABLEAU

L'industrialisation accélérée a sensiblement entaché la beauté de plusieurs sites. Le complexe industriel de **Fos-sur-Mer** dévore la Crau, défigurée aussi depuis le début du 20e s. par la décharge à ciel ouvert d'Entressen, la plus grande d'Europe, dont les institutions européennes ont exigé la fermeture fin 2006. Malgré cela, la situation perdure, aucune solution alternative n'étant en vue.
L'**étang de Berre**, lui, souffre du rejet massif d'eau douce provenant d'usines hydroélectriques. Interdit à la pêche depuis 1957, il doit faire l'objet d'un plan de sauvegarde, sous l'étroite surveillance de la Communauté européenne.
Le **Rhône** n'est pas épargné : des études ayant montré une pollution du fleuve au pyralène (dite aussi « pollution aux PCB »), les préfectures de plusieurs départements (dont les Bouches-du-Rhône et le Vaucluse) avaient interdit, en 2007, la pêche, la consommation et la commercialisation des espèces d'eau douce sur le Rhône et ses canaux de dérivation. En 2009, toutefois, une levée partielle d'interdiction a été prise, dénoncée par certaines associations qui estiment que la pollution est toujours présente.

LE RAYONNEMENT DE LA PROVENCE

La Provence est une marque qui fait vendre, en France comme à l'étranger. Les deux fleurons du genre restent le savon de Marseille et l'huile d'olive : mon premier est vendu dans le monde entier sous des marques malignes qui ont su renouveler le genre (certaines privilégient les emballages design, d'autres soulignent avec force ses bienfaits supposés), mon deuxième se retrouve à la table des plus grands chefs. Quant à la production d'ocre, 60 % part à l'export.
Savez-vous que le *nec plus ultra*, à Moscou ou Londres, est d'avoir des murs badigeonnés façon mas provençal ? En vogue aussi, la gastronomie : à New York, une table branchée s'est baptisée « Pastis ». Les boules de pétanque connaissent aussi un certain succès : on trouve des clubs de boulistes jusqu'à Perth, en Australie. Comment traduit-on « cochonnet » dans le désert australien ? Mystère…

Paysages et nature

Au fil des siècles, érosion, fluctuations marines et bouleversements tectoniques se sont conjugués pour façonner la Provence d'aujourd'hui, avec ses paysages vallonnés et ses massifs rocheux, étrangement sculptés par le temps, mais aussi par sa mer et ses rivages étonnants. Puis la nature a revêtu les lieux de sa robe bigarrée. Exhalant le thym et le romarin, cette terre ensoleillée se pare de garrigue, d'oliviers et de pins, refuge idéal des cigales qui stridulent tout l'été.

Des paysages accidentés

PLAINES FERTILES...

Nées des accumulations alluviales, les plaines s'étendent surtout de part et d'autre de la **vallée du Rhône**. Largement consacrées aux cultures maraîchères, ces riches terres sont quadrillées en petits champs réguliers, abrités du mistral par d'imposantes haies de cyprès, notamment dans le **comtat Venaissin** et la **Petite Crau**.

Sur la rive gauche du Rhône s'ouvre la **Grande Crau**, immense désert pierreux parsemé d'une maigre végétation : c'est le « coussoul », le seul écosystème steppique d'Europe *(voir l'encadré)*.

De l'autre côté du fleuve, la **Camargue** occupe un vaste delta. Entre terre et mer, ses marécages sablonneux (sansouires) se

SOS COUSSOUL

Les grands troupeaux de moutons viennent traditionnellement paître dans la Crau, où l'on dénombre encore aujourd'hui 150 000 brebis. L'extension de la zone industrielle de Fos et la fertilisation du sol ont cependant provoqué une disparition progressive du caractère pastoral. Une récente prise de conscience pourrait sauver la Crau et son célèbre coussoul. La **première réserve d'actifs naturels de France** y a été créée en 2009. Le principe : ramener à l'état originel 357 hectares de vergers abandonnés. Pour tout autre projet d'aménagement dans la Crau, les promoteurs devront financièrement contribuer à la restauration de son écosystème. Une juste contrepartie pour ce projet pilote, qui pourrait à terme faire des émules dans le reste du pays.

Pour l'heure, la plaine de la Crau se préoccupe de mesurer la catastrophe du 7 août 2009 : 4 000 m^3 d'hydrocarbures répandus suite à la rupture d'un pipeline, et d'évaluer les conséquences de la dépollution du site.

déploient à l'infini, invitation à quelques chevauchées, encadrées par des guides locaux (l'accès aux plages et autres sites camarguais est le plus souvent réglementé).

… ET RELIEFS ARIDES

À l'est du Rhône, l'imposant **massif du mont Ventoux** domine la plaine comtadine. Sur ses contreforts, les dentelles de Montmirail dressent leurs crêtes finement ciselées.
Plus à l'est s'ouvre le **plateau de Vaucluse**, vaste étendue karstique creusée d'avens et entaillée par des gorges que parcourt un mystérieux réseau hydrographique souterrain.
Dans les sites tourmentés de la longue **chaîne du Luberon** nichent des villages perchés au charme suranné. D'une beauté plus austère, la **chaîne des Alpilles** dresse ses escarpements décharnés et sa crête déchiquetée. Vers l'est, la silhouette de la **montagne Sainte-Victoire**, sculptée elle aussi de grottes et d'avens, semble veiller sur la ville d'Aix.
Léchée par la mer, la chaîne de l'Estaque, ou **Côte Bleue**, s'avance quant à elle sur la côte, barrière naturelle entre l'étang de Berre et la baie de Marseille, tandis qu'à l'horizon se profile la longue barre rocheuse de la **Sainte-Baume**.

DES COURS D'EAU CAPRICIEUX

Dévalant des Cévennes à l'ouest (l'Ardèche et le Gard) et des Alpes à l'est (l'Aigues, l'Ouvèze et la Durance), plusieurs rivières se jettent dans le **Rhône**. Maigres ruisselets égarés dans un lit trop large aux périodes de sécheresse, ils se muent lors des orages en impressionnantes avalanches d'eau. On a ainsi vu l'Ardèche monter de 21 m en une journée, son débit passant de 2,5 m^3 par seconde à 7 500 m^3 !
Quant aux affluents alpins, presque asséchés les mois d'automne et d'hiver, leur volume explose subitement (dans une proportion de 1 à 180 pour la Durance) à la fonte des neiges. Depuis une quinzaine d'années, les crues à répétition incitent à repenser l'occupation des sols et à prendre davantage en compte le facteur risque.

UN LITTORAL TRÈS ÉCHANCRÉ

De la côte languedocienne au golfe de Fos se déroule l'étonnant rivage de Camargue. Modelées par les courants marins, les alluvions charriées par le Rhône ont formé d'étroits cordons littoraux enserrant des **lagunes**, vastes étangs

LE MISTRAL

Mistrau signifie « maître » en provençal, ce vent ne porte donc pas ce nom par hasard. Descendant du nord-ouest, notamment des hauteurs enneigées du Massif central, il s'engouffre dans la vallée du Rhône. Ses violentes rafales purgent le ciel de ses nuages et purifient le sol (les paysans l'appellent *mangio-fango*, ou « mange-fange », car il assèche les mares de boue).
Mais lorsque le mistral se déchaîne, c'est la tempête : le Rhône se met à rouler des vagues, les étangs se couvrent d'écume, portes et fenêtres claquent et les déplacements deviennent parfois difficiles. S'il est coléreux, le mistral n'est pas rancunier : il se calme aussi soudainement qu'il est apparu et, en quelques jours, tout rentre dans l'ordre.
Si l'on a pu compter, outre le mistral, une trentaine de vents, la plupart sont essentiellement locaux. Deux autres vents, toutefois, comptent vraiment : le **marin**, venu du sud-est, accompagne pluie et brouillard ; quant au **labech**, arrivant du sud-ouest, il accompagne, lui, les orages.

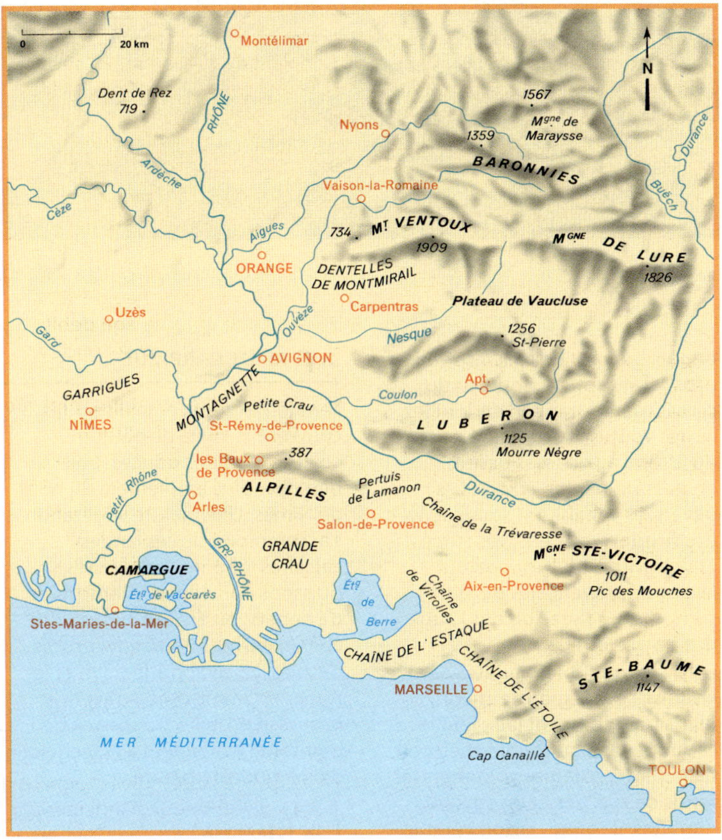

parsemés de bancs sableux où s'ébrouent les chevaux.

D'un contraste saisissant, les reliefs calcaires réapparaissent à partir de l'Estaque. De Marseille à La Ciotat, une kyrielle de petites baies découpe la côte, les plus profondes formant des **calanques**, falaises acérées déclinant au fil des heures toutes les nuances de brun et orange rougeâtre.

LES EAUX DE LA MÉDITERRANÉE

Irradiées par les rayons du soleil, les eaux limpides de la Méditerranée font chanter les couleurs, du turquoise au bleu nuit en passant par l'émeraude. La mer affiche des températures de surface idéales pour la baignade en été (de 20 °C à 25 °C), pour fraîchir sensiblement en hiver, où elle ne dépasse guère 12-13 °C.

Particulièrement salée en raison de son évaporation intense, elle n'est soumise qu'à de faibles marées. Ses flots calmes peuvent aussi se déchaîner en quelques heures lorsque le **mistral** se lève.

La flore

FRONDAISONS ARGENTÉES...

Importé par les Grecs il y a 2 500 ans, l'olivier *(voir p. 312)* règne en maître sur les sols calcaires et siliceux de Provence. On en

dénombre plus de soixante variétés prospérant sous la douceur du climat méditerranéen et dont les larges voûtes argentées s'étagent du littoral aux basses pentes, en passant par les vallées. Les oliveraies cohabitent souvent avec des **figuiers**, aux effluves sucrés, et des **amandiers**, qui parent les terres provençales de leur somptueuse floraison dès l'aube des beaux jours.

Parmi les multiples variétés de **chênes** de la région, le chêne blanc ou pubescent (aux feuilles caduques, d'aspect cotonneux et blanchâtre) colonise volontiers les fonds des vallées et les versants humides. Il côtoie parfois l'érable, le sorbier et l'alisier. Les sous-bois dissimulent nombre d'arbrisseaux et de fleurs, notamment des orchidées.

Mais à l'évocation de la Provence se profile surtout la silhouette des **pins** : le pin maritime, dont le feuillage sombre et bleuté cache une écorce rouge violacé ; le pin parasol, dont la forme évocatrice jalonne le littoral méditerranéen, aux côtés du pin d'Alep, plus clair et moins touffu. Quant aux **cyprès**, ils détachent sur l'azur leurs formes sombres, fuseaux effilés pointés en rangs serrés vers le ciel, pyramides ventrues, ou à branches étalées, selon les espèces. Enfin, **platanes** et **micocouliers** ombragent les cours et places des villages de leur imposante frondaison.

... ET ARIDE GARRIGUE

Terrains pierreux et taillis arides couvrent ici ou là de petites collines à pentes douces, pour se déployer plus amplement au nord de Nîmes. Une maigre végétation s'accommode de ces landes calcaires. Chênes verts, cistes, buissons épineux de chardons et de genêts, ou encore minuscules chênes kermès hérissent ces sols désolés. La lavande, le thym et le romarin s'immiscent à travers la broussaille, où les troupeaux de moutons gambadent à la recherche d'une modeste pâture.

La faune

HABITANTS DES TERRES

Insecte provençal par excellence, la **cigale** fait retentir de toutes parts son chant lancinant (chant nuptial du mâle pour attirer sa belle) dès que pointent les beaux jours, chauds et ensoleillés.

Lui aussi amateur de chaleur, le **lézard** paresse au soleil ou niche dans les anfractuosités rocheuses de la garrigue, tel le long lézard ocellé, ou son petit-cousin le lézard vert. Ils y côtoient la couleuvre, les escargots (dont le « petit-gris », très prisé des gourmets), la mante religieuse ou encore la belette.

Sur les pierrailles de la Crau gambadent les **moutons mérinos**

Massif de la Sainte-Baume.
L. Campion / MICHELIN

d'Arles, conduits lors de la transhumance par les béliers *flouca*, parés d'amusantes touffes de laine bleue et rouge, les **chèvres du Rove**, aux étonnantes cornes torsadées, et des ânes gris.
Quant à la Camargue, connue pour ses manades de **taureaux noirs** et de majestueux **chevaux blancs**, elle accueille aussi le sanglier, le ragondin (rongeur), le renard roux et diverses grenouilles.

DES OISEAUX PAR MILLIERS

La **Camargue** reste surtout le fief incontesté d'une incroyable colonie d'oiseaux : hérons, aigrettes, sternes, mouettes et goélands, canards bigarrés et, à la place d'honneur, le flamant rose, élégant échassier à la silhouette longiligne.
Plus loin, les falaises des **calanques** sont le refuge d'une riche avifaune maritime, dont le hibou, le merle bleu ou le martinet. Faucons et busards, mais aussi chouettes et huppes affectionnent plus particulièrement la plaine de la Crau, tandis que l'aigle et la fauvette planent au-dessus de la garrigue.

UN AQUARIUM GÉANT

La Méditerranée recèle aussi bien des fonds peu profonds, sableux ou vaseux, que rocheux et accidentés, plongeant à pic dans les abysses.
Roi de ces mers, le **mérou** (protégé depuis 1980) passe les premières années de sa vie (il est alors femelle) dans les fonds rocheux du littoral, avant de se réfugier, lorsqu'il atteint l'âge adulte (et devient un mâle), dans des cavités beaucoup plus profondes.
Dans les **zones rocheuses**, les poissons de roche pullulent : rascasses (la gloire de la bouillabaisse), rougets, congres et murènes partagent les lieux avec une foule de poulpes et d'araignées de mer, divers mollusques et quelques rares langoustes. Dans les **zones sableuses**, on trouve des raies, des soles et des limandes. Des bancs de sardines, d'anchois et de thons passent au large ainsi que des daurades, des loups (ou bars) et des muges (mulets).
Au grand dam des baigneurs, des **méduses** (souvent urticantes) envahissent épisodiquement le littoral.
En eau douce, le **Rhône** et la **Durance** ne sont pas avares de carpes tandis que les truites empruntent les différentes rivières provençales…

Environnement

LE FEU, ENNEMI NUMÉRO UN

L'engouement touristique pour la Méditerranée et la Provence, conjugué au développement industriel et urbain accéléré de la région, mettent sans cesse en péril

son patrimoine naturel.
La menace la plus grave vient des **incendies de forêt**. On ne compte plus les hectares qui s'envolent chaque année en fumée (2003 fut une année désastreuse avec 25 300 ha ravagés dans la région PACA, 4 200 ha en 2004, 7 000 ha en 2005, 1 450 ha en 2006, 3 500 ha en 2007), par négligence, imprudence ou malveillance humaine. En période de sécheresse, les broussailles des sous-bois et les aiguilles de pins offrent au feu un aliment de choix. Certaines plantes dégagent même des essences très volatiles qui peuvent s'enflammer toutes seules. Et lorsque le vent s'en mêle, la catastrophe devient inéluctable...
Les multiples moyens mis en œuvre pour combattre le feu ne suffisent pas à enrayer les désastres. Seuls les actes de **prévention** (mise en place de coupe-feu, guet méthodique, nettoyage des sous-bois, débroussaillage autour des habitations, espaces réglementés, voire interdiction d'accès aux massifs en période de risques élevés, etc.) et la sensibilisation du public (notamment des touristes) laissent espérer des résultats significatifs.
www.promethee.com : une banque de données sur les incendies de forêt en région méditerranéenne.

AUTRES FLÉAUX

Quand elle se fait au mépris des contraintes naturelles, l'urbanisation galopante peut avoir des conséquences tragiques : chacun garde en tête les images chocs des **inondations** qui ont frappé Arles, Vaison-la-Romaine et d'autres zones du nord Vaucluse. Parfois meurtrières, toujours dévastatrices, ces crues torrentielles rappellent que la légendaire douceur du climat méridional est illusoire. Autre constat : les inondations ont moins frappé les centres historiques que les nouvelles zones urbanisées.
Quant à la fréquentation automobile croissante, elle a nécessité une extension constante des infrastructures routières, qui lacèrent le paysage et grignotent de plus en plus les espaces sauvages. Les effets combinés de la pollution automobile et de la chaleur ont propulsé la Provence dans le peloton de tête des zones européennes les plus polluées à l'**ozone**.
Site des associations chargées de sa surveillance : **www.airmaraix.com** pour Aix, Marseille et Avignon.

SITES SOUS HAUTE PROTECTION

Heureusement, certains espaces naturels sont désormais protégés, que ce soit dans le cadre des Parcs naturels régionaux de Camargue, des Alpilles et du Luberon, de la réserve de La Crau, des deux Parcs régionaux marins de la Côte Bleue et de La Ciotat et du Parc national des Calanques, créé en 2010. D'autres sites naturels exceptionnels font l'objet de réflexions en vue d'une future protection : le mont Ventoux, la montagne Sainte-Victoire et le massif de la Sainte-Baume.

Arts et culture

Il est des beautés qui inspirent : de l'Antiquité à nos jours, la Provence se caractérise par une fécondité artistique exceptionnelle. Les trésors de pierre gallo-romains nichent au cœur des villes tandis que d'humbles chapelles romanes ornent les collines. Les paysages, aussi, ont séduit nombre de peintres emblématiques, attirés par la pureté de la lumière. La littérature fut prolixe. Aujourd'hui, la création contemporaine continue de foisonner tous azimuts. Suivez le guide.

L'architecture

Des oppidums aux bastides, en passant par les monuments antiques et romans, l'architecture est un miroir de l'histoire provençale. Rurale ou urbaine, elle est souvent remarquablement conservée.

LA VILLE DANS L'ANTIQUITÉ

Peu de villes sont créées *ex nihilo* par les Romains, la plupart succédant à un établissement indigène, plus ou moins hellénisé. La fondation d'une **ville romaine** suit des règles bien précises : on détermine tout d'abord le centre de la future cité, puis on trace deux axes majeurs, le *cardo maximus* (orienté nord-sud) et le *decumanus maximus* (est-ouest). À partir de ces axes perpendiculaires se définit un quadrillage régulier, dont les mailles forment théoriquement des carrés d'une centaine de mètres de côté. À de rares exceptions près (comme Nîmes, Arles et Orange, qui se voient octroyer le privilège honorifique de s'entourer de remparts), les villes restent ouvertes puisque la **Pax romana** règne désormais sur la contrée.

Le forum, cœur de la cité

Autour du forum, grande **place publique** entourée de portiques, s'agencent les bâtiments publics : le temple du culte impérial, la basilique (où l'on traite des affaires judiciaires et commerciales), la curie (où siègent les magistrats municipaux) et, parfois, une prison. Bref, ce que l'on nommerait aujourd'hui une **cité administrative**.

Les trois ordres

Dérivés des ordres grecs, les trois ordres architecturaux romains s'en distinguent néanmoins par quelques détails. Employé à l'étage inférieur des monuments, le **dorique** romain (ou toscan), jugé trop sévère pour son aspect simple et massif, ne se rencontre que rarement. De même, les architectes ont souvent dédaigné l'**ionique**, très élégant avec ses chapiteaux ornés de volutes latérales mais pas assez pompeux à leur goût.
Seul le **corinthien** semble avoir eu leur faveur, pour la richesse de son décor. On le reconnaît aux deux rangs de feuilles d'acanthe, entre lesquels s'élèvent des volutes, qui ornent ses chapiteaux.

Des rues bien étudiées

Les promeneurs déambulent à l'ombre de **portiques**, qui les protègent également de la pluie. Bordée de caniveaux et revêtue de grandes dalles, la chaussée est en outre hérissée de bornes plates, de même hauteur que les trottoirs pour permettre aux piétons de traverser la rue sans effort, et séparées par un espace calculé pour laisser passer les chevaux et les roues des chars.

Demeures urbaines

La plus imposante demeure est indéniablement l'**habitation patricienne**, spacieuse, et dont la sobriété de façade (seules de rares fenêtres rompent la nudité des murs) dissimule un riche intérieur, orné de mosaïques, de peintures, de statues et de marbre.

Les arcs

Improprement appelés arcs « de triomphe », les arcs « municipaux » provençaux d'Orange, des Antiques, de Carpentras et de Cavaillon commémorent la fondation des cités et les exploits des vétérans légionnaires.

Voir Orange, les Antiques à Saint-Rémy-de-Provence, Carpentras et Cavaillon.

De l'eau, de l'eau !

Afin d'acheminer l'eau dans les villes, les Romains édifient des aqueducs, parfois grandioses, comme le pont du Gard.

Il s'agit notamment d'alimenter les **thermes**. Expression d'un art de vivre raffiné, ces établissements de bains sont avant tout un lieu de détente : on s'y retrouve entre amis pour pratiquer des exercices physiques, flâner, lire ou écouter des conférences.

En sous-sol, foyers et **hypocaustes** assurent le chauffage des salles et de l'eau : l'air chauffé par la combustion du bois circule dans les murs par un système de tubulures, tandis qu'un circuit de canalisations distribue l'eau dans les différents bains.

Jeux du cirque et des arènes

Au **cirque**, long espace rectangulaire arrondi aux extrémités, se déroulent les courses de chars et de chevaux.

Les sanglants combats de gladiateurs et de fauves ont lieu dans l'**amphithéâtre**. À l'extérieur se dessinent deux niveaux d'arcades surmontés d'un étage réduit, l'attique, où l'on amarre une immense voile *(velum)* pour abriter les spectateurs du soleil. À l'intérieur, un mur protège les spectateurs des premiers gradins contre les bonds des bêtes lâchées sur la piste. Au-dessus s'élèvent les gradins *(cavea)* attribués à chacun selon sa classe sociale.

Amphithéâtre ou arènes ?

L'amphithéâtre désigne la structure dans son ensemble, tandis que le mot « arènes » (*arena* en latin) désigne spécifiquement les pistes.

Au théâtre ce soir

Les gradins du théâtre romain s'étagent en demi-cercle autour de l'**orchestra**, espace réservé aux sièges des dignitaires. Au fond de la **scène** surélevée se dresse un mur percé de trois portes par lesquelles les acteurs font leur entrée ; richement décoré de colonnes, niches à statues (dont celle de l'empereur, au centre), revêtements de marbre et mosaïques, il constitue souvent la plus belle partie de l'édifice. Derrière s'alignent les loges des acteurs et les magasins d'accessoires, qui cachent un jardin où les spectateurs peuvent se promener à l'entracte.

Les acteurs peuvent disparaître de la scène ou surgir du sous-sol grâce à des trappes, ou encore monter aux nues. Les machinistes savent aussi produire des fumées, des éclairs et du tonnerre…

ABC d'architecture

Architecture antique

ORANGE – Théâtre antique (début du 1er s. avant J.-C.)

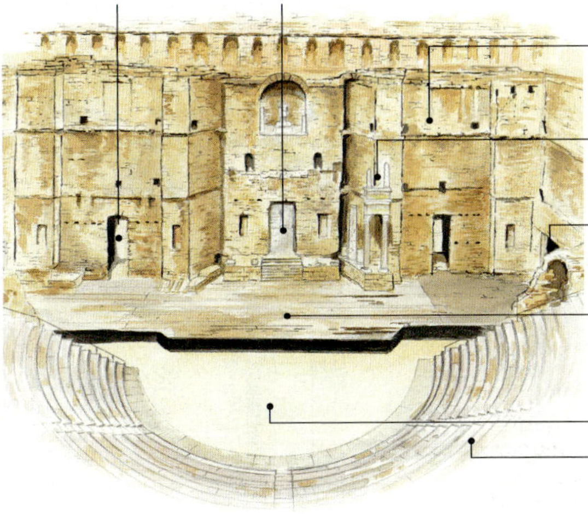

R. Corbel / MICHELIN

La maison romaine

Du vestibule, on entre dans l'*atrium* (1), grande salle dont la partie centrale, à ciel ouvert *(compluvium)*, est creusée d'un bassin *(impluvium)* alimenté par les eaux de pluie. Autour s'agencent une salle de réception (2), le laraire (oratoire privé) et le *tablinum* du chef de famille (cabinet de travail). On pénètre ensuite par un couloir dans le péristyle (3), cour verdoyante marquant le cœur de la partie familiale de la maison. Sur ce havre de paix ouvrent les chambres, le *triclinium* (4) (la salle à manger) et l'*œcus* (grand salon).

R. Corbel / MICHELIN

Architecture religieuse

VAISON-LA-ROMAINE – Plan de l'ancienne cathédrale N.-D.-de-Nazareth (11e s.)

Cette cathédrale est de style typiquement provençal : son plan adopte celui des basiliques romaines, comportant une nef sans transept et se terminant sur une abside en hémicycle.

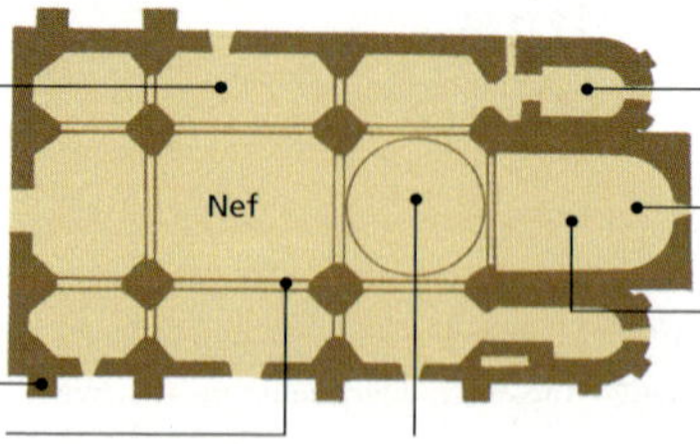

Coupe en élévation d'une église romane provençale

Nous proposons deux variantes de l'église romane provençale telle qu'on la rencontre le plus souvent.

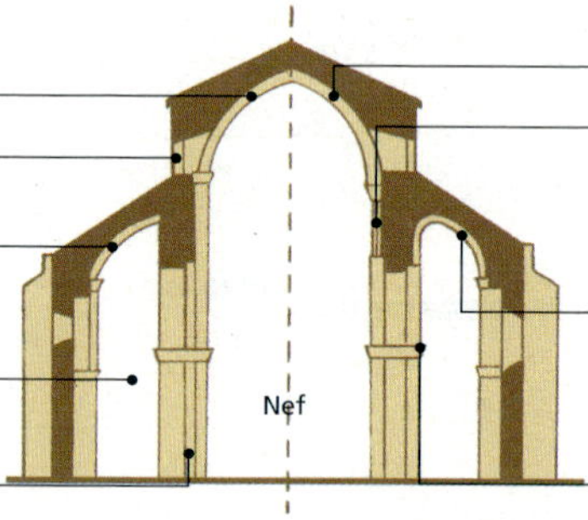

Abbaye de SILVACANE – Voûtes de la salle capitulaire (13e s.)

R. Corbel / MICHELIN

Abbaye de MONTMAJOUR – Chapelle Ste-Croix (12e s.)

Le plan rayonnant en forme de quatre-feuilles de la chapelle Ste-Croix est typique de l'architecture de plusieurs édifices provençaux de la même époque.

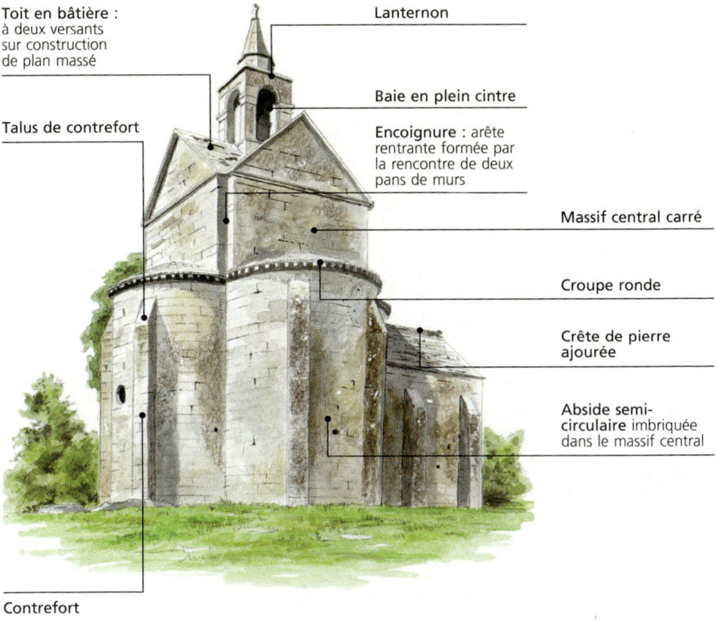

CARPENTRAS – Portail Sud de l'ancienne cathédrale St-Siffrein (fin du 15e s.)

Le portail Sud, ou porte Juive, est de style gothique flamboyant, phase terminale du gothique ; on le reconnaît aux découpes sinueuses du remplage des fenêtres, qui évoquent des flammes.

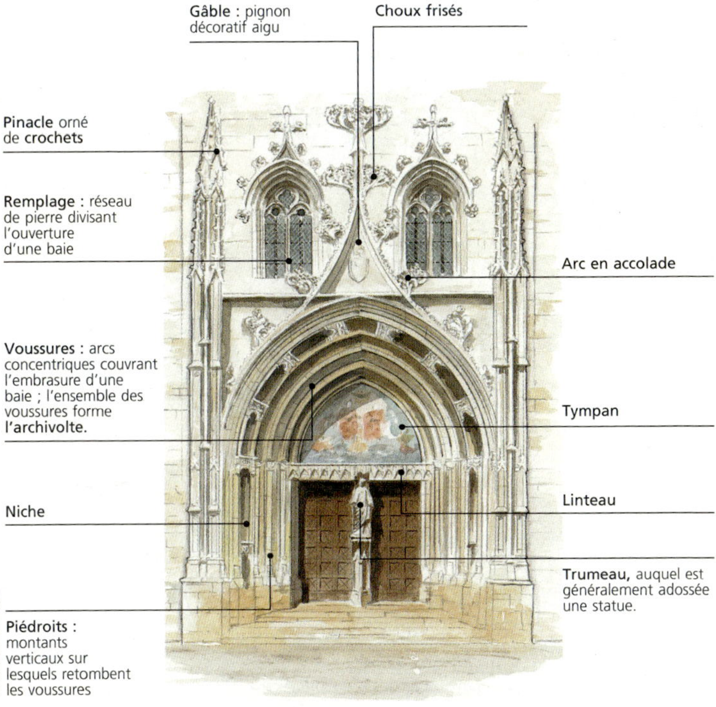

Abbaye de ST-MICHEL-DE-FRIGOLET – Retable de la chapelle N.-D.-du-Bon-Remède (17e s.)

Cette chapelle, du 11e s., a été recouverte de boiseries de style baroque au 17e s. Un retable monumental en occupe le fond.

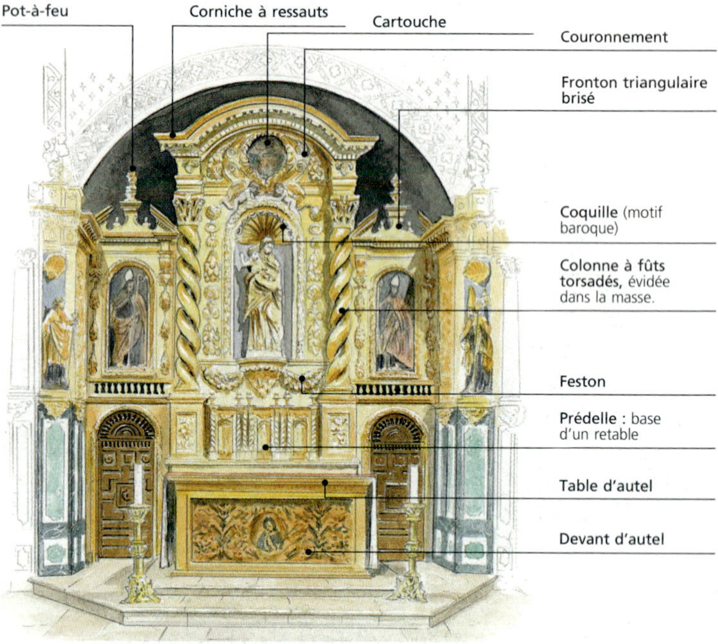

Architecture militaire

TARASCON – Château fort (14e-15e s.)

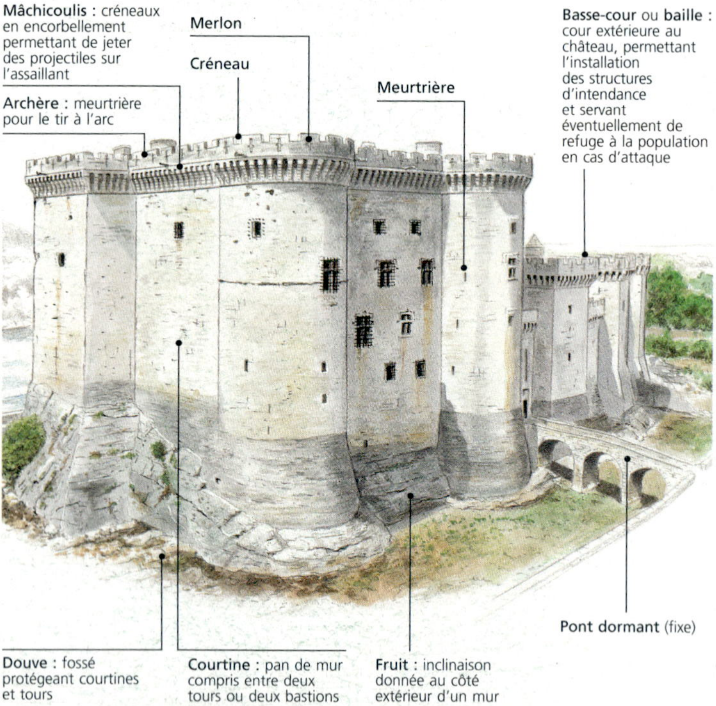

AIX-EN-PROVENCE – Pavillon Vendôme (17e-18e s.)

L'ordonnance de la façade est rythmée par la superposition des ordres dorique, ionique et corinthien, suivant le « grand ordre » prôné par Palladio dès la Renaissance.

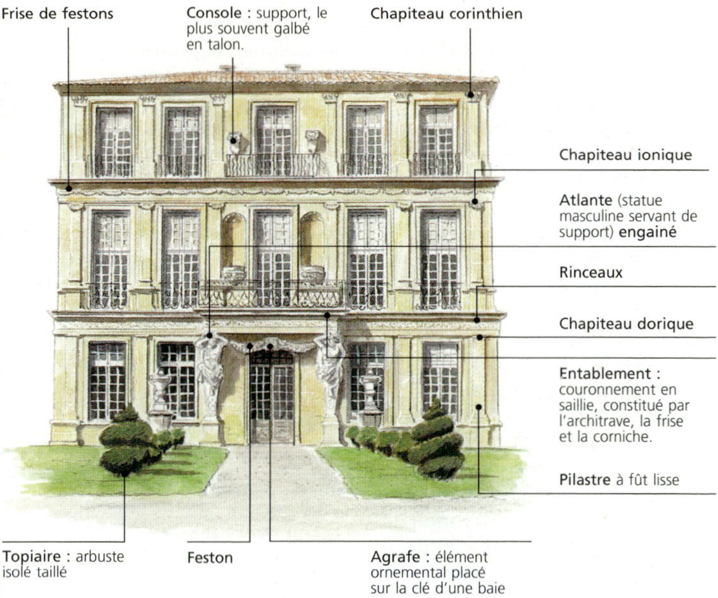

L'excellente acoustique est obtenue par divers moyens. Dans les masques des acteurs, la bouche forme porte-voix. Au-dessus de la scène, un grand toit incliné rabat les sons qui se diffusent harmonieusement sur la courbe des gradins, tandis que les colonnades rompent l'écho et que des vases résonateurs, répartis sous les gradins, font office de haut-parleurs. Enfin, les portes de la scène, creuses, forment d'efficaces caisses de résonance lorsque les acteurs s'y adossent.

LA PROVENCE ROMANE

À la croisée de l'Antiquité et du Moyen Âge, l'architecture romane provençale témoigne, autour du 12e s., d'un renouvellement original des formes. En cette période féconde, le nouveau regard porté sur les monuments romains, qui subsistaient en grand nombre, crée cette union parfaite du génie antique et de l'idéal spirituel du temps.

Chapelles rurales et sanctuaires

Avec une fidélité manifeste à la conception romaine de l'architecture, les **églises romanes** méridionales conservent des plans et des volumes simples. En entrant dans ces lieux, le promeneur longe en principe une nef unique, sans transept ni collatéraux, qui l'amène insensiblement vers une abside dépourvue de chapelles rayonnantes (celle de Notre-Dame-de-Montmajour constitue une exception, liée à un important culte de reliques). Les volumes extérieurs masquent les dispositions intérieures, comme aux abords de la chapelle Saint-Quenin de Vaison, où l'on ne perçoit qu'une masse triangulaire.
Les façades trahissent l'influence romaine : la chapelle Saint-Gabriel,

près de Tarascon *(voir p. 250)*, prend pour modèle un étage de l'amphithéâtre de Nîmes ; en Avignon, Notre-Dame-des-Doms *(voir p. 290)* emprunte à l'arc d'Orange la disposition de sa baie centrale, et ses proportions.
De la modeste chapelle rurale au grand sanctuaire de pèlerinage, toutes ces constructions se distinguent par la qualité de leur pierre de taille, inspirée des techniques romaines. La beauté des assises, soulignée par la nudité des parois, porte en elle toute l'esthétique épurée d'une architecture au décor confiné.
Au cœur des **cloîtres**, les chapiteaux d'inspiration corinthienne, qui avaient connu dès le 11e s. de nombreuses variations figurées, continuent de faire florès : à Saint-Trophime *(voir p. 200)* comme à Saint-Paul-de-Mausole *(voir p. 243)*, des animaux fabuleux s'agitent dans les acanthes.

Les moines bâtisseurs

À l'origine des plus belles constructions romanes du Midi se trouvent les communautés monastiques. L'exemple le plus majestueux de cette architecture, l'abbaye **Notre-Dame-de-Montmajour** *(voir p. 203)*, en réunit à elle seule toutes les qualités : des volumes simples, une épure décorative, une taille de la pierre inégalée… On y décèle, à travers les magnifiques chapiteaux du cloître, le même esprit fantastique qu'à Saint-Trophime.

Trois sœurs cisterciennes

L'architecture cistercienne a trouvé en Provence sa terre d'élection : les moines de saint Bernard, dans leur souci de retourner aux sources de la vie monastique, ont reconnu dans l'épure des églises méridionales un écho de leur idéal architectural. Les abbayes de **Sénanque** *(voir p. 416)*, **Silvacane** *(voir p. 432)* et du **Thoronet** *(voir Le Guide Vert Côte d'Azur)* mêlent à la fois l'austère et le sublime. Leur tracé rigoureux, leurs volumes parfaits et leur dépouillement expriment l'essence même de la spiritualité cistercienne en quête de pureté. Ces églises poussent à l'extrême la sobriété ornementale. Les chapiteaux à feuilles d'eau de Silvacane, pourtant si simples, constituent même une entrave au règlement, qui bannit toute sculpture : monstres et démons ne doivent en aucun cas distraire les moines de la prière.

GOTHIQUE, BAROQUE ET CLASSICISME

Avec l'installation des papes en Avignon au début du 14e s., la « nouvelle Rome » se couvre d'églises gothiques. Des artistes originaires de toute l'Europe y affluent, faisant de cette ville un intense foyer de création… Puis, parallèlement au courant classique, le règne de Louis XIV voit en Provence l'épanouissement d'un art baroque d'une vitalité extraordinaire, sur le chemin entre Rome et Paris.

Le gothique des papes

En Avignon, les papes ne se sont pas contentés de métamorphoser l'ancienne demeure épiscopale en un somptueux palais ; ils ont présidé à plusieurs chantiers d'envergure, telle la superbe **chartreuse de Villeneuve lez Avignon**.
À la fin du 14e s., les plans s'enrichissent, comme à l'église des Célestins. Les nefs s'illuminent, et plus encore les chœurs. À Saint-Martial, les fenêtres s'étirent entre les contreforts de l'abside : des flots de lumière se déversent sur un décor de fines dentelles, qui rendent plus sensible encore la légèreté de la structure.
Un goût pour le décor est déjà manifeste dans les tombeaux des papes Jean XXII, à Notre-Dame-des-Doms, et Innocent VI, à la

chartreuse de Villeneuve, véritables joyaux de la **sculpture gothique avignonnaise**.
Au 14e s., Avignon fait figure de « Nova Roma » : nombre d'artistes italiens affluent à l'appel des papes, tel Simone Martini qui laisse sur le paysage comtadin l'empreinte d'une beauté idéale. L'écho du faste de la cour des papes résonne dans le monde chatoyant peint par **Matteo Giovannetti**, qui ouvre la danse de la « peinture gothique internationale ».
Après le départ des papes, la vie picturale avignonnaise s'endort, bientôt relayée par Aix-en-Provence. Des artistes originaires du Nord ou des Flandres y découvrent le moyen d'unifier des compositions monumentales comme le triptyque de *L'Annonciation* dans l'église de la Madeleine, à Aix. À la chartreuse de Villeneuve, le *Couronnement de la Vierge* d'**Enguerrand Quarton** marque le renouveau pictural avignonnais, tandis qu'à Aix, **Nicolas Froment** exécute pour la cathédrale le retable du *Buisson ardent*.

Baroque provençal

Statues et reliefs se déploient surtout dans le décor intérieur des chapelles de confréries, comme celle des Pénitents noirs d'Avignon *(voir p. 295)*. Cette faconde décorative, inspirée par la Rome du Bernin, prend toute sa splendeur dans la Gloire sculptée par **Jacques Bernus** dans le chœur de la cathédrale de Carpentras *(voir p. 358)*.
Excellant dans l'agencement de l'espace, les architectes ménagent les effets de surprise. On découvre ainsi dans l'hôtel de ville d'Aix l'un des plus anciens escaliers « à l'impériale » français *(voir p. 174)*. Cette plastique de l'espace culmine à la fin du 17e s. dans la chapelle de la Charité de **Pierre Puget**, à Marseille *(voir p. 92)*.
Le paysage urbain n'échappe pas à cet art de la mise en scène. À Aix, l'aménagement du quartier Mazarin conduit à la création du cours Mirabeau planté d'ormeaux, tout de pierre, d'eau, d'arbres et de lumière. Pour magnifier cette plastique monumentale, on élève de somptueux hôtels, aux façades colossales percées de portails à atlantes.

La tentation classique

À partir de la fin du 17e s., les architectes suivent une veine plus classique et s'inspirent de la Renaissance, en particulier dans leurs églises, où triomphent les modèles romains de la Contre-Réforme. Ils regardent aussi vers la capitale, dont les ouvrages influencent l'église Saint-Julien en Arles, ou encore celle des Chartreux à Marseille. Dès le milieu du 17e s., **Pierre Mignard** se fait l'apôtre d'un classicisme provençal en édifiant des hôtels d'un genre très parisien, particulièrement en vogue au siècle suivant.

LES MAISONS TRADITIONNELLES

En sillonnant les routes de Provence, vous remarquerez que la **demeure provençale** rurale est orientée nord-sud, avec une légère inclinaison vers l'est. Objectif : l'adapter au climat du pays en la préservant du mistral. Dans la même logique, une haie de cyprès la protège des vents du nord, tandis que platanes ou micocouliers ombragent sa façade méridionale. Enduits d'une épaisse couche de mortier aux couleurs chaudes, ses murs épais, aveugles au nord, sont percés sur les autres faces de petites fenêtres, qui laissent passer la lumière, mais pas la chaleur. Son toit à faible pente est couvert de tuiles romaines, que couronne une génoise, frise de tuiles superposées. À l'intérieur, des carreaux de terre cuite de forme hexagonale, appelés « tomettes », dallent le sol.

COUP DE CHAUD IMMOBILIER

Aujourd'hui, les bastides, mas, cabanes et autres demeures traditionnelles sont très recherchées pour les résidences secondaires. Du coup, les prix grimpent et les habitants les plus modestes ont bien de la peine à se loger dans les secteurs les plus cotés. Pour les artisans qui perpétuent les savoir-faire traditionnels (tailleurs de pierre, sagneurs, maçons…), cette vogue constitue un débouché non négligeable. Si toutefois les nouveaux propriétaires ont le souci de restaurer les bâtisses dans l'esprit régional, ce qui n'est pas toujours le cas…

La bastide

Élégante demeure en pierre de taille, la bastide affiche de belles façades régulières aux ouvertures symétriques. Généralement de plan carré et coiffée d'un toit à quatre pans, elle se distingue par ses ornements : sculptures, balcons en fer forgé, escalier extérieur avec rampe et perron.

Le mas

Grosse bâtisse trapue en pierre apparente (moellons ou galets rehaussés de pierre de taille à l'encadrement des ouvertures), le mas regroupe sous un même toit le corps d'habitation et les dépendances.

Si vous avez la chance d'être invités dans un mas traditionnel, vous observerez que la cuisine ouvre de plain-pied sur la cour. Pièce principale malgré sa taille modérée, elle comporte une pile (évier), une cheminée et un potager (fourneau), ainsi qu'un mobilier varié. Le rez-de-chaussée abrite aussi une cave, une bergerie et une écurie, un four à pain et une citerne, tandis que l'on conserve dans la remise les produits de la récolte et la charcuterie.

À l'étage s'agencent les chambres et le grenier, où se trouvent la magnanerie (pièce autrefois réservée à l'élevage des vers à soie), la grange et le pigeonnier. Toutefois, certaines de ces pièces peuvent se trouver dans des bâtiments annexes au corps de logis, et ce plan type varie selon l'importance du mas, la région et sa vocation agricole.

Demeure paysanne provençale par excellence, l'**oustau** s'organise comme le mas, aux dimensions plus modestes.

La cabane de gardian

Typiquement camarguaise, cette petite bâtisse se divise en deux pièces exiguës (la salle à manger et la chambre) séparées par une cloison de roseaux. Ces roseaux des marais (les *sagnos*) coiffent harmonieusement le toit, un savoir-faire encore détenu par les derniers « sagneurs » de la région. Seule la façade avant, percée d'une porte, est bâtie en dur. Elle soutient en effet la poutre faîtière, maintenue à l'arrière par une autre pièce de bois, inclinée à 45°, qui dépasse du toit en dessinant une croix. Autre originalité, la cabane, rectangulaire à l'entrée, s'arrondit à l'autre extrémité pour résister au vent.

La peinture

Terre natale pour certains, d'adoption pour beaucoup, la Provence invite à la création. Sa lumière inonde généreusement la terre, l'eau, la roche, éclatante palette contrastant à l'infini. Une source d'inspiration intarissable…

À LA RECHERCHE DE LA LUMIÈRE

Dans le sillage de Jean-Antoine Constantin (1756-1844) et de François-Marius Granet (1775-1849), les peintres du 19e s. travaillent sur la luminosité qui baigne la nature provençale. Autour d'Émile Loubon (1809-1863), l'**école paysagiste** regroupe des artistes comme Paul Guigou (1834-1871), qui annonce déjà l'impressionnisme, et Adolphe Monticelli (1824-1886), dont les représentations confinent parfois à l'abstraction.

Dans leur lignée s'imposent à partir de 1870 les **naturalistes**, tels Achille Emperaire (1829-1898) et Joseph Ravaisou (1865-1925) à Aix, Clément Brun (1868-1920) et Paul Saïn (1853-1908) en Avignon. À Marseille, les premiers artistes plantent leur chevalet sur les collines de L'Estaque : Joseph Garibaldi (1863-1941), Alphonse Moutte (1840-1913) – avec des scènes de pêcheurs très réalistes – et Jean-Baptiste Olive (1848-1936), bientôt suivis par **Félix Ziem** (1821-1911). Ce dernier ouvre une voie nouvelle, traitant la couleur en tant que telle, non plus seulement comme effet de lumière *(voir le musée Ziem à Martigues)*.

Van Gogh

Loin de sa Hollande natale, Van Gogh (1853-1890) s'installe en **Arles** en 1888, pour « voir une autre lumière ». De fait, il la restitue en peinture avec un génie fiévreux, presque halluciné, tant dans ses paysages *(Vue d'Arles aux iris, Les Alyscamps)* que dans ses portraits *(L'Arlésienne, Vieux Paysan provençal)*. Par leurs couleurs vives et leurs formes exacerbées, les œuvres de ces années provençales expriment les « terribles passions » et souffrances intérieures qui animent l'artiste. Interné à l'hospice de **Saint-Rémy** pendant près d'un an, il peint des toiles plus torturées, où la nature, qui se fait parfois menaçante, déploie à l'infini ses lignes sinueuses, accentuées par une touche tournoyante, comme dans *Les Blés jaunes au cyprès*, *Les Oliviers*, ainsi qu'une inquiétante série d'*Autoportraits*… Après deux années d'intense création, il quitte la Provence en 1890, et se suicide peu après.

Voir aussi Saint-Rémy-de-Provence et Arles.

Cézanne

Originaire d'**Aix-en-Provence**, Cézanne (1839-1906) côtoie à Paris les impressionnistes, avant de s'installer à L'Estaque en 1870. Comme eux, il cherche d'abord à traduire la vibration de la lumière et la subtile variation des teintes, le frémissement des reflets et des nuances. Mais dès 1879, qui ouvre sa période dite constructive, son style s'émancipe. Se jouant davantage des volumes, il juxtapose les touches de couleur, déclinant les modules géométriques pour traiter (comme il l'écrit) « la nature par le cylindre, la sphère, le cône, le tout mis en perspective ». En quête de perfection, il consacre à la montagne Sainte-Victoire une soixantaine de toiles. Ses recherches, annonciatrices du cubisme, se poursuivront jusqu'à sa mort.

Voir aussi Aix-en-Provence.

OCRE

L'ocre d'Apt-Roussillon *(voir p. 407)* et du **Vaucluse** est réputée pour sa qualité par-delà les frontières. Après traitement du minerai brut, on obtient une poudre fine, constituée d'argile et d'oxyde de fer, qui sert de base aux peintures et badigeons. On peut encore la cuire pour en foncer la teinte et faire des ocres rouges, dites « calcinées ».

UNE TERRE D'ACCUEIL

Tout au long du 20e s., la Provence continue d'attirer une foule d'artistes, dont beaucoup bouleversent durablement la peinture.

Afin de mieux contenir le flot de lumière du Midi et de rendre le contraste simultané des couleurs, **Signac** (1863-1935) fait évoluer sa technique pointilliste.

Devenue le rendez-vous privilégié de l'avant-garde, L'Estaque inspire dès 1908 les premières compositions cubistes de **Braque** et de **Picasso**. Quant aux fauves **Matisse**, **Dufy** et **Derain**, ils trouvent en Provence matière à exalter le pouvoir émotionnel de la couleur, généreusement déployée en aplats.

La génération qui émerge après guerre explore à son tour des horizons nouveaux… Établi près d'Aix de 1947 à 1987, le père du « dessin automatique » surréaliste, **André Masson**, fait une série de *Paysages provençaux*. Dans un tout autre style, Nicolas de Staël séjourne lui aussi en Provence, tandis que **Vasarely** ouvre à Aix une fondation qui présente ses recherches optiques et cinétiques *(voir p. 178)*.

Aujourd'hui, la création continue de foisonner. Une pléiade de jeunes artistes, sortis pour certains de l'école d'art de Luminy, à Marseille, travaille dans la région, où deux musées d'art contemporain se distinguent par l'audace de leurs choix : le MAC de **Marseille** *(voir p. 106)* et, en Avignon, la collection du galeriste Yvon Lambert *(voir p. 297)* présentée dans l'hôtel de Caumont (18e s.), dont le classicisme épuré s'accorde fort bien avec des œuvres contemporaines parfois déconcertantes…

Les arts décoratifs

LES MEUBLES

C'est au 18e s. et au début du 19e s. que la production artistique de mobilier provençal atteint sa maturité. Les **fustiers** (fabricants) travaillent essentiellement le noyer. Les meubles aux galbes tourmentés et aux piétements enroulés s'ornent d'abondantes moulures dont les motifs font appel au registre végétal. Aux côtés du **radassié**, grand canapé à l'assise paillée, ou des fauteuils « à capucine », foisonnent de petits éléments de rangement : le **paniero** (panetière), le **manjadou** (garde-manger), le **saliero** (boîte à sel).

Cette période marque aussi l'épanouissement du **mobilier peint**. Fortement influencés par les Italiens, les artistes locaux n'hésitent pas à peindre noyer, hêtre, chêne et bois fruitiers dans des polychromies de gris-bleu ou de gris-vert, de rouge « sang de bœuf », de blanc et de jaune safran.

LES FAÏENCES

La renommée des centres céramistes de cette région riche en argile fine date du règne de Louis XIV. À Saint-Jean-du-Désert, **Joseph Clérissy**, s'inspirant des premières porcelaines chinoises importées en France, décore ses pièces de motifs et de scènes en camaïeux bleus dits « à la Chine ». **Fauchier** introduit les fonds d'émail jaune et **Leroy** nimbe ses compositions de motifs à « fleurs astéroïdes ». Les **manufactures d'Apt** créent une céramique sur fond souvent marbré de jaune et de marron, décorée d'arabesques ou de motifs végétaux.

La seconde moitié du 18e s. marque l'apogée de la production marseillaise. Pierrette Candelot,

*L'Estaque aux toits rouges*par Paul Cézanne (1882-1885).
D.R.

épouse du faïencier Claude Perrin et devenue la **Veuve Perrin**, exploite en le transcendant tout le registre ornemental marseillais, donne ses lettres de noblesse au décor aux poissons, introduit les paysages marins, conçoit un insolite fond vert d'eau et fait évoluer les formes en puisant des idées nouvelles dans l'orfèvrerie… À sa suite, deux artistes apportent un raffinement ornemental jusque-là cantonné à la porcelaine : **Antoine Bonnefoy** et **Gaspard Robert**, qui dessine les dernières grandes œuvres de la faïence de Marseille, en déclin sous les coups de la concurrence porcelainière, de la Révolution et du blocus de la flotte anglaise.

LES TISSUS

Dès la fin du 18e s., Avignon, Aix et Marseille se distinguent par leurs étoffes de **soie** : taffetas chatoyants, satins et bourres moirées, brocarts et *lampas*.

Mais c'est avec les **indiennes** que les tissus provençaux gagnent leur titre de noblesse. Probablement importées à Marseille dès le 16e s., les toiles colorées venues d'Inde et du Levant se répandent dans la région avec une popularité sans cesse grandissante. Les ateliers de Marseille, notamment, sont passés maîtres dans l'art de l'impression sur tissus, déclinant une large gamme d'indiennes colorées, décorées de semis de motifs répétitifs de fleurs et de feuilles. Leur succès perdure, en particulier grâce au savoir-faire traditionnel d'entreprises comme Souleïado, basée à Tarascon.

Les étoffes peuvent être brodées selon les méthodes du **matelassage** (ou « piqué marseillais »), qui consiste à coudre ensemble trois épaisseurs de tissus, ou du piquage, appelé **boutis**.

La littérature

Enfants du pays ou épris de cette terre de soleil, poètes et écrivains ont sans cesse puisé en Provence une inspiration féconde. Qu'ils chantent la nature, la vie quotidienne ou l'amour, beaucoup s'expriment en provençal, ce dialecte occitan dont l'accent mélodieux traduit si bien leurs sentiments…

L'ART DES TROUBADOURS

Langue romane, la langue d'oc (du Sud) se distingue de la langue d'oïl (du Nord), ainsi nommées d'après leurs façons respectives de dire « oui ». L'occitan s'avère pluriel, il compte différentes langues régionales, dont le **provençal**.

L'âge d'or de l'occitan

L'occitan doit sa fixation et son rayonnement au succès de la littérature courtoise au 12e s. De Bordeaux jusqu'à Nice, c'est l'Occitanie tout entière qui chante l'art des troubadours. Ses poètes, comme les Provençaux Raimbaut d'Orange, la comtesse de Die, Raimbaut de Vaqueiras ou Folquet de Marseille, sont appréciés jusque dans les cours étrangères. Source d'inspiration intarissable, l'amour courtois se déclame avec patience et discrétion, longue suite de vers pleins d'inquiétude et d'espoir. Au 13e s., les écrivains cultivent un autre genre, plus mordant bien que parfois élégiaque, le **sirventès** (poème satirique) et, en prose, les fameuses **vidas** (vies) des troubadours.

L'occitan occulté au fil du temps

En dépit de l'**édit de Villers-Cotterêts** (1539) qui impose dans l'administration l'usage du français, les langues occitanes continuent de primer à l'oral. Dans la vie quotidienne, seule une élite s'exprime en français. Dans la littérature, certains écrivains maintiennent le flambeau, tels **Nicolas Saboly**, au 17e s., ou, au siècle suivant, l'abbé Fabre. Cependant, le français prend peu à peu le dessus avec l'exode rural et l'école, rendue obligatoire.

LE FÉLIBRIGE

La **langue provençale** connaît dans la seconde moitié du 19e s. un formidable renouveau. Amoureux de la Provence, sept jeunes poètes (Roumanille, Mistral, Aubanel, Mathieu, Tavan, Giéra et Brunet) fondent en 1854 le Félibrige. Ensemble, ils entendent restaurer leur langue et en codifier l'orthographe.
Figure de proue du groupe, **Frédéric Mistral** (1830-1914) connaît le succès dès 1859 avec *Mirèio* (Mireille), un poème épique qui chante les amours du Camarguais Vincent et de la belle Mireille, fille d'un riche fermier de la Crau. Cette œuvre, chaleureusement saluée par Lamartine, fut adaptée au théâtre lyrique par Gounod. En 1867, son *Calendau* (« Noël ») fait revivre le passé de son pays. Dès lors, la gloire ne le quitte plus jusqu'à son dernier recueil, *Les Olivades* (1912), hymne à la figure éternelle de la Provence. Prix Nobel de littérature en 1904, Mistral œuvre aussi pour restituer l'orthographe de la langue d'oc, dans son monumental *Trésor du félibrige*, une référence immuable. Forte de cette aura, l'école regroupe sous sa bannière des poètes et romanciers occitans aussi différents qu'**Alphonse Daudet** *(Lettres de mon moulin ; Tartarin de Tarascon)*, Paul Arène, Jean-Henri Fabre, Folco de Baroncelli et Joseph d'Arbaud, ou encore Charles Maurras.

DE PAGNOL AU « POLAR BOUILLABAISSE »

Une littérature florissante

À la même époque, deux grands Provençaux illustrent la littérature française : **Émile Zola**, Aixois d'adoption, dont les *Rougon-Macquart* évoquent le cheminement d'une famille du

Midi, et le Marseillais **Edmond Rostand**, qui émeut les foules avec son *Aiglon* avant de connaître gloire et fortune grâce au flamboyant *Cyrano de Bergerac*.
Nombre d'autres écrivains provençaux s'imposent à leur tour sur la scène littéraire, trouvant pour la plupart leur veine dans leur terre natale, tels **Henri Bosco** dans le Luberon *(Le Mas Théotime)*, **Marcel Pagnol** à Marseille *(César, Fanny, Marius)*… Aussi différents soient-ils, tous expriment à leur manière une certaine vision de la nature et de l'amour, empreinte de sacralité. Quant au poète sorgois **René Char**, au Marseillais **Antonin Artaud**, ou encore aux chefs de file contemporains du roman noir marseillais, **Philippe Carrese** et **Jean-Claude Izzo**, ils explorent des contrées plus universelles.

Un nouvel élan pour le provençal ?

En dehors de la littérature, le provençal est quelque peu tombé en désuétude. Longtemps reléguées au second plan, les langues régionales d'oc font néanmoins leur apparition dans les programmes scolaires. En 2003, le conseil régional de Provence-Alpes-Côte d'Azur a voté la reconnaissance du provençal (et du niçois) et s'est engagé à généraliser l'enseignement de cette langue, véhicule d'une identité culturelle.

La langue réinventée

Pays de **théâtre**, que célèbre chaque année le festival d'Avignon – le plus important du genre en France –, la Provence aime jouer avec la langue et la réinventer. Aux côtés de grandes institutions (Centre dramatique national de La Criée à Marseille, scènes nationales de Martigues, Cavaillon…), des événements tels que le **festival Off** (Avignon) et des structures comme la **Friche de la Belle de Mai** (Marseille) témoignent de l'engouement pour la recherche d'expressions alternatives. Laboratoire de création pluridisciplinaire, « la Friche », qui allie réflexion, expérimentation et diffusion du théâtre (mais aussi des arts plastiques et de la musique), devrait à cet égard jouer un rôle primordial au sein de l'organisation de Marseille 2013. Autre forme d'expression verbale, le rap, branche musicale de la culture **hip-hop**, occupe depuis sa création au début des années 1980 une place particulière à Marseille. La Fonky Family, Psy4 de la Rime ou encore 3e Œil ont, dans les pas d'IAM, aligné leur courant sur un engagement social profond.

Le cinéma

Dans la lignée des impressionnistes, les cinéastes ont, très tôt, cherché à immortaliser les formes et les couleurs de Provence. En 1895, les **frères Lumière** quittent Lyon pour rejoindre leur père, exilé sous les cieux méditerranéens, et tournent *L'Arrivée d'un train en gare de La Ciotat*, l'un des tout premiers courts-métrages de l'histoire du 7e art. Un an plus tard, plusieurs scènes sont filmées à Marseille *(Le Marché au poisson, La Canebière à la sortie de la Bourse…)* : la cité phocéenne, dès lors, ne quittera plus les écrans de cinéma. Avec la trilogie marseillaise (*Marius*, 1931 ; *Fanny*, 1932 ; *César*, 1936), **Marcel Pagnol** inventera même un cinéma de genre, le cinéma provençal, largement repris, plus tard, par Claude Berri (*Jean de Florette*, *Manon des Sources*, 1985), Yves Robert (*La Gloire de mon père*, *Le Château de ma mère*, 1990) et **Robert Guédiguian** (*Marius et Jeannette*, 1997 ; *La Ville est tranquille*, 2000).

En 2001, l'adaptation de *Total Kheops*, roman noir de Jean-Claude Izzo paru six ans plus tôt, a renoué avec un autre genre prisé du cinéma marseillais, le film de gangsters, dont *Borsalino* (1970) et *The French Connection* (1971) ont marqué l'âge d'or.

Ces dernières années, les tournages se sont multipliés à Marseille, devenu le deuxième lieu le plus prisé des réalisateurs après Paris. La création de studios de cinéma à la Friche de la Belle de Mai, le succès de la série *Plus Belle La Vie* diffusée par France 3 (et tournée à Marseille) ont initié le mouvement. L'installation de techniciens du cinéma dans la région et la politique volontariste des institutions ont fait le reste. Il faudra désormais compter avec « Aïollywood ».

Les personnalités de la région

ÉRIC CANTONA

Né à Marseille en 1966, ce footballeur est aussi célèbre pour ses exploits dans les stades (sous les couleurs notamment de Manchester United ou de l'OM) que pour son caractère bien trempé. Depuis sa retraite sportive en 1997, il se consacre au cinéma (on l'a notamment vu dans *Le Bonheur est dans le pré* d'Étienne Chatilliez et *Looking for Eric* de Ken Loach), à la peinture et au beach soccer.

CÉSAR

Né César Baldaccini, ce sculpteur, passé à la postérité sous son prénom, est célèbre pour ses compressions. Né en 1921 à Marseille et décédé en 1998 à Paris, César a donné son nom à la cérémonie de remise de prix cinématographiques qui a lieu, chaque année, en février à Paris. L'une de ses sculptures, un pouce géant, trône dans les quartiers sud de Marseille *(voir p. 106)*.

FERNANDEL

Né en 1903, le petit Fernand Contandin grandit à Marseille, connaît la gloire à Paris et réside après guerre à Carry-le-Rouet, sur la Côte Bleue, à l'ouest de Marseille. Marcel Pagnol et beaucoup d'autres le feront tourner. *Ugolin, Ali Baba, La Vache et le Prisonnier* et autres *Don Camillo* restent inoubliables. Fernandel meurt à Paris en 1971. Sa Provence natale se souvient, « Félicie, ôssi ».

GROUPE F

Connue pour avoir créé le feu d'artifice du passage à l'an 2000 sur la tour Eiffel, cette compagnie spécialisée dans la création de spectacles pyrotechniques monumentaux est basée à Mas-Thibert, en Camargue. Elle s'illustre aux quatre coins du monde : cérémonies d'ouverture des Jeux olympiques d'Athènes et Turin, inauguration du TGV Est, du théâtre de Singapour, du Millenium Bridge de Londres…

JEAN-CLAUDE IZZO

Vingt-cinq ans après l'âge d'or de la French Connection, il a remis au goût du jour le polar marseillais. Né en 1945 dans la cité phocéenne d'un père italien et d'une mère espagnole, Jean-Claude Izzo intègre le PCF, puis se lance dans le journalisme avant de s'essayer à la poésie et au roman. La consécration viendra en 1995 avec *Total Kheops*, récit noir sur fond de cités marseillaises et premier épisode de sa trilogie (*Chourmo* sortira en 1996, *Solea* en 1998) mettant en scène Fabio Montale.

CHRISTIAN LACROIX

Né en 1951, l'Arlésien a démarré sur les chapeaux de roue, surprenant le monde de la haute couture en revisitant le costume de l'Arlésienne pour son premier défilé parisien. Depuis, sa créativité s'est illustrée dans différents domaines : costumes de scène, mais aussi nouvel uniforme Air France ou habillage intérieur du TGV.

PETER MAYLE

Le plus provençal des Anglais ! Né en 1939 à Brighton, Peter Mayle, ancien publicitaire, vit entre Londres et New York quand il décide de tout quitter pour s'installer à la fin des années 1970 dans le Luberon. Observateur, il dépeint dans une douzaine de romans, devenus best-sellers, le quotidien de sa terre d'adoption. *Une année en Provence* et *Un bon cru* ont tous deux été portés à l'écran, le premier en série télévisée, le second au cinéma par Ridley Scott (2006).

YVES MONTAND

Né en 1921 en Italie, Ivo Livi grandit à Marseille, auprès de parents militants communistes. En 1939, il débute sous le nom d'Yves Montand comme chanteur à l'Alcazar, le célèbre cabaret marseillais (aujourd'hui transformé en bibliothèque régionale). Marié en 1951 à Simone Signoret, il forme avec elle l'un des couples légendaires du cinéma. Trois ans avant sa mort en 1991, il revient en Provence pour le tournage de *Manon des Sources*, où il campe un Papet inoubliable.

FRANÇOISE NYSSEN

En 1978, l'éditrice installe sa maison d'édition dans une ancienne bergerie des Alpilles. Depuis, Actes Sud compte 8 500 titres. Commencée comme un conte provençal, la belle histoire a été couronnée du prix Goncourt 2004, obtenu par Laurent Gaudé pour *Le Soleil des Scorta*.

RUDY RICCIOTTI

Basé à Bandol (Var), cet architecte né en 1952 en Algérie s'illustre par ses constructions audacieuses, à l'image du Pavillon noir d'Aix-en-Provence, qui lui a valu le Grand Prix national d'architecture 2006 *(voir p. 187)*. Outre ses projets dans le monde entier (Mostra de Venise, Philarmonique de Postdam…), il s'est vu confier le futur chantier du MuCEM qui doit ouvrir d'ici 2012 à Marseille *(voir p. 93)*.

PABLO PICASSO

Ce monstre sacré de la peinture (1881-1973) a été fortement influencé par la Provence. *Aficionado*, il fera don à Arles de 57 dessins, visibles au musée Réattu *(voir Arles)*. Il repose au château de Vauvenargues, près d'Aix-en-Provence. Propriété de la famille, il ne se visite pas mais a été ouvert exceptionnellement au public en 2009, année dédiée à Picasso et Cézanne dans le pays d'Aix.

ZINEDINE ZIDANE

S'il a grandi à Marseille, où il est né en 1972, « Zizou » est devenu l'un des meilleurs joueurs de foot au monde sans avoir jamais joué pour l'OM. À 16 ans, déjà, le jeune prodige avait été repéré par… Cannes ! Pas rancuniers, les Marseillais en ont fait l'une des icônes de la ville, en particulier dans la cité des quartiers Nord où il a grandi, La Castellane.

Balade sur les traces de…

Paul Cézanne

À Aix, où le célèbre peintre est né en 1839 ; à l'atelier des Lauves, aménagé en musée ; au jas de Bouffan, la bastide familiale où il s'entraînait à peindre, parfois à même les murs *(visite guidée, sur réservation à l'office de tourisme)* ; sur le sentier de découverte des carrières de Bibémus, dont il aimait reproduire le chaos rocheux sur des toiles qui préfigurent le fauvisme et le cubisme *(visite guidée, sur réservation à l'office de tourisme)* ; sur les sentiers de la montagne Sainte-Victoire, qu'il prit tant de fois comme modèle dans son œuvre ; dans le centre-ville d'Aix, où un circuit pédestre balisé vous mène au fil des lieux qu'il aimait fréquenter, comme la brasserie « Les Deux Garçons », où il s'entretenait avec… Émile Zola, un autre enfant du pays !

Alphonse Daudet

À Tarascon, dans la maison de ce dernier ; à Saint-Michel-de-Frigolet, devant un verre de l'élixir du Révérend Père Gaucher ; et à Fontvieille, bien entendu, au pied du moulin…

Henri Espérandieu

À Marseille, principalement, où l'architecte a donné la plus grande mesure de son génie bâtisseur (controversé) au cours du 19e s., après une petite infidélité avec Nîmes, où il prit le temps de naître ; à Marseille, la cathédrale de la Major, la basilique Notre-Dame-de-la-Garde et le palais Longchamp, mais aussi ses œuvres moins connues, l'école des Beaux-Arts et les deux pavillons d'entrée du palais du Pharo.

Les Félibres

À Maillane, avec la maison et la tombe de Frédéric Mistral, et en Arles, avec le Museon Arlaten, une des grandes œuvres mistraliennes ; à Saint-Rémy-de-Provence, au musée des Alpilles rénové, qui leur consacre une petite section… mais aussi aux Saintes-Maries, où Mirèio mourut d'insolation, ou à Cassis et dans les gorges de la Nesque, lieux des exploits de Calendau.

Mirabeau

À Pertuis, où son père naquit ; à Aix, où l'hôtel de Marignane retentit encore de ses frasques et le palais de justice de son éloquence ; au château d'If enfin, où il fut un des involontaires pensionnaires.

Nostradamus

À Saint-Rémy où Michel de Nostre-Dame naquit le 14 décembre 1503 ; en Avignon où il fit une partie de ses études ; dans sa maison de Salon, enfin, où il écrira les énigmatiques *Centuries astrologiques*. L'office du tourisme de Salon fournit (gratuitement) un dépliant intitulé *Sur les traces de Nostradamus*.

Marcel Pagnol

À Aubagne, où est né l'écrivain et cinéaste, très exactement au 16 cours Barthélemy ; à Marseille, où le jeune Marcel a grandi, où il tourna (bien plus tard) des scènes de ses films, au bar de la Marine, sur le Vieux Port ou sur la Canebière ; dans les collines marseillaises, à La Treille, sur les sentiers du Garlaban, au pied duquel la famille Pagnol séjourne pour les vacances à la Bastide-Neuve ; toujours à La Treille, où l'écrivain-cinéaste réside désormais pour l'éternité, au cimetière. Enfin, au château de la Buzine *(voir p. 107)*, reconnu comme le « château de ma mère » cher à Marcel Pagnol.

Pierre Puget
À Marseille, dans le quartier du Panier où ce sculpteur du 17e s. naquit ; devant l'hôtel de ville qui lui doit ses deux chapiteaux ; à la Vieille Charité où il a conçu la chapelle ; au parc Borély où trône sa statue de Louis XIV à cheval ; au musée des Beaux-Arts où sont conservées certaines de ses peintures ; à Aix, enfin, où admirer l'hôtel Boyer d'Éguilles.

Sade
Le divin marquis passa son enfance à Saumane-de-Vaucluse, commit quelques extravagances au château de Mazan, près de Carpentras, fut brûlé en effigie à Aix-en-Provence et se réfugia jusqu'à son arrestation à Lacoste où son séjour ne passa pas inaperçu…

Vincent Van Gogh
À Arles, avec la fondation Van Gogh, hommage des artistes contemporains au génial Hollandais, le café de la place du Forum et l'espace Van-Gogh, ancien hôtel-Dieu devenu centre culturel, mais aussi au pont de Langlois ; à Saint-Rémy, dans l'ancien monastère de Saint-Paul-de-Mausole où il fut interné un an et, en ville, au centre d'art Présence-Van-Gogh installé dans l'hôtel Estrine. Et, enfin, en Avignon, avec la fondation Angladon-Dubrujeaud, seul musée de Provence où vous pourrez voir une toile de l'artiste.

Peintres de la lumière en Provence
Cette route thématique propose une découverte de la région à travers des sites ayant servi de modèles aux « peintres de la lumière », entre 1875 et 1920.
Renseignements au comité régional du tourisme PACA *(voir p. 10)*.

Romains
Construite par les Romains pour relier Rome au sud de l'Espagne, la via Domitia, « voie Domitienne », a tout d'une survivante : son tracé perdure, même s'il est aujourd'hui souvent recouvert par le bitume. En Provence, cette voie antique passait par Apt, Cavaillon, Tarascon et Nîmes. Près d'Apt, ne manquez pas l'un des vestiges majeurs, le pont Julien, jeté sur le Coulon en 3 av. J.-C.

3/ DÉCOUVRIR LA PROVENCE

Façades colorées à Roussillon.
Sigfrid López / MICHELIN

MARSEILLE ET SES ENVIRONS
10 km
MARSEILLE ★★★ Vaut le voyage
Chât. d'If ★★ Mérite un détour
Allauch ★ Intéressant
Roquevaire À voir
Itinéraire conseillé avec ville de départ
BOUCHES-DU-RHÔNE
VAR
MER MÉDITERRANÉE
MARSEILLE
Aix-en-Provence
St-Maximin-la-Ste-Baume
Massif et Forêt de la Sainte-Baume
ST-PILON
Route des Crêtes
LES CALANQUES
CAP CANAILLE
La Côte Bleue
Chât. d'If
Cassis
La Ciotat
Aubagne
Martigues
Miramas-le-Vieux
TOULON

Marseille et ses environs 1

Carte Michelin Départements 340 H6 – Bouches-du-Rhône (13)

Marseille

★★★

839 043 Marseillais – Bouches-du-Rhône (13)

NOS ADRESSES PAGE 108

S'INFORMER

Office du tourisme de Marseille – *4 La Canebière - 13001 Marseille - ✆ 04 91 13 89 00 - www.marseille-tourisme.com ou www.resamarseille.com (réserv. en ligne) - 9h-19h, dim. 10h-17h - fermé 1er janv., 25 déc.* Outre les renseignements traditionnels, vaste choix de visites commentées, classiques ou insolites, cours d'œnologie ou de bouillabaisse, et de nombreuses activités de plein air (randonnée dans les calanques, baptême de plongée, balades palmées, kayak de mer…). L'office de tourisme propose désormais une centrale de réservation *(www.resamarseille.com).*

Visite guidée – *Sur réserv. - rens. à l'office de tourisme ou sur www.marseille-tourisme.com - 6,50 €.* Marseille, qui porte le label **Ville d'art et d'histoire**, propose des visites-découverte (2h) animées par des guides-conférenciers agréés par le ministère de la Culture et de la Communication.

SE REPÉRER

Carte de microrégion B2 *(p. 80) – carte Michelin Départements 340 H6.* Avant de vous immerger dans la ville, prenez le temps d'admirer son site exceptionnel. Du parvis de Notre-Dame-de-la-Garde, on découvre un extraordinaire **panorama★★★**. À gauche, les îles du Frioul et, au loin, le massif de Marseilleveyre ; en face, le port, avec, au premier plan, le fort Saint-Jean et le parc du Pharo, plus à droite, la ville, et au fond, la chaîne de l'Estaque ; en arrière, les collines arides de la Côte Bleue.

SE GARER

La circulation marseillaise et le stationnement des véhicules en centre-ville tiennent du casse-tête. Laissez votre voiture au premier parking souterrain venu. Les plus proches du centre sont « Vieux Port », « Monthyon », « Hôtel de Ville », « Préfecture », « Bourse » et « De Gaulle ». Ils sont indiqués par les panneaux directionnels, certains dès l'entrée de la ville.

À NE PAS MANQUER

Le Vieux Port, ses terrasses animées et son « ferry-boâte » ; le Panier ; le centre de la Vieille Charité ; la Canebière ; Notre-Dame-de-la-Garde ; l'abbaye Saint-Victor ; la Corniche ; le vallon des Auffes ; les calanques ; une mini-croisière jusqu'au château d'If et aux îles du Frioul.

ORGANISER SON TEMPS

Que vous ayez une journée ou une semaine, tout commencera et tout finira sur le Vieux Port. C'est un point névralgique pour les déplacements dans la ville, fort étendue : le bus 83 remonte la Corniche jusqu'aux plages du Prado, au sud ; le bus 35 file vers le nord, jusqu'à L'Estaque et aux plages de Corbières ; un petit train touristique vous emmène vers le Panier ou à N.-D.-de-la-Garde ; le métro mène en deux stations à la gare ferroviaire ; le tramway traverse la ville de part en part ; les taxis sont nombreux ; des navettes partent vers les îles du Frioul et le château d'If.

Rue marseillaise.
Michael J. Hipple / Age fotostock

AVEC LES ENFANTS

Le musée du Santon Marcel-Carbonel ; le Muséum d'histoire naturelle et le musée du Terroir marseillais ; le musée-boutique de l'OM et la visite du Stade Vélodrome ; le préau des Accoules ; le ferry-boat ; le château d'If ; le tour de la ville en petit train ou en bus à impériale *(voir « Nos adresses »)* ; côté plages : privilégiez les plages du Prophète, Borély et Pointe-Rouge, surveillées en saison, ainsi que la promenade de la Plage.

Marseille a été élu Capitale européenne de la Culture pour 2013 ; aussi la cité phocéenne s'active plus que jamais dans sa longue marche vers une mutation certaine, avec des quartiers entiers en passe d'être rénovés. Difficile aujourd'hui de prédire si Marseille réussira la transformation programmée mais ses nombreux atouts valent déjà largement le détour. Rivée à un port qui accueillit ses premiers habitants, fière de ses 2 600 ans d'histoire, Marseille perpétue une longue tradition d'intégration. Partagée entre Orient et Occident, Europe et Afrique, elle représente un fabuleux melting-pot méditerranéen, une particularité qu'elle espère bien mettre en valeur. Dans cette ville de partage, ils sont nombreux aujourd'hui à penser que la culture peut être un levier de la modernité, de la rénovation de la cité, de la cohésion sociale. Autant dire que l'enjeu est de taille pour la ville la plus pauvre de France, qui pâtit encore, parfois à tort mais pas toujours, de clichés négatifs. C'est donc aujourd'hui l'occasion de découvrir (ou de redécouvrir) l'emblématique Vieux Port où bat le cœur de la cité, le Panier et ses ruelles aux couleurs méditerranéennes, les marchés de Noailles, semblables à un grand souk à ciel ouvert, la Canebière, artère à vocation commerçante, la Corniche et ses villas bourgeoises avec vue sur la mer, les minuscules criques qui apparaissent comme par surprise au bout des ruelles. Qu'elle vous charme ou qu'elle vous agace, Marseille ne vous laissera à coup sûr jamais indifférent.

MARSEILLE ET SES ENVIRONS

SE LOGER

Chambre d'hôte Villa Marie-Jeanne 7

Chambre d'hôte Villa Monticelli 10

Hôtel Ibis Euroméditerranée 19

Hôtel Le Corbusier 25

Hôtel Le Richelieu 28

Hôtel Pullman Palm Beach 30

SE RESTAURER

Chez Fonfon 1

Cyprien 10

L'Épuisette 13

L'Hippocampe 20

Le Petit Nice 36

Les Akolytes 38

Les Grandes Tables 41

Péron 45

MARSEILLE

LYON
FOS, AIX-EN-P.
B
C
Musée du Terroir Marseillais
D 908
LA ROSE
ST-JUST
St-Just
ZÉNITH - LE-DÔME
HÔTEL DU DÉPARTEMENT
Av. J.-P.-Sartre
Bd A.-Fleming
ST-MAURONT
ST-CHARLES
Bd de Plombières
D 4c
Ch. de Ste-Marthe
Bd Guigou
R. Jobin
BELLE DE MAI
41
R. Guibal
N.-D. BON PASTEUR
National
Strasbourg
Av. des Chutes-Lavie
Chartreux
STE-MARIE-MADELEINE
Duparc
R. F. Pyat
A 7
R. Salengro
Désirée Clary
MARTIN
Av. Paris
voir plan II
PALAIS LONGCHAMP
Cinq-Avenues Longchamp
Av. des Chartreux
Bd de la Blancarde
Av. Mal Foch
LES CINQ AVENUES
ST-CALIXTE
LA BLANCARDE
7
ST-BARNABÉ
Av. Leclerc
Pl. Jules-Guesde
Gare St-Charles
Pelletan
Jules Guesde
Colbert-Hôtel de Région
R. d'Aix
Cours Belsunce
Réformés Canebière
LA CANEBIÈRE
Vieux-Port-H. de Ville
Hôtel de ville
Noailles
Pl. J.-Jaurès
Pl. Sébastopol
R. de Verdun
Bd Sakakini
Bd Chave
Bd Jeanne d'Arc
ST-PIERRE
R. Saint-Pierre
R. St-Pierre
LA POMME
D 2
Cours Julien
N-D du Mont Cours Julien
Rue de Rome
LA CONCEPTION
Baille
Bd Baille
la Timone
Bd Jean Moulin
ST-PIERRE
TIMONE
Av. de la Timone
Estrangin Préfecture
Lieutaud
Castellane
Pl. Castellane
Bd N-Dame
Paradis
Bd Vauban
N.-D.-DE-LA-GARDE
Av. de Toulon
35
A 50
2
TOULON
AUBAGNE
(PÉAGE)
SACRÉ-COEUR
10
Av. J. Cantini
Parc du 26e centenaire
Av. de la Capelette
Bd Rabatau
Périer
Rue Périer
Boulevard
Av. du Prado
Mermoz
R. J.
LA CAPELETTE
Rouet
N.-DAME
D 559
Parc Chanot
PALAIS DES CONGRÈS
Rd-Pt du Prado
Bd Schloesing
Huveaune
PALAIS DES SPORTS
Bd R.-Rolland
Rolland
PÉRIER
Stade-Vélodrome
Musée-Boutique de l'O.M.
Ste-Marguerite Dromel
Bd Ste-Marguerite
Promde G. Pompidou
R. du Commandant
ST-GINIEZ
ÉLE NATLE SUPRE DE DANSE
Av. de Mazargues
Bd Michelet
STE-MARGUERITE
Musée d'Art Contemporain
Parc Borély
RTE DU LITTORAL CASSIS
3
25
CASSIS
1

SE LOGER		SE RESTAURER
Hôtel Azur........................ 16	Hôtel Relax........................ 30	Axis........................ 1
Hôtel Edmond Rostand........ 19	Hôtel Vertigo........................ 32	Bateau-Restaurant Le Marseillois................ 3
Hôtel Hermès........................ 22	New Hôtel Vieux Port........ 37	
Hôtel Le Ryad........................ 27	Radisson SAS Hotel........ 39	Café des Épices................ 5

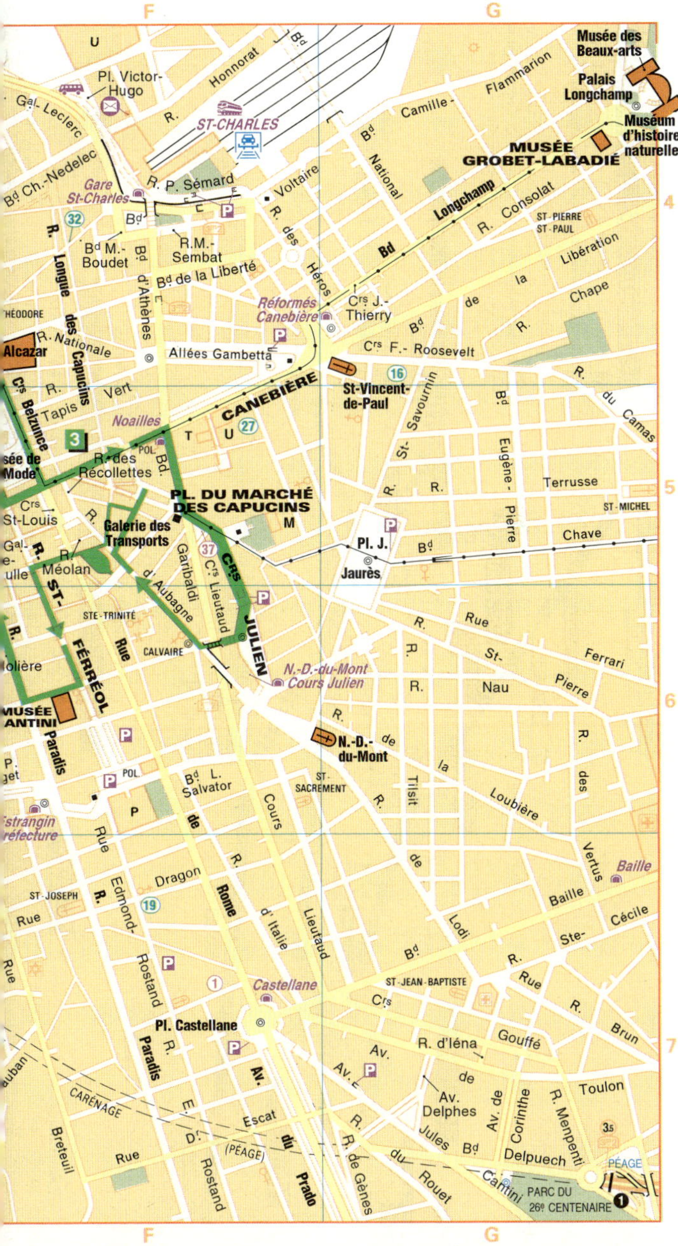

Chez Madie les Galinettes 7
La Part des Anges 19
Le Charité Café 32
Le Moment 34
Le Resto Provençal 37
Les Arcenaulx 40
Les Buvards 42
Miramar 45
Une Table, au Sud 49

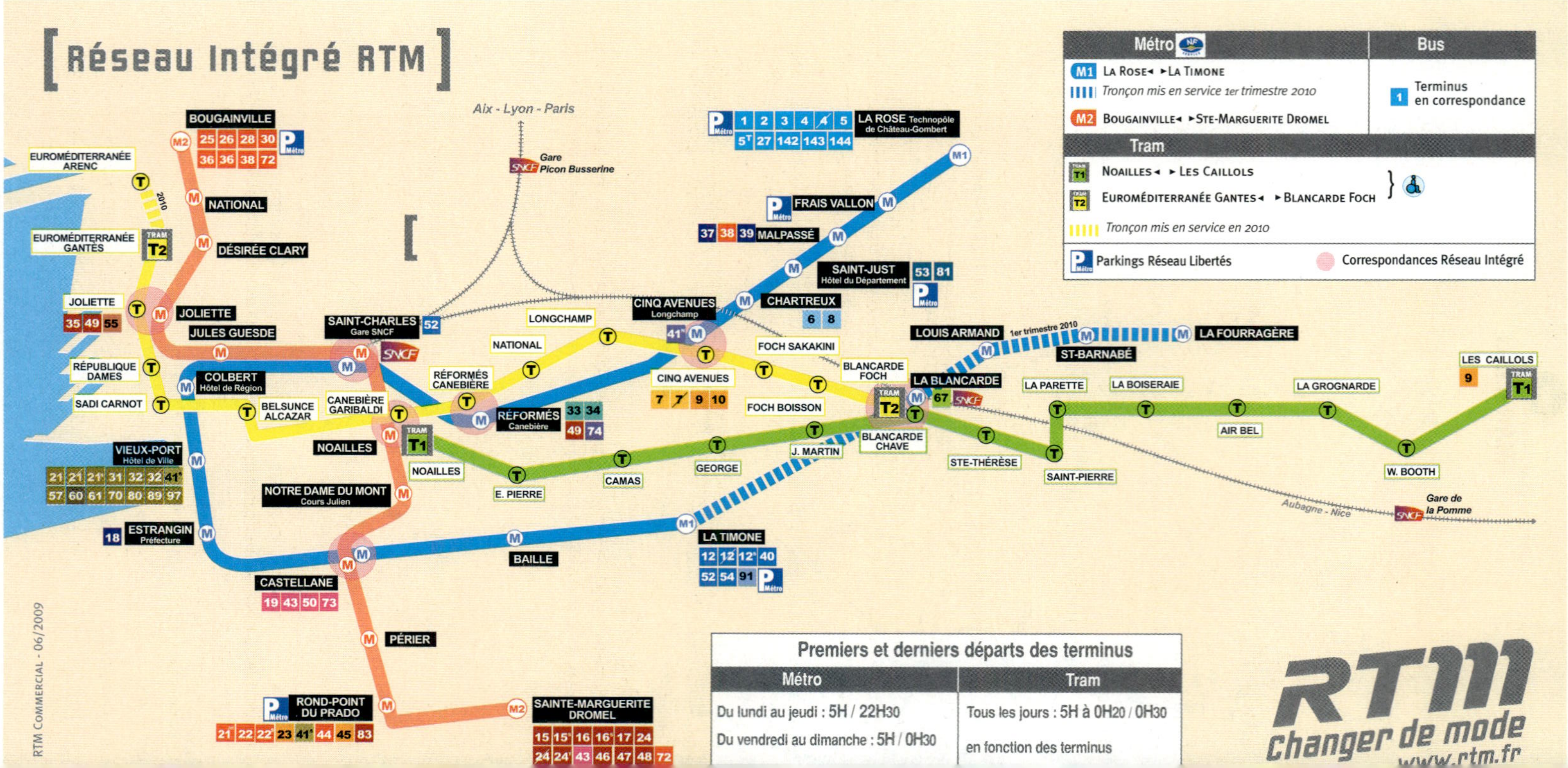
[Réseau Intégré RTM]
Métro
M1 La Rose◂ ▸La Timone
Tronçon mis en service 1er trimestre 2010
M2 Bougainville◂ ▸Ste-Marguerite Dromel
Bus
1 Terminus en correspondance
Tram
T1 Noailles◂ ▸Les Caillols
T2 Euroméditerranée Gantes◂ ▸Blancarde Foch
Tronçon mis en service en 2010
Parkings Réseau Libertés
Correspondances Réseau Intégré
Aix - Lyon - Paris
Gare Picon Busserine
BOUGAINVILLE
25 26 28 30
36 36 38 72
EUROMÉDITERRANÉE ARENC
2010
NATIONAL
EUROMÉDITERRANÉE GANTES
DÉSIRÉE CLARY
JOLIETTE
35 49 55
JULES GUESDE
SAINT-CHARLES Gare SNCF
52
RÉPUBLIQUE DAMES
COLBERT Hôtel de Région
SADI CARNOT
BELSUNCE ALCAZAR
CANEBIÈRE GARIBALDI
VIEUX-PORT Hôtel de Ville
21 21 21 31 32 32 41
57 60 61 70 80 89 97
NOAILLES
NOTRE DAME DU MONT Cours Julien
18
ESTRANGIN Préfecture
CASTELLANE
19 43 50 73
PÉRIER
ROND-POINT DU PRADO
21 22 22 23 41 44 45 83
SAINTE-MARGUERITE DROMEL
15 15 16 16 17 24
24 24 43 46 47 48 72
NATIONAL
RÉFORMÉS CANEBIÈRE
RÉFORMÉS Canebière
33 34
49 74
LONGCHAMP
CINQ AVENUES Longchamp
41
CINQ AVENUES
7 7 9 10
E. PIERRE
CAMAS
GEORGE
BAILLE
1 2 3 4 4 5
5T 27 142 143 144
LA ROSE Technopôle de Château-Gombert
FRAIS VALLON
37 38 39 MALPASSÉ
SAINT-JUST Hôtel du Département
53 81
CHARTREUX
6 8
FOCH SAKAKINI
FOCH BOISSON
BLANCARDE FOCH
J. MARTIN
LA TIMONE
12 12 12 40
52 54 91
LOUIS ARMAND
1er trimestre 2010
LA FOURRAGÈRE
ST-BARNABÉ
LA BLANCARDE
67
BLANCARDE CHAVE
STE-THÉRÈSE
LA PARETTE
SAINT-PIERRE
LA BOISERAIE
AIR BEL
LA GROGNARDE
W. BOOTH
LES CAILLOLS
9
Aubagne - Nice
Gare de la Pomme
Premiers et derniers départs des terminus
Métro
Du lundi au jeudi : 5H / 22H30
Du vendredi au dimanche : 5H / 0H30
Tram
Tous les jours : 5H à 0H20 / 0H30
en fonction des terminus
RTM
Changer de mode
www.rtm.fr
RTM Commercial - 06/2009

Se promener

LE VIEUX MARSEILLE Plan de ville II

Circuit 1 du Vieux Port au Panier tracé en vert sur le plan de la ville (p. 86) – compter 3h.

★★ Le Vieux Port

C'est ici qu'en 600 av. J.-C. débarquèrent les Phocéens et que toute l'activité maritime se concentra pendant vingt-cinq siècles. Mais au 19e s., la profondeur de 6 m devint insuffisante pour les navires de fort tonnage, obligeant à créer de nouveaux bassins. Il n'empêche, le Vieux Port reste le vrai cœur de Marseille, là où toutes les voies convergent, là où les grands événements rassemblent la foule, où les promeneurs déambulent autour des cafés et des restaurants vantant leur bouillabaisse, tandis qu'à la sortie du métro « Vieux Port », on furète parmi les étals du **marché aux poissons** du **quai des Belges** (E5), tous les matins. Point de départ des vedettes proposant des excursions aux îles du Frioul, le Vieux Port, dont le plan d'eau disparaît sous une forêt de mâts, est toujours traversé par le célèbre et pittoresque **ferry-boat** (prononcez « boate »), popularisé par Pagnol *(voir « Nos adresses »)*.
Face au Vieux Port, au débouché de la rue de la République, l'**église Saint-Ferréol** (E5), ou des Augustins, dresse sa façade Renaissance, reconstruite en 1804.
Prenez en face le **quai du Port** (DE5), qui longe le « Corps-de-Ville », quartier emblématique du Vieux Marseille que les nazis dynamitèrent en 1943 sous prétexte d'insalubrité après avoir évacué 40 000 personnes. Seuls quelques bâtiments remarquables furent épargnés, dont l'hôtel de ville qu'encadrent des immeubles avec arcades construits après la guerre par Fernand Pouillon.

Hôtel de ville E5

Intéressante façade de style baroque provençal. L'écusson aux armes royales au-dessus de l'entrée principale est un moulage d'une œuvre de Pierre Puget.

★ Musée des Docks romains D5

Pl. Vivaux - ✆ 04 91 91 24 62 - ♿ - juin-sept. : 11h-18h ; reste de l'année : 10h-17h - fermé lun. et j. fériés - 2 € (-10 ans gratuit).
Au cours des travaux de reconstruction du Vieux Port, on a découvert des entrepôts commerciaux romains à *dolia* (grandes jarres) datant des 1er-3e s., aujourd'hui aménagés en musée. Celui-ci abrite des objets trouvés sur les lieux, tandis qu'une maquette aide à imaginer le site et ses abords à l'époque romaine. Les entrepôts comportaient un rez-de-chaussée (qui abritait des *dolia* pour le grain, le vin et l'huile) s'ouvrant sur le quai du port et un étage communiquant sans doute par un portique avec l'artère principale de la cité, la voie Décumane, actuellement rue Caisserie. D'autres objets illustrent le rôle maritime de Marseille : céramiques, métaux et amphores provenant d'épaves, balances romaines et monnaies. Une maquette de four de potier illustre la technique de fabrication des amphores.

★ Maison diamantée - Musée du Vieux Marseille E5

Musée fermé provisoirement. Les collections seront visibles au musée d'Histoire.
Dans ce bâtiment du 16e s. dont la façade est taillée en pointes de diamant *(d'où son nom)*, vous pourrez admirer un bel escalier avec plafond à

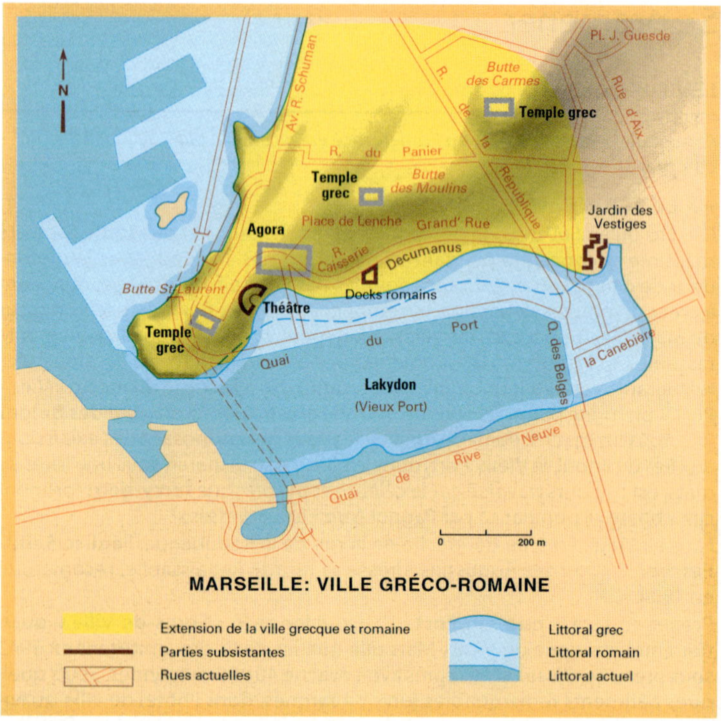

caissons. D'ici à la fin des travaux de réhabilitation, présentation d'une partie des collections permanentes : retable du 15e s. *La Prédication de Marie-Madeleine*, santons habillés, divers petits objets illustrant la vie quotidienne des Marseillais au 19e s.

Poursuivre jusqu'à la rue Caisserie, que l'on prend sur la droite, jusqu'à la Grand-Rue où, au n° 27 bis, s'élève l'hôtel de Cabre.

Hôtel de Cabre E5

Construite en 1535, c'est l'une des plus anciennes maisons de la cité. Son style composite témoigne de l'influence du gothique tardif sur l'architecture civile marseillaise.

En revenant sur vos pas vers la place Daviel, vous rencontrez le **pavillon Daviel** (milieu du 18e s.), ancien palais de justice. Remarquez sur sa façade rythmée de pilastres un beau balcon en ferronnerie dont le décor dit « à la marguerite » appartient à la tradition marseillaise. L'imposante masse de l'**Hôtel-Dieu** domine le port, avec son architecture caractérisée par l'agencement des volumes et la superposition de galeries à arcades (18e s.).

Revenir sur vos pas et remonter la rue Caisserie jusqu'au clocher des Accoules, seul vestige d'une des plus anciennes églises de Marseille. Tout de suite à droite, la montée des Accoules donne accès au quartier du Panier.

★ Le Panier DE4-5

Bâti sur la butte des Moulins à l'emplacement de l'antique Massalia, c'est le dernier vestige du Vieux Marseille. Dans cet ancien quartier des pêcheurs, les habitants, souvent de condition modeste, ont tiré le meilleur parti de leurs

FABIO MONTALE

Sur le pas des portes, des *cacòus* en bleu de Shanghai consultent la presse tout en commentant les résultats de l'OM dans un « français de Marseille » aux tournures parfois étonnantes… C'est le monde de Fabio Montale, un minot du quartier, devenu le policier au grand cœur créé par **Jean-Claude Izzo** (*Chourmo, Total Khéops* et *Solea*, dans la collection « Série Noire ») et incarné au petit écran par Alain Delon…

minuscules bouts de terrain en construisant des maisons tout en hauteur dans ce lacis de ruelles qui, avec son animation, son linge séchant en aplomb des rues, ses volées d'escaliers et ses façades colorées n'est pas sans évoquer Naples, la Catalogne, tous les rivages méditerranéens… Sans avoir perdu son caractère familial et populaire, le quartier a aussi attiré ces dernières années de nombreuses galeries d'art, restaurants façon guinguettes et quelques boutiques de créateurs.

Au fil de la **montée des Accoules** (D5), symbole du plus ancien quartier de la ville, vous rencontrerez en chemin le **Préau des Accoules** (D5), un lieu inédit dans la présentation de collections au jeune public : des expositions autour de véritables œuvres (choisies dans les collections des musées de Marseille) permettent aux enfants de se familiariser avec l'art à travers des activités interactives menées par des animateurs *(au menu, rencontres et spectacles liés aux œuvres)*. Au passage, levez les yeux vers la voûte plate, belle réalisation de la fin du 18e s., pour cette ancienne salle de réunion extraordinaire de l'Académie de Marseille. *29 montée des Accoules - ✆ 04 91 91 52 06 - août : tlj sf dim. et lun. 13h30-17h30 ; reste de l'année : merc. et sam. 13h30-17h30 (en période d'exposition) - possibilité de visite guidée (1h30) sur demande préalable (sf en août) - fermé 1er janv., dim. et lun. de Pâques, 1er et 8 Mai, jeu. de l'Ascension, lun. de Pentecôte - animations pour enf. sur demande - gratuit.*

Mais n'hésitez pas non plus à vous fier au hasard : la **rue du Panier** (D4), les rues Fontaine-de-Caylus, Porte-Baussenque, du Petit-Puits, Sainte-Françoise, du Poirier, des Moulins (qui mène à la charmante place des Moulins), toutes méritent d'être parcourues, dans ce quartier authentique qui a vu sa transformation progressive en ghetto arrêtée par des opérations de réhabilitation, après la restauration de la Vieille Charité. Enfin, ne craignez pas de vous perdre : il suffit de monter !

★★ Centre de la Vieille Charité D4

✆ 04 91 14 58 80 - juin-sept. : 11h-18h ; reste de l'année : 10h-17h - fermé lun. et j. fériés - 2 € musée d'Archéologie méditerranéenne ; 2 € musée des Arts africains, océaniens et amérindiens ; 4 € expositions temporaires ; 8 € expositions grands événements. Le Centre de la Vieille Charité accueille les expositions temporaires du musée des Beaux-Arts, fermé pour restauration.

Cet ancien hospice, classé Monument historique après une remarquable restauration, constitue un bel ensemble architectural édifié de 1671 à 1745 sur les plans des frères Puget. Les bâtiments de cet « Escurial de la Misère », conçu pour enfermer les pauvres de Marseille, s'ordonnent autour d'une **chapelle★** centrale au dôme ovoïde, belle œuvre baroque due à Pierre Puget. Donnant sur cour, trois niveaux de galeries à arcades sont construits en calcaire du cap Couronne, aux reflets roses et jaunes. Le fronton, ajouté sous le Second Empire, représente « la Charité accueillant les enfants indigents entourés par deux pélicans ».

PUGET DE MARSEILLE

Jeune sculpteur, mais aussi peintre et architecte, **Pierre Puget** (1620-1694) se rend en Italie pour recevoir l'enseignement de Pierre de Cortone. Après avoir sculpté le portail de l'hôtel de ville de Toulon, il travaille à Gênes de 1660 à 1668, période la plus brillante de sa carrière. Rappelé par Colbert, qui lui confie la décoration des vaisseaux à l'arsenal de Toulon, il se consacre ensuite à l'ornementation de villes de Provence comme Aix ou Marseille. Sculpteur baroque et expressif à une époque où le classicisme domine en France, il a montré la mesure de son talent dans la construction de l'hospice de la **Vieille Charité**.

Le centre abrite aujourd'hui le musée d'Archéologie méditerranéenne, le musée d'Arts africains, océaniens, amérindiens **(MAAOA)**, et des expositions temporaires. Il fait bon faire une pause dans l'agréable bar-restaurant installé sous ses arcades, ou à la librairie attenante.

★★ **Musée d'Archéologie méditerranéenne** – *1er étage, aile nord.* On y aborde l'**Égypte**, du début de l'Ancien Empire (2700 av. J.-C.) jusqu'à l'époque copte (3e-4e s. apr. J.-C.) : statuettes funéraires, dites « ouchebtis », deux masques d'Osiris en feuilles d'or martelées, un grand ibis en argent et bois doré (époque ptolémaïque), une statue de la déesse Neith en granit noir (XVIIIe dynastie), une table d'offrande portant 34 cartouches royaux (XIXe dynastie). Et un superbe Livre des Morts en papyrus datant de la XXVIe dynastie. Ce recueil de textes et de formules avait pour but d'assurer la survie du défunt dans l'au-delà.

Proche-Orient : pièces assyriennes des palais de Sargon II à Dur-Sharrukin (l'actuelle Khorsabad) et d'Assurbanipal à Ninive. Remarquez deux céramiques d'une finesse exceptionnelle datant du 4e millénaire av. J.-C.

Chypre : poteries à surface rouge lustrée portant un décor incisé ou appliqué en léger relief, mobilier funéraire de type mycénien, céramique tournée décorée de cercles concentriques.

Grèce et Grande-Grèce : statues d'idoles cycladiques en marbre, céramiques décorées de frises de motifs géométriques, vases à parfums corinthiens décorés de motifs animaliers ou floraux, céramiques à figures noires et à figures rouges, *kouros* (sculpture de jeune homme nu) et *koré* (jeune fille vêtue). Pour la Grèce classique, lécythes à fond blanc et stèles funéraires.

Étrurie et Rome : céramique en *bucchero-nero* (pâte noire soigneusement lissée), pièces d'argenterie, peinture funéraire de Chiusi et Tarquinia, sculpture en pierre de Vulci, *korés* de Cerveteri et Véies.

Celto-Ligures de Roquepertuse (oppidum situé au nord de Vitrolles) : fragments peints, sculptés et gravés, statues de guerriers assis en tailleur, gros oiseau… à remarquer : **Hermès bicéphale★**, magnifique groupe de deux têtes accolées ; également, le portique « aux têtes coupées » avec ses piliers dont la partie supérieure était destinée à recevoir des crânes.

★★ **Musée d'Arts africains, océaniens, amérindiens (MAAOA)** – *Au 2e étage des ailes nord et est.* Musée de province le plus riche en objets d'arts provenant d'Afrique, d'Océanie et des Amériques. Prenez votre temps, sa présentation privilégie la contemplation : les œuvres, toutes exposées sur un fond noir, rayonnent d'une lumière diffuse et indirecte. **Salle Pierre-Guerre** : masques, sculptures, reliquaires et objets quotidiens provenant principalement d'Afrique de l'Ouest. **Salle Antonin-Artaud** (civilisations d'Océanie et des Amériques) : coiffe-masque de Wayana (Brésil), têtes humaines réduites (*tsantsas* des Indiens jivaros, Équateur). La collection Gastaut réunit une série unique de crânes humains, sculptés, gravés, illustrant les civilisations anciennes de l'Océanie et de l'Amazonie. **Collection François-Reichenbach** : art populaire du Mexique.

Après avoir contourné sur la gauche la Vieille Charité, tourner à gauche, puis encore à gauche, dans la rue de l'Évêché et enfin à droite vers la Major.

Cathédrale de la Major D4

Tlj sf lun. 9h-12h30, 14h-18h.

Colossale, elle a été construite à partir de 1852 dans le style romano-byzantin par l'architecte Espérandieu, à l'initiative du futur Napoléon III qui voulait se concilier d'un seul coup l'Église et les Marseillais. Que l'on apprécie ou non ce pompeux édifice, on regrette tout de même qu'il ait entraîné la destruction d'une partie de l'**ancienne Major★** *(en cours de restauration, fermée au public)* : bel exemple d'architecture romane dont seuls subsistent le chœur, le transept et une nef flanquée de collatéraux. Elle n'est pas sans rappeler Notre-Dame-de-la-Garde qui lui fait face. Vous pourrez entendre des concerts d'orgues à l'occasion des vêpres musicales. Autour de l'édifice, l'esplanade piétonne redonne de l'ampleur à la cathédrale.

Par l'esplanade de la Tourette, on rejoint la petite **église Saint-Laurent** (D5), vieille paroisse des « gens de mer » du quartier. Depuis le belvédère, belle **vue★** sur le Vieux Port et l'entrée de la Canebière, la Côte Bleue, la basilique N.-D.-de-la-Garde ; en contrebas, le fort Saint-Jean qui, avec son homologue de la rive opposée, le **fort Saint-Nicolas**, fut édifié par Louis XIV afin de tenir la ville en respect.

Fort Saint-Jean-MuCEM D5

Il englobe des constructions antérieures, dont la tour du Roy René, aux faux airs de minaret. Une nouvelle tour en bois, la tour d'Assaut, a été construite fin 2007. L'ensemble préfigure le futur **MuCEM (musée des Civilisations de l'Europe et de la Méditerranée)**, dont l'ouverture est prévue pour 2012. Ce musée national sera consacré aux cultures de l'Europe et du monde méditerranéen en regroupant les collections du musée des Arts et Traditions populaires et de la partie Europe du musée de l'Homme. C'est l'architecte Rudy Ricciotti (Grand Prix national de l'architecture 2006) qui est retenu pour ce projet. Le volume, enserré sous une résille de béton de fibre, formera un écran filtrant le soleil tout en jouant avec la notion de « voir sans être vu », et mettra en avant l'opposition dur/fragile. Avec sa vue sur le fort, la mer et le port par séquence, le MuCEM sera selon l'architecte « une casbah verticale »... En attendant cette ouverture, des expositions temporaires sont hébergées dans la tour du Roy René et dans la tour d'Assaut (espace Georges-Henri-Rivière). *Avr.-sept. tlj sf mar. 13h-19h, reste de l'année 12h-18h - ✆ 04 96 13 80 90 - www.mucem.eu (programme des expositions).*

Le fort Saint-Jean comporte également un ancien blockhaus : c'est dans ce vestige de l'occupation allemande qu'a été installé le **mémorial des Camps de la mort**. Dédié à toutes les victimes de la barbarie nazie, il retrace la rafle du 22 janvier 1943 au cours de laquelle 804 Juifs marseillais ont été déportés au camp d'extermination de Sobibor, en Pologne, d'où aucun n'est revenu. Quelques jours après, le chef de la Gestapo en France, Karl Oberg, annonçait que les vieux quartiers seraient détruits « par la mine et le feu ». Vingt-cinq mille habitants du Vieux Port furent évacués par la police française et déportés dans des camps d'internement à Fréjus. À leur retour, ils trouvèrent un champ de ruines : 1 494 immeubles dynamités par l'occupant, soit 14 ha. La vidéo du rez-de-chaussée, l'exposition de **photographies d'archives nazies** prises lors de la destruction du Vieux Port (au 1er étage) retracent cette période.

Au 2e étage, vous pourrez vous recueillir devant les urnes contenant la terre et les cendres de 18 camps de concentration et d'extermination. *Quai de la Tourette (contre le fort St-Jean) - ✆ 04 91 90 73 15 - ♿ - juin-sept. : 11h-18h; reste de l'année : 10h-17h - fermé lun. et j. fériés - gratuit.*

Place de Lenche D5

À l'emplacement présumé de l'agora de Massalia s'ouvre aujourd'hui cette petite place animée, ourlée de bars et de restaurants, aux façades agrémentées de balcons en ferronnerie, avec vue sur le Vieux Port et le théâtre de la Criée, que domine Notre-Dame-de-la-Garde.
Descendre sur le quai du Port jusqu'à l'embarcadère du légendaire ferry-boat que l'on emprunte pour gagner le quai de Rive-Neuve.

LA RIVE NEUVE Plan de ville II

Circuit 2 tracé en vert sur le plan de la ville (p. 86).
Vous aborderez le quai de Rive-Neuve près du buste du chanteur d'opérette **Vincent Scotto**, face à la place aux Huiles. On imagine mal aujourd'hui le succès de cet artiste, et pourtant, pour la jeunesse de 1930, il représentait ce qu'est le groupe **IAM** pour celle d'aujourd'hui. À quand l'effigie des rappeurs marseillais dans la ville ? Bordé d'un bel ensemble d'immeubles de style néoclassique, le quai de Rive-Neuve fut ainsi nommé car les hauts-fonds encombrant cette partie du port ne furent que tardivement supprimés et la rive aménagée.
Vous entrez par la place aux Huiles dans le **quartier des Arcenaulx**. Sur le vaste **cours Honoré-d'Estienne-d'Orves**, aménagé en place à l'italienne, la façade de l'hôtel (n° 23) et l'agréable librairie-galerie des Arcenaulx (n° 25) sont les derniers vestiges visibles des bâtiments de l'arsenal. Au n° 21, la **Maison de l'artisanat et des métiers d'art** (E6 M²) occupe elle aussi un bâtiment historique hérité de l'arsenal des galères ; des expositions thématiques temporaires sur l'artisanat et les métiers d'art, en particulier ceux du bassin méditerranéen, y sont organisées. *✆ 04 91 54 80 54 - www.maisondelartisanat.org - 10h-12h, 13h-18h, sam. 13h-18h - possibilité de visite guidée mar. 15h30 - fermé dim., lun. et certains j. fériés, août - gratuit.*
Le **carré Thiars**, autour de la place du même nom (fin 18e s.), s'inscrit sur l'ancien chantier naval de l'arsenal. Dans ce quadrillage de rues, notamment au carrefour de la rue Saint-Saëns et de la rue Fortia, de nombreux restaurants, véritable tour du monde gastronomique, entretiennent une animation que les boîtes de nuit prolongent jusqu'au petit matin : c'est l'heure où les *gabians* (goélands) viennent chercher leur pâture aux portes de service des cuisines.
Par la rue Marcel-Paul (escaliers) et la rue Sainte, sur la droite, poursuivre vers la basilique.

★ Basilique Saint-Victor D6

✆ 04 96 11 22 60 - 9h-19h. On y célèbre la fête de la Chandeleur chaque année, le 2 fév. (voir « Nos adresses »).
Elle est le dernier vestige de la célèbre abbaye, appelée « clef du port de Marseille » et fondée au début du 5e s. par saint Cassien, en l'honneur de saint Victor. Condamné à être broyé entre deux meules, saint Victor ne pouvait dès lors que devenir le saint patron des meuniers… Détruite par les Sarrasins, l'église fut reconstruite vers 1040 et puissamment fortifiée. Extérieurement, c'est une véritable forteresse. Le porche, qui s'ouvre dans la tour d'Isarn, est voûté de lourdes ogives ; édifiées en 1140, elles comptent

parmi les plus anciennes du Midi. À l'intérieur, ne manquez surtout pas la **crypte★★**, enterrée quand fut bâtie l'église du 11e s. À côté se trouvent la grotte de saint Victor et l'entrée des catacombes où, depuis le Moyen Âge, on vénère saint Lazare et sainte Marie-Madeleine. Dans les cryptes voisines, remarquable série de sarcophages antiques, païens et chrétiens et, dans la chapelle centrale, près du sarcophage dit « de saint Cassien », martyrium du 3e s., découvert en 1965, qui contenait les restes de deux martyrs. L'abbaye fut édifiée sur leur tombe.

Descendre par la rue Neuve-Ste-Catherine.

Musée du Santon Marcel-Carbonel D6

47-49 r. Neuve-Ste-Catherine - ✆ 04 91 54 26 58 - www.santonsmarcelcarbonel.com - musée : tlj sf dim. et lun. 10h-12h30, 14h-18h30 - possibilité de visite guidée mar. et jeu. sur réserv. - atelier : lun.-jeu. 8h-12h30, 14h-17h - gratuit.

Situé dans l'arrière-boutique, ce petit musée privé présente la collection personnelle d'un des grands santonniers marseillais, **Marcel Carbonel**. Points forts de la collection, les modèles de santonniers connus (Lagnel, Neveu, Devouassoux, Paul Fouque, Puccinelli, etc.) ainsi que des santons habillés de l'abbé Sumien (1912). Une petite mezzanine dévoile des modèles plus exotiques (crèches du Japon, d'Alaska ou du Mexique). À côté (n° 47), l'atelier de fabrication se visite aussi.

Tout de suite à gauche, prendre la passerelle et les escaliers qui conduisent au quai de Rive-Neuve.

Vous passez devant le **théâtre de la Criée** (D6) : aménagé après le transfert près de l'Estaque de l'ancienne criée aux poissons, il a connu la renommée sous la direction de Marcel Maréchal, entre 1981 et 1994.

Reprendre sa voiture ou mieux, depuis le cours Jean-Ballard, le bus 60 pour monter vers N.-D.-de-la-Garde. Les piétons irréductibles emprunteront le sentier pédestre qui démarre avenue du Bois-Sacré, au boulodrome situé au pied de la Bonne Mère. L'ascension se fait à travers d'agréables espaces paysagés (98 marches).

★★ Basilique Notre-Dame-de-la-Garde E7

Se garer sur le plateau de la Croix (parcs de stationnement gratuits) en été 7h-19h30; en hiver 7h-19h.

Aujourd'hui restaurée, la basilique resplendit sous le soleil marseillais. Notre-Dame-de-la-Garde fut construite par Espérandieu, au milieu du 19e s., dans le style romano-byzantin alors en vogue. Elle s'élève sur un piton calcaire à 154 m d'altitude et son clocher de 60 m de haut est surmonté d'une très grande (9,70 m) statue dorée de la Vierge à l'Enfant, la célèbre « **Bonne Mère** », réalisée par les ateliers Christofle. L'intérieur de l'église est revêtu de marbres de couleur, de très belles mosaïques et de peintures murales de l'école de Düsseldorf. De très nombreux ex-voto évoquant les marins, les maladies, les guerres mais aussi l'Olympique de Marseille recouvrent les murs. Dans la **crypte** (église basse), belle Mater dolorosa en marbre, sculptée par Carpeaux. Un nouvel éclairage ainsi qu'une cloison vitrée installée entre la nef et le brûloir tendent à rendre la crypte plus lumineuse. Chaque année, à l'occasion

Marseille au fil du temps et de l'eau

LA BOSSE DU COMMERCE

Vers 600 av. J.-C., quelques galères, montées par des Phocéens (Grecs d'Asie Mineure), abordent dans la calanque du **Lacydon**, l'actuel Vieux Port. Les Grecs, commerçants avisés, rendent vite la cité prospère. Les **Massaliotes** créent des comptoirs le long de la côte (Agde, Arles, Le Brusc, Hyères-Olbia, Antibes, Nice) et dans l'arrière-pays (Glanum, Cavaillon, Avignon et peut-être Saint-Blaise). Avec les Celto-Ligures, les échanges, intenses, portent sur les armes, les objets en bronze, l'huile, le vin, le sel, les esclaves et la céramique. Maîtres des mers entre le détroit de Messine et les côtes ibères, dominateurs dans la vallée du Rhône après avoir supplanté leurs concurrents étrusques et puniques, les Massaliotes règnent sur le commerce international de l'ambre et surtout des métaux bruts : argent et étain d'Espagne ou de Bretagne, cuivre d'Étrurie. Après une période de défaillance, la cité organisée en république (Platon jugera exemplaire sa constitution) retrouve sa splendeur au 4e s. Le littoral est mis en valeur, planté d'arbres fruitiers, d'oliviers et de vignes. Les fouilles de la **place des Pistoles** (1995) ont mis au jour des vestiges d'habitat datant du 4e s. av. J.-C. : aménagements domestiques, céramiques, ainsi qu'un réseau de rues témoignent d'une intense activité.

CÉSAR

Les **Romains** entrent en Provence en 125, dégagent Massalia de l'emprise salyenne et entreprennent la conquête du pays. La cité reste une république indépendante, alliée de Rome, et se voit reconnaître une bande de territoire le long du littoral. Alors que la rivalité de César et de Pompée est à son point culminant, Marseille choisit malencontreusement de miser sur le second. Assiégée pendant six mois, la ville est prise en 49 av. J.-C. César lui enlève sa flotte, ses trésors, ses comptoirs. Toutefois, elle reste ville libre et entretient une université brillante, dernier refuge de l'esprit grec en Occident.

Après les invasions, le port, toujours actif, continue à commercer avec l'Orient : avec les cargaisons débarque, un jour de 543, la peste, dont c'est la première apparition en Gaule. Le déclin définitif s'amorce à partir du 7e s. Les pillages des Sarrasins, des Grecs et de Charles Martel entraînent le repli de la ville dans l'enceinte épiscopale de la butte Saint-Laurent. L'apparition du **christianisme** à Marseille est précoce : saint Victor y est martyrisé vers 290 et au 5e s., le moine arménien Cassien établit dans le quartier chrétien deux monastères, parmi les premiers fondés en Occident.

LE RENOUVEAU

Dès le 11e s., la cité phocéenne se réveille, mobilise toutes ses nefs et galvanise ses chantiers de constructions navales. En 1214, elle peut à nouveau s'ériger en république indépendante, pour une courte durée, puisqu'elle doit se soumettre en 1252 à **Charles d'Anjou**. Mais les croisades (12e-14e s.) font entrer la ville dans une période faste : elle dispute aux Génois le fret avantageux constitué par les croisés, leur matériel et leur ravitaillement. Ce soutien logistique lui rapporte de gros bénéfices, d'autant qu'à l'instar des grandes républiques italiennes, elle obtient en toute propriété un quartier de Jérusalem avec son église propre. Ses marins pratiquent le cabotage sur les côtes catalanes, vont concurrencer jusque chez eux les Pisans et les Génois, fréquentent le Levant, l'Égypte, l'Afrique du Nord. Après une phase de crise et de repli lorsqu'en 1423 la flotte aragonaise ravage la ville, les affaires repartent sous l'impulsion de deux habiles négociants, les frères Forbin. Jacques Cœur installe ici son principal comptoir.

LA GRANDE PESTE DE 1720

Au début du 18e s., Marseille compte environ 90 000 habitants. Grand port bénéficiant d'un édit de franchise depuis 1669, la ville jouit du monopole du commerce levantin et devient un gigantesque entrepôt de produits d'importation (matières textiles, denrées alimentaires, drogues et « curiosités »). Elle s'apprête à se lancer à la conquête des Antilles et du Nouveau Monde quand, en mai 1720, un terrible fléau la frappe. Un navire venant de Syrie, le *Grand Saint-Antoine*, a eu au cours de sa traversée plusieurs cas de peste. À son arrivée à Marseille, il est mis en quarantaine à l'île de Jarre. Mais l'épidémie se déclare en ville, y faisant des ravages foudroyants. L'interdiction, sous peine de mort, de toute communication entre Marseille et le reste de la Provence n'empêche pas le fléau de se répandre. Au total, entre 1720 et 1722, environ 100 000 personnes ont péri en Provence, dont 50 000 à Marseille.

L'EUPHORIE COMMERCIALE

Très vite, Marseille se relève. Le commerce trouve de nouveaux débouchés en direction des Amériques et surtout des Antilles; on importe du sucre, du café et du cacao, tandis que la ville s'industrialise : savonnerie, verrerie, raffinage du sucre, faïence, textile, manufactures de tabac, etc. De grandes fortunes s'édifient : armateurs et négociants affichent leur opulence au milieu d'un petit peuple d'artisans et de salariés vivant au rythme de l'arrivée des cargaisons au port. La ville accueille la Révolution avec enthousiasme. En 1792, les volontaires marseillais popularisent le *Chant de guerre de l'armée du Rhin* composé par **Rouget de Lisle** et bientôt rebaptisé *La Marseillaise*. Marseille est aussi la première ville à demander l'abolition de la royauté. Mais la rude poigne de la Convention lui devient bientôt insupportable. Fédéraliste dans l'âme, elle se révolte et elle devient la « Ville sans nom ». Durant l'Empire, le commerce maritime est fortement atteint par le blocus continental et Marseille devient farouchement royaliste. Durant le Second Empire, où d'importants travaux d'urbanisme sont réalisés, la ville, toujours rebelle, est républicaine… et cependant prospère, car son activité, déjà stimulée par la conquête de l'Algérie, franchit un nouveau palier avec l'ouverture en 1869 du canal de Suez.

AUJOURD'HUI ET DEMAIN

Touchée par les bombardements et surtout par la destruction en 1943 du vieux quartier compris entre la rue Caisserie et le Vieux Port, Marseille s'est lancée dès la Libération dans la reconstruction. C'est l'époque où **Fernand Pouillon** reconstruit le Vieux Port, mais la réalisation la plus marquante est la Cité radieuse ou « Maison du fada », première « unité d'habitation » de **Le Corbusier**, édifiée sur le boulevard Michelet. Le mouvement de décolonisation frappe durement le premier port de France, la ville entière tombant alors dans une longue crise économique. Ce n'est qu'à l'aube des années 2000 que Marseille trouve un nouveau souffle, symbolisé par le succès du TGV Méditerranée, qui met Paris à 3h du Vieux Port. Autres emblèmes de ce nouveau souffle, le projet « Euroméditerranée » et « Marseille-Provence 2013 » *(voir p. 49)*.

de la Sainte-Marie, un pèlerinage a lieu ici même. Le principal intérêt de la montée à Notre-Dame-de-la-Garde réside sans doute dans le **panorama★★★** que l'on découvre de son parvis.

LA CANEBIÈRE Plan de ville II

Circuit 3 du Vieux Port au Panier tracé en vert sur le plan de la ville (p. 86) – compter 2h.

Cette voie, percée au 17e s., tire son nom d'une corderie de chanvre (*canèbe*, en provençal) implantée autrefois à cet endroit.

Grâce aux marins qui ont porté son renom aux quatre coins du monde, la Canebière est devenue la plus fameuse artère de la ville – et son symbole. Les opérettes de Vincent Scotto (*Un de la Canebière*, 1938) et les chanteurs populaires de l'entre-deux-guerres ont aussi contribué à la renommée de cette avenue qui, jusqu'à l'Occupation, regroupait cafés prestigieux, commerces de luxe, grands hôtels, cinémas et théâtres. Elle a aujourd'hui perdu de son lustre et, malgré un « plan Canebière » visant à la réhabiliter en y implantant diverses administrations, dont un commissariat flambant neuf dans un ancien palace *(à l'angle du boulevard Garibaldi)*, elle est encore loin d'avoir retrouvé le prestige et l'animation de naguère… en particulier après la tombée du jour. Un indice tout de même de la poursuite de ce lent renouveau : l'élargissement de ses trottoirs et sa transformation en une artère à deux voies automobiles (au lieu de quatre) pour y faire circuler le tramway.

Partant du Vieux Port, emprunter le trottoir de gauche.

Palais de la Bourse-Musée de la Marine et de l'Économie de Marseille E5 M1

Rez-de-chaussée du palais de la Bourse dont la façade représente parfaitement les thèmes du commerce et de la navigation. ✆ 04 91 39 33 21 - http://patrimoine.ccimp.com - 10h-18h - 2 € (-12 ans gratuit).

Maquettes de navires, peintures, aquarelles, gravures et plans illustrent l'histoire de la marine et du port de Marseille du 16e s. à nos jours.

Poursuivre sur la Canebière, sur le trottoir de gauche.

Musée de la Mode F5

11 La Canebière - ✆ 04 96 17 06 00 - ♿ - juin-sept. : 11h-18h ; oct.-mai : 10h-17h - possibilité de visite guidée sur demande (15 j. av.) - fermé lun., 1er janv., 1er et 8 Mai, dim. de Pentecôte, 15 août, 1er nov., 25 déc. - 3 € (-10 ans gratuit).

Espace consacré à la mode et au costume, avec des expositions thématiques temporaires présentant par roulement les collections permanentes et les dernières acquisitions haute couture.

En sortant, prendre sur la gauche le passage (« rue Saint-Ferréol prolongée »), puis les escaliers mécaniques conduisant au Centre Bourse, vaste complexe commercial au sous-sol duquel est aménagé le musée d'Histoire de Marseille. Celui-ci donne accès au jardin des Vestiges, dégagé lors des travaux d'aménagement du quartier, en 1967.

★ Musée d'Histoire de Marseille E5

Centre commercial Centre Bourse - ✆ 04 91 90 42 22 - ♿ - tlj sf dim. 12h-19h - possibilité de visite guidée sur demande préalable - fermé j. fériés - 2 € musée.

Situé au sous-sol du Centre Bourse, il retrace l'histoire de Marseille, de la préhistoire au Moyen Âge. La maquette de Marseille aux 3e et 2e s. av. J.-C. précise la situation du port antique, équipé de cales de halage.

Les coutumes celto-ligures sont évoquées par la reconstitution du portique du sanctuaire de Roquepertuse exhibant des « têtes coupées ». La ville grecque, les usages funéraires, la métallurgie, etc., sont tour à tour abordés avec clarté. La présentation en coupe d'un *dolium* (grande jarre), l'exposition de divers modèles d'amphores ayant contenu du vin, de l'huile ou différentes préparations de poisson renseignent sur le transport et le stockage des denrées. Ne manquez pas l'épave d'un navire marchand romain du 3e s., conservée par lyophilisation, tant les bois utilisés sont divers : quille en cyprès, étrave en pin parasol, clés et chevilles en olivier et chêne vert, revêtement intérieur en mélèze et pin d'Alep.

Un espace d'exposition, « Le temps des découvertes de Protis à la reine Jeanne », est consacré aux plus récentes trouvailles parmi lesquelles une épave grecque du 6e s. av. J.-C. issue des dernières fouilles dans le port et entièrement assemblée par ligatures.

Jardin des Vestiges E5

Entrée par le musée d'Histoire de Marseille.

Les fortifications de la ville grecque, la corne du port antique entourée de ses quais du 1er s. et une voie d'entrée de la ville datant du 4e s., forment ce jardin archéologique. À l'époque phocéenne, ce site bordait un marécage qui fut progressivement asséché aux 3e et 2e s. av. J.-C. Dans la seconde moitié du 2e s. av. J.-C., on éleva de nouveaux remparts dont subsistent des traces : tours carrées, bastions et courtines édifiés en blocs de grand appareil taillés dans le calcaire rose du cap Couronne. Une voie d'époque romaine entre dans la ville par une porte plus ancienne (2e s. av. J.-C.) dont une des tours est encore bien identifiable.

Ressortir du Centre Bourse par l'une des sorties donnant sur le cours Belsunce.

À l'extrémité gauche du **cours Belsunce** se trouve l'ancien **Alcazar** (F4). De cette scène autrefois mythique, il ne subsiste que la marquise d'entrée ; l'ancien immeuble accueille désormais la grande **bibliothèque municipale à vocation régionale** (BMVR).

De retour sur la **Canebière**, notez les immeubles qui se distinguent par leur architecture, rappelant la gloire passée de l'artère : entre la rue Saint-Ferréol et le cours Saint-Louis, façades à décor de rocaille du milieu du 18e s. ; à l'angle du cours Saint-Louis (nos 1-3), bâtiment de style baroque construit en 1671-1672, qui devait former un des côtés de la place Royale dessinée par Pierre Puget et jamais achevée ; aux nos 53 et 62 (hôtel de Noailles), immeubles caractéristiques du Second Empire.

SOUVENIR, SOUVENIR…

L'**Alcazar**, ouvert en 1857, fut pendant plus d'un siècle le temple de la variété à Marseille : spectacles de mimes, pastorales, « revues marseillaises », « diseuses à voix », comiques troupiers, fantaisistes locaux et, dans les derniers temps, chefs de file du rock'n roll. Les opérettes de **Vincent Scotto** et Sarvil, servies par les estimés Alibert, Rellys ou Charpin, y devinrent un genre à part entière, tandis que l'esprit de l'Alcazar soufflait quelques répliques, et non des moindres, à Pagnol. La salle connut son apogée entre 1920 et 1950, accueillant Mayol, Mistinguett, Maurice Chevalier, fidèle entre tous depuis sa première prestation à l'âge de 16 ans, Rina Ketty… Raimu, Fernandel, Tino Rossi, **Yves Montand** y firent leurs débuts, ce dernier dans un répertoire de style western qui le consacra « jeune vedette swing 1941 ». L'Alcazar ferma en 1964 : un des derniers à y triompher fut Johnny Hallyday…

Prendre à droite le boulevard Garibaldi puis, à gauche, pour rejoindre le bas du cours Julien.

Cours Julien F5-6

Cette vaste esplanade piétonne fut jusqu'en 1972 le marché maraîcher de Marseille. Rénové et investi de restaurants, magasins d'antiquités ou de vêtements créateurs (*Madame Zaza of Marseille, Casablanca, etc.*), de librairies et de galeries, de salles de spectacles *(Espace Julien, La Baleine qui Dit Vagues, Chocolat Théâtre…)*, il constitue un agréable lieu de détente, grâce à un aménagement paysager faisant la part belle aux terrasses de restaurants et de cafés. Les rues débouchant à l'est du cours (rues Bussy-l'Indien, Pastoret, Crudère, Vian) ont un petit côté « alternatif » avec leurs façades recouvertes de tags *(voir la devanture de La Maison hantée, rue Vian)*, leurs petits créateurs et leurs cafés qui s'animent à la tombée de la nuit.

En descendant les escaliers (belle vue sur le centre-ville), puis la passerelle qui enjambe le cours Lieutaud, vous rejoignez la rue d'Aubagne, une succession de boutiques d'épices, de bazars orientaux, de galeries d'art et de restaurants exotiques. Cette rue conduit en descendant au « ventre de Marseille », toujours vivant même s'il a perdu de son importance économique. Flânez devant les étals de fruits et légumes de la **place du Marché-des-Capucins** face à la station de métro et de tram Noailles (petit musée des Transports). Remontez l'étroite **rue Longue-des-Capucins** (F4-5) dont l'atmosphère oscille entre le souk et le marché aux puces, les odeurs d'épices se mêlant à celles du café, des olives, de la menthe fraîche et des fruits séchés. La rue des Halles-Charles-Delacroix, ancien marché aux poissons, ouvre sur la petite rue Vacon avec ses rouleaux de tissus à l'étalage et conduit à « Saint-Fé », la **rue Saint-Ferréol** (F5-6), principale artère piétonne de la cité où se concentrent commerces de prêt-à-porter, de chaussures, maroquiniers, glaciers, fast-foods et grands magasins *(Galeries Lafayette, H&M, Virgin Megastore)*…

★ Musée Cantini F6

19 r. Grignan - ✆ 04 91 54 77 75 - juin-sept. : 11h-18h ; reste de l'année : 10h-17h - fermé lun. et j. fériés - 2 € (-10 ans gratuit), 3 € expositions temporaires.

Cet hôtel particulier de la fin du 17e s. abrite un musée d'art moderne du 20e s. Sont représentées les années 1960, en particulier dans les domaines du fauvisme, du premier cubisme, de l'expressionnisme et de l'abstraction : œuvres de Matisse, Derain *(Pinède, Cassis)*, Dufy *(Usine à l'Estaque)*, Alberto Magnelli (*Pierres n° 2*, 1932), Dubuffet (*Vénus du trottoir*, 1946), Kandinsky, Chagall, Jean Hélion et plusieurs Picasso… Le séjour à Marseille de nombre d'artistes surréalistes, réunis pendant la dernière guerre à la villa Air-Bel autour d'André Breton, justifie un traitement de choix du mouvement ; ainsi se trouvent rassemblés des tableaux d'André Masson (*Antille*, 1943), Max Ernst (*Monument aux oiseaux*, 1927), Wifredo Lam, Victor Brauner, Jacques Hérold, Joan Miró, et 7 (rares) dessins du Marseillais Antonin Artaud.

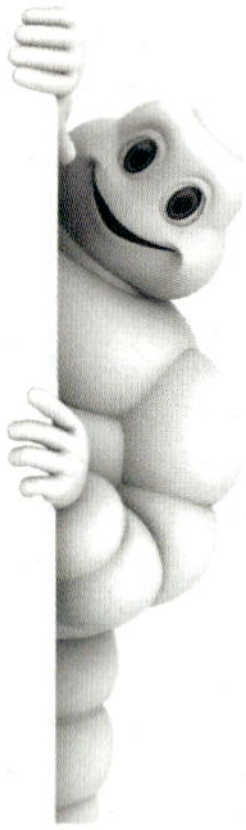

Le port de Marseille, autre grand sujet d'inspiration locale avec l'Estaque, est représenté par des toiles de Marquet, dont le *Vieux Port* aux eaux étales qui se confondent avec le ciel et la gracile silhouette du défunt pont transbordeur, de Signac et du spécialiste marseillais en la matière, Louis-Mathieu Verdilhan (1875-1928).

La collection compte enfin quelques œuvres d'artistes en marge de toute école : Balthus *(Le Baigneur)*, Giacometti *(Portrait de Diego)* et Francis Bacon *(Autoportrait)*.

Rejoindre la Canebière, puis le Vieux Port en prenant sur la droite la très commerçante rue Paradis.

QUARTIER LONGCHAMP Plan de ville II G4

Se reporter au plan de la ville (p. 87).

★ Musée Grobet-Labadié

140 bd Longchamp - M° Longchamp-Cinq-Avenues - Bus 81 - ✆ 04 91 62 21 82 - juin-sept. : 11h-18h ; reste de l'année : 10h-17h - possibilité de visite guidée dim. 15h et visites thématiques sam. 15h - fermé lun. et j. fériés - 2 € (-18 ans gratuit), suppl. 2,50 € visite guidée ou thématique.

Dans un cadre bourgeois, cet hôtel particulier du 19e s. abrite une collection d'objets ayant appartenu à la famille Labadié, riches négociants marseillais. Bel ensemble de tapisseries flamandes et françaises (16e-18e s.), meubles, faïences de Marseille et de Moustiers (18e s.), orfèvrerie religieuse, ferronnerie, instruments de musique anciens. Aux murs, des primitifs flamands, allemands et italiens, l'école française des 17e, 18e et 19e s. Une collection de dessins des écoles européennes du 15e s. au 19e s. enrichit le musée.

Palais Longchamp

M° Longchamp-Cinq-Avenues. Bus 81. Ce monumental château d'eau fut érigé entre 1839 et 1869, en l'honneur de l'arrivée des eaux du Canal de la Durance à Marseille. Véritable hymne à l'eau bienfaisante, élevé par **Henri Espérandieu**, le palais Longchamp mêle tous les styles architecturaux répertoriés. Agrémenté d'un très agréable jardin à son sommet, le palais abrite le musée des Beaux-Arts et le Muséum d'histoire naturelle.

Musée des Beaux-Arts

Aile gauche du palais Longchamp. Le Centre de la Vieille Charité reçoit actuellement les expositions temporaires du musée des Beaux-Arts - fermé pour travaux, réouverture prévue en 2013. Rens. : ✆ 04 91 14 58 80 ou 04 91 14 59 30.

Au 1er niveau, une galerie est consacrée à la **peinture des 16e et 17e s.** des écoles française (exquise *Vierge à la rose* de Vouet), italienne (Pérugin, Carrache et le Guerchin) et flamande, avec Snijders, Jordaens et plusieurs Rubens *(La Chasse au sanglier)* ; également, quelques œuvres provençales de Michel Serre, Jean Daret, Louis Pinson et Meiffren Comte. **Pierre Puget** tient naturellement la vedette avec des peintures d'une grande variété dont le *Sommeil de l'Enfant Jésus* et *Achille et le Centaure*, des sculptures (le *Faune*) et des bas-reliefs comme *La Peste à Milan* ou *Louis XIV à cheval*.

Dans l'escalier, peintures murales de Puvis de Chavannes.

Au 2e niveau, plusieurs salles sont vouées exclusivement à la **peinture française des 18e et 19e s.** Le 18e s. est représenté par de belles toiles de Nattier, Verdussen, Watteau de Lille, Carle Van Loo, Françoise Duparc, Greuze, Joseph Vernet *(Une tempête)*, Mme Vigée-Lebrun *(La Duchesse d'Orléans)*. Parmi les œuvres du 19e s., on s'attardera devant Courbet *(Le Cerf à l'eau)*, Millet, Corot, Girodet, Gros, Gérard, Ingres, David et les Provençaux Guigou et Casile. On le connaissait comme caricaturiste, Honoré Daumier, né à Marseille en 1808, était aussi sculpteur, facette méconnue d'un talent fécond.

Le **cabinet des dessins** rassemble des collections italiennes et françaises, présentées sous forme d'expositions temporaires.

★ Muséum d'histoire naturelle

Aile droite du palais Longchamp - ✆ 04 91 14 59 50 - 10h-17h - fermé lun. et j. fériés - 2 € (-10 ans gratuit) expositions permanentes, dim. mat. gratuit.

Il renferme de riches collections, fort intéressantes pour les amateurs de zoologie, de géologie et de préhistoire. 400 millions d'années d'histoire de la région y sont retracés et un safari-muséum expose les peuplements zoologiques de la terre. Des **espèces naturalisées** sont présentées comme, le grand lézard de Nouvelle-Zélande. Une salle est consacrée à la faune et à la flore provençales. Dans les **aquariums**, exposition permanente sur les « Eaux vives, du Verdon aux calanques ».

LA CORNICHE Plan de ville I

Se reporter au plan de la ville (p. 84).

Cette longue promenade peut s'effectuer en voiture. Mais une place de stationnement sur la Corniche tient parfois du miracle, surtout le week-end… Sinon, le bus 83 part du Vieux Port et longe la Corniche jusqu'au parc balnéaire du Prado ; de là, le bus 19 conduit à la Pointe-Rouge.

Le Pharo A2

Il occupe un promontoire qui domine l'entrée du Vieux Port : très jolie **vue** de la terrasse située près du palais du Pharo, construit pour Napoléon III. Le parc abrite un auditorium en sous-sol. Au passage, les passionnés de marine jetteront un œil au **chantier naval Borg**, le dernier endroit où sont fabriquées les barquettes marseillaises *(25 anse Pharo - visites guidées sur réserv. au ✆ 04 91 31 48 12).*

En continuant sur le boulevard Charles-Livon, vous atteindrez la **corniche du Prés.-J.-F.-Kennedy★★** (A2-3), longue de plus de 5 km, qui suit presque constamment le bord de mer, avec de belles villas construites à la fin du 19e s. Après les populaires quartiers d'Endoume et des Catalans, depuis le **monument aux morts de l'armée d'Orient** (A2), vues sur la côte et les îles. Un viaduc franchit le pittoresque vallon des Auffes.

★ Vallon des Auffes A2

À pied, par l'escalier situé à gauche juste après le viaduc, accolé à la pile du pont. Accès en voiture (déconseillé en raison des difficultés de parking) par le boulevard des Dardanelles, avant le viaduc. Dans ce minuscule port de pêche encombré de « barquettes » (barques traditionnelles appelées aussi « pointus ») et cerné de cabanons s'étageant sur ses rives, on se sent loin de la ville bruyante et animée… que seule la circulation sur le viaduc vient rappeler. Un dîner en terrasse, dans ce décor d'opérette qui inspira Vincent Scotto et dont l'éclairage se modifie sans cesse au soleil couchant, devrait vous convaincre du pouvoir de séduction de la cité phocéenne… encore bien présent quelques mètres plus loin dans les ruelles bordées de villas qui conduisent à l'**anse de Malmousque**. De retour sur la Corniche, en chemin vers le jardin Valmer, vous apercevrez au passage le **marégraphe** (A3), aujourd'hui désaffecté : c'est ici que furent prises les mesures du niveau de la mer permettant de déterminer l'altitude zéro.

Jardin Valmer A3

Ses faux airs de domaine privé laissent de nombreux ignorants à la porte. Le jardin Valmer est bien un jardin public, certainement le plus élégant de la ville. Couronné par la **villa Valmer**, une somptueuse bastide de style néo-Renaissance construite en 1865 par un riche négociant industriel *((visite dans le cadre des visites guidées de l'office de tourisme)*, le parc offre des vues plongeantes sur la Méditerranée, des collines de Marseilleveyre au sud à la pointe de Carry au nord. Au plus fort de l'été, vous apprécierez particulièrement l'épais ombrage tricoté par la végétation luxuriante, dont la diversité rappelle les plus beaux jardins de Côte d'Azur. Arbousiers, oliviers et chênes verts se mêlent aux espèces exotiques (palmiers, pistachiers, etc.) ramenées d'Orient par le premier propriétaire.

Promenade de la Plage AB3

Elle prolonge la Corniche vers le sud, longeant le **parc balnéaire du Prado**, un ensemble de bassins de plaisance et de plages artificielles bordé de jardins. De l'autre côté de la route, nombreux restaurants. Au rond-point de la Plage se dresse une réplique du *David* de Michel-Ange.

AVIS AUX SPORTIFS

La plage populaire de la **Pointe-Rouge** se prolonge par un important centre de voile.

Château et parc Borély B3

Édifié au 18e s. par de riches négociants, les Borély, le château devrait accueillir après restauration le musée des Arts décoratifs de la ville. Très bien remis en valeur, le parc, prolongé par un beau **jardin botanique** et une **roseraie**, est un but de promenade très prisé le dimanche, quand il n'accueille pas le Mondial de la pétanque, l'une des manifestations les plus populaires du genre *(voir p. 118)*. *04 91 55 24 96 - - jardin botanique (entrée par le parc Borély) mai-sept. : 10h30-18h30 ; reste de l'année : 10h-17h - fermé lun. - 3 € (3-12 ans 1 €).*

Continuer par l'avenue Pierre-Mendès-France et l'avenue de la Pointe-Rouge. Par l'avenue de Montredon, entrer dans le parc de Montredon.

★ Musée de la Faïence Hors plan

04 91 72 43 47 - - juin-sept. : 11h-18h ; reste de l'année : 10h-17h - possibilité de visite guidée sam. et dim. 16h (15h hors sais.) - fermé lun. et j. fériés - 2 € (-10 ans gratuit).

Installé au **château Pastré**, belle bastide restaurée du 19e s. bâtie au pied du massif de Marseilleveyre, ce musée est consacré à l'art de la céramique avec 1 500 pièces, du néolithique ancien à nos jours. Collections en grande partie constituées de faïences de Marseille, grand centre de production à la fin du 17e s. et au 18e s. On verra successivement de très belles pièces de la fabrique Clérissy, la première à avoir relancé la faïence à la fin du 17e s. (grand feu bleu et manganèse) et des fabriques Madeleine Héraud, Louis Leroy et Fauchier (ornementation rocaille et émail jaune). Quatre grandes fabriques utilisent au 18e s. la technique du petit feu : celles de la Veuve Perrin (décor de poissons, scènes chinoises, grandes fleurs avec insecte), de Gaspard Robert, Honoré Savy (petit feu vert) et Antoine Bonnefoy. Sont ensuite présentées les productions provençales : faïence de Moustiers, céramiques de La Tour-d'Aigues, d'Aubagne (poterie vernissée vert et jaune), d'Apt et du Castellet (terres mêlées vernissées). Quelques belles créations viennent illustrer la production de la fin du 19e s. : poterie vernissée (style Bernard Palissy) d'Avisseau, grès émaillés d'Ernest Chaplet, vases Art nouveau de Théodore Deck. Enfin, la création contemporaine n'est pas oubliée avec les œuvres d'Émile Decœur (années 1930), Georges Jouve (après 1954) ou Claude Varlan (1990). La création de design contemporain est représentée notamment par Stark et Gagnère.

LE PORT Plan de ville I A1-2

Se reporter au plan de la ville (p. 84) - compter 1h.

Vous atteindrez ce quartier en pleine mutation en remontant (à pied ou en tramway) la **rue de la République**, une longue artère bordée d'immeubles Napoléon III. Programmée pour devenir une extension du centre-ville jusqu'à la place de la Joliette, l'artère entièrement réhabilité accueille désormais en partie le nouveau tramway. Les trottoirs élargis plantés d'arbres permettent de flâner devant les vitrines de mode.

En 1844, le Vieux Port était devenu insuffisant. Une loi permit la création d'un bassin à la Joliette ; suivirent les bassins du Lazaret et d'Arenc et l'extension régulière en direction du nord. De rares témoins subsistent du « système économique marseillais » reposant sur le triptyque industrie-négoce-marine : huileries, savonneries, minoteries, semouleries et usines métallurgiques. Les guerres mondiales, la désaffection du canal de Suez et l'émancipation des colonies ont porté un rude coup à ce système. La reconversion, tournée vers le pétrole et la chimie, a entraîné un déplacement des grandes activités industrielles vers l'étang de Berre et le golfe de Fos.

Docks de la Joliette

Accès : M° ou tram Joliette. Entrée place de la Joliette, par l'hôtel d'administration.
Construite de 1858 à 1863 sur le modèle des docks anglais, cette immense enfilade d'entrepôts de près de 400 m de long incarne le rayonnement économique de Marseille à son apogée. La ville tenait sa fortune des colonies dont les matières premières étaient transformées avant d'être, pour l'essentiel, réexportées. L'emploi exclusif de la pierre, de la brique et de la fonte, caractéristique de l'architecture des docks, était destiné à prévenir les risques d'incendie. Outre divers services liés à l'activité portuaire, les docks, réhabilités par l'architecte Éric Castaldi, accueillent des entreprises de communication, des spectacles et des expositions qui donnent l'occasion d'admirer leurs remarquables caves voûtées.

La construction d'un tunnel autoroutier a permis de dégager la Major de la circulation et d'ouvrir un espace de promenade. Un nouvel ensemble urbain, baptisé « **Cité de la Méditerranée** », se met progressivement en place entre le bassin d'Arenc, la nouvelle gare maritime, et le fort Saint-Jean, qui doit abriter à terme le musée des Civilisations de l'Europe et de la Méditerranée (MuCEM). La transformation du quartier est impressionnante. Afin d'aérer (dans tous les sens du terme) le lieu, la passerelle autoroutière qui longe les docks est en passe d'être remplacée par la création d'un tunnel. De nombreux bureaux du tertiaire ont vu le jour dans des constructions

Entrée du Vieux Port.
OTC Marseille / ADD

modernes. L'exemple le plus frappant est la tour CMA-CGM (siège du 3e armateur mondial), une tour en verre de 29 étages signée par la célèbre architecte Zaha Hadid.

L'ESTAQUE Carte de microrégion B2

Se reporter à la carte de microrégion (p. 80). Pour venir dans ce quartier excentré de Marseille (10 km au nord du Vieux Port), il faudra prendre la voiture, ou le bus 35 depuis le Vieux Port.

Bon à savoir – Le **chemin des peintres**, au départ de la jetée du port, est jalonné de huit panneaux qui racontent l'histoire de ce quartier populaire et des œuvres qui y ont été exécutées.

« C'est comme une carte à jouer. Des toits rouges sur la mer bleue. » disait **Paul Cézanne** à Camille Pissarro, en juillet 1876. Les charmes de ce village de pêcheurs parsemé d'usines, ne manquèrent pas d'attirer une escouade de peintres avant-gardistes (Braque, Dufy, Derain, Marquet…) qui firent sa renommée entre 1870 et la Première Guerre mondiale. Plus récemment, ce quartier a été popularisé par *Marius et Jeannette* du réalisateur marseillais Robert Guédiguian.

L'Estaque peut néanmoins décevoir le visiteur… Très fréquenté par les Marseillais le week-end, le hameau retrouve son calme en semaine. Quelques poissonneries et restaurants y attirent les citadins, au même titre que les « baraques » perpétuant la fabrication des « panisses » et des « chichi frégi », longs beignets frits un peu lourds à digérer, mais très appréciés. Montez au moins à la place de l'église pour admirer la **vue panoramique** sur la rade de Marseille, avec ses îles et, au premier plan en contrebas, les toits du vieux village.

À voir aussi Plan de ville I

Musée-boutique de l'OM et visite du Stade Vélodrome C3

3 bd Michelet, sous le Stade Vélodrome - Mo Rond-Point-du-Prado - visite guidée du stade (1h) sur réserv. à l'office de tourisme vac. scol. : 10h-18h - le stade ferme au gré des manifestations sportives ou culturelles, rens. à l'office de tourisme - 6 € (-5 ans gratuit).

Situé dans le Stade Vélodrome, ce minimusée est dédié à l'OM. Face aux impératifs de la boutique, le musée a été réduit à la portion congrue. De nombreux fans de foot se recueillent devant les trois vitrines consacrées au club, avec la réplique de la coupe d'Europe de 1993, des trophées par dizaines (les plus vieux de 1924). À l'entrée, un mur d'empreintes dévoile, entre autres, les mains de Barthez et les pieds de Papin et de Djorkaeff.

« DROIT AU BUT »
L'**OM** est l'âme de la ville, sa fierté et une part de son identité. De triomphes en désastres et en scandales, tout y est excessif : l'antre du Stade Vélodrome avec son public aussi enthousiaste que sévère, la presse qui décortique les états d'âme des joueurs, les transferts de stars. Le club centenaire rassemble les Marseillais de toutes origines autour de ses couleurs blanc et bleu.

Musée d'Art contemporain (MAC) B3 en direction

69 av. de Haïfa - Hors plan. Depuis la promenade de la Plage, tourner au niveau de l'Escale Borély dans l'av. de Haïfa, où pointe un grand pouce métallique sculpté par César - M° Rond-Point-du-Prado, puis bus 23 ou 45, arrêt Haïfa-Marie-Louise - ☎ 04 91 25 01 07 - ♿ - juin-sept. : 11h-18h ; reste de l'année : 10h-17h - possibilité de visite guidée - fermé lun., j. fériés - 2 € (-10 ans gratuit), 2,50 € en suppl. visite guidée.

Un grand pouce se dresse sur votre chemin... Cette œuvre de César annonce le musée d'Art contemporain, Mac pour les intimes... Il occupe un bâtiment formé d'une juxtaposition de modules identiques. Sa collection permanente, qui privilégie les créateurs français et réserve une place de choix aux Marseillais de naissance ou d'adoption, regroupe diverses tendances de l'art contemporain des années 1960 à aujourd'hui : courants structurés comme le Nouveau Réalisme, Support/Surface ou l'Arte povera, mais aussi éclectisme propre aux années 1980 et œuvres de francs-tireurs résistant à toute tentative de classification. Dans un ensemble promis à l'enrichissement, se mettent en évidence les *Compressions* et *Expansions* de **César**, les compositions de Richard Baquié (*Amore Mio*, 1985), Jean-Luc Parant (*Machines à voir*, 1993), **Daniel Buren** *(Cabane éclatée n° 2)*, les complexes démarches créatives de Martial Raysse (*Bird of Paradise*, 1960), Arman, Jean-Pierre Raynaud, la machine *Rotozaza* de **Tinguely**, une anthropométrie d'Yves Klein et les contributions de **Robert Combas** et Jean-Michel Basquiat à la valorisation de certains aspects de notre culture : bande dessinée, graffiti, etc.

Musée du Terroir marseillais C1 en direction

5 pl. des Héros - Hors plan. M° La Rose, puis bus vers Château-Gombert - ☎ 04 91 68 14 38 - 10h-13h, 14h-17h, w.-end 14h-17h - 4 € (7-14 ans 2 €).

Situé à **Château-Gombert** (dans le 13e arrondissement), sur une grande place ombragée de platanes, le musée retrace les modes de vie provençaux aux 18e et 19e s. Dans la cuisine, avec sa hotte de cheminée et sa « pile » (évier), faïences de Marseille, étains, *terralhas*, *tian* en terre cuite, mortiers d'aïoli... Dans la salle de séjour et la chambre, meubles régionaux dont un long canapé, le *radassier*. Notez la belle collection de santons et de crèches.

Vous pourrez goûter aux différents mets provençaux préparés à La Table Marseillaise *(imp. Ramelle - ☎ 04 91 05 30 95)*, restaurant associatif situé dans une aile du musée.

À proximité Carte de microrégion B2

Îles du Frioul et château d'If

Traversée en bateau : dép. du Vieux Port, 1 quai de la Fraternité (quai des Belges) - pour les h., se renseigner aux Navettes du Frioul - ☎ 04 91 46 54 65 - http://frioul.cityway.fr - certaines navettes font escale au château d'If - 10 € (Frioul

ou If), 15 € (les deux îles) - balade en bateau et visite du château compris dans le City Pass (se renseigner à l'office de tourisme).
Visite du château d'If - ✆ 04 91 59 02 30 - juin-sept. : 9h30-18h30 ; oct.-mai : 9h30-17h30, fermé lun. de sept. à mars, 25 déc. et 1er janv. - 5 € (18-25 ans 3,50 €).
À tout seigneur tout honneur, votre première escale sera la célèbre île du **château d'If★★**, immortalisée par Alexandre Dumas. Il y fit croupir trois de ses héros : le Masque de Fer, le *Comte de Monte-Cristo* et l'abbé Faria ; ce sont surtout les huguenots, puis des opposants au coup d'État de 1851 qui y séjournèrent. Construit de 1524 à 1528 en un temps très court, le château d'If formait un avant-poste destiné à protéger la rade de Marseille. À la fin du 16e s., on l'entoura d'une enceinte bastionnée posée sur le rocher en lisière de la mer. Devenue inutile, la citadelle devint prison d'État. La visite, qu'agrémentent des vidéos extraites des multiples avatars cinématographiques du comte de Monte-Cristo, fait parcourir les cachots de ces nombreux prisonniers. D'une terrasse au sommet de la chapelle (désaffectée), **panorama★★★** sur la rade et la ville, les îles Ratonneau et île **Pomègues** reliées par le nouveau port du Frioul. Sur cette dernière, où l'on tenta naguère d'établir un quartier de la ville, l'**hôpital Caroline**, ancien centre de quarantaine, est en cours de restauration.

Château de la Buzine

À l'ouest par la D 2 - Traverse de la Buzine - quartier La Valentine - 11e arr. de Marseille - pour toute information, se renseigner auprès de la mairie de Marseille - www.marseille.fr

La belle façade restaurée de cette bastide Second Empire attirera les passionnés de Pagnol : l'écrivain-cinéaste l'a achetée en 1941, après l'avoir reconnue comme « le château de ma mère » de son enfance. L'artiste projetait d'y créer une « Cité du cinéma ». La Ville de Marseille, aujourd'hui propriétaire, réalise ce projet. À la fois dédié à l'œuvre de Marcel Pagnol et au cinéma régional, ce lieu, qui devrait ouvrir en 2010, a été réhabilité par l'architecte marseillais André Stern.

NOS ADRESSES À MARSEILLE

TRANSPORTS

Bon à savoir – La **gare Saint-Charles**, rénovée, est le point névralgique où aboutissent les TGV, les trains grandes lignes, les TER et la navette de l'aéroport.

Voiture – Il faut s'armer de patience, de philosophie et de courage : embouteillages incessants, conducteurs irascibles, quasi-impossibilité de se garer en dehors de parkings souterrains parfois complets… Optez plutôt pour la marche à pied ou les transports en commun.

Métro – *www.rtm.fr.* C'est le transport en commun le plus commode. Les deux lignes fonctionnent de 5h à 22h30, jusqu'à 0h30 vend., sam. et dim. En semaine, elles sont remplacées de 21h à 1h par les bus de nuit (« Fluobus »). Titres de transport vendus en station sous forme de cartes magnétiques. Points de vente également chez un grand nombre de commerçants (kiosques, tabacs, librairies, presse…). Plan du réseau distribué gratuitement aux guichets.

Tramway – *www.le-tram.fr.* Deux lignes (jaune et verte) sont ouvertes depuis 2007 avec une interconnexion à la station « Blancarde-Foch » et roulent de 5h à 1h. Les tickets sont les mêmes que pour le métro. Vendus dans les stations de métro mais aussi chez certains commerçants.

Tarifs métro et tramway : Tarifs : ticket solo (1,50 € - validité 1h), ticket double solo (3 € - 2 voyages), carte journée (5 € - illimité), carte 3 jours (10,50 € - 3 j. consécutifs - illimité), carte libertés (6,30/12,60 € - combinaison bus, tramway et métro - pour 1 à 2 pers. - validité 1h).

Le Vélo – *130 stations - prise du vélo : 6h-minuit ; retour : 24h/24 - plan sur www.levelo-mpm.fr -1 € l'abonnement courte durée (7 j.), + 1 €/h (la première 1/2h gratuite).* L'équivalent du « Vélib' » parisien, mais à Marseille. Ça grimpe, certaines stations sont souvent vides, mais ce deux-roues a connu un vrai engouement depuis son lancement en octobre 2007. Ludique, pratique et économique, cela reste un bon moyen de découvrir la ville. Un bémol : la rareté des pistes cyclables. Prudence !

Ferry-boat – *Une navette d'intérim remplace le légendaire* César *jusqu'à la mise en place du prochain, un modèle électro-solaire annoncé pour 2010 - gratuit en attendant.* Traversée du Vieux port, du quai du Port au quai de Rive-Neuve. Les minots adorent, les grands aussi et surtout, le « ferry boâte » permet d'économiser 800 m de marche, avantage non négligeable sous le cagnard estival.

VISITES

City Pass Marseille – *En vente à l'office de tourisme et des congrès - 20 €/1 j., 27 €/2 j.* Ce passeport touristique et culturel permet de découvrir Marseille grâce à une formule « tout compris ». Il donne accès aux musées de la ville, aux visites guidées de l'office de tourisme, au réseau bus-métro-tramway, au petit train touristique de N.-D.-de-la-Garde et à celui du musée de la Faïence, au bateau pour le château d'If, à la visite du château d'If et offre des réductions dans certaines boutiques.

« Le Grand Tour » en bus – *- Jusqu'à 8 dép. j., dép. quai du Port, fréquence maxi avr.-oct. - 18 €*

(20 € pour 2 j.). Visite guidée avec commentaires sur cassette audio (1h30 sans compter les arrêts que vous choisirez de faire). Mis en place par une compagnie privée, ce bus à impériale a l'avantage de permettre de monter ou descendre à chacun des 16 arrêts.

Petit train touristique – *✆ 04 91 25 24 69 - www.petit-train-marseille.com - dép. quai du Port - le train de N.-D.-de-la-Garde fonctionne tte l'année, celui du Vieux Marseille fonctionne de déb. avr. à mi-nov. - 7 € (enf. 4 €) pour N.-D.-de-la-Garde, 6 € (enf. 3 €) pour le Vieux Marseille.* Deux circuits proposés : vers N.-D.-de-la-Garde par la basilique St-Victor ou dans le Vieux Marseille (quartier du Panier et Vieille Charité).

Taxis Tourisme – *Rens. et réserv. à l'office de tourisme ou sur www.marseille-tourisme.com - 66 € (4 pers. maxi).* visite guidée (2h30) avec commentaires sur cassette audio.

Bleu Evasion – *✆ 06 34 13 74 22 - www.bleuevasion.fr - dép. Vieux Port ou Pointe-Rouge - 11 passagers maxi.* Écolo ! Lancé au printemps 2008, le premier bateau à énergie solaire de Marseille surfe depuis sur son succès. Silencieux et propre, il sillonne les calanques, l'archipel du Frioul, la Côte Bleue ou « Marseille by night », soit quatre circuits au choix.

HÉBERGEMENT

PREMIER PRIX

Hôtel Vertigo – Plan II - *42 r. des Petites-Maries - M° Gare-St-Charles - ✆ 04 91 91 07 11 - www.hotelvertigo.fr - à partir de 23,90 € par pers. en ch. 4/6 pers., 55 € à 65 € la nuit en ch. double - 18 ch.* Entre l'hôtel et l'auberge de jeunesse, une adresse sympathique, récente, urbaine, d'un bon rapport qualité-prix. Au cœur d'un quartier bigarré, près de la gare. Salon, bar et cuisine à disposition, Wifi.

Hôtel Relax – Plan II - *4 r. Corneille - M° Vieux-Port - ✆ 04 91 33 15 87 - www.hotelrelax.fr - 21 ch. 60/65 € - ☕ 7 €.* Détendez-vous, vous êtes au Relax, hôtel familial entièrement refait pour assurer à ses hôtes des nuits sans souci dans des petites chambres bien tenues, insonorisées et climatisées.

Hôtel Le Richelieu – Plan I - *52 corniche Kennedy - bus 83, 54 - ✆ 04 91 31 01 92 - www.lerichelieu-marseille.com - P - 19 ch. + 2 suites 48/112 € - ☕ 8 €.* Charmant hôtel installé sur la Corniche, près de la plage des Catalans. Sept types de chambres (et de prix), avec ou sans vue sur mer. Double vitrage côté rue. Les moins chères ont un cabinet de toilette privé mais des WC communs. Coup de cœur pour la suite n° 5 qui possède une terrasse dominant la rade.

Hôtel Azur – Plan II - *24 cours Franklin-Roosevelt - M° Réformés - ✆ 04 91 42 74 38 - www.azur-hotel.fr - 18 ch. 57/80 € - ☕ 8 €.* À deux pas de la Canebière, un deux-étoiles familial dans un immeuble « trois fenêtres » typique de Marseille. Les chambres climatisées et insonorisées s'articulent sur quatre étages, autour d'un grand escalier baigné de lumière. Certaines donnent sur le jardin où vous pourrez prendre le petit-déjeuner. Accueil attentif.

BUDGET MOYEN

Hôtel Hermès – Plan II - *2 r. Bonneterie - M° Vieux-Port - ✆ 04 96 11 63 63 - www.hotelmarseille.com - 28 ch. 77/99 € - ☕ 8 €.* Cet hôtel propose un hébergement simple et confortable, d'un bon rapport qualité-prix vu sa situation, sur le quai du Port. Sur le toit, superbe

terrasse et exceptionnelle « chambre nuptiale » avec de grandes baies vitrées et un panorama cinq étoiles sur le Vieux Port et N.-D.-de-la-Garde.

Hôtel Edmond Rostand – Plan II - *31 r. du Dragon - ☎ 04 91 37 74 95 - www.hoteledmondrostand.com - 15 ch. 65/99 € - ☕ 8,50 €.* Un petit trois-étoiles fonctionnel et fort bien tenu, dans un quartier calme, à deux pas de la Préfecture et des rues commerçantes. Wifi.

Hôtel Ibis Euroméditerranée – Plan I - *25 bd de Dunkerque - ☎ 04 91 99 25 20 - 192 ch. 69/84 € - ☕ 8 €.* Des chambres sans surprise, mais climatisées et confortables. Pour profiter d'un quartier en pleine mutation, entre la Joliette et la rue de la République. Bar, restaurant et Wifi.

Chambre d'hôte Villa Marie-Jeanne – Plan I - *4 r. Chicot - ☎ 04 91 85 51 31 - cdemontmirail@gmail.com - 🚫💳 - 3 ch. 75 € ☕.* Adresse rare à Marseille que cette bastide du 19e s. désormais englobée dans un quartier résidentiel : aménagée avec goût, elle mêle élégamment couleurs provençales traditionnelles, meubles anciens, fer forgé et toiles contemporaines. Jardin ombragé de platanes centenaires et d'un micocoulier.

Chambre d'hôte Villa Monticelli – Plan I - *96 r. du Cdt-Rolland - M° Rond-Point-du-Prado - ☎ 04 91 22 15 20 - www.villamonticelli.com - 🚫💳 - 5 ch. 90/120 € ☕.* Cette maison Art déco au cœur du Prado vous surprendra peut-être par son intérieur coloré. Mais rassurez-vous, l'ensemble reste de très bon goût, même les chambres qui, en dépit de leurs dimensions souvent modestes, offrent un réel confort. Il suffit de descendre la rue pour arriver à la plage.

Hôtel Le Ryad – Plan II - *16 r. Sénac-de-Meilhan - M° Réformés, Noailles - ☎ 04 91 47 74 54 - www.leryad.fr - 9 ch. 95/140 € ☕.* « Marseille, porte des Suds » : comme en écho à la célèbre phrase d'Albert Londres, ce ryad cosy et raffiné joue les escales surprises, caché derrière une façade haussmannienne typique de la Canebière. Salon de thé *(14h-18h)* et table d'hôte marocaine *(sur réserv.)*.

Hôtel Le Corbusier – Plan I - *280 bd Michelet - bus 21, 22 - ☎ 04 91 16 78 00 - www.hotelcorbusier.com - fermé 1 sem. en janv. - P - 21 ch. 63/120 € - ☕ 9 € - rest. 30/60 €.* Griffé Le Corbusier, cet hôtel niche ses chambres quasi monacales dans la Cité radieuse, ce vaisseau de béton qui s'élève depuis cinquante ans dans une banlieue chic excentrée. Depuis le toit-terrasse, vue à 360° sur la rade de Marseille. Le « Ventre de l'Architecte » permet de se restaurer.

UNE FOLIE

Radisson SAS Hôtel – Plan II - *38 quai de Rive-Neuve - M° Vieux-Port - ☎ 04 88 92 19 50 - www.radisson.com - 189 ch. 175/495 € - ☕ 22 € - rest. 39/78 €.* Imposant, moderne et design : voici le Radisson, ancré sur le

Vieux Port. Touches provençales ou africaines dans les chambres, équipements dernier cri, vue de carte postale (pour certaines). Salle de restaurant tendance et tamisée ; plats aux accents méditerranéens.

New Hôtel Vieux Port – Plan II - *3 bis r. de la Reine-Élisabeth - M° Vieux-Port - ✆ 04 91 99 23 23 - www.new-hotel.com - 42 ch. 160/240 € (voir aussi les offres spéciales sur Internet) - ☕ 12,50 €.* Cet immeuble ancien idéalement situé sur le Vieux Port a bénéficié d'une récente rénovation. Les chambres sont personnalisées par différents décors empreints d'exotisme : Mille et une nuits, Pondichéry, Vera Cruz, Soleil Levant et Afrique noire.

Pullman Palm Beach – Plan I - *200 corniche J.-F.-Kennedy - bus 83 - ✆ 04 91 16 19 00 - 160 ch. 225/350 € - ☕ 25 € - rest. 42/100 €.* Face à l'île du château d'If, ce vaisseau arbore un style à la fois moderne et marin. Chambres tout confort, toutes avec de splendides vues sur mer. Au restaurant, cadre très contemporain et saveurs ensoleillées revisitées.

RESTAURATION

PREMIER PRIX

Le Charité Café – Plan II - *2 r. de la Charité (à l'intérieur de la Vieille Charité) - M° Vieux-Port - ✆ 04 91 91 08 41 - 9h-17h - fermé lun. - 6/12 €.* Dans un site exceptionnel, l'écrin de pierres de la Vieille Charité, un restaurant-salon de thé plein de charme, où se poser, en terrasse, après ou avant la visite des musées. Bons plats du jour.

Les Grandes Tables – Plan I - *41 r. Jobin (Friche de la Belle de Mai) - bus 49 - ✆ 04 95 04 95 85 - rest. : lun.-vend. midi, jeu.-sam. soir, fermé dim. - apéros : vend. et sam. à partir de 17h.* Légèrement excentré mais incontournable sur la carte du Marseille artistico-branché, un immense restaurant (petits plats et collations) posé dans un ancien hangar industriel, relooké béton brut et alu. L'occasion de découvrir le site de la Friche de la Belle de Mai, une manufacture de tabac devenue résidence d'artistes.

La Part des Anges – Plan II - *33 r. Sainte - M° Vieux-Port - ✆ 04 91 33 55 70 - www.lapartdesanges.com - fermé 1er janv. et 25 déc. - 15/30 €.* Ce bar à vins très animé le soir propose plus de 850 références à déguster sur place, en bouteille et au verre, ou à emporter. Pour les accompagner, vous aurez le choix entre des assiettes de charcuterie et de fromage et des petits plats préparés selon le marché. Décor mi-rustique, mi-contemporain et long comptoir en zinc.

Le Resto Provençal – Plan II - *64 cours Julien - M° Cours-Julien - ✆ 04 91 48 85 12 - fermé dim., lun. et jeu. soir - 15/30 €.* Une adresse douillette où les spécialités provençales ensoleillent les assiettes : daurade en bouillabaisse, seiches au basilic, tarte aux figues. Une note détaillant les apéritifs provençaux est posée sur chaque table, on trinque à l'idée !

Les Buvards – Plan II - *34 Grand Rue - M° Vieux-Port - ✆ 04 91 90 69 98 - fermé dim. apr.-midi - plats du jour 15 €.* Un nouveau restaurant-bar à vins, idéalement situé, à mi-chemin entre le Panier et la rue de la République. Bons petits plats et carte de vins uniquement naturels, le tout dans une ambiance sympathique.

BUDGET MOYEN

Axis – Plan II - *8 r. Sainte-Victoire - M° Castellane - ✆ 04 91 57 14 70 - www.restaurant-axis.com - fermé sam. midi, lun. soir et dim. - formule* *déj. 15 € - 17/40 €.* Une adresse qui mérite le détour pour sa cuisine dans l'air du temps, réalisée au gré des saisons. Décor contemporain, vue sur la brigade en action et accueil charmant.

Café des Épices – Plan II - *4 r. Lacydon - M° Vieux-Port - ✆ 04 91 91 22 69 - fermé dim., lun. et sam. soir - 17/40 €.* Derrière son look de bistrot contemporain, voici l'une des adresses les plus créatives de la ville. Cuisine inventive, dans l'air du temps, mariant habilement le terroir et les notes plus épicées. Accueil soigné, belle terrasse avec une vue sur les oliviers en pots géants, à l'arrière de la mairie.

Cyprien – Plan I - *56 av. de Toulon - M° Castellane - ✆ 04 91 25 50 00 - fermé 23 juil.-4 sept., 24 déc.-5 janv., lun. sf le soir hors vac. scol., sam., dim. et j. fériés - 25/60 €.* Non loin de la place Castellane, classicisme affirmé tant en ce qui concerne la goûteuse cuisine que pour le décor, ponctué de notes florales et égayé de tableaux.

Chez Madie les Galinettes – Plan II - *138 quai du Port - M° Vieux-Port - ✆ 04 91 90 40 87 - fermé sam. midi en juil. et dim. - 17 € déj. - 25/30 €.* Près des musées du Vieux Marseille, un restaurant provençal avec terrasse donnant sur le Vieux Port et la Bonne Mère. Artichauts à la barigoule, poivrons, anchoïade, alibofis (rognons), pieds et paquets. Madie détaillera la carte parfois mystérieuse avec le sourire. Deux bémols : des prix qui ont eu un petit coup de chaud et la rumeur des voitures.

Les Akolytes – Plan I - *41 r. Papety - bus 83, 54 - ✆ 04 91 59 17 10 - fermé sam. midi et dim. - 12/30 €.* Trois jeunes acolytes ont eu la bonne idée d'ouvrir ce restaurant à « tapas gastronomiques », avec en sus une merveilleuse vue sur mer. Déco contemporaine et clientèle branchée, surtout le soir. Coup de cœur pour le petit pot chocolat-toffee… Et pour la promenade digestive, sur la plage des Catalans, juste en face.

L'Hippocampe – Plan I (en direction) - *151 plage de l'Estaque (L'Estaque)- bus 35 - ✆ 04 91 03 83 78 - fermé dim. soir et lun. - formule déj. 13 € - 9/30 €.* Vu de l'extérieur, ce restaurant ne paie pas de mine, mais la salle à manger donnant directement sur le vieux port et la terrasse les pieds dans l'eau valent le détour. Salades composées accompagnées de brochettes de bœuf et spécialités provençales. Un chanteur s'y produit les vendredis et samedis soir et le dimanche à midi.

POUR SE FAIRE PLAISIR

Chez Fonfon – Plan I - *140 r. du Vallon-des-Auffes - bus 83 - ✆ 04 91 52 14 38 - www.chez-fonfon.com - fermé 2-23 janv., lun. midi et dim. - 42/55 €.* La salle à manger de ce restaurant réputé domine le petit port du vallon des Auffes d'où, chaque matin, les « pointus » partent pêcher de quoi régaler les amateurs de poissons et fruits de mer.

Le Moment – Plan II - *5 pl. Sadi-Carnot - M° Vieux-Port - ✆ 04 91 52 47 49 - www.lemoment-*

marseille.com - fermé dim. et lun. soir - 15/80 €. Une rue de la République rénovée, un nouveau tram et… un nouveau *concept-store* gourmand. À la fois restaurant, traiteur et atelier, cette adresse s'affiche design et colle à l'air du temps. Pressé ? On emporte le hamburger de foie gras ou le panini pot-au-feu. Sinon, on prendra le temps de savourer la cuisine contemporaine et gastronomique du chef.

Bateau-Restaurant Le Marseillois – Plan II - *Quai du Port-Marine, devant la mairie - M° Vieux-Port - ✆ 04 91 90 72 52 - www.lemarseillois.com - fermé en fév. - 26/50 €.* Pour un repas presque les pieds dans l'eau, rendez-vous sur cette goélette du 19e s. amarrée dans le Vieux Port, face à la mairie. Vous y dégusterez sur le pont en été ou dans la cale en hiver, une cuisine provençale privilégiant les produits de la mer.

Les Arcenaulx – Plan II - *25 cours d'Estienne-d'Orves - M° Vieux-Port - ✆ 04 91 59 80 30 - www.les-arcenaulx.com - fermé 11-17 août et dim. - 34/54 €.* Dînez parmi les livres : ils tapissent les murs de ce restaurant associé à une librairie et une maison d'édition (Jeanne Laffitte), dans le cadre original des anciens entrepôts des galères (17e s.). Grande terrasse sur le cours d'Estienne-d'Orves. Cuisine gorgée de soleil.

UNE FOLIE

Une Table, au Sud – Plan II - *2 quai du Port (1er étage) - M° Vieux-Port - ✆ 04 91 90 63 53 - www.unetableausud.com - fermé dim. et lun., août, 3-11 janv. - 37/105 €.* Une table en vue qui vaut bien son étoile au *Guide Michelin* 2009 : nage de langoustine à la verveine citronnée et à la fleur de capucine, fricassée de calamars au sésame, crème brûlée à l'artichaut… Le chef Lionel Lévy décline avec brio les saveurs méditerranéennes. Mieux vaut réserver pour être sûr d'obtenir une table avec vue sur le Vieux Port.

Miramar – Plan II - *12 quai du Port - M° Vieux-Port - ✆ 04 91 91 10 40 - www.bouillabaisse.com - fermé lun. et dim. - 70/90 €.* Réputé pour sa spécialité de bouillabaisse, son décor années 1960 (bois verni et fauteuils rouges) et sa belle terrasse avec vue sur le Vieux Port. Ce restaurant propose également coquillages, poissons et crustacés.

L'Épuisette – Plan I - *156 r. du Vallon-des-Auffes - bus 83 - ✆ 04 91 52 17 82 - www.l-epuisette.com - fermé dim. et lun., 5 août-5 sept. - 55/135 €.* Tel un navire, ce restaurant s'avance vers la Méditerranée face aux îles du Frioul, poussé par ses voiles tendues au plafond de la salle à manger. Cuisine régionale actualisée mettant en vedette les produits de la mer. Table une étoile au *Guide Michelin* 2009.

Péron – Plan I - *56 corniche J.-F.-Kennedy - bus 83 - ✆ 04 91 52 15 22 - www.restaurant-peron.com - fermé 1 sem. en mars, 1 sem. en nov.- 58/72 €.* Décor façon paquebot transatlantique et vue plongeante sur les îles du Frioul. Un site d'exception, accroché à la Corniche, pour une cuisine actuelle inspirée du grand Sud. Une étoile au *Guide Michelin* 2009.

Le Petit Nice – Plan I - *Anse de Maldormé (hauteur 160 corniche J.-F.-Kennedy) - bus 83 - ✆ 04 91 59 25 92 - www.passedat.fr - fermé 1er-20 janv., vac. de fév. et vac. de Toussaint - déj. 85 € (semaine) - menus 130/230 €.* La remarquable cuisine de la mer, inventive et raffinée, justifie de s'attabler dans ce cabanon féérique. Ambiance familiale, vue magique sur la grande bleue, décor dans l'air du temps font de ce trois étoiles au *Guide Michelin* 2009 une adresse incontournable.

BOIRE UN VERRE

Quartier Opéra-Préfecture

Café de la Banque – *24 bd Paul-Peytral - M° Estrangin-Préfecture - ✆ 04 91 33 35 07 - 12h-21h30, fermé dim. et j. fériés.* Idéal pour un rendez-vous en terrasse, esprit brasserie, garçons en livrée et clientèle un poil intello-chic. Six quotidiens nationaux et régionaux à disposition, rare à Marseille.

Café Debout – *46 r. Davso - M° Vieux-Port - ✆ 04 91 33 00 12 - www.cafedebout.com - 8h30-19h30 - fermé dim.* Un minuscule café très apprécié pour sa sélection raffinée de cafés, thés et chocolats. Mention spéciale pour le café Harrar, le préféré d'Arthur Rimbaud.

Sur le port

Bar de la Marine – *15 quai de Rive-Neuve - M° Vieux-Port - ✆ 04 91 54 95 42 - 12h-0h.* Vue plein cadre sur le « ferry-boâte », les voiliers et la colline du Panier, en face. La légende voudrait que Pagnol y ait tourné des films. Une célèbre terrasse, donc, parfaite pour une pause au soleil.

La Caravelle – *34 quai du Port - M° Vieux-Port - ✆ 04 91 90 36 64 - 7h-2h.* Superbe vue sur le Vieux Port depuis le mini-balcon de ce bar situé au 1er étage d'un immeuble ancien. À l'intérieur, le décor 1930 a un certain charme ; petite restauration à midi et « apéro-tapas » à partir de 18h. Concerts de jazz et expositions.

L'Escale Marine – *22 quai du Port - M° Vieux-Port - ✆ 04 91 91 67 42 - 10h-20h.* Un original café-boutique, avec, à l'intérieur, une sélection de produits gourmands marseillais (terrines, tapenades, anchoïade...), à emporter ou à déguster sur la petite terrasse extérieure, comme au cabanon.

Côté Canebière

Torréfaction Noailles – *56 La Canebière - M° Vieux-Port - ✆ 04 91 55 60 66 - www.noailles.com - 9h-17h.* Ce célèbre torréfacteur marseillais a ouvert des cafés-confiseries aux quatre coins de la ville. On apprécie celui-ci pour son animation, son choix de cafés fraîchement torréfiés et sa situation, sur la Canebière.

ACHATS

Apéritif

La Maison du Pastis – *108 quai du Port - M° Vieux-Port - ✆ 04 91 90 86 77 - www.lamaisondupastis.com - en sais. : 10h-19h ; hors sais. : tlj sf lun. 11h-18h30.* Emplacement privilégié sur le Vieux Port pour cette boutique exiguë. À l'intérieur, dans un désordre « organisé », alcools anisés connus ou non, pastis artisanaux et absinthes se côtoient sur des rayonnages en bois blanc.

Galeries

Toutes les disciplines artistiques s'expriment dans les anciens entrepôts de la **Friche de la Belle de Mai**, rue Jobin, dans le 3e arrondissement.
Nombreuses galeries dans la rue Sainte, la rue Neuve-Ste-Catherine, le quartier des Arcenaulx, le cours Julien, la rue E.-Rostand, cette dernière s'étant imposée ces dernières années comme le « quartier des Antiquaires ».

Gourmandises

Four des Navettes – *136 r. Sainte - M° Vieux-Port - ✆ 04 91 33 32 12 - www.fourdesnavettes.com - 7h-20h - fermé 1er janv. et*

1er Mai. Point de Chandeleur sans « navette » qui protégera la maison de la maladie et des catastrophes *(voir p. 118)*! Dans la plus ancienne boulangerie de la ville, on achète ce biscuit parfumé à la fleur d'oranger dont on garde jalousement la recette depuis deux siècles. On y trouve aussi des canistrellis, des croquants aux amandes, des pompes à l'huile d'olive, des gibassiers et toute une gamme de pains spéciaux.

Les Navettes des Accoules – *68 rue Caisserie - Le Panier - M° Vieux-Port - ✆ 04 91 90 99 42 - 9h30-19h - fermé dim.* Pour faire provision de navettes, mais aussi de macarons, croquants aux amandes et autres canistrellis, dans une pimpante biscuiterie aux portes du Panier.

Herboristerie

Au Père Blaize – *4-6 r. Méolan - M° Noailles - ✆ 04 91 54 04 01 - www.pere-blaize.fr - 9h30-12h30, 14h30-18h45 - fermé dim., lun. et j. fériés, août.* Cette pharmacie-herboristerie, fondée en 1815, regorge de plantes aromatiques et médicinales. Anis étoilé, marjolaine, thym, pistou, romarin, boldo, chiendent, frêne, guimauve, canne de Provence : un inventaire à la Prévert... parfumé! Le joli décor « tout bois » mérite le coup d'œil.

Livres

Librairie Maritime Outremer – *26 quai de Rive-Neuve - M° Vieux-Port - ✆ 04 91 54 79 26 - www.librairie-maritime.com - 9h-12h30, 14h-18h30, sam. 10h-12h30, 14h30-18h - fermé dim., lun. et j. fériés.* Les amoureux de la mer pourront étancher leur soif de découverte du monde marin en fréquentant cette librairie fort bien fournie en ouvrages, cartes nautiques, maquettes, lithographies et objets divers liés à la mer.

Librairie-Galerie-Restaurant des Arcenaulx – *25 cours d'Estienne-d'Orves - M° Vieux-Port - ✆ 04 91 59 80 30 - www.les-arcenaulx.com - librairie : 10h-19h ; boutique : 10h-23h - fermé 1er-18 août et j. fériés.* Cette adresse abrite le siège des éditions Jeanne Laffitte, libraire-éditeur spécialisé dans les titres évoquant Marseille, la Provence, les régions et la gastronomie. Livres anciens ou rares et rééditions raviront les collectionneurs. Boutique d'objets emblématiques de la ville. Salon de thé attenant et restaurant *(voir « Restauration »)*.

Marchés

Tous les matins, **marché aux poissons** quai des Belges ; tous les matins (sf dim.), **marchés alimentaires** cours Pierre-Puget, pl. Jean-Jaurès (la Plaine), pl. du Marché-des-Capucins et av. du Prado. Le mercredi matin, marché paysan au cours Julien.

Marchés aux fleurs mardi et samedi matin sur le Vieux Port et vendredi matin av. du Prado.

Marché aux livres le 2e samedi du mois cours Julien ; bouquinistes et disques d'occasion devant le palais des Arts.

Marché aux puces dimanche matin, av. du Cap-Pinède.

Marchés de Noël en novembre et décembre dans divers points du centre-ville.

Marché des Arnavaux – *Chemin de la Madrague Ville - bus 70 - mar.-dim. de l'aube jusqu'à 19h.* À la fois marché forain, alimentaire, halal et puces. Une juxtaposition de hangars, chacun sa spécialité, gadgets à 1 €, sacs d'épices « pas chers madame », vieux meubles, babioles vintages 1950... Vaut le détour, surtout dimanche matin, pour l'incroyable brassage de population.

Mode

Madame Zaza of Marseille – *73 cours Julien - M° Cours-Julien - ✆ 04 91 48 05 57 - tlj sf dim. et lun. 10h30-13h30, 14h-19h.* C'est la boutique historique, celle qui a ouvert en 1980. La marque s'est depuis rendue célèbre avec des modèles aux couleurs chatoyantes.

Sessún – *6 r. Sainte - M° Estrangin-Préfecture - ✆ 04 91 52 33 61 - www.sessun.com - tlj sf dim. 10h-19h, lun. 13h-19h.* Une marque 100 % marseillaise, féminine et urbaine, dans l'air du temps. Et puis une *success story*, celle de la styliste Emma François, qui a su s'imposer en quelques années.

Pétanque

La Boule Bleue – *Z.I. de la Valentine - montée St-Menet - ✆ 04 91 43 27 20 - www.lauboulebleue.fr - 8h30-18h - fermé w.-end et j. fériés, 3 sem. en août, 2 sem. à Noël.* Les boulistes connaissent bien cette entreprise familiale qui, depuis 1904, fabrique cet article typiquement marseillais. Les boules peuvent être réalisées sur mesure. En vente également, des accessoires : sacoche, mètre…

Santons

Le Cabanon des Accoules – *1 r. des Moulins - Le Panier - M° Vieux-Port - ✆ 06 73 74 77 52 - 9h-13h, 14h30-18h30 - fermé lun.* Santonnier d'art installé dans le pittoresque quartier du Panier.

Santons Marcel Carbonel – *Voir p. 95.*

Arterra – *15 r. du Petit-Puis - Le Panier - M° Vieux-Port - ✆ 04 91 91 03 31 - www.arterra.fr - 9h-13h, 14h-18h - fermé dim.* On aime ces santons aux lignes plus contemporaines, qui restent pourtant dans la tradition. Modèle phare : l'Arlésienne.

Savon de Marseille

Savonnerie de la Licorne – *34 cours Julien - M° Cours-Julien - ✆ 04 96 12 00 91 - www.soap-marseille.com - 9h-19h, sam. 10h-19h - fermé dim. - visites gratuites de la savonnerie 11h, 15h, 16h.* La façade passe-partout cache non seulement une excellente adresse pour acheter du savon, mais aussi le seul atelier de fabrication artisanale du centre-ville. Une douzaine de parfums proposés.

La Compagnie de Provence – *1 r. Caisserie - M° Vieux-Port - ✆ 04 91 56 20 94 - www.lcdpmarseille.com - 10h-19h, fermé dim. (hors vac. scol.).* Voici venu le temps du savon de Marseille new look, revu sous différentes formes : liquide, gel douche, ficelé avec du chanvre, accompagné d'huiles pour le bain, de linge de toilette… Le tout installé dans une boutique moderne sentant divinement bon ! Autre boutique : 18 rue Davso (*✆ 04 91 33 04 17, 10h-19h, fermé dim.*).

EN SOIRÉE

Programmes – On les trouvera dans la presse quotidienne locale et dans l'hebdomadaire *Marseille, L'Hebdo* vendu dans les kiosques le merc. Citons le petit livret *In Situ*, mensuel, distribué à l'office de tourisme et à l'espace Culture.

Le Pelle-Mêle – *8 pl. aux Huiles - M° Vieux-Port - ✆ 04 91 90 36 64 -*

à partir de 17h30. Les plus grandes figures du jazz national et international viennent se produire dans ce sympathique établissement situé à deux pas du port. Le cadre, en partie voûté, est chaleureux et intime. Belle carte de whiskies. Entre 18h et 21h, apéritif accompagné de tapas gratuites.

Le Cabaret Aléatoire – *41 r. Jobin (Friche de la Belle de Mai) - bus 49 - ✆ 04 95 04 95 09 - www. cabaret-aleatoire.com.* Concerts, performances, clubbing… Dédiée aux musiques électroniques, au rock et au funk, cette salle de spectacles, située bien sûr au cœur de la Friche de la Belle de Mai, est la plus emblématique de la nuit marseillaise.

Le Poste à Galène – *103 r. Ferrari - M° Cours-Julien - ✆ 04 91 47 57 99 -www.leposteagalene. com.* L'une des plus célèbres salles de concerts de la ville, où la chanteuse Anaïs, comme tant d'autres, a débuté. Ambiance rock, légèrement trash, à l'image du quartier de la Plaine, l'un des QG des noctambules marseillais.

Le Son des Guitares – *18 r. Corneille - M° Vieux Port - ✆ 04 91 23 31 14.* Un minuscule café-concert, où la communauté corse vient communier en toute nostalgie au son des guitaristes de l'île de Beauté. Une institution où l'on danse aussi certains soirs.

Foot – Adonnez-vous au culte de l'OM les soirs de match au Stade Vélodrome *(voir p. 105)*, ou alors au café OM sur le quai des Belges, où les matchs sont retransmis en direct, ou encore dans un des multiples cafés qui retransmettent les matchs dans une ambiance passionnée. Les autres jours, allez fureter dans une des boutiques de l'OM (bd Michelet, en face du stade ou sur la Canebière) à la recherche de fanions, écharpes, maillots, banderoles et autres colifichets aux couleurs du club.

ACTIVITÉS

En mer

Baignade – Plages publiques de Marseille : plage des Catalans (il est de bon ton de s'y jeter à l'eau le 1er janv. au petit matin) où se déroulent des tournois de beach-volley, plages de Malmousque, du Prado, où se rassemblent les amateurs de cerfs-volants, de la Pointe-Rouge ou de Montredon…

Plongée, Aqua 13 – *83 av. de la Pointe-Rouge - bus 19 - ✆ 06 16 38 97 90 - www.comptoirduplongeur. com.* Une veine pour les débutants, Marseille compte parmi les spots de plongée les plus riches de France, même à faible profondeur. Les pros viennent d'ailleurs de loin pour profiter de ses fonds exceptionnels, tels les somptueux tombants de gorgones bleues et de corail rouge.

Visite des Calanques en bateau – *Voir p. 124.*

AGENDA

Festival de musique sacrée – Église Saint-Michel, de mi-mai à mi-juin.

Festival de Marseille – *www. festivaldemarseille.com.* Juin-juillet. Un festival d'avant-garde, pointu, axé sur la danse en particulier, mais aussi la musique, le théâtre et le cinéma. Les lieux varient, emblématiques (ballet national, Vieille Charité) ou surprenants (hangar portuaire, piscine olympique, théâtre en plein air…). Un incontournable.

Mondial La Marseillaise à pétanque – 1re semaine de juillet : éliminatoires au parc Borély, finales sur le Vieux Port. Une manifestation de masse avec des célébrités du show-biz, qui, après les premiers tours, abandonnent le terrain aux vedettes de la discipline.

Festival international du folklore – *www.roudelet-felibren.com*. Début juillet : danses et musiques traditionnelles des cinq continents à Château-Gombert.

Festival de jazz des Cinq Continents – Fin juillet, concerts de jazz à écouter plusieurs soirs d'affilée, sous les majestueux arbres du parc du palais Longchamp. Prévoir une couverture pour s'asseoir dans l'herbe.

Marsatac – *www.marsatac.com*. Fin septembre, Dock des Suds. Ce festival des musiques électroniques et urbaines est devenu l'un des grands rendez-vous de la rentrée phocéenne. Un *must* pour voir et entendre la fine fleur de la création actuelle.

Fiesta des Suds – *www.dock-des-suds.org*. Une dizaine de dates à cheval sur deux semaines, mi-octobre. Dix-huit ans que le cocktail fonctionne : des bodegas bondées et des scènes installées dans d'anciens hangars portuaires, quatre concerts chaque soir, du reggae, du rock, du flamenco, de la soul, de l'électro, de la world... Quasi légendaire désormais, la Fiesta enflamme chaque année les anciens docks, et toute la ville accourt.

Chandeleur – La fête de la Chandeleur est célébrée le 2 février et donne lieu à un grand pèlerinage à la basilique Saint-Victor où est vénérée une Vierge noire, Notre-Dame de la Confession. Sa statue est portée en procession jusqu'à la mer, les fidèles portant un cierge vert (un privilège royal accordait aux moines de Saint-Victor de cacheter leurs documents avec de la cire verte). La procession passe par le Four des Navettes *(voir p. 115)* où les navettes (biscuits de forme allongée) sont bénies, réminiscence du temps où fut créée la boulangerie, sur le territoire de l'abbaye.

Foire aux santons de fin novembre à fin décembre sur la Canebière.

Pastorales – En janvier, représentations de pastorales (dont la fameuse pastorale Maurel) en provençal, aux théâtres Mazenod *(88 r. d'Aubagne)* et Nau *(9 r. Nau)*.

Les calanques

★★★

Bouches-du-Rhône (13)

NOS ADRESSES PAGE 124

S'INFORMER

Offices du tourisme de Cassis ou **de Marseille** – *Voir ces noms.*

SE REPÉRER

Carte de microrégion B2 *(p. 80) – carte Michelin Départements 340 H-I 6.* Le massif des Calanques, qui culmine à 565 m au **mont Puget**, s'étend sur près de 20 km entre Marseille et Cassis. Si certaines calanques, proches de Marseille et de Cassis, sont facilement accessibles, la plupart ne pourront être atteintes qu'à pied, par des sentiers parfois très escarpés, voire dangereux. Le massif des Calanques est un espace naturel sauvage qui peut présenter des risques (incendie, éboulement, chutes d'arbres…). Bien se renseigner avant de partir. Nous décrivons ci-dessous quelques itinéraires à la portée de tous, en respectant les consignes de prudence, bien entendu *(se reporter au symbole dans la description des calanques).*

À NE PAS MANQUER

Un déjeuner au soleil dans l'une des guinguettes du hameau de pêcheurs des Goudes; les cabanons des petits ports de Sormiou et Morgiou; la calanque de Sugiton et sa minuscule crique, embouteillée les week-ends ensoleillés tant elle plaît aux Marseillais; la spectaculaire calanque d'En-Vau *(voir Cassis).*

ORGANISER SON TEMPS

Le **printemps** est probablement la meilleure époque pour découvrir les calanques. La circulation dans le massif des Calanques, que ce soit à pied ou en voiture, est strictement réglementée du 1er juillet au 2e samedi de septembre inclus *(rens. auprès des offices de tourisme ou sur le serveur vocal 0811 20 13 13).* Elles sont fermées les jours de violent mistral le reste de l'année. Le camping et le bivouac sont interdits. Les restaurants de Morgiou et Sormiou bénéficient de laissez-passer pour leurs clients automobilistes, qui seront contrôlés au pied des routes d'accès au massif.

AVEC LES ENFANTS

Prudence! Les sentiers de randonnée qui grimpent au cœur des calanques peuvent être dangereux pour les plus petits. Avec eux, privilégiez deux criques faciles d'accès, aux Goudes *(accès en voiture toute l'année)* et à Sormiou *(accès en voiture autorisé sauf l'été et les jours de violent mistral).* Vos petits pirates apprécieront aussi de découvrir les calanques par bateau, à l'occasion d'une croisière au départ de Marseille, Cassis ou La Ciotat.

Bon à savoir – Certains jours d'hiver, la température sur le versant sud du massif est supérieure de près de 10 °C à celle du versant nord. Les habitués des calanques viennent s'y mouiller les orteils ou entretenir leur hâle, tandis qu'à deux pas, rue Paradis ou avenue du Prado, Marseille grelotte sous les terribles rafales du mistral.

Idyllique, paradisiaque, enchanteur... les qualificatifs semblent bien pâles devant ce décor de rêve planté à quelques encablures du centre de Marseille. Ce paysage calcaire d'une blancheur éclatante et hérissé de roches ruiniformes tient son charme exceptionnel de ses profondes échancrures baignées par des eaux d'un bleu intense. Il attire les amateurs de nature par sa beauté sauvage, mais est avant tout une promesse d'inattendu, chaque détour de sentier dévoilant des perspectives nouvelles, avec pour beaucoup l'espoir de tomber sur une crique isolée et peu fréquentée. Mais attention, certains secteurs de ce petit paradis sont d'accès difficiles et méritent toute votre attention, surtout si vous avez fait le choix de la randonnée.

De Marseille à Cassis

Quitter Marseille par la promenade de la Plage.

Les Goudes

Cet ancien village de pêcheurs s'inscrit dans un décor minéral grandiose. Vous y trouverez une plage minuscule (idéale en famille mais bondée l'été) et des guinguettes où les Marseillais aiment venir se rafraîchir. Le policier désabusé des romans de Jean-Claude Izzo, Fabio Montale, venait s'y réfugier : une référence...

Continuer jusqu'à Callelongue, où s'arrête la route goudronnée.

Callelongue

Dans un très joli site, cette calanque en miniature regroupe quelques cabanons, un restaurant et une flottille de bateaux. Il n'y a pas de plage.

1h30 AR. Pour une baignade, il faudra poursuivre à pied le long du GR 98-51 jusqu'à la **calanque de Marseilleveyre** et sa petite plage de galets.

★ Sormiou

Accès à partir de Marseille par l'avenue de Hambourg et le chemin de Sormiou. Parking obligatoire (payant, 3 €) près du hameau. De mi-juin à mi-sept., et les w.-ends de printemps, la route d'accès est barrée en raison des risques d'incendie. Seuls les habitants de la calanque et les clients des deux restaurants qui auront réservé peuvent y accéder en voiture.

UN PETIT CABANON

Une journée au « cabanon », un véritable art de vivre ! C'est au retour de la pêche ou tout bonnement du marché que la maisonnée s'assemble sous les ombrages de la terrasse pour « siroter » un pastis glacé ; ce moment s'avère idéal pour faire fuser blagues et galéjades. Le somptueux aïoli servi au repas de midi possède l'inégalable vertu de faire sombrer tout un chacun dans une « petite sieste » réparatrice bercée par le chant des cigales. Mais il faudra être sur pied avant l'angélus, pour ne pas manquer la rituelle partie de pétanque, qui connaîtra inévitablement quelques débordements passionnels ponctués de « té peuchère ! » et de « oh coquin de sort ! ». Au dîner, on aura sagement décidé de « manger léger », autrement dit de renoncer à une seconde assiette de délicieux « pistou », afin de disputer dans sa meilleure forme, « à la fresche », le tournoi de belote, ultime occasion de truculentes controverses.

De nombreux cabanons autour d'un petit port desservi par une époustouflante route en lacets, une petite plage de sable et deux restaurants : c'est, pour les Marseillais, « LA » calanque. Sormiou est séparée de la calanque voisine de Morgiou par le **cap Morgiou**, belvédère qui offre des vues magnifiques sur les deux calanques et la côte orientale du massif. À ses pieds s'ouvre, par 37 m de fond, l'entrée sous-marine de la grotte Cosquer *(désormais murée par souci de sécurité, ne se visite pas)*. Signalée en 1991 par le plongeur Henri Cosquer, cette grotte pariétale abrite des dizaines de fresques laissées par les hommes du paléolithique.

★★ Morgiou

Accès depuis Marseille par le même itinéraire initial que Sormiou, puis tourner à gauche et suivre la signalisation (on longe la fameuse prison des Baumettes) avant de garer la voiture à l'entrée de la route goudronnée. Accès interdit aux voitures (hors résidents) de mi-juin à mi-sept. et les w.-ends de printemps.

Cadre sauvage et présence humaine discrète à Morgiou : minuscules criques pour la baignade, cabanons regroupés au fond du vallon, restaurant, petit port… Indispensable !

★★ Sugiton

45mn : accès à partir de Marseille : rejoindre Luminy par le boulevard Michelet : parking des Facultés. Continuer à pied sur la route forestière.

Petite calanque aux eaux turquoise, très abritée grâce à son encadrement de hautes murailles ; les naturistes l'ont adoptée, on les comprend… Attention aux chutes de pierres, qui causent régulièrement des accidents. Ne rentrez pas dans les grottes.

UN PLONGEUR DEVENU CÉLÈBRE

Henri Cosquer explorait depuis 1985 une grotte sous-marine qu'il avait découverte dans les falaises du cap Morgiou. Soudain, le 3 septembre 1991, la lumière de sa torche éclaira une paroi où il discerna l'image d'une « main négative » datant de 27 000 ans av. J.-C. Des dessins d'animaux antérieurs d'un à deux millénaires à ceux de Lascaux et des représentations inhabituelles de faune marine (phoques, pingouins, poissons) firent de cette découverte l'une des plus importantes dans l'art pariétal *(ne se visite pas)*.

En-Vau, calanque de Cassis.
D. Chapuis / MICHELIN

★★ En-Vau

1h : accès à partir de Cassis en passant par Port-Miou, puis Port-Pin, ou par le col de la Gardiole (route Gaston-Rebuffat débutant en face du camp militaire de Carpiagne ; laisser la voiture au parking, interdit en été) : 1h15.

Attention : extrêmement abrupte et vertigineuse, la descente est dangereuse.

Avec ses parois verticales et ses eaux couleur émeraude, c'est la plus pittoresque et la plus célèbre des calanques, cernée d'une forêt de pinacles que commande le « Doigt de Dieu ». Plage (non surveillée) de galets et de sable.

★ Port-Pin

45mn : accès à partir de Cassis en longeant la calanque de Port-Miou, ou par le col de la Gardiole (voir ci-dessus) : 1h30.

Assez spacieuse, flancs moins abrupts que ceux d'En-Vau et plage (non surveillée) de sable et de galets entourée de pinèdes : idéale pour se baigner en famille.

Port-Miou

15mn : accès à partir de Cassis, parking du Bestouan ou de la Presqu'île puis chemin balisé en vert.

La plus longue des calanques provençales, qu'une ancienne carrière de pierre de Cassis dénature. On y exploita longtemps une pierre de taille blanche et dure qui servit à la construction du tunnel du Rove, de certains quais du canal de Suez, de plusieurs portes du Campo Santo de Gênes et de la statue de Calendal, que l'on peut voir sur le port. L'abri est aujourd'hui apprécié par les plaisanciers, comme hier par les Romains qui l'avaient baptisé Portus Melius.

NOS ADRESSES DANS LES CALANQUES

MODE D'EMPLOI

Réglementation – Il est bien entendu interdit de cueillir des végétaux, de quitter les chemins et sentiers, de fumer ou d'allumer un feu.
La **circulation dans le massif**, à pied aussi bien qu'en voiture, est réglementée toute l'année *(voir p. 119)*.
Conseils – Il n'existe pas d'accès direct aux calanques en voiture à l'exception des Goudes et de Callelongue (hors période estivale et week-ends de printemps), on peut aussi accéder aux calanques de Morgiou et Sormiou en voiture (parking payant). Le seul moyen d'atteindre les autres est la marche. Se munir de la carte IGN *Les Calanques de Marseille à Cassis* (1/15 000). Emporter des boissons, car il n'y a pas de point d'eau ; s'équiper de chaussures de marche ; se protéger des coups de soleil et des insolations.

TRANSPORTS

Le bateau est un moyen astucieux de découvrir les calanques en été. Il permet en même temps d'approcher les îles de l'**archipel de Riou** : île Maïre, îles de Jarre et Jarron, sites de quarantaine des navires d'où partit la terrible épidémie de peste de 1720, et île de Riou, la plus escarpée, où nichent toujours d'importantes colonies d'oiseaux.

Au départ de Marseille

Croisières Marseille-Calanques – *13002 Marseille - 74 quai du Port - www.croisieres-marseille-calanques.com - ✆ 0 825 136 800 ou 04 91 58 72 23 - dép. du Vieux Port - avr.-nov. - 15-25 € selon le parcours.* Sur de gros bateaux à moteur, trois circuits au choix dont les 12 calanques de Marseille à Cassis (3h15, 25 €), la baie de Marseille et ses îles (1h30, 15 €)…

Au départ de La Ciotat

Les Amis des Calanques – *✆ 06 09 35 25 68 ou 06 09 33 54 98 - www.visite-calanques.fr - dép. du Port Vieux - mars-nov.- 16-25 € selon le parcours - réserv. conseillée en été.* Quatre circuits au choix au fil des calanques de La Ciotat, Cassis et Marseille en bateau de type catamaran à vision sous-marine.

Au départ de Cassis

Les bateliers de Cassis – *✆ 04 42 01 90 83 ou 0 892 259 892 (office municipal de tourisme) - www.calanques-cassis.com - fév.-oct. - 13-21 € selon le parcours.* Visite en bateau des calanques de Cassis, quatre circuits au choix au fil de Port-Miou, Port-Pin et En-Vau, jusqu'à Sormiou (Marseille) pour le plus long parcours.

RESTAURATION

POUR SE FAIRE PLAISIR

Château de Sormiou – *13009 Calanque de Sormiou - ✆ 04 91 25 08 69 - de déb. avr. à fin sept. (attention, accès voiture réglementé) - ⊭ - 40/60 €.* Une situation privilégiée face aux eaux turquoise de la calanque de Sormiou, très fréquentée par les Marseillais. Cet ancien cabanon familial s'est transformé au fil du temps en restaurant proposant une honnête cuisine de la mer : soupe de poissons, zarzuela et bouillabaisse sur commande, etc.

ACTIVITÉS

Plongée

Il y a seulement 30 ans, les fonds marins des calanques comptaient parmi les plus extraordinaires de la Méditerranée occidentale. Perturbés désormais par les rejets polluants, les abus de la chasse sous-marine qui menacent particulièrement l'emblématique mérou noir et la prédation d'épaves d'un grand intérêt archéologique, ils conservent beaucoup d'attraits pour les plongeurs qui y rencontreront poissons multicolores, gorgones, éponges, oursins, violets, langoustes, nacres, rougets…

Clubs de plongée – L'office du tourisme de Marseille édite une brochure recensant tous les clubs de la ville.

Randonnée pédestre

Le **GR 98-51**, de Marseille à Cassis, longe d'immenses falaises et permet d'apercevoir les calanques les plus secrètes. Cependant, vous ne pourrez faire cette incomparable randonnée de 28 km que par tronçons car camping et bivouac sont interdits. De nombreux autres sentiers sillonnent les calanques : vous en trouverez le détail dans les ouvrages spécialisés vendus dans les librairies.

Les Excursionnistes marseillais – *16 r. Rotonde - 13001 Marseille - ✆ 04 91 84 75 52 - www.excurs.com.* Cette célèbre association de randonneurs propose des sorties (en particulier dans les calanques mais pas seulement). Certains de ses bénévoles participent à l'entretien et aux balisages des sentiers.

Autre activité

Escalade – Aiguilles aux flancs vertigineux et parois rocheuses parfois en surplomb sur la mer composent de magnifiques voies d'escalade, accessibles pour les unes aux seuls chevronnés, propices pour d'autres à l'initiation. Sorties organisées avec le Club alpin français Marseille-Provence *(12 r. Fort-Notre-Dame - 13007 Marseille - ✆ 04 91 54 36 94).*

Les calanques, un trésor fragile

LA FORMATION GÉOLOGIQUE

Le mot « **calanque** » désigne une étroite vallée littorale aux flancs abrupts creusée dans la roche dure par une rivière, guidée généralement par une faille au cours de périodes de retrait de la mer, puis submergée par les flots lorsque le niveau de la mer montait. La dernière remontée des eaux, d'une amplitude moyenne de 100 m, s'est effectuée il y a 10 000 ans, noyant des grottes fréquentées par les hommes de la préhistoire, telle la fameuse **grotte Cosquer**. Ces variations du niveau marin sont dues à l'alternance, pendant les deux derniers millions d'années, de périodes de glaciation et de déglaciation à la surface de la terre. Les calanques, dont la longueur n'excède pas 1,5 km, se prolongent vers le large par d'importantes vallées sous-marines ; si elles peuvent être rapprochées des abers bretons, elles n'ont, malgré les apparences, rien à voir avec les fjords, façonnés, eux, par des glaciers.

FLORE ET FAUNE

Dans cette ambiance semi-aride s'imposent le plus souvent la garrigue pierreuse à chêne kermès ou la garrigue à romarin et bruyère. La **forêt** consiste en taillis ou fourrés de chênes verts, viornes, oliviers sauvages, myrtes et lentisques que viennent çà et là égayer quelques bosquets de pins d'Alep. En bordure du littoral s'accrochent cristes-marines et lavandes de mer, relayées en hauteur par une association de plantes en coussinet comme la rare astragale de Marseille, à qui ses redoutables épines ont valu le nom de « coussin de belle-mère ».

Le plus grand lézard et le plus long serpent d'Europe ont élu domicile dans les calanques : la taille du lézard ocellé peut atteindre ici 60 cm, celle de la couleuvre de Montpellier, 2 m. Les oiseaux nichent surtout sur les falaises côtières et dans les îles. Le plus commun est le goéland leucophée ou « gabian ». Ce gourmand, particulièrement friand des ordures rejetées par l'agglomération marseillaise, est en pleine expansion, d'autant que l'espèce, qui ne possède pas de prédateur naturel, est protégée. Et n'oublions pas l'**aigle de Bonelli** (une quinzaine de couples) qui est un beau rapace diurne.

LES CALANQUES EN DANGER

La perméabilité du calcaire, l'abondance des failles et la faible pluviosité expliquent l'absence d'écoulements de surface et la sécheresse du lieu. La régulation thermique marine, la réverbération du soleil sur les hautes murailles dénudées et une exposition à l'abri du mistral créent un **microclimat** exceptionnellement chaud sur le versant sud du massif. Des espèces végétales tropicales ont pu s'y maintenir malgré les refroidissements de l'ère quaternaire, constituant de nos jours une **réserve botanique** d'un grand intérêt. Mais l'état de la végétation est hélas extrêmement dégradé. Les responsables ? La sécheresse, l'abattage d'arbres pour les fours à chaux, le pâturage excessif et, surtout, les feux répétés : de l'incendie ordonné par Jules César en 49 av. J.-C. au catastrophique embrasement du 21 août 1990.

Tous les acteurs saluent donc aujourd'hui la création du **Parc national des Calanques**, le seul de France à être à la fois sous-marin et terrestre. Il constitue un réel espoir de sauver les espaces encore épargnés des calanques, même si, pour certains écosystèmes le mal est fait.

Cassis

★

7 788 Cassidains – Bouches-du-Rhône (13)

NOS ADRESSES PAGE 130

S'INFORMER

Office du tourisme de Cassis – *Quai des Moulins - 13260 Cassis - ✆ 0 892 259 892 - www.ot-cassis.com - juil.-août : 9h-19h, w.-end et j. fériés 9h30-12h30, 15h-18h ; mars-juin et sept.-oct. : 9h-12h30, 14h-18h, sam. 9h30-12h30, 14h-17h30, dim. et j. fériés 10h-12h30 ; reste de l'année : 9h30-12h30, 14h-17h30, sam. 10h-12h30, 14h-17h, dim. et j. fériés 10h-12h30 - fermé 1er janv., 25 déc.*

SE REPÉRER

Carte de microrégion B2 *(p. 80) – schéma p. 120 – carte Michelin Départements 340 I6.* À l'extrémité d'un vallonnement débouchant au fond d'une baie entre les hauteurs arides du massif de Puget, à l'ouest, et les escarpements boisés du cap Canaille, à l'est, Cassis occupe un très joli site. Depuis l'A 50, on y accède, en provenance de Marseille *(25 km sortie 6)*, puis par la D 41^{E}. En provenance de Toulon, suivez la direction Cassis *(sortie 7)* et prenez la D 559.

SE GARER

En saison, privilégiez le parking extérieur gratuit *(aux Gorguettes, 2 km au nord)*, d'où des bus-navettes *(0,50 €)* rejoignent les différents quartiers. Tous les autres parkings sont à horodateurs (il faut donc revenir régulièrement mettre de l'argent) à l'exception du parking de la Viguerie, où l'on paie en partant. Le TER relie Marseille à Cassis en environ 20mn *(navette de bus payante entre la gare et le centre-ville)*. Dernière option : les navettes de bus depuis Marseille *(env. 40mn)*.

À NE PAS MANQUER

Explorer les calanques à pied ou en bateau, celle d'En-Vau étant certainement l'une des plus spectaculaires ; suivre en voiture la route des Crêtes et s'arrêter pour profiter de ses panoramas exceptionnels, notamment depuis le cap Canaille.

ORGANISER SON TEMPS

Idéal pour un séjour balnéaire, Cassis vaut le détour même si l'on n'y loge pas. Prévoyez alors au minimum 1/2 journée pour explorer le massif des Calanques (en bateau ou à pied). Les domaines viticoles produisant l'AOC Cassis, réputée pour son vin blanc, sauront sans doute vous retenir un peu plus longtemps. À moins que ce ne soient les restaurants du port, où déguster poissons grillés ou coquillages en terrasse (attention aux attrape-touristes !).

AVEC LES ENFANTS

Les petits mousses apprécieront une promenade en bateau à la découverte des calanques, le tour de Cassis en petit train touristique, le sentier de découverte du Petit Prince.

« Qui a vist Paris, se noun a vist Cassis a ren vist ! », s'écriait Calendal, le héros de Mistral (« Qui a vu Paris, s'il n'a pas vu Cassis, n'a rien vu ! »). Sans doute était-il un peu chauvin, mais comment ne pas partager son enthousiasme devant ce spectaculaire amphithéâtre rocheux, entre les falaises rougeoyantes de cap Canaille et les criques très blanches des calanques ? Ce décor naturel exceptionnel accueille un des plus anciens vignobles de France et est baigné d'une belle lumière qui inspira Derain, Vlaminck, Matisse, Dufy et bien d'autres artistes. Autant d'atouts expliquent pourquoi l'ancien port de pêche aux anchois s'est mué en une agréable station estivale où baigneurs, plongeurs et plaisanciers se retrouvent en nombre à la belle saison.

Se promener

Plages

Surveillées le w.-end à partir du 6 mai, tlj de juin à mi-sept.

Deux petites **plages** entourées de rochers : l'une de sable et gravier, Grande Mer, l'autre de galets, Bestouan. Elles attirent les baigneurs, qui se retrouvent le soir sur les quais du port pour déguster poissons, crustacés et fruits de mer dont la qualité est réputée.

Village

Un séjour cassidain ne se conçoit pas sans promenade en bateau permettant de découvrir les calanques ou d'explorer les fonds marins. Mais ne repartez pas non plus sans avoir flâné dans les ruelles dominées par le **château**, une ancienne place fortifiée médiévale devenue fort militaire du 17e au 19e s. Vendu par l'État en 1881, il fut acheté par un buraliste varois, à un prix, paraît-il, fort modeste. Après avoir changé plusieurs fois de propriétaire, le château a récemment été transformé en maison d'hôte de luxe. Entre le port et l'église Saint-Michel, les vieilles maisons basses rénovées racontent l'histoire d'un village de pêcheurs qui s'est progressivement tourné vers le tourisme au cours du 20e s., jusqu'à en faire son activité principale. Il ne reste plus aujourd'hui à Cassis qu'une poignée d'artisans pêcheurs, qui vendent en fin de matinée le fruit de leur travail sur les quais. Avec 12 domaines et un AOC réputé, la viticulture est l'autre poumon économique cassidain.

Musée municipal méditerranéen d'Arts et Traditions populaires

Pl. Baragnon - ✆ 04 42 01 88 66 - avr.-sept. : 10h30-12h30, 15h30-18h30 ; reste de l'année : 10h30-12h30, 14h30-17h30 - fermé lun., mar., dim. et j. fériés - gratuit.

Installé dans un presbytère datant du début du 18e s., ce petit musée contient des pièces archéologiques trouvées dans la région et dans la mer (cippe du 1er s., monnaies romaines et grecques, poteries, amphores), des manuscrits relatifs à la cité, des tableaux et des sculptures d'artistes régionaux.

Itinéraire conseillé Carte de microrégion

★★ LA ROUTE DES CRÊTES B2

Pour visualiser ce circuit de 19 km, de Cassis à La Ciotat, se reporter à la carte p. 80 – compter 30mn, sans les arrêts. Attention, par fort mistral, cette route peut être fermée (indiqué par une barrière à l'entrée).

Sur cette courte portion de littoral, les montagnes du massif du cap Canaille surplombent la mer en d'impressionnantes falaises, les plus hautes de France : 363 m au cap Canaille, 394 m à la Grande Tête. Une très belle route touristique, parsemée de belvédères aménagés, permet de découvrir les vertigineux à-pics.

Quitter Cassis à l'est par la route de Toulon (D 559) et, dans la montée, prendre sur la droite la D 141, signalée « Route des Crêtes ». Au pas de la Colle, tourner à gauche et emprunter la D 141^A jusqu'au parking aménagé au sommet, au pied de l'émetteur.

Mont de la Saoupe

De la plate-forme qui supporte l'émetteur de télévision, beau **panorama★★**, à l'ouest, sur Cassis, l'île de Riou, le massif de Marseilleveyre et la chaîne de Saint-Cyr; au nord, sur la chaîne de l'Étoile, le Garlaban et le massif de la Sainte-Baume; au sud-est, sur La Ciotat, les caps de l'Aigle et Sicié.

Revenir au pas de la Colle pour emprunter la route en montée.

Au hasard des lacets et des belvédères, belles vues sur Cassis et La Ciotat.

★★★ Cap Canaille

Canaille? C'est ce que pourrait laisser injustement croire son appellation actuelle qui dérive tout simplement du latin *Canalis mons*, « la montagne des eaux », car les Romains y avaient construit des aqueducs pour canaliser ses eaux douces. Depuis le garde-fou, remarquable **vue★★★** sur l'abrupt impressionnant de la falaise, le massif de Puget et les calanques, le massif de Marseilleveyre et les îles.

Après la Grande Tête, que la route contourne, prendre à droite la D 141^B vers le sémaphore de la Marine nationale. Se garer sur le parking aménagé.

Sémaphore

Vue★★★ plongeante sur La Ciotat et les chantiers navals, le rocher de l'Aigle, les îles des Embiez et le cap Sicié, le cap Canaille *(table d'orientation).*

Revenir à la route de corniche pour tourner à droite et gagner La Ciotat.

Au cours de la descente, on rencontre d'importantes carrières de pierre et des plantations de résineux sur les versants. Remarquez aussi le « pont naturel », arche de calcaire reposant sur un socle de poudingue.

Randonnée

Sentier du Petit Prince

2h. Suivre le sentier sur la droite, balisé en bleu. Se garer au parking de la Presqu'île (4 €), à l'ouest du centre-ville (fléché).

Bon à savoir – L'été, et certains week-ends d'avant-saison, l'accès au quartier de la Presqu'île est réglementé : accès en navette-bus au départ du parking des Gorguettes *(voir la rubrique « Se garer » p. 127)*; pour se rendre dans un hôtel ou un restaurant, il faut réserver en communiquant le numéro d'immatriculation.

Situé sur la presqu'île de Cassis, juste avant Port-Miou, ce joli sentier récemment balisé ne présente pas de difficulté particulière. Jalonné de 11 panneaux explicatifs décryptant le milieu des calanques (faune, flore, géographie...), il est particulièrement adapté aux familles, même s'il faut rester vigilant sur les rochers qui peuvent s'avérer glissants.

NOS ADRESSES À CASSIS

VISITES

Cassis en petit train – *de déb. avr. à mi-nov. : 14h15-17h15 (dép. tte les h) - 6 € (6-12 ans 3 €).* Promenade (40mn, commentaire audio) du port de Cassis jusqu'à la presqu'île de Port-Miou.

Visite des calanques en bateau – *Voir p. 124.*

HÉBERGEMENT

BUDGET MOYEN

Hôtel Clos des Arômes – *10 r. Paul-Mouton - 04 42 01 71 84 - www.le-clos-des-aromes.com - fermé du 4 janv. à fin fév., mar. midi, merc. midi et lun. - 14 ch. 65/85 € - 9 € - rest. 29/40 €.* Au centre du village, bâtisse ancienne possédant le charme d'une maison de maître. Ses chambres, petites, jouent l'ambiance méditerranéenne. Cuisine aux accents provençaux, servie sur la terrasse fleurie en été.

Hôtel Cassitel – *Pl. Georges-Clemenceau - 04 42 01 83 44 - www.hotel-cassis.com - 32 ch. 58/93 € - 8 €.* Un hôtel tout près du port, chambres confortables et décorées dans un style provençal sobre; certaines profitent de la vue sur la mer mais celles qui donnent sur le village sont plus au calme.

Hôtel Laurence – *8 r. de l'Arène - 04 42 01 88 78 - www.cassis-hotel-laurence.com - fermé nov.-janv. - - 15 ch. 46/89 € - 8 €.* Au centre de Cassis et à deux pas du port. Chambres petites mais confortables, offrant pour la plupart de jolies vues sur les toits de la ville et le château. Une adresse sympathique.

Hôtel du Grand Jardin – *2 r. Pierre-Eydin - 04 42 01 70 10 - www.hotel-grand-jardin-cassis.com - P - 26 ch. 67/78 €.* Cette adresse chaleureuse et familiale n'est qu'à 2mn du port. Les chambres sont confortables, la salle à manger est grande et lumineuse, et la terrasse, fleurie.

POUR SE FAIRE PLAISIR

Hôtel Les Jardins de Cassis – *R. Auguste-Favier - 04 42 01 84 85 - www.lesjardinsdecassis.com - fermé 5 nov.-27 mars - P - 36 ch. 62/248 € - 14 €.* Ce joli mas provençal s'ordonne autour d'un patio et d'une piscine. Entouré de verdure, de pins et de palmiers, il propose des chambres douillettes à l'écart du centre-ville.

Hôtel Le Golfe – *3 pl. Grand-Carnot - 04 42 01 00 21 - www.legolfe-cassis.fr - fermé 4 nov.-23 mars - 30 ch. 70/95 € - 11 €.* Ravissante villégiature située face au port, au-dessus d'un bar-glacier. Toutes les chambres sont pratiques et colorées, mais préférez celles dont le balcon ouvre côté mer.

Chambre d'hôte La Garrigue – *22 imp. des Brayes - 400 m après Super-U - 04 42 01 17 98 - www.captainprod.com/valerie - - 5 ch. + 1 gîte 70/100 €.* Offrant une vue privilégiée sur la garrigue, cette maison des hauteurs de Cassis compte 5 chambres décorées avec recherche. Table d'hôte selon les disponibilités.

RESTAURATION

BUDGET MOYEN

Le Bonaparte – *14 r. du Gén.-Bonaparte - 04 42 01 80 84 - fermé lun. et dim. soir en basse sais. - réserv. obligatoire - 12 € déj. - 16/30 €.* On vient ici pour déguster des recettes à base de poisson, comme la bouillabaisse (à commander la veille). À l'intérieur, les couleurs de certaines nappes et serviettes, respectivement bleu, blanc et rouge, sont un clin d'œil aux uniformes des soldats impériaux. Ambiance familiale et clientèle plutôt locale.

Poissonnerie Laurent – *5 quai Barthélemy - ✆ 04 42 01 71 56 - mai-oct. : fermé lun. ; nov.-avr. : ouv. à midi et certains soirs en fonction de la météo ; fermé janv. - ⊭ - 19,90/35 €.* Un ancien local de pêcheurs transformé en poissonnerie-restaurant. Spécialités de poissons, évidemment. Jolie vue sur le port, depuis les tables en terrasse.

POUR SE FAIRE PLAISIR

La Vieille Auberge – *14 quai Jean-Jacques-Barthélemy - ✆ 04 42 01 73 54 - fermé fév. et merc. - réserv. conseillée - 24/32 €.* Agréable auberge où l'on se transmet, de père en fils, les recettes à la fois traditionnelles et provençales. Intérieur d'esprit marin, véranda tournée vers le port et terrasse d'été.

Nino – *Port de Cassis - ✆ 04 42 01 74 32 - www.nino-cassis.com - fermé janv., dim. soir hors sais. et lun. - 34 € - 3 ch. 180/200 €* ☕. Cette maison daterait de 1432. Plaisant décor nautique ; la terrasse surplombant le port est très prisée en saison. Produits de la mer (bouillabaisse) et vins régionaux.

BOIRE UN VERRE

Bar de la Marine – *5 quai des Baux - ✆ 04 42 01 76 09 - fermé mar. hors sais. 7h-2h - fermé de janv. à mi-fév.* L'enseigne annonce la couleur : ce bar est installé sur le port. De sa terrasse très prisée, vous pourrez contempler le ballet des embarcations, mais aussi celui des Cassidains et des touristes qui déambulent sur les quais. Atmosphère simple et conviviale.

ACHATS

Maison des vins - Maison des coquillages – *Rte de Marseille - ✆ 04 42 01 15 61 - www.maisondesvinscassis.com - 9h-12h30, 14h30-19h30, dim. 10h-12h30 (15h-18h l'été) - fermé j. fériés en hiver.* Bénéficiant de l'AOC depuis 1936, le vignoble de Cassis couvre environ 170 ha et se compose de 12 domaines où prime le blanc (80 % de la production). La Maison des vins vend les bouteilles de 10 d'entre eux, ainsi qu'une sélection de crus hexagonaux. De septembre à juin, vente de coquillages et de fruits de mer à la boutique voisine (Maison des coquillages).

ACTIVITÉS

Équipement des plages – Plage de la Grande Mer : douches, WC, consignes, location de pédalos, de kayaks, planches à voile et matelas, restauration. Plage du Bestouan : douche, WC, restauration.

Centre cassidain de plongée - Olivier Guys – *3 r. Michel-Arnaud - ✆ 04 42 01 89 16 - www.centrecassidaindeplongee.com - de mi-mars à mi-nov. : tlj sur RV dép. 9h et 15h - plongée de nuit : dép. 21h.* Sur le port, l'équipe d'Olivier Guys propose des sorties en mer pour tous les niveaux, des baptêmes et des passages de brevets.

AGENDA

Le **Ban des vendanges** des vins de Cassis et la **fête de la Saint-Éloi** (défilé d'attelages et de personnages en costume) ont lieu le 1er dimanche de septembre : l'occasion de déguster d'excellents vins (blancs en particulier) issus de ce terroir en balcon sur la mer.

La Ciotat

32 126 Ciotadens – Bouches-du-Rhône (13)

NOS ADRESSES PAGE 135

S'INFORMER

Office du tourisme de La Ciotat – *Bd Anatole-France - 13600 La Ciotat - 04 42 08 61 32 - www.tourisme-laciotat.com - juin-sept. : 9h-20h, dim. et j. fériés 10h-13h ; reste de l'année : tlj sf dim. et j. fériés 9h-12h, 14h-18h.*
L'office du tourisme de La Ciotat propose un circuit permettant de partir à la découverte des lieux et monuments rendus célèbres par les frères Lumière.

SE REPÉRER

Carte de microrégion BC2 *(p. 80) – carte Michelin Départements 340 I6.*
Après avoir quitté l'autoroute Marseille-Toulon *(sortie 9)*, suivre la D 559 puis l'avenue Émile-Bodin. Le centre-ville et le Port Vieux sont sur votre gauche, les plages sont à droite, le long de l'avenue Franklin-Roosevelt et du boulevard Beaurivage. Le TER relie Marseille à La Ciotat en environ 30mn *(navette de bus pour rejoindre le centre-ville)*.

SE GARER

N'hésitez pas à vous garer dès la première place rencontrée, surtout en été… Vous trouverez des places de stationnement (et des horodateurs !) sur les boulevards longeant les plages ; côté centre-ville, vous aurez le choix entre les parkings Bérouard, de la Tasse, du Port Vieux et du Nouveau Port.

ORGANISER SON TEMPS

L'été, la foule envahit les plages et le port. Privilégiez, si vous le pouvez, les soleils d'avant et d'arrière-saison.

AVEC LES ENFANTS

Agréable station balnéaire, La Ciotat constitue une base de séjour idéale pour les familles. Le parc OK Corral ; une initiation à la plongée, sans oublier bien sûr la découverte des calanques.

La Ciotat, son Port Vieux, ses calanques… et ses chantiers navals (difficile dignorer ses imposants portiques), qui font la réputation de la ville depuis le 16e s. Mais après les bateaux à roues, les premiers navires à hélices et les pétroliers géants, le port accueille aujourd'hui des yachts somptueux. En effet, La Ciotat mise désormais sur l'entretien des bateaux de luxe, la haute plaisance, tout en développant le tourisme devenu un atout majeur. Avec ses plages et son petit port de pêche, mais aussi ses falaises et ses fonds marins, elle attire toute l'année, d'autant plus qu'elle met astucieusement en avant son rôle de marraine dans deux épisodes majeurs de l'histoire mondiale : la naissance du 7e art et… de la pétanque !

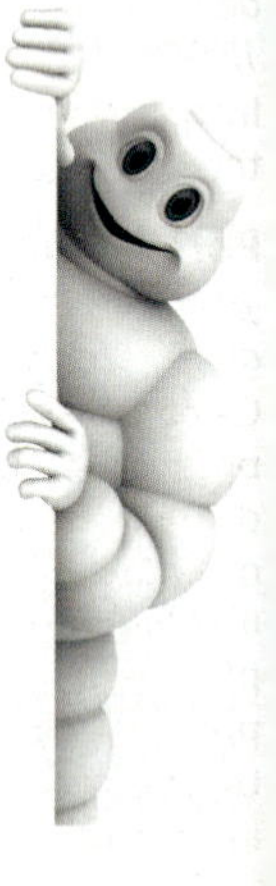

DEUX GRANDES PERSONNALITÉS
En 1895, le jeune **Louis Lumière** convia dans sa villa les notables locaux à la première mondiale de son film, *L'Arrivée d'un train en gare de La Ciotat*, qui allait donner naissance au 7e art. En 1910, **Jules Lenoir**, joueur de *longue* affecté de rhumatismes resta les pieds « tanqués » dans le sol.
Les deux découvertes sont immortalisées, l'une par un monument aux frères Lumière, l'autre par une plaque apposée sur le terrain de la « Boule étoilée », où naquit la **pétanque**.

Se promener

Marseille n'est pas loin et, même si l'exercice n'est pas aisé, il faut imaginer qu'à l'origine prospérait ici une **colonie massaliote** du nom de Citharista. Elle a souvent dû se réfugier à Ceyreste (qui a conservé son nom), légèrement en retrait à cause de l'occupation romaine, puis des invasions barbares. À la fin du Moyen Âge, elle a pris le nom tout simple de la *Ciutat*, la « cité » en occitan. Son joli centre-ville conserve d'agréables ruelles médiévales où flâner.

Port Vieux
Suivant une habitude bien rodée, une fois séché et rhabillé, tout le monde se retrouve au Port Vieux dont les quais, avec leurs façades aux teintes chaudes et leurs restaurants animés, ont conservé le charme et l'authenticité d'un port de pêche provençal.

Église Notre-Dame-du-Port
Sa belle façade baroque aux tons rosés évoque l'Italie! Depuis les escaliers, observez l'animation du Port Vieux. L'intérieur, moderne, a été décoré par des peintres locaux : une fresque de 22 m de Gilbert Ganteaume, illustrant des scènes de l'Évangile et, au fond de la nef, des peintures de Tony Roux. À voir aussi une belle descente de Croix de l'artiste lyonnais André Gaudion (1616).

Musée ciotaden
1 quai Ganteaume - ✆ 04 42 71 40 99 - www.museeciotaden.org - sur demande (7 j. av.) juil.-août : 16h-19h ; reste de l'année : 15h-18h - fermé mar., 1er janv., dim. de Pâques, 1er Mai, dim. de Pentecôte, 15 août, 1er nov., 25 déc. - 3,20 € (-16 ans 1,60 €).
Installé dans l'ancien hôtel de ville, il retrace l'histoire locale et le passé maritime de La Ciotat. Une salle est consacrée au cinéma et aux frères Lumière.

Parc du Mugel
✆ 06 23 79 55 92 - avr.-sept. : 8h-20h ; reste de l'année : 9h-18h - possibilité de visite guidée sur demande préalable - gratuit - parking (payant mai-sept.).
Ce parc de près de 7 ha, aménagé sous le massif du **cap de l'Aigle**, ravira les botanistes amateurs. En effet, cet écrin, s'intégrant dans un site classé, recèle de merveilleuses richesses paysagères et botaniques avec une flore riche et des plantes tropicales rares (érythrines ou camphres). On y trouve même une forêt de bambous, une collection de cactées, des palmiers, un jardin de plantes aromatiques, des chênes verts et des châtaigniers, à quelque 50 m pourtant de la mer!
Un chemin conduit au sommet, où un belvédère (alt. 85 m) offre une **vue★** imprenable sur La Ciotat et ses environs.

Chapelle Notre-Dame-de-la-Garde

Par le chemin de la Garde, en voiture jusqu'à un lotissement (2,5 km).

15mn AR. Une promenade digestive ? Le sentier de 85 marches taillées dans le roc mène à une plate-forme rocheuse dominant la chapelle. Votre récompense : une **vue★★** sur toute la baie de La Ciotat. Quant à la chapelle, elle est décorée d'innombrables ex-voto à la Vierge de la Garde.

Plages

La station balnéaire s'étend au-delà du port de plaisance. C'est le **clos des plages**, où hôtels, villas, restaurants et guinguettes se succèdent, en bordure de six plages, trois de sable fin (Capucins, Grande Plage et Lumière) et trois de galets (Saint-Jean, Fonsainte et Arène Cros). Leur faible déclivité les rend idéales pour une baignade en famille, tandis que de paisibles retraités musardent au soleil le long de la promenade.

Suivez la route en direction des Lecques : des chemins moyennement escarpés vous mèneront à la **plage de Liouquet** (galets et falaises rougeâtres coiffées de pinèdes).

★ Île Verte

En bateau (depuis le Port Vieux) - 06 63 59 16 35 ou 06 16 40 83 50 - juil.-août : 9h-19h (tte les h) ; avr.-juin et sept. : 10h, 11h, 12h, 14h, 15h, 16h, 17h (en suppl. w.-end 13h, 18h) ; oct. : se renseigner - s'adresser aux compagnies à l'embarcadère - 9 € AR (-10 ans 6 € AR).

C'est de l'ancien fortin de l'île que vous distinguerez le mieux la silhouette découpée du rocher du cap de l'Aigle, sur la rive en face. Baignade, pique-nique, pêche ou repas au restaurant compléteront agréablement la traversée.

Calanques de La Ciotat

Quitter La Ciotat par le quai de Roumanie, l'avenue des Calanques et prendre à gauche l'avenue du Mugel (1,5 km, fléché).

Surplombée par le rocher du cap de l'Aigle, la **calanque du Mugel** offre une belle vue sur l'île Verte. *15mn AR.* Par un verdoyant vallon, un sentier conduit à la belle **calanque de Figuerolles★**. Ses eaux claires, la découpe parfois bizarre de ses rochers (comme le Capucin, isolé en avant et à droite), les falaises percées d'alvéoles aux arêtes vives confèrent à cette calanque une indéniable personnalité. Cette petite calanque étant vite bondée, mieux vaut la découvrir hors saison.

À proximité Carte de microrégion

Parc OK Corral C2

19 km au nord-ouest par la D 3 puis la D 8^N à gauche. 04 42 73 80 05 - www.okcorral.fr - - juil.-août : 10h-18h ; mars-juin et sept.-oct. : 10h-17h ; reste de l'année : w.-end 10h-18h, vac. scol. 10h-17h - 18 € (enf. 15,80 €).

Il s'étend au cœur d'une immense clairière, dans une pinède que dominent les falaises calcaires de la Sainte-Baume. Les « double-huit », « Titanic », « Tokaïdo express » et montagnes russes, sont les préludes à un voyage tête en bas dans les voitures du « looping star » : les amateurs de sensations fortes sont gâtés ! Des jeux paisibles pour tous les âges sont également proposés dans cet espace ludique où l'on se déplace rapidement à bord d'un télésiège et d'un petit train, tandis que snacks, crêperies, buvettes et coins pique-nique permettent aux visiteurs de se restaurer.

NOS ADRESSES À LA CIOTAT

VISITE

Visite des calanques en bateau – *Voir p. 124.*

HÉBERGEMENT

BUDGET MOYEN

Auberge le Revestel – *Le Liouquet (6 km par la route de Bandol, sur la D 559) - ✆ 04 42 83 11 06 - www.revestel.com - fermé 2-17 déc., 5 janv.-11 fév. - 6 ch. : 65 € - ☕ 9 € - rest. 26-63 € (fermé dim. soir et merc.).* Belle situation sur la corniche pour cette petite auberge colorée, au calme. Chambres très simples mais confortables. Le restaurant offre une vue imprenable sur le large. Cuisine régionale actuelle.

RESTAURATION

BUDGET MOYEN

Kitch&Cook – *4 pl. Esquiros - ✆ 04 42 03 91 36 - http://kitchandcook.free.fr - fermé sam. midi et dim. - 12,50/16,50 €.* Sur une adorable placette piétonne, ce petit restaurant à la déco urbaine contemporaine surprend par sa cuisine inventive. Idéal pour un déjeuner en terrasse.

POUR SE FAIRE PLAISIR

Les Gourman'dînent – *18 r. des Combattants - ✆ 04 42 08 00 60 - hors sais. : fermé merc., sam. midi et dim. soir - réserv. conseillée - 19/60 €.* Avec sa grande terrasse en surplomb du Port Vieux, voici une nouvelle adresse gourmande à fréquenter sans modération. Cuisine soignée, aux couleurs du Sud.

ACHATS

Marchés – Marché artisanal en juillet-août, tous les soirs de 20h à minuit, sur le Port Vieux (qui est alors interdit aux voitures). Marché traditionnel mardi, pl. Évariste-Gras et dimanche, sur le Port Vieux de 8h à 12h.

Le Palais d'Emma – *4 av. Géry (face à l'ancien marché couvert) - ✆ 04 42 04 94 45 - 9h-13h, 15h-20h, déc. 8h-20h - fermé merc. et dim. apr.-midi.* Une épicerie fine néo-rétro où trouver une belle sélection de produits nobles, pâtes italiennes, tapenades, charcuteries corses et italiennes…

Au Poivre d'Âne – *12 r. des Frères-Blanchard - ✆ 04 42 71 96 93 - 9h30-12h30, 14h30-19h30 ; dim. 10h-13h - fermé lun.* Une remarquable librairie, avec une sélection aussi éclectique qu'intéressante : romans, BD, essais, poches, guides ou beaux livres, le meilleur s'y trouve.

ACTIVITÉ

Centre permanent d'initiatives pour l'environnement côte provençale – *Parc du Mugel - ✆ 04 42 08 07 67 - www.atelierbleu.fr - 9h-17h - fermé sam.-dim.* Observer et comprendre le littoral, telle est la mission du CPIE. Allez à la découverte du milieu marin et de son environnement grâce aux activités subaquatiques qu'il vous propose : club de plongée (débutants ou confirmés, enfants et adultes), sorties naturalistes, balades aquatiques, stages de biologie marine.

La Côte Bleue

★

Bouches-du-Rhône (13)

NOS ADRESSES PAGE 139

S'INFORMER

Maison du tourisme de Carry-le-Rouet – *Espace Fernandel - av. Aristide-Briand - 13260 Carry-Le-Rouet - ✆ 04 42 13 20 36 - www.carry-lerouet.com - juil.-août : 10h-12h, 14h-18h, dim. 10h-12h ; reste de l'année : tlj sf lun. 10h-12h, 14h-17h - fermé 1er janv., 1er Mai, jeu. de l'Ascension, 1er et 11 Nov., 25 déc.*

SE REPÉRER

Carte de microrégion A1-2 *(p. 80) – carte Michelin Départements 340 F5-G5.* Située à 74 km à l'ouest de Marseille, la Côte Bleue occupe le massif de la **chaîne de l'Estaque**, une chaîne calcaire posée entre Marseille, à l'est, le golfe de Fos, à l'ouest et l'étang de Berre, au nord. Son littoral est desservi par une départementale qui longe le bord de mer, entre Carry-le-Rouet et Sausset-les-Pins ; la plupart des autres ports ne sont accessibles que par des routes en cul-de-sac.

ORGANISER SON TEMPS

L'une des balades du week-end favorites des Marseillais. L'été, il y a foule et l'accès en voiture à certaines calanques est réglementé. L'hiver, de nombreux restaurants et hôtels sont fermés, mais vous pourrez vous régaler en participant aux oursinades, à Sausset-les-Pins et Carry-le-Rouet !

AVEC LES ENFANTS

Hôtels familiaux, meublés et campings font de la Côte Bleue un lieu de séjour apprécié des familles. Les quatre plages surveillées (mais non ombragées) de Sausset ; les plages de sable surveillées du Verdon et de Sainte-Croix ; le « train bleu » entre Marseille et Port-de-Bouc.

La Côte Bleue en hiver ? C'est la saison idéale : d'abord parce que les foules estivales ont déserté les lieux, ensuite parce que c'est le seul moment où vous pourrez assister aux célèbres oursinades ! Un privilège que vous partagerez avec les initiés, attablés tous ensemble dans la bonne humeur autour de grands plats d'oursins dévoilant leur chair orangée, trinquant à ce petit coin de paradis à deux pas de la grande Marseille. Car la Côte Bleue, c'est aussi des rivages escarpés, découpés en profondes calanques où se nichent de minuscules ports, les teintes cobalt ou saphir de la mer étincelante, une superbe façade maritime d'une chaîne calcaire presque désertique, séparant la Méditerranée des industrieux rivages de l'étang de Berre.

Chemin des douaniers vers Méjean.
S. Sauvignier / MICHELIN

Itinéraire conseillé Carte de microrégion

Pour visualiser ce circuit de 50 km de Niolon à Martigues, se reporter à la carte p. 80 – compter environ 4h avec les arrêts, beaucoup plus si vous souhaitez lézarder sur les plages.

★ Niolon A2

Parking gratuit à l'entrée du hameau, dont les ruelles escarpées et très étroites sont interdites à la circulation automobile du 1er Mai au 30 sept., les week-ends et jours fériés. Il faut ensuite marcher, les premières maisons apparaissent 800 m plus bas.

Tapi au fond de la calanque qui porte son nom, enjambé par le **viaduc** du chemin de fer, ce minuscule port, avec ses eaux d'un bleu intense, et l'à-pic impressionnant sur lequel ses maisons sont accrochées, a su conserver un parfum d'authenticité.

Centre réputé de **plongée sous-marine**, le hameau attire aussi les baigneurs, nombreux aux beaux jours sur les rochers du port, profitant d'une belle vue sur la rade marseillaise.

Revenir sur la D 5, que l'on reprend sur la gauche, pour rejoindre Ensuès à travers un paysage aride. À l'entrée du village, prendre sur la gauche la D 48D.

La Madrague-de-Gignac A2

Se garer sur le parking à l'entrée du hameau, 800 m plus bas.

Au fond d'une petite calanque, dans un joli site, de petites villas s'abritent sous les pins. Depuis le minuscule port, belle vue sur la rade de Marseille.

De retour à Ensuès, reprendre à gauche la D 5 qui descend le long du vallon de l'Aigle, ombragé de pins et de chênes verts, en direction de Carry.

Le Rouet-Plage A2

Parking payant les w.-ends, j. fériés et vac. scol.

Cette jolie crique, bordée d'élégantes demeures disséminées dans la pinède, s'étire en une agréable anse de gros galets.

PARC MARIN DE LA CÔTE BLEUE

Plage du Rouet - 31 av. Jean-Bart - ✆ 04 42 45 45 07 - www.parcmarincote-bleue.fr - juil.-août : visite de l'observatoire le jeu. 16h et visite guidée des fonds côtiers les mar., jeu. et sam. 9h30, 10h30 et 11h30 (à partir de 8 ans) - inscriptions : ✆ 06 83 09 38 42 (lun. et merc. 9h-12h, 14h-17h) - gratuit.

Créé en 1983, le Parc marin de la Côte Bleue a pour objectif de protéger et valoriser les milieux naturels marins, de participer à une meilleure gestion des ressources de pêche et de développer l'information et l'éducation du public. Il gère ainsi les zones marines protégées de **Carry-le-Rouet** (85 ha) et du **Cap-Couronne** (210 ha), ainsi que l'ensemble des aménagements en récifs artificiels devant Niolon, Ensuès-la-Redonne, Carry-le-Rouet, Sausset-les-Pins et La Couronne-Carro. Afin de faire découvrir la richesse des petits fonds marins côtiers, l'observatoire a mis en place un sentier sous-marin et organise en juillet et août des visites guidées de surface, avec masque et tuba, dans la réserve marine de Carry-le-Rouet.

Reprendre la D 5, direction « Carry centre ».

Carry-le-Rouet A2

L'ancien port de pêche s'est transformé en une station balnéaire familiale, ourlée d'un joli port de plaisance. Une haute tour moderne pointe au centre du village, tandis que de belles villas sont éparpillées sur les flancs boisés de l'anse. Sur le port, de nombreux établissements où vous ne manquerez pas, de novembre à mars, de déguster quelques **oursins**. Rendue célèbre par Fernandel *(voir p. 74)* qui appréciait y résider l'été, la station est aujourd'hui courue pour ses **criques** et ses **plages**.

Poursuivre sur la D 5.

Sausset-les-Pins A2

Dominée par le **château** de la famille Charles-Roux (1855), cette station balnéaire à l'ambiance familiale a longtemps vécu de la pêche, notamment de la **seinche au thon**. Cette extraordinaire partie de pêche rassemblait chaque année tous les hommes du village, qui encerclaient les bancs de thon avec leurs bateaux pour les canaliser dans un filet rond. Cette impressionnante prise annuelle a été immortalisée par de nombreux peintres. Sausset est aujourd'hui plus réputée pour ses **criques** et ses **plages**, en partie situées le long de l'agréable promenade de la Corniche et de l'avenue Général-Leclerc.

Quittant la grève, la D 49 serpente dans le massif montagneux. Après avoir gagné La Couronne, la D 49^B conduit à Carro. En chemin, faites une halte sur la grande plage du Verdon (parking payant en saison, 400 places).

Plage du Verdon A2

Joliment coiffée à l'est par le **cap Couronne**, surmonté d'un phare, la plus vaste plage de sable de la Côte Bleue est très populaire, voire bondée l'été. Elle attire en particulier les familles (eaux peu profondes, plage surveillée et équipée l'été) et les jeunes, qui apprécient les nombreux bars, restaurants et glaciers et les terrains de beach-volley.

Reprendre la D 49^B en direction de Carro.

Carro A2

Bien abrité dans une anse rocheuse, ce coquet petit port est le dernier bastion de la pêche sur la Côte Bleue. Quarante-cinq familles vivent toujours autour d'une flottille de vingt embarcations. C'est le 2e port de Méditerranée occidentale pour la capture du thon selon la méthode artisanale. Chaque matin, sur le port, a lieu le marché aux poissons. La longue **plage** bordée de rochers attire les véliplanchistes et les surfeurs ; venez profiter du spectacle, les jours de mistral, au bout du port de Carro.

Quitter Carro par la D 49 jusqu'aux Ventrons.

Depuis une **tour d'observation**, haute de 120 m, la vue permet d'apercevoir l'ensemble portuaire de Lavéra, Port-de-Bouc et Fos.

Aux Ventrons, prendre sur la droite la D 5.

Saint-Julien-les-Martigues A2

À la sortie du bourg, un chemin à gauche mène à une **chapelle**. Sur le flanc gauche, scellé dans le mur, un bas-relief gallo-romain (1er s.) représente une scène funéraire composée de huit personnages.

De retour aux Ventrons, prendre à droite la D 5 en direction de Martigues.

Martigues *(voir ce nom)*

NOS ADRESSES SUR LA CÔTE BLEUE

TRANSPORTS

En voiture – Les week-ends d'été, l'accès aux calanques de Niolon ou de La Redonne est interdit aux véhicules, afin de prévenir les risques d'incendie d'un écosystème particulièrement fragile.

En train – Au départ de Marseille, un TER, dit « **train bleu** », dessert Carry-le-Rouet, Sausset-les-Pins et La Couronne. Le parcours est pittoresque : tunnels, échappées superbes sur la mer et force coups de sifflets pour prévenir les imprudents qui n'hésitent pas à randonner sur la voie malgré l'interdiction formelle ! Renseignez-vous bien sur les départs *(voir p. 8)* : le train bleu peut se faire rare en hiver !

HÉBERGEMENT

PREMIER PRIX

Auberge du Mérou – *Calanque de Niolon - 13740 Le Rove - 5 km de la commune du Rove, par rte de Niolon - navette gratuite entre le parking de la calanque et le restaurant - ✆ 04 91 46 98 69 - www.aubergedumerou.fr - fermé lun. soir et dim. soir hors sais. - 5 ch. 44/48 € - ☕ 6 € - rest. 28/34 €.* Coup de cœur pour les 5 chambres de cette auberge (aussi réputée pour ses spécialités de poisson). Décorées comme des cabines de bateau (hublots, lambris, bois vernis), ces chambres impeccables dominent le port de Niolon en contrebas.

POUR SE FAIRE PLAISIR

Villa-Arena – *Pl. Camille-Pelletan - 13620 Carry-le-Rouet - ✆ 04 42 45 00 12 - fermé 15 déc.-1er janv. - P - 19 ch. 75/80 € - ☕ 8 €.* On aime l'élégante façade de ce deux-étoiles et ses chambres climatisées. On apprécie moins les tarifs, qui se sont emballés ces dernières années comme dans beaucoup d'autres établissements de la zone. Reste que les chambres sont impeccables et confortables.

RESTAURATION

BUDGET MOYEN

La Pergola – *Calanque de Niolon - 13740 Le Rove - 5 km de la commune du Rove, par rte de*

Niolon - ✆ 04 91 46 90 28 - hors sais. : fermé lun. - 15/25 €. Des plats de poisson généreux à des prix raisonnables avec, en prime, une vue imprenable sur le port de Niolon et Marseille… voilà un plaisir qui ne se boude pas !

Le Mange-Tout – *8 chemin Tire-Cul - 13820 Ensuès-la-Redonne - ✆ 04 42 45 91 68 - haute sais. : ouvert tous les midis, le soir sur réserv., fermé merc. ; hors sais. : ouvert tous les midis, sf merc. ; fermé déc. et janv. - 18/32 €.* Il est vraiment mignon ce cabanon aux volets bleus, planté sur le port de la calanque de Méjean. Les Marseillais viennent nombreux le week-end se régaler en terrasse : fritures de mange-tout (petits poissons), girelles et calamars, poissons à la provençale.

Le Domus – *av. de Carro - 13500 Carro - ✆ 04 42 42 80 48 (restaurant) ou 04 42 06 61 46 (trattoria) - www.restaurant-ledomus.com - juil.-sept. : tous les midis sf merc., tous les soirs sf lun. - reste de l'année : tous les midis sf merc. ; jeu., vend. et sam. soir - fermé déc.-janv. -15/40 €.* Jusqu'alors restaurant d'un côté et *trattoria* de l'autre, cette adresse bien connue des Martégaux a fusionné ses équipes, proposant désormais au rez-de-chaussée une bonne cuisine méditerranéenne et d'excellentes pizzas.

POUR SE FAIRE PLAISIR

Les Girelles – *3 av. Adolphe-Fouque - 13960 Sausset-les-Pins - ✆ 04 42 45 26 16 - www.restaurant-les-girelles.com - juin-août : fermé lun., mar. midi et merc. midi ; reste de l'année : fermé lun. et dim. soir - 29/65 €.* Les gens d'ici aiment bien la terrasse de ce restaurant en bordure de plage : il y fait bon se prélasser face à la mer… À l'intérieur, belle maquette de bateau et grandes baies vitrées pour profiter du spectacle balnéaire. Assiettes joliment présentées.

Le Madrigal – *4 av. Gérard-Montus - 13620 Carry-le-Rouet - ✆ 04 42 44 58 63 - fermé de mi-nov. à déb. déc., dim. soir et lun. sept.-avr. - 41/70 €.* Sur les hauteurs de Carry et dominant le port, maison rose dont l'agréable terrasse offre un décor de carte postale. Généreuse cuisine traditionnelle et poissons.

La Brise – *Quai Vayssière - ✆ 04 42 45 30 55 - 13620 Carry-le-Rouet - www.restaurant-labrise.com - fermé lun. midi, sam. midi et dim. soir sept.-juin - réserv. conseillée - 41/70 €.* Cette adresse ne manque pas d'atouts. D'abord, une vue dominante sur le port et, dans l'assiette, une cuisine que l'on jugerait traditionnelle, mais qui se révèle très inventive et bien tournée. La carte fait bien évidemment la part belle aux produits de la mer.

FAIRE UNE PAUSE

L'Amiral – *15 quai Émile-Vayssière - 13620 Carry-le-Rouet - ✆ 04 42 45 13 51 - 8h30-1h - fermé lun.* Ce glacier-brasserie se distingue de ses voisins par sa belle décoration placée sous le signe des bateaux et sa terrasse confortable. Glaces, jus de fruits frais, cocktails et, pour les petites faims, salades, plat du jour et spécialités de moules.

ACHATS

Marchés

Carry-le-Rouet – Mardi et vendredi matin sur la place Alfred-Martin (dans l'av. du Colombier, perpendiculaire au port). Rien le week-end…

Port de Carro – Marché aux poissons tous les matins sous réserve de la météo.

Sausset-les-Pins – Jeudi matin (quai du Port), dimanche matin (bd Armand-Audibert, perpendiculaire à la corniche). Marché aux poissons quotidien à partir de 9h (quai du Port).

Brousse du Rove

Gaec Gouiran – *17 r. Adrien-Isnardon - 13740 Le Rove - ✆ 04 91 09 92 33 - fév.-oct. : 8h-12h30, 17h-20h -* ⊄. Pour déguster un fromage bien frais, rendez-vous chez M. et Mme Gouiran. Ils élèvent des chèvres du Rove et produisent ensuite différentes variétés de fromages – de l'extra-frais au très sec – dont les « véritables brousses du Rove pur chèvre » (marque déposée), délicates et parfumées.

ACTIVITÉ

Plongée

Aqua-Évasion – *31 av. Jean-Bart - route A 55 sortie Carry-le-Rouet, suivre « Plage du Rouet » - 13620 Carry-le-Rouet - ✆ 04 42 45 61 89 - www.aqua-evasion.com.* Sur la plage du Rouet, ce centre de plongée propose une vaste palette de formations et de stages de tous niveaux. Possibilité d'hébergement sur place.

Centre de plongée UCPA – *18 chemin de la Batterie - Le Rove - 13740 Niolon - ✆ 04 91 46 90 16 - www.niolon.ucpa.com - fermé de mi-nov. à mi-mars.* Le grand atout de ce centre de plongée ? Son cadre, au cœur de la calanque. Du coup, l'immersion peut se faire au départ du centre. Stages et formations pour tous niveaux (jusqu'au monitorat) et possibilité d'hébergement sur place.

Club subaquatique – *Les Terrasses du Port n° 5 - 13960 Sausset-les-Pins - ✆ 04 42 44 56 92 - www.clubsubsausset.com.* Ouvert toute l'année, ce club de plongée accueille les amateurs de tous niveaux, avec location possible de matériel. Plongées à la carte, stages d'exploration ou stages de formation aux brevets.

AGENDA

Oursinades – Rien de tel qu'un beau week-end d'hiver (ils ne manquent pas !) pour aller sacrifier au rite de l'oursinade, qui a lieu les trois derniers dimanches de janvier à Sausset et les trois premiers dimanches de février à Carry. Ces jours-là, les rues et les abords des ports sont envahis de tables à tréteaux où l'on s'installe pour déguster oursins et autres fruits de mer, accompagnés de vin blanc. Ambiance et convivialité garanties !

Martigues

46 318 Martégaux – Bouches-du-Rhône (13)

NOS ADRESSES PAGE 148

S'INFORMER

Office du tourisme de Martigues – *Rond-point de l'Hôtel-de-Ville - 13500 Martigues - 04 42 42 31 10 - www.martigues-tourisme.com - juil.-août : 9h-18h (19h en juil., 18h30 en août), sam. 9h-12h30, 14h30-18h, dim. et j. fériés 9h30-12h30 ; reste de l'année : 9h-12h, 13h45-17h30, dim. et j. fériés 10h-12h30 - fermé 1er janv., 1er Mai, 25-26 déc.*

Points d'informations touristiques – *Centre commercial Nord (tlj sf w.-end 10h-12h, 13h-18h) ; en été, maison Carro - av. des Pins (juil.-août : 9h-12h, 14h-18h ; mai-juin : 9h-12h).*

Visite guidée – *Sur réserv. à l'office de tourisme - juil.-août : vend. 10h30-12h - 3 € (-13 ans gratuit).* Découverte du Vieux Martigues (1h30).

L'office de tourisme met aussi à votre disposition les fiches de trois circuits : « shopping », « l'homme et la mer » et « sur la route des peintres ».

SE REPÉRER

Carte de microrégion A1 *(p. 80) – carte Michelin Départements 340 F5.* Situé en bordure de l'étang de Berre et relié à la mer par le canal de Caronte, Martigues a connu un considérable développement suite à l'implantation du complexe portuaire de Lavéra. En venant de Marseille, après avoir franchi le viaduc de Caronte, quittez la voie rapide en direction de « Martigues-centre ». Le centre-ville se découpe en trois quartiers, reliés par des ponts : vous traversez d'abord **Jonquières** (commercial avec ses ruelles bordées de boutiques), puis **l'Île** (historique avec ses canaux) et enfin **Ferrières** (administratif, avec l'office de tourisme et le musée Ziem). Parkings *(payants et gratuits)* le long de l'étang de Berre.

À NE PAS MANQUER

Le quartier de l'Île ; le musée Ziem.

ORGANISER SON TEMPS

Compter 2h pour la visite complète de la ville. Si les plages sont excentrées, elles n'en font pas moins de Martigues une station balnéaire, qui peut donc constituer une base de séjour.

AVEC LES ENFANTS

Grand Parc de Figuerolles ; Miniport de l'Olivier *(voir « Nos adresses »).*

À SAVOIR

Martigues prit son nom en 1581, après la réunion des trois localités établies dès le Moyen Âge. Souvenir de l'indépendance passée : chaque quartier est coiffé du clocher de sa propre église !

« Adieu Venise provençale », chantait Vincent Scotto. Certes, un sens de l'exagération tout méridional n'est pas étranger à cette appellation. Il n'empêche que cette ville striée de canaux a fasciné bien des amoureux de la lumière, peintres ou cinéastes. Entre l'étang de Berre et la Côte Bleue, Martigues continue de cultiver une certaine douceur de vivre à l'ombre de ses ruelles colorées, offrant un étonnant contraste avec les installations industrielles dressées à l'horizon.

Canal Saint-Sébastien.
Nacho Moro / Age fotostock

Se promener

Le Martigues d'autrefois, alors que le village était avant tout un petit port de pêche, vous le retrouverez principalement dans le quartier de **l'Île**, effectivement séparé du reste de la ville par deux canaux. Il fait bon flâner sur ces quais où sont amarrés des voiliers et des petites barques colorées.

★ Miroir aux oiseaux

Ziem, Corot et bien d'autres affectionnaient ce plan d'eau avec ses maisons chaudement colorées et ses barques aux teintes vives amarrées le long du canal : à contempler depuis le pont Saint-Sébastien ou le long du quai Brescon.

Église Sainte-Madeleine-de-l'Île

Bâtie le long du canal Saint-Sébastien, cet édifice à la façade de style corinthien (17e s.) recèle une riche décoration intérieure ; imposant buffet d'orgue baroque.

Musée Ziem

Quartier Ferrières - bd du 14-Juillet - ✆ 04 42 41 39 60 - www.ateliermuseal.net - juil.-août : tlj sf mar. 10h-12h, 14h30-18h30 ; sept.-juin : tlj sf lun. et mar. 14h30-18h30 - possibilité de visite guidée vend. et w.-end 15h - fermé 1er janv., 1er Mai, 14 Juil., 15 août, 1er nov. et 25 déc. - gratuit.

Architecte de formation, peintre orientaliste tenant de l'école de Barbizon et annonçant l'impressionnisme, **Félix Ziem** (1821-1911), né à Beaune, s'est fixé à Martigues et a pris l'étang de Berre comme sujet de prédilection. Ainsi, ce musée créé en 1908 porte son nom, d'autant que sa collection s'est enrichie d'une donation d'œuvres du peintre, léguée par sa petite-fille. Outre les tableaux lumineux de Ziem, vous pourrez y faire connaissance avec les peintres provençaux Guigou, Manguin, Monticelli ou Seyssaud, et y découvrir les œuvres de Dufy, Rodin, Camille Claudel et Derain. Une section d'archéologie locale et une collection d'art contemporain complètent cet ensemble.

Galerie de l'Histoire de Martigues

Quartier Ferrières (Hôtel-de-Ville) - ✆ 04 42 44 31 51 - www.mairie-martigues.fr - merc.-vend. : 9h-12h, 13h30-18h30 ; w.-end : 14h30-18h30 - visite commentée w.-end : 15h, 17h - gratuit.

Incontournable pour comprendre Martigues et sa formidable transformation au cours des cinquante dernières années, cette exposition à la muséographie moderne retrace l'histoire de la ville et de ses habitants à travers documents, photographies, maquettes, bornes interactives et vidéos.

Chapelle de l'Annonciade

Quartier Jonquières - r. du Dr-Sérieux - ✆ 04 42 42 31 10 - visite guidée sur demande au moins une semaine à l'avance.

L'intérieur de cette ancienne chapelle des Pénitents blancs classée Monument historique, située derrière l'église Saint-Geniès, ravira les tenants du baroque provençal : boiseries dorées, fresques représentant la vie de la Vierge, plafond peint composent un décor dont la richesse tranche avec la sobriété extérieure.

Grand Parc de Figuerolles

À proximité de l'étang de Berre, ce parc de 130 ha regroupe une aire de pique-nique, une ferme pédagogique, des parcours acrobatiques dans les arbres *(payant)*, ou encore des randonnées dans la pinède à pied, à VTT *(2 parcours)* et à poney *(payant)*. À proximité, un bowling et un cinéma *(9 salles)* viendront égayer les jours pluvieux.

À proximité Carte de microrégion

Les plages A2

Martigues, station balnéaire ? Eh oui ! Si l'on ne se baigne pas dans l'étang de Berre, la façade littorale martégale compte six plages. La plus connue et la plus fréquentée est la plage de sable du Verdon *(voir La Côte Bleue)*, il peut y avoir jusqu'à 11 000 personnes les week-ends d'été ! Vous serez relativement plus tranquilles sur les plages de Carro, Bonnieu *(crique naturiste)*, Saulce, Laurons et Sainte-Croix.

Bon à savoir – Les plages du Verdon, Saulce, Sainte-Croix et Laurons sont surveillées en saison. Une piste cyclable relie Martigues à la plage de Carro.

Chapelle Notre-Dame-des-Marins A1

À 3,5 km au nord par la D50C.

Des abords de la chapelle, large **panorama★** sur Port-de-Bouc, Fos, Port-Saint-Louis, Lavéra et son port pétrolier, le viaduc ferroviaire et le pont autoroutier de Caronte, la chaîne de l'Estaque avec Martigues au premier plan, l'étang de Berre et la digue du canal d'Arles à Fos, les chaînes de l'Étoile et de Vitrolles, la Sainte-Victoire (et, par temps clair, le mont Ventoux), Berre et, dans une échancrure entre deux collines, Saint-Mitre-les-Remparts.

Fos-sur-Mer A1

À 11 km à l'est par la N 568.

Office de tourisme – *50 av. Jean-Jaurès - 13270 Fos-sur-Mer - ✆ 04 42 47 71 96 - www.fos-sur-mer.fr - juil.-août : tlj sf dim. 9h-12h, 14h-18h ; reste de l'année : tlj sf w.-end 8h30-12h, 13h30-17h - fermé j. fériés.*

Émergeant de paysages très marqués par l'industrialisation, agrippé à un rocher de 32 m de haut, le **village★** conserve à son sommet des vestiges du

château du 14e s., propriété des vicomtes de Marseille, ainsi qu'une **église** à nef romane. Des belvédères et une terrasse aménagés dans le jardin des remparts offrent une vue étendue, du golfe de Fos à la plaine de la Crau.
Au sud du village, relativement épargnées par l'industrialisation (tout au moins visuellement), **six plages de sable** s'étirent sur 6 km de littoral. Bien que proches de la voie rapide (dont elles sont séparées par le canal de Caronte), elles sont très fréquentées en été. En saison, elles sont surveillées, équipées et accessibles en voiture *(parkings gratuits)*. De l'une des plus prisées par les baigneurs, la **plage du Cavaou**, on aperçoit au loin les grues d'un grand chantier, celui d'un nouveau terminal méthanier. Sa mise en opération, début 2008, a entraîné la fermeture d'une partie de la plage au public.

Itinéraire conseillé Carte de microrégion

DU CÔTÉ OUEST DE L'ÉTANG DE BERRE A1

Pour visualiser ce circuit de 69 km au départ de Martigues, se reporter à la carte p. 80 – compter 4h. Sortir de Martigues par la D 5 au nord.

Saint-Mitre-les-Remparts

Un peu à l'écart de la route, comme recroquevillée sur une colline, la vieille ville a conservé ses remparts du 15e s., percés de deux portes. Juste après la mairie, la rue Joseph descend vers la maison de **Louis Brauquier** (1900-1976) : le poète-voyageur y passa une partie de son enfance et y vécut ses dernières années. Le lacis d'étroites ruelles mène à l'église Saint-Blaise-et-Saint-Mitre, coiffée d'un clocher du 17e s. Montez au parvis pour profiter d'une belle vue sur l'**étang du Pourra**, un des six lacs résiduels, vestiges de l'époque où étang de Berre et mer ne faisaient qu'un. Sous le balcon se trouve la fontaine des Trois-Canons, alimentée par une source qui coule sous l'église. Elle fut aménagée en 1654 et est à l'origine du développement du village. Beau lavoir à côté. À l'extérieur des remparts, ne manquez pas le moulin à vent du 18e s. *(2mn à pied par la rue Irénée-Sabatier).*
À la sortie de Saint-Mitre, prendre la D 50 direction Istres, puis, au 1er rond-point, la direction Saint-Blaise, via la D 51, agréablement champêtre.
Après avoir longé l'**étang de Citis**, on passe au pied de la colline qui porte la chapelle Saint-Blaise, dont on devine le chevet entre les pins.

MARIN-POÈTE
À la fois marseillais et saint-mitréen, **Louis Brauquier** a sillonné le monde comme employé des Messageries maritimes, à bord des grands paquebots. Il reste connu comme l'un des grands poètes français du 20e s. Lisez son plus célèbre recueil, *Je connais des îles lointaines*.

Site archéologique de Saint-Blaise

Du parking, prendre à gauche un chemin en montée qui mène à l'enceinte médiévale entourant les fouilles. Rens. à l'office du tourisme de Martigues.
L'oppidum se présente sous l'aspect d'un éperon. Ses défenses naturelles, d'importantes falaises verticales, sont renforcées par des remparts établis sur le versant plus accessible qui domine le vallon de Lavalduc.
Comptoir étrusque – Sur cet oppidum celto-ligure – les fouilles y ont révélé un sanctuaire indigène, comparable à ceux d'**Entremont** *(voir Aix-en-Provence)* ou de **Glanum** *(voir Saint-Rémy-de-Provence)*, avec portique à crânes et stèles

votives –, les Étrusques ont créé au 7e s. av. J.-C. un comptoir et entrepris le commerce fructueux du sel recueilli sur place. Malgré la redoutable concurrence des Phocéens de Massalia (Marseille), l'oppidum poursuit son développement. Comme à Entremont apparaissent une ville haute et une ville basse. Les cases sont construites en pierre selon un plan quadrangulaire ; l'une d'elles, dans la ville basse, conserve encore ses murs sur une hauteur de 0,90 m. On a relevé sur le site de nombreuses traces d'activités commerciales et artisanales : celliers où s'entassaient les *dolia* (jarres), atelier de fondeur, etc. Suit une longue période de transition (475 à 200 av. J.-C.) après un incendie et l'abandon du comptoir par les Étrusques, tandis que Marseille prend le relais.

Rempart hellénistique★ – Sans en faire une colonie, Marseille tient l'oppidum sous sa dépendance et, peu à peu, le commerce reprend : de la fin du 3e s. jusqu'au milieu du 1er s. av. J.-C., Saint-Blaise atteint son apogée. En grand appareil, élevé par des maîtres d'œuvre grecs entre 175 et 140 av. J.-C., il étend sur plus d'un kilomètre une succession de courtines en ligne brisée avec tours de bastions, trois poternes et une porte charretière. Cette enceinte admirable possédait un dispositif d'évacuation des eaux par chenaux. Le rempart à peine terminé, l'oppidum dut subir un siège violent (des dizaines de boulets l'attestent). Après cet événement, le déclin est rapide : une brève réoccupation au milieu du 1er s. av. J.-C. précède quatre siècles d'abandon.

Bourg paléochrétien et médiéval – Devant la montée de l'insécurité à la fin de l'Empire romain, le vieil oppidum est de nouveau habité. Les fortifications hellénistiques sont réutilisées. Deux églises sont construites : Saint-Vincent (dont on distingue l'abside près de l'ancienne porte principale) et Saint-Pierre. Une nécropole (les tombes sont creusées dans le roc) s'étend au sud. L'habitat de cette époque est malheureusement indiscernable au milieu des autres vestiges. En 874, Ugium (c'est le nom du bourg d'alors) est détruit par les Sarrasins. Il se relève lentement : l'église Saint-Pierre est reconstruite au 11e s. (substructions à côté de la chapelle Saint-Blaise). En 1231, à la pointe nord du plateau, un nouveau rempart vient clôturer Castelveyre (nouvelle appellation) et son église Notre-Dame-et-Saint-Blaise. Mais en 1390, les bandes de Raymond de Turenne mettent le bourg à sac : les survivants s'établissent alors à Saint-Mitre, abandonnant définitivement le site. Depuis la **pointe de l'Éperon**, se dégage une belle vue sur l'étang de Lavalduc et, au loin, le port de Fos.

Reprendre la D 51 sur la gauche, puis la D 52A vers Istres. Un dédale de ronds-points et de zones commerciales finissent par aboutir au vieil Istres.

Istres

Office de tourisme – *30 allée Jean-Jaurès - 13800 Istres - ✆ 04 42 81 76 00 - www.istres.fr - lun.-sam. : 9h-12h, 14h-18h, dim. et j. fériés 10h-13h (juin-août).*

Le spectaculaire développement de cette commune s'est fait au prix d'une forte urbanisation, qui ne laisse pas imaginer l'écrin caché en son sein : le **vieux village** d'Istres *(départ derrière l'office de tourisme)*. En effet, il a gardé son cachet provençal que vous apprécierez en déambulant à travers un maillage de ruelles étroites enroulées autour de l'église N.-D. de Beauvoir.

Au passage, vous pourrez visiter le petit **musée archéologique intercommunal**, présentant des collections provenant de la

LA MUTATION DE L'ÉTANG DE BERRE

Vaste plan d'eau et grande plaine déserte de la Crau, tel était le cadre idéal qui attira les aviateurs dans la région. Berre fut longtemps une importante **base d'hydravions**. Marignane accueille aujourd'hui l'aéroport international de Marseille-Provence, 2e de France en terme de trafic passager.
À l'issue de la guerre de 1914-1918, l'**accord de San Remo** attribuait à la France une bonne part de la production du pétrole brut d'Irak… et l'étang de Berre apparut comme le lieu idéal pour implanter des **raffineries**. C'est ainsi que, successivement, la Société française des pétroles BP (à Lavéra), Shell-Berre (à la pointe de Berre), la Compagnie française de raffinage (à La Mède) et Esso (à Fos) s'installèrent, entre 1922 et 1965, à proximité de l'étang. L'immense **port pétrolier de Lavéra** fut quant à lui réalisé au lendemain de la Seconde Guerre mondiale afin de remplacer les installations privées devenues obsolètes, tandis qu'en 1962 entrait en service à Fos le pipeline sud-européen qui alimente en pétrole brut une douzaine de raffineries européennes. Le choc pétrolier de 1973 entraîna cependant une sensible réduction des capacités des raffineries, obligées de s'adapter à la baisse de la consommation. Autour du pétrole proprement dit, l'industrie pétrochimique n'a cessé de se développer, achevant la transformation du paysage de la région.

région : paléontologie, zoologie, préhistoire, archéologie sous-marine (belle collection d'amphores). Une section est consacrée au complexe portuaire de Fos et à la vie industrielle de l'étang de Berre. *4 pl. José-Coto - ✆ 04 42 11 27 72 - 9h-12h, 14h-18h - fermé dim., 1er janv., 1er Mai, 25 déc. - gratuit.*
Au nord de la ville, un chemin revêtu mène à la pointe d'une avancée rocheuse qui domine l'étang. C'était le siège d'un **oppidum**, dit « du Castellan ».
Prendre la D 16, direction Miramas, qui longe l'étang de Berre.
Légèrement en corniche au-dessus de l'étang de Berre, cette très jolie route rappelle étonnamment la Côte d'Azur. Soyez d'une grande prudence en conduisant : il n'y a pas de belvédères aménagés pour admirer le paysage.
La D 16 aboutit à la D 10, qu'il faut prendre à droite en direction de Miramas-le-Vieux. À droite, la D 10B grimpe ensuite vers le village. Parking (gratuit) au sommet.

★ Miramas-le-Vieux

Voilà un incontournable de l'étang de Berre! Bâti sur une table rocheuse, il a conservé son enceinte et les ruines d'un château du 13e s. Dotée d'une très belle unité architecturale, cette micro-cité est aussi un magnifique belvédère au-dessus de la partie la plus sauvage de l'étang. Aux beaux jours, le village est envahi par les habitants de la région, qui viennent s'y restaurer ou déguster une glace à l'une des terrasses.
Revenir sur la D 10 pour prendre en face la D 16, puis la D 70D. À Pont-de-Rhaud, tourner à droite dans la D 70A qui s'élève en surplomb de la vallée de la Touloubre.

Cornillon-Confoux

De l'église au clocher à peigne de style roman, éclairée par des vitraux modernes de Frédérique Duran, part une promenade qui contourne le bourg. Du haut de ce petit village perché, belles **vues★** sur l'étang et les hauteurs de Saint-Mitre, Saint-Chamas, le pays salonnais et, au loin, le Luberon et le Ventoux.
Par la D 70 puis, à droite, une route touristique, gagner Saint-Chamas.

Saint-Chamas

Si à Miramas-le-Vieux et Cornillon-Confoux, vous tutoyiez « les cimes », ici, vous êtes les pieds dans l'eau. Pour rejoindre le port, il vous faudra passer sous un petit aqueduc et traverser ce charmant village. Saint-Chamas est le dernier port de pêche (hormis Martigues) de l'étang de Berre. Quelques barques témoignent d'une activité jadis florissante, aujourd'hui limitée à deux ou trois familles, occupées à remonter muges et anguilles. Ensuite, levez les yeux vers la falaise pour observer d'exceptionnelles maisons troglodytiques *(privées)*.

À la sortie du village se trouve le **pont Flavien** (1er s.) qui franchit la Touloubre d'une seule arche *(espace de stationnement aménagé)*.

Revenir vers la D 10 qui longe l'étang pour rentrer à Martigues.

NOS ADRESSES À MARTIGUES

HÉBERGEMENT

BUDGET MOYEN

Hôtel Le Cigalon – *37 bd du 14-Juillet - ✆ 04 42 80 49 16 - www.lecigalon.fr* - P - *21 ch. 55/75 € -* ☕ *7 €.* L'œil est attiré par la façade colorée de cet hôtel familial sis à quelques minutes du centre de la Venise provençale. Les chambres sont simples, mais bien tenues et climatisées.

Aux alentours de Martigues

Hôtel Le Castellan – *Pl. Ste-Catherine - 13800 Istres - ✆ 04 42 55 13 09 - www.hotel-lecastellan.com* - P - *17 ch. 58/62 € -* ☕ *6,50 €.* Établissement moderne à deux pas de l'étang de l'Olivier. Cadre impersonnel compensé par de vastes chambres personnalisées et un accueil irréprochable.

POUR SE FAIRE PLAISIR

Clair Hôtel – *57 bd Marcel-Cachin - ✆ 04 42 13 52 52 - www.clair-hotel.fr* - P - *32 ch. 65/80 € -* ☕ *8 €.* L'établissement a bénéficié d'une cure de jouvence ! Si les meubles chinés et les fauteuils en cuir ont gardé leur place dans la décoration cossue, la modernité des équipements (Jacuzzi, climatisation, Internet) inviterait presque à prolonger son séjour. C'est clair !

Hôtel St-Roch – *Av. Georges-Braque - A 55, sortie Martigues-Ferrières - ✆ 04 42 42 36 36 - www.hotelsaintroch.com* - P - *63 ch. 116 €* ☕ *- rest. 21 €.* Sur les hauteurs de la ville, à l'ombre d'une pinède, un bâtiment moderne abritant des chambres vastes et bien équipées entièrement rénovées. Piscine et solarium.

Aux alentours de Martigues

Hôtel Ariane – *12 av. de Flore - 13800 Istres - ✆ 04 42 11 13 13 - www.arianehotel.com -* 🏊 *- 73 ch. 78/98 € -* ☕ *10,50 €.* Chambres modernes et confortables dans ce grand trois-étoiles de bon niveau, avec piscine et jardin. Bon accueil.

Chambre d'hôte Embarben – *Rte de Grans - 13250 St-Chamas - ✆ 06 84 95 57 16 - www.embarben.fr -* 🏊 *- 6 ch. 80/100 €* ☕. Dans un parc bucolique (pré à moutons, bassin), une maison de maître aux chambres de caractère, délicieusement rétro. Jardin potager et fruitier, piscine. Pour un séjour au vert !

Chambre d'hôte La Magnanerie – *Imp. de la Glacière - 13450 Grans - 6 km au nord de Miramas-le-Vieux - ✆ 04 90 55 98 96 - www.lamagnanerie-grans.com - fermé nov.-mars -* 💳̸ *- 3 ch. 100/130 €* ☕ *- repas 25/40 €.* En plein centre du bourg, cette imposante bastide du 18e s. abrite un vaste salon et 3 chambres personnalisées. Boiseries patinées, meubles ou objets chinés à travers le monde et design cohabitent harmonieusement et confèrent aux lieux une atmosphère unique qui rendra votre séjour inoubliable.

RESTAURATION

PREMIER PRIX

Aux alentours de Martigues

Pincée de Sel – *29 cours J.-Jaurès - 13800 Istres - ✆ 04 42 55 03 16 - fermé sam. midi et dim. - 10/29 €.* Dans un cadre design, un restaurant agréable où déguster une cuisine contemporaine à tarifs modérés.

BUDGET MOYEN

Les Ombrelles – *Plage de Ste-Croix - La Couronne - ✆ 04 42 80 77 61 - de fin mars à mi-nov. 9h-22h15 - 7 € la coupe, menu 20/35 €.* Depuis la terrasse surplombant la plage de Sainte-Croix, belle vue sur l'anse de la Beaumaderie, fermée à gauche par la chapelle de Sainte-Croix, à droite par le phare de la Couronne. Cuisine de brasserie. En journée, les baigneurs viennent surtout explorer la carte des glaces.

La Petite Venise – *Pl. de la Libération - ✆ 04 42 80 63 74 - ouvert du jeu. soir au dim. soir - 13,50/29,50 €.* En surplomb du « miroir aux oiseaux », un restaurant traditionnel où le poisson est à la fête.

Aux alentours de Martigues

La Bergerie – *Le Guéby Sud - rte de Marseille - 13250 St-Chamas - ✆ 04 90 50 82 29 ou 06 60 50 82 29 - www.restaurant-la-bergerie.fr - 24/34 €.* Le chef de ce restaurant, aménagé dans une belle bâtisse en pierre, réalise une appétissante cuisine provençale. Agréable salle à manger rustique et terrasse intimiste.

Le Planet – *Pl. J.-Jaurès - 13550 Grans - ✆ 04 90 55 83 66 - fermé 20 sept.-6 oct., vac. de la Toussaint, de fév., dim. soir de nov. à fév., lun. et mardi - 18/40 €.* Cet ancien moulin à huile abrite un petit restaurant voûté aux murs crépis. Agréable terrasse à l'ombre des platanes, accueil sympathique et cuisine du terroir.

POUR SE FAIRE PLAISIR

Le Bouchon à la Mer – *19 quai Lucien-Toulmond - ✆ 04 42 49 41 41 - fermé vac. de Pâques, de Toussaint, de fév., mar.midi, dim. soir et lun. - 44/50 €.* À deux pas du « miroir aux oiseaux » chéri des peintres, une cuisine classique dans une jolie salle à manger aux tons crème et chocolat. Terrasse au bord du canal.

Le Garage – *20 av. Frédéric-Mistral - ✆ 04 42 44 09 51 - www.restaurantmartigues.com - fermé 1er-15 janv., 10-25 août, sam. midi, dim. soir et lun. - 26/34 €.* Ce bistrot du centre-ville, tenu par un jeune chef passionné, colle à l'air du temps, tant par son décor (murs gris taupe, tables en wengé, cuisine ouverte) que par sa carte.

Aux alentours de Martigues

Le Rabelais – *8 r. A.-Fabre - 13250 St-Chamas - ✆ 04 90 50 84 40 - www.restaurant-le-rabelais.com - fermé dim. soir, merc. soir et lun. - 26/60 €.* Près de l'ancienne fabrique de poudre, restaurant installé dans la jolie salle voûtée du 17e s. d'un moulin à blé. Agréable terrasse fleurie. Cuisine inventive.

La Table de Sébastien – *7 av. Hélène-Boucher - 13800 Istres - ✆ 04 42 55 16 01 - www.latabledesebastien.fr - fermé 1 sem. avr., 2 sem. fin août-déb. sept., vac. de Noël, dim. soir et lun. - 28/103 €.*

Le jeune chef propose une séduisante cuisine inventive et un beau choix de vins régionaux, à savourer dans la salle à manger rénovée ou sur la cour-terrasse ombragée.

PETITE PAUSE

Aux alentours de Martigues

Le Quillé – *Pl. du Château - 13140 Miramas-le-Vieux - ✆ 04 90 50 18 18 - 15 juin-31 août : tlj - avr. et sept. : tlj sf lun. - mars et 1er oct.-15 nov. : ouvert le w.-end.* Voilà plus de vingt ans que ce glacier fait figure d'institution, 80 coupes et 53 parfums au choix, dans un cadre exceptionnel, face au château. Seul bémol : les files d'attente, l'été !

ACTIVITÉ

Aux alentours de Martigues

Miniport de l'Olivier – *Sur l'étang de l'Olivier - 13800 Istres - ✆ 04 42 55 50 93 ou 04 42 81 76 00 - lun.-vend. 14h-19h, w.-end 10h-12h, 14h-19h suivant les conditions météorologiques - fermé oct.-mai - 6-11 €/h.* Possibilité de balades en bateau électrique sur ce plan d'eau de 200 ha, à la découverte des oiseaux et des roselières. Location à l'heure ou à la demi-heure.

AGENDA

Joutes provençales – Juin-août, merc. et vend. de 17h à 21h. Entraînement de l'équipe locale de joutes sur le canal Galliffet.

Sardinades – Juillet-août (interruption pendant le festival de Martigues), quartier de l'Île, à côté du conservatoire. Dégustation de sardines au bord des canaux.

Festival de Martigues, Danses Musiques et Voix du monde – *www.festivaldemartigues.com.* Dernière semaine de juillet. Théâtre, danse, musique et chants des cinq continents sont au programme de ce festival, qui se déroule sur une scène flottante posée sur le canal Saint-Sébastien. Il s'accompagne d'animations de rue et de bals.

Aubagne

44682 Aubagnais – Bouches-du-Rhône (13)

NOS ADRESSES PAGE 155

S'INFORMER

Office de tourisme intercommunal du Pays d'Aubagne – *8 cours Barthélémy - 13400 Aubagne - ✆ 04 42 03 49 98 - www.oti-paysdaubagne.com - juil.-août : 9h-19h ; avr.-juin et sept.-oct. : tlj sf dim. 9h-12h, 14h-18h ; reste de l'année : tlj sf dim. 9h-12h, 14h-18h, sam. 9h-12h30 - fermé 1er janv., dim. et lun. de Pâques, 1er et 8 Mai, jeu. de l'Ascension, dim. et lun. de Pentecôte, 14 Juil., 1er et 11 Nov., 25 déc.* Il propose toute l'année des circuits accompagnés autour de Pagnol *(voir « Nos adresses »).*

Visite guidée – *Sur réserv. à l'office de tourisme - 1er sam. du mois (sf juil.-août) 15h - 3 € (-6 ans gratuit).* Découverte (2h) du centre historique.

SE REPÉRER

Carte de microrégion B2 *(p. 80) – carte Michelin Départements 340 I6.*
On accède à Aubagne par l'autoroute Marseille-Toulon (A 50). La ville, dominée par le massif du Garlaban, est une banlieue très fréquentée de Marseille.

SE GARER

Sur les grands cours ombragés du centre, les places sont rares. À défaut, parking public payant : accès à environ 300 m de la mairie.

ORGANISER SON TEMPS

Comptez 1/2 journée sur le thème de Pagnol (une journée si vous décidez de randonner autour du Garlaban) ; 1 ou 2h supplémentaires vous permettront de faire vos achats chez les santonniers et potiers qui ont façonné la réputation d'Aubagne.

AVEC LES ENFANTS

Le Petit Monde de Marcel Pagnol ; la visite guidée « Dans les pas de Marcel Pagnol » *(voir « Nos adresses »)* ; le musée d'Art sacré à Allauch.

L'ENFANT DU PAYS

Le plus connu est bien sûr… **Marcel Pagnol** (1895-1974 – sa maison natale se trouve 16 cours Barthélémy), écrivain, dramaturge et cinéaste. Sa renommée n'a fait que s'amplifier avec la réalisation des films que Claude Berri (*Jean de Florette* et *Manon des Sources*, 1986) et Yves Robert (*La Gloire de mon père*, *Le Château de ma mère*, 1990) ont tirés de son œuvre. Comment oublier Yves Montand dans le rôle du « Papet » ? Créateur de personnages inoubliables, de scènes mémorables, de reparties inénarrables, Marcel Pagnol a su jouer de plusieurs registres : le comique, la critique sociale mordante *(Topaze)* ou l'émotion *(Merlusse)*. Mais ce sont ses trois volumes autobiographiques *(La Gloire de mon père, Le Château de ma mère* et *Le Temps des secrets)* qui resteront l'œuvre maîtresse de cet écrivain, très lié à la terre qui l'a vu naître.

Chaque année, de juillet à septembre, une foire aux santons met à l'honneur la créativité des artisans aubagnais. La ville doit à ses carrières d'argile une longue tradition potière. Les techniques ont évolué, les sujets aussi car l'activité s'est étendue à tous les secteurs de la céramique décorative. Vous trouverez bien sûr les traditionnels personnages de crèche, l'inévitable cigale, mais aussi les principaux personnages de Pagnol, l'enfant du pays. Malgré l'urbanisation galopante, son souvenir plane toujours ici et vous n'aurez que l'embarras du choix pour suivre les traces de ce truculent écrivain, dans le centre mais aussi, et surtout, dans le massif du Garlaban.

Se promener

CIRCUIT DES SANTONNIERS ET DES CÉRAMISTES

Ici, l'argile est reine : à l'époque gallo-romaine, on y fabriquait amphores et céramiques ; au Moyen Âge, Aubagne était un grand centre de production de tuiles ; enfin, au 19e s., l'apparition des crèches domestiques a permis l'essor des santonniers qui perpétuent cet art dans une vingtaine d'ateliers.
Vous pourrez les découvrir dans le petit centre historique qui occupe l'ancienne cité fortifiée, dont seule subsiste la **porte Gachiou** (14e s.). De boutiques en ateliers, vous apercevrez au passage le curieux clocher triangulaire de la **chapelle de l'Observance** (fin 17e s.), le campanile en fer forgé qui coiffe la **tour de l'Horloge** ou la façade baroque de la chapelle des Pénitents noirs *(chemin de Saint-Michel)*.

Maison natale de Marcel Pagnol

16 cours Barthélémy - rens. à l'office du tourisme - ♿ - juil.-août : 9h-18h ; avr.-juin : 9h-12h30, 14h30-18h ; reste de l'année : tlj sf lun. 10h-12h, 16h-17h30 (18h 1er janv. et 25 déc.) - fermé 1er Mai - 3 € (-12 ans 1,50 €).
Dans cette belle demeure bourgeoise de trois étages, aux balcons de fer forgé, a été reconstitué l'appartement de l'instituteur (père de l'auteur).
Un espace muséographique présente l'enfance de Pagnol, photographies, lettres et objets à l'appui.

Le Petit Monde de Marcel Pagnol

Espl. Charles-de-Gaulle - ☎ 04 42 18 19 19 (mairie) - 9h-12h30, 14h30-18h - fermé de fin nov. à fin janv., 1er Mai - gratuit.
On y retrouve les personnages les plus connus de l'œuvre pagnolesque sous forme de santons.

Ateliers Thérèse Neveu

☎ 04 42 03 43 10 - tlj sf lun. 10h-12h, 14h-18h - fermé 1er janv., 25 déc. - gratuit.
Installées dans les ateliers de cette ancienne santonnière, une exposition

UNE CIGALE À SUCCÈS

Qu'on les aime ou non, elles sont partout, les cigales en céramique que l'on trouve sur les façades des maisons, ou en applique dans les couloirs… et, sous forme de copies plus ou moins réussies, dans la plupart des magasins de souvenirs. C'est un céramiste d'Aubagne, **Louis Sicard**, qui conçut cet objet décoratif en 1895 *(voir « Nos adresses »)*.

permanente consacrée à l'histoire de la céramique à Aubagne et des expositions temporaires de poterie et de santons.

À proximité Carte de microrégion

Musée de la Légion étrangère B2

Accès par la D 2 (direction de Marseille), puis la D 44^{E} (route de la Thuilière) à droite. 04 42 18 12 41 - www.legion-etrangere.fr - 10h-12h, 15h-18h - gratuit.
Incontournable pour les admirateurs de ce corps d'élite : souvenirs des chefs qui ont marqué l'histoire de la Légion, crypte renfermant la liste des légionnaires morts au combat et musée où documents, uniformes, armes et photographies retracent les grandes heures du légendaire régiment.
Une annexe du musée se trouve au domaine Capitaine Danjou (voir La Sainte-Victoire).

Chapelle Saint-Jean-de-Garguier B2

5,5 km au nord-est par la D 2 en direction de Gémenos, la D 396 à gauche, puis la D 43^{D} à droite.
Vouée à saint Jean-Baptiste, cette chapelle du 17e s., lieu d'un pèlerinage le 24 juin, émeut par ses ex-voto peints sur bois, sur toile ou sur zinc. Il y en a plus de 300, datant pour la plupart des 18e et 19e s., naïves et touchantes expressions de la piété populaire.

LE MASSIF DU GARLABAN B1-2

Étincelant sous le soleil, l'immense désert rocailleux est une oasis pour les randonneurs, qui viennent s'y ressourcer sur les traces de Marcel Pagnol. Après avoir passé ses étés d'enfance dans la bastide familiale, sous les sommets du Taoumé et du Garlaban, l'écrivain-cinéaste y planta le décor de nombreux films et romans, dont le célèbre *Manon des Sources*. L'artiste fait aujourd'hui encore tellement partie du paysage que vous entendrez souvent parler des « collines de Marcel Pagnol ».
Posé à 15 km à l'est de Marseille, le massif s'étend sur 8 000 ha, répartis sur **quatre communes** : Allauch, Aubagne, Marseille et Roquevaire *(voir p. 164)*.
Comptez environ 3h pour explorer les hameaux et les petites villes du massif, beaucoup plus si vous pensez faire de la randonnée, sur les traces de Pagnol bien entendu !

Attention, comme pour tous les espaces naturels sensibles des Bouches-du-Rhône, l'accès au massif est strictement réglementé du 1er juillet au 2e samedi de septembre. Ouverts au public de 6h à 11h du matin, les espaces ferment en cas de risque d'incendie. Renseignez-vous avant le départ *(0 811 20 13 13)*. Le reste de l'année, la même précaution vaut pour les jours de vent violent.

La Treille B2

8 km au nord-ouest. Quitter Aubagne par la D 4 en direction de Camoins. Traverser le village, puis prendre à droite jusqu'à la Treille. Attention : se garer dans les étroites ruelles relève de l'utopie le week-end. Laisser la voiture à l'entrée du village et poursuivre à pied jusqu'au chemin des Bellons (fléché). Une fois dans les ruelles de cet adorable hameau, difficile de croire que l'on est dans le 11e arrondissement marseillais ! C'est pourtant bien vrai. Enfant, Marcel Pagnol venait avec son frère Paul et ses parents passer ses étés à la Bastide-Neuve, des vacances enchantées qu'il raconte dans sa trilogie de souvenirs d'enfance. La maison existe toujours *(privée, plaque sur le mur d'entrée)*, au bout du chemin des Bellons.

Le chemin grimpe ensuite vers les collines, où des sentiers balisés emmènent les randonneurs vers le pic du Taoumé, la grotte du Grosibou ou le sommet du Garlaban, chers à Pagnol. Après avoir rêvé de bartavelles sur les sentiers rocailleux, vous pourrez aller sur la tombe de l'écrivain, au **cimetière**, à l'entrée du hameau.

★ Allauch B2

16 km au nord-ouest. Quitter Aubagne par la D 2 en direction de Marseille, puis, au niveau de la Valentine, tourner à droite dans la D 4A.

Maison du tourisme – *Espl. Frédéric-Mistral - 13190 Allauch - 04 91 10 49 20 - http://tourisme.allauch.com - juin-sept. : 9h-12h30, 14h-18h ; reste de l'année : 9h-12h, 13h30-18h - fermé 1er-2 janv., 25-26 déc.*

Entouré par la chaîne de l'Étoile et le **massif du Garlaban** *(voir Aubagne)*, Allauch (prononcez « Allau ») se situe dans la grande banlieue de Marseille. Malgré cette proximité, le vieil Allauch dégage tout le charme d'un authentique village provençal, étageant ses maisons pastel, ses moulins et sa crèche sur les contreforts calcaires. Depuis la **place des Moulins** (cinq moulins à vent s'y dressent), belle **vue★** sur la ville de Marseille.

Musée d'Allauch – *Pl. du Dr-Chevillon - 04 91 10 49 00 - http://musee.allauch.com - ♿ - 9h-12h, 14h-18h - possibilité de visite guidée (45mn) sur demande préalable (7 j. av.) - fermé lun., 1er-2 janv., lun. de Pâques, 1er et 8 Mai, jeu. de l'Ascension, lun. de Pentecôte, 14 Juil., 15 août, 1er et 11 Nov., 24-25 déc. - 3 € (-18 ans gratuit).* Installé dans l'ancien hôtel de ville, il est dévolu à l'art sacré. Dirigé par une équipe dynamique, le lieu bénéficie d'une muséographie moderne et adaptée au jeune public, qui le rend particulièrement intéressant. Vous ne vous ennuierez pas en découvrant les fondements de la culture chrétienne occidentale à travers trois espaces (religions, sanctuaires, sacrements). Pièce maîtresse du musée : une Vierge romane en bois du 14e s. Une salle est consacrée à l'histoire d'Allauch.

SE DÉGOURDIR LES JAMBES

30mn à pieds suffisent pour atteindre la **chapelle Notre-Dame-du-Château** qui offre un panorama sur Marseille et les massifs environnants. Plusieurs sentiers de randonnée partent vers les collines chères à Pagnol *(circuits à l'office de tourisme)*.

NOS ADRESSES À AUBAGNE

TRANSPORT

Le **TER** relie Marseille à Aubagne en 15mn. De fréquentes navettes de bus **Cartreize** également *www.lepilote.com*

VISITES

Dans les pas de Pagnol

L'office de tourisme a mis en place plusieurs circuits permettant de retrouver les paysages des œuvres de Pagnol.

Circuit Marcel Pagnol – *Dernier dim. de chaque mois (sf juil.-août) - dép. 9h de la maison natale de Marcel Pagnol - 20 € (-12 ans 13 €).* Randonnée pédestre commentée (1 j.) de 9 km. Prévoir un pique-nique. Un autre circuit, beaucoup plus long (20 à 30 km), est organisé le dimanche qui précède ou suit le jour anniversaire de la mort de Pagnol (18 avr.), une sortie annuelle que ne manquent pas les fans de l'écrivain.

Voyage avec mon âne au pays de Pagnol – *Tte l'année (sf juil.-août) - dép. 9h (retour vers 17h) du lieu-dit Puits de Raimu, à Aubagne - tarif suivant nombre de pers. (mini 5 pers.) - rens. au 04 42 03 49 98.* Randonnée commentée (1 j.) de 9 km dans les pas de Pagnol, avec un âne portant les bagages. Prévoir un pique-nique.

Circuit Pagnol spécial été – *Juil.-mi-sept. : merc. et sam. - dép. 15h du Petit Monde de Marcel Pagnol - 15 € (5-12 ans 11 €).* Circuit commenté (3h30) en bus climatisé.

Une journée d'été au pays de Pagnol – *Juil.-mi-sept. : vend. - dép. 8h du Petit Monde de Marcel Pagnol - 16 € (5-12 ans 12 €).* Circuit pédestre de 7 km (4h30), puis passage en bus devant le « Château de ma mère » et visite de la maison natale à Aubagne.

Randonnées libres – Les offices du tourisme d'Aubagne et d'Allauch, ainsi que le comité du tourisme des Bouches-du-Rhône proposent la brochure *Dix Balades dans les collines de Pagnol* (2 €), un précieux outil avec ses cartes et ses parcours très précis.

HÉBERGEMENT

BUDGET MOYEN

Chambre d'hôte Le Mas des Pins – *Chemin des Arnauds - 04 42 84 94 43 - http://lespinsmartine.free.fr - fermé janv. - - 3 ch. et 2 suites 65 € .* Dans la campagne aubagnaise, au pied du Garlaban, trois chambres et deux suites dans une véritable maison provençale entourée d'un grand jardin. Piscine.

Aux alentours d'Aubagne

Hôtel L'Eau des Collines – *45 rte de La Treille - Camoins-les-Bains - 13011 Marseille - 04 91 43 06 00 - www.eau-des-collines.com - 14 ch. 55 € - 6 € - rest. 10/22 €.* Sur la route de La Treille, cet établissement familial bénéficie du calme de la campagne environnante. L'atmosphère reste un brin surannée, mais la réception vient de faire l'objet d'une rénovation. Chambres simples. Accueil courtois. Wifi.

Hôtel Les Cigales – *Rte Enco-de-Botte - 13190 Allauch - 04 91 68 17 07 - www.hotel-lescigales.fr - P - réserv. conseillée - 6 ch. + 1 suite 75/105 € - 7 € - rest. 20 €.* Entre Marseille et Allauch, chambres tranquilles, dans un cadre familial. Jardin avec piscine. Établissement récent.

POUR SE FAIRE PLAISIR

Aux alentours d'Aubagne

Hostellerie de la Source – *St-Pierre-les-Aubagne - 5 km au nord d'Aubagne par la D 96 ou*

D 43 - ✆ 04 42 04 09 19 - www. hdelasource.com - - 26 ch. 90/176 € - 12 €. Dans un parc arboré d'où jaillit la source de l'hôtel, demeure du 17e s. complétée d'une annexe récente. Chambres climatisées bien tenues et belle piscine coiffée d'une verrière. Wifi.

RESTAURATION

PREMIER PRIX

Café des Arts – *10 r. du Jeune-Anacharsis - ✆ 04 42 03 12 36 - 6h-0h - 8/23 €.* Une des plus sympathiques « brasseries » qui bordent le cours du Mar.-Foch. Ambiance jeune, très animée à l'heure du déjeuner. Grande terrasse sur la place et belle salle intérieure. Plats du jour, visiblement appréciés par la clientèle locale. Les dimanche et jours fériés à midi, on y sert les plats du restaurant L'Art des Pâtes, appartenant à la même « maison ».

Aux alentours d'Aubagne

Le Salon Provençal – *Pl. Benjamin-Chappe - 13190 Allauch - ✆ 04 91 68 39 92 - été : 9h-18h30, w.-end 9h-21h30, fermé lun. - reste de l'année : 9h-18h30, fermé lun. - 8,60/15 €.* Sur une adorable petite place du vieil Allauch, une sympathique crêperie aux prix doux, faisant aussi salon de thé et glacier. Une terrasse et trois petites salles, pour manger au calme. Borne Wifi à disposition.

BUDGET MOYEN

Les Arômes – *8 r. Moussard - ✆ 04 42 03 72 93 - fermé mar. soir, merc. soir, sam. midi, dim. et lun. - 22/30 €.* Vous êtes reçus comme à la maison dans ce restaurant familial soigneusement décoré par la maîtresse des lieux. Recettes traditionnelles revisitées, courte carte de saison.

Aux alentours d'Aubagne

Ferme-auberge Le Vieux Pressoir – *St-Pierre-les-Aubagne - 5 km au nord d'Aubagne par la D 96 ou D 43 - ✆ 04 42 04 04 30 - ouv. dim. midi sur réserv. - - 20/23 €.* Sur la D 43C, au niveau de l'entrée d'autoroute. Quasiment la dernière ferme-auberge officielle du département ! Dans une ancienne cave à vins, une cuisine provençale authentique, directement issue des produits de la ferme. Bon accueil.

POUR SE FAIRE PLAISIR

La Ferme – *La Font de Mai - chemin Ruissatel - 4 km au nord d'Aubagne par la D 44 - 13400 Aubagne - ✆ 04 42 03 29 67 - www. aubergelaferme.com - fermé août, vac. de fév., sam. midi, lundi et le soir sf vend. et sam. - 50 €.* Maison de pays postée face au mont Garlaban, cher à Marcel Pagnol. On y sert une copieuse cuisine de marché, à l'ombre du chêne vert ou entre les murs ornés d'assiettes.

Aux alentours d'Aubagne

Le Relais de Passe-Temps – *Vallon de Passe-Temps - 13190 Allauch - 5 km d'Allauch dans les collines, village de La Treille - ✆ 04 91 43 07 78 - www. lepassetemps.com - fermé dim. soir, lun. et mar. - 26/39 €.* Aux Bellons, dans le prolongement du village de La Treille, une adresse rare. Cuisine extrêmement soignée, servie avec un tact remarquable. Superbe terrasse ombragée, piscine et terrain de boules, dans un vallon perdu au pied du Garlaban. Notre coup de cœur !

ACHATS

Marché – Marché traditionnel mardi, jeudi et week-end, le matin, sur le cours Voltaire.

Brocante le dernier dimanche du mois (8h-18h), au marché de gros de la Tourtelle.

Céramique

Atelier d'art Maison Sicard – *2 bd Émile-Combes - ✆ 04 42 70 12 92 - www.maison-sicard.com - 9h-12h, 14h-18h30 (sam. 15h-18h) - fermé dim., 1 sem. en août, 1 sem. à Noël et j. fériés.* Un des plus emblématiques représentants de la tradition santonnière et céramiste d'Aubagne.

Poterie Ravel – *Av. des Goums - centre-ville - ✆ 04 42 82 42 00 - www.poterie-ravel.com - 2 mai-août : 10h-13h, 14h-19h, fermé dim. (sf mai) ; reste de l'année : 9h-12h15, 14h-18h, fermé dim.* Une célèbre famille de potiers aubagnais, depuis 1837. Poteries de jardin et vaisselle. Visite guidée de la manufacture tous les jeudis à 10h30.

Santons de Provence Gilbert Orsini – *Pl. de la Mairie - 13190 Allauch - ✆ 04 91 07 46 11 - www.santonsdeprovence.allauch.com - 9h-12h, 15h-19h.* Tous les personnages de la tradition santonnière sont ici représentés. C'est lui qui crée tous les ans à Noël la crèche de 500 santons exposée au Vieux Bassin.

Gourmandises

Au Moulin Bleu – *7 cours du 11-Novembre - 13190 Allauch - ✆ 04 91 68 19 06 - www.au-moulin-bleu.com - tlj sf lun. mat. 8h30-12h30, 14h30-19h (été : 15h-19h30).* Voici l'unique et dernier fabriquant des fameux suce-miel qui enchantaient les enfants autrefois. Outre cette spécialité, vous trouverez également d'autres gourmandises locales : nougats, croquants, casse-dents, etc. Salon de thé au fond de l'immense espace de vente. Le week-end, le personnel est habillé en costume provençal.

Liqueurs

Distillerie Janot – *304 r. du Dirigeable - Les Paluds - ✆ 04 42 82 29 57 - www.janot-distillerie.com - 9h-12h, 14h-17h - fermé week-end et j. fériés.* Un incontournable de la tradition provençale, depuis 1928. La boutique vous donnera la possibilité d'acheter toute la gamme des spiritueux maison : le fameux pastis Janot, le marc du Garlaban, la liqueur de la Sainte-Baume… Visite de l'usine gratuite sur rendez-vous.

AGENDA

Foire aux santons et à la céramique – En juillet-août et en décembre, sur le cours Foch.

Argilla – *www.argilla.fr.* Fête de la céramique, mi-août, années impaires ; 185 exposants, 80 000 visiteurs : incontournable !

Biennale de l'art santonnier – Le 1er week-end de décembre, les années paires, sur le cours du Mar.-Foch, réunissant une cinquantaine d'artisans venus de tout le sud de la France.

Massif de la Sainte-Baume

★★

Bouches-du-Rhône (13) – Var (83)

NOS ADRESSES PAGE 164

SE REPÉRER

Carte de microrégion BC1-2 *(p. 80) – carte Michelin Départements 340 J6.* Le massif, le plus étendu et le plus élevé des chaînons provençaux, atteint 1 147 m au Signal de la Sainte-Baume. Le versant sud, aride et dénudé, monte en pente douce du bassin de Cuges à la ligne de crête, longue de 12 km, dont l'un des points culminants, le Saint-Pilon (alt. 994 m), offre un splendide panorama. Une falaise verticale, haute de 300 m environ, donne sa physionomie si particulière au versant nord qui abrite la grotte ; en contrebas s'étale la forêt domaniale, près du plateau du Plan-d'Aups évoquant les Causses.

À NE PAS MANQUER

La randonnée au col du Saint-Pilon et sa récompense : un panorama époustouflant ; la visite de Saint-Maximin-la-Sainte Baume.

ORGANISER SON TEMPS

Comptez environ une demi-journée pour suivre notre circuit, ascension du Saint-Pilon non comprise. Au printemps, le parc de Saint-Pons est illuminé par la magnifique floraison des arbres de Judée.

Si l'on est pas tout à fait au paradis, on a vraiment l'impression de s'en approcher en gravissant le Saint-Pilon. C'est sans doute la beauté et la configuration exceptionnelles du massif qui en ont fait un lieu sacré depuis l'Antiquité. Mais c'est à sainte Madeleine, la célèbre pécheresse repentie, que l'on doit ce nom qui signifie « grotte sainte ». Pour mieux comprendre, pourquoi ne pas suivre les nombreux pèlerins et randonneurs qui montent vers la grotte sanctuaire ? Une chapelle y a été aménagée, avec de nombreuses représentations de la sainte, et le petit effort est récompensé sur la terrasse par la très belle vue qui invite à prolonger la découverte de cette montagne mythique. Les amoureux de la nature seront à coup sûr comblés par la diversité des reliefs abrupts, les multiples promenades et l'écosystème original, remarquable pour les essences nordiques qui peuplent la forêt et lui donnent un caractère unique en Provence.

Itinéraire conseillé

107 km, au départ de Gémenos – environ 1h40 de route, sans les arrêts. Prendre la D 2 en direction de Plan-d'Aups-Ste-Baume.

Gémenos

À l'entrée du verdoyant vallon de Saint-Pons, dans la vallée de l'Huveaune, ce beau village sillonné par des ruelles parfois raides, et qui a conservé un **château** de la fin du 17e s., mérite que l'on s'y attarde le temps d'une flânerie.

MASSIF DE LA SAINTE-BAUME

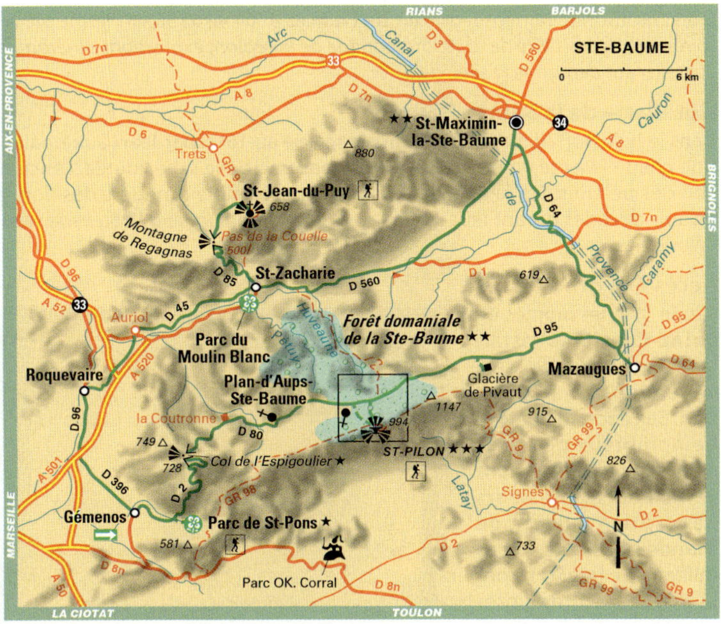

★ Parc de Saint-Pons

Laisser sa voiture au parc de stationnement (payant, 2 €) et emprunter le sentier qui borde le ruisseau.

Un vieux moulin abandonné, près d'une cascade formée par les eaux de la source vauclusienne de Saint-Pons, une abbaye cistercienne fondée au 13e s. et la chapelle Saint-Martin au portail roman se nichent dans ce havre de fraîcheur qu'ombrage une abondante végétation (hêtres, frênes, érables et autres essences rares en Provence). Venez de préférence au printemps, lorsque, illuminé par la floraison des arbres de Judée, le parc de Saint-Pons brille de tout son éclat.

Poursuivre vers l'est sur la D 2.

La montée en lacets s'effectue ensuite sur le versant sud du massif, creusé d'un profond amphithéâtre. Au **col de l'Espigoulier★** (alt. 728 m), la vue s'étend sur le massif de la Sainte-Baume, la plaine d'Aubagne, la chaîne de Saint-Cyr et Marseille.

La route descend sur le versant nord, offrant des vues sur la chaîne de l'Étoile et la montagne Sainte-Victoire, séparées par le bassin de Fuveau.

À la Coutronne, prendre à droite la D 80.

Plan-d'Aups

Cette petite station climatique, qui possède une église romane, abrite le centre d'accueil de l'**écomusée de la Sainte-Baume** *(à Nazareth, sur la gauche de la route après le carrefour avec la D 480 descendant sur Saint-Zacharie, la maison de l'écomusée est située face à la grotte de la Sainte-Baume).* Regroupant 22 communes, il s'attache à préserver l'écosystème du massif et à en étudier la géologie, mais également à perpétuer la mémoire des activités humaines conduites depuis la préhistoire, en ce lieu où les compagnons finissaient jadis traditionnellement leur tour de France. ✆ *04 42 62 56 46 - fermé provisoirement - possibilité de visite thématique de la région, expositions itinérantes et atelier sur demande (1 sem. av.).*

Hôtellerie de la Sainte-Baume

Dans le hall, portail d'entrée à la grotte réalisé au 16e s. par Jean Guiramand. Une chapelle a été aménagée en 1972 dans une belle salle voûtée, l'ancien abri des pèlerins. Sur la gauche de l'hôtellerie, humble cimetière des dominicains décédés durant leur séjour au couvent *(pour loger à l'hôtellerie : voir « Nos adresses »).*

Accès à la grotte

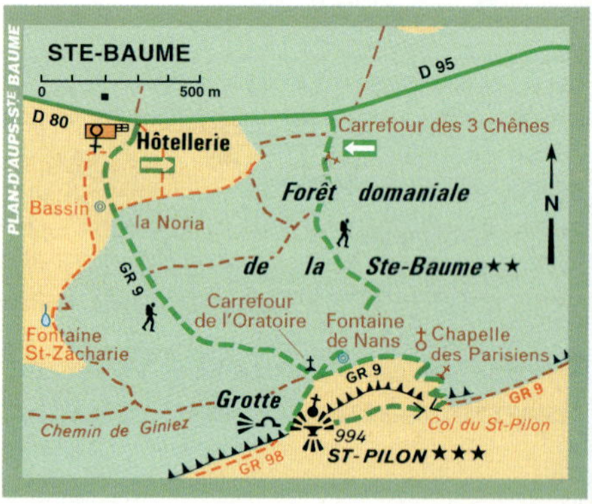

Dès le 5e s., les moines de **Saint-Cassien** s'installent dans la grotte, déjà vénérée par la population. Sa renommée attire de nombreux pèlerins : des rois de France (dont Saint Louis), plusieurs papes, des milliers de grands seigneurs et des millions de fidèles feront le voyage. Un des premiers actes publics du **roi René** en Provence sera de se rendre à la grotte en compagnie de son neveu, le futur Louis XI. À partir de 1295, les dominicains ont la garde de la grotte. Leur hôtellerie toute proche sera brûlée à la Révolution (traces encore visibles sur la paroi rocheuse). En 1859, le **père Lacordaire** y ramène les dominicains, ainsi qu'à Saint-Maximin. L'hôtellerie a été reconstruite sur ses indications, en bas sur le plateau.

1h30 AR. Deux possibilités : depuis l'hôtellerie, emprunter le « chemin du Canapé » à gauche des bâtiments, qui passe par le Canapé, amoncellement d'énormes blocs moussus ; ou, depuis le carrefour des Trois-Chênes (D 80 et D 95), suivre le « chemin des Rois », plus aisé. Ces deux chemins se rejoignent au **carrefour de l'Oratoire** après un agréable parcours sous la magnifique futaie de la Sainte-Baume. Du carrefour, à droite, un large sentier rejoint un escalier taillé dans le roc et barré, à mi-côte, par une porte décorée de l'écu fleurdelisé de France ; à gauche, une niche sous roche protège un calvaire en bronze. L'escalier *(150 marches)* aboutit à une **terrasse** au parapet surmonté d'une croix de pierre (Pietà en bronze, treizième station du chemin de Croix). Belle **vue★** sur la montagne Sainte-Victoire que semblent prolonger, à droite, le mont Aurélien, et en contrebas sur Plan-d'Aups, l'hôtellerie et la forêt touffue.

La **grotte**, en forme d'hémicycle, s'ouvre au nord de la terrasse, à 946 m d'altitude. Un reliquaire, à droite du maître-autel, contient les reliques de sainte Marie-Madeleine provenant de Saint-Maximin. Derrière le maître-autel, dans une anfractuosité surélevée de 3 m, seul lieu sec de la grotte, se trouve une statue de Marie-Madeleine allongée ; cet endroit serait le « lieu de pénitence » de la pécheresse repentie.

Dans ce lieu où l'on vénérait les déesses de la fécondité, la tradition a perduré sous le christianisme : chaque couple de promis, sur le chemin de la grotte, élevait un tas de pierres. Autant de cailloux, autant d'enfants désirés dans le futur foyer…

★★★ Saint-Pilon

Au carrefour de l'Oratoire, passer devant l'oratoire, puis prendre le sentier de droite (jalonnement rouge et blanc du GR 9). Ce sentier longe une chapelle abandonnée, dite « des Parisiens », monte en zigzag et tourne à droite au col du Saint-Pilon.
2h AR. Au sommet se trouvait une colonne (d'où le nom de Saint-Pilon), remplacée par une petite chapelle. En ce lieu, selon la légende, sept fois par jour, les anges portaient sainte Marie-Madeleine qui écoutait avec ravissement les « concerts du Paradis ». Sœur de Marthe et de Lazare, **Marie-Madeleine** mène une vie peu édifiante jusqu'à sa rencontre avec Jésus. Subjuguée, la pécheresse repentie suit le Sauveur. Elle se trouve au pied de la croix au Golgotha et, le matin de Pâques, elle est la première à qui Jésus ressuscité se manifeste. Selon la tradition provençale, elle est chassée de Palestine lors des premières persécutions contre les chrétiens, avec Marthe, Lazare, Maximin et d'autres saints. Après qu'ils ont abordé aux Saintes-Maries, l'itinéraire de prédication de Marie-Madeleine la mène à la Sainte-Baume. La sainte passe là trente-trois ans dans la prière et la contemplation. Sentant venir sa dernière heure, elle descend dans la plaine où saint Maximin lui donne la dernière communion et l'ensevelit.
Du Saint-Pilon (alt. 994 m), magnifique **panorama★★★** (table d'orientation) : au nord, sur l'hôtellerie de la Sainte-Baume au premier plan, le mont Ventoux que l'on devine au loin, le Luberon, la montagne de Lure, le Briançonnais, le mont Olympe et, plus près, le mont Aurélien ; au sud-est, sur le massif des Maures ; au sud-ouest, sur la chaîne de la Sainte-Baume et le golfe de La Ciotat ; au nord-ouest, sur les Alpilles et la montagne Sainte-Victoire.
Poursuivre sur la D 95 en direction de Mazaugues.
Au lieu-dit Les Glacières, la **glacière de Pivaut** a été récemment restaurée *(accès par un chemin forestier sur la droite de la D 95 - se visite uniquement dans le cadre de la visite guidée pour groupes).*

Mazaugues

Cette petite localité varoise est réputée pour ses **glacières** qui ont connu leurs heures de gloire au 19e s. À l'approche des premières gelées, les eaux des sources avoisinantes étaient détournées à l'aide de rigoles vers des « bassins de gel » disposés en gradins. L'hiver venu, la glace était chargée dans des tombereaux avant d'être « cavée » dans des glacières aux murs intérieurs garnis de paille : une fois la glacière pleine, il suffisait de fermer et d'attendre l'été. La glace était alors débitée au ciseau et faisait le bonheur des citadins accablés de chaleur et démunis de tout moyen de conservation des aliments. Il y avait sur le territoire de la commune pas moins de 17 glacières, qui alimentèrent en glace Toulon, puis Marseille, durant tout le 19e s.
Aujourd'hui, Mazaugues accueille le **musée de la Glace**, rappelant l'activité qui en fit un lieu jadis béni des Toulonnais et des Marseillais au moment des canicules estivales. Il est bien entendu dédié en partie aux méthodes locales de production artisanale de la glace auxquelles sont consacrés plusieurs panneaux : maquette d'une glacière et d'un bassin de gel, outils… Vous découvrirez le cheminement de cette précieuse et éphémère denrée jusqu'à ses utilisateurs.
04 94 86 39 24 - www.museeglace.fr.st - ♿ - juin-sept. : tlj sf lun. 9h-12h, 14h-18h ; reste de l'année : dim. 9h-12h, 14h-17h - 2,50 € (-6 ans gratuit), 4 € billet combiné avec la visite guidée de la glacière de Pivaut organisée pour les groupes.
Prendre la D 64 en direction de Saint-Maximin-la-Sainte-Baume.

★★ Saint-Maximin-la-Sainte-Baume

Bon à savoir – L'office de tourisme propose des **visites guidées** de la basilique, du cloître et du quartier médiéval *(tte l'année, sur réserv. à l'office de tourisme - 4,60 € - gratuit en juil.-août).*

Dans cette ancienne « ville neuve », au plan en damier, placettes ombragées et fontaines incitent à la flânerie. Au sud de l'église, un passage couvert rejoint la **rue Colbert**. Celle-ci, bordée d'arcades du 14e s., signale l'emplacement de l'ancien ghetto ; de l'autre côté, maison de Lucien Bonaparte et ancien hôtel-Dieu. En revenant en arrière, on aboutit à une placette dominée par la **tour de l'Horloge** et son campanile. Sur la droite, en direction de la rue du Gén.-de-Gaulle, jolie maison du 16e s. (tourelle en encorbellement).

★★ **Basilique** – *Sf pdt les offices. Visite : 45mn.* À l'emplacement d'une église mérovingienne, on avait découvert en 1279 les tombeaux de sainte Marie-Madeleine et de saint Maximin, cachés en 716 par crainte des Sarrasins qui dévastaient la région. En 1295, le pape Boniface VIII reconnut les saintes reliques et, sur le lieu de la découverte, Charles d'Anjou, roi de Sicile et comte de Provence, fit bâtir une basilique et un couvent accolé, vaste bâtiment à 3 étages en forme de U. Il y installa les dominicains, gardiens du tombeau et animateurs du très célèbre pèlerinage.

L'extérieur de l'édifice, le plus important exemple de **style gothique** en Provence, mêle des influences du Nord (Bourges en particulier) aux traditions locales ; l'absence de clocher, la façade inachevée et les contreforts massifs qui soutiennent, en s'élevant très haut, les murs de la nef contribuent à lui donner un aspect trapu. Il n'y a ni déambulatoire ni transept.

L'**intérieur** comprend une nef, un chœur et deux bas-côtés d'une remarquable élévation. La nef, haute de 29 m, à deux étages, est voûtée d'ogives dont les clefs de voûte portent des blasons des comtes de Provence et des rois de France ; une abside à cinq pans clôture le chœur. Les bas-côtés, hauts de 18 m seulement pour permettre l'éclairage de la nef par ses fenêtres hautes, s'achèvent par une absidiole à quatre pans.

Remarquez successivement le double buffet des grandes orgues (1), œuvre du frère Isnard de Tarascon, un des plus beaux qui nous restent du 18e s. ; une

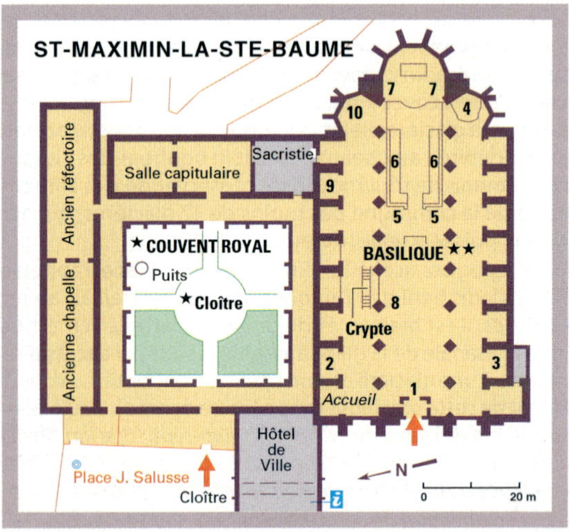

UN ESPACE FORESTIER CLASSÉ

D'une superficie d'environ 140 ha, la **forêt★★** (altitude comprise entre 680 et 1 000 m) doit à son originalité d'être classée en Réserve biologique domaniale. En effet, elle est peuplée surtout de hêtres géants et d'énormes tilleuls entremêlés d'érables dont les hautes voûtes de feuillages légers se ferment sur l'épaisse et sombre ramure des ifs, des fusains, des lierres et des houx. Pourquoi rencontre-t-on, en pleine Provence, des arbres qui ne dépareraient pas les forêts d'Île-de-France ? Simplement à cause de l'ombre portée par la haute falaise qui, au sud, domine la région boisée : elle y entretient une fraîcheur et une humidité septentrionales, fort appréciées l'été, comme on s'en doute, par les populations locales. Dès que cette muraille s'abaisse, les chênes méditerranéens resurgissent. Depuis un temps immémorial, la « forêt-relique » est quasiment « hors de coupe » : on veille essentiellement à assurer une régénération de ce patrimoine unique en Provence et à prévenir la chute des arbres dangereux.

belle statue en bois doré de saint Jean-Baptiste (2) ; le retable des Quatre Saints, du 15e s. (3) ; l'autel du Rosaire (4) ; la clôture du chœur (17e s.) aux découpures garnies de grillages en fer forgé, aux armes de France (5) ; les 94 stalles exécutées au 17e s. par le frère convers dominicain Vincent Funel (6) ; la décoration en stuc de J. Lombard (7) ; la chaire, véritable chef-d'œuvre de travail du bois, dont les sculptures représentent diverses phases de la vie de Marie-Madeleine (8) ; la base d'un retable du 15e s. de l'école provençale où l'on voit la décollation de saint Jean-Baptiste, sainte Marthe arrêtant la Tarasque sur le pont de Tarascon et le Christ apparaissant à Marie-Madeleine (9) ; et surtout, un **retable★** en bois peint (16e s.) de Ronzen, dont le tableau central *(Crucifixion)* est entouré de 18 médaillons (10).

La **crypte**, ancien oratoire paléochrétien, renferme des sarcophages du 4e s. : ceux de sainte Marie-Madeleine, saintes Marcelle et Suzanne, saints Maximin et Sidoine. Au fond, reliquaire du 19e s. contenant un crâne, vénéré comme étant celui de sainte Marie-Madeleine. Quatre plaques de marbre ou de pierre comportent des figures gravées au trait de la Vierge, Abraham et Daniel (an 500 environ).

★ **Couvent royal** – *Pl. Jean-Salusse - ✆ 04 94 86 55 66 - 9h-18h, possibilité de visite guidée (45mn) sur réserv. à l'office de tourisme - soirée spéciale 14 fév., 31 déc. - gratuit*. Commencé au 13e s. en même temps que la basilique à laquelle il s'adosse, il fut achevé au 15e s. Le **cloître★**, d'une grande pureté de lignes, compte 32 travées. Autour des galeries se répartissent une ancienne chapelle aux belles voûtes surbaissées et l'ancien réfectoire des religieux.

Les cellules des moines ont été transformées en chambres d'hôtel et la salle capitulaire en restaurant *(voir « Nos adresses »)*.

Poursuivre vers le sud sur la D 560 en direction de Saint-Zacharie.

Saint-Zacharie

Ce sympathique – pour peu que l'on abandonne la route qui le traverse – village, jadis célèbre pour ses céramiques, s'enorgueillit de ses nombreuses fontaines.

Arboretum du parc du Moulin blanc – *À la sortie du parc de Saint-Zacharie, sur la D 560 en direction d'Aubagne - ✆ 04 42 62 71 30 - http://parcdumoulinblanc.fr - ♿ - juil.-août : 14h-19h ; mai-juin et sept.-oct. : dim. et j. fériés 15h-18h - possibilité de visite guidée (1h30) sur demande - 5 € (-16 ans 3 €)*. Conçu en 1851 par le marquis Adolphe de Saporta, ce superbe jardin aménagé à l'anglaise, selon le goût de l'époque, fut enrichi par son fils, **Gaston de Saporta**, paléobotaniste réputé qui y a introduit et acclimaté des espèces exotiques telles que bambous, séquoias, cyprès chauves et autres liquidambars. L'espace « Petite Sainte-Baume » rassemble la plupart des espèces présentes dans le massif.

Oratoire de Saint-Jean-du-Puy

Sur la D 85, peu après le pas de la Couelle, s'amorce à droite un chemin très étroit qui conduit, après une forte rampe, à un poste radar militaire ; y laisser sa voiture. 15mn AR. Un sentier jalonné permet de gagner à pied l'oratoire : très belle **vue★** sur la montagne Sainte-Victoire et la plaine de Saint-Maximin au nord, les massifs des Maures et de la Sainte-Baume au sud-est et, au premier plan, la montagne de Regagnas, la chaîne de l'Étoile et le pays d'Aix à l'ouest.

Revenir à Saint-Zacharie et prendre la D 45 en direction d'Auriol. Continuer sur la D 96 jusqu'à Roquevaire.

Roquevaire

Dominé par sa tour de l'Horloge, ce village est surtout célèbre pour son **orgue** (église Saint-Vincent) reconstruit avec la tuyauterie et les boiseries d'origine, mais intégrant l'orgue personnel de Pierre Cochereau, ancien titulaire de Notre-Dame de Paris. *Visite guidée : s'adresser à l'Association des amis du grand orgue de Roquevaire - 6 av. Pierre-Cochereau - 13630 Roquevaire - ✆ 04 42 04 05 33 - http://orgue-roquevaire.fr*

NOS ADRESSES À DANS LE MASSIF DE LA STE-BAUME

HÉBERGEMENT

PREMIER PRIX

Hôtellerie de la Sainte-Baume – *83460 Plan-d'Aups - ✆ 04 42 04 54 84 - 60 ch. 12,50/18,50 € - ☕ 3,50 € - repas 13-15 €.* Cette hôtellerie située en pleine nature, à la lisière de la forêt domaniale de la Sainte-Baume, accueille aussi bien les pèlerins que les randonneurs et ceux qui désirent se retirer un temps du monde…

BUDGET MOYEN

Hôtel Le Parc – *Vallée de St-Pons - 13420 Gémenos - 1 km à l'est de Gémenos par D 2 - ✆ 04 42 32 20 38 - www.hotel-parc-gemenos.com - P - 13 ch. 58/91 € - ☕ 8,50 € - rest. 17/35 €.* Au calme, en retrait de la départementale, une maison nichée dans un écrin de verdure. Terrasse ombragée et salle à manger s'ouvrant sur le jardin. Coquettes petites chambres.

POUR SE FAIRE PLAISIR

Hôtel de France – *3-5 av. Albert-Ier - St-Maximin-la-Ste-Baume - ✆ 04 94 78 00 14 - www.hotel-de-france.fr - réserv. conseillée le w.-end - 23 ch. 72/140 € - ☕ 10/14 € – rest. 33/55 €.* Cet hôtel aménagé dans un ancien relais de poste abrite des chambres d'ampleurs variées, décorées dans un esprit provençal. Au restaurant, le chef prépare une cuisine évoluant avec les saisons.

Hôtellerie du Couvent Royal – *Pl. Jean-Salusse - St-Maximin-la-Ste-Baume - ✆ 04 94 86 55 66 - www.hotelfp-saintmaximin.com - P - 67 ch. 122/159 € - ☕ 12 € - rest. 39/55 €.* Une partie des chambres, à la sobriété monacale, occupe les cellules de l'ancien couvent accolé à la basilique ; les autres sont aménagées dans une aile moderne. Repas servis dans la salle capitulaire ou dans le cloître lorsque le temps le permet.

RESTAURATION

PREMIER PRIX

L'Imprévu – *R. Gabriel-Péri - St-Maximin-la-Ste-Baume - ✆ 04 94 59 82 36 - resto.limprevu@wanadoo.fr - fermé qques jours pdt les vac. de Noël - réserv. conseillée - 13/30 €.* Aménagée dans une grange rustique et chaleureuse, cette pizzeria – « chez Marie » pour les fidèles – possède une grande terrasse, à l'ombre des platanes. Marie vous propose ses spécialités à base de pâtes. Elle a d'ailleurs écrit un livre sur le sujet.

La Galabrette – *Traverse des Prés - 83860 Nans-les-Pins - 12 km au sud-ouest de St-Maximin-la-Ste-Baume par D 560 puis D 80 - ✆ 04 94 78 62 05 - fermé merc. - 11/26 €.* Ce restaurant sert une cuisine de terroir simple dans une salle intime, au fond d'une ruelle, au bout du cours Général-de-Gaulle.

BUDGET MOYEN

La Restanque – *R. de La Treille - 13360 Roquevaire - ✆ 04 42 04 21 78 - www.restaurant-la-restanque.com - menu 29,80 € - carte 40/60 €.* Belle terrasse, ensoleillée l'hiver et ombragée l'été, au-dessus de la place, juste à côté de l'Huveaune. Cuisine au feu de bois, pizzas, pâtes et spécialités méditerranéennes.

POUR SE FAIRE PLAISIR

Château de Nans – *Quartier du Logis (3 km de Nans-les-Pins par la D 560) - 83860 Nans-les-Pins - ✆ 04 94 78 92 06 - www.chateau-de-nans.com - hôtel : fermé nov.-mars - rest. : fermé 24 nov.-3 déc., mi-fév.-mi-mars, mar. sf juil.-août et lun. - 7 ch. 122/183 € - rest. 28/59 €.* Élégant castel du 19e s. face au golf de la Sainte-Baume, en bordure de route. Cuisine du jour à déguster dans un cadre classique ou en terrasse. Belles chambres personnalisées ; celles de la tour sont plus originales. Parc et piscine.

ACHATS

Marché de St-Maximin-la-Ste-Baume – Grand marché sur la Grand-Place le mercredi matin.

Foire aux santons et à l'artisanat d'art – Mi-novembre, au Couvent royal, à l'hôtel de ville et pl. Jean-Salusse (entrée libre).

Huile d'olive

Moulin à huile de la Cauvine – *Quartier de la Cauvine - entre St-Jean-de-Garguier et St-Estève - 13360 Roquevaire - ✆ 04 42 04 09 30 - 9h-19h - fermé dim. et j. fériés.* Un vrai paysage de carte postale entoure cette ferme. Vous pourrez y remplir votre panier de fruits et légumes de saison, tous les mardis et les vendredis. À noter : l'huile d'olive fabriquée ici, vendue à prix attractif, a obtenu plusieurs médailles.

AGENDA

Foire à la Glace – Dernier dimanche de février à Mazaugues. Expositions, conférences, animations et… dégustation de glaces artisanales.

Festival international d'orgue – *www.orgue-roquevaire.fr.* En septembre-octobre, prestigieux festival permettant de découvrir le célèbre orgue de Roquevaire.

Fête de Sainte-Marie-Madeleine – Dimanche suivant le 22 juillet, à la basilique de Saint-Maximin-la-Sainte-Baume. Une messe est célébrée, avec une procession des reliques de la sainte l'après-midi.

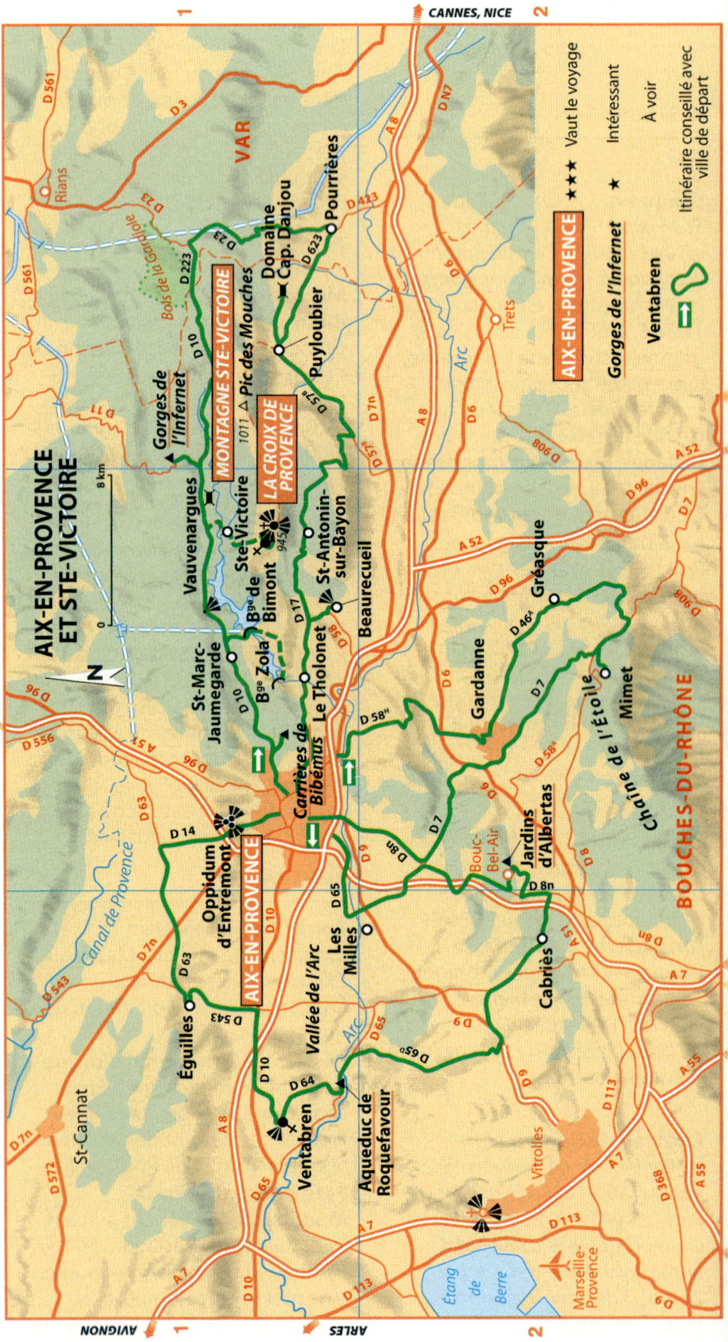
AIX-EN-PROVENCE ET STE-VICTOIRE
0
8 km
N
SISTERON, GAP
CANNES, NICE
AVIGNON
ARLES
A
B
C
1
2
VAR
BOUCHES-DU-RHÔNE
AIX-EN-PROVENCE
MONTAGNE STE-VICTOIRE
LA CROIX DE PROVENCE
Gorges de l'Infernet
Vauvenargues
St-Marc-Jaumegarde
Bge de Bimont
Bge Zola
Ste-Victoire
945
1011 Pic des Mouches
Carrières de Bibémus
Le Tholonet
St-Antonin-sur-Bayon
Beaurecueil
Puyloubier
Domaine Cap. Danjou
Pourrières
Bois de la Gardiole
Rians
Trets
Arc
Gardanne
Gréasque
Mimet
Chaîne de l'Étoile
Jardins d'Albertas
Bouc-Bel-Air
Cabriès
Les Milles
Vallée de l'Arc
Oppidum d'Entremont
Éguilles
Ventabren
Aqueduc de Roquefavour
Canal de Provence
St-Cannat
Vitrolles
Étang de Berre
Marseille-Provence
D 561
D 3
D 23
D 223
D 10
D 11
D 623
D 423
D 57B
D 7n
D 96
D 556
D 63
D 14
D 17
D 58
D 58H
D 6
D 46A
D 7
D 58A
D 8n
D 8
D 9
D 65
D 65D
D 64
D 543
D 572
D 113
D 368
D 908
D N7
A 8
A 52
A 51
A 7
A 55
★★★ Vaut le voyage
★ Intéressant
À voir
Itinéraire conseillé avec ville de départ

Aix-en-Provence et Sainte-Victoire 2

Carte Michelin Département 340 – Bouches-du-Rhône (13)

Aix-en-Provence

★★★

142 534 Aixois – Bouches-du-Rhône (13)

NOS ADRESSES PAGE 182

S'INFORMER

Office du tourisme d'Aix-en-Provence – *2 pl. du Gén.-de-Gaulle - 13100 Aix-en-Provence - ✆ 04 42 16 11 61 - www.aixenprovencetourism.com - juil.-août : 8h30-21h, dim. et j. fériés 10h-13h, 14h-20h ; juin et sept. : 8h30-20h, dim. et j. fériés 10h-13h, 14h-18h ; reste de l'année : 8h30-19h, dim. et j. fériés 10h-13h, 14h-18h - fermé 1er janv., 1er Mai, 25 déc.* Il organise des **circuits thématiques** : circuit pédestre Cézanne *(avr.-oct. : jeu. 10h)*, circuit commenté des bastides et jardins du pays d'Aix *(mai-oct. : lun. 14h-19h)*, dans les vallées de l'Arc et des Pinchinats.

Visite guidée – *Rens. à l'office de tourisme ou sur www.aixenprovencetourism.com*. Aix, qui porte le label **Ville d'art et d'histoire**, propose des visites-découverte (2h) animées par des guides-conférenciers agréés par le ministère de la Culture et de la Communication.

Aix City Pass – *15 € au lieu de 29 €*. Donne accès à : la visite des sites de Cézanne (Atelier Cézanne - jas de Bouffan), la visite du musée Granet, la visite guidée de la ville par un guide-conférencier, la découverte de la ville en mini-tram.

SE REPÉRER

Carte de microrégion B1 *(p. 166) – carte Michelin Départements 340 H4*. D'où que vous arriviez, vous suivrez fatalement la ceinture de boulevards *(en sens unique)* qui enserre la vieille cité.

SE GARER

Les places de parking étant rares, un conseil : n'entrez pas dans la vieille cité où la circulation et le stationnement sont vraiment difficiles. Cherchez du côté du boulevard du Roi-René, au sud, ou sur le boulevard Aristide-Briand au nord. De nombreux parkings surveillés se trouvent tout autour de la vieille ville : Mignet, Bellegarde, Pasteur, etc.

À NE PAS MANQUER

Le cours Mirabeau et le vieil Aix ; la cathédrale Saint-Sauveur et son cloître ; le musée Granet ; pour les amateurs d'art, les sites cézanniens ; pour les passionnés d'histoire antique, l'oppidum d'Entremont ; pour les mélomanes, le Festival international d'art lyrique, en juillet.

ORGANISER SON TEMPS

Comptez 1 journée pour le vieil Aix. Pour profiter du « Pass Cézanne » (visites de trois sites : atelier Cézanne, jas de Bouffan et carrières de Bibémus), comptez 1 journée ; les visites sont guidées et hors du centre. Pensez à le réserver auprès de l'office de tourisme avant le départ. Pour une visite plus approfondie (comprenant l'oppidum d'Entremont ou la fondation Vasarely, tous deux excentrés), prévoyez deux jours. Les marchés d'Aix vous raviront par leurs couleurs et leurs senteurs : marché traditionnel tous les matins place Richelme et marché aux fleurs mardi, jeudi et samedi place de l'Hôtel-de-Ville.

Façade d'un hôtel particulier.
Sigfrid López / MICHELIN

AVEC LES ENFANTS

Le Muséum d'histoire naturelle, avec ses œufs fossiles de dinosaures retrouvés sur les flancs de la Sainte-Victoire ; l'écomusée de la Forêt méditerrannéenne à Gardanne ; le Pôle historique minier de Gréasque ; la foire aux santons ; la visite d'une fabrique de calissons.

Ville d'eau et de fraîcheur, Aix est adossée à l'aride montagne Sainte-Victoire, dont Cézanne magnifia du bout de ses pinceaux toute l'âpre beauté. L'ancienne capitale des comtes de Provence a gardé un patrimoine exceptionnel, qui s'affiche sur les nobles façades du cours Mirabeau et du vieil Aix. Le nez au vent, les yeux en l'air, laissez-vous gagner par l'art de vivre de cette cité classique des 17e et 18e s. avec ses avenues majestueuses, ses hôtels mordorés élégants, ses fontaines gracieuses, ses petites places discrètes. La ville du calisson est également une métropole étudiante aux brasseries et aux terrasses perpétuellement animées : une ville d'aujourd'hui, mais qui a su préserver un héritage culturel raffiné.

Découvrir la ville de Cézanne

Fils d'un chapelier, **Paul Cézanne** est né à Aix en 1839. Après des études au collège de Bourbon où il se lie d'amitié avec Émile Zola, il fait son droit tout en commençant à peindre dans la campagne du jas de Bouffan, demeure entourée d'un parc, aux portes d'Aix, achetée en 1859 par son père. À Paris, il fréquente les impressionnistes, mais ne rencontre aucun succès. De retour à Aix, malgré les louanges de Monet, Manet, Sisley et surtout Pissarro, il s'affranchit assez vite de la « technique » mise au point par ses amis, pour travailler sur les couleurs (il ose des rapports jamais employés avant lui) et les volumes. Après un séjour à **L'Estaque** *(voir Marseille)*, qui sera pour lui une révélation, il connaîtra la (très tardive) consécration parisienne au Salon d'automne de 1904.

CIRCUIT PAUL CÉZANNE Plan de ville I

Mis en place par l'office de tourisme *(demander le dépliant)*, il permet de repérer en ville les lieux fréquentés par le peintre (comme sa **maison natale**, au n° 28 de la rue de l'Opéra) et, dans les environs, les lieux de la campagne aixoise qui l'ont inspiré, en particulier la montagne **Sainte-Victoire** *(voir ce nom)*.

Bon à savoir – Pour les 3 sites ci-dessous, l'office du tourisme d'Aix propose le « Pass Cézanne », un billet combiné sur une journée *(13,10 € - visite guidée obligatoire pour les carrières de Bibémus et le jas de Bouffan à réserv. au préalable)*.

Atelier Cézanne B1 en direction

9 av. Paul-Cézanne - ✆ 04 42 21 06 53 - www.atelier-cezanne.com - juil.-août : 10h-18h ; avr.-juin et sept. : 10h-12h, 14h-18h ; reste de l'année : 10h-12h, 14h-17h - fermé w.-end (déc.-fév.), 1er janv., 1er Mai, 25 déc. - 5,50 € (13-25 ans 2 €, -13 ans gratuit).

Cézanne avait fait construire en 1897 ce pavillon d'architecture traditionnelle, entouré d'un jardin, dont les frondaisons colorées montent à l'assaut du 1er étage. C'est là qu'il créa notamment *Les Grandes Baigneuses* et vécut jusqu'à sa mort, en 1906. De nombreux objets du peintre sont exposés, conservés en l'état et révèlent l'ambiance de l'atelier. Le jardin, lui, a été « réinventé » à partir des paroles de Cézanne sur l'art et la nature qu'il voulait unir : une manière de rendre hommage à son jardinier Vallier, qui fut son dernier modèle. Des rencontres littéraires et gastronomiques, des expositions et des parcours nocturnes sont organisés tout au long de l'année.

Le jas de Bouffan A2 en direction

Route de Galice, à la sortie d'Aix, direction Lyon, juste avant l'autoroute - 5,50 €.

Acquise par son père en 1859, cette belle bastide du 18e s., aux portes d'Aix, fut le lieu des souvenirs de jeunesse et de famille. Cézanne a alors 20 ans et il est autorisé à utiliser le salon (au rez-de-chaussée) comme atelier et peint sur les murs « les quatre saisons : printemps, été, hiver, automne ». Le plâtre sera, par la suite, découpé en huit parties et conservé. Après trois années à Paris, le peintre revient pour, cette fois, peindre en extérieur. Le jas (bergerie en provençal) fut vendu en 1899, deux ans après la mort de sa mère.

Depuis les grandes commémorations « Cézanne 2006 », marquant le centième anniversaire de la disparition du peintre, le grand salon ovale a été agencé pour la projection d'un film *(durée 17mn)* de Gianfranco Iannuzzi et Massimiliano Sicardi sur trois de ses murs. Il retrace, de façon moderne et majestueuse, quarante ans de peinture de Cézanne au jas de Bouffan. La visite se termine par le parc où l'on retrouve les différents thèmes des tableaux.

★ Les carrières de Bibémus C2 en direction

Du boulevard périphérique, prendre la D 10 vers Vauvenargues. Juste après le viaduc, prendre à droite la petite route direction « le plateau de Bibémus » sur 3 km et garer votre voiture. Il est conseillé de prendre la navette depuis l'office de tourisme (1,10 € AR - RV 30mn av. l'heure de visite). En cas de risque d'incendie, le site ferme. Prévoir des chaussures confortables.

Les carrières ont été aménagées aux visiteurs à l'occasion de « Cézanne 2006 ». Les matériaux employés pour la visite s'intègrent parfaitement à l'environnement *(réalisation Philippe Deliau et Hélène Bensoam, paysagistes)*.

L'exploitation de ces carrières remonte à l'Antiquité : on peut encore voir les traces des roues des charrettes transportant les blocs de pierre tirées par les bœufs. Beaucoup plus tard, la molasse ocre (pierre tendre, accumulation de calcaire et de sable) qui en fut extraite servit à la construction des hôtels particuliers aixois, notamment pour le quartier Mazarin aux 17e et 18e s.

À la fin du 19e s., les carrières sont épuisées et abandonnées, c'est à ce moment que Cézanne vient peindre les rochers. Il produira onze huiles et seize aquarelles, la plupart conservées aux États-Unis. Sur le site, on peut identifier les lieux du « Rocher rouge » *(conservé à l'Orangerie à Paris)*, deux « carrières de Bibémus » et « la montagne Sainte-Victoire vue de Bibémus ».
En dehors de la visite des carrières, plusieurs sentiers partent du plateau de Bibémus à travers la pinède d'où l'on a une très belle vue sur la montagne Sainte-Victoire.

Le café-brasserie Les Deux Garçons

53 cours Mirabeau - ✆ 04 42 26 00 51.
C'est dans cette célèbre brasserie que Cézanne et son ami Émile Zola finissaient leur journée après les cours du collège Bourbon, actuel collège Mignet de la rue Cardinale (n° 41). Le décor de ce café fondé en 1792, tout en dorures, frises et boiseries, vaut le coup d'œil. À côté, au n° 55, on distingue encore l'enseigne de la chapellerie fondée en 1825 par le père de Cézanne.

★★ Se promener dans le vieil Aix Plan de ville II

Se reporter au plan p. 175 – compter une journée. Partir de la Rotonde.

Fontaine de la Rotonde D2

Avec ses 12 m de hauteur, elle est monumentale. Érigée en 1860, elle correspondait à l'entrée de la ville. Son bassin de 32 m de diamètre est cerné par douze lions de bronze et surmonté des trois Grâces en marbre : la Justice regarde le cours Mirabeau, l'Agriculture est orientée vers Marseille et les Beaux-Arts montrent la route d'Avignon. Photographiée par tous, présente sur toutes les cartes postales, elle est l'emblème de la ville et le lieu de tous les rendez-vous.

★★ Cours Mirabeau DE2

L'art de vivre aixois… Vous le goûterez en premier lieu sous les superbes platanes du cours, vaste tunnel de verdure ponctué de fontaines, d'hôtels aux balcons sculptés par Pierre Puget (17e s.) ou ses disciples, mais aussi aux terrasses des cafés.
Hôtel d'Isoard de Vauvenargues – *Au n° 10.* Édifié vers 1710. Beau balcon en fer forgé et linteau à cannelures, théâtre d'un sanglant fait divers lorsque le marquis d'Entrecasteaux, président du Parlement, y assassina sa femme, Angélique de Castellane.
Hôtel de Forbin – *Au n° 20.* Édifié en 1656. Balcon orné de belles ferronneries.
Fontaine des Neuf Canons D2 (D^2) – *Au centre du cours.* Elle date de 1691. Le terme « canon » signifiant « tuyau » au 13e s.
Fontaine moussue D2 (D) – L'eau thermale coule à 18 °C toute l'année et favorise la croissance de mousse. Elle se trouve à hauteur de la rue Clemenceau et date de 1734.
Hôtel Maurel de Pontevès D2 – *Au n° 38.* Une annexe de la cour d'appel est venue se loger là où fut reçue en 1660 la Grande Mademoiselle, Anne-Marie de Montpensier.
Fontaine du Roi René E2 (D^5) – Œuvre de David d'Angers (19e s.) : elle se dresse à l'extrémité du cours. Le roi y est représenté portant la couronne des comtes de Provence et tenant à la main une grappe de raisin muscat, variété qu'il avait introduite en Provence.

Aux sources d'Aix-en-Provence

LA CAPITALE DU ROI RENÉ

Certes, Aix n'a pas attendu le « bon roi René » pour exister. Mais c'est avec lui que la petite cité romaine fondée sur les décombres de l'oppidum d'Entremont, et déjà siège d'une université depuis 1409, allait connaître sa période la plus brillante. Mais qui était au juste ce **roi René** (1409-1480) ? Avant tout, un lettré : polyglotte, mélomane à ses heures, peintre d'enluminures à l'occasion, volontiers rimailleur, féru de mathématiques et de théologie, expert en astrologie, un homme on ne peut plus cultivé, et certainement pas austère, vu les fêtes somptueuses qu'il aimait organiser et le luxe dans lequel il vivait. René est également **duc d'Anjou**, roi très théorique de Naples et de Sicile et **comte de Provence** de surcroît, ce qui l'oblige à jouer un rôle politique pour lequel il est peu fait. S'il encourage le commerce, se soucie de l'état sanitaire de la population, stimule l'agriculture, c'est au prix d'une fiscalité pesante et d'une dépréciation de sa monnaie, qui inspire assez peu confiance… C'est que la splendeur a un prix et le mécénat aussi : le roi s'est entouré d'artistes de valeur, des Flamands comme Barthélemy d'Eyck (auteur du *Triptyque de l'Annonciation*), des Bourguignons ou des locaux comme l'Uzétien Nicolas Froment (à qui l'on doit le fameux *Triptyque du Buisson ardent*). Veuf d'Isabelle de Lorraine, le roi René épouse, à 44 ans, une jeune femme de 21 ans, Jeanne de Laval, la « reine Jeanne », qui devient bientôt aussi populaire en Provence que son époux. Les enfants et petits-enfants du « bon roi » étant morts avant lui, son neveu **Louis XI** met l'Anjou dans son escarcelle… René désigne alors comme héritier Charles du Maine. Celui-ci s'éteint sans descendance en 1481 : la Provence à son tour tombe dans le domaine royal, sans coup férir.

AQUAE SEXTIAE

Ainsi se nommait le camp romain honorant à la fois les eaux thermales et le consul Sextius, qui réduisit les Salyens en esclavage. Les gens du cru abrégèrent en **Aquis**, qui devint en provençal Aïs.

LES NOUVEAUX VISAGES D'AIX

Une fois la ville réunie à la France, le roi se fait représenter à Aix par un gouverneur; Aix se trouve alors désignée comme siège du **Parlement**, institué en 1501. Elle va connaître une seconde période de splendeur au 17e s. avec l'émergence d'une catégorie sociale, les « gens de robe » ou « robins ». Ces magistrats et juristes fortunés se font construire de splendides hôtels particuliers, les remparts sont rasés et remplacés par un « cours à carrosses » (l'actuel cours Mirabeau) au-delà duquel surgissent des quartiers nouveaux, comme le quartier Mazarin. Toujours prospère, la ville continue de s'embellir au 18e s. avec de larges avenues, des places, des fontaines, de nouveaux bâtiments publics comme le palais de justice qui, signe des temps, prend la place du vieux palais comtal…

Après la Révolution, Aix va souffrir du développement de Marseille. Il lui faut attendre les années 1970 pour connaître un renouveau s'appuyant sur deux axes : industriel avec les entreprises du secteur high-tech (zone d'activité des Milles et technopole du plateau d'Arbois); culturel avec le rayonnement de son université et de son Festival d'art lyrique.

Cet essor économique et démographique s'accompagne aujourd'hui d'un grand projet d'urbanisme, dans le prolongement des cours Sextius et Mirabeau. La Cité du livre, le Grand Théâtre de Provence, le Pavillon noir et les allées provençales où prend naissance l'Aix du 21e s.

Hôtel du Poët E2 – Au bout du cours, sa façade à trois étages décorée de mascarons (1730) ferme la perspective.
Prendre la rue à droite de l'hôtel.

Rue de l'Opéra E2

Au n° 18, hôtel de Lestang-Parade (1650), au n° 24, hôtel de Bonnecorse, du 18e s., et au n° 26, hôtel de Grimaldi, bâti, dit-on, sur des dessins de Puget.
Revenir vers le théâtre du Jeu-de-Paume, en prenant à droite puis à gauche dans la rue Émeric-David.

Hôtel de Panisse-Passis E2 (G2)

Au n° 16. Élevé en 1739; admirez le superbe portail. Un détour à droite conduit devant l'imposante façade de l'**ancienne chapelle des Jésuites** puis dans la rue Portalis.

Église Sainte-Marie-Madeleine E2

Pl. des Prêcheurs - fermeture pour travaux. Réouverture prévue courant 2010.
L'édifice (17e s.) abrite quelques œuvres intéressantes, en particulier une belle **Vierge★** en marbre de Chastel (18e s.) et, surtout, le volet central du **Triptyque de l'Annonciation★**, datant de 1445, attribué à Barthélemy d'Eyck.

Fontaine des Prêcheurs E2 (D4)

Sur la place du même nom, qui servait autrefois aux exécutions capitales. La fontaine est l'œuvre de Chastel, en 1760. Sade y fut pendu en effigie.
Au n° 2, remarquez les atlantes qui ornent le portail de l'**hôtel d'Agut** avant d'emprunter la rue Thiers où se dresse, au n° 2, l'**hôtel de Roquesante** (G4), avec sa façade Louis XIII et son portail baroque du 17e s.
La rue Thiers conduit en haut du cours Mirabeau dont on emprunte le trottoir de droite. Prendre la rue Fabrot à droite.
On entre ici dans le vieil Aix proprement dit. La rue Fabrot, piétonne et commerçante, mène à la place Saint-Honoré.
Prendre la rue Espariat.

Muséum d'histoire naturelle D2

6 r. Espariat - ✆ 04 42 27 91 27 - www.museum-aix-en-provence.org - 10h-12h, 13h-17h - fermé mar., 1er janv., 1er Mai, 25 déc. - 3 € (-25 ans gratuit), gratuit 1er dim. du mois.
Que vous le visitiez ou non, entrez dans la cour d'honneur par le portail à carrosses pour découvrir la façade de l'**hôtel Boyer d'Éguilles** édifié en 1675. Belles portes du 17e s., peintures et sculptures offrent un cadre remarquable et valent à elles seules la visite de ces collections de paléontologie générale et provençale. Les **œufs fossiles** de dinosaures, retrouvés sur les flancs de la Sainte-Victoire, sont présentés ici.

★ Place d'Albertas D2

Ouverte en 1745, il en émane un charme prenant, tant elle paraît hors d'atteinte des siècles. On y donne des concerts chaque été. Au n° 10, l'**hôtel d'Albertas**, édifié en 1707, a été décoré par le sculpteur toulonnais Toro.
Prenez à droite dans la rue Aude où l'**hôtel Peyronetti** (n° 13), de style Renaissance italienne, date de 1620, avant de poursuivre par la rue du Mar.-Foch qui conduit à la place de l'Hôtel-de-Ville. Au passage, remarquez les beaux atlantes de l'**hôtel d'Arbaud** (n° 7). Traversez ensuite la **place Richelme** arborée et parsemée de terrasses de café pour une agréable petite pause. Sur

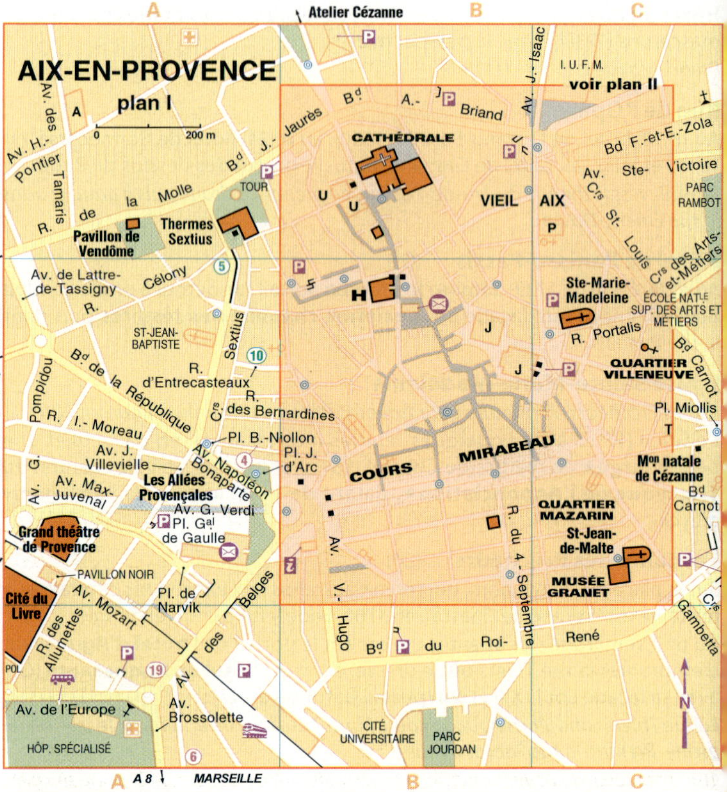

SE LOGER	SE RESTAURER	
Hôtel du Globe................. 5	Chez Charlotte................ 4	L'Auberge Provençale......... 10
Hôtel Le Manoir............. 10	Les 2 Frères.................... 6	Yamato................................ 19

la façade sud de l'ancienne halle aux grains, aujourd'hui investie par la poste, vous pourrez voir un cadran solaire. Venez-y le matin, lorsqu'elle accueille le marché aux primeurs.

★ Place de l'Hôtel-de-Ville D2

Elle prend tout son éclat le samedi matin lorsque s'y tient le marché aux fleurs. L'**hôtel de ville** (H), édifié de 1655 à 1670 par un architecte parisien, **Pierre Pavillon**, se signale par un balcon orné d'une belle ferronnerie et une magnifique grille d'entrée. **Cour★** pavée de galets, entourée de bâtiments à pilastres.

Au sud de la place, sur la façade de l'**ancienne halle aux grains**, un fronton sculpté (œuvre de Chastel) représente le Rhône et la Durance. Dans l'angle nord-ouest de la place, la **tour de l'Horloge**, ancien beffroi de la ville (16e s.), supporte à son sommet une cloche dans sa cage de ferronnerie où différents personnages marquent le passage des saisons.

Prendre la rue Gaston-de-Saporta.

D E

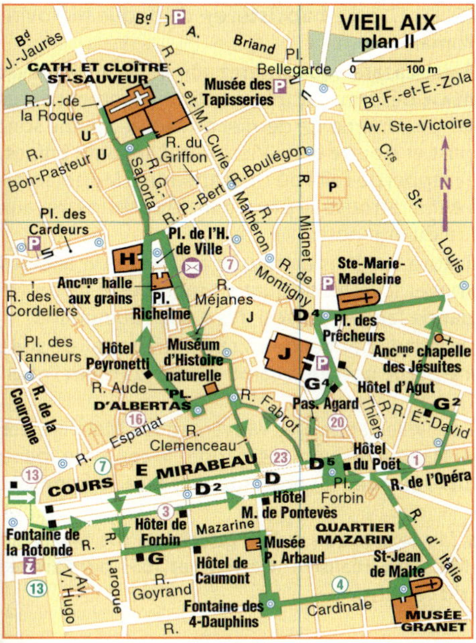

D E

SE LOGER

- Hôtel Cardinal .... (4)
- Hôtel des Augustins .... (7)
- Hôtel St-Christophe .... (13)

SE RESTAURER

- Basilic et Citronnelle .... (1)
- Chez Antoine "Côté Cour" ... (3)
- Chez Féraud .... (7)
- La Cigale .... (13)
- Le Formal .... (16)
- Pierre Reboul .... (20)
- Pizza Capri .... (23)

- **Fontaine moussue** .... **D**
- **Fontaine des Neufs Canons** ... **D2**
- **Fontaine des Prêcheurs** **D4**
- **Fontaine du Roi René** **D5**
- **Hôtel d'Arbaud-Jouques** .... **E**
- **Hôtel de Marignane** .... **G**
- **Hôtel de Panisse-Passis** **G2**
- **Hôtel de Roquesante** **G4**
- **Hôtel de Ville** .... **H**

★ Musée des Tapisseries D1

28 pl. des Martyrs-de-la-Résistance - ✆ 04 42 23 09 91 - de mi-avr. à mi-oct. : 10h-18h ; reste de l'année : 13h30-17h - possibilité de visite guidée sur demande préalable - fermé mar., janv., 1er Mai, 25 déc. - 3 € (-25 ans gratuit).

Le musée se trouve dans le **palais de l'ancien archevêché** dont les voûtes sont médiévales. La façade et la porte monumentale sont de style Régence (Bernard Toro, 1715). Remarquez le grand escalier à double révolution, fleuron de l'art baroque. Bel ensemble de 19 tapisseries exécutées à Beauvais aux 17e et 18e s., et les 9 célèbres panneaux de la vie de Don Quichotte d'après des cartons de Natoire (1735-1745). Les autres composantes du fonds sont présentées par roulement : pièces d'art textile contemporain, arts du spectacle (costumes, maquettes, décors), documents sur l'histoire du Festival international d'art lyrique.

Chaque année en juillet, le théâtre de l'Archevêché est l'un des endroits symboliques du **Festival international d'art lyrique**.

★ Cloître Saint-Sauveur D1

Entrée par la cathédrale - visite guidée (sf pdt les cérémonies) sur demande (1 j. av.) au ✆ 04 42 23 45 65 - dép. ttes les 30mn à partir de 10h et 14h30.

Une merveille d'art roman, récemment restaurée, dont on admirera la légèreté et l'élégance, dues en particulier aux colonnettes jumelées et aux chapiteaux à feuillages ou historiés.

★ Cathédrale Saint-Sauveur D1

8h-12h, 14h-18h - possibilité de visite guidée (sf pdt les cérémonies) sur demande (1 j. av.) au ✆ 04 42 23 45 65.

Par le cloître, on entre dans la nef romane de la cathédrale Saint-Sauveur où voisinent tous les styles, du 5e au 17e s. Le **baptistère★** d'époque mérovingienne fut bâti sur le forum romain.
À l'intérieur, dans la chapelle Saint-Lazare, vous pourrez admirer le merveilleux **Triptyque du Buisson ardent★★**, désormais attribué à Nicolas Froment après l'avoir longtemps été au roi René lui-même. Ce dernier et la reine Jeanne sont représentés agenouillés de part et d'autre de la Vierge, qui, tenant l'Enfant, siège dans un buisson de feu : rappel de celui où Dieu apparut à Moïse, selon la Bible. Restaurée, l'œuvre a enfin retrouvé sa place initiale après les travaux de rénovation dus à l'humidité du mur nord.
À noter également une peinture sur bois attribuée à l'atelier de Nicolas Froment, et les **vantaux★** en noyer sculptés de quatre prophètes et de douze sibylles païennes (masqués par de fausses portes) dus à Jean Guiramand.
En sortant, un coup d'œil sur la façade permet de voir un petit portail de style roman provençal *(à droite)*, une partie gothique flamboyante *(au centre)* et un clocher gothique *(à gauche)*.
Revenant à la place de l'Hôtel-de-Ville par les rues Vauvenargues, Méjanes, des Bagniers et Clemenceau, aussi étroites qu'animées, gagnez le cours Mirabeau où, au n° 19, l'**hôtel d'Arbaud-Jouques** (E) présente une façade finement décorée.
Après avoir traversé le cours, la rue Laroque puis, à gauche, la rue Mazarine donnent accès au **quartier Mazarin**, réalisé entre 1646 et 1651 par l'archevêque Michel Mazarin, frère du cardinal.

★ Quartier Mazarin DE2

Hôtel de Marignane D2 (G) – *12 r. Mazarine*. Fin 17e s., il fut le théâtre des douteux exploits du jeune **Mirabeau** : aussi désargenté que débauché, il séduit une riche héritière, Mlle de Marignane. Le mariage devient inévitable mais le beau-père coupe les vivres au jeune ménage. Mirabeau accumule les dettes chez les commerçants de la ville jusqu'à ce que ceux-ci le fassent interner au château d'If. Libéré, il séduit une femme mariée et s'enfuit avec elle. Convoqué à Aix en 1783 suite à la demande en séparation formulée par sa femme, il présente lui-même sa défense et sa prodigieuse éloquence lui fait gagner le procès en première instance !
Hôtel de Caumont D2 – *3 r. Joseph-Cabassol*. Le conservatoire de musique et de danse Darius-Milhaud occupe une demeure de 1720, aux balcons et frontons superposés.
Musée bibliographique et archéologique Paul-Arbaud D2 – *2a r. du Quatre-Septembre - ✆ 04 42 38 38 95 - www.academiedaix.org - 14h-17h, bibliothèque mar. et jeu. 14h-17h - fermé dim., j. fériés et lun. - 3 € (-18 ans 1,50 €)*. Installé dans un hôtel de la fin du 18e s., il présente une collection de faïences régionales ainsi que des livres relatifs à la Provence.
Fontaine des Quatre-Dauphins★ D2 – Au centre d'une petite place carrée, cette œuvre charmante de J.-C. Rambot (1667) est une des plus jolies fontaines d'Aix. Ses quatre dauphins de style baroque arrosent les quatre points cardinaux, et l'obélisque est surmonté d'une pomme de pin.
Église Saint-Jean-de-Malte E2 – Au bout de la rue Cardinale, l'église Saint-Jean-de-Malte, élevée à la fin du 13e s., est le premier édifice gothique aixois. Si la façade offre un aspect sévère, à l'intérieur, la **nef★**, toute de simplicité et d'élégance, ne manque pas de charme. *✆ 04 42 38 25 70 - 10h-12h, 15h-19h, dim. 9h-10h30, 15h-18h.*
La rue d'Italie, sur la gauche, conduit au cours Mirabeau.

★★ Musée Granet E2

Pl. St-Jean-de-Malte - ✆ 04 42 52 88 32 - www.museegranet-aixenprovence.fr - ♿ - juin-sept. : 11h-19h ; reste de l'année : tlj sf lun. et j. fériés 12h-18h - possibilité de visite guidée (1h30) - fermé 1er janv., 1er Mai, 25 déc. - 4 € (-18 ans gratuit), gratuit 1er dim. du mois.

Il se trouve dans l'ancien palais de Malte. Aujourd'hui devenu le « carrefour des échanges entre le nord et le sud de l'Europe », le musée présente ses collections de façon chronologique.

Le **rez-de-chaussée** met en avant des œuvres des primitifs à la Renaissance telles que *La Nativité* et *l'Annonciation* (peintre italien de l'école de Sienne provençale du 14e s., maître de l'entourage de **Simone Martini**). Sont également présents les peintres flamands des 17e et 18e s. comme **Rubens** *(Le Festin d'Acheloüs)* ou bien **Rembrandt** *(Autoportrait)*. Les natures mortes, paysages et des peintures d'histoire illustrent les **écoles italiennes** de Bologne, Venise ou Rome. L'école napolitaine est symbolisée par *Vénus et Adonis* d'**Onofrio Palumbo**, sans oublier **Mattia Preti** dont on peut admirer *Il Calabrese* depuis l'étage.

Passé le portail présumé de la chapelle Saint-Yves de N.-D.-de-la-Consolation à Aix par Jean Guiramand, vous entrez dans l'espace consacré à l'**école française** du 17e au 19e s. On retrouve les académiciens dont **Philippe de Champaigne** (un des fondateurs), les **frères Le Nain** *(Les Joueurs de cartes)* et une magnifique collection de portraits de la famille des Gueidan peints par **Rigaud**. Sont représentés également Largillière, Greuze, Géricault ou encore l'Aixois **Claude Arnulphy**, ainsi que les Provençaux **Mignard** et **Puget**. La salle du Palais comtal réunit des toiles monumentales, notamment *La Justice de Trajan* de **Pinson** et *L'Empereur Auguste punissant les concussionnaires* de **Dandré-Bardon**. La fin du 18e s. est évoquée par **David** *(Portrait de jeune garçon)* et **Constantin**, chef de file et maître de l'**école provençale** de paysages.

La salle **Granet** rend bien sûr hommage au peintre du même nom, avec des toiles de paysages antiques de sa Provence natale. **Ingres** n'est pas en reste (son portrait de Granet trône au milieu de la salle Granet) et illustre le néoclassicisme avec *Jupiter et Thétis*, tout comme **Duqueylard** et *Le Songe d'Ossian*. De même **Loubon**, **Forbin** et **Révoil** marquent le 19e s.

Le musée s'ouvre enfin sur le 21e s. avec la collection « **de Cézanne à Giacometti** » *(71 pièces d'une donation faite à l'État en 2000 et mises en dépôt au musée)*, située dans le palais de Malte. Une salle est consacrée à **Cézanne** où l'on peut voir *Les Baigneuses*, une autre à Giacometti (peintures et sculptures). Les autres tableaux sont signés **Picasso**, **Mondrian**, **Léger**, **Nicolas de Staël**, **Paul Klee** et enfin **Tal Coat**.

Au 2e étage, vous pourrez admirer les contemporains de Cézanne tels qu'**Emperaire**, **Maurice Denis** ou **Vollard**. D'Estève à Masson, les artistes du pays d'Aix ne sont pas oubliés. Les collections de dessins sont exposées par roulement dans une petite galerie.

Au rez-de-chaussée, une très belle salle expose les grandes **sculptures** du 18e au 19e s. dont une série de bustes et de statues : **Ramus**, **Ferrat**, **Vauvenargues**, **Mirabeau**, **Cézanne** ou encore **Pontier** *(Le Buste de Cézanne)* et **Chastel** (*L'Écorché* ou *L'Aigle*).

Au sous-sol, une rare **collection d'archéologie** provenant d'Entremont *(voir « Itinéraires conseillés »)* permet de découvrir, entre autres, les célèbres têtes coupées celto-ligures.

À voir aussi Plan de ville I

★★ Fondation Vasarely A2 en direction

1 av. Marcel-Pagnol - jas de Bouffan - ✆ 04 42 20 01 09 - www.fondationvasarely.fr - ♿ - 10h-13h, 14h-18h (dernière entrée 30mn av. la fermeture) - fermé dim., j. fériés et lun. - 7 € (-7 ans gratuit).

Située à 2,5 km à l'ouest de la ville, sur la colline du jas de Bouffan, l'architecture de la fondation est résolument moderne : 16 structures hexagonales dont les sobres façades sont décorées de cercles blanc et noir alternés. Sur fond de musique des années 1970, l'audioguide éclaire les « intégrations monumentales » de Victor Vasarely (1906-1997) présentées dans huit alvéoles. L'œuvre et le mur ne font qu'un. Les compositions deviennent bidimensionnelles ; « Ici rien n'est stable, rien n'est fixe. » La fondation illustre ses recherches sur les déviations linéaires (à partir de 1930), puis sur la lumière et l'illusion de mouvement (dès 1955).

À l'étage, on retrouve Jean-Pierre Vasarely (fils de V. Vasarely), plus connu sous le nom d'Yves Aral (1934-2004), devenu **Yvaral** par la suite. Il réalise notamment le logo Renault (losange). Il travaille beaucoup sur les effets de moirage et les effets d'optique. En 1960, il fonde le GRAV *(Groupe de recherche d'art visuel)* avec huit autres artistes (dont Stein). Les œuvres (principe de l'hologramme) ne sont pas signées et sont le fruit d'un travail collectif. Dans les années 1980, Yvaral réalise de grands portraits numérisés : Jacques Prévert ou Charles de Gaulle, ainsi que la « Joconde » qui est exposée au musée.

Thermes Sextius A1

Même si vous n'avez pas réservé une journée de soins aux **thermes Sextius** *(voir « Nos adresses »)*, vous pourrez jeter un œil dans le grand hall : vous y verrez les vestiges d'une piscine thermale datant de l'époque romaine et sous une dalle de verre, une source dont l'eau est naturellement chaude à 36 °C. Les thermes sont en effet installés sur d'anciens thermes romains, détruits au 19e s. Vous apercevrez de même une autre piscine, elle ultramoderne et superbe comme le sont les nouveaux locaux, qui se mêlent à une architecture héritée du 18e s.

Pavillon de Vendôme A1

✆ 04 42 91 88 75 - de mi-avr. à mi-oct. : 10h-18h ; reste de l'année : 13h30-17h - possibilité de visite guidée sur demande préalable - fermé janv., 1er Mai, 25 déc. - 3 € (-25 ans gratuit).

Maison de campagne construite en 1665 pour le duc de Vendôme par Pierre Pavillon et Antoine Matisse. Belles atlantes en façade. Cet édifice de style classique abrite une collection de peintures et meubles provençaux des 17e et 18e s. *(décrochés lors des deux expositions annuelles temporaires de photographie)*. Le jardin à la française convie à une agréable promenade.

Itinéraires conseillés Carte de microrégion

VALLÉE DE L'ARC AB1-2

Pour visualiser ce circuit de 56 km au départ d'Aix, se reporter à la carte p. 166 – environ 3h. Quitter Aix au sud en direction de Marseille, jusqu'aux Milles.

Jardins d'Albertas.
La Sud Compagnie

Site-mémorial des Milles A2

2 r. Adrien-Durbec - ✆ 04 42 39 17 11 - www.campdesmilles.org - 9h-12h, 12h45-17h, vend. 9h-12h, 12h45-16h - fermé w.-end et j. fériés - gratuit.

Cette ancienne tuilerie, grande bâtisse de brique rouge, a été le seul camp français à la fois d'internement, de transit et de déportation pendant la Seconde Guerre mondiale. Les artistes et intellectuels allemands réfugiés à Sanary-sur-Mer *(voir* Le Guide Vert Côte d'Azur*)* qui n'eurent pas la chance de s'enfuir au moment de l'armistice passèrent par là. Peintures murales et souvenirs des internés entretiennent la mémoire.

Rejoindre la D 7 en direction de Gardanne, puis suivre la D 8n jusqu'à Bouc-Bel-Air.

★ Jardins d'Albertas B2

RN 8 - lieu-dit La Croix-d'Or - ✆ 04 42 22 94 71 - www.jardinsalbertas.com - ♿ - juin-août : 15h-19h ; mai et sept.-oct. : w.-end et j. fériés 14h-18h - possibilité de visite guidée (50mn) sur demande préalable - 3,50 €.

Ce jardin de 8 ha, classé Monument historique, fut aménagé en 1751 par le marquis d'Albertas. Il marie harmonieusement les traditions italienne (terrasses, statues dans le goût antique, grotte artificielle), française inspirée de Le Nôtre (parterres, canal et perspective). Une note provençale vient s'ajouter au tout par des alignements de platanes. Au centre du grand bassin, une fontaine à dix-sept jets est encadrée de tritons soufflant dans leurs conques. Deux kilomètres de galeries sillonnent le parc.

Au lieu-dit San Baquis, tourner à droite dans la D 60^A.

Cabriès A2

Cabriès est un joli village en hauteur. On accède à son château par la porte de l'Horloge et un lacis de ruelles tracées à l'intérieur de ce qui était autrefois l'enceinte du village. Le château abrite le **musée Edgar-Mélik** (1904-1976), consacré à ce peintre méconnu qui fréquenta les artistes de Montparnasse avant de venir s'installer ici dans les années 1940. Ses œuvres, parfois peintes à même les murs, dans des tons chaleureux de jaune, orange et rouge, se

LES SALYENS

Peuple celto-ligure, les Salyens occupaient au 3e s. av. J.-C. la basse Provence occidentale et avaient fixé leur capitale à l'oppidum d'Entremont. Si les fouilles révèlent une civilisation urbaine évoluée, cette urbanité n'allait pas sans une certaine rudesse : témoin, leur usage, rapporté par le naturaliste romain Strabon, de couper la tête de leurs ennemis et de la suspendre à l'encolure de leurs chevaux pour la rapporter chez eux et la clouer dans leur entrée en guise de trophée. Les Massaliotes, que ces rudes voisins gênaient dans leurs opérations commerciales, firent appel aux Romains en 124 av. J.-C. Sous la direction du consul Sextius, ceux-ci réduisirent les Salyens en esclavage, détruisirent la ville et fondèrent un camp non loin des sources thermales, Aquae Sextiae : Aix allait pouvoir naître.

rapprochent de l'expressionnisme. Au sous-sol, quelques pièces archéologiques. *✆ 04 42 22 42 81 - www.musee-melik.fr - 10h-12h, 14h-17h, dim. 14h-18h - fermé mar., 1er janv., 1er Mai, 25 déc. - 4,60 € (-18 ans gratuit).*

Par la D 8, rejoindre la D 543 et, à Calas, prendre à gauche la D 9B puis la D 9.

Après avoir longé le **réservoir du Réaltor**, belle nappe d'eau de 58 ha entourée d'une abondante végétation, prenez à droite la D 65D qui franchit le canal de Marseille.

Après La Mérindolle, tourner à gauche.

★ Aqueduc de Roquefavour A1

Construit de 1842 à 1847 par l'ingénieur de Montricher pour permettre au canal de Marseille de franchir la vallée de l'Arc, cet aqueduc, long de 375 m et haut de 83 m (contre 275 m et 49 m pour le pont du Gard) s'étage sur trois niveaux : le dernier, qui porte la canalisation conduisant à Marseille les eaux de la Durance, est soutenu par 53 arceaux. On peut, en suivant sur 2,1 km un chemin non revêtu à droite *(direction de Petit Rigouès)* puis, en prenant de nouveau à droite vers la maison du garde, s'avancer jusqu'à la crête de l'ouvrage, que la canalisation franchit à ciel ouvert.

Revenir sur la D 64 et tourner à droite.

Ventabren A1

Petit village aux ruelles pittoresques dominé par les ruines du château de la reine Jeanne. Du pied des ruines *(emprunter la rue du Cimetière)*, vue sur l'étang de Berre, Martigues et la trouée de Caronte, la chaîne de Vitrolles.

Par la D 64A, rejoindre la D 10 à droite, puis tourner à gauche dans la D 543.

Éguilles A1

Dominant la vallée de l'Arc, le village, semé de vieux lavoirs, est situé sur la voie Aurélienne, devenue la D 17. Bel hôtel de ville, ancienne demeure des Boyer d'Éguilles. Depuis l'esplanade, vue sur la chaîne de l'Étoile et la plaine aixoise où se faufile la ligne du TGV Méditerranée.

Quitter Éguilles au nord-est par la D 63, puis tourner à droite dans la D 14 et prendre à gauche le chemin qui conduit au plateau d'Entremont.

Oppidum d'Entremont B1

✆ 04 42 21 97 33 - 9h-12h, 14h-18h - fermé mar., 1er janv., 1er Mai, 1er et 11 Nov., 25 déc. - gratuit.

Cette ville forte, fondée en 180 av. J.-C. par les Salyens, était protégée par des escarpements naturels et, au nord, par un rempart aux fortes courtines

renforcées de tours. Entre deux tours du rempart s'élevait un portique où, suppose-t-on, les Salyens exposaient les crânes de leurs ennemis.
À l'intérieur, une première ville, la « ville haute », se trouvait elle-même isolée par une fortification. La « ville basse » semble avoir été un quartier artisanal, comme en témoignent des restes de fours et de pressoirs à huile. On distingue encore ce que devaient être les boutiques, entrepôts, ateliers...
Les **fouilles** ont permis de retrouver un abondant matériel attestant d'un niveau de développement assez élevé et des traces de sa destruction par les Romains, notamment des boulets de pierre. La statuaire d'Entremont est exposée au musée Granet *(voir « Se promener »)*.

CHAÎNE DE L'ÉTOILE B2

Pour visualiser ce circuit de 55 km au départ d'Aix, se reporter à la carte p. 166 – compter environ 2h.
On la nomme ainsi à Marseille parce qu'à la tombée du jour, l'étoile du Berger semble suspendue au-dessus du sommet de la tête du Grand Puech... mais c'est par analogie avec le mot *estèu* qui, en provençal, désigne une pointe rocheuse. La chaîne de l'Étoile appartient aux « petites Alpes de Provence », appellation qui paraîtra sans doute bien présomptueuse aux alpinistes confirmés. Bien que son altitude ne soit pas très élevée, la chaîne de l'Étoile, qui sépare le bassin de l'Arc au nord et celui de l'Huveaune à l'est, prolongement de la chaîne de l'Estaque, offre des vues spectaculaires sur la plaine de Marseille.
Bon à savoir – Si vous suivez nos escales, une demi-journée suffira à peine à explorer ce coin méconnu de Provence, commodément situé entre Marseille et Aix.
Quitter Aix par le sud-est (D 58^{H}), puis poursuivre sur la D 58 en direction de Gardanne.

Gardanne

Office de tourisme – *31 bd Carnot - 13120 Gardanne - ✆ 04 42 51 02 73 - www.ville-gardanne.fr - juil.-août : 9h30-12h, 14h30-18h30 ; reste de l'année : 9h30-12h, 14h-18h - tlj sf dim., j. fériés et lun.*
Cézanne a peint cette bourgade dominée par trois moulins du 16e s., avant qu'elle ne devienne, à la fin du 19e s., une cité minière (charbonnages et traitement de la bauxite). Aujourd'hui, la mine a rendu son dernier souffle et la ville est en pleine mutation. Venez vous mêler à l'animation des jours de marché (mercredi, vendredi et dimanche), lorsque les étals envahissent le vaste **cours Forbin** et **le cours de la République**, formant l'un des marchés les plus courus de la région, l'un des rares organisés le dimanche.
Partez ensuite à la découverte du centre ancien en flânant au petit bonheur dans les ruelles ou en suivant le **parcours Cézanne** *(compter 1h30)*.
Écomusée de la Forêt méditerranéenne – *Au nord-ouest de Gardanne, sur la D 7 en direction d'Aix et de Valabre - chemin de Roman - ✆ 04 42 65 42 10 - ♿ - www.institut-foret.com - juil.-août : 9h-13h, 13h30-18h ; reste de l'année : 9h-12h30, 13h-17h45 - possibilité de visite guidée (1h) - fermé w.-end et j. fériés, de fin août à déb. sept., 1er janv., 25 déc. - 5,50 € (-15 ans 3,20 €).* Il a pour vocation de présenter les mesures de protection et de valorisation de la forêt méditerranéenne. Espace interactif, on y découvre les plantes et les animaux de Provence, ainsi que les vieux métiers et le travail du bois. Dix salles thématiques, des expositions et, à l'extérieur, 13 ha de forêt aménagés en sentiers de découverte, parcours botaniques et aires de jeux.

Le sentier du mur de Gueidan – *3h. Niveau facile. Balisage jaune. (Informations à l'office de tourisme). Départ : parking écomusée de la Forêt, à 2,5 km de Gardanne, sur la D 7, en direction d'Aix-Les Milles.* Une petite balade idéale pour découvrir les faubourgs de la ville, entre nature et histoires d'aristocrates !

Toujours sur la D 7, après l'écomusée de la Forêt, on pourra voir le **pavillon de chasse du roi René** : une bastide carrée flanquée de quatre tours rondes et construite au 16e s... et qui n'a donc jamais accueilli le bon roi !

Revenir au centre-ville de Gardanne et suivre la direction de Gréasque, par la D 46A.

Pôle historique minier de Gréasque

Parking à l'entrée - ✆ 04 42 69 77 00 - www.poleminier.com - ♿ - visite guidée (1h30) 9h45, 10h15, 14h15, 15h15, 16h15, 17h - fermé mar., 20 déc.-15 janv., 1er Mai, 25 déc. - 3 € (-6 ans gratuit).

Installé sur une ancienne mine de charbon, ce musée inhabituel révèle un visage méconnu de la Provence : son bassin minier, qui a compté 51 puits à son apogée. Celui-ci a été restauré, coiffé d'un imposant chevalement rappelant qu'ici ont travaillé jusqu'à 300 mineurs, entre 1922 et 1960. Des reconstitutions restituent le quotidien du mineur provençal et les évolutions de son métier à travers les époques.

Continuer vers le sud sur la D 46A ; 4 km plus loin, prendre à droite vers La Valentine pour rejoindre la D 8. Tourner à droite en direction de Gardanne, puis à gauche après 3 km.

Mimet

Avec son vieux centre perché à 500 m d'altitude, Mimet est le plus « haut » village des Bouches-du-Rhône. Le quartier ancien mérite le coup d'œil, pour ses agréables ruelles et sa terrasse, d'où la **vue★** s'étend sur la vallée de la Luynes, Gardanne et ses hauts fourneaux.

Revenir sur la D 8 et suivre la D 7 (direction Gardanne) pour rejoindre ensuite la D 8N qui ramène à Aix.

NOS ADRESSES À AIX-EN-PROVENCE

TRANSPORT

En train – Aix-en-Provence est desservi par le TGV Méditerranée (3h depuis Paris). La gare TGV est éloignée du centre-ville (12 km au sud-ouest) mais des navettes circulent *(de 5h50 à 23h50)*.

Des **TER** relient Marseille à Aix-en-Provence en 45mn mais les navettes de **bus** sont plus fréquentes, ttes les 5mn en période de pointe, ttes les 10mn en période creuse *(www.navetteaixmarseille.com - 4,60 € le voyage)*.

VISITE

ZeVisit – *www.zevisit.com.* Laissez votre téléphone mobile vous faire découvrir la ville ! Un circuit dans le vieil Aix, en 7 étapes et autant de commentaires de 1 à 3mn.

HÉBERGEMENT

Centrale de réservation – *✆ 04 42 16 11 84/85 - www.aixenprovencetourism.com.* À l'office de tourisme d'Aix : pour retenir un hébergement sans frais supplémentaires.

POUR SE FAIRE PLAISIR

Hôtel Cardinal – Plan II - *24 r. Cardinale - ✆ 04 42 38 32 30 - www.hotel-cardinal-aix.com - 29 ch. 72/112 € - ☕ 8 €.* Dans un immeuble du 18e s., au calme en plein quartier Mazarin, aménagé avec goût, mariant l'élégance d'hier au confort d'aujourd'hui. Son emplacement est parfait pour découvrir la ville à pied et oublier sa voiture (parking Mignet : 7 €/j).

Hôtel Des Augustins – Plan II - *3 r. de la Masse - ✆ 04 42 27 28 59 - www.hotel-augustins.com - 29 ch. 99/250 € - ☕ 10 €.* Patrimoine historique qui hébergea en son temps Luther, ce couvent du 15e s. abrite de belles chambres, au confort actuel. Réception dans la chapelle du 12e s.

Hôtel St-Christophe – Plan II - *2 av. Victor-Hugo - ✆ 04 42 26 01 24 - www.hotel-saintchristophe.com - ♿ - 60 ch. 88/98 € - ☕ 12 €.* Cet hôtel décline aussi bien le charme des années 1930 que l'esprit provençal dans ses chambres fonctionnelles, parfois avec terrasse. Cuisine régionale et plats de brasserie proposés dans un joli cadre Art déco ou sur la terrasse-trottoir les jours d'été.

Hôtel du Globe – Plan I - *74 cours Sextius - ✆ 04 42 26 03 58 - www.hotelduglobe.com - fermé 20 déc.-20 janv. - 46 ch. 71/75 € - ☕ 9 €.* Bâtisse jaune abritant des chambres sans luxe, mais bien insonorisées, rigoureusement tenues et pas trop chères. Hall rénové dans des tons chauds. Terrasse-solarium sur le toit.

Hôtel Le Manoir – Plan I - *8 r. d'Entrecasteaux - ✆ 04 42 26 27 20 - www.hotelmanoir.com - fermé 8 janv.-1er fév. - 40 ch. 75/92 € - ☕ 10 €.* Ancien monastère reconverti en fabrique de chapeaux puis en hôtel, modeste mais bien tenu et peu à peu refait. Une partie du cloître est aménagée en terrasse d'été. Salon rétro.

UNE FOLIE

Aux alentours d'Aix

Domaine de la Brillane – *195 rte de Couteron - quitter Aix par la N 296 (dir. Sisteron), sortie 12 (Aix-Les Plataners), puis dir. Couteron (fléché) - ✆ 04 42 54 21 44 - www.labrillane.com - 5 ch. 130-160 €.* Un banquier britannique reconverti dans la viticulture a transformé un étage de son beau domaine, au pied de Sainte-Victoire, en une confortable maison d'hôte, avec vue sur les vignes.

Le Mas d'Entremont – *315 rte Nationale 7 - 13090 Aix-en-Provence - ✆ 04 42 17 42 42 - www.masdentremont.com - 15 mars-15 oct. - 14 ch. 150-190 €.* Sur les hauteurs d'Aix, une belle bastide nichée dans un parc avec bassin, jeux d'eau et colonnes antiques. Grandes chambres personnalisées.

RESTAURATION

PREMIER PRIX

Pizza Capri – Plan II - *1 r. Fabrot - ✆ 04 42 38 55 43 - 6h-1h30 (vend.-sam. 3h30) - 2 € la part.* Sortie de spectacle tardive ou envie subite dans l'après-midi, chez Capri, ce n'est jamais fini… Rendez-vous des noctambules et des étudiants, on y trouve à toute heure d'excellentes pizzas juste sorties du four.

Basilic et Citronnelle – Plan II - *3 r. de l'Opéra - ✆ 04 42 27 58 77 - 12h-14h, fermé dim. - 8,90/12 €.* Une petite salle aux couleurs vitaminées et des produits frais cuisinés maison. La carte change tous les jours, les assiettes végétariennes, les tartes et les pâtisseries aussi. Sur place ou à emporter. Réservation conseillée.

Aux alentours d'Aix

La Grignote – *22 r. Mignet - 13120 Gardanne - ✆ 04 42 58 30 25 - fermé 1er-15 août - formule déj. 13,50 € - 13,50/35 €.* Ce restaurant situé à deux pas du cours Forbin vous propose une cuisine traditionnelle. Salle à manger climatisée et terrasse d'été ombragée.

BUDGET MOYEN

Chez Charlotte – Plan I - *32 r. des Bernardines - ✆ 04 42 26 77 56 - fermé août, dim. et lun. - 15/18,50 €.* On entre par un salon intime que les photos de famille ont teinté de nostalgie. La salle principale est dédiée au cinéma présent et futur. L'été, c'est dans la petite cour sous le figuier que l'on s'installe. Cuisine traditionnelle simple suivant les saisons. Le patron ne laisse pas indifférent.

Le Formal – Plan II - *32 r. Espariat - ✆ 04 42 27 08 31 - fermé 26 avr.-4 mai, 23 août-7 sept., 27 déc.-4 janv., sam. midi, dim. et lun. - formule déj. 20 € - 23 bc/58 €.* Restaurant situé dans de belles caves voûtées du 15e s., accueillant des expositions de tableaux. Autre objet de spectacle, la cuisine, inventive et bien tournée.

L'Auberge Provençale – Plan I - *13590 Meyreuil (au lieu dit Le Canet-de-Meyreuil) - ✆ 04 42 58 68 54 - www.auberge-provencale.fr - fermé 15-30 juil., mar. sf midi sept.-mai et merc. - P - 25/49 €.* Jolie auberge de bord de route disposant de plaisantes salles à manger méridionales. Cuisine traditionnelle, généreuse et soignée ; belle carte de vins régionaux.

Les 2 Frères – Plan I - *4 av. de la Reine-Astrid - ✆ 04 42 27 90 32 - 19/65 €.* En cuisine, le frère aîné réalise d'appétissants plats actuels, retransmis sur plusieurs écrans en salle où le cadet reçoit les hôtes. Ambiance de bistrot « trendy, » à l'écart du centre-ville. Belle terrasse.

Aux alentours d'Aix

Hostellerie du Puech – *8 r. St-Sébastien - 13105 Mimet - ✆ 04 42 58 91 06 - fermé dim. soir et lun. - 19,50/30 €.* Ce restaurant situé au cœur du vieux village de Mimet sert des spécialités… florentines. Beau choix de pâtes sur la carte. L'une des salles à manger ménage une vue imprenable sur le Pilon du Roi.

La Table de Muriel – *42 r. Jean-Jaurès - 13120 Gardanne - ✆ 04 42 58 14 60 - www.latabledemuriel.fr - fermé août - formule déj. 14 € - 22/27 €.* Derrière une façade sans attrait particulier se cache un restaurant qui, jusque dans sa décoration, semble rendre hommage à la Provence et à la Méditerranée. Murs orangés et plateaux de tables en mosaïque. En cuisine, les spécialités locales se teintent de saveurs arméniennes, pour le plus grand bonheur des habitués.

POUR SE FAIRE PLAISIR

La Cigale – Plan II - *48 r. Espariat - ✆ 04 42 26 20 62 - fermé dim., 1er Mai - formule déj. 12 € - 30 €.* Pizzas maison et recettes classiques et d'inspiration méridionale. Dans un cadre chaleureux grâce aux pigments de Roussillon dont sont peints les murs, ou en terrasse par beau temps.

Chez Antoine « Côté Cour » Plan II - *19 cours Mirabeau - ✆ 04 42 93 12 51 - fermé 25-26 déc., lun. midi et dim. - formule déj. 22 € - 40 €.* En retrait du cours Mirabeau, dans un patio-véranda lumineux agrémenté de plantes vertes. Toutes les saveurs provençales et italiennes sont au rendez-vous. Goûtez aux aubergines à la parmesane et aux calamars farcis. Un endroit où l'on aime à se montrer.

Chez Féraud – Plan II - *8 r. du Puits-Juif - ✆ 04 42 63 07 27 - marcferaud@cegetel.net - fermé août, dim. et lun. - formule déj. 22 € - 30 €.* Dissimulée dans une ruelle du vieil Aix, sympathique adresse familiale recelant un puits du 12e s. Recettes provençales (soupe au pistou, daube) et grillades préparées en salle.

UNE FOLIE

Yamato – Plan I - *21 av. des Belges - ✆ 04 42 38 00 20 - www.restaurant-yamato.com - fermé lun. sf le soir en juil. et mar. midi - 49/98 €.* Madame Yuriko, propriétaire de ce restaurant dédié à la cuisine japonaise, vous accueille en costume traditionnel. Salon nippon, véranda, terrasse, jardin. Menus « découverte ».

Pierre Reboul – Plan II - *11 Petite-Rue-St-Jean - ✆ 04 42 20 58 26 - www.restaurant-pierre-reboul.com - fermé dim.-lun. - 80/100 €.* Au cœur de la vieille ville, dans un cadre contemporain, le chef signe une séduisante cuisine inventive qui fait la part belle aux produits. Une étoile au *Guide Michelin* 2009.

PETITE PAUSE

L'Instant Thé – *57 r. Espariat - ✆ 04 42 66 32 97 - www.riederer.fr - lun.-sam. 8h30-19h30.* Un nouveau salon de thé ouvert par l'une des plus fameuses maisons aixoises de pâtisserie. Également de la petite restauration salée pour satisfaire tous les gourmands.

BOIRE UN VERRE

Café des Deux Garçons – *Voir « Se promener ».*

La Bastide du Cours – *41-47 cours Mirabeau - ✆ 04 42 26 10 06 - 7h30-2h.* Son immense terrasse ne semble jamais désemplir. L'un des endroits branchés où la jeunesse aixoise dorée aime voir et être vue.

Aux alentours d'Aix

Château de la Pioline – *260 r. Guillaume-du-Vair - ✆ 04 42 52 27 27 - www.chateaudelapioline.fr - 24h/24h.* Le bar de cet hôtel datant du 16e s. arbore de superbes décors à l'image des salons Médicis (en souvenir de l'illustre Catherine) et Louis XVI. Aux beaux jours, profitez de la large terrasse tournée vers un jardin à la française de 4 ha.

ACHATS

Marchés Aixois – Marché traditionnel tous les matins pl. Richelme ; mardi, jeudi et samedi pl. des Prêcheurs et pl. de la Madeleine. Brocante et artisanat mardi, jeudi et samedi pl. Verdun. Livres anciens et d'occasion, 1er dimanche de chaque mois, 9h-18h, pl. de l'Hôtel-de-Ville.

Brocante du cours et salon des antiquaires – *Cours Mirabeau - ✆ 04 42 59 25 56 - www.seagoing.com/antiquaires-aix - 8h-18h.* Foires à la brocante, sur le cours Mirabeau, à différentes périodes de l'année (dates sur le site Internet).

Foire aux santons – *Av. Victor-Hugo - ✆ 04 42 26 33 38 - www.santons-fouque.com - de fin nov. à déb. janv. : 10h-19h.* Née en 1934 à l'initiative du santonnier Jean-Baptiste Fouque, cette foire attire depuis la crème des santonniers du cru. Le jour de son ouverture est marqué par diverses festivités : messe des santonniers en provençal, défilé des groupes folkloriques, inauguration de la crèche des santonniers dans l'office de tourisme…

Santons Fouque – *65 cours Gambetta - ✆ 04 42 26 33 38 - www.santons-fouque.com - 9h-12h, 14h-18h - fermé dim. et j. fériés.* Depuis quatre générations, la famille Fouque perpétue son savoir-faire et réalise toujours artisanalement ses santons. Cette maison a donné naissance à près de 1 800 modèles dont le fameux Coup de Mistral, berger plié sous la bourrasque. Visite gratuite de l'atelier de fabrication et du jardin.

Pour les gourmands

Calissons du Roy René – *13 r. Gaston-de-Saporta - ✆ 04 42 26 67 86 - www.calisson.com - Boutique : tlj sf dim. 9h30-12h, 12h30-18h30, sam. 10h-12h, 14h-18h30 - fermé j. fériés.* Faites provision des incontournables calissons et autres douceurs provençales (nougats blancs, noirs et aux fruits) dans cette jolie boutique tenue par la même famille depuis 1920. Visite de la fabrique (sur rendez-vous).

Maison L. Béchard – *12 cours Mirabeau - ✆ 04 42 26 06 78 - 7h30-20h - fermé lun. et dim., 3 sem. en fév. et 3 sem. en août.* Une institution à Aix-en-Provence… Cette maison plus que centenaire n'a rien perdu de son charme.

Deux spécialités : les calissons et les biscotins (noisettes enrobées d'une pâte fine). Également, rayon traiteur.

Léonard Parli – *35 av. Victor-Hugo - ✆ 04 42 26 05 71 - www.leonard-parli.com - 8h-19h (sam. 9h-12h30, 15h-19h) - fermé dim., 1er et 8 Mai.* Autre ambassadeur gourmand de la ville, depuis 1874 celui-là. Léonard Parli n'est pas l'inventeur du calisson, mais il a largement contribué à son renouveau et continue à le fabriquer de façon artisanale.

Aux alentours d'Aix

Liquoristerie de Provence – *36 av. de la Grande-Bégude - 13770 Venelles - ✆ 04 42 54 94 65 - www.versinthe.net - 9h-12h45, 14h-18h, sam. 9h-12h15, 14h30-18h30 - fermé dim. et j. fériés.* Adresse précieuse que cette boutique dédiée aux apéritifs et liqueurs de Provence. La liquoristerie s'est illustrée dès son ouverture, en 1999, par la réintroduction de l'absinthe qu'elle a rebaptisée Versinthe. Visite et dégustations gratuites.

Savonnerie du Pilon du Roy – *62 av. de Nice - 13120 Gardanne - ✆ 04 42 62 13 38 - www.lasavonneriedupilonduroy.com - 9h-12h, 14h30-18h30 - fermé dim. et lun.* Des savons, des parfums, des huiles essentielles, le tout au naturel.

EN SOIRÉE

Bon à savoir – Les rendez-vous du mois (spectacles, expositions, conférences, visites guidées…) sont détaillés dans l'agenda culturel disponible à l'office de tourisme.

Grand théâtre de Provence – *380 av. Max-Juvenal - ✆ 04 42 91 69 69 - www.legrandtheatre.net - billetterie : mar.-sam. 11h-18h30 et les soirs de représentation* *jusqu'à la fin du spectacle.* Dédié à la musique et à la danse, ce lieu mise autant sur la qualité que la variété : opéras, récitals, concerts classiques, jazz, comédies musicales, danse, musique du monde…

Le Pavillon Noir – *530 av. Mozart - ☏ 0 811 020 111 - www.preljocaj.org - billetterie : mar.-vend. 13h-19h, sam. 15h-19h.* Ce bâtiment de verre et de béton accueille depuis 2006 le ballet Preljocaj. Dédié à la danse, il abrite les studios de répétition et le théâtre où sont donnés les spectacles. Une répétition publique gratuite/mois (généralement mar. 18h).

Théâtre du Jeu de Paume – *17-21 r. de l'Opéra - ☏ 0 800 000 422 - www.lestheatres.net - billetterie : mar.-sam. 12h-18h - 8-32 €.* Jumelé avec le théâtre du Gymnase de Marseille, ce beau théâtre à l'italienne accueille une programmation variée.

Cité du Livre – *8-10 r. des Allumettes - ☏ 04 42 91 98 88 - www.citedulivre-aix.com - 12h-18h, merc., sam. 10h-18h - fermé dim. et lun.* Elle propose un ensemble de services pour les littéraires : la superbe bibliothèque Méjanes, installée dans une fabrique d'allumettes de la fin du 19e s., et de nombreuses manifestations culturelles.

ACTIVITÉS

Thermes Sextius – *55 av. des Thermes - ☏ 04 42 23 81 82 - www.thermes-sextius.com - soins : 8h30-19h30, sam. 8h30-18h30 et j. fériés 10h30-16h30 ; espace forme et détente : 8h30-20h30, sam. 9h30-19h30, j. fériés 10h30-17h30 - fermé dim., 25 déc.-1er janv.* Les thermes utilisent les eaux minérales chaudes d'Aix (36 °C) pour divers soins : bain hydromassant, application de boue, douche au jet, etc. Forfaits à l'heure, à la demi-journée ou à la journée.

Aux alentours d'Aix

Sentiers balisés – Vous croiserez de nombreux randonneurs dans les villages de Mimet, Simiane-Collongue *(7 km à l'ouest)* et Cadolive *(5 km à l'est)*, principaux points de départs des randonnées dans la chaîne de l'Étoile.

AGENDA

Festival d'art lyrique et de musique – *Rens. et réserv. : palais de l'ancien archevêché - 13100 Aix-en-Provence - ☏ 0 820 922 923 (0,12 €/mn) - www.festival-aix.com.* Créé en 1948 par Gabriel Dussurget, ce prestigieux festival se tient chaque été en juillet dans la cour de l'archevêché transformée en théâtre, au théâtre du Jeu-de-Paume, au Grand St-Jean et à l'hôtel Maynier-d'Oppède. Le programme, axé sur les grandes œuvres lyriques, avec une coloration très mozartienne, fait aussi la part belle à l'opéra baroque et à la musique contemporaine.

Festival des vins et coteaux d'Aix – *☏ 04 42 21 35 77.* Dernier dimanche de juillet cours Mirabeau.

Journées des plantes rares et méditerranéennes – Dernier week-end de mai, dans les jardins d'Albertas à Bouc-Bel-Air.

Les Rencontres du 9e Art – *ww.bd-aix.com.* En mars-avril, festival de la bande dessinée (expositions, animations, cinéma, rencontres, dédicaces).

Festival Tous Courts – *Cité du Livre - ☏ 04 42 27 08 64 - www.aix-film-festival.com.* En décembre, compétition internationale de courts métrages, rencontres cinématographiques et expositions.

Sainte-Victoire

★★★

Bouches-du-Rhône (13)

NOS ADRESSES PAGE 191

S'INFORMER

Maison du Grand Site Sainte-Victoire – *5 pl. Verdun - 13126 Vauvenargues - ✆ 04 42 26 67 37 - www.grandsitesaintevictoire.com*

Maison Sainte-Victoire – *Voir p. 190.*

SE REPÉRER

Carte de microrégion BC1 *(p. 166) – carte Michelin Départements 340 I4.* Ce massif calcaire culmine à 1 011 m au pic des Mouches. Orientée d'ouest en est, la chaîne présente, au sud, une face abrupte dominant le bassin de l'Arc, tandis qu'au nord, elle s'abaisse doucement en une série de plateaux calcaires vers la plaine de la Durance. Un saisissant contraste oppose le rouge franc des argiles de la base au blanc des calcaires de la haute muraille, notamment entre Le Tholonet et Puyloubier. Depuis 2004, le label Grand Site, venu récompenser la gestion durable des lieux, regroupe 14 communes.

À NE PAS MANQUER

La randonnée jusqu'à la Croix de Provence, d'où l'on embrasse un splendide panorama sur les montagnes provençales. Attention, la montée et la descente sont rudes et certains passages rocheux sont délicats.

ORGANISER SON TEMPS

Comme pour tous les espaces naturels sensibles des Bouches-du-Rhône, l'accès au massif est strictement réglementé du 1er juillet au 2e samedi de septembre. Ouverts au public de 6h à 11h du matin, les espaces peuvent fermer en cas de risque d'incendie. Renseignez-vous avant le départ *(✆ 0811 20 13 13)*. S'il fait chaud, prenez un chapeau et buvez tout au long du chemin. En hiver, emportez coupe-vent et bonnet pour vous protéger du mistral.

AVEC LES ENFANTS

La Maison Sainte-Victoire pour mieux appréhender le paysage.

Montagne Sainte-Victoire.
Grand Site Sainte-Victoire

À l'est d'Aix-en-Provence, la montagne Sainte-Victoire ou « la Sainte », comme on l'appelle affectueusement, avec sa silhouette reconnaissable entre toutes, plus qu'une montagne, est un symbole pour la Provence, un véritable point de ralliement. Elle fut immortalisée par Cézanne qui, à travers une recherche inlassable et quasi mystique d'approfondissement de son art, représenta une soixantaine de fois la montagne qui le hantait.

Itinéraire conseillé Carte de microrégion

SUR LES PAS DE CÉZANNE BC1

Pour visualiser ce circuit de 74 km au départ d'Aix-en-Provence, se reporter à la carte p. 166 – compter une journée (visite d'Aix non comprise). Quitter Aix-en-Provence par la D 10 à l'est, puis prendre à droite une route en direction du barrage de Bimont.

Barrage de Bimont B1

Ouvrage principal du projet d'extension du canal du Verdon, il a été construit sur l'Infernet dans un très beau site boisé, au pied de la montagne Sainte-Victoire.

2h AR. Tout au bout du parking aménagé, suivre le balisage jusqu'au barrage Zola. Prenez un chapeau, une bouteille d'eau et de bonnes chaussures. La descente s'effectue par la rive droite, le long de belles gorges piquées de garrigue menant au **barrage Zola** (édifié par l'ingénieur François Zola, père du célèbre écrivain), deuxième ouvrage de ce projet conçu pour irriguer et distribuer l'eau à une soixantaine de communes de la région. La remontée s'effectue par la rive gauche, plus boisée. On rejoint le parking en traversant l'impressionnant barrage de Bimont, belle vue sur les eaux bleues.

Revenir sur la D 10 où l'on tourne à droite. Au lieu-dit la ferme des Cabassols, laisser la voiture sur un petit parc de stationnement à droite de la route.

★★★ Croix de Provence B1

3h30 AR. Prendre le chemin muletier des Venturiers (GR 9) qui s'élève rapidement dans la pinède, puis cède la place à un sentier, plus aisé, serpentant en lacets à flanc de montagne. Une chapelle, un bâtiment conventuel et les vestiges d'un cloître : c'est le **prieuré de Notre-Dame-de-Sainte-Victoire** (alt. 900 m), édifié en 1656, d'où l'on découvre, depuis la terrasse, une jolie **vue** sur le bassin de l'Arc et la chaîne de l'Étoile. Une petite escalade permet de gagner la Croix de Provence (alt. 945 m), haute de 17 m (avec un soubassement de 11 m). La vue embrasse un magnifique **panorama★★★** sur les montagnes provençales : au sud, le massif de la Sainte-Baume et la chaîne de l'Étoile, vers la droite, la chaîne de Vitrolles, la Crau, la vallée de la Durance, le Luberon, les Alpes de Provence et, plus à l'est, le pic des Mouches. À l'est, sur la crête, se trouve le ténébreux **gouffre du Garagaï**, profond de 150 m. Il fut une source inépuisable de légendes, qui, contées à la veillée, ont fait cauchemarder bien des enfants…

Vauvenargues B1

Village situé dans la vallée de l'Infernet : son **château** (17e s.), perché sur un éperon rocheux, appartint à Picasso, qui est enterré dans le parc.

Après Vauvenargues, la route remonte les **gorges de l'Infernet★**, très boisées, dominées à gauche par la Citadelle (723 m), et franchit le col des Portes. Au cours de la descente, les Préalpes se dessinent à l'horizon.

Au Puits-de-Rians, prenez à droite la D 23 qui contourne la montagne Sainte-Victoire par l'est et traverse le bois de Pourrières. Sur la gauche se dresse le **Pain de Munition** (612 m). Dans Pourrières, où Marius aurait écrasé l'armée des Teutons, tournez à droite en direction de Puyloubier.

Domaine Capitaine Danjou C1

04 42 91 45 49 - ♿ - 10h-12h, 14h-17h - fermé 30 avr. - gratuit.

Le château de cette exploitation viticole abrite l'Institution des invalides de la Légion étrangère. Dans une bastide du domaine, on peut visiter le **musée de l'Uniforme** *(voir aussi le musée de la Légion étrangère à Aubagne, p. 153).*

Revenir à Puyloubier et emprunter la D 57B, puis la D 56C à droite.

Ce parcours pittoresque offre de belles vues sur la montagne Sainte-Victoire, le bassin de Trets et le massif de la Sainte-Baume, puis franchit la montagne du Cengle avant de rejoindre la D 17, qui serpente en direction d'Aix entre la Sainte-Victoire et la montagne du Cengle.

Saint-Antonin-sur-Bayon B1

Maison Sainte-Victoire – *04 47 66 84 40 - ♿ - avr.-oct. : 9h30-18h ; reste de l'année : 9h30-18h, dim. et j. fériés 10h15-19h - possibilité de visite guidée (35mn) - fermé 1er janv., 25 déc - gratuit.*

Le village abrite la **Maison Sainte-Victoire** : exposition permanente sur la montagne, son écosystème, son histoire (les œufs de dinosaure) et les expériences de reforestation entreprises depuis le terrible incendie qui ravagea la montagne en 1989. Film *(30mn)* et sentier d'interprétation.

Bon à savoir – La Maison Sainte-Victoire organise des **randonnées à thème** *(sur réserv. - gratuit)*. Encadré par un écoguide, vous partirez à la rencontre des milieux aquatiques, à la recherche d'indices d'œufs de dinosaures…

Avant de reprendre le chemin d'Aix, un détour par **Beaurecueil** s'impose : c'est depuis ce village que la vue sur la Sainte-Victoire est certainement la plus belle, surtout à l'« heure cézannienne », lorsque le soleil déclinant vient caresser la montagne et les campagnes environnantes.

Retour à Aix par Le Tholonet, le long de la « route Paul Cézanne ».

NOS ADRESSES AUTOUR DE SAINTE-VICTOIRE

HÉBERGEMENT

POUR SE FAIRE PLAISIR

Chambre d'hôte Domaine Genty – *Rte de St-Antonin-sur-Bayon - 13114 Puyloubier - ✆ 04 42 66 32 44 - www.domainegenty.com - ⊭ - 90 €.* Au pied de la Sainte-Victoire, une agréable bastide pour dormir l'âme en paix, dans un décor digne de la plus grande tradition provençale.

RESTAURATION

BUDGET MOYEN

Hôtel-restaurant Le Relais de Saint-Ser – *Chemin départemental 17 - 13100 Puyloubier - ✆ 04 42 66 37 26 - www.relaisdesaintser.com - fermé 23 déc.-20 janv. - ♿ - P - 22/30 € - 9 ch. 60/90 € - ☕ 6,50 €.* Au pied de la Sainte-Victoire, au point de départ de la montée vers l'ermitage de Saint-Ser, voilà une adresse très agréable, au milieu des vignes. Excellente cuisine régionale. Également quelques chambres. Prix peu élevés pour la région.

Chez Thomé – *La Plantation - 74 av. Louis-Destrem - 13100 Le Tholonet - ✆ 04 42 66 90 43 - www.chezthome.fr - fermé dim. soir et lun., janv. - ♿ - P - formule déj. 20 € - 25 €.* L'une des bonnes tables de la campagne aixoise. Installé en terrasse, à l'ombre d'une grande bastide, ou dans une belle salle à manger, on y déguste une cuisine traditionnelle provençale. Réserver le week-end.

ACHATS

Cave des Vignerons du Mont Sainte-Victoire – *1 av. d'Aix - 13114 Puyloubier - ✆ 04 42 66 32 21 - vignerons-msv@wanadoo.fr - 9h-12h, 14h-18h - fermé 1er-2 janv., dim. et j. fériés.* Les vignerons qui adhèrent à cette coopérative (140 domaines) suivent une démarche officielle d'agriculture raisonnée. La cave fournit les trois couleurs sous l'appellation AOC côtes-de-provence et AOC sainte-victoire rosé et rouge. Elle vend également de nombreux produits dérivés, toujours à base de vin : confitures, terrines, confits, tapenade, chocolats, etc.

ACTIVITÉS

Randonnée pédestre – Le **GR 9**, des Cabassols à Puyloubier, passe par la Croix de Provence puis suit la crête jusqu'au pic des Mouches.

Centre équestre Canto-Grihet – *Av. Julien-Gautier - 13100 Beaurecueil - ✆ 04 42 66 97 94 - www.canto-grihet.com - tlj sf lun. 9h30-12h30, 14h-17h - 35 €/leçon.* Dans un cadre magnifique au pied de la Sainte-Victoire, leçons d'équitation, stages tous niveaux, de l'initiation au championnat, sorties accompagnées.

ARLES ET LA CAMARGUE
AIX-EN-PROVENCE
AIX-EN-PROVENCE
MARSEILLE
MARSEILLE
CAVAILLON
AVIGNON
NÎMES
NÎMES
BOUCHES-DU-RHÔNE
GARD
PARC NATUREL RÉGIONAL DES ALPILLES
PARC NATUREL RÉGIONAL DE CAMARGUE
Barben
Zoo de la Barben
Salon-de-Provence
Miramas
St-Chamas
Berre-l'Étang
Étang de Berre
Istres
Martigues
Carry-le-Rouet
Niolon
Carro
Chaîne de l'Estaque
Port-de-Bouc
Golfe de Fos
Fos-sur-Mer
Plaine de la Crau
St-Martin-de-Crau
La Fossette
Port-St-Louis-du-Rhône
Domaine de la Palissade
Plage de Piémanson
Mas-Thibert
Marais du Vigueirat
Musée du Riz
Grand Rhône
Salin de Giraud
Salin-de-Giraud
Faraman
Le Paradis
Salin-de-Badon
La Capelière
Ste-Croix
ARLES
Abbe de Montmajour
Pont de Langlois
Musée de la Camargue
Réserve nationale de Camargue
Îlots des Rièges
la Gacholle
Beauduc
Digue à la mer
Réserve des Impériaux
Albaron
Petit Rhône
Étg de Scamandre
St-Gilles
Avignon
Pont-de-Gau
Tombeau de Baroncelli-Javon
Stes-Maries-de-la-Mer
GOLFE DU LION
0 3 km
CAMARGUE ★★★ Vaut le voyage
Ste-Croix ★ Intéressant
Beauduc À voir
Itinéraire conseillé avec ville de départ

Arles et la Camargue 3

Carte Michelin Départements 340 – Bouches-du-Rhône (13)

Arles

★★★

51 970 Arlésiens ou Arlatens (en provençal) – Bouches-du-Rhône (13)

NOS ADRESSES PAGE 207

S'INFORMER

Office du tourisme d'Arles – *Espl. Charles-de-Gaulle - Bd des Lices - 13200 Arles - ☏ 04 90 18 41 20 - www.arlestourisme.com - avr.-sept. : 9h-18h45 ; janv.-mars et oct.-déc. : 9h-16h45, dim. et j. fériés 10h-12h45 ; reste de l'année : se renseigner.*

Sites et musées arlésiens – Pour ne pas (trop) vous ruiner en billets d'entrée, étudiez les offres de l'office de tourisme : le « **Passeport Avantages** » *(13,50 € valable un an)* donne accès à tous les monuments et musées de la ville ; le « **Passeport Liberté** » (9 € valable un mois) permet de visiter cinq sites au choix (un musée et quatre monuments) ; le « **Passeport Arelate** » (9 €, valable un mois) donne accès à l'amphithéâtre, au théâtre antique, aux thermes de Constantin, aux cryptoportiques et au Musée départemental de l'Arles antique. Il existe aussi des billets couplés : amphithéâtre-théâtre antique *(6 €)*, cryptoportiques-Alyscamps *(5,50 €)*.

Visites guidées de la ville – *Rens. à l'office de tourisme.* Arles, qui porte le label **Ville d'art et d'histoire**, propose des visites-découverte (1h30) animées par des guides-conférenciers agréés par le ministère de la Culture et de la Communication.

SE REPÉRER

Carte de microrégion B1 *(p. 192) – carte Michelin Départements 340 C3.* Sitôt quitté la voie rapide, vous vous retrouvez sur le boulevard des Lices, centre nerveux de la ville, qui longe le tracé des anciens remparts.

SE GARER

Sous les platanes du boulevard Georges-Clemenceau, à la sortie de la voie rapide, aux abords du Rhône. Des parkings souterrains sont également à votre disposition aux abords de ce boulevard. À moins d'être arlésien depuis plusieurs générations, n'essayez pas de vous glisser en voiture dans le dédale de ruelles du centre historique. Sachez enfin que le **TER** relie Arles à Avignon (20mn) et Marseille (50mn). La gare se trouve à 10mn à pied du centre historique.

À NE PAS MANQUER

Le centre monumental, avec le théâtre antique et l'amphithéâtre (les arènes) ; les Alyscamps ; le cloître Saint-Trophime ; le musée départemental Arles antique.

ORGANISER SON TEMPS

Comptez une journée au minimum pour les seuls sites antiques. Pour les autres musées et monuments, prévoyez une journée supplémentaire. Le grand marché du samedi matin, sur le boulevard des Lices, saura aussi vous retenir. En saison, assistez à une corrida ou à une course camarguaise dans les arènes. En cas de mistral, une petite laine ne sera jamais superflue.

AVEC LES ENFANTS

Une halte au marais du Vigueirat, pour observer les oiseaux.

Amphithéâtre (arènes).
Sigfrid López / MICHELIN

D'où vient cette magie arlésienne ? De cette lumière particulière qui éblouit jadis Van Gogh ? De ce ciel presque transparent à force d'être balayé par le mistral ? De ces impressionnants vestiges architecturaux laissés par les générations successives, celtes, romaines ou contemporaines ? Ou bien de son mélange de cultures ? Camarguaise et provençale, gitane et parisienne, agricole et intellectuelle, Arles assimile sans peine les strates successives d'immigrants et les nouveaux habitants qui tissent son identité. Aujourd'hui, tous ces Arlésiens coexistent dans ce « carrefour des Suds ». Plus qu'une ville, Arles est un état d'esprit, qui se révèle de façon encore plus vivante lors des bouillonnantes ferias.

Se promener

CENTRE MONUMENTAL Plan de ville II

Se reporter au plan p. 197 – compter une journée.

Quel plaisir de se promener sur le **boulevard des Lices**, avec ses grands platanes, ses terrasses de cafés et son animation, particulièrement le samedi matin, jour de marché. Par l'agréable jardin d'été, puis la **rue Porte-de-Laure** jalonnée de restaurants, vous accédez à l'Arles antique, débouchant devant la masse majestueuse de l'amphithéâtre, tandis que sur la gauche, parmi pins et mélèzes, se dressent les colonnes du théâtre antique. Dans le quartier silencieux et serein qui s'élève entre la rue Porte-de-Laure et les remparts, des demeures souvent restaurées réservent bien des surprises : ici une gargouille, là une fenêtre géminée, ailleurs une colonne cannelée encastrée dans une façade…

★★ Théâtre antique

04 90 49 38 20 - mai-sept. : 9h-18h30 ; mars-avr. et oct. : 9h-12h, 14h-18h ; reste de l'année : 10h-12h, 14h-17h - fermé 1er janv., 1er Mai, 1er nov., 25 déc. - 6 € (-18 ans gratuit) billet combiné avec l'amphithéâtre (arènes).

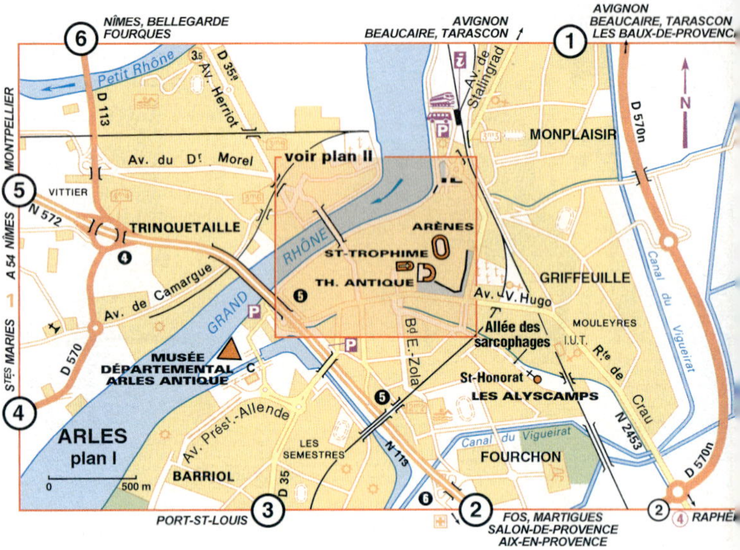

Carrière au Moyen Âge, réduit fortifié ensuite, il disparut complètement sous les habitations et ne fut dégagé qu'à partir de 1827. D'un diamètre de 102 m, l'édifice s'appuyait non pas sur une colline (comme celui d'Orange) mais sur un portique extérieur de 27 arches dont une travée a subsisté. Ne restent du mur de scène que deux admirables colonnes, composant avec la végétation un paysage on ne peut plus romantique. On peut voir aujourd'hui le rocher de l'Hauture sous les vestiges de la scène. Le fossé du rideau de scène, l'orchestre et une partie des gradins sont encore visibles.

La restauration, en cours actuellement, permettra de reprendre les spectacles avec un équipement contemporain.

En prenant sur la droite des arènes, on accède au parvis de la collégiale romane **N.-D.-de-la-Major**, l'un des hauts lieux de la confrérie des Gardians. Une terrasse permet d'apprécier la vue, au premier plan sur les toits de tuiles romaines aux teintes rose orangé, au second plan sur l'abbaye de Montmajour, la Montagnette et les Alpilles et, au loin, sur les Cévennes délicatement bleutées (table d'orientation).

★★ Amphithéâtre (arènes)

✆ 04 90 49 38 20 - mai-sept. : 9h-18h30 ; mars-avr. et oct. : 9h-18h ; reste de l'année : 10h-17h - fermé merc. apr.-midi (juil.-août), du Jeu. saint au lun. de Pâques, 1er janv., 1er Mai, 1er w.-end de juil., 2e w.-end de sept., 1er nov., 25 déc. - 6 € (-18 ans gratuit) billet combiné avec le théâtre antique.

L'amphithéâtre date vraisemblablement de la fin du 1er s. et mesure 136 m sur 107 m. L'arène, de 69 m sur 40 m, était séparée des gradins par un mur de protection et recouverte d'un plancher : sous ce dernier se trouvaient les machineries, les cages aux fauves et les coulisses.

Les arènes devinrent **une ville dans la ville** au Moyen Âge. Sous les arcades bouchées, sur les gradins et sur la piste s'élevaient plus de 200 maisons et 2 chapelles, construites avec des pierres prélevées sur l'édifice. Mutilé mais préservé de la destruction par cette utilisation continue, le monument fut dégagé, puis restauré à partir de 1825. Une campagne de restauration est actuellement en cours et doit se poursuivre sur plusieurs années.

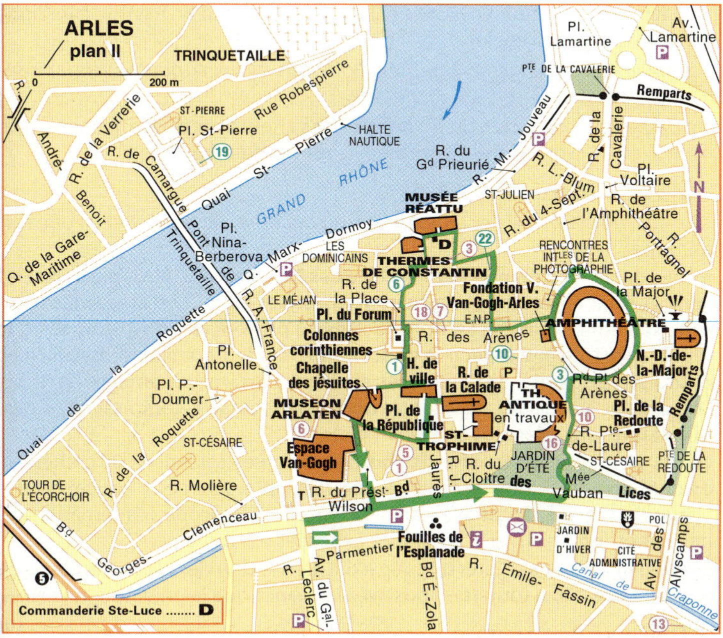

SE LOGER

Hôtel Acacias	1
Hôtel Calendal	3
Hôtel d'Arlatan	6
Hôtel L'Amphithéâtre	10
Hôtel Mireille	19
Hôtel Muette	22

SE RESTAURER

Bistrot A Côté	1
Corazón	3
Ferme-auberge de Barbegal	4
L'Atelier de Jean-Luc Rabanel	5
L'Autruche	6
La Gueule du Loup	7
Le Criquet	10
Le Jardin de Manon	13
Lou Calèu	16
Querida	18

Remontez le long des arènes jusqu'au **palais de Luppé**, édifice du 18e s. qui abrite la fondation Vincent-Van-Gogh.

Fondation Vincent-Van-Gogh-Arles

24 bis Rond-point des Arènes - ☏ 04 90 49 94 04 - www.fondationvangogh-arles.org - juil.-sept. : 10h-19h ; avr.-juin : 10h-18h ; reste de l'année : tlj sf lun. 11h-17h - possibilité de visite guidée (45mn) sur réserv. - fermé 1er janv., 25 déc. - 6 € (enf. 4 €).

C'est un bel hôtel du 18e s., le palais de Luppé, qui abrite cette collection d'œuvres créées en hommage à Van Gogh. Tableaux (Bacon, Hockney, Botero, Debré), sculptures (Appel, César), photos (Doisneau, Clergue), œuvres littéraires (Tournier, Forrester), musicales (Dutilleux) et créations de mode (Lacroix) revisitent l'œuvre du peintre hollandais. Expositions temporaires consacrées à l'un des donateurs, chaque année, lorsque la collection permanente voyage sous d'autres cieux.

En sortant, prendre à gauche la rue des Arènes.

Au n° 16, se trouve l'**École nationale supérieure de photographie** logée dans l'ancien hôtel particulier Quinqueran de Beaujeu. Il fut bâti à la mode parisienne avec la cour en façade et le porche décoré d'un fronton curviligne (entrée réservée à l'école).

Continuer et prendre la troisième rue à droite puis, au bout à gauche vers le musée Réattu (fléché).

On passe devant l'ancien grand **prieuré des chevaliers de Malte**, bel édifice des 15e et 17e s. qui abrite aujourd'hui le **musée Réattu**.

★ Musée Réattu

10 r. du Grand-Prieuré - pour les heures d'ouverture, se renseigner à l'office de tourisme.

Il doit son nom au peintre arlésien **Jacques Réattu** (1760-1833) qui habita les lieux et dont les œuvres occupent douze salles du musée. Outre des peintures italiennes, françaises, hollandaises ou provençales du 16e au 18e s., le musée présente une collection de sculptures contemporaines (César, Richier, Bourdelle, Zadkine), des peintures modernes de Dufy, Vlaminck, Sarthou, Prassinos et Alechinsky et surtout la **donation Picasso★**, comprenant 57 dessins et une toile exécutés en 1971.

Les œuvres de l'important **fonds photographique★** (plus de 4 000 clichés), né de dons du photographe arlésien **Lucien Clergue**, sans cesse enrichi par des acquisitions et des donations d'artistes invités aux Rencontres internationales de la photographie *(voir p. 210)*, sont exposées par roulement.

En face, n'hésitez pas à jeter un coup d'œil dans la cour de la **commanderie de Sainte-Luce** (D), si toutefois vous avez la chance que la grille soit ouverte.

★ Thermes de Constantin

Accès par la r. du Grand-Prieuré - ✆ 04 90 49 38 20 - mêmes conditions de visite que le théâtre antique - 3 € (-18 ans gratuit).

Ces thermes, dont seule une partie a été dégagée, datent du règne de Constantin (4e s.). Ce sont les plus vastes qui subsistent en Provence (98 m sur 45 m). On y pénètre par la salle tiède, le *tepidarium*, avant d'accéder à la salle chaude, le *caldarium*, qui a conservé son hypocauste, fourneau souterrain permettant de transformer la salle en étuve.

Petit détour – En contournant les thermes et la place Constantin, on rencontre l'église des Dominicains, puis, accédant au quai Marx-Dormoy, la **place Nina-Berberova**, haut lieu culturel de la ville avec les éditions Actes Sud (qui ont fêté leurs trente ans d'existence en 2008 !).

Remonter par la rue Maïsto, à gauche, et poursuivre, à droite, par la place et la rue du Sauvage.

Belles demeures dont l'ancien palais des comtes d'Arlatan de Beaumont (15e s.) abritant aujourd'hui l'hôtel d'Arlatan.

Continuer jusqu'à la place du Forum.

Place du Forum

« Place des hommes » : tel était le nom de cette place où les journaliers se regroupaient chaque matin pour se louer aux propriétaires terriens venus embaucher leur personnel temporaire. Animée par des terrasses de cafés, présidée par la statue de Frédéric Mistral où aiment à se percher des pigeons peu respectueux des valeurs du Félibrige, cette place, malgré son nouveau nom, n'est pas située à l'emplacement du forum de la ville romaine, qui s'étendait plus au sud. Remarquez, incluses dans la façade du légendaire hôtel Nord-Pinus, deux colonnes corinthiennes, restes de la façade d'un temple du 2e s.

Par la rue du Palais, on accède au Plan de la Cour, placette bordée de bâtiments anciens dont le **palais des Podestats** (12e-15e s.) et l'hôtel de ville.

Arles dans les grandes lignes

DE MAIN EN MAIN

Les Celto-Ligures établirent à cet endroit leur oppidum, Théliné, que les Grecs de Marseille colonisèrent dès le 6e s. av. J.-C. Bientôt rebaptisée Arelate, la ville prit son essor lorsque le consul Marius la fit relier, en 104 av. J.-C., au golfe de Fos par un canal, ce qui facilita la navigation. Après la prise de Marseille par César en 49 av. J.-C., Arelate devient une colonie romaine prospère : carrefour de plusieurs routes (sept au total), grand port maritime et fluvial.

UNE COLONIE ROMAINE

Colonie des vétérans de la 6e légion, la ville reçoit le privilège de ceinturer les 40 ha de la cité officielle d'un rempart. Un forum, des temples, une basilique, des thermes et un théâtre sont édifiés ; un aqueduc amène à la ville l'eau pure des Alpilles. La ville se développe au 1er s. : amphithéâtre, chantiers navals au sud, quartier résidentiel à l'est. Sur la rive opposée du Rhône, à Trinquetaille, mariniers, bateliers et marchands entretiennent l'animation et un pont de bateaux est lancé sur le fleuve.

UN SIÈCLE D'OR

Arles est un centre industriel actif : on y fabrique des tissus, de l'orfèvrerie, des navires, des sarcophages, des armes. Un atelier impérial bat monnaie. On exporte le blé, la charcuterie, l'huile d'olive et le vin noir et épais des coteaux du Rhône que l'on appelait alors « **vin de poix** ». Prospère, Arles voit accroître son pouvoir politique : **Constantin** s'y installe. L'extension d'Arles atteint alors son maximum : l'empereur fait remodeler le quartier nord-ouest où il édifie un palais impérial et les thermes de la Trouille (aujourd'hui appelés « thermes de Constantin »). En 395, la cité devient préfecture des Gaules (Espagne, Gaule proprement dite, Bretagne). Dans ses murs se tiennent dix-neuf conciles, grâce au rayonnement de ses évêques (comme saint Césaire), qui en font une importante métropole religieuse.

LE DÉCLIN

Francs et Sarrasins se disputent au 8e s. le pays, avec les ravages que l'on imagine… et au 9e s., la ville n'est plus que l'ombre d'elle-même lorsqu'elle devient la capitale du royaume d'Arles, comprenant la Bourgogne et une partie de la Provence. Il faudra attendre le 12e s. pour voir l'amorce d'un renouveau : l'empereur **Frédéric Barberousse** vient se faire couronner roi d'Arles en 1178 dans la toute nouvelle cathédrale Saint-Trophime. En 1239, les bourgeois arlésiens se rallient au comte de Provence et dès lors, la ville suit les destinées de sa province. Aix la détrône dans le domaine politique, Marseille prend sa revanche dans l'ordre économique. Le Rhône assure néanmoins une certaine prospérité, d'autant que le pays est mis en valeur par l'irrigation de la Crau et la bonification des marais. Mais l'avènement du chemin de fer, détruisant le rôle commercial du fleuve, lui porte un coup fatal. Arles n'est plus alors que le marché agricole de la Camargue, de la Crau et des Alpilles.

ARLES AUJOURD'HUI

Au 21e s., le réveil vient du tourisme, bien sûr, mais aussi de l'agriculture (outre d'importantes cultures fruitières et céréalières, la Camargue est l'unique producteur français de riz). Ces dernières années, Arles a également attiré des fleurons du domaine culturel : les éditions Actes Sud, Harmonia Mundi, le Centre de conservation du livre ou encore l'École nationale de la photographie… Ce dynamisme se poursuit, notamment autour du vaste projet des anciens ateliers SNCF, où devrait naître, d'ici 2013, un lieu de dimension internationale dédié à la photographie et à l'art contemporain. Soutenu par la mécène Maja Hoffmann, ce projet, s'il voit le jour, sera signé par l'architecte Franck Gehry, à qui l'on doit le musée Guggenheim de Bilbao.

Hôtel de ville

Lorsqu'il le réédifia en 1675 sur des plans d'Hardouin-Mansart, l'Arlésien Peytret conserva de l'édifice précédent la tour de l'Horloge (16e s.), inspirée du mausolée du plateau des Antiques. On remarquera dans le vestibule *(ouvert au public en journée)* la **voûte★** presque plate, chef-d'œuvre qui faisait l'admiration des compagnons du Tour de France.

En sortant de l'hôtel de ville (côté Plan de la Cour), remonter sur la gauche jusqu'à la rue Balze, permettant d'accéder à la chapelle des Jésuites dans laquelle s'ouvrent les cryptoportiques.

★ Cryptoportiques

Mai-sept. : 9h-18h30 ; mars-avr. et oct. : 9h-18h ; reste de l'année : 10h-17h - fermé 1er janv., 1er Mai, 1er nov., 25 déc. - 3,50 € (-18 ans gratuit) accès limité à 19 pers.

Cette double galerie souterraine en fer à cheval date de la fin du 1er s. av. J.-C. Les deux couloirs voûtés sont séparés par un alignement de piliers massifs et des soupiraux diffusent la lumière du jour. On ignore si ces substructions du forum antique avaient une autre fonction que celle d'en assurer la stabilité, comme celle de grenier à blé.

De retour au Plan de la Cour, traversant le vestibule de l'hôtel de ville, on débouche sur la place de la République, où un bel **obélisque** provenant du cirque romain d'Arles complète le décor composé par la façade classique de l'hôtel de ville et le somptueux portail de Saint-Trophime.

★ Église Saint-Trophime

12 r. du Cloître - tlj sf dim. apr.-midi 8h30-12h, 14h-18h30.

Cette église, vouée à celui qui fut sans doute le premier évêque d'Arles, au début du 3e s., a été bâtie à l'emplacement d'un sanctuaire antérieur, d'époque carolingienne (partie de la façade en petits moellons), puis reconstruite au 11e s. (transept) et dans la première moitié du 12e s. (nef).

C'est vers 1180 qu'elle s'est embellie d'un magnifique **portail sculpté★★**, parfait exemple du roman méridional tardif. Il affecte la forme d'un arc de triomphe, influence courante en Provence de l'art antique sur les bâtisseurs romans. Inscrit par l'Unesco sur la liste du Patrimoine mondial, le portail de Saint-Trophime a été restauré selon des procédés sophistiqués, alors que, rongé par les vents, la pluie et la pollution, il était menacé de disparition.

À l'intérieur, on sera surpris par la hauteur du vaisseau et l'étroitesse des bas-côtés, ainsi que par la sobriété romane de la nef qui contraste avec les nervures et les moulures du chœur gothique. Parmi les œuvres d'art, on remarquera des sarcophages du 4e s. (dont celui représentant le Passage de la mer Rouge, servant d'autel à la chapelle de Grignan), et une très belle *Annonciation* de Finsonius, dans le transept gauche.

★★ Cloître Saint-Trophime

Mai-sept. : 9h-18h30 ; mars-avr. et oct. : 9h-18h ; reste de l'année : 10h-17h - fermé 1er janv., 1er Mai, 1er nov., 25 déc. - 3,50 € (-18 ans gratuit), 5,50 € billet combiné avec les Alyscamps.

C'est le plus célèbre de Provence par l'élégance et la finesse de sa décoration sculptée, peut-être due à certains artistes de Saint-Gilles. Remarquez en particulier les sculptures sur les chapiteaux *(un grand nombre de sculptures trop abîmées portent des « pansements » en attendant une restauration prochaine)* et les magnifiques piliers d'angle de la galerie nord *(à gauche en entrant)*. Ne manquez pas, sur le pilier nord-est, une statue de saint Paul aux plis profondément incisés, très longs sous les coudes, œuvre d'un artiste qui, visiblement, connaissait le portail central de **Saint-Gilles** *(voir ce nom)*. Les chapiteaux et les piliers de la galerie évoquent la vie du Christ, ceux de la galerie sud celle de saint Trophime ; quant à la galerie ouest, elle est consacrée à des thèmes provençaux, comme sainte Marthe et la Tarasque. Depuis la galerie sud, on découvre le cloître, les anciens locaux du chapitre, la nef de l'église et, dominant le tout, son robuste clocher. Bordant la galerie est, le réfectoire et le cloître accueillent des expositions temporaires, dont le fameux **Salon des santonniers** *(voir p. 210)*.

Au fond de la place, prendre à droite la rue de la République.

★ Museon Arlaten

29 r. de la République - www.museonarlaten.fr - fermé pour travaux. En attendant la réouverture du musée flambant neuf en 2013, des activités hors les murs sont organisées (spectacles, expositions temporaires…). Rens. et programme sur le site Internet du musée.

C'est avec l'argent du prix Nobel de littérature, obtenu en 1904, que **Frédéric Mistral** a pu aménager entre 1906 et 1909 dans l'hôtel de Laval-Castellane (16e s.) ce passionnant musée ethnographique. Inquiet du sensible recul de l'identité provençale, Mistral a collectionné les objets présentés.

Dans la cour, vestiges d'un petit forum qui donnait accès à une basilique du 2e s.

VINCENT EN ARLES

Le 21 février 1888, Vincent Van Gogh descend du train en gare d'Arles. Là, il découvre la lumière extraordinaire des paysages provençaux. Son style s'écarte alors de l'impressionnisme et il peint sans cesse. Tout l'inspire : la nature, les travaux des champs, la ville, les personnages familiers. En tout, il réalise plus de 200 toiles et 100 dessins. *La Maison de Vincent*, *Les Alyscamps*, *L'Arlésienne*, *La Crau*, *Le Pont de Langlois* sont quelques-unes des œuvres les plus saisissantes de sa période arlésienne. Mais les « crises » reprennent et se multiplient et, après la rupture brutale avec Gauguin (24 décembre 1888), le peintre se mutile l'oreille gauche. Il est interné à la maison de santé où il se sent abandonné : son ami le facteur Roulin vient d'être muté à Marseille ; en février 1889, une pétition réclame l'enfermement de ce fou. Il est temps de quitter la ville : le 3 mai 1889, à sa propre demande, Vincent Van Gogh est interné à l'asile de **Saint-Paul-de-Mausole**, près de Saint-Rémy *(voir ce nom)*.

Depuis la rue de la République, prendre la rue du Prés.-Wilson qui conduit à l'ancien hôtel-Dieu.

Espace Van-Gogh

04 90 49 38 05 - 7h30-19h30 - gratuit.

C'est dans l'ancien hôtel-Dieu, à la cour bordée d'arcades, que Van Gogh se fit soigner en 1889. Le lieu abrite aujourd'hui diverses librairies, la médiathèque, les archives de la ville et le collège des traducteurs littéraires, qui tiennent leurs assises à Arles chaque année.

★★★ LES ALYSCAMPS Plan de ville I

Mêmes conditions de visite que le théâtre antique - 3,50 € (-18 ans gratuit), 5,50 € billet combiné avec le cloître.

Les Alyscamps (« Champs Élysées ») ont été, de l'époque gallo-romaine jusqu'à la fin du Moyen Âge, une des plus prestigieuses nécropoles d'Occident. Le voyageur antique, arrivant à Arles par la **voie Aurélienne**, était accompagné, ici comme dans la plupart des villes du monde romain, par un long cortège de tombeaux et de mausolées gravés d'inscriptions. Mais le grand essor des Alyscamps est venu lors de la christianisation de la nécropole, autour des reliques de saint Trophime et du tombeau de saint Genès, fonctionnaire romain qui, ayant refusé de transcrire un édit de persécution contre les chrétiens, fut décapité en 250. Le déclin allait survenir après le transfert des reliques de saint Trophime à la cathédrale en 1152. La nécropole, bientôt jugée démodée, sera petit à petit dépecée par les seigneurs et édiles qui offraient en souvenir à leurs hôtes de marque des sarcophages choisis parmi les mieux sculptés, tandis que les moines puisaient dans les pierres tombales pour bâtir des couvents ou enclore leurs jardins. Par bonheur, quelques pièces admirables ont pu être sauvées et recueillies au musée départemental Arles antique.

Prendre la rue Émile-Gassin jusqu'à l'allée des Sarcophages.

Allée des Sarcophages

Offrir au défunt, comme marque d'affection, une tombe aux Alyscamps était chose courante : il suffisait d'expédier au fil du Rhône son cercueil muni d'une obole pour les fossoyeurs qui, interceptant le colis au pont de Trinquetaille, se chargeaient de l'inhumation.

Passez sous le porche du 12e s. (vestige de l'abbaye Saint-Césaire). Remarquez que bon nombre de sarcophages sont de type grec (toit à double pente et quatre coins relevés), les autres (à couvercle plat) de type romain. Sur certains sont sculptés un fil à plomb et un niveau de maçon, symbolisant l'égalité des hommes devant la mort, tandis qu'une sorte de hache, la doloire, était censée protéger le sarcophage contre les voleurs.

Église Saint-Honorat

Reconstruite au 12e s. par les moines de Saint-Victor de Marseille, gardiens de la nécropole, elle est dominée par un puissant clocher ou tour-lanterne à deux étages percés de huit baies en plein cintre. Outre le clocher, ne subsistent que le chœur, plusieurs chapelles et un portail sculpté.

À voir aussi Plan de ville I

★★ Musée départemental Arles antique

Compter 1h30 - accès par le bd Georges-Clemenceau que l'on suit jusqu'au Rhône, avant de passer à gauche sous la voie rapide - ✆ 04 90 18 88 88 - www.arles-antique.org - ♿ - 10h-18h - possibilité de visite guidée dim. 15h - fermé mar., 1er janv., 1er Mai, 1er nov., 25 déc. - collections permanentes : 6 €, cp + expositions temporaires : 7,50 € (-18 ans gratuit), 1er dim. du mois gratuit (collections permanentes).

En bordure du Rhône, cet audacieux bâtiment bleu de forme triangulaire, conçu par Henri Ciriani, abrite les riches collections arlésiennes d'archéologie, jusqu'alors disséminées en divers lieux de la ville. Accueilli par le lion de l'Arcoule (1er s.), le visiteur découvre la grande statuaire : statues de danseuses, autels dédiés à Apollon, moulage de la fameuse **Vénus d'Arles** hellénistique (l'original est au Louvre) et grand **bouclier votif d'Auguste** (26 av. J.-C.) témoignent de la romanisation rapide d'Arles.

Des **maquettes** illustrent la civilisation romaine à l'époque impériale. Les plans d'urbanisme qui jalonnent l'édification des grands monuments d'époques augustéenne (forum, théâtre), flavienne (amphithéâtre), antonine (cirque) et constantine (thermes) permettent de suivre l'évolution d'Arelate. La **vie quotidienne** des Arlésiens (équipement domestique, parures, soins médicaux) est présentée en parallèle avec leurs activités traditionnelles (agriculture, élevage, artisanat, industrie) par des objets ou des bas-reliefs provenant de sarcophages. Quant à l'**économie** arlésienne, elle est évoquée par le réseau routier (bornes milliaires) et le commerce terrestre ou maritime (amphores et *dolia*). Une aire est consacrée aux cultes : petit faune en bronze (1er s. av. J.-C.), torse de Sarapis (2e s.) autour duquel s'enroule un serpent.

Du haut d'une passerelle, on découvre les motifs et les coloris de somptueuses **mosaïques** provenant des riches villas de Trinquetaille, témoignages des fastes de l'époque impériale : décors géométriques ou à thème illustrant l'enlèvement d'Europe, Orphée ou les quatre saisons. Dans le médaillon central de la mosaïque de l'Aiôn, le dieu du temps tient à la main l'inexorable roue du zodiaque.

Mais on s'attachera surtout à l'éblouissante **série de sarcophages★★**, païens ou chrétiens : ces œuvres magnifiques, généralement taillées dans le marbre aux 3e et 4e s. par les sculpteurs arlésiens, proviennent en partie des Alyscamps. Remarquez le sarcophage de Phèdre et Hippolyte, celui de La Trinité ou encore celui des Époux. Le parcours se termine sur l'Antiquité tardive avec la boucle en ivoire de saint Césaire (6e s.) représentant les soldats endormis devant le tombeau du Christ.

Le musée organise aussi d'excellentes expositions temporaires, qui attirent régulièrement des milliers de visiteurs *(rens. et programme sur le site Internet du musée).*

À proximité Carte de microrégion

★ Abbaye de Montmajour B1

À 2 km à la sortie nord d'Arles en direction de Fontvieille (D 17).

✆ 04 90 54 64 17 - juil.-sept. : 10h-18h30 (dernière entrée 45mn av. la fermeture) ; avr.-juin : 9h30-18h ; reste de l'année : tlj sf lun. 10h-17h - fermé 1er janv., 1er Mai, 1er et 11 Nov., 25 déc. - 7 € (-18 ans gratuit) suppl. 1 € pdt les Rencontres internationales de la photographie (juil.-août).

Comme un avant-poste des Alpilles posé dans la plaine apparaît la colline boisée de pins de Montmajour, que vous contournerez avant de vous garer devant l'entrée de l'abbaye.

★ **Église Notre-Dame** – Cet édifice, du 12e s. dans sa partie principale, comprend une église haute et une crypte ou église basse. Jamais achevée, l'**église haute** se compose du chœur, d'un transept et d'une nef à deux travées. La **crypte★**, aménagée pour compenser la déclivité du terrain, est en partie creusée dans le roc et en partie surélevée.

★ **Cloître** – Il a été édifié au 12e s., mais seule la galerie est a conservé son authenticité romane : le remarquable décor historié des chapiteaux a pu être inspiré par celui de Saint-Trophime d'Arles.

Locaux d'habitation – Subsistent la salle capitulaire avec un beau berceau en plein cintre et le réfectoire aux voûtes surbaissées *(accès par l'extérieur)*. Le dortoir occupait le 1er étage, au-dessus du réfectoire.

Tour de l'Abbé – De la plate-forme supérieure de ce beau donjon (124 marches), **panorama★** sur les Alpilles, la Crau, Arles, les Cévennes, Beaucaire et Tarascon.

★ **Chapelle Saint-Pierre** – À demi creusée dans le roc, à flanc de colline, elle fut édifiée lors de la fondation de l'abbaye. Elle comprend une église à deux nefs et, dans le prolongement, un ermitage formé de grottes naturelles. C'était la chapelle du **cimetière** de l'abbaye.

★ Chapelle Sainte-Croix

200 m de l'abbaye sur la droite vers Fontvieille - 04 90 54 64 17 - sur demande uniquement.

Ce charmant petit édifice du 12e s. se trouve en dehors de l'abbaye. Son plan est en forme de croix grecque : un carré entouré de quatre absidioles.

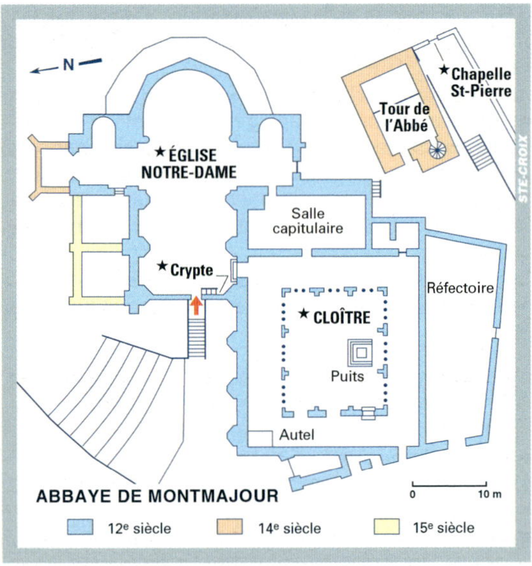

UNE ABBAYE MISE À MAL

Il faut se rappeler que la plaine actuelle était au haut Moyen Âge une zone de marais insalubres. Sur les rochers de Montmajour, quelques ermites, veillant sur une vaste nécropole, sont à l'origine de l'abbaye bénédictine qui s'établit au 10e s.

Au 17e s., l'abbaye est en décadence. Parmi la communauté, on compte bon nombre de « religieux laïques » qui, par faveur royale, ont obtenu une place dans la communauté et surtout une part des revenus. Leur goût pour les futilités de ce bas monde entraîne une réaction : de nouveaux moines sont envoyés pour restaurer la discipline tandis que les anciens, expulsés *manu militari*, saccagent l'abbaye. Au 18e s., une partie des bâtiments s'effondre; on les remplace par de nouvelles constructions.

En 1791, Montmajour est vendue comme bien national à une brocanteuse qui dépèce les bâtiments. Meubles, boiseries, plomb, charpentes, marbres s'en vont par charretées. Le successeur, un marchand de biens, s'attaque, lui, au gros œuvre en débitant la pierre de taille… L'action d'Arlésiens amis des vieux monuments (comme le peintre Réattu), bientôt relayés par la municipalité, permet de commencer la restauration des bâtiments médiévaux en 1872, mais les constructions du 18e s. demeurent en ruine.

Itinéraire conseillé Carte de microrégion

LA CRAU B1-2

Pour visualiser ce circuit de 93 km au départ d'Arles, se reporter à la carte p. 192 – compter 1h30 de route. Quitter Arles par la D 453.

Cette vaste plaine de galets et de graviers, accumulés en certains points sur 15 m d'épaisseur, s'étend sur 50 000 ha entre le Rhône, les Alpilles, les hauteurs de Saint-Mitre et la mer.

Saint-Martin-de-Crau

Le bourg mérite un arrêt pour son **écomusée de la Crau** qui instruit sur les spécificités de cette région originale. Des visites accompagnées dans le **domaine de Peau de Meau** permettent de découvrir le milieu naturel. *Bd de Provence - ✆ 04 90 47 02 01 - www.ceep.asso.fr/ecomuse.htm - ♿ - 9h-12h, 14h-18h - fermé dim., 1er janv., dim. et lun. de Pâques, 1er et 8 Mai, jeu. de l'Ascension, dim. et lun. de Pentecôte, 14 Juil., 15 août, 1er et 11 Nov., 25 déc. - gratuit.*

Prendre la D 24 au sud jusqu'à la N 568 que l'on suit en direction de Martigues.

La Grande Crau

Le paysage verdoyant se dégrade progressivement vers le sud jusqu'à devenir désertique. On ne rencontre ni hameau, ni mas, ni cultures, mais seulement de loin en loin quelques-unes de ces bergeries basses qui témoignent des activités pastorales en déclin. Le développement de la zone portuaire de Fos a fermé l'horizon cher à Mistral. Les cultures et les aérodromes colonisent petit à petit le « désert provençal ».

À La Fossette, prendre à droite la D 268 jusqu'à Port-Saint-Louis-du-Rhône, puis encore à droite la D 35, et tourner dans la D 24 jusqu'au Mas-Thibert.

CULTURES SUR CAILLOUX

Deux zones fertilisées se développent simultanément au nord. L'une, partant d'Arles, dépasse Saint-Martin-de-Crau; l'autre fait tache d'huile à l'ouest de Salon. Ces deux zones, couvertes de prairies, de cultures maraîchères et fruitières abritées par des haies de peupliers et de cyprès, tendent à se rejoindre, si bien qu'en parcourant la N 113, d'Arles à Salon, on n'a qu'une très faible idée de l'aspect désertique de la Crau non irriguée, ou Grande Crau. On récolte chaque année près de 100 000 t de l'excellent **foin de Crau** (AOC), fort réputé, en trois coupes. La 4ᵉ est vendue sur pied aux éleveurs des quelque 100 000 moutons qui peuplent la Crau d'octobre à début juin. Car la Grande Crau est une immense steppe vouée à l'élevage très extensif des moutons, les **mérinos d'Arles**.

Certains éleveurs s'installent chaque printemps en location sur les *coussouls* qui comprennent, outre les espaces de parcours, une **jasse** (de *jaç* : « bergerie ») et un puits constitué d'une couronne de pierre des Alpilles taillée d'un seul bloc. Il subsiste une quarantaine de *jasses*, toutes construites entre 1830 et 1880 selon un plan identique : bâtiment rectangulaire de 40 m sur 10 m, bâti en pierre de Fontvieille ou en galets disposés en arêtes de poisson, ouvert aux deux extrémités.

Le départ pour l'alpage a lieu début juin, quand l'herbe disparaît et que l'eau se raréfie. Jadis, la transhumance vers la Savoie et le Briançonnais se faisait par les **drailles**, chemins coutumiers. Il fallait environ douze jours de marche pour arriver dans les Alpes, après avoir traversé maints villages qui attendaient à date fixe le sympathique défilé. Le retour, aux premières neiges, se faisait dans la même ambiance et ce n'était pas sans joie que l'on retrouvait la douceur de la Crau... Aujourd'hui, le transport se fait par bétaillères et l'élevage, pourtant bien intégré à l'économie rurale locale, rencontre de nombreux problèmes : le mérinos d'Arles n'est pas suffisamment rentable, les bergers se font rares et la superficie des territoires de parcours diminue.

La Coustière de Crau

On accède à la Crau humide, ou Coustière de Crau, région marécageuse en bordure du Grand Rhône où subsistent de nombreux élevages de taureaux de combat, race espagnole destinée aux *novilladas* de la région.

★ Marais du Vigueirat

13104 Mas-Thibert - ✆ 04 90 98 70 91 - www.marais-vigueirat.reserves-naturelles.fr - sentiers libres ouv. lever au coucher du soleil; possibilité de visite guidée à pied (1h, 2h, 4h) et en calèche (2h) sur demande préalable - fermé déc.-janv. - 14 € (-17 ans 7 €).

La visite libre du sentier de l'Étourneau est animée de jeux et manipulations interactives.

Ce domaine (propriété du Conservatoire du littoral), qui s'étend entre le Grand Rhône et la plaine de la Crau, entre le canal d'Arles à Bouc, creusé en 1827, et le canal du Vigueirat (1642), est l'œuvre d'un ingénieur hollandais, témoignage émouvant de la lutte séculaire de l'homme contre les éléments. Grâce à des roubines (canaux) et à des pompes, le niveau des eaux et leur salinité sont contrôlés, permettant de maintenir les différents écosystèmes camarguais. La visite permet d'observer de nombreux oiseaux tels que hérons pourpres et cendrés, colverts, vanneaux huppés, échasses blanches ou encore percnoptères d'Égypte et luscinioles à moustache.

Revenir vers Arles par la D 35. Prendre une petite route à droite (signalée).

Pont de Langlois (dit Van Gogh)

L'original, dont Van Gogh fit un tableau, a été détruit en 1926. Identique à celui du tableau, ce pont à bascule a été démonté et réédifié, sur le canal reliant Arles à Fos, à quelques dizaines de mètres de son emplacement d'origine.

NOS ADRESSES À ARLES

VISITE

ZeVisit – *www.zevisit.com.* Parcours dans la ville, en 7 étapes, audioguidé depuis votre téléphone portable.

HÉBERGEMENT

BUDGET MOYEN

Hôtel L'Amphithéâtre – *5 r. Diderot - ✆ 04 90 96 10 30 - www.hotelamphitheatre.fr - 25 ch. 55/95 € - ☕ 8 €.* Ce bel immeuble du 17e s. cache des chambres refaites et cosy, celles de l'hôtel particulier mitoyen sont plus vastes et raffinées. Jolie salle des petits-déjeuners.

Hôtel Acacias – *2 r. de la Cavalerie - ✆ 04 90 96 37 88 - www.hotel-acacias.com - fermé 23 oct.-31 mars - 33 ch. 51/94 € - ☕ 6 €.* Hôtel totalement remis à neuf, au pied de la porte de la Cavalerie. Atmosphère camarguaise dans le hall et décor provençal dans les chambres colorées.

Hôtel Muette – *15 r. des Suisses - ✆ 04 90 96 15 39 - www.hotel-muette.com - fermé fév. - 18 ch. 48/60 € - ☕ 8 €.* Belle façade du 12e s. donnant sur une placette. Pierres, poutres et tonalités du Sud dans les chambres. Salle des petits-déjeuners égayée de photos tauromachiques.

POUR SE FAIRE PLAISIR

Hôtel d'Arlatan – *26 r. Sauvage - ✆ 04 90 93 56 66 - www.hotel-arlatan.fr - fermé 3 janv.-4 fév. - 41 ch. 85/157 € - ☕ 14 €.* Le passé de cette gracieuse demeure du 15e s. revit au travers de son exposition de vestiges archéologiques. Décor personnalisé, beau mobilier ancien.

Hôtel Calendal – *5 r. Porte-de-Laure - ✆ 04 90 96 11 89 - contact@lecalendal.com - fermé 4 janv.-4 fév. - 35 ch. 99/159 € - ☕ 12 €.* Ravissantes chambres aux couleurs ensoleillées, regardant le théâtre antique, les arènes ou encore le beau jardin. Salon de thé. Salades provençales pour les déjeuners estivaux.

Hôtel Mireille – *2 pl. St-Pierre - ✆ 04 90 93 70 74 - www.hotel-mireille.com - fermé 4 janv.-28 fév. - 🏊 - 34 ch. 89/157 € - ☕ 14 € - rest. formule déj. 25 € - 34 €.* Maisons excentrées sur la rive droite du Rhône, aux coquettes chambres provençales. Accueil soigné, petit-déjeuner de qualité et boutique de produits du terroir. Agréable terrasse bordée de muriers et agrémentée d'une piscine. Au menu : cuisine traditionnelle.

RESTAURATION

PREMIER PRIX

Querida – *37 r. des Arènes - ✆ 04 90 98 37 81 - www.querida.fr - jeu.-lun. 12h-15h, 19h-23h - 4/15 €.* Un bar à vins à deux pas des arènes, dans l'esprit espagnol, avec patio et fontaine, vins hispaniques et tapas.

L'Autruche – *5 r. Dulau - ✆ 04 90 49 73 63 - fermé dim. et lun. - formule déj. 14 € - 24/31 €.* Un couple sympathique tient les rênes de ce petit restaurant. Décor sobre, cuisine du Sud et bonne ambiance.

BUDGET MOYEN

Bistrot à Côté – *21 r. des Carmes - ✆ 04 90 47 61 13 - www.rabanel.com - 29/37 €.* L'annexe de Jean-Luc Rabanel, à côté de son Atelier : atmosphère décontractée à la mode espagnole (jambons, vins exposés, comptoir…) et qualité des produits au rendez-vous.

Le Criquet – *21 r. Porte-de-Laure - ✆ 04 90 96 80 51 - fermé lun., de déb. janv. à mi-fév. - 18/25 €.* Préférez la salle à manger de ce petit restaurant voisin des arènes : avec ses pierres apparentes et ses poutres, elle a davantage de charme que la terrasse. Tranquillement attablé, vous pourrez y savourer la bourride du jeune chef et autres spécialités.

La Gueule du Loup – *39 r. des Arènes - ✆ 04 90 96 96 69 - fermé w.-end (nov.), dim., lun. midi (mars-oct.), lun. (oct.-mars), de mi-janv. à mi-fév. - formule déj. 12 € - 23/30 €.* On remarque facilement ce restaurant situé dans le centre historique de la vieille ville, avec sa façade recouverte de végétation. La salle à manger de l'étage, climatisée, offre une fraîcheur bienvenue en été. Au menu, cuisine provençale, poisson, viande de taureau et flan de légumes. Service soigné.

Lou Calèu – *27 r. Porte-de-Laure - ✆ 04 90 49 71 77 - www.restaurant-lou-caleu.com - fermé 5 janv.-15 fév., dim. et lun. - 24/34 €.* Petits cœurs d'artichauts violets cuisinés à la barigoule, mille-feuilles de queues d'écrevisses… Ce n'est qu'un aperçu des délices que vous réserve cette maison arlésienne traditionnelle. Excellente carte des vins. Une adresse pour fins gourmets.

Corazón – *1 bis r. Réattu - ✆ 04 90 96 32 53 - corazon.arles@wanadoo.fr - fermé dim. et lun. - 19/32 €.* Galerie d'art, boutique déco, restaurant ? Un peu de tout ça et plus encore : on peut y déjeuner ou dîner dans le patio. Et vous comprendrez notre coup de cœur pour ce *corazón*-là.

Le Jardin de Manon – *14 av. des Alyscamps - ✆ 04 90 93 38 68 - fermé 23 oct.-20 nov., 5-22 fév., dim. soir de sept. à mi-avr., mar. soir et merc. - 22/46 €.* Carte dans la note régionale, composée selon le marché, et salles à manger adoptant une allure actuelle. Belle terrasse ombragée située à l'arrière de la maison, au calme.

POUR SE FAIRE PLAISIR

L'Atelier de Jean-Luc Rabanel – *7 r. des Carmes - ✆ 04 90 91 07 69 - www.rabanel.com - 45/140 €.* Dans ce bistrot contemporain épuré, les menus déclinés façon « tapas » changent selon le marché et l'inspiration d'un chef adepte du bio. Une cuisine inventive digne d'éloges. Deux étoiles au *Guide Michelin* 2009.

Aux alentours d'Arles

Ferme-Auberge de Barbegal – *D 33 - 13280 Raphèle-les-Arles - ✆ 04 90 54 63 69 - www.barbegal.fr - fermé dim. soir et lun. - ♿ - 🅿 - 🚭 - 26/28 € - 5 ch. 66 € ☕.* Les propriétaires de cette ferme tricentenaire superbement restaurée élèvent moutons et volailles, cultivent un potager et exploitent une oliveraie. Ils proposent également une cuisine du terroir bien sûr élaborée avec les produits maison. L'affaire marche bien, aussi pensez à réserver.

EN SOIRÉE

Bon à savoir – Loin de s'être figée dans son passé, Arles est une ville très vivante, sachant conjuguer ses traditions et l'ère moderne, entre corridas, Festival international de la photographie et programmations musicales variées.

L'Entrevue – *23 quai Marx-Dormoy - ✆ 04 90 93 37 28 - www.restaurant-lentrevue.com - juin-sept. : 8h30-2h ; reste de l'année : 9h-0h30 - fermé 1er janv., 25 déc., dim. soir (en hiv.) et dim. midi (en été).* Ce lieu insolite créé par les éditions Actes Sud abrite à la fois un café-restaurant à thème, une librairie, un hammam et un cinéma d'art et essai.

Bar de l'hôtel Nord-Pinus – *Pl. du Forum - ✆ 04 90 93 44 44 - www.nord-pinus.com - 10h-1h.* L'hôtel Nord-Pinus, bâti au 17e s., abrite un bar à l'atmosphère plaisante : lustres surmontés de maquettes de bateaux, fauteuils crapauds, musique flamenco et « traje de luces ». De nombreuses personnalités ont été séduites : Picasso, Jean Cocteau, Yves Montand, Nimeno 2, Ruiz Miguel, Jean Giono…

Le Café, la Nuit (Café Van Gogh) – *11 pl. du Forum - ✆ 04 90 96 44 56 - juil.-août : 9h-2h ; reste de l'année : 9h-0h.* Ce café et sa grande terrasse sur la place du Forum doit sa célébrité à Vincent Van Gogh qui en a fait le sujet de l'une de ses toiles en 1888 : « Voilà un tableau de nuit sans noir, rien qu'avec du beau bleu et du violet et du vert et, dans cet entourage, la place illuminée se colore de soufre pâle, de citron vert. Cela m'amuse énormément de peindre la nuit sur la place… » (extrait d'une lettre de Van Gogh à sa sœur Wilhelmine, datée de septembre 1888).

Le Méjan - Association du Méjan – *Pl. Nina-Berberova - ✆ 04 90 49 56 78 - www.lemejan.com - concerts : 7 à 20 € ; expositions gratuites.* Créée en 1984 à l'initiative des éditions Actes Sud, cette association organise tout au long de l'année, dans la chapelle de Saint-Martin-du-Méjan, des soirées et matinées musicales, concerts de jazz, lectures, conférences et expositions.

ACHATS

Marchés – Marché traditionnel mercredi matin bd Émile-Combes, samedi matin bd des Lices, bd Émile-Combes et bd Clemenceau. Brocante le 1er mercredi du mois. Marché de Noël fin novembre.

Fad'oli & Fad'ola – *46 r. des Arènes et pl. du Forum - ✆ 04 90 49 70 73 - www.fadoli.com - 10h-19h - fermé dim. (sf juil.-août), 25 déc.-2 janv.* Dans cette petite boutique, vous découvrirez une sélection d'huiles d'olive fraîches de Provence et du pourtour de la Méditerranée, des tapenades et des olives confites. Sur place ou à emporter, ne manquez pas de déguster les sandwiches « fadolis » à l'huile d'olive bien sûr, salades, sushis, tapas… accompagnés de vin de pays, bières de Provence ou thé vert du Japon.

Henri Vezolles Santonnier – *14 rd-pt des Arènes - ✆ 04 90 93 48 80 - 14h30-18h30 - fermé dim. mai-sept.* Cet artisan fabrique manuellement ses santons à partir de deux, trois ou quatre terres naturelles différentes. Il les décore ensuite à la barbotine. Vente directe exclusivement dans son atelier.

Pâtisserie De Moro – *26 av. de la République - ✆ 04 90 47 11 02 - 7h30-19h - fermé lun.* Les connaisseurs disent que cette adresse fabrique les meilleurs croquants du pays d'Arles. Les gourmands, eux, fondent à la vue des pâtes d'amande, des fruits confits, de la Framboisine, du Bayadère… et de l'Alexandrin, la spécialité maison tout chocolat.

Librairie Actes Sud – *Pl. Nina-Berberova - ✆ 04 90 49 56 77 - www.librairieactessud.com - 9h30-19h30, lun. 14h-19h30 - fermé dim. et j. fériés (sf juil.-août).* Pour acheter les dernières parutions de la célèbre maison d'édition arlésienne.

La Boutique des Passionnés – *14 r. Réattu - ✆ 04 90 96 59 93 - www.passion-toros.com - tlj sf dim. 9h-19h, lun. 14h-19h, dim. en déc.* À la fois librairie et magasin de disques, cette adresse indépendante est une mine d'or pour les passionnés de tauromachie et de musiques du Sud.

AGENDA

Tauromachie

En dehors des spectacles isolés, les corridas se donnent lors des **ferias de Pâques** (w.-end de Pâques) et **fête du riz** (2e w.-end de sept.), qui réunissent le gotha de la tauromachie. De grandes courses camarguaises ont lieu au début du printemps (dim. des Rameaux), mais les grands rendez-vous sont les **fêtes d'Arles** (1er w.-end de juil.) avec les Cocardes d'or et d'argent; et un an sur deux, en oct., en alternance avec Nîmes, la finale du Trophée des as.

Billetterie – *Réserv. au bureau des arènes (à droite de l'entrée principale) : ✆ 0891 70 03 70 (0,25 €/mn) - www.arenes-arles.com.* Préférez les tribunes (le *must,* c'est la tribune centrale, 94 €) ou les 1re et 2e séries (environ 44 et 33 €). Sachez que les corridas commencent toujours à l'heure annoncée et que les retardataires doivent attendre dans les couloirs que le premier taureau soit estoqué pour gagner leur place.

Fête des gardians – Chaque 1er Mai, rassemblement des gardians et des membres de la Nacioun Gardiano pour la procession de la statue de saint Georges jusqu'à l'église de la Major. Après la bénédiction, remise des pains bénits aux autorités de la ville, grand-messe chantée en provençal. L'après-midi, grand spectacle provençal aux arènes. Tous les trois ans, élection de la reine d'Arles.

Autres événements

Les Rencontres internationales de la photographie (RIP) – *10 rd-pt des Arènes - ✆ 04 90 96 76 06 - www.rencontres-arles.com - de déb. juil. à mi-sept.* Exposant les derniers courants de la photographie, du photojournalisme à l'art contemporain, explorant aussi son histoire, les Rencontres constituent l'un des moments forts de la scène internationale de la photo, rien de moins; expositions, soirées au théâtre antique, stages et colloques un peu partout en ville. Un rendez-vous immanquable pour les professionnels comme pour les amateurs.

Festival Les Suds – *✆ 04 90 96 06 27 - www.suds-arles.com.* À la mi-juillet, festival des musiques du monde.

Salon international des santonniers – *✆ 04 90 96 47 00 - www.salondessantonniers.com.* De fin novembre à début janvier, dans le cloître Saint-Trophime, la chapelle Sainte-Anne, l'église des Trinitaires.

La Camargue

★★★

Bouches-du-Rhône (13)

NOS ADRESSES PAGE 220

S'INFORMER

Maison du Parc naturel régional de Camargue – *Voir p. 213.*

SE REPÉRER

Carte de microrégion AB1/2 *(p. 192) – cartes Michelin Départements 340 et 339.* Accès depuis Arles par la D 570, une route très fréquentée menant aux Saintes-Maries-de-la-Mer (27 km au sud) ou bien par Port-Saint-Louis-du-Rhône et le **bac de Barcarin** *(payant)* qui traverse le Grand Rhône à hauteur de Salin-de-Giraud. Au centre de la Camargue s'étend le vaste étang de Vaccarès, séparé de la mer par un étroit cordon littoral que protège la **digue à la mer**, interdite aux véhicules motorisés, mais autorisée aux piétons et aux cyclistes.

À NE PAS MANQUER

Le musée de Camargue pour tout savoir des traditions d'une terre aussi belle que rude; la Maison du Parc naturel régional et son voisin, le parc ornithologique de Pont-de-Gau, pour s'initier au milieu naturel et observer des oiseaux; les plages de Piémanson et Beauduc, tellement immenses que l'on trouve toujours où bronzer tranquille, même en été (il faudra juste marcher un peu!).

ORGANISER SON TEMPS

Il faut absolument éviter l'été, lorsque la Camargue est envahie par une foule peu compatible avec la découverte de cette terre secrète. Le printemps, le début de l'automne, certaines de ces belles journées d'hiver dont la région garde jalousement le secret seront les périodes idéales, d'autant que la faune y est abondante et que les manades de taureaux, revenues des « prés » du bas Languedoc, y paissent dans les étangs. La Camargue est une grande timide, les visiteurs trop pressés seront déçus. Si vous n'avez qu'une journée, ciblez soigneusement vos sites, en ménageant une halte à la Maison du Parc naturel régional de Camargue, qui vous livrera quelques clés d'accès à cette terre secrète. Plusieurs lieux proposent des sentiers aménagés pour l'observation des oiseaux : une belle récompense que de voir une aigrette blanche prendre soudain son envol au-dessus d'une roselière.

Parc naturel régional de Camargue

Parc naturel régional de Camargue

AVEC LES ENFANTS

Le parc ornithologique de Pont-de-Gau; les plages de Piémanson et Beauduc pour jouer dans le sable sans gêner les voisins de serviette (ils sont à 100 m!); promenade à cheval.

Vastes étendues où le ciel célèbre chaque jour ses noces avec la mer, manades de taureaux noirs dressant fièrement leurs cornes en lyre, graciles silhouettes des flamants roses prenant soudain leur envol, chevaux blancs au galop, gerbes d'écume : unique au monde, monde à part, la Camargue forme un univers à elle seule. Dessinée à la demande de Folco de Baroncelli, la croix camarguaise se compose d'une ancre que surmonte une croix dont chaque extrémité se termine en trident. Ainsi sont symbolisés les saintes Maries, les pêcheurs et les gardians.

Itinéraire conseillé Carte de microrégion

AUTOUR DU VACCARÈS AB1-2

Pour visualiser ce circuit de 160 km au départ d'Arles, se reporter à la carte p. 192. Quitter Arles au sud-ouest (D 570) en direction des Saintes-Maries. Prudence sur cette deux-voies très fréquentée : entre les rares aires de stationnement, les conducteurs ne devront pas se laisser distraire par le paysage.

★ Musée de la Camargue A1

04 90 97 10 82 - www.parc-camargue.fr - ♿ - avr.-sept. : 9h-18h ; reste de l'année : tlj sf mar. 10h-17h - fermé 1er janv., 1er Mai, 25 déc. - 4,50 € (-18 ans gratuit).
Installé dans l'ancienne bergerie du mas du Pont de Rousty, ce musée passionnant constitue une excellente introduction à la découverte de la Camargue. Panneaux, dioramas et objets présentent le cadre naturel (formation du delta), l'histoire et, surtout, la vie quotidienne traditionnelle au 19e s. Une maquette reflète l'organisation sociale fort hiérarchisée du mas traditionnel, avec le bayle (régisseur) en bout de table servi par la *tanto*, les gardians et, en bas de l'échelle, les *ràfis*, ouvriers agricoles. Loin d'un folklore souvent rebattu et largement idéalisé, c'est la véritable Camargue qui se dévoile avec les travaux et les peines d'une vie qui n'était pas toujours rose…
3,5 km - 2h. Tracé parmi les canaux d'irrigation, un sentier fait découvrir cultures, pâturages et marais composant les terres d'un mas camarguais.
Reprendre la D 570 en direction des Saintes-Maries-de-la-Mer.

Albaron A1

Autrefois place forte (il en subsiste une tour), ce petit hameau est désormais recroquevillé autour de son église. Il abrite aujourd'hui une station de pompage pour le dessalement des terres.
Poursuivre sur la D 570 en direction des Saintes-Maries-de-la-Mer.

Flamants roses.
OT Arles

Château d'Avignon A1

04 90 97 58 60 - avr.-oct. : tlj sf mar. 9h45-18h ; reste de l'année : vend. 9h45-17h - possibilité de visite guidée (1h) - fermé 1er janv., 1er Mai, 1er et 11 Nov., 25 déc. - 3 € (-18 ans gratuit).

Vaste demeure classique, réaménagée à la fin du 19e s. par l'industriel marseillais Louis Prat. Pièces lambrissées et meublées (tapisseries d'Aubusson ou des Gobelins) témoignent du goût bourgeois de l'époque.

Un **sentier botanique** de 500 m tracé dans le parc permet d'en découvrir les essences.

Continuer sur la D 570.

Maison du Parc naturel régional de Camargue A2

Fermeture pour travaux - rens. au musée de la Camargue.

Situé au **Pont-de-Gau**, en bordure de l'**étang de Ginès**, le centre a pour mission de sensibiliser les visiteurs à la fragilité de l'écosystème camarguais. Des bornes présentent à l'aide de photos le milieu naturel, les activités traditionnelles ainsi que la faune et la flore ; de larges baies vitrées donnant sur l'étang permettent d'apercevoir quelques spécimens de l'avifaune locale. Deux vidéos présentent en alternance le monde des flamants roses *(15mn)* et la gestion de l'eau en Camargue *(50mn)*. La Maison du Parc organise également des expositions temporaires sur la Camargue que complètent des animations.

Aller à pied au parc ornitholgique du Pont-de-Gau (200 m).

FLAMANT ROSE

La grâce de ses mouvements, ses postures improbables et le délicat dégradé de son plumage fascinent les visiteurs. Sa couleur rose vient en fait de son alimentation riche en carotène, particulièrement l'*Artemia salina*, une petite crevette, et la *dunaliella*, une microalgue, qui affectionnent les milieux très salins. Cette dernière se trouve en abondance dans les marais salants et c'est elle qui colore l'eau des salines en rose ou en rouge, d'avril à août. Le flamant, un oiseau des eaux saumâtres, aime tellement la Camargue que l'on en dénombre jusqu'à 50 000 en été, le quart de la population européenne. C'est même devenu leur seul lieu de reproduction annuel régulier en Europe. En 1970, un îlot de nidification a été aménagé pour eux sur l'étang du Fangassier. Un flamant mesure de 1,25 à 1,30 m et vit treize ans en moyenne. Quand il est jeune, sa couleur est très claire, un blanc sale. Il rosit avec les années pour atteindre sa couleur la plus intense vers 6 ou 7 ans.

MANADES

Les **taureaux camarguais**, noirs, agiles, aux cornes en lyre, vivaient jadis à l'état sauvage avant d'être peu à peu rassemblés en « manades », mot désignant un troupeau, souvent d'environ 200 têtes. Ils occupent de grandes propriétés, dirigées par le bayle-gardian, régisseur du manadier. De grands moments ponctuent la vie de la manade : au printemps, c'est la **ferrade** qui consiste à marquer au fer rouge les « anoubles », ou taureaux d'un an, à la marque de l'éleveur tout en pratiquant l'« escoussure », découpe de l'oreille caractéristique de la manade, tout cela dans une ambiance de fête. Au début de l'été, c'est la **transhumance** vers les « prés » de Petite Camargue, où les villages multiplient les fêtes votives. En hiver, après le retour au mas, c'est le « bistournage », qui consiste à castrer les taureaux qui seront destinés à la course et qui deviennent ainsi des *bious*.

Le gardian est l'âme de la manade, celui qui surveille les bêtes malades, prodigue les soins, trie les taureaux choisis pour les courses, les accompagne et conduit les *abrivados* avant de retourner dans sa modeste cabane… Si la cabane devient résidence secondaire et le costume de plus en plus réservé aux jours de cérémonies, le cheval reste l'inséparable compagnon du gardian.

Reconnu depuis 1977 par les haras nationaux, le **cheval camarguais** est un cheval de travail remarquable par son endurance, sa sûreté de pied et sa maniabilité. Les poulains naissent avec un poil sombre qui ne prend que progressivement la couleur blanche au bout de quatre ou cinq ans. Sa petite taille et son caractère débonnaire en font un excellent cheval de promenade.

Parmi les outils du gardian, le trident (ou *ferri*) et le lasso en crin de cheval *(seden)*. De nos jours, la plupart des manades n'emploient qu'un bayle-gardian, assisté de gardians amateurs, bénévoles passionnés qui viennent aider aux travaux dès qu'ils en ont le loisir, en échange d'un gîte pour leur cheval. Fondée en 1512, la confrérie de Saint-Georges a établi les premiers statuts du métier.

Voir aussi « Courses camargaises » (p. 35).

Parc ornithologique de Pont-de-Gau A2

Grand parking devant l'entrée - 04 90 97 82 62 - ♿ - avr.-sept. : de 9h au coucher du soleil (jusqu'à 19h pour la billetterie) ; reste de l'année : de 10h au coucher du soleil - fermé 25 déc. - 7 € (4-10 ans 4 €).

Mitoyen avec la Maison du Parc, il offre la possibilité, à travers un parcours de panneaux explicatifs et de postes d'observation, de découvrir dans leur milieu naturel un certain nombre d'espèces d'oiseaux vivant en Camargue, ou seulement de passage. Indispensable pour être certain de reconnaître du premier coup d'œil un huîtrier-pie ou une avocette.

Reprendre la D 570 en direction des Saintes-Maries-de-la-Mer. En sortant du parking, la visibilité est réduite : prudence !

★ Les Saintes-Maries-de-la-Mer *(voir ce nom)*

Depuis les arènes, suivre la D 38. À 1 km sur la gauche, prendre un chemin revêtu.

Sur la gauche, **tombeau du marquis de Baroncelli-Javon**, édifié à l'emplacement de son mas du Simbèu, détruit en 1944.

Revenir aux Saintes-Maries et prendre au nord la D 85^A. À Pioch-Badet, prendre à droite la D 570 en direction d'Arles puis, à l'entrée d'Albaron, encore à droite la

D 37. Possibilité de faire un détour par le domaine de Méjanes (voir la rubrique « Activités » dans «Nos adresses»).

On traverse une vaste étendue semée de rares touffes d'arbres, de roseaux et de quelques mas isolés. Sur la droite, un petit **belvédère** permet d'apercevoir le Vaccarès et, au loin, les **îlots des Rièges**.

Prendre ensuite la petite route qui, à Villeneuve, porte l'indication « étang de Vaccarès ».

Après un petit bois, la route longe le Vaccarès, dégageant de très belles **vues★** sur la Camargue dans toute sa splendeur sauvage et solitaire.

La Capelière B1

C 134 - chemin de Fiélouse - ✆ 04 90 97 00 97 - www.reserve-camargue.org - ♿ - avr.-sept. : 9h-13h, 14h-18h ; reste de l'année : tlj sf mar. 9h-13h, 14h-17h - fermé 1er janv., 25 déc. - 3 € (-12 ans gratuit), gratuit journée des zones humides.

Centre d'information de la **Réserve nationale de Camargue**. La Réserve s'étend sur 13 000 ha au cœur du delta, autour de l'étang de Vaccarès. Les espèces animales et végétales y sont protégées. Le centre propose à ses visiteurs une petite exposition, des sentiers pédestres *(1,5 km, à éviter les jours de forte affluence)*. En période plus calme, trois observatoires permettent de guetter les oiseaux.

On apercevra sur la gauche, dans le **marais de Saint-Seren**, une cabane de gardian, avant de longer l'**étang du Fournelet**.

Salin-de-Badon B2

✆ 04 90 97 00 97 - 3 observatoires ouverts du lever au coucher du soleil. Autorisation à retirer à La Capelière - 3 € (enf. 1,50 €).

Des sentiers pédestres, agrémentés de panneaux didactiques et d'observatoires, ont été aménagés par la Réserve nationale sur cette ancienne saline royale où nombre d'oiseaux ont élu domicile.

Après Le Paradis, emprunter la D 36^{C}. Après La Bélugue, prendre à droite le chemin de Beauduc (chemin, plus ou moins carrossable, tracé sur une digue entre les étangs).

LES SALINS

L'eau prélevée en mer de mars à septembre circule par pompage sur les surfaces préparatoires ou « tables », vastes étendues préservées par des digues et cloisonnées, où la hauteur d'eau ne dépasse guère 35 cm. Pour être amenées à saturation en chlorure de sodium, les eaux parcourent ainsi environ 50 km avant d'être dirigées vers les surfaces saunantes, ou « cristallisoirs », séparées par des levées de terre appelées « cairels ». La **récolte du sel** se fait de fin août à début octobre. Le sel est d'abord assemblé le long des surfaces saunantes, puis lavé et stocké, formant une colline de 21 m de haut dont la longueur varie suivant la récolte. À nouveau lavé, essoré, séché, le sel est distribué pour la consommation domestique et l'alimentation du bétail, le déneigement des routes, ou encore utilisé dans la production de composés chimiques. La récolte du sel est assurée par la Compagnie des Salins du Midi. Basée depuis la fin du 19e s. à Salin-de-Giraud, l'entreprise connaît des difficultés économiques et a annoncé la prochaine suspension des récoltes. Cette perspective soulève bien des inquiétudes quant au devenir des 13 000 ha de salins.

Paysages de Camargue

UN PAYS DIFFICILE À DOMESTIQUER

Immense **plaine alluvionnaire**, la Camargue est le produit de l'action conjuguée du Rhône, de la Méditerranée et des vents. À la fin de l'ère tertiaire et au début de l'ère quaternaire, alors que la mer recule, des cours d'eau charrient d'immenses quantités de galets qui s'empilent sur des dizaines de mètres d'épaisseur. Sur cette base caillouteuse se déposent ensuite des couches de sédiments marins : la mer s'étend alors jusqu'à la rive nord de l'étang de Vaccarès. Mais le paysage ne va cesser de se modifier : le Rhône, qui divague pendant des siècles, transporte d'énormes masses d'alluvions ; des bourrelets se forment et isolent des marais ; des cordons littoraux modelés par les courants côtiers apparaissent et ferment des lagunes. Chaque année, le **Grand Rhône** (9/10e du débit total) apporte à la Méditerranée environ 20 millions de m^{3} de gravier, de sable et de limon ! La construction de la **digue à la mer** et l'endiguement du Rhône durant le Second Empire ont permis de maîtriser partiellement ces phénomènes. Cependant, l'**avancée du littoral** (10 à 50 m par an) continue en plusieurs endroits. Inversement, la mer progresse sur d'autres points. Les Saintes-Maries-de-la-Mer *(voir ce nom)*, jadis à plusieurs kilomètres de la côte, doivent aujourd'hui être protégées par des digues. Enfin, les tempêtes ont successivement démoli les saillants du Vieux Rhône et du Petit Rhône, puis le **phare de Faraman** qui, construit à 700 m à l'intérieur des terres, a été englouti en 1917.

LES TROIS CAMARGUE

Dans le nord du delta et le long de son double tracé, le Rhône a construit des levées de fines alluvions qui portent les meilleures terres. Cette **haute Camargue**, sèche et utile, a commencé à être bonifiée au Moyen Âge. L'homme a dû lutter contre l'eau et la salinité des sols, accrue par une intense évaporation estivale. Depuis 1945, de grands travaux de drainage et d'irrigation ont permis d'accroître considérablement la superficie agricole où domine la grande exploitation. Le blé, la vigne, les cultures fruitières et maraîchères, le maïs, le colza et les plantes fourragères occupent des superficies variables suivant les années. Mais c'est surtout pour le **riz** que la Camargue est connue, même si les superficies allouées à cette culture ont fortement diminué (la céréale est aujourd'hui menacée par la concurrence des riz étrangers parfumés, basmati et autres thaï, très à la mode ces dernières années). Çà et là émergent de petites forêts de chênes blancs, de frênes, d'ormes, de peupliers, de robiniers et de saules.

La **zone des salins**, qui s'étend près de Salin-de-Giraud (13 000 ha) et d'Aigues-Mortes (10 000 ha), présente un quadrillage de bassins d'évaporation et de montagnes de sel, les « camelles ».

La **zone naturelle** occupe le sud du delta. C'est une plaine stérile, trouée d'étangs et de lagunes qui communiquent avec la mer par de nombreuses passes (les « graus »), véritable désert de sable et de marécages bordés de petites dunes sur le littoral. La Camargue est sillonnée d'un lacis de minuscules canaux, les « roubines ». Pêcheurs, chasseurs et *sagniers* les parcourent juchés sur des barques à fond plat qu'ils propulsent à l'aide d'une longue perche. Des routes et des pistes permettent également de la sillonner, mais pour l'apprécier pleinement, mieux vaut effectuer les parcours pédestres. Ces plates étendues, craquelées par la sécheresse et blanchies par le sel, sont couvertes d'une maigre végétation, la « **sansouire** ». Des plantes halophiles (aimant le sel) – saladelles et salicornes, vertes au printemps, grises l'été et rouges l'hiver – s'y développent et servent de nourriture aux troupeaux de taureaux, parmi de maigres tamaris. Les roseaux fournissent la *sanha* (« sagne »), avec laquelle on confectionne les canisses pour protéger les cultures, et dont les gardians recouvrent leurs cabanes. Dans les **îlots des Rièges**, au sud de l'étang de Vaccarès, s'épanouit une flore exubérante, merveilleusement colorée au printemps : chardons bleus, tamaris, marguerites, iris jaunes, genévriers de Phénicie, lentisques, asphodèles, narcisses…

UNE FAUNE EXCEPTIONNELLE

Avec les ragondins, les loutres et les castors, les oiseaux règnent sur cet immense domaine marécageux. On en dénombre plus de 400 espèces, dont environ 160 migratrices. L'avifaune change au fil des saisons : migrateurs venant d'Europe du Nord (depuis la Finlande et la Sibérie) pour hiverner, comme les sarcelles, ou faisant escale au printemps et à l'automne, comme les hérons pourpres. Souvent perché sur l'échine d'un taureau ou d'un cheval, le héron garde-bœuf, aussi surnommé pique-bœuf, raffole des insectes qui fourmillent sur le dos des mammifères. Également : l'élégante aigrette, le héron cendré, le canard plongeur, l'échasse blanche, le gravelot, sans oublier les habitants traditionnels du littoral, mouettes rieuses au caractère agressif, « gabians », goélands argentés, grands cormorans, multitude de passereaux, un rapace, le busard des roseaux et, enfin, incontestable vedette, le **flamant rose**. Il est reconnaissable à son plumage blanc rosé et à son long cou terminé par un gros bec coudé. Il vit en colonies de plusieurs milliers d'individus et se nourrit de crustacés et de coquillages. L'eau est poissonneuse : sandres, carpes, brèmes et surtout anguilles, abondantes dans les roubines d'eau douce, que l'on pêche à l'aide de « trabaques », sortes de longs filets composés de trois poches séparées entre elles par des goulets qui vont en se rétrécissant. La cistude des marais (petite tortue aquatique) et les couleuvres hantent également ces zones humides.

UN PARC POUR SAUVER LA CAMARGUE

La création en 1927 de la Réserve nationale, puis en 1970 du Parc naturel régional, ont permis de préserver le milieu naturel camarguais. Le Parc naturel régional occupe une superficie de 86 300 ha. Ses objectifs : sauvegarder l'écosystème camarguais, permettre aux habitants de vivre dans leur cadre naturel tout en favorisant le maintien des exploitations agricoles ; enfin, contrôler l'équilibre hydraulique, ainsi que l'afflux touristique… Menacée par un contentieux juridique inextricable, la gestion du Parc naturel régional a été confiée à un syndicat mixte assurant l'ensemble des tâches qui s'y rapporte. Le label a ainsi été sauvé jusqu'au 18 février 2011. Affaire à suivre…

Beauduc B2

L'une des plages les plus célèbres des Bouches-du-Rhône n'est plus. En tout cas, plus sous l'aspect qu'on lui connaissait depuis plusieurs décennies, celui d'un « village » de cabanons de fortune, posés au bord d'une immense plage. Jusqu'alors « tolérés », bien qu'illégaux sur cette portion de littoral protégé, les cabanons ont été rasés en 2005. Certaines constructions de bric et de broc ont échappé aux pelleteuses. D'autres habitués résistent, troquant les cabanons pour des caravanes. L'opération n'a pas manqué de provoquer un débat sur la disparition d'une certaine forme de civilisation méditerranéenne, exempte de sophistication… mais pas de convivialité ! En outre, le petit restaurant local, qui faisait courir les amateurs, parfois de fort loin, a aussi fait les frais de l'opération. Fini le temps des poissons grillés : désormais, le pique-nique est devenu indispensable à une journée de baignade à Beauduc.
Revenir sur ses pas et poursuivre jusqu'à Faraman, puis vers Salin-de-Giraud.

Salin-de-Giraud B2

Pays du sel, cette petite localité posée en bordure du Grand Rhône s'est développée sous l'impulsion de deux sociétés : Pechiney, qui exploitait les salines pour son usine de Salindres, et la société belge Solvay qui, à partir du chlorure de sodium, fabriquait la soude caustique nécessaire à la fabrication du savon de Marseille.

L'arrivée sur Salin, avec ses maisons de briques roses et ses jardins ouvriers, donnerait un instant l'étrange impression de s'être aventuré par quelque coup de baguette magique en Flandres… sans les platanes, les catalpas et les acacias qui ombragent les rues perpendiculaires, et, bien sûr, les arènes. Inattendue ici, l'**église grecque orthodoxe** qui a été édifiée à l'attention des travailleurs des salins, dont beaucoup avaient été recrutés en Grèce.
Suivre la route qui longe le Grand Rhône en direction des « Plages d'Arles ».

Point de vue sur le salin – Aménagé près d'une montagne de sel, il procure une belle vue sur l'ensemble du salin de Giraud. Venez le soir, au couchant : avec le soleil qui teinte les marais de longues lueurs fauves ou mordorées, vous vivrez un moment magique.

★ Domaine de La Palissade B2

Compter 1h30 à 4h de visite selon les circuits. ✆ 04 42 86 81 28 - de mi-juin à mi-sept. : 9h-18h ; reste de l'année : 9h-17h (dernière entrée 30mn av. la fermeture) - fermé lun. et mar. (déc.-mars), 1er Mai - 3 € (-12 ans gratuit) - découverte du site à cheval et en calèche avr.-oct. : promenades à l'heure, 9h-17h (dernier dép.) - rens. au ✆ 06 87 84 33 72.

Propriété du Conservatoire du littoral, ce domaine de 702 ha est le seul du delta à ne pas avoir été endigué. On y découvre les paysages d'origine de la

LE RAGONDIN, ENNEMI PUBLIC NUMÉRO UN

Le ragondin, charmant rongeur apparenté au castor et qui peuple depuis environ trente ans les roubines camarguaises, a une fâcheuse tendance à proliférer (on en compterait 100 000) en l'absence d'autre prédateur que les automobiles, auxquelles il paie cependant un lourd tribut. Apprécié pour sa chair (on le nomme lièvre des marais) comme pour sa fourrure, il est accusé de tous les maux : ses terriers et galeries fragilisent les digues et, qui plus est, il adore le riz. L'état d'urgence a donc été décrété afin de « réguler » la population.

Gardian dans les marais.
Jean-Daniel Sudres / hemis.fr

basse Camargue : bourrelets d'alluvions, ripisylve ou « bois des rives », « montilles » (dunes), sansouires et prairies à saladelles, roselières.

Trois **sentiers de découverte** ont été aménagés : un sentier d'interprétation de 1,5 km destiné au grand public et muni de panneaux explicatifs, deux autres sentiers, de 3 km et de 7,5 km, moins aménagés mais permettant véritablement d'« entrer » dans la Camargue et de découvrir, au gré du hasard et des saisons, faune, flore et activités traditionnelles des « paluniers », les gens qui vivent du marais.

Superbe, la route passe sur une digue entre les étangs, permettant d'aller piquer une tête dans la Méditerranée sur l'immense **plage de Piémanson** (25 km de sable fin).

Prendre la direction d'Arles par Salin-de-Giraud.

Musée du Riz B2

Le Mas du Petit-Manusclat - 04 90 97 29 44 - www.heureuse-camargue.com - juil.-août : mar. et jeu. 9h-12h30, 14h-18h ; mars-juin et sept.-nov. : mar. 9h-12h30, 14h-18h ; reste de l'année : sur demande (1 sem. av.) - 5 € (-8 ans gratuit).

Pour tout connaître sur la culture du riz en Camargue, la visite de ce petit musée créé par la famille Bon (riziers depuis trois générations) s'impose. Exposition de maquettes et ustensiles, présentation des différentes variétés de riz (complet, rond, blanc, etc.), de la faune et de la flore régionales. Petite boutique contiguë; accueil des plus charmants assuré par un cultivateur passionné.

Par la D 36, puis la D 570 sur la droite, regagner Arles.

Randonnée Carte de microrégion

Digue à la mer AB2

Bon à savoir – La digue à la mer est interdite aux véhicules à moteur. Entre le parking de la Comtesse et Les Saintes-Maries-de-la-Mer : 20 km de sentier pédestre et cyclable.

Centre d'information au phare de la Gacholle durant les week-ends et les vacances scolaires : exposition sur le littoral, observatoire, aire de pique-nique - gratuit.

20 km. Depuis la sortie est des Saintes-Maries-de-la-Mer, empruntez cette digue, exclusivement réservée aux piétons et aux VTT, pour rejoindre le **phare de la Gacholle** où se trouve un centre d'information avec observatoire (longue-vue) et exposition sur le littoral.

En chemin, on découvre de nombreux oiseaux (dont des flamants) et des paysages typiquement camarguais, à condition que le temps soit au sec…

Arrivé au pertuis de la Comtesse, continuez vers le sud : la digue sépare l'**étang de Galabert** de celui du **Fangassier** : l'îlot de Galabert est le seul lieu de nidification en France du flamant rose. Environ 8 000 poussins noirs y naissent chaque année… Il faudra trois ou quatre ans à ces petits « becaruts » pour devenir aussi roses que leurs parents…

NOS ADRESSES EN CAMARGUE

HÉBERGEMENT

PREMIER PRIX

Hôtel Le Flamant Rose – *Rte de St-Gilles - 13123 L'Albaron - 04 90 97 10 18 - www.leflamantrose.camargue.fr - fermé merc. (sf juil.-août) - 15 ch. 45/50 € - 6 €.* Une adresse d'hébergement à prix doux au cœur de la Camargue. Restaurant de spécialités régionales servies dans une salle au décor camarguais (un peu surchargé) ou à l'ombre, dans le jardin. Accueil charmant.

Chambre d'hôte Péniche Farniente – *Port de Plaisance - 30127 Bellegarde - 04 66 01 45 52 - http://penichefarniente.free.fr - fermé de mi-déc. à fin fév. - - 55/65 €.* Construite en 1923, cette péniche s'offre désormais une retraite paisible dans le port de plaisance de Bellegarde. Joliment rénovée avec ses intérieurs tout en bois, elle compte 3 cabines plutôt spacieuses et confortables. Petits-déjeuners servis sur le pont transformé en terrasse. Accueil convivial.

BUDGET MOYEN

Chambre d'hôte Au Mas du Ruisseau – *Chemin du Nord - 30127 Bellegarde - 04 66 01 19 93 - www.masduruisseau.com - P - - 2 ch. 68 €.* Cette ancienne ferme n'a pas complètement arrêté son activité initiale. On y élève encore un peu de volaille et le verger donne de beaux fruits dont on fait de la confiture. Bien sûr, tous ces produits mettent en valeur la table d'hôte, savoureuse. Chambres et gîtes simples et sans chichi, avec terrasses privatives.

UNE FOLIE

Le Mas de Peint – *13200 Le Sambuc - 2,5 km par rte Salins - 04 90 97 20 62 - www.masdepeint.com - ouvert 20 mars-12 nov. et 19 déc.-5 janv. - P - 11 ch. 235/410 € - 22 € - rest. 42/62 €.* Dans un vaste domaine, ce superbe mas du 17e s. cultive avec passion les traditions camarguaises. Chambres douillettes ; jardin avec piscine ; centre équestre, arènes privées. Cuisine « rétro-chic » où le chef réalise sous vos yeux d'appétissants petits plats du terroir.

RESTAURATION

Bon à savoir – La « gardiane » de taureau est omniprésente : c'est une marinade à base de vin rouge, d'herbes et d'épices (thym, laurier, persil, cayenne, clous de girofle…), de zestes d'orange et d'ail dans laquelle trempent des morceaux de taureau de Camargue (viande classée AOC depuis 1996) ; elle se déguste avec du riz blanc et un bon vin rouge de la région.

BUDGET MOYEN

Le Mas Saint-Bertrand – *Rte de Vaccarès - 13129 Salin-de-Giraud - ✆ 04 42 48 80 69 - www.mas-saint-bertrand.fr - fermé de déb. nov. à mi-mars, lun. - P - ⊄ - 20/25 € - 3 ch. 45 € - ☕ 6 €.* Les Giran ont transformé ce mas en un lieu magique où les anciens engins agricoles, dispersés parmi les lauriers roses, prennent des allures d'animaux chimériques. On y déguste assiettes camarguaises, charcuteries, tellines, gardianes et côtes de taureau. Vente de produits à emporter et location de vélos (circuits découverte-nature) au cœur du Parc de Camargue.

POUR SE FAIRE PLAISIR

Domaine de la Tour du Cazeau – *13200 Le Sambuc - ✆ 04 90 97 21 69 - www.tour-du-cazeau.com - P - ⊄ - 27/48 € - 2 ch. 58 € ☕.* Cette ferme camarguaise du 18e s. se niche au milieu des rizières, des taureaux et des chevaux… De sa tour, on surveillait autrefois les bateaux sur le Grand Rhône. Plats typiquement régionaux, dans l'ancienne écurie.

La Chassagnette – *13200 Le Sambuc - ✆ 04 90 97 26 96 - www.chassagnette.fr - fermé mar.-merc. (sf juil.-août), févr.-mars - formule déj. 37 € - 60/90 €.* Ce mas camarguais est joliment aménagé et doté d'une charmante terrasse. Le chef de ce restaurant noté une étoile au *Guide Michelin* 2009, Armand Arnal, propose une cuisine provençale, réalisée en partie avec les produits bio du superbe potager de 2 ha.

ACTIVITÉS

Baignade – Immenses plages, zone de baignade et de naturisme sur les plages des Saintes-Maries et de Piémanson, au sud de Salin-de-Giraud.

Randonnée pédestre – L'idéal pour observer la faune et la flore, c'est de marcher : chose possible sur le GR 653, la digue à la mer et les sentiers de découverte du domaine de La Palissade, de La Capelière et de Salin-de-Badon.

VTT – Nombreuses propositions de circuits de découverte en fonction du niveau des pratiquants. Renseignements dans les offices du tourisme d'Arles et des Saintes-Maries-de-la-Mer.

Sur cinq grands circuits : la digue à la mer (16 km dont une partie dans le sable), la route du Vaccarès (42 km autour de Villeneuve et Gageron), la route du Sel et des Flamants (29 km autour de Salin-de-Giraud), la route du Cheval camargue et du Riz (29 km autour du Sambuc), la route des Taureaux et de la Vigne (31 km autour de Gimeaux).

Randonnée équestre en Camargue – *13460 Les Stes-Maries-de-la-Mer - ✆ 04 90 59 49 40 - www.visitprovence.com - 9h-12h30, 13h30-18h.* En Camargue, pays du cheval par excellence, on s'adressera au service Loisirs-Accueil des Bouches-du-Rhône qui propose une découverte approfondie de cette région de la meilleure façon possible : en selle sur un petit cheval camargue, pour un week-end ou une semaine, avec hébergement en gîte et dîner en table d'hôte…

Méjanes - Domaine Paul-Ricard – *13460 Les-Stes-Maries-de-la-Mer - ✆ 04 90 97 10 10 - www.mejanes.camargue.fr - 9h-17h (été : 18h) - fermé déc.-fév.* Prom. à cheval : 14 €/h ; poney : 4 €/15mn ; prom. en petit train : 4 € (enf. 3 €) ; ferrades, démonstrations de dressage et jeux gardians dim. et j. fériés. Centre d'attractions avec arènes, promenades à cheval, VTT, parcours pédestre et petit train effectuant un circuit de 3,5 km en bordure du Vaccarès.

AGENDA

Spectacles taurins – Aux Saintes-Maries, en Arles, à Salin-de-Giraud et à Méjanes : corridas et novilladas, corridas de *rejón* (à cheval), corridas portugaises (à cheval mais sans mise à mort et avec l'intervention des *forcados* qui arrêtent les bêtes à mains nues). Nombreuses courses camarguaises.

Festival de la Camargue et du delta du Rhône – *Port-Saint-Louis-du-Rhône, Saintes-Maries-de-la-Mer, Arles, Saint-Martin-de-Crau. Renseignements dans les offices de tourisme - www.festival-camargue-deltadurhone.camargue.fr.* Début mai, pour les amoureux des oiseaux, six jours de sorties nature accompagnées (une cinquantaine au choix), d'expositions sur la Camargue, de conférences et de projections. Également des animations pour les enfants.

Les Saintes-Maries-de-la-Mer

★

2 341 Saintois – Bouches-du-Rhône (13)

NOS ADRESSES PAGE 226

S'INFORMER

Office du tourisme des Saintes-Maries-de-la-Mer – *5 av. Van-Gogh - 13460 Les-Saintes-Maries-de-la-Mer - ✆ 04 90 97 82 55 - www.saintesmaries.com - juil.-août : 9h-20h ; avr.-juin et sept. : 9h-19h - fermé 1er janv., 25 déc.*

SE REPÉRER

Carte de microrégion A2 *(p. 192) – carte Michelin Départements 340 B5.* Entre la mer et les étangs des Launes et des Impériaux, à deux pas de l'embouchure du Petit Rhône, cabanes de gardians et petites maisons blanches se serrent autour de l'église-forteresse qui signale, de loin, l'approche des Saintes.

SE GARER

En saison, en particulier pendant les vacances scolaires et les week-ends, s'y garer peut relever de l'utopie. On tentera sa chance près des plages, le long des digues qui protègent la cité des assauts de la mer, ou dans le village *(parkings payants)*. Hors saison, quel soulagement, on n'aura aucun souci de stationnement.

À NE PAS MANQUER

Une promenade dans les ruelles blanchies par la chaux ; la visite de l'église abritant sainte Sara, la patronne des Gitans ; les plages.

ORGANISER SON TEMPS

Bondé en été, l'ancien hameau de pêcheurs devenu station balnéaire dévoile un charme plus intime au printemps et à l'automne. Ici, vous approcherez plus facilement qu'ailleurs en Camargue le monde des manades et des courses camarguaises. Sachez enfin que le 24 mai, les Gitans de toute la France viennent se rassembler autour de sainte Sara.

AVEC LES ENFANTS

Découverte de la Camargue à bicyclette ou en bateau à roue.

La légende des Saintes, le fameux pèlerinage des Gitans, les gardians et les taureaux, les flamants roses... Ces images fortes résument Les Saintes-Maries. Dans un paysage baigné de lumière, où l'eau et le ciel se confondent, c'est aussi un excellent point de départ pour la découverte de la Camargue, à pied, en VTT ou à cheval. Quant aux amateurs de farniente, ils apprécieront cette station balnéaire pour ses immenses plages et son port de plaisance.

Se promener

Séjourner aux Saintes, c'est flâner dans les ruelles aux maisons basses d'une blancheur éclatante qui se blottissent contre l'église, et s'abandonner au charme de cette petite ville qui a échappé par miracle à la folie immobilière des bords de mer. Malheureusement, le charme de certaines ruelles (F.-Mistral et V.-Hugo en particulier) a été terni par le trop-plein d'échoppes en tous genres. Pour échapper à l'atmosphère commerciale, privilégiez la tranquille blancheur des ruelles plus excentrées, sur les franges nord et ouest du village.

Vous vous assurerez la même tranquillité en arpentant la digue qui protège la ville des assauts de la mer, ou en empruntant, à vélo ou à pied, la **digue à la mer**. Vous irez jusqu'au **phare de la Gacholle**, pour profiter en toute liberté des immenses **plages** camarguaises, Beauduc et Piémanson en tête *(voir La Camargue)*.

Autre plaisir : participer aux *abrivados* en se mêlant aux « atrapaïres » qui se jettent au devant des chevaux des gardians pour faire échapper les « bious », avant d'aller vibrer aux **arènes** devant les « coups de barrière » des cocardiers. Pour finir la journée en toute sérénité, on admirera le couchant illuminer les étangs de couleurs flamboyantes.

★ Église

Forteresse destinée à protéger les reliques des saintes (mais aussi les Saintois) en cas d'incursion des Sarrasins : la chapelle haute forme un véritable donjon, entouré, à la base, d'un **chemin de ronde** et surmonté d'une plate-forme crénelée. On accède au **toit** de l'église par un escalier de 53 marches. De là, **vue★** immense sur la mer, les toits de la ville et les étangs.

Un **clocher à peigne** domine l'ensemble. Sur le flanc droit, remarquez deux beaux lions dévorant des animaux qui servirent, croit-on, de supports à un porche. On pénètre à l'**intérieur** par une petite porte ouvrant sur la place de l'église. La nef unique, romane, est très sombre. Le chœur, surélevé au moment de la construction de la crypte, présente des arcatures aveugles que supportent huit colonnes de marbre, surmontées de chapiteaux, dont deux illustrent l'Incarnation et le sacrifice d'Abraham.

À droite, au bord de l'allée centrale, s'ouvre le puits qui servait aux défenseurs en cas de siège. Dans la troisième travée à gauche, au-dessus de l'autel, est placée la barque des saintes Maries, portée en procession jusqu'à la mer

UN NOM LÉGENDAIRE

Il évoque l'arrivée en barque, vers 40 apr. J.-C., de **Marie Jacobé**, sœur de la Vierge, **Marie Salomé**, mère des apôtres Jacques le Majeur et Jean. Lazare, le ressuscité, et ses deux sœurs, Marthe et Marie-Madeleine, Maximin et Sidoine, l'aveugle guéri, les accompagnaient, tous abandonnés en mer sur une barque sans voile, sans rames et sans provisions. **Sara**, la servante noire des deux Marie, ne devait pas être du voyage : mais Marie Salomé jeta à l'eau son manteau qui servit de radeau à Sara pour rejoindre la barque. La protection divine fit le reste… et la Provence pouvait être évangélisée. **Marthe** évangélisa Tarascon après avoir vaincu la Tarasque ; **Marie-Madeleine** continua sa pénitence à la Sainte-Baume ; Lazare fut l'apôtre de Marseille, Maximin et Sidoine répandirent la parole divine à Aix. Quant aux deux Marie et à Sara, elles restèrent en Camargue et, à leur mort, les fidèles placèrent leurs reliques dans l'oratoire qu'elles avaient édifié à leur arrivée.

DE L'ORATOIRE À LA FORTERESSE

Au milieu du 9e s., une première église aurait été édifiée à l'emplacement du vieil oratoire (attesté au 6e s.). Au 11e s., les moines de Montmajour établissent un prieuré, puis, au 12e s., reconstruisent l'église, qui est incorporée aux fortifications de la ville. À la fin du 14e s., l'allure guerrière de l'édifice est renforcée par l'adjonction de mâchicoulis. Lors des invasions, les restes des saintes avaient été enterrés dans le chœur. En 1448, on entreprit des fouilles à la demande du roi René et les reliques, retrouvées, furent placées dans des châsses.

lors des pèlerinages. À droite de cet autel, remarquez l'« oreiller des Saintes », une pierre polie enchâssée dans une colonne provenant des fouilles ayant abouti, en 1448, à la découverte des reliques des saintes. Dans la 4e travée gauche s'élève un autel païen. Émouvante collection d'ex-voto de facture naïve.

Quelques marches donnent accès à la **crypte** (les plus grands se méfieront de la voûte) : constitué en partie par un fragment de sarcophage, l'autel supporte la châsse contenant les ossements présumés de Sara. À droite, statue de Sara et ex-voto offerts par les Gitans. Dans la **chapelle haute**, ornée de boiseries Louis XV vert clair et or, se trouvent les châsses des deux saintes Maries. Mistral y a situé la scène où Mireille, venue implorer le secours des « reines du paradis », et frappée d'insolation, rend le dernier soupir entre ses parents et Vincent.

Musée Baroncelli

✆ 04 90 97 87 60 - juil.-août : 14h-17h - fermé mar. - 1,50 € (-6 ans gratuit).

Installé dans l'ancienne mairie, il présente des documents recueillis, en digne émule de Mistral, par le marquis Folco de Baroncelli : mode de vie traditionnel en Camargue, histoire de la ville, dioramas présentant la faune camarguaise (dont une héronnière), tête naturalisée du fameux cocardier Vovo (aux cornes émoussées par les frappes contre les planches des barricades), mobilier provençal du 18e s., vitrines consacrées à Van Gogh, au marquis et à ses amis, ces « fous magnifiques », mainteneurs des traditions camarguaises, comme les peintres Hermann Paul et Ivan Pranishnikoff.

Les plages

Oui, vous pouvez piquer une tête au pied des ruelles blanches : le long de la promenade piétonne de bord de mer, vous trouverez une succession de petites plages de sable. Le poste de secours est situé derrière les arènes.

Les immenses plages est s'étirent le long de la **digue à la mer** *(piste d'accès en voiture sur 4 km, accès à pied ou à vélo ensuite)*.

À l'ouest du village, une autre plage de sable s'étire plus modestement sur 2 km. Nombreuses activités nautiques : location de bateaux avec ou sans permis, planche à voile, dériveur, kite surf, pédalos, canoë-kayak ou encore excursion de pêche en mer *(liste des prestataires à l'office de tourisme)*.

À SAVOIR

Ici plane l'ombre tutélaire de **Folco de Baroncelli-Javon**, appelé avec respect *Lou Marqués* (1869-1943), poète, félibre, manadier, soucieux des traditions camarguaises, enterré à l'emplacement de sa cabane du Simbèu, près de l'embouchure du Petit Rhône.

NOS ADRESSES AUX SAINTES-MARIES-DE-LA-MER

HÉBERGEMENT

PREMIER PRIX

Hôtel Méditerranée – *4 r. Frédéric-Mistral - ☏ 04 90 97 82 09 - www.hotel-mediterranee.camargue.fr - fermé de mi- à fin janv., 15 nov.-26 déc. - 14 ch. 42/60 € - ☕ 6,50 €.* Cet hôtel familial simple ne manque pas d'atouts : façade fleurie, terrasse ombragée où l'on sert le petit-déjeuner aux beaux jours, chambres rajeunies parfois climatisées, prix raisonnables et nombreux restaurants à proximité. En réservant à l'avance, possibilité de disposer d'un garage fermé.

BUDGET MOYEN

Chambre d'hôte Mazet du Maréchal-Ferrand – *Rte du Bac - ☏ 04 90 97 84 60 - www.chambrescamargue.com - P - ⊭ - 3 ch. 70 € ☕.* Ici, pas de chichi : la propriétaire sait vous mettre à l'aise tout de suite. Ses chambres, toutes au rez-de-chaussée, sont simples et colorées. Les petits-déjeuners se prennent sous le mûrier-platane ou dans une petite pièce aux couleurs provençales.

RESTAURATION

Bon à savoir – Aux Saintes-Maries, les restaurants se succèdent sur toute la longueur de l'avenue Frédéric-Mistral. Menus identiques avec tellines, gardian de taureau, loups grillés, poissons au sel…

PREMIER PRIX

Le Bodega Kahlua pub restaurant – *8 r. de la République - ☏ 04 90 97 98 41 - fermé 6 janv.-28 fév. et de mi-nov. à la fin des vac. de Noël - ♿ - formule déj. 12 € - 14/20 €.* En fonction de l'heure, vous rejoindrez cette villa très années 1930 pour prendre un cocktail ou déguster au choix pizza, grillade au feu de bois, tapas ou spécialités antillaises, comme la cuisse de poulet Boucanet.

Bar-Brasserie de la Plage (chez Boisset) – *1 av. de la République - ☏ 04 90 97 84 77 - fermé janv. et mar. (oct.-mars) - 7/40 €.* Coquillages et plateaux de fruits de mer à déguster sur place (sur la terrasse ombragée de canisses) ou à emporter.

ACHATS

Marchés – Marché traditionnel provençal lundi et vendredi matin pl. des Gitans.

Les Bijoux de Sarah – *12 pl. de l'Église - ☏ 04 90 97 73 73 - sarahleeloo@aol.com - mars-oct. : 9h30-12h30, 14h-19h30 ; reste de l'année : 10h-12h, 14h-17h - fermé lun. (nov.-fév. sf vac. scol.).* Vente de bijoux faits main, en particulier le pendentif « gitan » qui protège des mauvais sorts et apporte le bonheur…

ACTIVITÉS

En selle – L'office du tourisme des Saintes-Maries-de-la-Mer édite une brochure gratuite, qui sera très utile aux cavaliers, débutants ou expérimentés. Intitulée *Découverte de la Camargue à cheval*, elle recense tous les prestataires de loisirs équestres.

Cyclotourisme – Partez à la découverte de la Camargue en suivant la boucle balisée de 24 km au départ des Saintes-Maries.

Voir aussi « Nos adresses en Camargue » (p. 221).

Autres activités

Thalacap Camargue – *Av. Jacques-Yves-Cousteau -*

✆ 0 825 125 145 - www.thalacap.com - réception : 7h-22h30 - fermé 2 sem. en déc. Centre de thalassothérapie.

Tiki III Mini Croisière Camarguaise – *D 38 - ✆ 04 90 97 81 68 - www.tiki3.fr - fermé 5 nov.-15 mars - 10 € promenade 1h30 (-12 ans 5 €).* Découvrez les secrets de la Camargue à bord du *Tiki III*, un bateau à roue coloré, au charme un peu suranné. Vous pourrez observer la faune et la flore locales, au cours de cette petite croisière comprenant un arrêt à mi-parcours, non loin des manades de chevaux et de taureaux.

AGENDA

Pèlerinage des gitans – En mai, venus en foule de tous les pays, les gitans se rassemblent dans la crypte de l'église des Saintes-Maries où se trouve la statue de leur patronne, sainte Sara. À la suite de la descente des châsses le 24 mai, la statue de sainte Sara est portée par les gitans jusqu'à la mer.

Pèlerinage des Saintes – Chaque sainte a droit à son pélerinage : Marie Jacobé le 25 mai et Marie Salomé le dimanche d'octobre le plus proche du 22. Le premier jour, l'après-midi, les châsses sont descendues de la chapelle haute dans le chœur de l'église. Le lendemain, les statues des saintes, précédées d'un groupe d'Arlésiennes et entourées des gardians à cheval, sont amenées en procession dans les rues, sur la plage et à la mer.

Traditions camarguaises – Le marquis de Baroncelli-Javon, lui, n'a pas été (encore) canonisé, mais il n'en est pas moins l'objet d'un culte fervent, le 26 mai : Arlésiennes en costume, farandoles, ferrades, jeux gardians, *abrivado* dans les rues et course camarguaise aux arènes, bref, un concentré de traditions camarguaises.

Feria du cheval – Mi-juillet : spectacles équestres, aux arènes et dans le village.

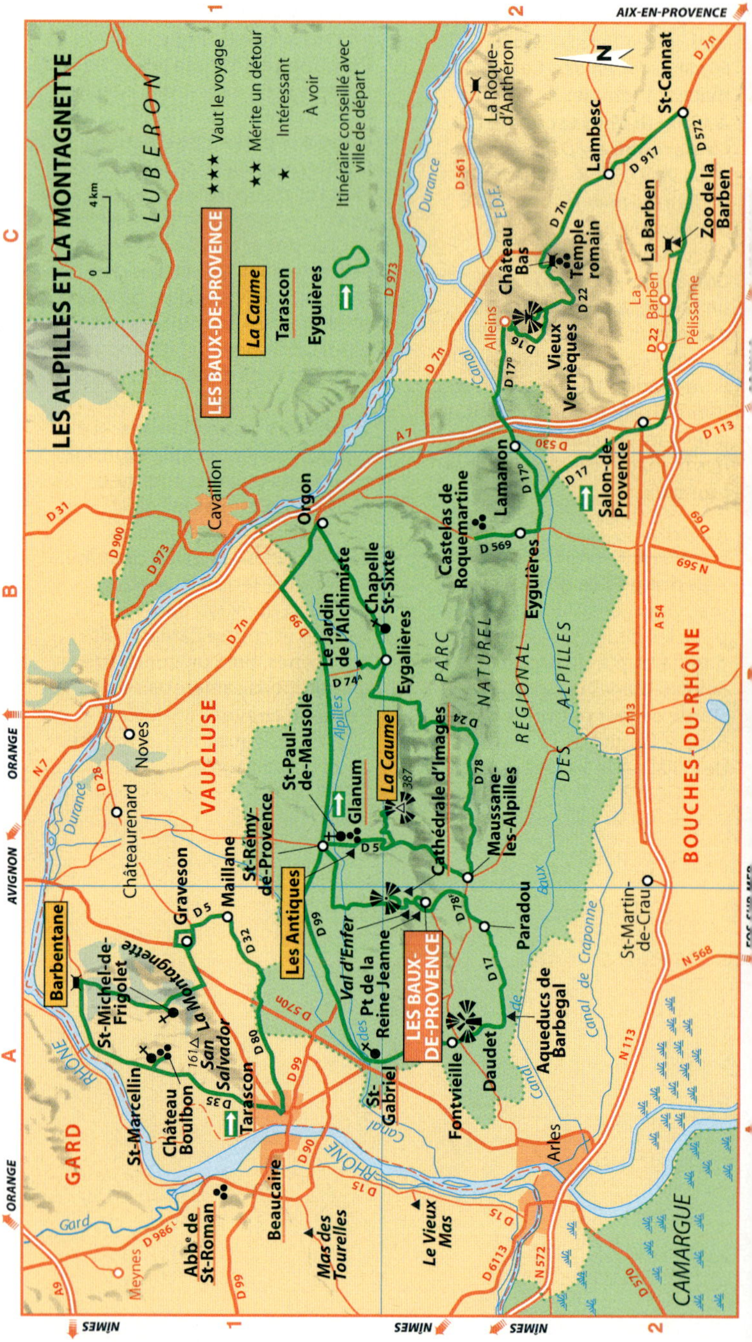
LES ALPILLES ET LA MONTAGNETTE
0 4 km
LUBERON
LES BAUX-DE-PROVENCE ★★★ Vaut le voyage
La Caume ★★ Mérite un détour
Tarascon ★ Intéressant
Eyguières À voir
Itinéraire conseillé avec ville de départ
AIX-EN-PROVENCE
ORANGE
AVIGNON
NÎMES
Cavaillon
Orgon
VAUCLUSE
Noves
Châteaurenard
Graveson
Maillane
St-Rémy-de-Provence
Barbentane
St-Michel-de-Frigolet
La Montagnette
San Salvador
Tarascon
Château Boulbon
St-Marcellin
GARD
Beaucaire
Abbe de St-Roman
Mas des Tourelles
Le Vieux Mas
Arles
Fontvieille
Daudet
St-Gabriel
Pt de la Reine Jeanne
Val d'Enfer
Les Antiques
LES BAUX-DE-PROVENCE
Glanum
St-Paul-de-Mausole
La Caume
Cathédrale d'Images
Maussane-les-Alpilles
Paradou
Aqueducs de Barbegal
Le Jardin de l'Alchimiste
Chapelle St-Sixte
Eygalières
PARC NATUREL RÉGIONAL DES ALPILLES
Castelas de Roquemartine
Eyguières
Lamanon
Salon-de-Provence
Vieux Vernègues
Château Bas
Temple romain
Alleins
La Roque-d'Anthéron
Lambesc
St-Cannat
La Barben
Zoo de la Barben
Pélissanne
BOUCHES-DU-RHÔNE
St-Martin-de-Crau
CAMARGUE
Durance
RHÔNE

Les Alpilles et la Montagnette 4

Carte Michelin Départements 339 et 340 –
Bouches-du-Rhône (13) – Gard (30)

Salon-de-Provence

★

40 147 Salonais – Bouches-du-Rhône (13)

NOS ADRESSES PAGE 235

S'INFORMER

Office du tourisme de Salon-de-Provence – *56 cours Gimon - 13300 Salon-de-Provence - ✆ 04 90 56 27 60 - www.visitsalondeprovence.com - juil.-août : 9h30-18h30, dim. 9h30-12h30 ; reste de l'année : tlj sf dim. 9h30-12h30, 14h-18h.*

Visites guidées « Les Flâneries » – *Horaires et réserv. à l'office de tourisme - 1h20 - gratuit - uniquement juin-sept. et vac. de Pâques.* Selon les visites, on découvre les classiques salonais (maison de Nostradamus, musée de l'Empéri), et d'autres aspects plus insolites (élevage de taureaux bio, canaux d'irrigation Craponne)…

SE REPÉRER

Carte de microrégion C2 *(p. 228) – carte Michelin Départements 340 F4.* À mi-chemin entre Arles et Aix, au centre d'une campagne où domine l'olivier, Salon a profité de cette situation de carrefour pour développer des quartiers modernes qu'il faudra traverser pour atteindre la vieille cité, nichée au cœur d'une vaste ceinture de cours ombragés.

À NE PAS MANQUER

Le musée de l'Empéri ; la maison de Nostradamus ; une promenade dans les ruelles ; aux alentours, l'imposant château de La Barben.

ORGANISER SON TEMPS

Deux à trois heures vous permettront de visiter les principaux sites de Salon, qui constitue en outre l'été une base de séjour meilleur marché et plus tranquille que d'autres cités plus célèbres.

AVEC LES ENFANTS

Le musée de l'Empéri ; le musée Grévin de Provence ; la maison de Nostradamus ; le zoo de La Barben.

Moins cotée que d'autres villes des Alpilles, la cité de Nostradamus n'en a pas moins conservé un charme et une authenticité qui font défaut à certaines de ses voisines. À ceux qui prendront le temps de l'explorer, Salon réserve un agréable centre-ville, avec des demeures cossues, témoins d'une époque révolue, quand, au 15e s., la cité a bâti sa prospérité sur l'industrie de l'huile d'olive. Aujourd'hui, Salon s'anime particulièrement le mercredi, jour de marché.

TREMBLEMENT

Le 11 juin 1909, la région de Salon et Aix fut secouée par un violent tremblement de terre, d'une force inégalée depuis en France. Le séisme fit 46 morts et 250 blessés, détruisit les villages de Vernègues et de Rognes, causa d'importants dégâts à Salon, Lambesc et Saint-Cannat.

Se promener Plan de ville

Château de l'Empéri B2

La masse imposante de ce château, bâti sur le rocher du Puech, domine la ville. L'Empéri n'est pas celui que créa Napoléon Ier : il s'agit du Saint-Empire romain germanique dont plusieurs souverains séjournèrent au château. Cette ancienne résidence des archevêques d'Arles, seigneurs de Salon, fut construite du 10e au 13e s. et complétée au 16e s. par une galerie Renaissance dans la cour d'honneur. La chapelle Sainte-Catherine (12e s.), la salle d'honneur avec sa cheminée finement sculptée (15e s.) et une trentaine de salles abritent le musée de l'Empéri.

★★ Musée de l'Empéri B2

Montée du Puech - ✆ 04 90 44 72 80 - sur demande préalable (7 j. av.) 10h-12h, 14h-18h - fermé mar., 1er janv., dim. de Pâques, 1er Mai, dim. de Pentecôte, 15 août, 1er et 11 Nov., 25 déc. - 3,05 € (-8 ans 2,30 €).

Ses collections, qui plongeront dans le ravissement les âmes, jeunes ou moins jeunes, sensibles aux atours militaires, décrivent l'histoire des armées françaises depuis le règne de Louis XIV jusqu'en 1918. La belle architecture des salles met en valeur les 10 000 pièces exposées : uniformes, harnachements, drapeaux, décorations, armes blanches et à feu, canons, peintures, dessins, gravures, personnages à pied ou à cheval illustrent ce passé militaire et en particulier la période napoléonienne.

Musée Grévin de Provence B1

Pl. des Centuries - ✆ 04 90 56 36 30 - ♿ - 9h-12h, 14h-18h, w.-end 14h-18h - fermé mar., certains j. fériés (se renseigner) - 4,50 € (enf. 3 €).

Deux mille six cents ans d'histoire et de légendes provençales en 15 tableaux, du mariage de Gyptis et Protis à nos jours.

SE LOGER

- Chambre d'hôte Domaine du Bois Vert 1
- Chambre d'hôte Le Castelas 7
- Château de la Barben 10
- Hôtel d'Angleterre 13
- Hôtel Vendôme 16

SE RESTAURER

- L'Eau à la Bouche 1
- La Salle à Manger 6
- La Touloubre 7
- Le Craponne 10
- Le Planet 13
- Le Repaire 16

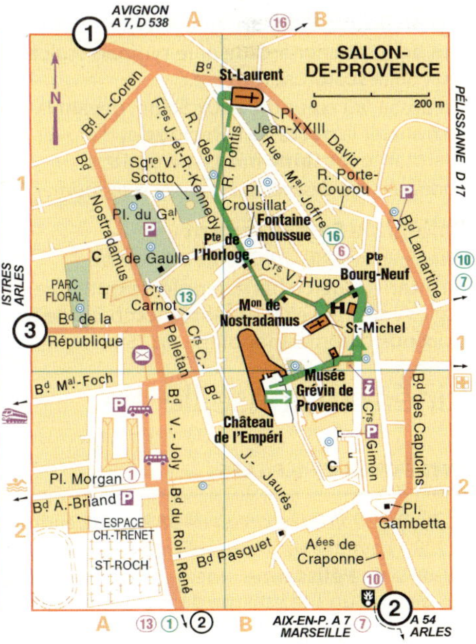

Hôtel de ville B1
Élégant hôtel du 17e s. avec deux tourelles d'angle et balcon sculpté. Sur la place, statue de l'ingénieur **Adam de Craponne** (1527-1576) qui fertilisa la région en construisant un canal d'irrigation amenant les eaux de la Durance par son ancien passage naturel, le pertuis de Lamanon. En face de la mairie se dresse la **porte Bourg-Neuf**, vestige des anciens remparts.

Maison de Nostradamus B1
R. Nostradamus - ✆ 04 90 56 64 31 - 9h-12h, 14h-18h, w.-end 14h-18h - possibilité de visite audioguidée (40mn) - fermé certains j. fériés (se renseigner) - 4,50 € (enf. 3 €).
C'est ici que Nostradamus passa les dix-neuf dernières années de son existence. Dix scènes animées par un support audiovisuel illustrent sa vie et son œuvre. Des expositions temporaires complètent la visite.

DU STÉTHOSCOPE À L'HOROSCOPE
À une époque où la science et l'ésotérisme étaient intimement liés, on ne s'étonne guère qu'un médecin, né en 1503, s'adonne aux prédictions astrologiques. Après douze ans de voyage en Europe et en Orient mis à profit pour élaborer des remèdes dont il garda jalousement le secret, **Nostradamus** obtint quelques succès en luttant contre des épidémies à Aix et à Lyon, ce qui lui attira la jalousie de ses confrères. Retiré à Salon, il se consacra dès lors à l'astrologie et publia les fameuses *Centuries astrologiques*, assez énigmatiques pour faire encore aujourd'hui sa gloire. Précurseur de la météo, il se livra à des prédictions sur le temps, publiées dans un *Almanach* qui connut un grand succès.

Église Saint-Michel B1
Son beau clocher-arcade et le tympan sculpté du portail raviront les amoureux de la sculpture romane.
On passe, au cœur du vieux Salon, devant la maison de Nostradamus avant de franchir la **porte de l'Horloge** et d'arriver place Crousillat, où se trouve la charmante **fontaine moussue** du 18e s.
Continuer rue des Frères-Kennedy, puis tourner à droite dans la rue Pontis.

Collégiale Saint-Laurent B1
Square Jean-XXIII - lun.-vend. 13h30-17h.
À l'intérieur de ce bel exemple de gothique méridional, remarquez, avant d'aller vous recueillir devant le tombeau de Nostradamus, une Descente de croix polychrome, monolithe du 15e s.

Itinéraire conseillé Carte de microrégion

ENTRE CRAU ET ALPILLES C2

Pour visualiser ce circuit de 68 km au départ de Salon, se reporter à la carte p. 228 – compter 1/2 journée. Quitter Salon-de-Provence à l'est par la D 572.
Au-delà de **Pélissanne**, une petite route sur la gauche conduit à La Barben, qui occupe un site escarpé dans le vallon de la Touloubre.

Château de La Barben.
Château de la Barben

★ Château de La Barben

✆ 04 90 55 25 41 - www.chateaudelabarben.fr - visite guidée (1h) 27 mars-14 nov. : 11h-17h ; 6 fév.-7 mars et w.-end de mars : 14h-17h ; reste de l'année : se renseigner - fermé 15 nov.-5 fév., 1er janv., 25 déc. - 8 € (-12 ans 6 €), animations médiévales dans les souterrains et jeu de piste autour du château.

Le château actuel a succédé à une forteresse antérieure à l'an mille, qui appartint à l'abbaye Saint-Victor de Marseille, puis au roi René avant d'être cédée à la puissante famille des Forbin ; celle-ci l'habita près de cinq cents ans, la remania et l'agrandit à plusieurs reprises, pour la transformer au 17e s. en demeure de plaisance. Sa tour ronde, abattue lors du tremblement de terre de 1909, a été réédifiée. De la terrasse (escalier Henri IV à double volée) précédant une noble façade du 17e s., vue sur les beaux jardins dessinés par **Le Nôtre** et la campagne provençale, entre la chaîne de la Trévaresse et les Alpilles.

Au cours de la visite, remarquez les plafonds à la française, des tapisseries d'Aubusson, des Flandres et de Bruxelles des 16e et 17e s., un beau Largillière. **Et caressez...** du regard les superbes **cuirs de Cordoue★** qui décorent la grande salle et, pour son charme voluptueux, la chambre de Pauline Borghèse et son boudoir décoré d'un papier peint par Granet *(Les Quatre Saisons)*. Dans le grand salon, tapis d'Aubusson du Second Empire.

★ Zoo de La Barben

✆ 04 90 55 19 12 - www.zoolabarben.com - ♿ - juil.-août : 9h30-19h ; reste de l'année : 10h-18h, dim. et j. fériés 10h-18h30 - 13,50 € (-13 ans 8 €).

Dans le parc arboré de 33 ha, vous pourrez explorer, à pied ou en petit train, les enclos du zoo où vivent en semi-liberté rhinocéros, fauves, girafes, ours, bisons, chameaux, tapirs, zèbres, loups, singes et rapaces : au total plus de 600 animaux que vous pouvez réellement admirer derrière de grandes baies vitrées. Une nouvelle cage à lémuriens complète la visite. Les enfants profiteront aussi de l'aire de jeux aménagée.

Revenir sur la D 572, à prendre à gauche.

La route suit la verdoyante **vallée de la Touloubre** ; après le viaduc de la ligne TGV Méditerranée, belle vue en avant sur la chaîne de la Trévaresse.

Saint-Cannat

Avant de vous promener dans le village, faites une halte au petit **musée Suffren**. Il regroupe des archives historiques consacrées à l'histoire de la commune – en particulier sur le bailli de Suffren (1729-1788), grand navigateur français et natif de Saint-Cannat –, parmi lesquelles un petit espace est dévolu au tremblement de terre. Vieilles cartes postales, coupures de presse, témoignages. *Esp. Suffren - av. Pasteur - ✆ 04 42 50 82 00 (mairie) - www.ville-saint-cannat.fr - mai-sept. : tlj sf sam. et lun. 15h-18h, 1er dim. du mois 15h-18h ; reste de l'année : 1er dim. du mois 15h-18h - possibilité de visite guidée (1h30) sur demande préalable (en hiver) - fermé j. fériés - gratuit.*

Quitter Saint-Cannat par la D 7N (en direction d'Avignon), puis prendre sur la gauche la D 917.

Lambesc

Hôtels particuliers et fontaines des 17e et 18e s. donnent à la bourgade un petit air aixois. Percé d'une porte, **beffroi** du 16e s. avec horloge à automates. Un dôme remarquable coiffe l'église, imposante construction du 18e s.

Reprendre la D 7N puis, à Cazan, tourner à gauche dans la D 22. À 1 km s'embranche le chemin d'accès au site de Château-Bas (parc de stationnement).

Château-Bas

Le **temple romain** daterait de la fin du 1er s. apr J.-C., et serait donc contemporain de l'arc de Saint-Rémy-de-Provence ou de la Maison carrée de Nîmes. Il subsiste une partie des soubassements et du mur latéral de gauche. Le pilastre carré qui termine ce mur vers l'entrée possède un très beau chapiteau corinthien. En avant s'élève une colonne cannelée, haute de 7 m, restée intacte. Autour du temple, vestiges d'un autre temple et enceinte semi-circulaire romaine, probablement celle d'un sanctuaire. *✆ 04 90 59 13 16 - www.chateaubas.com - 9h-12h30, 13h30-18h, dim. et j. fériés 10h-12h30, 14h30-18h - fermé 1er janv., 14 Juil., 25 déc. - gratuit.*

Continuer sur la D 22, puis tourner à droite dans la D 22C.

Vieux Vernègues

Après avoir traversé Vernègues, édifié après le tremblement de terre de 1909 et l'abandon du village perché, on contourne les ruines de celui-ci *(accès interdit)* jusqu'au belvédère : vaste **panorama★** sur une grande partie de la Provence.

Poursuivez par une route en lacets jusqu'à **Alleins**, qui a conservé quelques vestiges de ses fortifications.

Prendre à gauche la D 71D, puis, immédiatement après avoir traversé le canal EDF, encore à gauche sur la D 17D que vous poursuivez jusqu'à Lamanon.

Lamanon

Une belle platane ! Belle, oui, car en provençal, l'arbre dont le feuillage préserve de l'insolation les joueurs de pétanque est du genre féminin. Et celle de Lamanon, en face du stade, fait l'orgueil des habitants : trois cents ans, avec un tronc dont la circonférence atteint 8 m.

Vous pourrez compléter la balade par la visite du petit **musée**, face à l'église : deux salles d'exposition où trouver des informations sur le site troglodytique. *✆ 04 90 59 54 62 ou 06 76 51 76 22 - www.cales-lamanon.fr - 9h-12h, 14h-17h, mar. et jeu. 14h-17h, w.-end et j. fériés sur demande - gratuit.*

Poursuivre sur la D 17E.

Après avoir découvert les fontaines du joli village d'**Eyguières**, prenez vers le nord la D 569.

HARPAGON DE LAMANON

Seigneur du village qui porte son nom, le troubadour **Bertrand de Lamanon** était un redoutable pamphlétaire, dont les vers satiriques *(sirventés)* faisaient trembler ses ennemis : l'évêque d'Arles, notamment, accusé de tous les péchés, en savait quelque chose ! Mais là où le bon Bertrand devint véritablement féroce, c'est lorsque Charles d'Anjou lui subtilisa en 1260 le monopole de la vente du sel, qu'il revendait cinq fois plus cher qu'il ne l'achetait…

Castelas de Roquemartine

Ces ruines perchées, d'époques diverses, composent un ensemble très pittoresque. Un tel nid d'aigle avait tout pour séduire les brigands : ce fut le cas à la fin du 14e s. lorsque la forteresse devint le repaire des bandes du sinistre Raymond de Turenne.

Revenir à Eyguières, puis suivre la D 17 qui ramène à Salon.

NOS ADRESSES À SALON-DE-PROVENCE

TRANSPORT

Le **TER** relie Salon-de-Provence à Marseille et Avignon en environ 50mn.

HÉBERGEMENT

BUDGET MOYEN

Hôtel Vendôme – *34 r. du Mar.-Joffre - ✆ 04 90 56 01 96 - www.hotelvendome.com - P - 19 ch. 47/57 € - ☕ 6 €.* Un peu à l'écart du boulevard circulaire, voilà un hôtel tranquille, réputé pour le confort de sa literie. Préférez les chambres donnant sur le patio.

Hôtel d'Angleterre – *98 cours Carnot - ✆ 04 90 56 01 10 - www.hotel-dangleterre.biz - fermé 20 déc.-6 janv. - 26 ch. 52/64 € - ☕ 7 €.* La proximité des musées fait de cet hôtel une étape bien pratique. Chambres rafraîchies (certaines sont climatisées), salle des petits-déjeuners sous coupole vitrée.

Aux alentours de Salon

Chambre d'hôte Domaine du Bois Vert – *474 chemin de la Transhumance - 13450 Grans - ✆ 04 90 55 82 98 - www.domaineduboisvert.com - fermé de mi-nov. à mi-mars - P - ⊭ - 3 ch. 72/79 € ☕.* Au milieu d'un parc planté de chênes et de pins, ce mas niché dans un joli sous-bois abrite des chambres ouvrant de plain-pied sur une belle pelouse. Décorées dans un esprit provençal, avec tomettes, poutres apparentes et meubles anciens, elles sont agréables et parfaitement entretenues. Selon les saisons, le petit-déjeuner se prend dans la grande pièce à vivre ou sur la terrasse.

POUR SE FAIRE PLAISIR

Aux alentours de Salon

Chambre d'hôte Le Castelas – *Vallon des Eoures (D 68) - 13121 Aurons - ✆ 04 90 55 60 12 - www.lecastelas.com - P - ⊭ - 3 ch. 85/100 € ☕.* Ces 3 chambres indépendantes abritent des meubles et objets anciens. Le salon, à l'étage, bénéficie de cette même abondance de mobilier, sans pour autant nuire au confort. La vaste véranda offre une vue superbe sur les environs.

UNE FOLIE

Aux alentours de Salon

Chambre d'hôte Le Château de La Barben – *Rte du Château - 13 330 La Barben - ✆ 04 90 55 25 41 - 5 ch. 160/300 € ☕ - table d'hôte 50 €.* Sur le modèle des *pousadas* portugaises (hôtels dans des demeures seigneuriales), voici la nouvelle chambre d'hôte au château. Gypseries, mobilier 18e s., toile de Jouy… Table d'hôte dans la grande salle à manger ou sur la terrasse d'honneur.

RESTAURATION

PREMIER PRIX

Aux alentours de Salon

Le Repaire – *Vieux village - 13300 Vernègues - ✆ 04 90 59 31 64 - http://creperie.le.repaire.monsite.orange.fr - fermé janv., lun. (oct.-mars), mar. - P - 6,80/20 €.* Le Repaire se trouve au pied des ruines du vieux village, détruit par le séisme de 1909. Cadre plaisant et belle terrasse d'été pour déguster crêpes, glaces, salades et omelettes. Beau choix de thés et cafés.

BUDGET MOYEN

La Salle à Manger – *6 r. du Mar.-Joffre - ✆ 04 90 56 28 01 - fermé dim. et lun. - 27 € (entrée+plat), formule déj. 15 €.* La famille qui tient le restaurant loge dans cette demeure du 19e s. dont elle vous ouvre la salle à manger (et son agréable terrasse). Dans un décor raffiné d'antan est servie une cuisine où l'accent provençal côtoie des saveurs exotiques. Tradition et goût du jour pour une note sans excès.

L'Eau à la Bouche – *Pl. Morgan - ✆ 04 90 56 41 93 - poissonnerie.du.marche@wanadoo.fr - fermé 23-30 déc., dim. soir et lun. - ♿ - formule déj. 15 € - 25/35 €.* Couplé à une poissonnerie, ce restaurant vous présente les poissons et crustacés du magasin avant de les cuisiner : fraîcheur et qualité des produits garanties. Vous les dégusterez dans la salle à manger sobrement décorée ou dans la véranda, très agréable en été.

Le Craponne – *146 allée de Craponne - ✆ 04 90 53 23 92 - fermé 24 août-15 sept., 24 déc.-4 janv., dim. soir, merc. soir et lun. - formule déj. 15 € - 24/37 €.* L'enseigne évoque le bienfaiteur de la Crau. Boiseries sombres, murs jaune citron et mobilier campagnard. À la belle saison, repas dans une courette fleurie. Accueil familial.

Aux alentours de Salon

Le Planet – *Pl. J.-Jaurès - 13450 Grans - ✆ 04 90 55 83 66 - fermé 20 sept.-6 oct., vac. de la Toussaint, de fév., dim. soir de nov. à fév., lun. et mar. - formule déj. 18 € - 25/40 €.* Cet ancien moulin à huile abrite un petit restaurant voûté aux murs crépis. Agréable terrasse à l'ombre des platanes, accueil sympathique et cuisine du terroir.

La Touloubre – *29 chemin Salatier - 13330 La Barben - ✆ 04 90 55 16 85 - www.latouloubre.com - 19/42 € - 12 ch. 65/85 € - ☕ 8 €.* Les nouveaux propriétaires ont paré la Touloubre des couleurs du Sud : coquet cadre provençal, délicieuse terrasse sous les platanes, généreuse cuisine régionale… Une réussite ! Chambres joliment refaites et personnalisées.

PETITE PAUSE

En Aparthé(s) – *13 pl. E.-Pelletan - ✆ 04 42 86 35 01 - 9h30-18h30 (lun. 15h30) - fermé dim. - 3/12 €.* Un nouveau salon de thé salonais, intime et chaleureux, qui fait aussi petite restauration le midi (tartes salées, assiettes composées), café littéraire et galerie d'art.

ACHATS

Marché –Grand marché traditionnel mercredi matin pl. Morgan.

Savonnerie-Savonnetterie Rampal-Patou – *71 r. Félix-Pyat - ✆ 04 90 56 07 28 - www.rampal-latour.com - visite guidée avr.-oct. et vac. scol. : mar. et vend. 14h30 - fermé 25 déc.-1er janv.* Depuis 1828, fabrication artisanale : savons de Marseille à l'ancienne, savonnettes parfumées, savon noir, shampoings, etc. Tout pour le corps et l'entretien de la maison.

Savonnerie Marius Fabre – *148 av. Paul-Bourret - ✆ 04 90 53 24 77 - www.marius-fabre.fr - 8h30-12h30, 13h30-17h30, vend. 8h30-16h30 - fermé 25 déc.-1er janv., w.-end et j. fériés.* Cette savonnerie fondée en 1900 vous convie tous les jours à la découverte de son musée du Savon de Marseille. Produits très variés à l'espace boutique.

Domaine du vallon des Glauges – *Voie d'Aureille - 13430 Eyguières - ✆ 04 90 59 81 45 - www.vallondesglauges.com - juil.-août : 9h30-12h30, 14h30-19h ; reste de l'année : tlj sf dim. et j. fériés 9h30-12h30, 14h30-18h.* Au pied du point culminant des Alpilles (Les Opiès : 493 mètres), très beau domaine dans un vallon caché, produisant rouges, rosés et blancs plusieurs fois primés. Vins classés AOC Coteaux d'Aix-en-Provence.

Moulin à huile des Costes – *445 chemin de St-Pierre - 13330 Pélissanne - ✆ 04 90 55 30 00 - www.moulindescostes.com - boutique du moulin : tlj sf dim. 15h-19h, sam. 9h-12h, 15h-19h.* Pélissanne est l'une des communes les plus riches en matière de vergers d'oliviers. Au moulin des Costes (beau mas du 18e s.), on fabrique des huiles variétale, vierge et AOC.

Les Santons de Vernègues – *R. de la Transhumance - 13116 Vernègues - ✆ 04 90 57 38 40 - santons-vernegues@hotmail.fr - déc. : 9h-19h ; reste de l'année : tlj sf lun. 9h-12h, 15h-19h, dim. 15h-19h - fermé 1 sem. déb. juil.* Dans la plus pure tradition provençale, Hélène Troussier fabrique ses santons avec passion. Vente sur place ou travail à la commande.

ACTIVITÉS

Randonnées – Les 4 circuits balisés *(boucles de 3,7 km à 7,3 km, topoguides gratuits à l'office de tourisme)* au cœur du massif de Tallagard, à parcourir à pied ou à VTT, vous mèneront sur les traces du pastoralisme entre pinède et oliveraies.

Centre de vol à voile de la Crau – *Aérodrome Salon-Eyguières - ✆ 04 90 42 00 91 - www.planeur13.com.* Vols de découverte en planeur au-dessus des Alpilles.

AGENDA

Voir « Organiser son voyage » (p. 24).

Saint-Rémy-de-Provence

★

10 203 Saint-Rémois – Bouches-du-Rhône (13)

NOS ADRESSES PAGE 244

S'INFORMER

Office du tourisme de Saint-Rémy-de-Provence – *Pl. Jean-Jaurès - 13210 St-Rémy-de-Provence - ✆ 04 90 92 05 22 - http://saintremy-de-provence.com - de Pâques à la Toussaint : 9h-12h30, 14h-18h30, dim. et j. fériés 10h-12h ; reste de l'année : tlj sf dim. 9h-12h, 14h-18h - fermé 1er janv., 1er Mai, 25-26 déc.*

Visites guidées – *Réserv. obligatoire à l'office de tourisme - 8 € (-12 ans gratuit).* L'office de tourisme organise une visite de la vieille ville *(sam. à 10h)* et une promenade sur les lieux peints par Van Gogh *(mar., jeu. et vend. à 10h).*

Circuit touristique – *Dépliant disponible à l'office de tourisme.* « La Provence au temps de Nostradamus », découverte de la Renaissance dans les Alpilles, de Saint-Rémy-de-Provence à Salon-de-Provence.

SE REPÉRER

Carte de microrégion B1 *(p. 228) - carte Michelin Départements 340 D3.* Impossible de se tromper : après avoir traversé les faubourgs, on aboutit aux boulevards ombragés qui enserrent la vieille cité… en sens unique.

SE GARER

Place de la République *(sf le merc. matin, jour de marché)*, s'il n'y a pas trop de monde, ou place J.-Jaurès (en direction du plateau des Antiques).

À NE PAS MANQUER

Le plateau des Antiques.

ORGANISER SON TEMPS

Comptez environ 2h pour la visite du plateau des Antiques. L'atmosphère paisible de Saint-Rémy, ses boutiques, ses restaurants et ses hébergements vous retiendront sans nul doute plus longuement. La ville constitue en outre une base de séjour pour rayonner aux alentours.

AVEC LES ENFANTS

Le musée des Alpilles.

Une fois l'antique Glanum abandonnée, la nouvelle cité se développa sous la protection de l'abbaye Saint-Rémi de Reims. Au cœur des Alpilles, Saint-Rémy fleure bon la Provence : boulevards ombragés de platanes, terrasses de cafés caressées par le soleil, ruelles débouchant sur des places ornées de fontaines, senteurs de thym et de romarin les jours de marché, tout ici invite à remettre au lendemain ce qui ailleurs semblerait urgent… À deux pas, les ruines romaines rappellent un passé qui demeure toujours un peu présent.

★★ Découvrir le plateau des Antiques

Compter 2h. Quitter Saint-Rémy par la sortie 3 du plan (voir p. 242). Garer la voiture sur le parking (payant) aménagé à droite, devant l'arc municipal.

Au pied des derniers contreforts des Alpilles, à 1 km au sud de Saint-Rémy, parmi pinèdes et olivettes, s'élevait la riche cité de Glanum. Elle fut andonnée à la suite des destructions barbares de la fin du 3e s., mais il subsiste deux magnifiques monuments (le mausolée et l'arc municipal) qui semblent veiller sur le champ de ruines antiques.

★★ Mausolée

À l'exception de la pomme de pin qui coiffait sa coupole, ce mausolée de 18 m de haut, un des plus beaux du monde romain, nous est parvenu intact.

Des bas-reliefs représentant des scènes de batailles et de chasse ornent les quatre faces du socle carré. Au 1er étage du mausolée, on peut lire sous une frise à sujet marin cette inscription : « Sextius, Lucius, Marcus, fils de Caïus, de la famille des Julii, à leurs parents. » Il s'agit d'une dédicace que trois frères firent graver en l'honneur de leurs père et grand-père, dont les statues sont placées à l'intérieur de la rotonde à colonnade corinthienne du 2e étage.

★ Arc municipal

Peut-être contemporain du mausolée, il passe pour le plus ancien des arcs romains de la Narbonnaise. Sur le passage de la grande voie des Alpes, il marquait l'entrée de Glanum. Ses proportions parfaites (12,5 m de longueur, 5,5 m de largeur et 8,6 m de hauteur) et la qualité exceptionnelle de son décor sculpté dénotent une influence grecque, très sensible : arcade unique sculptée d'une guirlande de fruits et de feuilles ; voûte ornée de caissons hexagonaux finement ciselés. Sur les côtés, des captifs, hommes et femmes, au pied de trophées, laissent transparaître leur abattement.

★ Glanum

✆ 04 90 92 23 79 - avr.-août : 9h30-18h30 (dernière entrée 30mn av. la fermeture) ; sept. : tlj sf lun. 9h30-18h30 ; reste de l'année : tlj sf lun. 10h-17h - possibilité de visite guidée (1h30) sur demande (8 j. av.) - fermé 1er janv., 1er Mai, 1er et 11 Nov., 25 déc. - 7 € (-18 ans gratuit).

GLANUM, EN TROIS ACTES

À l'origine sanctuaire vénéré par une peuplade celto-ligure, les Glaniques, et situé à proximité de deux importantes routes, Glanon (ou Glanum I) ne tarda pas à entrer en contact avec les négociants massaliotes. Cette cité hellénisée comprenait des édifices publics (temple, agora, salle d'assemblée, rempart) et des maisons à péristyle.

Glanum II commence avec la conquête romaine de la fin du 2e s. av. J.-C. et l'occupation du pays par les armées de Marius après sa victoire sur les Cimbres et les Teutons. Les bâtiments publics disparaissent en grande partie. Glanum III suit la prise de Marseille en 49 av. J.-C. La romanisation s'intensifie et, sous le règne d'Auguste, la ville fait peau neuve. Au centre, les constructions anciennes laissent place à une vaste esplanade sur laquelle se dressent de grands monuments publics : forum, basilique, temples, thermes, etc.

On embrasse du regard l'ensemble du site depuis les **belvédères** *(sur le chemin d'accès au sanctuaire gaulois)*. Il présente un ensemble de structures complexes, suite aux trois périodes distinctes d'occupation. Dans le bâtiment d'accueil, deux maquettes du site, des fresques reconstituées, ainsi que divers fragments d'architecture et des objets domestiques familiarisent le visiteur avec les différentes phases de l'histoire du site.

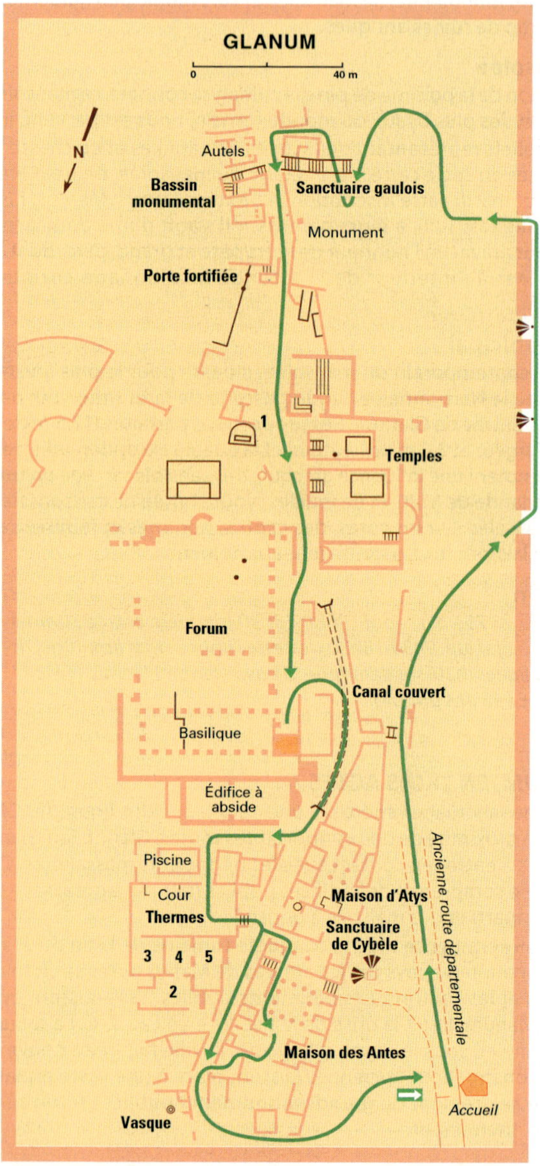

Sanctuaire gaulois – Établi en terrasses, il remonte au 6e s. av. J.-C. Dans le secteur, on a retrouvé des statues de guerriers accroupis et des stèles à crânes identiques à celles des grands oppidums salyens.

Bassin monumental – Il marque l'emplacement de la source qui est peut-être à l'origine de Glanum. Il est constitué de murailles en grand appareil de type grec. Un escalier mène au fond, encore alimenté en eau. Juste à côté, Agrippa fit édifier en 20 av. J.-C. un temple dédié à Valetudo, déesse de la santé.

Rempart – Ce remarquable vestige hellénistique utilise, comme à Saint-Blaise, la technique massaliote des fortifications en gros blocs rectangulaires bien ajustés, avec merlons et gargouilles. Le rempart, qui comprend une poterne en chicane et une porte charretière, était destiné à protéger le sanctuaire.

Temples – Au sud-ouest du forum (sur la gauche en descendant) s'élevaient deux temples jumeaux entourés d'un péribole dont la partie sud recouvrait partiellement une salle d'assemblée (le *bouleutérion*) avec des gradins. Ces monuments romains, les plus anciens de ce type en Gaule, dateraient de 30 av. J.-C. De leur riche décoration, on a exhumé d'importants fragments et de très belles sculptures *(visibles à l'hôtel de Sade)*. En face, devant le forum, s'étendait la cour trapézoïdale d'un bâtiment hellénistique, entourée de colonnades, où se dressait une fontaine triomphale (1).

Forum – Aménagé sur les décombres d'édifices préromains, le forum se terminait au nord par la basilique (bâtiment à vocation multiple, commerciale et administrative en particulier) dont il reste 24 piles de fondations, et sous laquelle se trouvaient un temple et la maison de Sulla qui a livré des mosaïques, sans doute les plus anciennes de la Gaule. Déposées pour restauration, elles ne sont plus visibles sur le site. Au sud de la basilique s'étendait la grande cour du forum, sous laquelle a été mise au jour, en 2008, une partie du centre monumental hellénistique (2e et 1er s. av. J.-C.) : puits à dromos (couloir), prytanée (mairie).

Canal couvert – C'est vraisemblablement un ancien égout, drainant les eaux du vallon et de la ville, dont la couverture a formé le pavement de la principale rue de Glanum.

Thermes – Ils remontent à l'époque de César. On reconnaît la piscine froide, peut-être à eau courante, la salle de chauffe (2), la salle froide (3), la salle tiède (4) et le bassin chaud (5) et, enfin, une palestre, aménagée pour les exercices physiques.

Maison d'Atys – Elle se divisait, dans son état primitif, en deux parties (cour à péristyle au nord et bassin au sud) reliées par une large porte. Par la suite, un sanctuaire de Cybèle fut aménagé vers le péristyle.

Maison des Antes – Contiguë à la précédente, c'est une vaste et belle demeure de type grec ; son plan est organisé autour d'une cour centrale à péristyle et sa citerne. La baie d'entrée d'une salle conserve encore ses deux pilastres cannelés (les *antes*). Remarquez l'autel votif dédié aux oreilles (attentives) de la déesse.

Se promener Plan de ville

Bordant le boulevard circulaire, la **place de la République** anime le centre-ville avec ses terrasses de café et les couleurs des jours de marché.

Collégiale Saint-Martin

Son imposante façade n'a conservé de l'édifice primitif que le clocher du 14e s. À l'intérieur, notez l'exceptionnel **buffet d'orgue** polychrome, reconstruit en 1983, sur lequel les plus grands interprètes viennent jouer lors du festival

SE LOGER

Chambre d'hôte La Chardonneraie........... 1

Chambre d'hôte La Maison du Village....... 3

Hôtel du Soleil.................... 10

Hôtel L'Amandière.............. 16

Hôtel Sous les Figuiers 17

Hôtel Van Gogh................. 19

SE RESTAURER

La Maison Jaune................. 4

Le Bistrot Découverte.......... 7

Le Jardin de Frédéric........... 9

Marc de Passorio................ 12

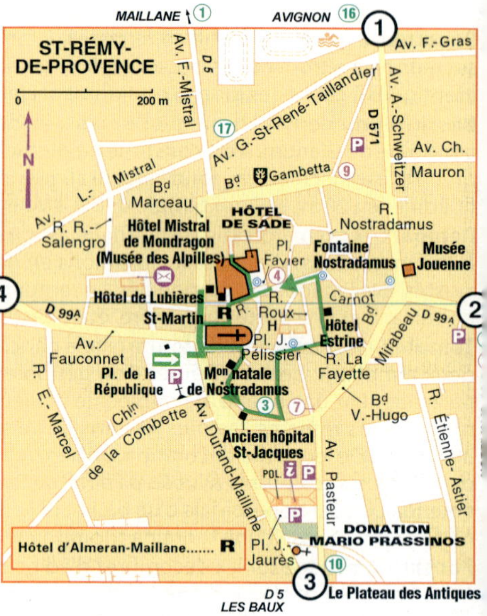

Organa *(avr.-sept. - http://organa2000.free.fr)*. Œuvre d'un facteur carpentrassien, **Pascal Quoirin**, il comprend 62 jeux (environ 500 tuyaux) répartis sur 3 claviers et un pédalier.

Dans la rue Hoche, qui, à droite de la collégiale, longe les restes de l'enceinte du 14e s., **maison natale de Nostradamus** et bâtiment de l'**ancien hôpital Saint-Jacques**.

Prendre à gauche pour rejoindre la place Jules-Pélissier où se dresse la mairie, installée dans un ancien couvent. Poursuivre par la rue La Fayette (à droite) puis, à gauche, la rue Estrine.

Hôtel Estrine

8 r. Lucien-Estrine - ☎ 04 90 92 34 72 - www.ateliermuseal.net - ♿ - juin-sept. : 10h-12h30, 14h-19h, mar. et merc. 10h-19h ; de mi-mars à fin mai et oct.-nov. : 10h30-12h30, 14h-18h - possibilité de visite guidée (45mn) - fermé lun. - 3,20 € (-12 ans gratuit).

Bâti en 1748, ce bel hôtel doit son nom actuel à un maître cordier marseillais, Louis Estrine. Le bâtiment en pierre de taille, à trois niveaux, présente en façade une partie centrale concave où s'ouvre le portail surmonté d'un élégant balcon en fer forgé. À l'intérieur, l'escalier monumental en pierre dessert les pièces du 1er étage pavées de tomettes et ornées de gypseries. L'hôtel abrite le **centre d'art Présence-Van-Gogh** qui présente un montage audiovisuel et une exposition thématique (renouvelés chaque année) sur Vincent Van Gogh. À l'étage : expositions d'art contemporain et deux salles consacrées au peintre **Albert Gleizes** (1881-1953), qui mourut à Saint-Rémy.

En sortant, poursuivre dans la rue Estrine.

À l'angle des rues Carnot et Nostradamus, la *font vèio*, dite aussi « **fontaine Nostradamus** » (19e s.), est ornée du portrait de l'enfant du pays.

« Vincent Van Gogh n'est pas né dans cette maison. Il n'y est pas décédé non plus », affirme une plaque de marbre apposée sur une façade de la rue Jaume-Roux.

Suivre la rue Carnot, puis à droite la rue du Parage.

À quelques pas, la place Favier (Le Planet ou ancienne place aux Herbes) est bordée de beaux hôtels : l'**hôtel de Sade** (15e-16e s.) et l'**hôtel Mistral de Mondragon**, vaste demeure du 16e s. ordonnée autour d'une belle cour avec tourelle d'escalier ronde et loggias, qui abrite le musée des Alpilles.

Musée des Alpilles

1 pl. Favier - 04 90 92 68 24 - www.ateliermuseal.net - - 10h-12h30, 14h-19h ; mars-juin et sept.-oct. : 10h-12h, 14h-18h ; reste de l'année : 14h-17h - fermé dim. (sf 1er du mois), lun., 1er janv., 1er Mai, 25 déc. - 3 € (-18 ans gratuit), gratuit 1er dim. du mois.

Cet intéressant petit musée dédié aux traditions locales et aux arts populaires est installé dans le bel hôtel Mistral de Mondragon, d'époque Renaissance. Bénéficiant désormais d'une muséographie sobre et contemporaine, les collections mettent en valeur le patrimoine historique et ethnographique saint-rémois, et plus généralement, des Alpilles. À ne pas manquer : la salle des costumes du pays d'Arles (ceux que les St-Rémoises portaient encore au début du 20e s.), la petite section dédiée au **Félibrige** *(voir p. 72)*, la salle d'agriculture ancienne (en particulier la partie sur la culture du chardon cardère, bien connu des tisserands). Un **cabinet d'arts graphiques**, comprenant des œuvres d'Ossip Zadkine et Albert Gleizes *(pour voir d'autres œuvres de ce peintre, allez aussi à l'hôtel Estrine)*, et la reconstitution d'un **atelier de typographie** et de gravure du 20e s. complètent la visite. Avant de quitter le musée, jetez un œil dans la remarquable cour intérieure où veille le buste de Vincent Van Gogh sculpté par Ossip Zadkine.
De retour dans la rue Carnot, vous passez devant l'**hôtel d'Almeran-Maillane** (R), où Gounod donna la première audition de *Mireille*, avant de retrouver le boulevard Marceau. Sur la droite, au n° 11, se trouve l'ancien **hôtel de Lubières**, dit aussi « maison de l'Amandier », où un sculpteur sur bois d'amandier a installé son atelier *(04 90 92 02 28 - visite sur demande 1 sem. av. - gratuit)*.

À voir aussi Plan de ville

★ Donation Mario Prassinos

Av. Durand-Maillane - 04 90 92 35 13 - juil.-août : 11h-13h, 15h-19h ; sept.-nov. et mars-juin : 14h-18h ; reste de l'année : se renseigner - fermé lun. et mar., 1er janv., 1er et 8 Mai, 14 Juil., 15 août, 11 Nov., 25 déc. - gratuit.

C'est pour la petite chapelle Notre-Dame-de-Pitié, où jadis les pèlerins se rendaient lorsqu'apparaissaient de grands fléaux, que Mario Prassinos (1916-1985), artiste d'origine grecque établi à Eygalières *(voir les Alpilles)*, a réalisé cette série de peintures murales sur le thème du supplice. Difficile de résister à l'émotion devant ces troncs et ces branches torturées, dans une austère opposition de noir et de blanc : un cancer allait emporter l'artiste quelques jours après qu'il eut achevé cette œuvre. Gravures sur cuivre, estampes, encres de Chine sur papier, présentées en alternance, complètent cette donation.

À proximité Carte de microrégion

Monastère de Saint-Paul-de-Mausole B1

1 km à la sortie de la ville par la D 5, en direction du plateau des Antiques. 04 90 92 77 00 - 9h30-19h ; reste de l'année : 10h15-17h - fermé janv., 1er nov. - 4 € (-12 ans gratuit).

À proximité des Antiques, auquel son nom (Mausole) est lié, ce monastère devint maison de santé dès le milieu du 18e s. (il le reste encore aujourd'hui). Un beau clocher carré, orné d'arcatures lombardes, coiffe l'église (fin 12e s.). Dans le **cloître★** adjacent, élégant décor roman avec chapiteaux sculptés de motifs variés (feuillages, animaux, masques, etc.).

Le monastère garde le souvenir de Van Gogh, qui s'y fit interner volontairement du 3 mai 1889 au 16 mai 1890 (chambre reconstituée). Disposant d'un atelier, l'artiste ne cessa de peindre : son cadre de vie, la nature (*Les Cyprès*, *Le Champ de blé au faucheur*, etc.), des autoportraits. Dans les anciennes salles capitulaires, exposition-vente des œuvres de l'atelier d'art thérapie.

1,5 km. Du monastère au centre-ville, 21 reproductions ponctuent un parcours Van Gogh où vous lirez le paysage à travers les yeux de l'artiste *(plan à l'office de tourisme).*

Mas de la Pyramide

Accès à 200 m du monastère de St-Paul-de-Mausole. 04 90 92 00 81 - 8h-12h, 14h-18h - possibilité de visite guidée (30 à 60mn) - 3 € (enf. gratuit) - table d'hôte sur réserv. (22 €).

Tenu par un emblématique Saint-Rémois, « Lolo » Mauron, ce mas troglodytique, à l'aménagement intérieur insolite, fut construit en grande partie dans les anciennes carrières romaines, dont les matériaux ont servi à l'érection de Glanum. Les cavités abritent un musée rural rassemblant des outils et du matériel agricole utilisés autrefois par les paysans du terroir. Au centre du terrain, la « pyramide », rocher vertical de 23 m de haut, permet d'apprécier l'ancien niveau de la surface avant le début de l'exploitation des carrières.

NOS ADRESSES À SAINT-RÉMY-DE-PROVENCE

HÉBERGEMENT

BUDGET MOYEN

Hôtel L'Amandière – *Av. Théodore Aubanel rte Noves - 04 90 92 41 00 - www.hotel-amandiere.com - P - 26 ch. 60/75 € - 8 €.* Cette villa provençale possède un agréable jardin arboré et fleuri. Chambres paisibles et pratiques avec balcon ou terrasse. Petit-déjeuner servi dans un jardin d'hiver.

Hôtel du Soleil – *35 av. Pasteur - 04 90 92 00 63 - www.hotelsoleil.com - ouvert 30 mars-11 nov. - 24 ch. 64/80 € - 8 €.* Ces bâtiments plus que centenaires (ex-usine reconvertie) encadrent une vaste cour (terrasse, fontaine, jardin, piscine). Sobriété et tranquillité sont de mise dans les chambres.

Hôtel Van Gogh – *1 av. J.-Moulin - 04 90 92 14 02 - www.hotel-vangogh.com - P - ouvert 15 mars-20 oct. - 21 ch. 65/85 € - 8 €.* À proximité du centre, petit hôtel simple aux chambres décorées dans la note provençale (celles du 1er étage sont mansardées). Belle terrasse devant la piscine.

Aux alentours de Saint-Rémy

Chambre d'hôte La Chardonneraie – *60 r. Notre-Dame - 13910 Maillane - 04 90 95 80 12 - www.lachardonneraie.com - P - - 4 ch. 73/80 €.* Les chambres aménagées dans un mas du 18e s. restauré sont personnalisées et décorées dans un esprit provençal. Agréable jardin avec piscine. Petits-déjeuners servis sous une treille aux beaux jours.

POUR SE FAIRE PLAISIR

Hôtel Sous les Figuiers – *3 av. Taillandier - ✆ 04 32 60 15 40 - www.hotel-charme-provence.com - P - - 12 ch. 105/148 €.* Tout près du centre, de belles chambres provençales, la plupart avec terrasse. Charmant et calme.

La Maison du Village – *10 r. du 8-Mai-1945 - ✆ 04 32 60 68 20 - www.lamaisonduvillage.com - 5 ch. 150/210 € - 12 €.* Jolie maison du 18e s., en plein centre historique. Chambres raffinées, cosy et délicieuse cour-terrasse.

RESTAURATION

BUDGET MOYEN

Bistrot Marc de Passorio – *Chemin Canto Cigalo - ✆ 04 90 92 04 40 - www.restaurant-marcdepassorio.com - 12h-17h30 - formule 29 €.* Ce jeune talent de la gastronomie propose une 2e table, plus abordable, pour une première approche de sa cuisine mêlant classicisme et modernité. Rien n'empêche de revenir le soir, pour un repas gastronomique *(58/98 €).*

Le Jardin de Frédéric – *8 bd Gambetta - ✆ 04 90 92 27 76 - fermé lun. midi - 16,50/30 €.* Une chaleureuse salle à manger en partie voûtée et des spécialités maison, souvent puisées dans le répertoire culinaire provençal.

POUR SE FAIRE PLAISIR

La Maison Jaune – *15 r. Carnot - ✆ 04 90 92 56 14 - www.lamaisonjaune.info - fermé 2 janv.-2 fév., dim. soir en hiver, mar. midi de juin à sept. et lun. - 36/66 €.* Belle demeure dotée à l'étage d'une terrasse ombragée dominant la vieille ville. Savoureuse cuisine actuelle aux senteurs provençales (1 étoile au *Guide Michelin* 2009).

Le Bistrot Découverte – *19 bd V.-Hugo - ✆ 04 90 92 34 49 - www.bistrotdecouverte.com - fermé janv., dim. soir sauf juil.-août et lun. - formule déj. 16 € - 30 €.* Ce bistrot de caractère, avec véranda-terrasse, propose une cuisine de tradition provençale. Belle cave voûtée ; grands et petits crus à boire sur place ou à emporter.

PETITE PAUSE

Boulangerie Fortier – *23 rue Carnot - ✆ 04 90 92 12 44 - 6h-13h, 15h-19h, fermé lun.* Navettes et biscuits, oreillettes et cakes, pains spéciaux et couronnes à l'anis… Vite, un pique-nique !

En attendant Gounod – *18 pl. de la République - ✆ 04 90 92 06 14 - 7h-19h.* Dans l'hôtel Gounod, un salon de thé au cadre baroque. Thés, pâtisseries et glaces artisanales.

ACHATS

Marché – Mercredi matin, pl. de la République.

Gourmandises

Le Petit Duc – *7 bd V.-Hugo - ✆ 04 90 92 08 31 - www.petit-duc.com - 10h-13h, 15h-19h .* Lunes, désirés, cœurs du petit Albert, folies de Paulette… Des noms tendrement évocateurs pour ces pâtisseries, douceurs sucrées ou biscuits salés confectionnés de façon artisanale et dans le plus grand respect de recettes anciennes.

Confiseur Lilamand – *5 r. Albert-Schweitzer - ✆ 04 90 92 12 77 - www.lilamand.com - 10h-12h30, 14h30-19h - fermé dim., j. fériés et lun. (sf déc.).* Cette entreprise familiale née en 1886 a conservé ses procédés artisanaux de fabrication. Les fruits sont pelés à la main, confits dans de grandes bassines en cuivre puis glacés.

Joël Durand Chocolatier – *3 bd V.-Hugo - ✆ 04 90 92 38 25 - www.chocolat-durand.com - 9h30-12h30,*

14h30-19h. L'un des meilleurs chocolatiers de la région, célébré pour son alphabet tout chocolat.

Autres souvenirs

Santonnier Laurent-Bourges – *Rte de Maillane - ✆ 04 90 92 20 45 - 9h-19h - 25 déc.* Depuis 1955, Laurent Bourges se consacre avec passion à la réalisation de santons de Provence. Rendez-lui visite, il vous montrera son atelier et vous dévoilera peut-être quelques secrets de son savoir-faire.

Moulin à huile du Calanquet – *Vieux Chemin d'Arles (à 4,5 km de la pl. de la République, qu'on quitte par la gauche) - ✆ 04 32 60 09 50 - www.moulinducalanquet.fr - 9h-12h, 14h-18h30.* Pour une dégustation de l'huile d'olive pressée au moulin, dans un domaine familial repris par un frère et une sœur trentenaires, qui ont aussi mis au point des confitures, de la tapenade, des chips de tapenade…

Olive-Les Huiles du Monde – *16 bd V.-Hugo - ✆ 04 90 15 02 33 - oliveleshuilesdumonde@mageos.com - 10h-13h, 14h30-19h30 - fermé nov.-fév.* Dans une belle maison de maître, dégustation et vente des huiles AOC de toutes provenances : Les Baux, Aix, Nyons ou Nice. À la même adresse, une petite visite au Monde de la Truffe s'impose…

Florame - musée des Arômes – *34 bd Mirabeau - ✆ 04 32 60 05 18 - www.florame.com - 10h-12h30, 14h30-19h - fermé dim. (de mi-sept. à Pâques) - gratuit.* Cette parfumerie se visite comme un musée. L'ancien atelier, avec ses vieux alambics et sa collection de flacons de parfum, se trouve à l'entrée. Puis vient la visite, guidée et gratuite, expliquant les procédés d'élaboration du parfum. Bon choix d'huiles essentielles, de savons et de cosmétiques « bio ».

ACTIVITÉS

Randonnées pédestres

Bon à savoir – L'accès au massif est fermé du 1er juil. au 2e dim. de sept.

Outre les nombreux topoguides détaillant les itinéraires dans les Alpilles *(en vente dans les librairies et les maisons de la presse)*, l'office de tourisme propose **six fiches** gratuites de randonnée (1h30 à 6h) au départ de Saint-Rémy.

Sentier viticole - *Domaine des Terres Blanches - rte de Cavaillon (D 99, env. 5 km du centre) - ✆ 04 90 95 91 66 - www.terresblanches.com - 8h-20h - gratuit.* Dans un beau domaine au milieu des collines, ce vignoble bio offre **deux balades** faciles (30mn et 1h30) au milieu des vignes (guide illustré gratuit à la boutique). Visite de chais, vente et dégustation.

La Provence vue d'avion – *Mas Peiro - rte de Noves - ✆ 04 90 92 22 84 - www.provence-vue-avion.com - tlj du lever au coucher du soleil selon les conditions climatiques - à partir de 95 € (adhésion incluant 15mn de vol).* Vous prendrez place à bord d'un Cessna 182 ou 172 et survolerez les plus beaux sites provençaux. Magique !

AGENDA

Feria provençale – 14-16 août. Courses camarguaises, *abrivados*, *encierros* (lâchers de taureaux). Le 15 août : *carreto ramado* (charrette décorée, tirée par 50 chevaux).

Voir aussi « Organiser son voyage » (p. 24).

Les Alpilles

★★

Bouches-du-Rhône (13)

NOS ADRESSES PAGE 253

S'INFORMER

Office du tourisme de Fontvieille – *Av. des Moulins - 13990 Fontvieille - ✆ 04 90 54 67 49 - www.fontvieille-provence.com - juil.-août : 9h-12h, 14h-18h, dim. et j. fériés 9h-12h ; reste de l'année tlj sf dim. : 9h-12h, 14h-18h.*

Office du tourisme de Mouriès – *2 r. du Temple - 13890 Mouriès - ✆ 04 90 47 56 58 - www.mouries.com.*

Office du tourisme de Maussane-les-Alpilles – *Pl. Joseph-Laugier-de-Monblan - 13520 Maussane-les-Alpilles - ✆ 04 90 54 52 04 - www.maussane.com.*

Parc naturel régional des Alpilles – *10-12 av. N.-D. du Château - 13103 St-Étienne-du-Grès - ✆ 04 90 54 24 10 - www.parc-alpilles.fr.* Le Parc organise des promenades-découvertes autour de cinq thèmes : faune, flore, agriculture, patrimoine, homme et environnement. Balades-contes, ateliers, conférences et randonnées de niveaux de difficulté divers au programme. Le **livret-calendrier** annuel est disponible sur Internet, dans les offices de tourisme des Alpilles et les mairies des 16 communes qui appartiennent au Parc.

Parc naturel régional des Alpilles

SE REPÉRER

Carte de microrégion *(p. 228) – carte Michelin Départements 340 D3-E3.*
Cette chaîne calcaire est le prolongement géologique du Luberon *(voir ce nom)*. Elle se divise en Alpilles des Baux à l'ouest, et Alpilles d'Eygalières à l'est ; en son centre, elle domine Saint-Rémy-de-Provence.

À NE PAS MANQUER

Le moulin de Fontvieille, rendu célèbre par A. Daudet ; le tour des moulins d'huile d'olive, producteurs de la fameuse AOC « Vallée des Baux » ; en décembre, les marchés de Noël de Mouriès, Maussane et Eyguières…

ORGANISER SON TEMPS

L'idéal serait de consacrer deux à trois jours à la découverte de cette microrégion, en particulier à la période de Noël. Si vous n'avez qu'une journée, flânez dans deux ou trois villages. Savourer l'art de vivre est ici, sans doute, plus important que de tout voir.

Bon à savoir – Du 1er juillet au 9 septembre, l'accès aux massifs boisés des Alpilles est interdit en raison des risques d'incendie. Il en va de même tout au long de l'année lorsque le mistral souffle à plus de 40 km/h.

AVEC LES ENFANTS

Moulin de Daudet ; La Petite Provence du Paradou ; Cathédrale d'images près des Baux ; le train des Alpilles *(voir « Nos adresses »)*.

Entre Arles et Avignon, des crêtes d'une incroyable blancheur se découpent sur un ciel d'un bleu intense. S'y mêlent différents verts : celui sombre des pins et des cyprès, celui délavé des garrigues brûlées par le soleil, celui argenté des feuilles d'oliviers. Les villages ont des senteurs de thym, de romarin et de lavande. Entre les vignes et les moulins à huile, les marchés colorés exhalent tous les parfums de Provence. Au-delà de l'art de vivre apparaît une terre pétrie d'histoire, où Frédéric Mistral voyait un « véritable belvédère de gloire et de légendes ». Voici l'un des derniers nés des Parcs naturels régionaux de Provence!

Itinéraire conseillé Carte de microrégion

★★ LES ALPILLES DES BAUX AB1-2

Pour visualiser ce circuit de 40 km au départ de Saint-Rémy-de-Provence, se reporter à la carte p. 228 – compter environ 4h.

★ Saint-Rémy-de-Provence *(voir ce nom)*
Quitter Saint-Rémy par la place de la République suivant le chemin de la Combette qui devient, après un virage à droite, le Vieux Chemin d'Arles. Après 2,7 km (à un stop), tourner à gauche dans la D 27 (signalisée « Les Baux »).

Val d'Enfer A2
La D 27 traverse cette curieuse gorge au relief tourmenté, dont les grottes ont servi d'habitations. De nombreuses légendes ont fait de ce lieu un univers de sorcières, de fées, de lutins et autres créatures merveilleuses.
Après environ 5 km, arrivée au sommet du val d'Enfer. Prendre à gauche la route en montée (se repérer à la borne indiquant « alt. 110 m »). Poursuivre jusqu'au parking. Continuer à pied jusqu'à la table d'orientation, à 500 m.

★★★ Panorama A2
De cette avancée rocheuse (table d'orientation), vous pourrez contempler le village des Baux dans son étrange cadre minéral. Vue sur Arles, la vallée du Rhône, le pays d'Aix, le Luberon et le mont Ventoux.
Faire demi-tour et suivre la D 27, direction Les Baux-de-Provence.

★ Cathédrale d'images A2
04 90 54 38 65 - www.cathedrale-images.com - ♿ - avr.-sept. : 10h-19h (dernière entrée 1h av. la fermeture) ; reste de l'année : 10h-18h - fermé 3 janv.-23 fév. - 7,50 € (-18 ans 3,50 €).

Les Alpilles.
S. Sauvignier / MICHELIN

Ce décor colossal, oublié pendant plus d'un siècle, a été « inventé » par **Albert Plécy** (1914-1977), qui a trouvé là un espace pour sa recherche de « l'image totale© ». Dans la pénombre, les parois calcaires immaculées des hautes salles et des piliers servent d'écrans à trois dimensions pour une projection audiovisuelle géante, où le spectateur devient un Lilliputien au pays des images. Ce spectacle de 30mn change de thème chaque année. Été comme hiver, il fait frisquet (16° C.) dans ces anciennes carrières, alors amenez votre petite laine !
Poursuivre sur la D 27 jusqu'aux Baux-de-Provence et laisser la voiture au parking obligatoire (tarif unique 4 €).

★★★ Les Baux-de-Provence *(voir ce nom)*

Suivre la D 78F, puis prendre à gauche la D 78D, qui rejoint Paradou.

Paradou A2

C'est la petite patrie du poète provençal **Charloun Rieu** (1846-1924), qui repose au cimetière du village dans un très curieux tombeau… Outre ses *Chants du terroir*, le poète-paysan n'a pas hésité à traduire *L'Odyssée* en provençal.
La Petite Provence du Paradou – *75 av. de la Vallée-des-Baux (à la sortie du village, en direction de Fontvieille [D 17], sur la droite de la rte) - ✆ 04 90 54 35 75 - www.lapetiteprovenceduparadou.com - ♿ - 10h-18h30 (19h juil.-août) - 4,50 € (6-11 ans 2,50 €).* Dans un décor évoquant la Provence (mas, bories, port, moulin de Daudet) évoluent plus de **400 santons**, parfois animés, habillés de costumes traditionnels. Les scènes évoquent la Provence d'autrefois : métiers (pêcheur, meunier, berger de la Crau), festivités (farandole), vie quotidienne (marché, lavoir… et l'inévitable partie de cartes au café).
Revenir au village et prendre la D 78E qui court parmi les olivettes.

Aqueducs et meunerie romains de Barbegal A2

15mn à partir du sentier signalisé « aqueduc romain ». Ruines de deux aqueducs gallo-romains jumelés. L'un alimentait Arles en eau d'Eygalières. L'autre actionnait une vaste meunerie hydraulique construite sur le flanc sud de la colline *(maquette au musée départemental Arles antique, voir Arles)*. Il constitue un des rares exemples de bâtiments industriels romains qui nous soient parvenus.
Prendre à droite la D 33.

Fontvieille A2

Ce bourg typiquement provençal est un centre d'extraction d'une roche calcaire, la pierre d'Arles. Mais Fontvieille est surtout connu pour son moulin…

Moulin de Daudet – *04 90 54 60 78 - www.avignon-et-provence.com/tourisme/moulin-daudet/ - juin-sept. : 9h-19h ; avr.-mai : 9h-18h ; reste de l'année : 10h-12h, 14h-17h - fermé janv. - 2,50 € (6-12 ans 1,50 €).* Eh non, l'écrivain ne vivait pas dans ce moulin qui fonctionna jusqu'en 1914. Lorsqu'il venait à Fontvieille, il préférait le confort du château de Montauban, au pied de la colline. Et les fameuses *Lettres de mon moulin* ont été écrites à Paris. Mais il aimait venir flâner sur la colline d'où l'on embrasse le cadre de son œuvre provençale. Quant aux récits du meunier, peut-être s'en inspira-t-il ?
La salle du 1er étage présente le système de meules utilisé pour moudre le grain ; remarquez, à hauteur du toit, les noms des vents locaux, inscrits en fonction de leur provenance. Au sous-sol, le petit musée réunit quelques souvenirs de l'écrivain : manuscrits, portraits, photos, éditions rares. Du moulin, on a une **vue★** remarquable sur les Alpilles, les châteaux de Beaucaire et de Tarascon, la vallée du Rhône et l'abbaye toute proche de Montmajour.
2h. Le parcours Daudet est une partie de l'itinéraire de découverte du village qui compte 30 stations. Vous arriverez ainsi au **château de Montauban**. Au rez-de-chaussée, hommage à Daudet mais aussi à **Léo Lelée** (1872-1947), qui peignit des Arlésiennes et contribua à faire connaître leur costume. Enfin, une salle abrite une crèche provençale. Le 1er étage présente une exposition sur les traditions de Fontvieille. *Pour les horaires, se renseigner à l'office de tourisme - 2,50 € (-12 ans 1,50 €) billet combiné avec le moulin.*
Parmi olivettes, pinèdes et champs de primeurs, la D 33 remonte vers le nord.

★ Chapelle Saint-Gabriel A1

04 90 91 03 52 - se garer sur l'esplanade (ne rien laisser d'apparent dans la voiture) - se renseigner à l'office du tourisme de Tarascon - clé disponible sur demande.
La présence d'une route très passante ne parvient pas à gâcher le charme délicat de cette petite chapelle du 12e s., à la remarquable façade sculptée. À l'intérieur, bel exemple, très dépouillé, d'architecture romane.
Prendre la D 32 pour regagner Saint-Rémy.

★★ LES ALPILLES D'EYGALIÈRES B1-2

Pour visualiser ce circuit de 42 km au départ de Saint-Rémy-de-Provence, se reporter à la carte p. 228 – compter environ 3h. Quitter Saint-Rémy par la D 5 en direction de Maussane.
La route passe devant le monastère de Saint-Paul-de-Mausole et le plateau des Antiques *(voir Saint-Rémy-de-Provence)* avant de partir à l'assaut de la chaîne des Alpilles, dans un paysage où dominent les pins.
Après 4 km d'ascension, laisser sa voiture sur le parking en bordure de la route pour emprunter à pied un chemin en montée.

LE PARC RÉGIONAL DES ALPILLES

Depuis janvier 2007, 16 communes se regroupent pour rédiger la charte de protection de la faune et de la flore, pour le maintien d'une agriculture traditionnelle diversifiée, afin d'assurer le développement économique et de préserver une identité spécifique. La superficie du Parc est de 50 000 ha compris entre la Durance et le Rhône. C'est aujourd'hui le 5e Parc régional de la région PACA et le 2e Parc des Bouches-du-Rhône et du pays d'Arles. Entre le Parc naturel régional du Luberon à l'est et celui de la Camargue au sud-ouest, les Alpilles sont un chaînon naturel et un territoire vivant.

★★ Panorama de la Caume B2

Accès interdit 1er juil.-15 sept.

Visite guidée de la Caume – *Sur demande à l'office du tourisme de St-Rémy-de-Provence - ✆ 04 90 92 05 22 - visite guidée nature « balade crépusculaire dans les Alpilles » accompagnée d'un ornithologue.*

Alt. 387 m. Vaste panorama depuis le rebord sud du plateau, au-delà de l'enceinte du relais de télévision, sur la chaîne des Alpilles, la plaine de la Crau et la Camargue, tandis que le rebord nord révèle la plaine rhodanienne, le Guidon du Bouquet avec sa silhouette en forme de bec, le Ventoux et la vallée de la Durance.

Revenir sur la D 5.

Après avoir traversé de petites gorges, on aperçoit sur la gauche d'anciennes carrières de bauxite, les **rochers d'Entreconque**, à la couleur rougeâtre très particulière. Puis apparaissent des vergers où abondent oliviers, abricotiers, amandiers et cerisiers.

À SAVOIR

L'aigle de Bonelli, le vautour percnoptère et le hibou grand duc ont leurs habitudes à la Caume. Aussi, pour ne pas troubler ces espèces fragiles, on s'abstiendra de sortir des chemins balisés.

Maussane-les-Alpilles B2

Ce village a conservé sa quiétude et son authenticité. Vous apprécierez sa vaste place ombragée de platanes où bat le cœur de Maussane.

Prendre à gauche la D 17, puis immédiatement à gauche la D 78.

Longeant le massif au milieu des olivettes, la route s'élève doucement vers un col qui ménage une belle vue sur les Opiès, petit mont que surmonte une tour.

Au hameau du Destet, prendre à gauche la D 24 en montée (à la gauche la crête de la Caume), qui traverse une belle pinède. Après 7,5 km, prendre la D 24B sur la droite.

Eygalières B1-2

Au pied d'un vieux donjon juché sur une colline, Eygalières (l'ancienne Aquileria, où les Romains puisaient l'eau qui alimentait Arles) étire ses rues tortueuses et colorées. Du sommet du village, aujourd'hui peuplé d'antiquaires et d'artisans d'art, belle vue sur la montagne de la Caume et la vallée de la Durance.

Dans le village, prendre sur la gauche la petite route portant l'indication « Mas de la Brune ».

Le jardin de l'Alchimiste B1

D 99 - ✆ 04 90 90 67 67 - www.jardin-alchimiste.com - ♿ - juin-sept. : 15h-18h, w.-end et j. fériés : 10h-18h ; mai : 10h-18h - possibilité de visite guidée (1h) sur demande préalable - 7 € (-12 ans 2 €).

Autour du **mas de la Brune**, belle demeure de campagne édifiée en 1572 et aujourd'hui transformée en hôtel de charme, le « **jardin magique** » vous apprend les vertus tant médicinales que symboliques des plantes méditerranéennes, en particulier celles des Alpilles. Le « **jardin alchimique** », où se mêlent pierres, eau et plantes, a été composé et mis en scène en s'inspirant de la quête de la pierre philosophale par les alchimistes… Dessiné avec soin, talent et originalité, le lieu est empreint d'un charme indéniable, un peu étrange, propice à l'abandon comme à la rêverie.

Revenir à Eygallières et poursuivre sur la D 24B en direction d'Orgon.

MAUVAIS QUART D'HEURE

Tel est celui qu'a vécu **Napoléon** le 25 avril 1814, alors qu'il fuyait vers l'île d'Elbe. Parti d'Avignon, l'empereur déchu eut la malencontreuse idée de s'arrêter à l'**hostellerie d'Orgon**. Bientôt prévenue, une foule hostile immobilisa la berline et pendit puis brûla un mannequin à l'effigie de l'empereur aux cris de « Meurs, tyran ! » Il fallut que le maire d'Orgon et un commissaire russe s'interposent pour que Napoléon ne connût pas le même sort et pût reprendre sa route. Prudent, il préféra endosser le costume de son courrier afin de passer inaperçu et c'est dans cette tenue qu'il arriva à l'auberge de la Calade (située sur la N 7) près d'Aix.

Chapelle Saint-Sixte B1-2

Sur un tertre rocailleux, à l'emplacement d'un temple païen dédié aux eaux, cette chapelle possède une belle abside séparée de la nef par un arc reposant sur des consoles ornées de têtes de sanglier. Avant de visiter, prenez garde à ne rien laisser d'apparent dans votre véhicule.

Orgon B1

Dans la plaine de la Durance, commandant le seuil qui sépare les Alpilles du Luberon *(voir ce nom)*, Orgon possède une intéressante **église** du 14e s. (beaux panneaux peints dans la nef à gauche).

Depuis la **chapelle Notre-Dame-de-Beauregard**, couronnant la colline qui domine le bourg *(route réglementée)*, belle vue sur la vallée de la Durance et le Luberon.

Quitter Orgon au nord par la D7N et revenir à Saint-Rémy-de-Provence par la D 99.

NOS ADRESSES DANS LES ALPILLES

TRANSPORT

Le Train des Alpilles – *04 90 18 81 32 - locotracteur, dép. merc., jeu. et dim. du 7 juin au 14 sept., sf j. fériés - dép. d'Arles (17 bis av. de Hongrie, derrière la « vraie » gare, après le pont de chemin de fer sur la route de Montmajour, puis à gauche) : 10h, 13h45 et 15h30 - dép. de Fontvieille : 10h50, 14h30 et 16h20 (pas de retour) - 9,50 € (4-12 ans 6 €).* Ce train saisonnier vous conduit d'Arles à Fontvieille en musardant agréablement.

HÉBERGEMENT

BUDGET MOYEN

Hostellerie de la Tour – *Rte d'Arles - 13990 Fontvieille - 9 km à l'ouest des Baux par D 78F puis D 17 - 04 90 54 72 21 - www.hotel-delatour.com - fermé de nov. à mi-mars - P - 10 ch. 60/71 € 10 € - rest. 25 € (soir).* Les habitués plébiscitent cette coquette auberge pour ses chambres simples et agréables, son plaisant jardin-piscine, son accueil attentif. Cuisine familiale mitonnée par la patronne.

Chambre d'hôte Domaine de Saint-Véran – *13660 Orgon - rte de Cavaillon, 1,5 km au nord par la D 26 - 04 90 73 32 86 - fermé janv. et fév. - P - 5 ch. 80/100 €.* Belle maison nichée dans un vaste parc planté de pins parasols et de cyprès. Chambres personnalisées, salon cosy, piscine...

UNE FOLIE

Chambre d'hôte Mas de la Rose – *13660 Orgon - rte d'Eygalières, 4 km au sud-ouest par la D 24B - 04 90 73 08 91 - www.mas-rose.com - fermé janv.-fév. - 8 ch. 170/280 €.* Dans un site bucolique, anciennes bergeries (17e s.) joliment réaménagées en maison de charme. Jardin paysager avec piscine. Table d'hôte *(dîner de mai à sept. sur réserv. 55 €).*

RESTAURATION

PREMIER PRIX

L'Ami Provençal – *35 pl. de l'Église - 13990 Fontvieille - 04 90 54 68 32 - fermé fév., merc. hors sais. et le soir du 15 sept. à fin mars - formule déj. 6,50 € - 16/20 €.* Saladerie à deux pas de l'église et de la maison où vécut Léo Lelée, le « peintre des Arlésiennes ». Produits du marché et saveurs d'autrefois. Accueil familial.

BUDGET MOYEN

La Regalido – *R. F.-Mistral - 13990 Fontvieille - 04 90 54 60 22 - www.laregalido.com - fermé mi-nov.-mi mars - 15 ch. 95/270 € 15 € - rest. : fermé lun., 15/40 €.* Ce bel hôtel-restaurant propose désormais à midi une formule à 15 €, dans un cadre extraordinaire : un vieux moulin blotti dans un exubérant jardin, avec terrasse. Les budgets confortables reviendront dîner et dormir dans les belles chambres.

La Table du Meunier – *42 cours H.-Bellon - 13990 Fontvieille - 04 90 54 61 05 - fermé de mi-janv. à mi-mars, vac. de Toussaint, 20-28 déc., mar. sf juil.-août et merc. - réserv. conseillée - 26/34 €.* Madame concocte une savoureuse cuisine du terroir, monsieur reçoit avec attention dans la salle rustique et sur la terrasse agrémentée d'un poulailler de 1765.

La Place – *65 av. de la Vallée-des-Baux - 13520 Maussane - 04 90 54 23 31 - fermé janv. et mar. - réserv. conseillée - 25/32 €.* Atmosphère intime et branchée, où se régaler d'une cuisine aux accents du Sud actualisée, dans deux salles cosy ou sur la terrasse ombragée.

UNE FOLIE

Bistrot d'Eygalières « Chez Bru » – *R. de la République - 13810 Eygalières - 12 km au sud-est de St-Rémy par D 99 et D 24^B - ✆ 04 90 90 60 34 - www.chezbru.com - fermé 12 janv.-15 mars, 7-12 août, dim. soir d'oct. à mai, mar. midi de juin à sept. et lun. - réserv. obligatoire - 95/115 € - 2 ch. 130/150 € - ☕ 20 €.* Le charme provençal est au rendez-vous dans ce bistrot chic aménagé dans deux maisons villageoises : tons crème et chocolat, meubles peints, poutres apparentes, savoureuse cuisine au goût du jour et superbe carte de vins régionaux. Chambres joliment décorées.

PETITE PAUSE

Boulangerie Henri Joye – *74 cours H.-Bello - 13990 Fontvieille - ✆ 04 90 54 72 52.* On vient de loin pour les navettes, les pains spéciaux et les fougasses à l'huile du maître des lieux.

La Maison Sucrée – *R. de la République - 13810 Eygalières - ✆ 04 90 95 94 15 - juil.-août ; mars-oct. : lun., mar. midi et jeu.-dim. 11h-21h30 ; nov.-mai : vend., sam. et dim. - fermé lun., janv.* Glacier (délicieux sorbets à la lavande ou au fruit de la passion !), crêperie et salon de thé au cœur d'Eygalières.

ACHATS

Coopérative oléicole de la vallée des Baux – *R. Charloun-Rieu - 13520 Maussane-les-Alpilles - ✆ 04 90 54 32 37 - www.moulin-cornille.com - hiver : tlj sf lun. 10h-17h ; été : 10h-18h - fermé dim.* Cette coopérative installée dans un moulin du 17e s. utilise encore des broyeurs à meules et des presses à scourtins. Production artisanale et traditionnelle d'huile d'olive vierge à partir de cinq variétés d'olives récoltées dans la vallée des Baux et ses environs. Vente et dégustation sur place.

Moulin du mas des Barres – *Petite rte de Mouriès - Quartier de Gréoux - 13520 Maussane-les-Alpilles - ✆ 04 90 54 44 32 - 9h-12h, 14h-18h.* Mas agréablement situé au milieu des oliviers, au pied des Alpilles. Ce moulin reçoit chaque année la récolte de 500 oléiculteurs locaux et, à partir de cinq variétés d'olives, produit une huile AOC aux saveurs de noisette, d'artichaut, de pomme verte ou encore d'herbe fraîche. La boutique propose tapenade, pistou, purée d'olives et bien sûr la fameuse huile, en bouteille ou en bidon.

Moulin Saint-Michel – *Cours Paul-Révoil - au cœur du village sur le cours - 13890 Mouriès - ✆ 04 90 47 50 40 - www.moulinsaintmichel.com - 9h-12h, 14h-18h – fermé dim. et j. fériés et troisième sem. d'août.* Ce moulin, superbement restauré, tourne depuis 1744 pour broyer les principales variétés d'olives de la vallée des Baux-de-Provence et en tirer des huiles AOC estampillées « Site remarquable du goût ». Visite instructive et boutique proposant des produits du terroir.

ACTIVITÉ

Randonnée pédestre – Les offices de tourisme de Mouriès, Maussane et Fontvieille proposent des topoguides gratuits décrivant des randonnées à faire dans les Alpilles.

Les Baux-de-Provence

★★★

381 Baussencs – Bouches-du-Rhône (13)

NOS ADRESSES PAGE 261

S'INFORMER

Office du tourisme des Baux – *Maison du Roy - 13520 Les Baux-de-Provence - ✆ 04 90 54 34 39 - www.lesbauxdeprovence.com - mai-sept. : 9h-18h ; reste de l'année : 9h30-17h, w.-end et j. fériés 10h-17h30 - fermé 1er janv., 25 déc.*

Pass « Les Baux jours » – Ce forfait *(15,50 €, 7-17 ans 7,50 €)* donne accès au château des Baux, au musée Yves-Brayer et à la Cathédrale d'images. En vente dans les billetteries des trois sites concernés.

SE REPÉRER

Carte de microrégion A2 *(p. 228) – carte Michelin Départements 340 D3.* Arrivant par la D 78F, depuis Fontvieille, on aperçoit soudain, dans un lacet, les premières maisons perchées du vieux village.

SE GARER

Laissez votre voiture sur l'un des parkings. Les plus proches du village proposent un stationnement illimité *(tarif unique : 4 €)*. Les autres, un peu en contrebas, possèdent des horodateurs. À la belle saison, compte tenu de l'affluence, il sera sûrement nécessaire de vous garer au bord de la route pour ensuite gagner le village à pied.

À NE PAS MANQUER

Une promenade dans les ruelles du village ; le château ; et, pour échapper à l'affluence, la belle boucle pédestre autour du rocher des Baux.

ORGANISER SON TEMPS

Comptez 1/2 journée pour les ruelles du village et la visite du château. Munissez-vous de chaussures confortables ! Selon les photographes, il faut venir en mai ou en novembre pour profiter des plus belles luminosités. De novembre à mars, beaucoup d'hôtels et restaurants sont fermés. Mieux vaut alors appeler avant de venir.

AVEC LES ENFANTS

La visite du château et les tirs à la catapulte géante *(avr.-sept.)* ; le musée des Santons.

Un éperon dénudé (900 m de long sur 200 m de large) qui se détache des Alpilles, bordé de deux ravins à pic, un château fort détruit et des vieilles maisons constituent l'extraordinaire site minéral du village des Baux, fier héritier d'un passé glorieux. Attirant chaque année 1,5 million de visiteurs, ce site offre le meilleur de lui-même au printemps et à l'automne, loin des foules.

Rebondissements aux Baux

AU HASARD BALTHAZAR

Telle était la fière devise des seigneurs des Baux qui affirmaient descendre du Roi mage Balthazar… Mistral les décrivait comme une « race d'aiglons jamais vassale ». Dès le 11e s., ils comptent parmi les plus puissants féodaux du Midi. De 1145 à 1162, ils entrent en guerre contre la maison de Barcelone, dont ils contestent les droits sur la Provence ; appuyés un moment par l'empereur allemand, ils devront finalement se soumettre après avoir subi un siège dans leur fief. Les uns deviennent alors princes d'Orange, d'autres vicomtes de Marseille, d'autres encore, ayant suivi en Italie du Sud l'expédition des princes d'Anjou, sont faits comtes d'Avellino, puis ducs d'Andria. L'un d'eux épouse Marie d'Anjou, sœur de **Jeanne Ire**, reine de Sicile et comtesse de Provence, la première reine Jeanne. Très belle, très aimée des Provençaux, celle-ci connaîtra un destin tragique : trois fois veuve, elle meurt en 1382, étouffée par un ambitieux et fort oppressant cousin.

UN CHARMANT GARÇON !

« Le fléau de la Provence », tel était l'affectueux sobriquet du vicomte **Raymond de Turenne**, devenu en 1372 tuteur de sa nièce, Alix des Baux. Ses ambitions déchaînent une terrible guerre civile. La distraction favorite de cet agréable personnage est d'obliger les prisonniers à se précipiter dans le vide du haut du château des Baux : leurs hésitations et leur angoisse l'amusent énormément. Le pape et le souverain de Provence recrutent des mercenaires pour se défaire de ce fâcheux dont le sens de l'humour leur échappe totalement. Mais les « routiers » engagés ne font guère de distinction entre territoires amis ou ennemis ; il faut les licencier et les éloigner, prime à l'appui. Bien entendu, la lutte renaît bientôt. Le roi de France se joint aux adversaires du vicomte qui, en 1399, finit par être cerné dans son repaire des Baux d'où il parvient à s'échapper et à fuir en France.

UNE TERRE TURBULENTE

Alix est la dernière princesse des Baux. À sa mort, en 1426, la seigneurie, incorporée à la Provence, n'est plus que simple baronnie. Le roi René la donne à sa femme **Jeanne de Laval**, la seconde reine Jeanne. Réunie à la couronne de France avec la Provence, la baronnie se révolte en 1483 : Louis XI fait alors démanteler la forteresse. À partir de 1528, le connétable **Anne de Montmorency**, qui en est titulaire, entreprend d'importantes restaurations et la ville connaît à nouveau une période faste. Les Baux deviennent un foyer de protestantisme durant le règne de la famille de Manville, qui administre la baronnie pour la couronne. Mais en 1632, **Richelieu**, fatigué de ce fief turbulent et indocile, fait démolir le château et les remparts. Non seulement les habitants voient leur fief réduit à l'état de ruines, mais ils doivent encore payer une amende de 100 000 livres et les frais… de démolition ! C'est la fin des Baux.

Se promener Plan de ville

Une promenade dans les ruelles des Baux constitue un véritable enchantement, du moins quand elles ne sont pas trop envahies par la foule et les étals des vendeurs de bibelots…

Entrer par la porte Mage pour prendre la rue à droite vers la place Louis-Jou.

L'**ancien hôtel de ville**, chapelle désaffectée, a conservé trois salles voûtées où se niche le musée des Santons.

Musée des Santons

9h30-17h30 (ces horaires pouvant varier hors saison, il est plus prudent de se renseigner à l'office de tourisme) - entrée libre.

Charmant petit musée rénové en 2008, où la muséographie moderne met en valeur cette tradition apparue au 13e s. dans les églises de Rome. Dans les vitrines équipées de miroirs pour mieux en admirer tous les détails, nombreux « santouns » (petits saints), modèles d'argile peint ou habillés, napolitains (17e s.), provençaux (19e-20e s.), ainsi qu'une crèche de Noël.

Une ruelle à droite permet d'atteindre la porte Eyguières, jadis seule entrée de la ville.

Revenir sur ses pas. Au bout de la rue de la Calade, prendre à droite la rue de l'Église.

De la **place Saint-Vincent★**, jolie vue sur le vallon de la Fontaine et le val d'Enfer *(voir les Alpilles)*. Au coin de la place, l'**hôtel de Porcelet** abrite aujourd'hui le musée Yves-Brayer.

★ Musée Yves-Brayer M

Pl. François-de-Hérain - ✆ 04 90 54 36 99 - www.yvesbrayer.com - avr.-sept. : 10h-12h30, 14h-18h30; reste de l'année : 10h-12h30, 14h-17h30 - fermé janv. - 4 € (-18 ans gratuit).

Très attaché aux Baux, le peintre figuratif **Yves Brayer** (1907-1990) y repose aujourd'hui. Dans le musée, toiles consacrées à l'Espagne, à l'Italie et au Maroc avec des tons contrastés de noir, de rouge et d'ocre; scènes de tauromachie, aquarelles de voyage… Mais c'est sans doute la lumière des paysages provençaux qui lui a inspiré ses tableaux les plus réussis : sa palette s'éclaircit alors dans des œuvres telles que *Les Baux*, ou *Le Champ d'amandiers*.

En 1974, le peintre a décoré de scènes pastorales (paysages des Alpilles et du val d'Enfer) les murs de la **chapelle des Pénitents blancs**, bâtie au 17e s., et un vitrail a été réalisé selon un dessin de l'artiste.

Flanquée sur le côté gauche d'une gracieuse « lanterne des morts », l'**église Saint-Vincent★** (E), en partie creusée dans le rocher, émeut par sa simplicité lumineuse (vitraux de Max Ingrand).

Remontant par la rue de l'Église, puis celle des Fours, prenez à gauche la rue du Château, pour passer devant l'**ancien temple protestant** (D), vestige d'un logis de 1571. Au linteau d'une des fenêtres du temple, on peut lire la devise calviniste : *Post tenebras lux* (« Aux ténèbres succède la lumière »).

En face, la belle façade ornée de fenêtres à meneaux est celle de l'**hôtel de Manville** (H) qui abrite aujourd'hui la mairie.

En redescendant la Grande Rue, remarquez la **maison Renaissance** Jean de Brion : ce fut celle de Louis Jou (1881-1968), graveur, éditeur et imprimeur qui a consacré sa vie à l'art du livre. La **fondation Louis-Jou** (F) renferme incunables, reliures anciennes, gravures de Dürer et de Goya, admirables suites de bois gravés et d'ouvrages édités par Louis Jou. *✆ 04 90 54 34 17 - http://perso.wanadoo.fr/fondationlouisjou/index.html - visite guidée (30mn) sur demande*

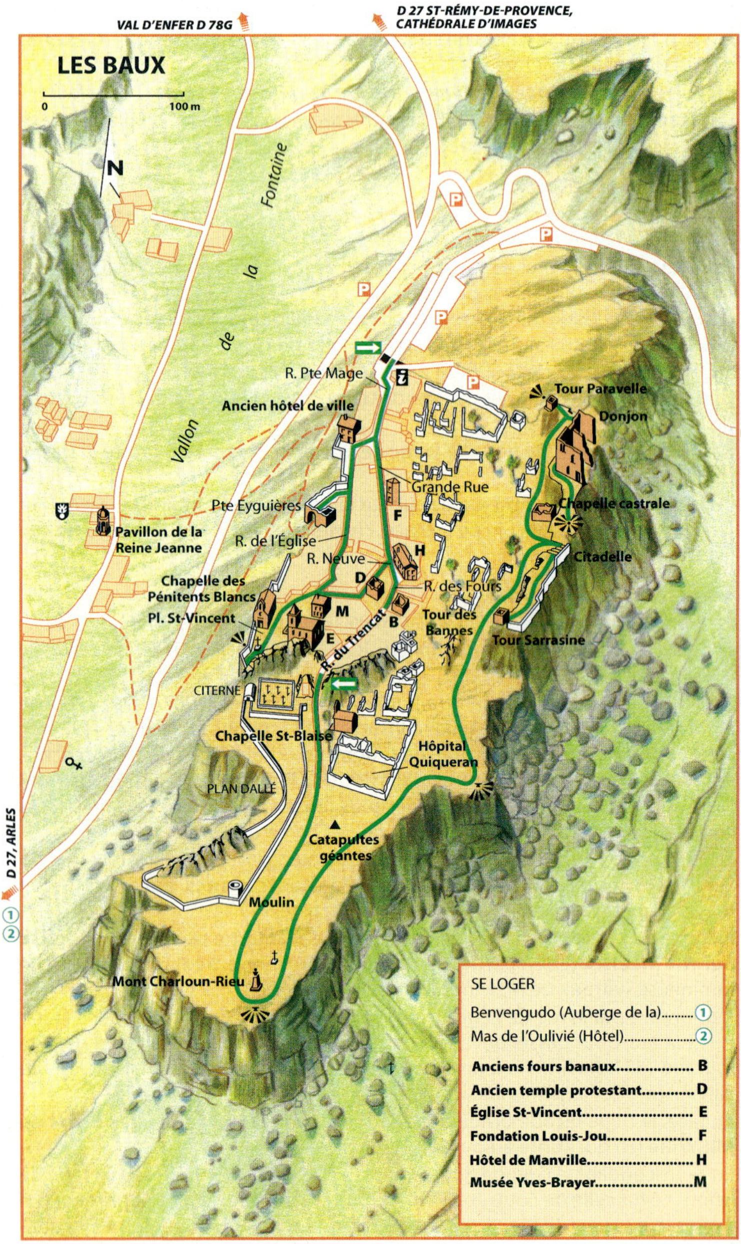
VAL D'ENFER D 78G
D 27 ST-RÉMY-DE-PROVENCE, CATHÉDRALE D'IMAGES
LES BAUX
0
100 m
N
Vallon de la Fontaine
R. Pte Mage
Ancien hôtel de ville
Grande Rue
Pte Eyguières
Pavillon de la Reine Jeanne
R. de l'Église
R. Neuve
Chapelle des Pénitents Blancs
Pl. St-Vincent
R. des Fours
R. du Trencat
Tour des Bannes
Tour Paravelle
Donjon
Chapelle castrale
Citadelle
Tour Sarrasine
CITERNE
Chapelle St-Blaise
Hôpital Quiqueran
PLAN DALLÉ
Catapultes géantes
Moulin
Mont Charloun-Rieu
D 27, ARLES
1
2
F
H
D
M
B
E
P
SE LOGER
Benvengudo (Auberge de la).......... 1
Mas de l'Oulivié (Hôtel)...................... 2
Anciens fours banaux.................... B
Ancien temple protestant............ D
Église St-Vincent.......................... E
Fondation Louis-Jou..................... F
Hôtel de Manville.......................... H
Musée Yves-Brayer........................M

préalable - fermé 1er janv., 1er Mai, 15 août, 25 déc. - 3 €. En remontant la **Grande Rue**, vous passez devant les fours banaux (B) où les habitants venaient cuire leur pain, puis poursuivez dans la rue du Trencat, creusée dans la roche, qui mène au château.

★ Château

À l'extrémité de la rue du Trencat. ✆ 04 90 54 55 56 - www.chateau-baux-provence.com - de mi-juin à mi-sept. : 9h-20h30 ; de mi-mars à mi-juin : 9h-18h30 ; reste de l'année : se renseigner - possibilité de visite guidée - 7,70 € (-18 ans 5,70 €) avec audioguide ; billet combiné possible avec le théâtre antique d'Orange et les arènes de Nîmes.

La Chasse aux Énigmes – Un questionnaire ludique a été imaginé pour faire découvrir le château des Baux aux enfants de 7 à 12 ans. Un livret est remis gratuitement à l'entrée du site et une énigme entraîne ainsi les enfants à travers le château, à la recherche d'indices dissimulés, à la découverte de l'histoire du monument.

À l'entrée, attardez-vous devant les deux maquettes de la forteresse aux 13e et 16e s. Elles permettent de mieux comprendre l'évolution du site. Une fois sur le site lui-même, en plein air, des panneaux explicatifs rappellent les grandes lignes historiques. Pour un éclairage plus fouillé, il faut prendre l'audioguide.

Dans la **chapelle Saint-Blaise**, siège de la confrérie des Cardeurs de laine et des Tisserands (12e s.), un film d'animation est consacré à l'**hôpital Quiqueran** *(6mn)*. Il fut édifié au 16e s. par Jehanne de Quiqueran dans l'enceinte du château et il n'en reste plus aujourd'hui que quelques vestiges. Un autre film, sur le thème de « Van Gogh, Gauguin, Cézanne au pays de l'olivier », présente leurs œuvres et des vues de la campagne environnante *(10mn)*.

Vous grimpez ensuite à l'assaut du vaste terre-plein, où sont installées les reconstitutions de **machines de guerre médiévales** *(voir encadré)*. Après le moulin à vent (chaque fois qu'on l'utilisait, le seigneur des Baux percevait une taxe), qui borde un plan dallé destiné à recueillir les eaux de pluie conduites dans une citerne creusée dans le roc, vous arrivez à l'extrémité du plateau. De

LES MACHINES DE GUERRE MÉDIÉVALES

Le trébuchet (12e-16e s.) – Il permettait de faire des percées dans les murs à plus de 200 m de distance grâce à son système de balancier. Surnommé le « loup de guerre », cette arme de siège qui envoyait des pierres de 140 kg était des plus redoutées !

Le couillard (14e-16e s.) – Machine à contrepoids dont la portée dépasse les 100 m et tire jusqu'à 12 coups par heure. Son nom est dû à sa forme particulière…

La bricole (12e s.) – Plus légère que les autres, elle était maniée par les femmes et postée en haut des remparts pour bombarder les ennemis. Cette arme est aussi à l'origine de l'expression « s'attirer des bricoles ».

Le bélier – Il était recouvert d'une charpente en forme de toit, les assaillants étaient ainsi protégés des chutes de projectiles. Il était déjà utilisé dans l'Antiquité.

La baliste – Arbalète géante, elle tire des boulets placés dans la cuillère. tout comme le bélier, elle est davantage utilisée par les Romains pendant l'Antiquité.

là, **vue★** très étendue sur l'abbaye de Montmajour, Arles, la Crau, la Camargue (par temps clair, on distingue les Saintes-Maries-de-la-Mer et Aigues-Mortes) et la plaine jusqu'à l'étang de Berre.

Remarquez le **monument Charloun-Rieu** à la mémoire du poète du Paradou *(voir Les Alpilles)*, avant de vous diriger vers la **citadelle**, l'ancienne demeure de la puissante famille de la Tour du Brau. Ses ruines imposantes longent le flanc est de l'éperon rocheux. Au sud subsistent la **tour Sarrasine** et la **tour des Bannes**, dominant un groupe d'habitations du 16e s. La **chapelle castrale** (12e-16e s.) conserve une belle travée d'ogives. Un escalier assez difficile *(visiteurs sujets au vertige s'abstenir)* permet d'accéder au sommet du donjon qui ouvre sur un magnifique **panorama★★**. Adossée au rempart nord, la tour Paravelle offre une jolie **vue★** sur le village des Baux et le val d'Enfer. Au pied de cette tour, dans la seule salle couverte du site, vous pourrez admirer la plus haute voûte semi-rupestre de Provence, récemment restaurée.

Rejoindre la porte Mage.

À faire aussi

Balade autour du rocher des Baux

45mn. Brochure gratuite à l'office de tourisme, départ sur le parking du chemin des Trémaïé. Attention, le parcours n'est pas ombragé, prévoir un chapeau et de l'eau l'été. Jolie boucle pédestre qui circule sous le château, autour du rocher des Baux. Sur le parcours, vestiges gallo-romains (dont un bas-relief sculpté dans un bloc de roche), anciennes carrières à ciel ouvert et borie. Belles vues sur la plaine en contrebas. Le sentier abouti à la porte d'Eyguières, où des escaliers vous ramènent rue de la Calade.

Vignoble des Baux

Possibilité de visite guidée des domaines viticoles ; s'adresser aux domaines.

Il s'étend autour du village, dans l'aire d'appellation « Les Baux de Provence ». Grâce au microclimat dont il bénéficie et à la nature du sol, ce vignoble, déjà connu dans l'Antiquité, mais amélioré depuis, donne des vins de caractère et d'excellente qualité. L'encépagement est à dominante de rouge et de rosé. Produits en plus faible quantité, les blancs demeurent de bon niveau.

À proximité Carte de microrégion

Pavillon de la reine Jeanne A2

Sur la D 78G. Un sentier permet d'y accéder directement du village des Baux par la porte d'Eyguières.

À l'entrée du **vallon de la Fontaine**, ce joli petit édifice Renaissance est un kiosque de jardin construit par Jeanne des Baux vers 1581. **Mistral** en a fait exécuter une copie pour son tombeau de Maillane. Depuis le donjon, la **vue** est imprenable ! Elle embrasse le pays d'Aix et la Sainte-Victoire, le Luberon, le mont Ventoux et les Cévennes, ou, plus proches, les formes tourmentées du val d'Enfer au nord, contrastant avec le riant vallon de la Fontaine, à l'ouest.

NOS ADRESSES AUX BAUX-DE-PROVENCE

HÉBERGEMENT

UNE FOLIE

Hôtel Mas de l'Oulivié – *Les Arcoules, D 78f - 2,5 km au sud-ouest des Baux sur D 27 - 04 90 54 35 78 - www.masdeloulivie.com - fermé mi-nov.-mi-mars - P - 27 ch. 110/280 € - 14 €.* Ce joli mas niché au cœur d'une oliveraie séduira les amateurs de farniente. Étonnante piscine à débordement. Accueil personnalisé, décor provençal et magnifique jardin.

Auberge de la Benvengudo – *Vallon de l'Arcoule, D 78f - 2 km au sud-ouest des Baux sur D 27 - 04 90 54 32 54 - www.benvengudo.fr- fermé déc.-mars - P - 21 ch. 120/200 € - 15 € - rest. 28-45 €.* Charmante bastide tapissée de vigne vierge au pied de la citadelle. Chambres rénovées, toutes ouvertes sur un joli jardin fleuri. Menu unique composé selon le marché et servi dans une salle à manger provençale ou en terrasse au bord de la piscine.

RESTAURATION

Bon à savoir – Le village des Baux est un haut lieu touristique, mais il n'y existe guère d'adresse pour budget modeste en matière de restauration. Mieux vaut, donc, prévoir un détour par les villages voisins, avant ou après la promenade, pour ne pas être pris au dépourvu si la faim commence à se faire sentir.

ACHATS

Castelas – *Mas de l'Olivier, quartier Frechier - sur la D 27 - 04 90 54 50 86 - www.castelas.com - 9h-18h - fermé j. fériés hors sais.* Ce moulin produit chaque année entre 20 000 et 30 000 litres d'huile d'olive AOC de la Vallée des Baux. Sa qualité est telle que la famille Hugues a remporté de nombreuses médailles d'or au Concours général agricole. Également à la boutique : tapenade, pâte d'olives, savons, poteries et olives en vrac.

Mas de la Dame – *RD 5 - 04 90 54 32 24 - masdeladame@masdeladame.com - 8h30-19h - fermé 1er janv. et 25 déc.* Cette propriété du 16e s., immortalisée en 1889 par Van Gogh, est une des rares exploitations à produire à la fois du vin (rouges et rosés sous l'appellation les baux-de-provence, deux vins blancs AOC coteaux-d'aix-en-provence) et de l'huile d'olive AOC.

J. Durand – *Pl. Joux - 04 90 49 79 98 - 10h-19h.* Ce chocolatier bien connu à St-Rémy a ouvert cette nouvelle boutique tout chocolat, avec aussi des fruits confits Lillamand pour les gourmands.

AGENDA

Noël aux Baux – Ne manquez pas la messe de minuit dans l'église Saint-Vincent, où est installée une crèche vivante : les bergers drapés dans leurs grands manteaux et précédés par des joueurs de tambourins et de galoubets font l'offrande d'un agneau nouveau-né placé dans une petite charrette tirée par un bélier (cérémonie du pastrage).

Tarascon

★

13 376 Tarasconnais – Bouches-du-Rhône (13)

NOS ADRESSES PAGE 270

S'INFORMER

Office du tourisme de Tarascon – *Le Panoramique - pl. du Château - ✆ 04 90 91 03 52 - www.tarascon.org - juin et sept. : 9h-12h30, 14h-18h, dim. et j. fériés 9h30-12h30 ; juil.-août : 9h-13h, 14h-18h, dim. et j. fériés 9h30-12h30 ; reste de l'année : 9h-12h30, 14h-17h30.*

Visite guidée – *Juil.-août : lun.-jeu. 10h et 14h30 au dép. de l'office de tourisme - 6 € (-12 ans 3 €) - ✆ 04 90 91 03 52.* Découverte de Tarascon.

SE REPÉRER

Carte de microrégion A1 *(p. 228) – carte Michelin Départements 340 C3.* L'arrivée à Tarascon en provenance de Beaucaire par le pont sur le Rhône offre le meilleur point de vue sur le château. Mais que l'on arrive de Beaucaire ou d'Arles (17 km), on se retrouve bientôt sur le boulevard circulaire, ombragé de platanes.

SE GARER

Places de stationnement sur le boulevard circulaire et parking *(gratuit comme partout en ville)* au pied du château.

À NE PAS MANQUER

Le château du roi René ; le charme des vieilles ruelles tarasconnaises, semi-piétonnes, avec couleurs chaudes et nobles demeures ; le musée Charles-Demery (Souleïado) ; la Montagnette voisine, avec ses collines calcaires aux parfums de thym et de myrte.

ORGANISER SON TEMPS

Prévoyez environ 1h pour la visite du château et quelques-unes de plus pour flâner dans les ruelles. Hors saison, Tarascon a tendance à s'endormir le week-end, privilégiez donc les jours de semaine si vous aimez l'animation. À proximité, ne manquez pas le savoureux marché paysan de Graveson, tous les vendredis de mai à octobre (16h-20h).

Bon à savoir – Si vous projetez une randonnée sur les sentiers de la Montagnette voisine, sachez qu'en été, les sentiers sont fermés en raison des risques d'incendie (ils ferment aussi en cas de fort mistral, toute l'année).

AVEC LES ENFANTS

L'été, animations jeune public au château du Roi René ; la maison de Tartarin ; promenade à cheval dans la Montagnette *(voir « Nos adresses »).*

La Tarasque, puis Tartarin (Daudet s'est inspiré d'un authentique Tarasconnais du nom de Barbarin) l'ont rendu célèbre ; autre emblème, les murailles de son magnifique château, surplombant les eaux du Rhône ; mais Tarascon est avant tout une belle ville provençale où, sans tartarinade, il fait bon flâner.

★★ Découvrir le château du Roi René

Visite : 1h. Animations jeune public en été. ✆ 04 90 91 01 93 - www.tarascon.org - juin-sept. : 9h30-18h30 (dernière entrée 45mn av. la fermeture) ; reste de l'année : tlj sf lun. 10h-17h, possibilité de visite guidée (1h) - fermé 1er janv., 1er Mai, 1er et 11 Nov. et 25 déc. - 6,50 € (12-18 ans 2,50 €).

Sa silhouette massive posée au bord du Rhône, l'élégance insoupçonnée de son architecture intérieure et son état exceptionnel de conservation en font un des plus beaux châteaux médiévaux de France. Il se compose de deux parties indépendantes : au sud, le logis seigneurial, cantonné de tours rondes côté ville et de tours carrées côté fleuve, avec des murailles s'élevant jusqu'à 48 m de hauteur ; au nord, la basse-cour, que défendent des constructions rectangulaires.

Basse cour

Le château actuel a succédé à une forteresse, édifiée à l'emplacement du *castrum* romain afin de surveiller la frontière de la Provence. Après sa mise à sac en 1399 par les bandes de Raymond de Turenne, la famille d'Anjou décida de le reconstruire entièrement dès 1400. Entre 1447 et 1449, le roi René, qui en avait fait sa résidence favorite, fit réaliser une décoration intérieure raffinée. Un large fossé traversé par un pont (autrefois pont-levis) isole l'ensemble du château de la ville. La basse-cour comprend les bâtiments de service qui abritent l'apothicairerie de l'hôpital St-Nicolas : importante collection de pots de faïence présentée dans une belle boiserie du 18e s.

Cour d'honneur

On y accède par la porte en chicane de la tour du donjon. Autour s'ordonnent de belles façades finement sculptées et ornées de fenêtres à meneaux. Une gracieuse tourelle d'escalier polygonale (1) dessert les étages ; à côté, dans une niche, bustes du roi René et de la reine Jeanne. Remarquez la clôture flamboyante de la chapelle des Chantres (2) et, contre la tour d'angle, la chapelle basse (3) que surmonte la chapelle haute.

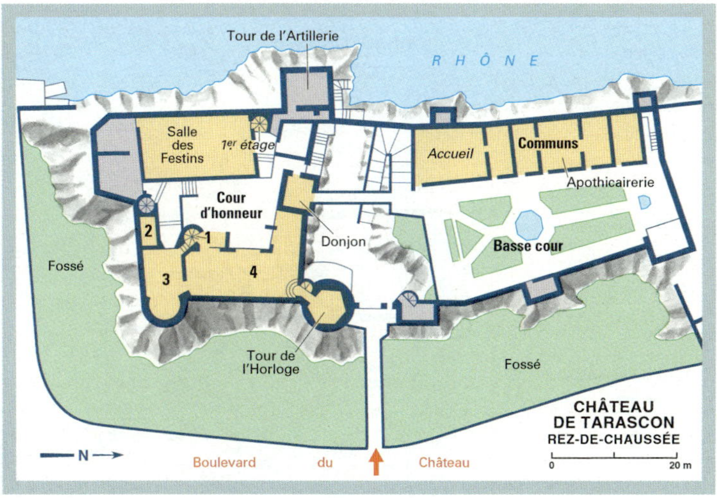

Côté ville, un corps de logis en équerre comprend des appartements, étagés deux à deux au-dessus d'une galerie (4) aux voûtes surbaissées, qui communiquent avec la tour de l'Horloge.

Logis seigneurial

Nous voici chez le roi René, dans l'aile occidentale qui surplombe le fleuve. Les salles d'apparat, celle des Festins au rez-de-chaussée, avec ses deux cheminées et, au premier étage, la salle des Fêtes, avec ses plafonds de bois décorés de peintures, prouvent que la réputation festive du bon roi n'avait rien d'usurpé… Au deuxième étage, deux salles voûtées, celle des Audiences et celle des Conseils. Toutes ces salles sont décorées de tapisseries flamandes. Dans l'aile sud, après la chambre du chapelain et son four à hostie, chapelle royale d'où le roi et la reine pouvaient entendre, depuis leurs oratoires, la voix des chantres. La chambre du roi (dans la tour sud-ouest) possédait une cheminée et un chauffe-plats, bien utiles en cas de petite faim.

Terrasse

Accès par la tour de l'Artillerie. Depuis cette plate-forme, **panorama★★** immense sur Tarascon, Beaucaire, le mont Ventoux, le barrage de Vallabrègues sur le Rhône, la Montagnette et les Alpilles, Fontvieille, Montmajour, Arles et la plaine de Saint-Gilles.
On redescend par la tour de l'Horloge dont le rez-de-chaussée est occupé par la salle des Galères, ainsi nommée en souvenir des graffitis et dessins de bateaux exécutés par les prisonniers de jadis.

Se promener Plan de ville

Si le château est très connu, c'est souvent au détriment de la ville qui mérite de mieux l'être, avec ses vieilles demeures édifiées dans une pierre aux teintes chaudes où le soleil révèle ici une corniche, là un portail, là encore une frise, et

SE LOGER

Chambre d'hôte Rue du Château 1
Hôtel du Viaduc 7
Hôtel Les Échevins 10

SE RESTAURER

Bistrot des Anges 1
Le Provençal 4

Cloître des Cordeliers .... N
Hôtel de ville .... H

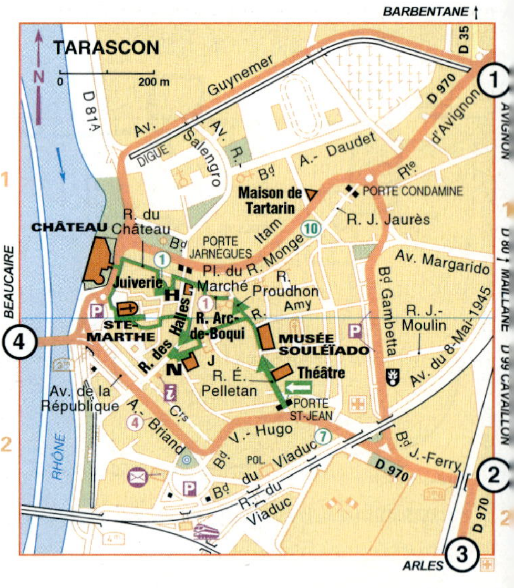

LA SAINTE ET LA BÊTE

Il suffit d'apercevoir son effigie pour se rendre compte que c'était vraiment une sale bête. Elle ? La **Tarasque**, monstre amphibie qui surgissait soudain du Rhône pour dévorer les enfants ou le bétail et tuer les imprudents qui traversaient le fleuve. Heureusement sainte Marthe, venant de Palestine, traversa la Camargue, où l'on s'y connaît en bêtes sauvages : un simple signe de croix et la terrible Tarasque, vaincue, se couche aux pieds de la sainte. Cette dernière livre la bête au peuple qui s'empresse de la mettre à mal. Grand amateur de fêtes et de réjouissances, le roi René ne manqua pas d'en organiser en 1474 pour célébrer l'événement… Cette tradition a perduré jusqu'à nos jours *(voir p. 271)*. Toutefois, ce n'est pas la Tarasque qui a donné son nom à la ville… En effet, la racine ligure *asc* signifie « cours d'eau » et le préfixe *tar* « rocher ». Autrement dit, Tarascon serait le « rocher de la rivière », sans doute en référence à la roche qui, dominant le Rhône, supporte le château.

ses petites rues bordées d'hôtels aux façades souvent très bien restaurées.
Entrer dans la cité par la porte Saint-Jean et prendre la rue Eugène-Pelletan.
Sur la droite, remarquez la façade baroque du **théâtre**, avec ses angelots.
Poursuivre par la rue Proudhon.
Au n° 39, un bel hôtel abrite l'entreprise familiale **Souleïado** *(voir p. 271)*.

★ Musée Charles-Demery (Souleïado)

✆ 04 90 91 50 11 - www.souleiado-lemusee.com - 10h-13h, 14h30-18h30 (dernière entrée 1h av. la fermeture) - fermé dim. et j. fériés - 6,10 € (enf. gratuit).
L'ancien hôtel particulier a abrité dès 1806 la célèbre manufacture d'impression d'**indiennes** *(voir p. 71)*. Dédié à ces tissus imprimés de motifs colorés, le musée possède près de **40 000 planches d'impression**, dont les plus anciennes remontent au 18e s. En bois rehaussé de pointes de laiton, elles étaient appliquées à la main, puis frappées au maillet par des ouvriers qui imprimaient jusqu'à 30 m de toile de coton par jour.
Dans l'intérieur provençal du 19e s., des scènes de la vie provençale ont été reconstituées, ainsi que plusieurs ateliers d'époque, comme la **cuisine aux couleurs** où l'on confectionnait les teintes destinées aux étoffes. Sont également exposées de **rares pièces de tissus imprimés**, des costumes provençaux des 18e et 19e s. et une importante collection de poteries, faïences et tableaux.
Poursuivre dans la rue.
À gauche, juste après la chapelle de la Persévérance (17e s.), s'ouvre la rue **Arc-de-Boqui**, en partie couverte.
Au débouché de la ruelle, prendre à droite vers la place du Marché.

Hôtel de ville H

Élégante façade sculptée, du 17e s. Un bel escalier donne accès à la salle des Consuls, ornée de boiseries et de tableaux *(visible sf mariages ou réunions)*.
Prenant la rue du Château (ancienne rue Droite-des-Juifs), on pénètre dans le quartier de la **Juiverie**, ancien ghetto de Tarascon. Prenant à gauche la rue des Juifs, vous arrivez sur la minuscule place Renan, ombragée par un grand eucalyptus. Regagnez la rue du Château par un second tronçon de la rue des Juifs, barré par un arceau. À l'extrémité se dressent le château et, face au fleuve, la collégiale Sainte-Marthe.

★ Collégiale royale Sainte-Marthe

Édifiée au 12e s., elle fut en grande partie reconstruite au 14e s., puis remaniée et enfin restaurée après avoir subi des dégâts en 1944. Elle a conservé, côté sud, un très beau portail roman, dont la décoration sculptée a en partie disparu. À l'intérieur, tableaux de Nicolas Mignard et de Pierre Parrocel. Dans la **crypte** est exposé le sarcophage de sainte Marthe (3e-4e s.), orné de sculptures. Au passage, dans l'escalier, remarquez le tombeau de l'ancien sénéchal de Provence, Jean de Cossa, belle œuvre de style Renaissance.

Après avoir contourné l'église, et jeté un œil sur l'harmonieuse place Fraga, suivre la rue de l'Ancien-Collège et la rue Clerc-de-Molières.

Prenez à droite la **rue des Halles**, principale artère du vieux Tarascon, où le cadran solaire affiche : « Toutes blessent, la dernière tue ». Ceci est sans appel! Arcades et couverts (15e s.) bordent cette rue, où se tenait autrefois le marché. Sur la petite place aménagée à droite de la rue Frédéric-Mistral, les galeries du **cloître des Cordeliers** (N) méritent d'être découvertes à l'occasion d'une exposition.

Par la rue Salaire (remarquez sur la gauche le portail de l'ancien mont-de-piété), vous rejoignez la rue Proudhon qui, à droite, vous ramène à la porte Saint-Jean.

À voir aussi Plan de ville

Maison de Tartarin

✆ 04 90 91 38 71 - juil.-août : 10h-12h, 14h30-19h ; reste de l'année : 10h-12h, 14h-18h30 - possibilité de visite guidée (45mn) - fermé dim. et j. fériés - gratuit.

Le célèbre personnage de Daudet a enfin trouvé un lieu pour se remettre de ses aventures. Dans cet intérieur reconstitué dans le goût des années 1870, mannequins costumés, meubles et documents restituent l'ambiance du roman de Daudet.

Itinéraire conseillé Carte de microrégion

LA MONTAGNETTE A1

Pour visualiser ce circuit de 45 km au départ de Tarascon, se reporter à la carte p. 228 – compter 4h. Quitter Tarascon à l'est par la D 80 (direction Maillane) et continuer au-delà de la D 570n par la D 80A puis, sur la gauche, la D 32.

Maillane

Au cœur de « la Crau de Saint-Rémy », Maillane doit sa célébrité à **Frédéric Mistral**. Au cimetière, dans l'allée principale, à gauche, s'élève le mausolée que l'auteur de *Calendau* fit copier d'après le pavillon de la reine Jeanne, près des Baux.

Musée Mistral – *✆ 04 90 95 84 19 - www.maillane.fr - visite guidée (30mn) avr.-sept. : 9h30-11h30, 14h30-18h30 ; oct.-mars : 10h-11h30, 14h-16h30 - fermé lun. et j. fériés - 4 € (-12 ans 2 €).* Installé dans la demeure que le poète habita depuis son mariage en 1876 jusqu'à sa mort en 1914 et conservée en l'état, ce lieu de pèlerinage pour tous les amoureux de la langue d'oc et du Félibrige *(voir p. 72)* contient d'émouvants souvenirs, des tableaux et des livres.

Rejoindre Graveson par la D 5, puis à gauche la D 28.

UN POÈTE QUI NE MANQUAIT PAS DE SOUFFLE

Né en 1830 dans une famille de paysans aisés, Mistral passe sa jeunesse au mas du Juge (sur la route de Saint-Rémy). Collégien à Saint-Michel-de-Frigolet puis en Avignon, où il se lie avec Roumanille, il fait son droit à Aix avant de regagner le mas paternel, puis s'installe dans la maison du Lézard *(face au Museon)* où il achève *Mirèio* en 1859, cinq ans après avoir fondé le **Félibrige**. Le succès ne va plus le quitter et Mistral, devenu l'âme de la Renaissance provençale, obtient le prix Nobel de littérature en 1904, devenant si célèbre qu'en octobre 1913, il est convié à déjeuner dans le wagon présidentiel par le président de la République de l'époque, Raymond Poincaré, dont le train s'est arrêté tout exprès en gare de Graveson.

Graveson

L'ancienne cité fortifiée conserve un charme certain avec son cours principal alangui le long d'une petite roubine (un canal long d'une dizaine de mètres). L'église du village présente une abside romane et un clocher hérissé de sculptures qui a valu aux Gravesonnais le surnom de « nombrils de bois ».

Musée Auguste-Chabaud★ – *✆ 04 90 90 53 02 - www.museechabaud.com - ♿ - juin-sept. : 10h-12h, 13h30-18h30 ; reste de l'année : 13h30-18h30 - possibilité de visite guidée (1h30) sur demande (15 j. av.) - fermé 1er janv., 25 déc. - 4 € (-12 ans gratuit).* Il est consacré au peintre et sculpteur nîmois (1882-1955), qui, installé au mas de Martin au pied de la Montagnette, a fait de celle-ci son principal sujet d'inspiration. D'abord postimpressionniste (*Maison au bord du canal*, 1902), puis apparenté au fauvisme, l'ermite de Graveson, par la force d'expression de ses tableaux aux couleurs vives cernées de noir, peut être situé dans un courant proche de l'expressionnisme.

Pour prolonger cet hommage au peintre, suivez en sortant **l'itinéraire Chabaud**, mis en place dans les rues du bourg. Une dizaine de panneaux reproduisant ses œuvres ont été installés sur les lieux qu'il a peints *(livret en vente au musée)*.

Jardin des Quatre-Saisons – *✆ 04 90 95 88 44 - www.graveson.com - ♿ - avr.-sept. : 8h-20h ; reste de l'année : 8h-18h - gratuit, plan fourni à l'office du tourisme.* Ce jardin public, en lisière du village, se compose de quatre sections, chacune dédiée à une saison. Depuis le sommet de la butte centrale, vue sur les collines calcaires de la Montagnette.

Jardin aquatique « Aux fleurs de l'eau » – *✆ 04 90 95 85 02 - http://auxfleursdeleau.fr - de mi-juin à mi-sept. : 10h-12h, 14h30-19h ; de déb. mai à mi-juin : w.-end 10h-12h, 14h30-19h - 5 € (-8 ans gratuit).* Une douzaine de bassins, trois cascades, 1 km de sentiers, 2 000 variétés de plantes des cinq continents, dont beaucoup sont aquatiques : voilà de quoi ravir les botanistes amateurs ou promeneurs en quête de fraîcheur. Les enfants observeront les grenouilles, libellules et carpes japonaises de cette jungle bien irriguée et ordonnée.

Musée des Arômes et du Parfum – *La Chevêche, Petite Route du Grès (au sud par la D 80) - ✆ 04 90 95 81 55 - www.museedesaromes.com et www.aromacocoon.net - ♿ - juil.-août : 10h-19h ; reste de l'année : 10h-12h, 14h-18h - distillation de plantes aromatiques les 3 derniers dim. av. Noël, lun., merc. et vend. juil.-août - 5 € (-12 ans gratuit), gratuit 7-27 déc. (portes ouvertes).* Dans une ancienne cave à vins de l'abbaye de Saint-Michel-de-Frigolet, vous verrez alambics, flacons, essenciers… Vous arpenterez ensuite le jardin expérimental de plantes aromatiques en culture biologique. Les récoltes sont distillées en Haute-Provence, puis traitées dans le laboratoire attenant au musée. Les partisans de l'aromathérapie trouveront leur bonheur dans la boutique.

Poursuivre jusqu'à la D 570^n et prendre à droite vers Graveson, puis à gauche en direction de Tarascon. Immédiatement, tourner à gauche dans la D 81.

Après être passée au-dessus de la D 970, la route s'élève en lacets parmi pins, oliviers et cyprès dans un paysage propice à la promenade comme au pique-nique.

Abbaye de Saint-Michel-de-Frigolet

04 90 90 52 70 - www.frigolet.com - l'abbatiale et l'église Saint-Michel sont en accès libre - accès au cloître et à la salle du chapitre uniquement sur visite guidée (1h) dim. 16h - 3,50 € (enf. gratuit).

Un chemin de croix précède l'arrivée à l'abbaye, annoncée par une enceinte néomédiévale qui, avec ses tours, courtines, créneaux et mâchicoulis, semble sortie de quelque dessin animé de Walt Disney. On visite l'église abbatiale néogothique construite autour de la **chapelle de Notre-Dame-du-Bon-Remède**, dont la structure romane est dissimulée sous une débauche de **boiseries★** dorées offertes par Anne d'Autriche, et de tableaux attribués à l'école de Nicolas Mignard. Dans la galerie nord du **cloître** (début du 12e s., restauré au 17e s.), on peut admirer quelques vestiges romains : frises, chapiteaux, masques, ainsi que de beaux santons modernes en bois d'oliviers millénaires sculptés par Charles Toni, de Noves. Dans la **salle du chapitre** (17e s.), tableaux de Jean Guitton. Dans le hall d'entrée, remarquable tableau de Wenzel, *Le Siège de Frigolet* (1880).

Quant à l'**église Saint-Michel** (12e s.), elle saura vous charmer par sa simplicité. Elle a conservé un beau toit en dalles de pierre que termine une élégante crête ajourée.

L'accès au massif est interdit de juillet à mi-septembre, et toute l'année lorsque le vent souffle à plus de 40 km/h. Un circuit balisé *(en jaune)* permet aux plus vaillants d'explorer la Montagnette depuis Saint-Michel-de-Frigolet en passant par Boulbon et le **San Salvador**, qui culmine à 161 m.

Poursuivre sur la D 80, puis la D 35^E.

Barbentane

Office de tourisme – *4 cours Jean-Baptiste-Rey - 13570 Barbentane - 04 90 90 85 86 - www.barbentane.fr - juil.-août : 9h-12h30, 14h-18h30, sam. 9h-12h30,*

DE REMÈDES EN ÉLIXIR

Fondée par les moines défricheurs de Montmajour *(voir « À proximité » à Arles)* qui, souvent atteints de fièvres paludéennes, venaient s'y rétablir (d'où le nom de la chapelle de Notre-Dame-du-Bon-Remède), l'abbaye Saint-Michel-de-Frigolet, après avoir vu se succéder des religieux de divers ordres, fut vendue comme bien national à la Révolution. Utilisée comme pensionnat (Mistral compta parmi ses élèves), elle retrouva sa vocation religieuse en 1856 avec une communauté de prémontrés, toujours présente, après avoir traversé une période de fortes turbulences au début de la IIIe République. Cependant, si les moines existent bel et bien, le plus célèbre d'entre eux est sans doute né de l'imagination d'Alphonse Daudet : c'est le fameux Révérend père Gaucher qui, tortillant son chapelet de noyaux d'olives, confiait au prieur le secret de l'élixir de la tante Bégon.

À noter : la distillerie Liqueur de Saint-Michel-de-Frigolet se trouve à **Châteaurenard** *(voir p. 298)*.

Château de Barbentane.
Château de Barbentane

14h-17h30 ; reste de l'année : 9h-12h, 14h-17h, sam. 9h-12h, lun. 14h-17h - fermé dim., 1er janv., dim. et lun. de Pâques, 1er et 8 Mai, jeu. de l'Ascension, dim. et lun. de Pentecôte, 1er et 11 Nov., 25 déc.

Bon à savoir – L'office de tourisme propose une visite contée *(sur réserv.)*. Elle se déroule autour des principaux monuments, avec des anecdotes racontées par des natifs du village.

Barbentane est adossé au versant nord de la Montagnette, au-dessus de la plaine maraîchère située près du confluent du Rhône et de la Durance. Posté au pied de la tour Anglica, le vieux village a conservé quelques vestiges de l'époque médiévale, tandis qu'au milieu des bouquets de thym et de romarin, son château semble tout droit sortir des jardins d'Île-de-France.

★★ **Château** – *04 90 95 51 07 - - visite guidée (45mn) juil.-sept. : 10h-12h, 14h-18h ; de fin mars à fin juin et de déb. oct. à déb. nov. : 10h-12h, 14h-18h - 5 €.*

Au 18e s., **Joseph-Pierre Balthazar de Puget**, ambassadeur à Florence, ancêtre du marquis actuel, contribua à donner au château son style italianisant.

Façade classique (17e s.), terrasses, balustrades en pierre décorées de lions ou de corbeilles de fleurs s'ouvrent sur une pièce d'eau et un parc à l'italienne. L'intérieur de ce château, édifié par **Louis-François de Valfenière**, présente une riche décoration du 18e s. d'inspiration très italienne. Les plafonds de voûtes plates, utilisant une technique de taille des pierres très particulière, les gypseries, les médaillons peints, les marbres de couleur, les meubles Louis XV et Louis XVI, les porcelaines de Chine, les faïences de Moustiers confèrent à l'ensemble un charme indéniable.

Vieux village – Il a conservé de son enceinte fortifiée la porte Calendale et la porte Séquier. La **maison des Chevaliers**, du 12e s., possède une belle façade Renaissance composée d'une tourelle et de deux grandes arcades surmontées d'une galerie à colonnes. En face, l'église du 12e s. a été souvent remaniée. La **tour Anglica**, donjon du château féodal disparu, domine le village.

Une courte promenade dans la pinède mène au **moulin de Bretoule** (18e s.), dernier des nombreux moulins de la région : jolie vue sur la plaine rhodanienne.

Quitter Barbentane par la D 35 au sud.

Boulbon

Adossé à la Montagnette, le bourg est dominé par les murailles d'un imposant **château fort** *(ne se visite pas)* : il faut le découvrir en fin de journée, lorsque les rayons rasants du soleil viennent illuminer la pierre de teintes chaudes.
Au cimetière, la **chapelle Saint-Marcellin** (11e-12e s.) contient de belles sculptures (gisant et pleureurs du 14e s.). *℘ 04 90 43 95 47 - visite guidée sur réserv. à la mairie.*
Reprendre la D 35 qui ramène à Tarascon.

NOS ADRESSES À TARASCON

VISITE

ZeVisit – *www.zevisit.com.* Parcours dans la ville en 7 étapes, audioguidé depuis votre téléphone portable.

HÉBERGEMENT

PREMIER PRIX

Hôtel du Viaduc – *9 r. du Viaduc - ℘ 04 90 91 16 67 - www.hotelduviaduc.com - P - 16 ch. 26/40 € - ☕ 5 €.* Cet hôtel occupe une maison régionale située à deux pas de la gare de Tarascon. Chambres simples, bien tenues et joliment décorées. Aux beaux jours, les petits-déjeuners sont servis sur la terrasse ombragée.

BUDGET MOYEN

Les Échevins – *26 bd Itam - ℘ 04 90 91 01 70 - www.hotel-echevins.com - ouvert Pâques-Toussaint - ♿ - 40 ch. 64/74 € - ☕ 11 €.* Demeure du 17e s. à l'ambiance familiale. Bel escalier à rampe forgée et chambres modestes mais bien tenues. Joli restaurant-véranda très coloré et cuisine traditionnelle caressée par le mistral.

Dans la Montagnette

Hôtel Le Mas des Amandiers – *Rte d'Avignon - 13690 Graveson à 1,5 km - ℘ 04 90 95 81 76 - www.hotel-des-amandiers.com - fermé de mi-oct. à mi-mars - P - 28 ch. 65/71 € - ☕ 9 € - rest. formule déj. 14 € - 20/45 €.* Les chambres de ce mas, refaites et sobres, sont réparties autour de la piscine. Parcours botanique, location de vélos et de scooter. Salle à manger d'inspiration provençale ; carte classico-régionale.

Hôtel Cadran Solaire – *5 r. du Cabaret-Neuf - 13690 Graveson - 10 km au nord de Tarascon par D 570n - ℘ 04 90 95 71 79 - www.hotel-en-provence.com - fermé nov.-mars (sf sur réserv.) - P - 12 ch. 65/115 € - ☕ 9 €.* La façade de ce charmant relais de poste du 16e s., dans un joli jardin, est ornée d'un cadran solaire. Ravissantes chambres cocooning (sans TV) et délicieuse terrasse.

POUR SE FAIRE PLAISIR

Chambre d'hôte Rue du Château – *24 r. du Château - ℘ 04 90 91 09 99 - www.chambres-hotes.com - fermé nov.-mars - 🚫💳 - 4 ch. 84/92 € ☕.* Élégante maison provençale du 18e s. nichée dans une paisible ruelle conduisant au château du roi René. Jolies chambres aux tons pastel desservies par un bel escalier en pierre et admirable patio fleuri où l'on sert les petits-déjeuners lorsque le temps le permet. Une adresse de charme.

RESTAURATION

BUDGET MOYEN

Bistrot des Anges – *Pl. du Marché - ✆ 04 90 91 05 11 - http://bistrot.des.anges.free.fr - fermé dim. - ♿ - formule déj. 14,70 € - 17,80 €.* Sympathique restaurant aux tons provençaux. Terrasse d'été installée sur la place de la mairie. À table, vous aurez le choix entre des tartes salées, une salade et le menu du jour, le tout concocté exclusivement avec des produits frais fournis par les exploitants de la région.

Le Provençal – *12 cours Aristide-Briand - ✆ 04 90 91 11 41 - jll.leprovencal@orange.fr - fermé dim. soir et lun. - 15/23 € - 21 ch. 42/47 € - ☕ 6 €.* Le restaurant, assez réputé à Tarascon, propose une appétissante cuisine aux accents provençaux. L'hôtel abrite des chambres simples, confortables et décorées dans des tons jaune et bleu ; celles sur la cour sont plus calmes.

ACHATS

Marché à Tarascon – Marché traditionnel mardi matin, dans le centre-ville. Marché bio vendredi matin, bd Itam.

Pâtisserie La Tarasque – *56 r. des Halles - ✆ 04 90 91 01 17 - tlj sf lun. 6h30-13h, 15h-20h - fermé 15-30 août.* La Tarasque est le nom d'un délicieux entremets au chocolat, à la noisette et à l'orange, que prépare Régis Morin dans sa boutique aux tons provençaux.

Souleïado – *39 r. Charles-Demery - ✆ 04 90 91 08 80 - www.souleiado.com - 9h30-13h, 14h-18h30 - fermé dim. et j. fériés.* Souleïado vous invite à découvrir sa maison mère et ses fameux tissus dont la Provence est si fière. La boutique est la seule à proposer un coin « promo », avec 30 à 50 % de réduction sur un large choix d'articles fin de série.

Dans la Montagnette

Marché Paysan – *Pl. du Marché - 13690 Graveson - www.lemarchepaysan.com - mai-oct. : vend. 16h-20h.* Ce marché paysan composé d'une vingtaine de petits producteurs du pays remporte un franc succès auprès des touristes et des gens du cru. Ses étals regorgent de richesses du terroir provençal : vin, huile d'olive, miel, confitures, fromages de chèvre, riz biologique, volailles, légumes et fruits fraîchement cueillis du matin. Également, vente de fleurs, de plantes en pot et d'herbes aromatiques.

ACTIVITÉ

Dans la Montagnette

Les Écuries de la Montagnette – *Quartier Pendieu, chemin Carrière - 13570 Barbentane - ✆ 06 30 30 26 86 - http://ecuriesmontagnette.free.fr - 9h-12h, 14h-19h.* Promenades à travers la Montagnette, sur chevaux et poneys.

AGENDA

Fêtes de la Tarasque – À compter du dernier vendredi de juin, pendant quatre jours, se perpétuent les très anciennes fêtes de la Tarasque. Lors d'un grand défilé, le monstre apparaît, entraîné par ses chevaliers *(tarascaïres)* et accompagné par Tartarin. Diverses manifestations musicales, folkloriques et traditionnelles s'achèvent par un spectacle pyrotechnique en bordure du Rhône.

Voir aussi « Organiser son voyage » (p. 24).

Beaucaire

★

15 099 Beaucairois – Gard (30)

NOS ADRESSES PAGE 277

S'INFORMER

Maison du tourisme de Beaucaire – *24 cours Gambetta - 30301 Beaucaire - 04 66 59 26 57 - www.ot-beaucaire.fr - juil. : 8h45-12h15, 14h-18h, sam. 9h30-12h30, 15h-18h, dim. 9h30-12h30 ; 6 avr.-26 sept. : tlj sf dim. 8h45-12h15, 14h-18h, sam. 9h30-12h30, 15h-18h ; reste de l'année : tlj sf w.-end 8h45-18h - fermé 1er et 11 Nov., 25 déc.*

Visite guidée – *Rens. à l'office du tourisme ou sur www.ot-beaucaire.fr - 4,30 €.* Beaucaire, qui porte le label **Ville d'art et d'histoire**, propose des visites-découverte thématiques (env. 1h30) animées par des guides-conférenciers agréés par le ministère de la Culture et de la Communication : le château, les hôtels particuliers, au temps de la foire de la Madeleine…

SE REPÉRER

Carte de microrégion A1 *(p. 228) – carte Michelin Départements 339 M6.* Vous pourrez arriver de Tarascon en traversant le Rhône, d'Arles (14 km au sud) par la D 15, ou d'Avignon (24 km au nord) par la D 2.

SE GARER

Parking sur les deux rives du canal. En été, on préférera l'ombre des platanes sur le cours Gambetta.

À NE PAS MANQUER

Le château ; le vieux Beaucaire.

ORGANISER SON TEMPS

Compter 1h pour la visite du château, au moins autant pour flâner dans les ruelles, et sans doute plus longtemps si vous venez un jeudi ou un dimanche, jours de marché traditionnel. Les vendredis d'été, un marché nocturne, musical et artisanal, se déroule sur les quais du port.

AVEC LES ENFANTS

Le Vieux Mas (reconstitution d'une ferme à l'ancienne).

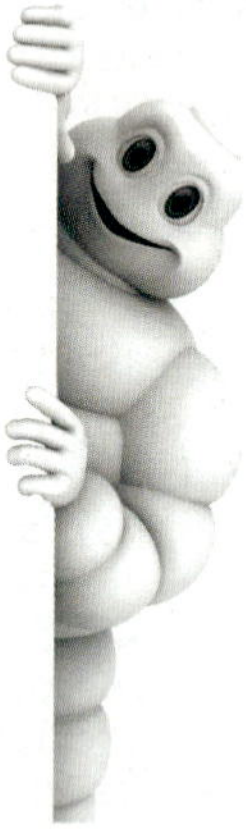

L'antique Ugernum a été peu à peu supplanté par le nom de Castrum Bellicadri, qui en occitan donna naturellement bèu caire, le caire désignant une pierre de taille (et, donc, le château qui domine la ville). Fièrement dressée face à Tarascon l'impériale, et fameuse dans toute l'Europe pour sa foire qui des siècles durant draina les foules, la citadelle des comtes de Toulouse a aujourd'hui tout d'une belle endormie. Il ne tient qu'à vous d'aller la réveiller…

Chapelle de l'abbaye de Saint-Roman.
C. Labonne / MICHELIN

Se promener Plan de ville

★ LE VIEUX BEAUCAIRE

Se reporter au plan p. 275. Prendre, à droite du cours Gambetta, la rue de l'Hôtel-de-Ville qui conduit à la place Georges-Clemenceau.

Hôtel de ville

Ce bel édifice classique, édifié à la fin du 17e s. sur des plans de Mansart, ne manque pas de noblesse. Outre sa façade (des guirlandes de fleurs encadrent les fenêtres), la cour, avec son double portique à colonnes précédant le grand escalier, mérite un coup d'œil.

Église Notre-Dame-des-Pommiers

Façade incurvée, caractéristique du style « jésuite » en vogue au 18e s. ; à l'intérieur, majestueuse coupole sur pendentifs s'élevant à la croisée du transept. En empruntant la rue Charlier, on aperçoit une frise, encastrée dans la partie supérieure du mur, seul vestige de l'église romane à laquelle l'édifice actuel a succédé. Elle représente la Cène, le Baiser de Judas, la Flagellation, le Portement de la croix et la Résurrection.

Un arceau donne accès à la rue de la République que l'on prend sur la droite.

Façade classique de l'**hôtel des Clausonnettes** (18e s.) adossé au château *(entrer si possible dans la cour)* et, attenant, au n° 23, l'**hôtel des Margailliers**, avec sa belle façade sculptée qui lui a valu son surnom de « maison des cariatides ». Quelques mètres plus loin, en face, l'**hôtel de Roys de Saint-Michel** (F), du 18e s., a lui aussi belle allure.

La rue débouche sur la sympathique **place de la République** avec ses arceaux abritant de nombreux artisans. Au centre, effigie du drac sur qui, hélas, le temps ne passe pas en vain.

Revenir sur ses pas rue de la République et prendre à droite la montée du Château.

Beaucaire entre mythe et réalité

LE DRAC

Tarascon a la Tarasque. Beaucaire, lui, a le redoutable **Drac**, monstre surgissant du fond des eaux pour dévorer ses proies. Un jour, le monstre s'empare d'une jeune lavandière et l'entraîne dans sa grotte. Mais, alors que la malheureuse s'attend au pire, le Drac lui explique ce qu'il attend d'elle : il cherche une nourrice pour son fils, le draconnet. Et c'est ainsi que la lavandière beaucairoise nourrit pendant sept ans le petit monstre avant d'être relâchée. Mais un jour de foire, le Drac vient faire son marché, en prenant une apparence humaine… La lavandière reconnaît son geôlier et ameute la foule. Furieux d'être ainsi démasqué, le Drac crève les yeux de la pauvre lavandière qui, affirme Gervais de Tilbury, auteur en 1214 de ce conte, resta « aveugle jusqu'à la fin de ses jours ». Pour assister à la **Fête du drac**, venez le 3e week-end de juin.

AUTRE BÊTE

Il existe à Beaucaire une association fort active, le Cercle des amis de Goya, qui commanda une statue de taureau. Redoutable « cocardier », Goya, car tel était son nom, fit en effet régner la terreur dans les arènes entre 1967 et 1980.

LA FOIRE DE BEAUCAIRE

On a peine à imaginer ce que représentait, à son apogée (18e s.), la foire de Beaucaire : durant tout un mois, 300 000 visiteurs se retrouvaient dans la cité pour vendre, acheter et se distraire. Son prestige était tel que les prix alors négociés devenaient la référence pour tout le royaume. Chaque rue était spécialisée : rues du Beaujolais (vins), des Bijoutiers, des Marseillais (huiles, savons) en témoignent aujourd'hui ; ici, on vendait laine, soie, draps, indiennes, dentelles, rouennerie, là, vêtements, armes ou quincaillerie, plus loin, cordages, sellerie, bourrellerie. Sur les quais, poissons en saumure, sucre, cacao, café, cannelle, vanille, citrons, oranges, dattes. Au champ de foire, jouets, bagues, pipes, parfumerie, chapeaux, chaussures, faïences, porcelaines, paniers, bouchons et outils ; chevaux, ânes et mulets étaient également marchandés. On s'amusait aux parades des saltimbanques, des bateleurs, des acrobates ou des comédiens. Femmes à barbe, nains, géants le disputaient aux singes et aux chiens savants, aux lions, aux ours, aux éléphants. Au travers des lentilles grossissantes, on s'émerveillait devant les panoramas de Constantinople, de Paris et, plus tard, de Versailles. Ribaudes et larrons fendaient la foule à la recherche de bourses bien remplies.

Son succès fut sans doute lié à la position de Beaucaire, au carrefour de voies commerciales, terrestres et fluviales, aidée par le décret de **Louis XI** faisant de la cité un port franc. Le déclin vint au 19e s., avec la révolution industrielle et l'avènement du chemin de fer qui modifièrent profondément les courants d'échange. De nos jours, la foire ne vit plus que dans les « Estivales » de Beaucaire qui drainent une foule, plus modeste, vers des activités festives. L'artisanat, lui, demeure, grâce aux nombreux artistes installés dans le centre ancien.

SE LOGER

Hôtel
Les Vignes Blanches... ①

SE RESTAURER

Auberge l'Amandin........ ①

Hôtel de Roys de St-Michel................. F

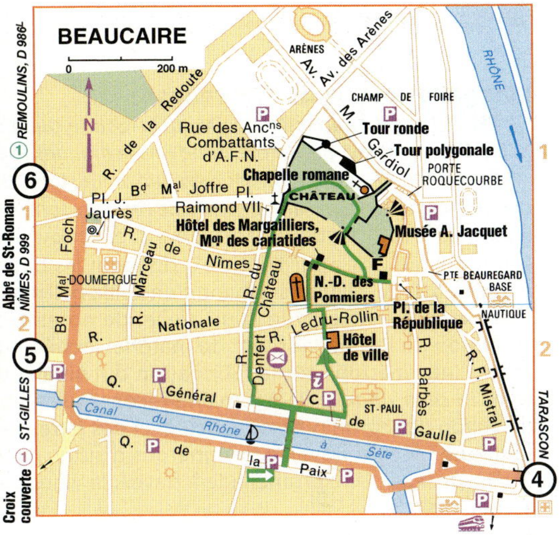

★ Château

✆ 04 66 59 71 34 (mairie) - visite guidée sur demande à l'office de tourisme de mi-avr. à fin oct. : 10h - fermé j. fériés - 4,30 €.

Bâti au 11e s. à l'emplacement d'un castrum romain, remanié au 13e s. (à la suite du siège mémorable de 1216 au cours duquel le jeune Raimond VII obtint la capitulation de la garnison française), le château fut démantelé par Richelieu. Il se dressait sur le sommet de la colline, protégé par une enceinte, ombragée de pins, de cyprès, fleurie d'iris et de genêts d'Espagne, que l'on peut suivre, découvrant au passage la curieuse **tour polygonale** (dite aussi tour triangulaire), de plan très rare, posée sur un éperon rocheux, les **courtines** dominant l'à-pic et la belle **tour ronde** d'angle. La petite **chapelle** romane possède un charmant tympan sculpté.

Musée Auguste-Jacquet

Au château. ✆ 04 66 59 71 34 (mairie) - visite guidée sur demande à l'office de tourisme de mi-avr. à fin oct. : 10h - fermé j. fériés - 4,30 €.

Installé dans l'enceinte du château, il abrite une section archéologique regroupant des pièces allant de la préhistoire à la période gallo-romaine. Il présente aussi une évocation intéressante du Beaucaire d'autrefois : reconstitution d'un intérieur bourgeois, costumes, coiffes, ustensiles, céramiques de Saint-Quentin-la-Poterie (près d'Uzès) et documents concernant la foire.

Rejoindre le cours Gambetta par la place Raimond-VII, puis par la rue du Château et, dans le prolongement, la rue Denfert-Rochereau.

À voir aussi Plan de ville

Croix Couverte En direction

▶ 1,5 km au sud, à l'angle de la D 15 (route de Fourques) et d'une petite route vicinale à droite.

Il s'agit d'un petit oratoire du début du 15e s. que surmonte une fine balustrade ajourée.

À proximité Carte de microrégion

Mas gallo-romain des Tourelles A1

4 km à l'ouest. Quitter Beaucaire par la rocade, puis prendre la D 38 (direction Saint-Gilles). À 4 km, prendre à droite vers le mas des Tourelles.

04 66 59 19 72 - www.tourelles.com - juil.-août : 10h-12h, 14h-19h, dim. 14h-19h ; avr.-juin et sept.-oct. : 14h-18h ; reste de l'année : sam. 14h-17h30 - possibilité de visite guidée (1h) - fermé 24 déc.-4 janv., 1er et 11 Nov. - 4,90 € (-16 ans 1,50 €).

Autour d'une jolie cour fleurie s'ordonnent les bâtiments de cette ferme, établie au 17e s. à l'emplacement d'une villa gallo-romaine qui comprenait une exploitation agricole et un atelier de poterie. La bergerie, la cave et la maison du fermier abritent du matériel archéologique trouvé sur place et des informations sur la fabrication du vin à l'époque gallo-romaine. Dans la *cella vinaria*, cave romaine reconstituée, un fouloir *(calcatarium)*, un cuvon *(lacus)*, un pressoir *(torcula)* et des jarres *(dolia)* permettent de se faire une idée du travail des vignerons d'antan *(Journée des vendanges le 2e dim. de sept.)*. Une promenade à travers le vignoble romain mène au site archéologique.

★ Abbaye de Saint-Roman A1

5 km au nord-ouest par la route de Nîmes. Laisser la voiture au parc de stationnement (gratuit et surveillé). 04 66 59 19 72 - www.abbaye-saint-roman.com - juil.-août : 10h-13h, 14h-19h (dernière entrée 30mn av. la fermeture) ; avr.-juin et sept. : tlj sf lun. 10h-13h, 14h-18h ; mars et oct. : tlj sf lun. 14h-17h ; reste de l'année : dim. et vac. scol. 14h-17h - fermé 25 déc. - 5,50 € (-18 ans gratuit).

30mn AR. Un agréable chemin d'accès s'élève dans un paysage de garrigue jusqu'à l'entrée du site. Au sommet d'un piton calcaire dominant la vallée du Rhône, au confluent du Gardon, cet étonnant monastère troglodytique, qui dépendait de l'abbaye de Psalmody, fut abandonné au 16e s. Une forteresse, bâtie en partie avec les pierres de l'abbaye, lui succéda. Elle fut démantelée en 1850 et seuls quelques vestiges des fortifications sont encore visibles.

Un circuit balisé mène à la chapelle taillée dans le roc, qui abrite le tombeau de saint Roman. Depuis la terrasse, belle **vue★** sur le Rhône, Avignon, le mont Ventoux, le Luberon, les Alpilles et, au premier plan, Tarascon et son château. On découvre en redescendant une vaste salle (elle comptait à l'origine trois niveaux) et les cellules des moines : également rupestres, elles viennent compléter cet ensemble, d'une envoûtante simplicité.

Le Vieux Mas A2

6,5 km au sud par la D 15 (route de Fourques), puis une petite route à droite vers le mas Taraud que l'on suit sur 2 km jusqu'au mas de Végère.

04 66 59 60 13 - www.vieux-mas.com - ♿ - avr.-sept. : 10h-18h (dernière entrée 1h av. la fermeture) ; reste de l'année : merc., w.-end, j. fériés et vac. scol. 13h30-18h - fermé 30 déc.-6 fév., 25 déc. - 6,50 € (-16 ans 5 €).

CURIOSITÉ GUSTATIVE

Pourquoi ne pas compléter cette visite par une dégustation de **vins « archéologiques »** produits par le mas ? Un *Mulsum*, au goût de miel renforcé d'épices, un *Turriculae*, vin blanc élaboré selon les préceptes édictés par un agronome du 1er s., Columelle, ou un *Carenum*, vin doux dont le moult fermente avec du *defrutum* (jus de raisin) ?

Dindons, oies, canards, vaches… évoluent dans ce mas (18ᵉ s.) où la vie semble être revenue quelque 100 ans en arrière. Les outils utilisés par des personnages en costume d'époque permettent de faire revivre les métiers, comme les savoir-faire, aujourd'hui disparus. Une douce nostalgie règne en ce lieu, celle d'un pays rural vivant au rythme des saisons.

NOS ADRESSES À BEAUCAIRE

HÉBERGEMENT

POUR SE FAIRE PLAISIR

Hôtel Les Vignes Blanches – *67 av. de Farcinnes - 04 66 59 13 12 - www.lesvignesblanches.com - fermé 2 janv.-8 fév. - ♿ - 57 ch. 71/99 € - ☕ 9 € - rest. formule déj. 14 € - 20/30 €.* Cet immeuble sur un axe passant abrite un hôtel bien tenu : hall original, chambres (plus calmes sur l'arrière) joliment colorées, dont les noms sont associés à la décoration. Espace bistrot ou salle à manger chaleureuse. Carte traditionnelle, cuisson au four à bois.

RESTAURATION

BUDGET MOYEN

Auberge l'Amandin – *1076 chemin de la Croix-de-Marbre - 04 66 59 55 07 - www.auberge-amandin.com - fermé 1 sem. déb. janv., 1 sem. fin août, lun. midi et soir sf vend. et sam. (de déb. nov. à mi-avr.), dim. soir et lun. (de mi-avr. à déb. nov.) - P - formule déj. 26,50 € - 22/29,50 €.* Dans le cadre agréable d'un authentique mas, vous apprécierez une cuisine concoctée selon le marché, qui fait la part belle aux poissons. Terrasse face au jardin.

ACHATS

Marché – Marché traditionnel jeudi et dimanche. Marché artisanal, musical et thématique (les Beaux Quais du Vendredi) en juillet-août de 17h30 à minuit.

AGENDA

Les Fêtes de la Madeleine – Les 10 derniers jours de juillet, les **Fêtes de la Madeleine** rappellent l'époque glorieuse de la foire de Beaucaire. Programme varié, placé sous le signe de la bouvine : *abrivados* dans les rues, courses camarguaises aux arènes, novillada et corrida le dernier week-end, fête foraine, bals, feux d'artifice, *bodegas*.
Se déroulent également **Les Rencontres méditerranéennes de l'art équestre et des cultures latines**, concours équestres et soirées musicales.

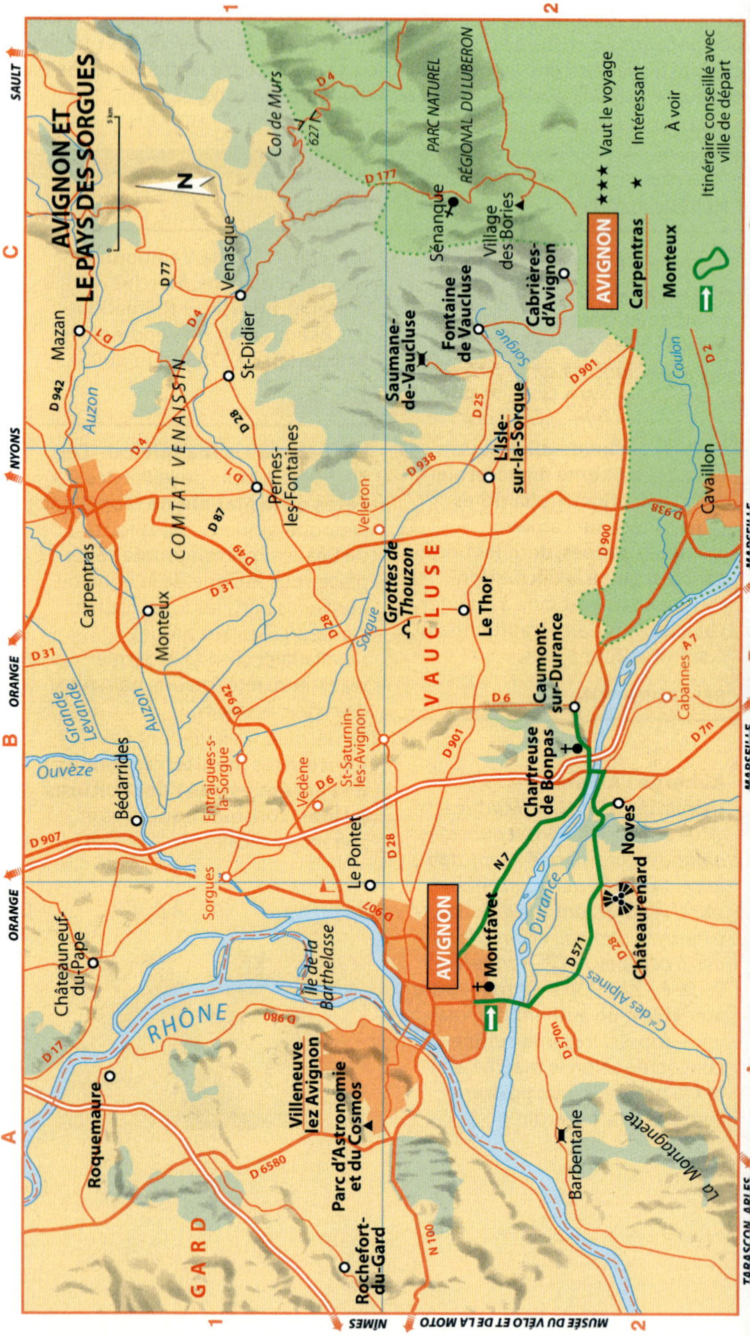
AVIGNON ET LE PAYS DES SORGUES
5 km
N
Itinéraire conseillé avec ville de départ
AVIGNON ★★★ Vaut le voyage
Carpentras ★ Intéressant
Monteux À voir
PARC NATUREL RÉGIONAL DU LUBERON
COMTAT VENAISSIN
VAUCLUSE
GARD
RHÔNE
Durance
Ouvèze
Auzon
Sorgue
Coulon
Grande Levade
Cal des Alpines
SAULT
NYONS
ORANGE
NÎMES
MUSÉE DU VÉLO ET DE LA MOTO
TARASCON, ARLES
MARSEILLE
Avignon
Carpentras
Monteux
Mazan
Venasque
St-Didier
Pernes-les-Fontaines
Velleron
Col de Murs
Sénanque
Village des Bories
Cabrières-d'Avignon
Fontaine de Vaucluse
Saumane-de-Vaucluse
L'Isle-sur-la-Sorgue
Le Thor
Grottes de Thouzon
Cavaillon
Caumont-sur-Durance
Chartreuse de Bonpas
Noves
Châteaurenard
Cabannes
Montfavet
Le Pontet
St-Saturnin-lès-Avignon
Vedène
Entraigues-s-la-Sorgue
Bédarrides
Sorgues
Châteauneuf-du-Pape
Île de la Barthelasse
Villeneuve lez Avignon
Parc d'Astronomie et du Cosmos
Roquemaure
Rochefort-du-Gard
Barbentane
La Montagnette
A
B
C
1
2

Avignon et le Pays des Sorgues 5

Carte Michelin Départements 332 – Vaucluse (84) et Gard (30)

Avignon

★★★

92 454 Avignonnais – Vaucluse (84)

NOS ADRESSES PAGE 299

S'INFORMER

Office du tourisme d'Avignon – *41 cours Jean-Jaurès - 84000 Avignon - ✆ 04 32 74 32 74 - www.avignon-tourisme.com - juil. : 9h-19h, dim. 10h-17h ; avr.-juin et août-oct. : 9h-18h, dim. 10h-17h ; reste de l'année : 9h-18h, sam. 9h-17h, dim. et j. fériés 10h-12h - fermé 1er janv., 25 déc.*

Visite guidée – *Avr.-oct. : 10h ; reste de l'année : sam. 10h - rens. sur les j. et h à l'office de tourisme et sur www.avignon-tourisme.com.* Avignon, qui porte le label **Ville d'art et d'histoire**, propose des visites thématiques et des visites-découverte (2h) animées par des guides-conférenciers agréés par le ministère de la Culture et de la Communication.

SE REPÉRER

Carte de microrégion A2 *(p. 278) – carte Michelin Départements 332 B-C10.* Il faut approcher Avignon le soir, depuis Villeneuve Lez Avignon, pour admirer la ville dans toute sa splendeur. Passé le pont puis les remparts, gagnez le parking souterrain payant du palais des Papes.

SE GARER

N'entrez pas en voiture dans la vieille ville : les parkings payants (ou non) qui ceinturent les remparts sont suffisants. En période d'affluence, garez-vous sur l'île Piot *(parking gratuit, de l'autre côté du Rhône)* et prenez la navette gratuite jusqu'à la porte de l'Oulle.

À NE PAS MANQUER

Le palais des Papes ; le pont Saint-Bénezet ; le Petit Palais pour ses toiles italiennes du 13e au 16e s. ; la collection Lambert pour les passionnés d'art contemporain.

ORGANISER SON TEMPS

Vous n'aurez pas le temps de vous ennuyer en deux ou trois jours ; pour aller à l'essentiel, comptez 1 à 2h pour la visite du palais des Papes et une demi-journée pour découvrir la vieille ville. Sachez enfin qu'après

Pont Saint-Bénezet.
S. Sauvignier / MICHELIN

le festival du mois de juillet, Avignon prend des airs de ville assoupie : deux boutiques sur trois sont fermées. Pendant le festival, c'est la folie de la foule. En résumé, il ne reste plus qu'à venir avant juillet ou à partir de septembre.

AVEC LES ENFANTS

Une promenade sur le Rhône en bateau ; le musée de l'Œuvre du palais des Papes, explicitant la complexe histoire de l'édifice ; le pont Saint-Bénezet, rendu célèbre par la fameuse comptine ; la visite guidée de la ville en petit train touristique ou en 2CV *(voir « Nos adresses »)*.

Dites Avignon, on vous répond à coup sûr : « la cité des papes et du théâtre » ! Ville d'art, Avignon affiche une richesse exceptionnelle qui lui valut, en 1995, l'inscription au patrimoine mondial de l'Unesco du palais des Papes et du pont Saint-Bénezet. Son étincelante beauté illumine le Rhône : remparts, clochers et toits de tuiles roses s'y reflètent, surplombés par la Vierge dorée de la cathédrale et le majestueux palais. Avignon est aussi à l'origine d'une véritable explosion culturelle. Difficile, pour le profane, d'imaginer la ville pendant le festival : une foule énorme envahit la cité, investissant les terrasses des cafés, les restaurants, éphémères ou non ; hôtels, pensions, chambres d'hôte, campings s'emplissent des lieues à la ronde, alors qu'au petit matin des silhouettes ébouriffées émergent de sacs de couchage sur les pelouses des squares. Dans la cité des papes, devenue un immense théâtre, chacun mène sa vie : on dîne tranquillement en attendant l'heure du « jingle », qui invite les spectateurs à prendre place, ou on se laisse aller à l'inspiration du moment, explorant salles de fortune, garages ou entrepôts.

★★★ Découvrir le palais des Papes Plan de ville E1

Compter entre 1 et 2h - visite audioguidée - ✆ 04 90 27 50 00 - www.palais-des-papes.com - août : 9h-21h (dernière entrée 1h av. la fermeture) ; juil. : 9h-20h ; de mi-mars à fin juin et de mi-sept. à fin oct. : 9h-19h ; de déb. à mi-mars : 9h-18h30 ; reste de l'année : 9h30-17h45 - possibilité de visite guidée sur demande préalable - 10,50 € (-8 ans gratuit) hte sais., 8,50 € (-8 ans gratuit) basse sais. ; 13 € hte sais., 11 € basse sais. billet combiné avec le pont St-Bénezet.

Cette résidence de 15 000 m² se compose de deux édifices distincts, le Palais Vieux et le Palais Neuf, dont la construction dura au total une trentaine d'années. Benoît XII, après avoir rasé l'ancien palais épiscopal, confia en 1334 à

AVIGNON EN SCÈNE

On pourrait faire remonter la tradition festivalière d'Avignon aux « mystères » de la Pentecôte de 1400. Gigantesques tableaux vivants accompagnés de défilés, ils mettaient en scène, pendant trois jours, une grandiose Passion du Christ, réunissant un nombre considérable d'acteurs et un public estimé à 12 000 spectateurs.
C'est le Sétois **Jean Vilar** (1912-1971), directeur du TNP de Chaillot jusqu'en 1963, qui fonda en 1947 le Festival d'Avignon. Il durait une petite semaine et comptait sept représentations commençant à l'heure dite. Le cadre grandiose de la cour d'honneur, les mises en scène exceptionnelles qui ont fait date (Gérard Philipe dans le rôle de Rodrigue a marqué toutes les mémoires) et de prestigieux invités assurèrent son succès. À partir de 1968, à l'initiative de l'auteur-acteur **André Benedetto**, le « Off » transforme le festival des pionniers en une immense foire théâtrale où quelque 500 spectacles différents sont proposés chaque année. Désormais « In » et « Off » imposent le Festival d'Avignon comme l'événement théâtral européen majeur. Sa vocation est de promouvoir la création française et étrangère en matière de théâtre, danse, lectures, en offrant chaque année une quarantaine de spectacles. Les représentations sont données dans une vingtaine de lieux non conventionnels de la ville d'Avignon, des cloîtres, des églises, le célèbre palais des Papes et aussi dans la périphérie de la ville comme à Villeneuve Lez Avignon ou Châteaublanc.

son compatriote Pierre Poisson, de Mirepoix, l'exécution du **Palais Vieux** : forteresse d'architecture austère, ses quatre ailes ordonnées autour d'un cloître sont flanquées de tours dont, au nord, la tour de Trouillas, à la fois donjon et prison.
Clément VI, grand prince d'Église, artiste et prodigue, dut trouver le nid bien sévère : il commanda en 1342 à Jean de Louvres, architecte d'Île-de-France, un nouveau palais, le **Palais Neuf**. La tour de la Garde-Robe et deux nouveaux corps de bâtiments vinrent fermer la cour d'honneur, jusqu'alors place publique. Si l'aspect extérieur ne changeait guère, l'intérieur fut transformé par une équipe d'artistes, dirigée par Simone Martini, puis par Matteo Giovanetti qui en décora somptueusement les différentes pièces. Les travaux se poursuivirent jusqu'en 1363, avec quelques ajouts ultérieurs.
Quelque peu détérioré après les deux sièges de 1398 et de 1410-1411, le palais fut, après le départ des papes, affecté aux légats, mais, bien que restauré en 1516, il continua à se dégrader. En piteux état lors de la Révolution, il fut livré au pillage : mobilier dispersé, statues et sculptures brisées. Après quelques épisodes sanglants en 1791, le palais dut sa survie à sa transformation en prison et en caserne, même s'il fut encore mis à rude épreuve. Nul ne songerait à vanter les qualités artistiques du badigeon réglementaire des casernes. Du moins a-t-il ici permis de protéger les chefs-d'œuvre qu'il recouvrait. Un regret ? Que cette sauvegarde toute militaire ait été tardive : des soldats, soucieux d'arrondir leur solde, avaient eu le temps de découper l'enduit des fresques et d'en vendre les morceaux.

REZ-DE-CHAUSSÉE

Entrez par la porte des Champeaux et prenez à droite dans la salle des Gardes *(accueil et billetterie)* que décorent des fresques du début du 17e s. (1).
Après la **Petite Audience** (2), décorée de peintures en grisaille représentant des trophées, franchir à nouveau la porte de Champeaux.

Cour d'honneur

Bordée sur la gauche par l'aile du Conclave, actuel palais des Congrès, et sur la droite par une façade gothique percée d'ouvertures irrégulières (à l'étage, fenêtre de l'Indulgence [15], d'où le pape donnait sa triple bénédiction). C'est ici que sont aujourd'hui données les représentations du festival.

Le **musée de l'Œuvre** se répartit dans sept salles du palais, il explicite les tribulations de la construction, puis celles de la sauvegarde. Aussi longue que complexe, l'histoire de l'édifice est désormais expliquée de façon pédagogique, à l'aide de « totems » illustrés, lutrins interactifs et autres maquettes.

Trésor Bas et Grande Trésorerie

Creusée au pied de la tour des Anges, la salle voûtée du **Trésor Bas** constituait en quelque sorte le coffre-fort du palais. Là, dans des caches ménagées sous le dallage, les richesses étaient mises à l'abri tandis que les armoires fixées aux murs renfermaient livres comptables et archives. La **Grande Trésorerie**, dont la remarquable cheminée occupe tout un mur, est contiguë. Par sa partie haute, accès à la salle de Jésus *(escalier)*, vestibule des appartements privés.

Chambre du Camérier

Au 3e niveau de la tour des Anges, cette salle (3), située juste en dessous de la chambre du pape, possède un magnifique plafond à poutres peintes datant du 14e s. Des caches, aménagées dans le dallage, permettaient de protéger objets et documents précieux : sacs d'or et d'argent, pièces d'orfèvrerie, vaisselle d'or (celle de Clément VI pesait près de 200 kg !), la richesse des papes était considérable. Aussi, le principal dignitaire de la cour était le camérier, seul habilité, avec le trésorier et le pape lui-même, à accéder au Trésor Bas.

Au 2e niveau de la tour de l'Étude, le **revestiaire pontifical** (4), où le pape endossait ses vêtements consistoriaux, fut transformé au 17e s. en chapelle par les vice-légats. Les murs sont recouverts de boiseries du 18e s.

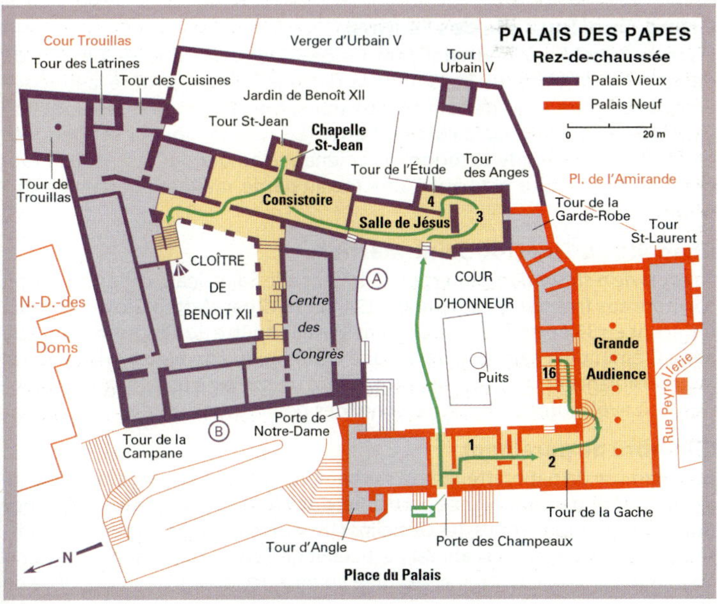

Consistoire

Dans cette vaste salle, rez-de-chaussée de l'aile est du cloître de Benoît XII, se réunissait le consistoire, assemblée des cardinaux chargée de délibérer, sous la présidence du pape, des affaires, religieuses ou politiques, de l'Église : procès en canonisation, audiences des souverains; des ambassadeurs s'y tenaient également. C'est ici que sont exposées les **fresques de Simone Martini** qui ornaient autrefois le tympan de Notre-Dame-des-Doms.

Chapelle Saint-Jean (ou du Consistoire)

Elle est ornée de fresques peintes entre 1346 et 1348 par **Matteo Giovannetti**, peintre officiel de Clément VI.

En suivant la galerie inférieure du cloître Benoît XII, on emprunte l'escalier qui mène au Grand Tinel. Belle vue sur l'**aile des Familiers** (B), où étaient logés les officiers (personnages chargés des divers offices) et les principaux serviteurs, sur la tour de la Campane et la chapelle de Benoît XII.

1er ÉTAGE

À parcourir ce dédale de salles vides, il est bien difficile de se faire une idée du palais des Papes de jadis. Alors fermez les yeux un instant et imaginez, dans un cadre somptueusement décoré et richement meublé, les allées et venues feutrées des prélats et des serviteurs, la parade des gardes en grand uniforme, le mouvement incessant de toute une cour de cardinaux, de princes et d'ambassadeurs, les intrigues et les chuchotements, les pèlerins massés dans la cour pour recevoir la bénédiction du pape ou le voir sortir, juché sur sa mule blanche, la foule des plaideurs et des avocats qui s'agite autour des tribunaux pontificaux…

Tour des Latrines

Dite aussi tour de la Glacière au 17e s., elle fut le théâtre en 1791 d'un de ces épisodes dont la Révolution avait le secret : 60 contre-révolutionnaires y furent massacrés et leurs corps précipités au fond de la tour.

Grand Tinel (ou salle des Festins)

Dans cette salle où se déroulaient les banquets, une des plus vastes du palais (48 m de long sur 10,25 m de large), une immense voûte lambrissée en carène figure la voûte céleste. Aux murs, trois tapisseries des Gobelins. La visite se poursuit par la **cuisine haute** (5), avec son immense cheminée en forme de pyramide octogonale, aménagée au dernier étage de la tour des Cuisines. La tour était aussi affectée au garde-manger et au magasin à vivres.

Chapelle du Tinel (ou Saint-Martial)

En cours de restauration. Superposé à la chapelle Saint-Jean, cet oratoire doit son nom aux fresques peintes entre 1344 et 1345 par Matteo Giovannetti qui retracent en 35 épisodes la vie de saint Martial, apôtre du Limousin, patrie du pape Clément VI : dans une belle unité chromatique de bleus, gris et bruns, faux-semblants et trompe-l'œil composent un paysage urbain fantasmagorique où évolue une foule de personnages peints avec minutie.

Chambre de parement

Antichambre du pape, attenante à sa chambre à coucher, il y recevait ceux qui avaient obtenu une audience particulière et y tenait les consistoires secrets. Aux murs, trois tapisseries des Gobelins (18e s.). À côté, dans la tour de l'Étude, se trouve le **Studium** ou cabinet particulier de Benoît XII (6), dont on a remis au jour le carrelage d'origine. Accolée au mur occidental de la chambre de

Cité des papes

DE ROME À AVIGNON

À Rome, les sempiternelles querelles de partis rendent aux papes la vie impossible. Élu en 1305 sous le nom de **Clément V**, le Français Bertrand de Got, lassé, choisit de se fixer dans ses terres du **comtat Venaissin**, propriété papale depuis 1274. Mais si Clément V entre solennellement le 9 mars 1309 en Avignon, il n'y réside pas, préférant le calme du prieuré du Groseau, près de Malaucène, ou du château de Monteux, près de Carpentras. C'est Jacques Duèse, élu pape sous le nom de **Jean XXII**, qui installe durablement la papauté en Avignon où, de 1309 à 1377, sept papes, tous français, se succèdent. Parmi eux, **Benoît XII** fait édifier le palais et **Clément VI** achète la cité à la reine Jeanne en 1348.

Avignon devient alors un immense chantier : partout s'édifient des couvents, des églises, des chapelles, de splendides « livrées » cardinalices, tandis que le palais pontifical s'agrandit et s'embellit sans cesse. L'**université** (fondée en 1303) compte des milliers d'étudiants. Le pape se veut le plus puissant des princes de ce monde. Cette richesse ne va pas sans susciter quelques convoitises à une époque où les « routiers » pullulent dans le pays. Ces soldats licenciés vivent de pillages et de rapines, et le pape doit se protéger en faisant de son palais une forteresse et en élevant des remparts pour défendre la ville.

DES PONTIFES FORT ÉDIFIANTS

Liberté, tolérance et prospérité, rien d'étonnant à ce que la cité pontificale attire du monde : sa population passe rapidement de 5 000 à 40 000 habitants. Terre d'asile, elle accueille des proscrits politiques (comme le poète Pétrarque), mais aussi des condamnés en fuite, des contrebandiers et des aigrefins en tous genres. Les maisons de plaisir se multiplient, scandalisant les Italiens qui réclament le retour de la papauté à Rome et appellent ces années d'exil « la seconde captivité de Babylone ». **Urbain V** part en 1367 pour la Ville éternelle. Mais les troubles qui secouent l'Italie l'obligent à revenir au bout de trois ans. **Grégoire XI** quitte Avignon en septembre 1376 et meurt en 1378.

Les réformes du nouveau pape **Urbain VI**, un Italien, irritent les cardinaux (en majorité languedociens) du Sacré Collège; en représailles, ils élisent un autre pape, **Clément VII** (1378-1394), qui retourne en Avignon : c'est le **Grand Schisme**, qui divise la chrétienté. La France, Naples et l'Espagne prennent parti pour Avignon contre Rome. Papes et antipapes s'excommunient allégrement. Successeur de Clément VII, **Benoît XIII** n'a plus le soutien du roi de France. Il s'enfuit d'Avignon en 1403, mais ses partisans résistent dans le palais jusqu'en 1411. Le Grand Schisme prend officiellement fin en 1417 avec l'élection de **Martin V**.

Dès lors et jusqu'à la Révolution, Avignon sera gouverné par un **légat**, puis un vice-légat du pape. Les brimades envers la communauté juive se multiplient : installés dans un quartier à part, la « carrière », dont on verrouille chaque soir les portes, les Juifs doivent porter un chapeau jaune, verser une redevance, écouter des sermons obligatoires, ne pas fréquenter de chrétiens et n'exercer que certaines activités (tailleur, fripier, usurier, commerçant). Quant aux tensions sociales entre riches et pauvres, elles s'exacerbent, et de durs affrontements les opposent entre 1652 et 1659. Pendant la Révolution, l'Assemblée constituante vote la réunion du comtat Venaissin à la France.

parement se trouvait la salle à manger particulière du pape (7) ou Petit Tinel, et, contiguë à celle-ci, la cuisine secrète (8); cette partie des appartements a été entièrement détruite en 1810.

Chambre du Pape (9)

Cette pièce est remarquable pour les décorations sur fond bleu qui ornent les murs : oiseaux, écureuils, sarments de vigne et branches de chêne s'y enchevêtrent. Volières peintes sur les ébrasements des fenêtres.

Chambre du Cerf (10)

Dans ce cabinet de travail de Clément VI, d'élégantes **fresques**, exécutées sans doute par des artistes italiens, représentent des sujets profanes sur fond de verdure. Scènes de chasse (dont celle au cerf qui a donné son nom à la pièce), de pêche, de cueillette et de bain servent de décor au cabinet de travail de Clément VI; le plafond de mélèze s'orne lui aussi d'une décoration fouillée.

De cette chambre intime et gaie, une fenêtre donne sur Avignon, l'autre sur les jardins.

Pour gagner la Grande Chapelle, on traverse la **sacristie du nord** (11), abritant des moulages de personnages ayant compté dans l'histoire de la papauté avignonnaise. Dans la travée orientale aboutissait le pont bâti par Innocent VI, reliant le Petit Tinel à la Grande Chapelle.

Grande Chapelle (ou chapelle Clémentine)

À droite de l'autel, une baie donne accès au **revestiaire des Cardinaux** (12), situé dans la tour Saint-Laurent et où le pape changeait d'ornements au cours des cérémonies. Il contient les moulages des gisants des papes Clément V, Clément VI, Innocent VI et Urbain V.

Dans cette chapelle, les cardinaux du conclave venaient entendre la messe; ils regagnaient l'aile du Conclave (A) par un étroit passage, la **galerie du Conclave** (13), dont la voûte est un chef-d'œuvre d'élégance.

La **chambre neuve du Camérier** (14) occupe l'extrémité sud de l'aile des Grands Dignitaires (C), qui abrite également la **chambre des Notaires** et l'appartement du Trésorier.

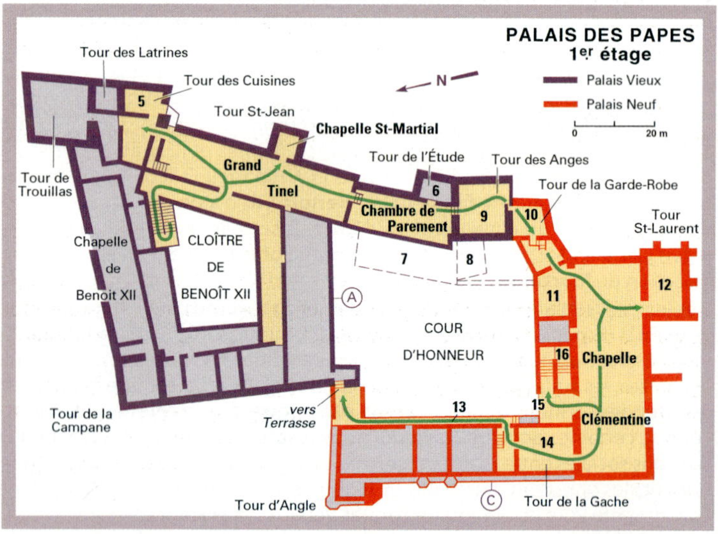

Terrasse des Grands Dignitaires

Au 2e étage de l'aile des Grands Dignitaires. Ample **vue★★** sur les parties hautes du palais des Papes, la tour de l'Horloge, la coupole de N.-D.-des-Doms, le Petit Palais et, dans une perspective plus lointaine, sur le pont Saint-Bénezet et Villeneuve Lez Avignon. En retournant sur vos pas, vous découvrirez la fenêtre de la loggia, parvis de la Grande Chapelle. De son balcon, le pape bénissait les fidèles massés dans la cour d'honneur, d'où son nom de fenêtre de l'Indulgence (15).

Palais Neuf (rez-de-chaussée)

Descendez par le **Grand Escalier** (16), dont la rampe droite, nouveauté pour l'époque, conduit vers la Grande Audience.

Grande Audience

Magnifique salle divisée en deux nefs par une colonnade. Cette salle s'appelle aussi « palais des grandes causes ». Là se tenaient les treize juges ecclésiastiques formant le tribunal de la « rote », nom provenant du banc circulaire (*rota*, « roue ») sur lequel ils siégeaient et qui se trouve placé dans la dernière travée est de la salle. Autour du tribunal se groupaient les gens de loi et les fonctionnaires de la cour. Le reste de la salle servait au public : des sièges étaient adossés aux murs sur tout le pourtour. Sur la voûte, remarquable **fresque des Prophètes**, peinte en 1352 par Matteo Giovannetti sur un fond bleu nuit parsemé d'étoiles.
Traverser la salle de la Petite Audience (2) et la salle des Gardes pour sortir.

SOUS CLÉ
Le **conclave** se réunissait dix jours après la mort du pape pour élire son successeur. On utilisait le 1er étage du Palais Vieux et, pour isoler du monde le Sacré Collège, les portes se refermaient sur lui et ne se rouvraient plus avant qu'il n'ait désigné un pape à la majorité des deux tiers.

Se promener Plan de ville

PLACE DU PALAIS ET QUARTIER DE LA BALANCE E1

Circuit 1 autour de la place du Palais tracé en vert sur le plan de la ville (p. 288) – compter 1/2 journée.

Bon à savoir – La ville a mis en place 4 circuits jalonnés de panneaux explicatifs et un marquage au sol, afin d'aider les visiteurs à découvrir le patrimoine historique d'Avignon *(plan et guide à l'office de tourisme).*

« Promenade des papes »

Contournant le palais, elle permet d'en apprécier, de l'extérieur, les monumentales proportions.
Depuis la place, face au palais, empruntez l'étroite rue Peyrollerie qui s'amorce à droite, contre les murailles du palais, pour passer sous l'énorme contrefort étayant la chapelle Clémentine, avant de déboucher sur la place de la Mirande bordée d'un très bel hôtel particulier du 17e s.
Par la rue du Vice-Légat, sur la gauche, traversez le verger d'Urbain V qui, après un passage sous voûte, mène à la **Manutention** (cour Trouillas), petit îlot culturel et branché avec son célèbre cinéma d'art et essai, l'*Utopia*. Les escaliers Sainte-Anne, offrant de nouvelles vues sur le palais, conduisent au rocher des Doms.

SE LOGER

Auberge de jeunesse Bagatelle........................ ①
Chambre d'hôte La Banasterie........................ ②
Chambre d'hôte Lumani........................ ③
Chambre d'hôte Villa Agapè........................ ⑤
Hôtel Boquier........................ ⑥
Hôtel Bristol........................ ⑦

Hôtel Cloître St-Louis........................
Hôtel Colbert........................
Hôtel de Blauvac........................
Hôtel du Palais des Papes........................
Hôtel La Ferme........................
Hôtel Mignon........................

AVIGNON

RESTAURER

ristian Étienne.. 2
Europe.. 4
trée des Artistes.. 6
nette et Marcel.. 8
ami voyage... en compagnie.. 10
sle Sonnante.. 12
La Mirande.. 16
Le Grand Café.. 18
Le Jardin de la Tour.. 20
Le Moutardier du Pape.. 24
L'Essentiel.. 26
Piedoie.. 29

★★ Rocher des Doms

Un beau jardin aux essences variées a été aménagé sur le rocher des Doms. Au gré des terrasses, belles **vues★★** sur le Rhône et le pont Saint-Bénezet, Villeneuve Lez Avignon avec la tour Philippe-le-Bel et le fort Saint-André, les dentelles de Montmirail, le mont Ventoux, le plateau de Vaucluse, le Luberon et les Alpilles (table d'orientation).
Redescendre le jardin en direction du palais.

★★ Petit Palais

Pl. du Palais-des-Papes - ✆ 04 90 85 44 58 - www.petit-palais.org - sur demande préalable (7 j. av.) 10h-13h, 14h-18h - fermé mar., 1er janv., 1er Mai, 25 déc. - 6 € (-18 ans gratuit), gratuit Printemps des musées.

Cette ancienne livrée du cardinal Arnaud de Via fut achetée par le pape en 1335 pour y installer l'évêché. L'édifice, qui a subi des dégradations lors des sièges successifs du palais des Papes, a dû être restauré et transformé à la fin du 15e s., notamment par le cardinal de La Rovère, devenu par la suite le pape Jules II. César Borgia en 1498, François Ier en 1533, puis Anne d'Autriche et le duc d'Orléans en 1660 (lors de la visite de Louis XIV à Avignon) ont couché au Petit Palais. Et si les murs pouvaient parler… Il accueille aujourd'hui les peintures du **musée du Petit Palais**.

La **collection Campana**, ensemble de toiles italiennes du 13e au 16e s., constitue le trésor de ce musée. La présentation des œuvres, par école et par période, permet au long de cette promenade d'apprécier l'évolution des styles en Italie : on s'attardera notamment devant les œuvres du 13e s. influencées par l'art byzantin, l'école siennoise représentée par Simone Martini et Taddeo di Bartolo, le style gothique international (Lorenzo Monaco, Gherardo Starnina), la peinture florentine et la finesse du tracé, particulièrement chez Bartolomeo della Gatta *(L'Annonciation)*, et la redécouverte de l'Antiquité (autour de 1500). Arrêtez-vous donc un instant devant *La Vierge et l'Enfant*, chef-d'œuvre de jeunesse de Botticelli, le grand maître florentin.

Dans la section de **sculptures romanes et gothiques**, remarquez le « transi » qui formait la base du tombeau du cardinal de Lagrange (fin 14e s.) : le réalisme du cadavre décharné anticipe sur les représentations macabres des 15e et 16e s.

À noter également les **peintures** et **sculptures avignonnaises**, sorte de synthèse entre le réalisme flamand et la stylisation italienne. *Le Retable Requin* (1450-1455), dû à **Enguerrand Quarton**, est l'une des pièces maîtresses. Les sculptures de Jean de La Huerta et d'Antoine Le Moiturier *(Anges)*, qui travaillèrent tous deux pour les ducs de Bourgogne, font pendant à une remarquable *Vierge de Pitié* datée de 1457.

Cathédrale Notre-Dame-des-Doms

Pl. du Palais - ✆ 04 90 86 81 01 - www.cathedrale-avignon.fr - de Pâques à déb. déc. : 7h-19h ; reste de l'année : 9h-17h30.

Bâtie au milieu du 12e s., la cathédrale, maintes fois endommagée et saccagée à la Révolution, a subi de nombreux et importants remaniements. Au 15e s., le grand clocher fut reconstruit à partir du 1er étage et, depuis 1859, une imposante statue de la Vierge le surmonte. Une discrète tour-lanterne couronne la travée précédant le chœur. Ajouté à la fin du 12e s., le porche abrite deux tympans superposés (un semi-circulaire surmonté d'un autre, triangulaire), jadis peints des magnifiques fresques de Simone Martini que l'on peut maintenant admirer dans le palais des Papes.

À l'intérieur, l'adjonction de chapelles latérales (14e-17e s.), la reconstruction de l'abside et l'édification de tribunes baroques au 17e s. ont quelque peu altéré le caractère roman de l'édifice. Reste la **coupole★** romane, remarquable, qui couvre la croisée du transept. Dans la chapelle attenante à la sacristie s'élève le tombeau gothique flamboyant du pape Jean XXII dont le gisant, perdu pendant la Révolution, a été remplacé par celui d'un évêque. Et ne manquez pas, à l'entrée du chœur, sur la gauche, un beau siège épiscopal du 12e s. en marbre blanc, orné sur les côtés d'un lion et d'un bœuf symbolisant saint Marc et saint Luc.

Hôtel des Monnaies

En face du palais des Papes, arrêtez-vous un instant devant cet hôtel du 17e s., aujourd'hui conservatoire de musique. **Façade★** richement sculptée de dragons et d'aigles, emblèmes des Borghèse, d'angelots, de guirlandes de fruits.

Par la rue qui s'ouvre sur la droite de l'hôtel des Monnaies, gagner le quartier de la Balance.

Habité par les Gitans au 19e s., le **quartier de la Balance**, qui s'étend jusqu'aux remparts et au célèbre « pont d'Avignon », a été complètement rénové dans les années 1970.

Rue de la Balance

Principale rue du quartier auquel elle a donné son nom. D'un côté se dressent de vieux hôtels aux belles façades ornées de fenêtres à meneaux ; de l'autre, des immeubles modernes aux lignes « méditerranéennes ».

★★ Pont Saint-Bénezet

6 r. de la Pente-Rapide Charles-Ansidei - ✆ 04 32 74 32 74 - www.palais-des-papes.com - ♿ - mêmes conditions de visite que le palais des Papes (dernière entrée 30mn av. la fermeture) - 4,50 € (-8 ans gratuit) hte sais., 4 € (-8 ans gratuit) basse sais. ; 13 € hte sais., 11 € basse sais. billet combiné avec le palais des Papes.

Ce célèbre pont, avec ses 900 m de long et ses 22 arches, aboutissait à **Villeneuve Lez Avignon**, au pied de la tour Philippe-le-Bel. Selon la légende, un jeune pâtre, Bénezet, entendit en 1177 des voix lui ordonnant de construire un pont sur le Rhône : un ange le conduisit à l'endroit où il devrait s'élever. Traité de fou par les autorités, Bénezet convainquit le peuple de sa mission en déplaçant des pierres énormes. Des volontaires se joignirent à lui et formèrent la confrérie de l'Œuvre. En huit ans, le pont fut édifié. Reconstruit en 1237, restauré, il fut définitivement brisé par les crues du Rhône au milieu du 17e s.

Sur une des piles se dresse la **chapelle Saint-Nicolas** qui comprend deux sanctuaires superposés, l'un voué à saint Nicolas, patron des bateliers, l'autre *(accès par des marches)* au pâtre saint Bénezet.

La visite se complète par une petite exposition consacrée à l'histoire et à l'iconographie de ce pont emblématique, ainsi que d'un espace dédié à la célèbre comptine, où l'on peut enregistrer son propre vidéoclip !

SUR LE PONT…

N'en déplaise à la chanson, le pont était bien trop étroit pour qu'« on y danse tous en rond… » C'était au-dessous des arches, dans l'île de la Barthelasse, que les Avignonnais des temps anciens entraînaient les belles dames à « faire comme ça »…

★ Remparts

Longue de 4,3 km, l'enceinte (14e s.) n'avait guère de valeur sur le plan militaire : les papes avaient simplement voulu dresser un premier obstacle en avant de leur palais. On en découvre la section la plus intéressante de la rue du Rempart-du-Rhône jusqu'à l'agréable **place Crillon**, qui fut le théâtre de l'assassinat du maréchal Brune, le 2 août 1815.

Rejoindre la place de l'Horloge par la rue Folco-de-Baroncelli, puis, à gauche, la rue Saint-Étienne bordée d'hôtels particuliers, la rue Racine à droite et la rue Molière à gauche.

LE VIEIL AVIGNON EF1-2

Circuit 2 au départ de la place de l'Horloge tracé en vert sur le plan de la ville (p. 288) – compter 1/2 journée.

Cette promenade dans la vieille ville permet de découvrir les églises, musées et hôtels particuliers de la partie d'Avignon qui s'étend au sud et à l'est du palais des Papes, mais aussi de mieux faire connaissance avec une cité pleine de contrastes, jeune et vénérable.

Place de l'Horloge E1

C'est là, sur cette vaste place ombragée de platanes et en partie investie par les terrasses des cafés, que bat le cœur d'Avignon.

Dans les petites rues avoisinantes, les fenêtres peintes d'effigies de comédiens célèbres rappellent que chaque été, l'espace d'un mois, la cité devient capitale mondiale du théâtre. Construit au 19e s., l'**hôtel de ville** englobe la **tour de l'Horloge** (14e-15e s.), ancien beffroi qui abrite une horloge à jaquemart.

Emprunter, à gauche de l'hôtel de ville, la rue Félicien-David et contourner le chevet de l'église Saint-Agricol. Au passage, on aperçoit les vestiges d'un rempart gallo-romain.

Église Saint-Agricol E1

Uniquement le sam. 14h-18h.

Un large escalier conduit au parvis : belle façade sculptée du 15e s. À l'intérieur, nombreuses œuvres d'art : un bénitier en marbre blanc du milieu du 15e s., des tableaux de Nicolas Mignard et Pierre Parrocel et, sur le bas-côté droit, près de la porte de la sacristie, le retable des Doni, œuvre en pierre de Boachon (1525) représentant l'Annonciation.

Prendre à gauche la rue Agricol, puis à droite la rue Bouquerie.

La **rue Jean-Viala**, qui s'ouvre sur la gauche, est bordée de deux hôtels du 18e s. en vis-à-vis (bureaux préfectoraux et conseil général) : au nord, l'**hôtel de Forbin de Sainte-Croix**, ancien collège du Roure et, en face, l'**hôtel Desmarez**

OMBRES ET LUMIÈRES

Il ne reste que de rares vestiges des monuments de la florissante **Avenio**, cité gallo-romaine. Après les invasions barbares, le renouveau vient aux 11e et 12e s. : profitant alors des rivalités entre Toulouse et Barcelone, qui se disputaient la Provence, Avignon constitue une petite république municipale. Mais son engagement en faveur des **Albigeois** lui attire des représailles et, en 1226, Louis VIII s'empare de la cité, l'obligeant à raser ses fortifications. Toutefois, la ville se relève bien vite et connaît à nouveau la prospérité sous la suzeraineté de la maison d'Anjou.

Palais des Papes.
C. Rodde / Avignon Tourisme

de Montdevergues. Sur la gauche de la préfecture, la rue du Collège-du-Roure abrite (au n° 3) le **palais du Roure**, ancien hôtel de Baroncelli-Javon et foyer du Félibrige *(voir p. 72)*. L'édifice est aujourd'hui occupé par la fondation de Flandreysy-Espérandieu, centre d'études provençales. *✆ 04 90 80 80 88 - 9h-12h, 14h-17h30 - fermé w.-end et août - gratuit.*

Revenez sur vos pas (rue Viala) pour rejoindre en face la rue Dorée où se dresse, au n° 5, l'**hôtel de Sade** aux gracieuses fenêtres à meneaux. Dans la cour, belle tourelle d'escalier.

Poursuivre jusqu'à la rue Bouquerie, prendre à gauche, puis à droite la rue Horace-Vernet pour gagner la rue Joseph-Vernet.

★ Musée Calvet E2

65 r. Joseph-Vernet - ✆ 04 90 86 33 84 - 10h-13h, 14h-18h - fermé mar., 1er janv., 1er Mai, 25 déc. - 6 € (12-18 ans 3 €).

Cet illustre musée doit son nom au médecin **Esprit Calvet**, créateur de la fondation qui rassemble de nombreuses œuvres d'art. Ses points forts ? Une collection très hétéroclite de sculptures, une belle collection de pièces d'orfèvrerie et de faïences (donation Puech) et des peintures françaises, italiennes et flamandes du 16e au 19e s. Remarquez notamment une pathétique *Mort de Joseph Bara* par David, le *Matin à la mer* et le *Soir à la mer* de Joseph Vernet : mer étale, lumière diffuse et grands voiliers, par le maître du genre, des œuvres de **Nicolas Mignard** *(Les Quatre Saisons)*, Élisabeth Vigée-Lebrun, Victor Leydet, Corot et, bien sûr, de grandes marines du peintre avignonnais Joseph Vernet (1714-1780).

Muséum Requien E2

67 r. Joseph-Requien - ✆ 04 90 82 43 51 - www.museum-requien.org - 10h-13h, 14h-18h - fermé dim., lun., 1er janv., 1er Mai, 25 déc. - gratuit.

Botanistes amateurs ou… en herbe, ne manquez sous aucun prétexte la visite de ce musée d'histoire naturelle : véritable éden, son herbier contient 200 000 échantillons du monde entier !

Prendre sur la gauche la rue Joseph-Vernet.

Rue de la République EF2

Très animée, cette artère rectiligne prolongée par le cours Jean-Jaurès, reliant ainsi la place de l'Horloge aux remparts, est le véritable axe de la cité.

Par le cours Jean-Jaurès, sur la droite (remarquez dans le square les arcades, seuls vestiges de l'ancienne abbaye Saint-Martial), puis, à gauche, la rue Agricol-Perdiguier, vous arrivez au **couvent des Célestins**, construit dans le style gothique nordique. L'église, qui présente un beau chevet, et le cloître (devenu un haut lieu du festival) ont été restaurés.

Remonter au nord vers la rue des Lices (2e à droite).

Comme son nom l'indique, la rue des Lices correspond au tracé de l'enceinte du 13e s. Sur la gauche, l'école des Beaux-Arts (étages de galeries en façade) est installée dans l'ancienne aumônerie générale (18e s.).

Au bout de la rue des Lices, sur la droite, la **rue des Teinturiers**, pavée de galets et bordée de platanes, longe la Sorgue, ici à ciel ouvert. Quelques-unes des grandes roues à aubes qui actionnaient jusqu'à la fin du 19e s. les fabriques d'indiennes ont été préservées dans la rue des Teinturiers et font de cette artère un des lieux les plus pittoresques de la ville.

Sur la droite se dresse le clocher des Cordeliers, restes d'un couvent dans lequel aurait été enterrée la Laure si longtemps pleurée par Pétrarque. Plus loin, un ponceau jeté sur la rivière donne accès à la **chapelle des Pénitents gris** (au n° 8), qui abrite des tableaux de Mignard et Parrocel et, au-dessus de l'autel, une belle Gloire dorée de Péru (17e s.).

Continuez pour aller voir les fameuses **roues à aubes**.

Revenir sur ses pas et poursuivre jusqu'à la rue de la Masse, à gauche.

Beaux hôtels dont celui de **Salvan Isoard** (au n° 36) du 17e s., avec ses fenêtres encadrées de moulures, et celui de **Salvador** (au n° 19), vaste demeure en équerre du 18e s.

Rue du Roi-René EF2

La **maison du roi René** subsiste à l'angle de la rue Grivolas : le souverain y habitait lors de ses séjours en Avignon. Plus loin, quatre hôtels forment un remarquable **ensemble★** (F) des 17e et 18e s. : les hôtels d'Honorati et de Jonquerettes (nos 10 et 12) avec leurs façades simples ornées de frontons triangulaires ou en anse de panier ; l'hôtel Berton de Crillon (n° 7) avec son imposante façade ornée de médaillons à personnages, de masques, de guirlandes de fleurs et d'un gracieux balcon en fer forgé, sans oublier son très bel escalier à balustres de pierre dans la cour ; en face, l'hôtel Fortia de Montréal (n° 8), dont les frontons reposent sur des visages grimaçants.

Église Saint-Didier E2

Du plus pur style provençal, cette église contient un dramatique **retable★** du Portement de la Croix (15e s.), que l'on surnomme parfois Notre-Dame-du-Spasme tant la douleur vécue par les personnages s'exprime de manière saisissante dans cette œuvre de Francesco Laurana. Un ensemble de fresques, attribuées à des artistes de l'école de Sienne, décorent la chapelle des fonts baptismaux.

LES LIVRÉES

C'était le nom que l'on donnait aux vêtements arborant les armes et les couleurs des courtisans des cardinaux. Par extension, il désigna ces courtisans eux-mêmes, puis les luxueux palais que les princes de l'Église firent édifier dans Avignon ou sur l'autre rive du Rhône, à Villeneuve.

LES PÉNITENTS D'AVIGNON

Apparues dès le 13e s., les confréries de pénitents, sociétés à la fois d'entraide et « à but humanitaire », ont connu leur apogée aux 16e et 17e s. Si le phénomène a touché nombre de cités provençales, comme Aigues-Mortes, Avignon en fut particulièrement riche, avec des confréries de pénitents gris, blancs, bleus, noirs, violets et rouges, nommées selon la couleur du sac de toile dont se revêtaient leurs membres, qui, lors des processions, souvent nocturnes, défilaient coiffés d'une cagoule à la lueur des torches, portant reliquaires et emblèmes. Chacune possédait une chapelle. La Révolution porta un coup à leur activité, mais plusieurs ont survécu.

Livrée Ceccano E2

Au sud de l'église s'élève la tour de l'hôtel (ou livrée) du cardinal de Ceccano, englobée plus tard dans le collège des Jésuites, qui abrite aujourd'hui la médiathèque *(accès par la rue des Laboureurs)*.

De la place Saint-Didier, prendre à gauche la rue des Fourbisseurs jusqu'à la place Carnot.

À l'angle de la rue des Marchands et de la rue des Fourbisseurs, belle demeure à encorbellement du 15e s., l'**hôtel de Rascas**.

De la place Carnot, prenez à droite vers la petite place Jérusalem où s'ouvre la synagogue, autrefois au cœur du ghetto, ou « carrière ». Ensuite, rejoignez la **place Saint-Jean-le-Vieux** : la haute tour carrée que l'on aperçoit à un de ses angles est le seul vestige de la commanderie Saint-Jean-de-Jérusalem.

Continuer jusqu'à la place Pignotte.

Remarquez la façade délicatement sculptée de l'**église de la Visitation** avant de prendre à gauche dans la rue Paul-Saïn, et de remonter jusqu'à la rue Carreterie, qui conduit à la place des Carmes.

Place des Carmes F1

Au sud de la place, le **clocher des Augustins** se dresse, coiffé depuis le 16e s. d'un campanile en fer forgé, seul vestige d'un couvent fondé en 1261. L'**église Saint-Symphorien** (ou des Carmes) mérite une visite pour les trois belles statues en bois peint du 16e s. exposées dans la première chapelle, à gauche. Dans les chapelles suivantes, tableaux de Pierre Parrocel, **Nicolas Mignard** et Guillaume Grève. Sur la gauche de l'église, une grille permet d'apercevoir le **cloître** du 14e s.

Emprunter, au nord de la place, la rue des Infirmières (à gauche), puis la rue des Trois-Colombes (2e à droite).

Chapelle des Pénitents noirs F1

57 r. de la Banasterie - ✆ 04 90 86 30 62 - avr.-sept. : vend.-sam. 14h-17h ; oct.-mars : sam. 14h-17h.

Ornant l'exubérante façade, la tête de saint Jean-Baptiste rappelle que la confrérie fut fondée sous l'emblème de la décollation. L'intérieur baroque présente un bel ensemble de boiseries et de marbres, ainsi que des peintures de Levieux, Nicolas Mignard et Pierre Parrocel.

Rue de la Banasterie F1

Elle doit son nom à la corporation des vanniers (*banasta* en provençal désigne un panier d'osier). Au no 13, **hôtel de Madon de Châteaublanc** (17e s.), à la façade ornée de guirlandes de fruits, d'aigles et de masques.

Place Manguin, prendre à droite l'étroite rue de Taulignan.

Hôtel d'Adhémar de Cransac E1

N° 11 - ✆ 04 90 86 13 28 ou 06 07 66 66 09 - visite guidée (1h) sur demande préalable uniquement ou pdt les Journées du patrimoine - 6,50 € (-18 ans gratuit).

Ce petit hôtel particulier du 17e s. (demeure privée) fut redécoré au 18e s. : salons tendus de soieries, cheminées à trumeaux avec décors peints ; seules deux pièces ont conservé leur plafond à la française. Il fait partie de l'ancienne livrée cardinalice de Saint-Martial. C'est ici que vécut Amélie Palun, comtesse René d'Adhémar de Cransac (1873-1955), qui, avec ses amis poètes et gardians camarguais, consacra sa vie à l'essor du folklore provençal. Ainsi pourrez-vous découvrir des objets et documents évoquant Frédéric Mistral, Joseph Roumanille et le marquis de Baroncelli-Javon, ainsi que deux crèches avec des santons des 18e et 19e s.

Continuer tout droit jusqu'à la place Saint-Pierre.

Église Saint-Pierre E1

En façade, beaux **vantaux★** Renaissance. Traitées en perspective, les sculptures exécutées en 1551 par Antoine Valard représentent, à droite, la Vierge et l'ange de l'Annonciation, à gauche, saint Michel et saint Jérôme. Dans le chœur, élégantes boiseries du 17e s. encadrant des panneaux peints et belle chaire de la fin du 15e s.

Par la place Carnot et, à gauche, la rue des Marchands, revenir place de l'Horloge.

À voir aussi Plan de ville

★ Musée Louis-Vouland D1-2

17 r. Victor-Hugo - ✆ 04 90 86 03 79 - www.vouland.com - juil.-sept. : 10h-18h ; reste de l'année : 14h-18h - fermé 1er janv., 1er Mai, 25 déc. - 6 € (-12 ans gratuit).

Les arts décoratifs sont à l'honneur dans cet hôtel particulier. Important ensemble de **mobilier** (surtout 18e s.) : une commode signée Migeon, un bureau de changeur de monnaie et un amusant service de voyage aux armes de la comtesse Du Barry retiennent l'attention. Belle collection de porcelaines et de **faïences** (Moustiers et Marseille), **tapisseries** des Flandres, d'Aubusson ou des Gobelins *(Le Retour de chasse de Diane)*, et, pour les orientalistes, vases, plats chinois et statuaires d'ivoire polychrome. Deux salles présentent des peintures provençales. Sans omettre de se délecter, avec gourmandise et une pointe de jalousie, d'un petit tableau de l'école de Joos Van Cleve : *Enfant mangeant des cerises.*

★ Musée Angladon E2

5 r. Labureur - ✆ 04 90 82 29 03 - www.angladon.com - ♿ - de déb. mars au 11 Nov. : 13h-18h, j. fériés 14h-18h ; reste de l'année : tlj sf mar. 13h-17h30, j. fériés 14h-17h30 - possibilité de visite guidée (1h) sur demande préalable - fermé lun., 1er janv., 25 déc. - 8 € (7-14 ans 1,50 €).

Cet hôtel particulier du 18e s. fut acquis en 1977 par un couple de peintres avignonnais, **Jean Angladon-Dubrujaud** (1906-1979) et **Paulette Martin** (1905-1988) afin d'y exposer leurs deux collections. Celle d'**art moderne**, qui leur fut léguée par le couturier parisien Jacques Doucet, exposée au rez-de-chaussée où l'on a tenté de reconstituer l'ambiance de son « studio » cubiste de Neuilly, comprend quelques peintures remarquables de Cézanne *(Nature morte au pot de grès)*, Sisley, Manet, Derain, Picasso, Modigliani et Foujita. Les *Wagons de chemin de fer*, de Van Gogh, peints lors de son séjour arlésien, n'est

sûrement pas la plus grande œuvre de Vincent… mais c'est le seul tableau de l'artiste en Provence.
À l'étage, la collection rassemblée par le maître de céans présente, entre mobilier et tableaux, un condensé de l'art du Moyen Âge à nos jours : salle à manger Renaissance, bibliothèque 18e s. avec une toile de Joseph Vernet, salon chinois fameux pour sa collection de porcelaines de l'époque Kangxi (fin du 17e s.) et atelier où sont exposés les travaux du couple, tous deux paysagistes, de styles fort différents : tenté par l'expressionnisme (Paulette Martin) ou flirtant avec le surréalisme (Jean Angladon).

★ Collection Lambert E2

Hôtel de Caumont - 5 r. Violette - ✆ 04 90 16 56 20 - www.collectionlambert.com - ♿ - juil.-août : 11h-19h ; reste de l'année : tlj sf lun. 11h-18h - possibilité de visite guidée (40mn-1h) - fermé 1er janv., 1er Mai, 25 déc. - 5,50 € (6-12 ans 2 €).
Ce bel hôtel du 18e s., ancien collège, a été rénové pour accueillir la collection d'**art contemporain** d'Yvon Lambert. La plupart des courants de l'avant-garde artistique défendus par ce collectionneur (art conceptuel, land art, art minimal, nouvelle figuration) sont représentés par un ensemble d'œuvres, parfois créées pour le lieu, où l'on retrouve les noms de Cy Twombly, Christian Boltanski, Nan Goldin, Sol LeWitt, Anselm Kiefer, Daniel Buren, Robert Combas ou Bertrand Lavier, présentées par roulement selon des accrochages historiques ou thématiques.

★ Musée lapidaire E2

27 r. de la République - ✆ 04 90 85 75 38 - www.musee-lapidaire.org - ♿ - juin-sept. : 10h-18h ; reste de l'année : 10h-13h, 14h-18h - fermé mar., 1er janv., 1er Mai, 14 Juil., 25 déc. - 2 € (12-18 ans 1 €).
Installé dans l'ancienne chapelle du collège des Jésuites (superbe façade baroque), dont la nef unique est flanquée de tribunes latérales, il présente les vestiges des civilisations qui se sont succédé dans la région : bestiaire de tradition celtique, en particulier la « Tarasque » de Noves, statues grecques, gréco-romaines (remarquable copie de l'*Apollon sauroctone* de Praxitèle) et régionales (guerriers gaulois de Vachères et de Mondragon). Plusieurs portraits d'empereurs (Tibère, Marc Aurèle) ou de simples quidams, bas-reliefs (remarquez celui, trouvé à Cabrières-d'Aigues, qui représente une scène de halage), sarcophages et ensemble de masques provenant de Vaison-la-Romaine complètent cette collection remarquable.

À proximité Carte de microrégion

Montfavet A2

▶ *6 km à l'est par la N 100 (route de Morières) et la N 107 à droite.*
Imposante **église**, reste d'un monastère construit au 14e s. par le cardinal Bertrand de Montfavet. Des sculptures intéressantes ornent le linteau du portail ; nef très sobre, soutenue par de belles voûtes gothiques.

Itinéraire conseillé Carte de microrégion

ENTRE ALPILLES ET DURANCE AB2

▶ *Pour visualiser ce circuit de 32 km au départ d'Avignon, se reporter à la carte p. 278 – compter 3h. Quitter Avignon par la D 571.*

LES CHARRETTES RAMÉES
Tirées par des chevaux de trait, somptueusement décorées de végétation et de produits du terroir, les charrettes défilent dans les rues de Châteaurenard trois dimanches matin dans l'année : pour la Saint-Éloi (déb. juil.), elles sont garnies de blé; pour la Sainte-Madeleine (déb. août), elles se parent de glaïeuls, fruits et légumes; pour la Saint-Omer (mi-sept.), elles sont garnies de buis, cannes, fleurs et surmontées d'une enclume.

Châteaurenard A2

Cette petite cité de 13 500 habitants s'est établie en contrebas du château situé sur la colline du Griffon. Elle cultive une tradition agricole (elle accueille un Marché d'intérêt national) : venez donc le dimanche matin, jour de marché. Flânez dans le centre ancien, réhabilité, où se trouve le petit **musée des Outils agraires**. *✆ 04 90 24 25 50 - mai-sept. : tlj sf dim. et lun. 10h-12h, 14h30-18h30 - possibilité de visite guidée - 2 € (-12 ans 1 €), 5 € (-12 ans 2,50 €) billet combiné avec le château féodal.*
Montez à pied dans le jardin des Tours *(escalier à droite de l'église)*, pour accéder au **château féodal** des comtes de Provence. De l'ancien fief du seigneur Reynard (13e-15e s.) ne subsistent que quatre tours, dont une seulement est encore entière. À l'intérieur, cinq salles se visitent, dont l'une consacrée au pape **Benoît XIII**. *✆ 04 90 24 25 50 - mai-sept. : visite guidée (30-45 mn) tlj sf lun. 10h-12h, 14h30-18h30, dim. et j. fériés 14h30-18h30; reste de l'année : tlj sf vend. 15h-17h - fermé 24 déc.-2 janv., 1er Mai - 4 € (-12 ans 2 €), 5 € (-12 ans 2,50 €) billet combiné avec le musée des Outils agraires.*
Poursuivre vers l'est par la D 28.

Noves B2

Le village a conservé deux portes, vestiges de son **enceinte médiévale**. Sur les bases d'un premier édifice religieux du 10e s., que les évêques d'Avignon jugeaient indigne, l'**église** a été édifiée au 12e s., puis remaniée au fil du temps, d'où sa forme composite.
Quitter Noves par la D 7N en direction d'Avignon puis, après avoir franchi l'autoroute, prendre à droite vers Cavaillon. La chartreuse de Bonpas est bientôt signalée sur la gauche de la route.

Caumont-sur-Durance B2

Cet agréable village mérite une halte pour le charme de ses ruelles tortueuses menant, au sommet, vers la jolie **chapelle romane** Saint-Symphorien, dressée aux portes d'un écrin de collines calcaires (table d'orientation).
Chartreuse de Bonpas – *✆ 04 90 23 67 98 - www.louis-bernard.com - 10h-12h30, 14h-18h, w.-end et j. fériés 10h-19h - possibilité de visite guidée (1h30) sur demande préalable - 7 € (-13 ans gratuit) avec dégustation.* Couvent créé par les Hospitaliers au 13e s., la chartreuse connut la prospérité au 17e s., époque à laquelle fut élevée la salle capitulaire. Les bâtiments très bien restaurés abritent aujourd'hui une exploitation agricole (côtes-du-rhône fort apprécié) où l'on fera quelques emplettes après avoir parcouru les jardins à la française, d'où la vue peut faire méditer sur la faculté de l'homme à bouleverser son environnement.
Jardin romain – *Le Clos de Serre - 6 imp. de la chapelle St-Symphorien - ✆ 04 90 22 00 22 - www.jardin-romain.fr - juin-sept. : 10h-12h30, 15h-19h; avr.-mai et oct. : tlj sf mar. 14h-18h; fév.-mars et nov. : tlj sf mar. 14h-17h - fermé déc.-janv. - 3 €*

(-7 ans gratuit). À la suite de fouilles archéologiques, un jardin romain et son bassin d'agrément long de 65 m ont été découverts. C'est le plus long bassin jamais décelé depuis celui de la maison de Papyri à Pompéi. Le fond du bassin est également remarquable par la combinaison de différentes teintes d'ocres de plus de 50 000 briquettes d'argile cuites. On y accédait par cinq marches encore situées dans l'angle sud-ouest. Le bassin se trouve en contrebas des vestiges d'une opulente villa romaine (1er s. apr. J.-C.). Positionné perpendiculairement à la façade de la villa, il montre l'inspiration d'un modèle italien. Un petit espace muséographique présente les vestiges trouvés sur place (amphores, monnaies romaines, fresque...). Aux abords, des jardins thématiques liés aux divinités gréco-latines ont été créés, afin de restituer l'atmosphère semblable à celle de l'époque augustéenne... Ce site est particulièrement charmant au printemps, lors de la floraison.
Le retour vers Avignon peut s'effectuer par la N 7.

NOS ADRESSES EN AVIGNON

TRANSPORT

Train – La **gare TGV** a mis Avignon à 2h40 de Paris. Elle est excentrée mais des navettes *(ttes les 10-15mn)* la relient au centre-ville. Sachez qu'Avignon est aussi à 20mn d'Arles en **TER** et à 30mn de Marseille en TGV.

VISITES

Carte Pass – *Rens. dans les offices du tourisme d'Avignon et de Villeneuve Lez Avignon.* Gratuite, elle permet de visiter Avignon et Villeneuve Lez Avignon avec d'intéressantes réductions pendant quinze jours (musées et monuments, visites guidées de la ville, promenades en bateau, excursions en autocar).

ZeVisit – *www.zevisit.com - rens. à l'office de tourisme.* Parcours dans la ville en 7 étapes, audioguidé depuis votre téléphone portable.

Petit train touristique – *06 11 35 06 66 - www.petittrainavignon.com - juil.-août : 10h-20h - 15 mars-30 juin et 1er sept.-fin des vac. de Toussaint. : 10h-19h ; 7 € (-9 ans 4 €).* Visite commentée (40mn) au départ de la place du palais des Papes (dép. ttes les 20mn).

Avignon en bateau – *Rens. à l'office de tourisme - 04 32 74 32 74 - 8 € (-8 ans gratuit) - avr.-sept.* Visite (45mn) du pont Saint-Bénezet avec audioguide et promenade en bateau sur le Rhône.

Les Grands Bateaux de Provence – *Allée de l'Oulle - 04 90 85 62 25 - www.mireio.net - promenade 8 € (-8 ans gratuit) - croisière-déjeuner à partir de 48 € (enf. 25 €).* Promenades sur le Rhône en bateau (1h) et des « croisières » comprenant déjeuner ou dîner, avec spectacle en option.

Avignon en 2CV – *Autocars Lieutaud - 36 bd St-Roch - 04 90 86 36 75 - www.cars-lieutaud.fr - 45 €/voiture le circuit d'1h dans Avignon (maxi 3 pers.).* Hop, un tour en « Deudeuche », comme au bon vieux temps. Ce circuit rétro offre des points de vue originaux sur Avignon. Au choix aussi : le circuit de 3h dans la Montagnette et les Alpilles (145 €/3 pers. maxi) et un circuit de 6h qui mène jusqu'au Pont du Gard et Gordes (320 €/3 pers. maxi).

Avi'way – *06 08 76 07 06 - www.aviway.fr - 45 € (1h), 60 € (2h).* Visite de la ville en Segway (gyropode).

HÉBERGEMENT

PREMIER PRIX

Auberge de jeunesse Bagatelle – *25 allée Antoine-Pinay - île de la Barthelasse - 04 90 86 30 39 - www.campingbagatelle.com - 180 lits, 230 empl. - 17 €/lit en dortoir et 20 € forfait voiture + tente + 2 pers.* Camping bien ombragé, sur l'île qui fait face à la cité. Très prisé des festivaliers.

BUDGET MOYEN

Hôtel Mignon – *12 r. Joseph-Vernet - 04 90 82 17 30 - www.hotel-mignon.com - 16 ch. 49/80 € - 6 €.* Des chambres coquettes, gaiement décorées. À ce prix, elles sont petites et certaines salles d'eau très exiguës, mais l'ensemble est bien situé et parmi les moins chers de la ville.

Hôtel Boquier – *6 r. du Portail-Boquier - 04 90 82 34 43 - www.hotel-boquier.com - 12 ch. 48/68 € - 8 €.* Tenu par un jeune couple sympathique, cet hôtel très calme propose de jolies chambres, arrangées avec goût. Possibilité de réserver un parking.

Hôtel Colbert – *7 r. Agricol-Perdiguier - 04 90 86 20 20 - www.avignon-hotel-colbert.com - 2 mars-31 oct. - 15 ch. 60/108 € - 10 €.* Simplicité et esprit « comme à la maison » dans les chambres (murs patinés, objets de brocante, affiches). Le plus de cet hôtel discret : son délicieux patio où trône un palmier.

Hôtel du Palais des Papes – *3 pl. du Palais et 1 r. Gérard-Philippe - 04 90 86 04 13 - www.hotel-avignon.com - 27 ch. 65/85 €.* Très bien placé en haut de la place de l'Horloge, près du théâtre et du palais des Papes, cet hôtel de charme superbement rénové propose des chambres assez petites mais décorées avec beaucoup de goût et impeccablement tenues.

Hôtel de Blauvac – *11 r. de la Bancasse - 04 90 86 34 11 - www.hotel-blauvac.com - 16 ch. 62/80 € - 8 €.* L'ex-résidence du marquis de Blauvac (17e s.) a conservé des traces de son passé : les murs des chambres laissent souvent apparaître la pierre d'origine. Déco rustico-provençale.

La Ferme – *110 chemin des Bois - île de la Barthelasse (5 km au nord par la D 228 et rte secondaire) - 84000 Avignon - 04 90 82 57 53 - www.hotel-laferme.com - 15 mars-31 oct. - - 20 ch. 76/95 € - 11 € - rest. (dîner uniquement) 26/41 €.* Cette adresse se révèle idéale pour ceux qui recherchent le calme sans trop s'éloigner d'Avignon. Grandes chambres simples, mobilier peint de style provençal. Salle à manger campagnarde avec poutres apparentes, cheminée et vieilles pierres. Terrasse ombragée.

Aux alentours d'Avignon

Le Posterlon – *3 r. du Posterlon - 84510 Caumont-sur-Durance - 04 90 22 21 20 - www.posterlon-provence.com - - 5 ch. 90/150 € - repas 20 €.* Postée dans une ruelle au sommet du village, cette ancienne maison curiale a été rénovée avec goût par une passionnée de déco, ambiance maison de famille provençale. Le jardin et la piscine ajoutent au charme bucolique.

Chambre d'hôte La Petite Provence – *Montée Cazalèdes - 30126 Lirac -à 18 km au nord d'Avignon - 04 66 33 11 04 - http://www.lapetiteprovence.net - 4 ch. 65 € (15 € pers. suppl.) - table d'hôte 29 € (le soir).* Entre vignoble et Avignon : un havre de tranquillité non loin de l'animation. Dans ce mas du 17e s., vous pourrez lézarder sur la terrasse où vous prélasser dans la fraîcheur de l'ancien pressoir. Cuisinier de formation, le propriétaire vous régalera de ses recettes à base des produits locaux.

POUR SE FAIRE PLAISIR

Chambre d'hôte La Banasterie – *11 r. de la Banasterie - 04 32 76 30 78 - www.labanasterie.com - 5 ch. 100/170 €*. Une Vierge à l'Enfant orne la façade classée de cette demeure du 16e s. Intérieur cosy et romantique. Les chambres portent des noms évoquant le chocolat, passion des propriétaires.

Chambre d'hôte Villa Agapè – *13 r. Saint-Agricol - 04 90 85 21 92 - www.villa-agape.com - fermé 10-27 avr., juil. et vac. de la Toussaint - 3 ch. 100/150 €*. Inattendu… La villa Agapè est une véritable – et douillette – petite maison posée sur un toit d'un immeuble du centre historique ! Avec piscine et terrasse fleurie en prime.

Hôtel Bristol – *44 cours Jean-Jaurès - 04 90 16 48 48 - www.bristol-avignon.com - 65 ch. 79/116 € - 11 €*. Un emplacement parfait entre la gare et les quartiers animés pour cet immeuble qui abritait déjà un hôtel dans les années 1920. Chambres pratiques, en général assez grandes.

Chambre d'hôtes Lumani – *37 rempart Saint-Lazare - 04 90 82 94 11 - www.avignon-lumani.com - fermé 4 nov.-25 déc. et 7 janv.-7 mars - 5 ch. 90/170 € - rest. 30/50 €*. Les propriétaires de cette maison du 19e s. reçoivent hôtes et artistes comme des amis. Intérieur mariant ancien, moderne et matériaux naturels. Ateliers d'art, jardin clos.

Aux alentours d'Avignon

Chambre d'hôte La Prévoté – *354 chemin d'Exploitation - 84210 Althen-des-Paluds - 04 90 62 17 06 - www.la-prevote.com - fermé nov.-1er mars - P - - 5 ch. 85/95 €*. Après une nuit paisible passée dans l'une des chambres spacieuses et colorées de ce mas ancien, vous apprécierez le petit-déjeuner servi à l'ombre de la treille ou sous le marronnier. Une fois sustenté, laissez courir votre regard sur les pommiers ou faites un plongeon dans la piscine.

UNE FOLIE

Cloître St-Louis – *20 r. Portail-Boquier - 04 90 27 55 55 - www.cloitre-saint-louis.com - 80 ch. 175/336 € - 16 € - rest. formule déj. 21 € - 34 €*. L'hôtel occupe un cloître du 16e s. et une aile tout en verre et acier. Les chambres allient sobriété moderne et charme des vieilles pierres. Piscine et terrasse sur le toit. Restaurant dans les galeries, ouvertes l'été sur la paisible cour aux platanes centenaires.

RESTAURATION

PREMIER PRIX

L'Ami voyage… en compagnie – *5 r. Prévôt - 04 90 82 41 51 - fermé en août*. Une librairie qui fait aussi salon de thé, bar à vin et bistrot pour se flatter les papilles en sacrifiant à la passion des livres. Plats à moins de 10 €, desserts à moins de 5 € et vin au verre à partir de 3 €. Décor savamment patiné, plaisante terrasse, et ambiance calme et intello…

Ginette et Marcel – *27 pl. des Corps-Saints - ✆ 04 90 85 58 70 - 15 €.* Attachant et coloré comme une épicerie échappée des années 1950, cette adresse chaleureuse permet de se restaurer à petit prix de grosses tartines garnies ou de petites salades. La salle est aussi plaisante que la terrasse à l'ombre des platanes.

BUDGET MOYEN

L'Essentiel – *2 r. Petite-Fusterie - ✆ 04 90 85 87 12 - www.restaurantlessentiel.com - fermé dim. - 26/37 €.* Cette table va effectivement à l'essentiel et réjouira les amateurs de cuisine généreuse, aux saveurs franco-italiennes ensoleillées. Le décor, lui, joue la carte de la modernité épurée.

Le Grand Café – *R. des Escaliers-Ste-Anne - ✆ 04 90 86 86 77 - www.legrandcafe-avignon.com - fermé janv., dim. et lun. - 20/28 €.* Cette ancienne caserne adossée aux contreforts du palais des Papes est devenue un lieu incontournable de la vie locale. Avignonnais et touristes s'y retrouvent pour découvrir une cuisine inventive aux accents provençaux. Agréable terrasse, calme et fraîche en été.

L'Isle Sonnante – *7 r. Racine - ✆ 04 90 82 56 01 - fermé 22 fév.-1er mars, 23 août-2 sept., 25 oct.-5 nov., dim. et lun. - 25/50 €.* Derrière l'opéra, une petite devanture en bois abritant une table sympathique. Intérieur cosy, façon bistrot amélioré, mariant rustique et tons chauds. Cuisine aux saveurs du Sud.

Piedoie – *26 r. 3-Faucons - ✆ 04 90 86 51 53 - t.piedoie@gmail.com - fermé en août, 21-30 nov., vac. de fév., mar. et merc. - 19/65 € bc.* Poutres, parquet, murs blancs et tableaux contemporains composent un cadre à la fois sobre et agréable. Le chef, attentif aux saisons, propose des plats du marché assez créatifs.

POUR SE FAIRE PLAISIR

Entrée des Artistes – *1 pl. des Carmes - ✆ 04 90 82 46 90 - fermé 15 août-1er sept., 23 déc.-2 janv., sam. midi et dim. - formule déj. 23 € - 28 €.* Dans un décor de bistrot parisien où se mêlent affiches et objets de cinéma et vieilles publicités, vous mangerez au coude à coude une cuisine traditionnelle. L'accueil est convivial, et dans l'air flotte un parfum de Méditerranée.

Le Jardin de la Tour – *9 r. de la Tour - ✆ 04 90 85 66 50 - www.jardindelatour.fr - fermé dim. et lun. - ♿ - formule déj. 19 € - 39/54 €.* Ce restaurant niché près des remparts a du cachet avec son jardin, ses tonnelles et l'architecture de l'ancienne ferronnerie qu'il fut jadis. Le chef harmonise des saveurs opposées et redonne droit de table à des produits provençaux disparus (aloses, alouettes sans tête, bœuf des mariniers…).

Le Moutardier du Pape – *15 pl. Palais-des-Papes - ✆ 04 90 85 34 76 - www.restaurant-moutardier.fr - formule déj. 25 € - 33/46 €.* Avec ses fresques évoquant le moutardier du pape, l'intérieur a du caractère, mais optez pour la terrasse et sa vue « plein cadre » sur le palais. Accords vins au verre et mets.

Aux alentours d'Avignon

Le Saule-Pleureur – *145 chemin de Beauregard - 84180 Monteux - 12 km par la D 942, sortie Althen-des-Paluds - ✆ 04 90 62 01 35 - www.le-saule-pleureur.com - fermé*

2-8 janv., dim. soir, lun. sf fériés et du 3 juin au 27 sept., sam. midi - 39/89 €. Une grande villa protégée par un jardin fleuri qui fait oublier la voie express toute proche. Service aimable et attentif. Cuisine généreuse et délicate, sagement créative, notée une étoile au *Guide Michelin* 2009.

UNE FOLIE

La Mirande – *4 pl. Amirande - ✆ 04 90 85 93 93 - www.la-mirande.fr - 20 ch. 310/540 € - rest. (fermé 5 janv.-3 fév., mar. et merc.) 35/105 €.* Décoration dans le goût provençal du 18e s., meubles d'antiquaires, objets d'art, détails ultra-raffinés… La Mirande est un lieu superbe, tout simplement. Carte inventive et jolie terrasse-jardin au restaurant, une étoile au *Guide Michelin* 2009.

D'Europe – *12 pl. Crillon - ✆ 04 90 14 76 76 - reservations@heurope.com - fermé dim. et lun. - menu 38 €, 55/120 €.* Belles salles à manger classiques subtilement remises à la page et terrasse exquise où murmure une fontaine pour ce restaurant, classé une étoile au *Guide Michelin* 2009, au sein d'un hôtel particulier 16e s. devenu un hôtel au décor raffiné.

Christian Étienne – *10 r. Mons - ✆ 04 90 86 16 50 - www.christian-etienne.fr - fermé dim. et lun. sf juil. - déj. semaine 35 € - 65/120 €.* Demeures des 13e et 14e s. accolées au palais des Papes : décor chargé d'histoire et vue plongeante sur la place. Cuisine régionale et bon choix de côtes-du-rhône. Cet établissement est noté une étoile au *Guide Michelin* 2009.

BOIRE UN VERRE

Bar de l'Utopia – *Cour Maria-Casarès - La Manutention.* Juste à côté du cinéma d'art et essai, un bar aux allures de vestibule de théâtre, fauteuils rouges et bois sombre. On y discute beaucoup et c'est très vivant.

ACHATS

Marchés – Marché couvert dans les Halles, tous les jours 7h-13h et démonstration de cuisine par les chefs régionaux, avec dégustation sur place, tous les samedis à 11h. Marché paysan samedi après-midi (mai-oct.) sur l'île de la Barthelasse. Marché aux puces dimanche matin pl. des Carmes. Brocante professionnelle mardi et jeudi matin pl. Pie-XII.

Les Délices du Luberon – *20 pl. du Change - ✆ 04 90 84 03 58 - 9h30-13h30, 14h30-19h (non-stop le sam.).* Une épicerie fine dédiée aux produits de bouche provençaux, des tapenades, pistous et autres délices aux légumes fabriqués tout près, à l'Isle-sur-la-Sorgue.

Les Olivades – *56 r. Joseph-Vernet - ✆ 04 90 86 13 42 - 10h-13h, 14h-19h, fermé lun. mat. et dim.* Ce célèbre créateur de textiles excelle dans la mise en scène des éléments provençaux sur des tissus haut de gamme. Prix en rapport.

Terre è Provence – *26 r. de la République - ✆ 04 90 85 56 45 - terre-provence@wanadoo.fr - tlj sf dim. et lun. mat. 10h-13h, 14h-19h ; juin-août : 10h-19h.* Avenante boutique tenue par la même famille depuis plusieurs générations et entièrement dédiée à la Provence : arts de la table, nappes aux imprimés provençaux, boutis en fil d'indienne, poteries… De belles idées de décoration pour votre intérieur.

Aux alentours d'Avignon

Distillerie de la liqueur Frigolet – *26 r. Voltaire - ✆ 04 90 94 11 08 - www.frigoletliqueur.com - 9h-12h,*

14h-18h - fermé w.-end. Cette distillerie détient la recette du Frigolet, encore appelé élixir du père Gaucher, son créateur. On y produit aussi de l'eau-de-vie de poire Williams, du marc de Provence ou des confiseries à la liqueur Frigolet. La visite des lieux est très intéressante : découverte du « secret » de fabrication de l'élixir (composé de 30 plantes) et petit musée de l'Alambic.

Miellerie des Butineuses – *189 r. de la Source - 84450 Saint-Saturnin-lès-Avignon - ✆ 04 90 22 47 52 - www.miellerie.fr - 10h-12h, 14h-18h - fermé dim. et j. fériés.* Pour tout savoir sur la vie des abeilles et l'apiculture, rendez-vous dans ce rucher fort bien aménagé. La visite des installations – diaporama, observation d'une vraie ruche vitrée, exposition de vieux matériels – est très instructive. Dégustation gratuite à la boutique qui regorge de produits à base de miel de Provence : gelée royale, pollen, hydromel, confiseries, pain d'épice, cosmétiques, polenia, etc.

AGENDA

Festival d'Avignon

Réservations du Festival In – *Bureau du Festival d'Avignon - cloître Saint-Louis - 20 r. Portail-Boquier - 84000 Avignon - rens. ✆ 04 90 14 14 60 - réserv. ✆ 04 90 14 14 14.* Les locations, dès la 1re quinzaine de juin, par Internet *(www.festival-avignon.com)*, aux bureaux de location FNAC ou au bureau d'accueil à l'Espace Saint-Louis.

Réservations du Festival Off – *✆ 04 90 85 13 08 - www.avignonleoff.com.* Programme *(5 €)* du festival Off par courrier à partir de mi-juin *(envoyer un chèque avec votre adresse à : Avignon Festival et Compagnies - 5 r. Ninon-Vallin - 84000 Avignon)* ou en ligne.

Autres événements

Les Hivernales d'Avignon – *✆ 04 90 82 33 12 - www.hivernales-avignon.com.* En février, festival consacré à la danse contemporaine. Les Hivernales proposent également des programmations estivales dans le cadre des festival In et Off.

Festival Théâtr'Enfants – *www.festivaltheatrenfants.com.* En juillet, en même temps que le Festival In, à la Maison du Théâtre *(20 av. Monclar)*, compagnies et conteurs présentent leurs spectacles (théâtre, comédie musicale, marionnettes…), pour les petits dès 8 mois.

Villeneuve Lez Avignon

★

12 471 Villeneuvois – Gard (30)

NOS ADRESSES PAGE 311

S'INFORMER

Office du tourisme de Villeneuve Lez Avignon – *1 pl. Charles-David - 30400 Villeneuve Lez Avignon - ✆ 04 90 25 61 33 - www.villeneuvelezavignon.fr - juil. : 10h-19h, w.-end 10h-13h, 14h30-19h ; août : 9h-12h30, 14h-18h ; avr.-juin et sept.-oct. : tlj sf dim. 9h-12h30, 14h-18h ; reste de l'année : tlj sf dim. 9h-12h30, 14h-17h - fermé 1er janv., 1er Mai, 1er et 11 Nov., 25 déc.*

Visite guidée – *Rens. à l'office de tourisme ou au 04 90 25 61 33.* Villeneuve Lez Avignon, qui porte le label **Ville d'art et d'histoire**, propose des visites-découverte (2h) animées par des guides-conférenciers agréés par le ministère de la Culture et de la Communication. Balades nocturnes au flambeau (juil.-août).

SE REPÉRER

Carte de microrégion A1 *(p. 278) – carte Michelin Départements 339 N5.* On atteint Villeneuve depuis la cité des papes, en traversant le Rhône sur le pont Édouard-Daladier (D 900), avant de prendre à droite la D 980 et de passer au pied de la tour Philippe-le-Bel. En bus : ligne 11 (en face de la gare ferroviaire d'Avignon).

SE GARER

Parkings au pied du fort, sur l'avenue Charles-de-Gaulle.

À NE PAS MANQUER

La superbe vue sur Avignon et Villeneuve depuis la tour Philippe-le-Bel ; le musée municipal Pierre-de-Luxembourg ; la chartreuse du Val-de-Bénédiction ; le fort Saint-André.

ORGANISER SON TEMPS

Comptez une demi-journée pour explorer la « cité des cardinaux ». Elle est en outre une base de séjour aussi agréable que pratique quand les hôtels et chambres d'hôtes de la « cité des papes » affichent complets.

AVEC LES ENFANTS

Parc d'Astronomie, du Soleil et du Cosmos, à proximité ; musée du Vélo et de la Moto au château du Bosc ; parc de loisirs Amazonia *(voir « Nos adresses »).*

En terres gardoises, Villeneuve Lez Avignon est depuis l'origine tournée vers Avignon, dont elle constitue une banlieue résidentielle. En effet, la ville doit son essor aux papes qui, se sentant à l'étroit à Avignon, sont venus s'installer ici. Vous l'aurez compris, Villeneuve offre un autre regard sur Avignon, un point de vue de la coulisse. Depuis la « ville des cardinaux », la vue sur la « cité des papes » constitue un des paysages les plus célèbres de la vallée du Rhône, surtout en fin d'après-midi lorsque, aux feux du couchant, Avignon apparaît dans toute sa splendeur. L'une ne va pas sans l'autre.

NAISSANCE D'UNE VILLE

À l'issue de la croisade contre les Albigeois, le roi de France **Philippe III le Hardi** entre en possession, en 1271, du comté de Toulouse et son nouveau domaine atteint le Rhône. Sur l'autre rive, c'est la Provence, terre d'Empire. Le Rhône appartient au royaume de France, mais pas sa rive gauche. Le problème, c'est que l'on ne peut pas préciser où commence celle-ci lors des crues du Rhône. « Là où s'arrête l'eau », décrète l'autorité royale, qui en profite pour aller réclamer des impôts aux habitants des quartiers inondés d'Avignon… À la fin du 13e s., **Philippe le Bel** fonde, dans la plaine, une « ville neuve » et, vue l'importance militaire du lieu, il élève, à l'entrée du pont Saint-Bénezet, un ouvrage puissant. L'arrivée des **papes** en Avignon constitue une véritable aubaine pour la cité nouvelle : les cardinaux, ne trouvant pas dans la ville pontificale de demeures dignes d'eux, passent le pont et construisent ici quinze magnifiques résidences, les « livrées ». Ils comblent de bienfaits la ville et ses établissements religieux. De leur côté, les rois Jean le Bon et Charles V construisent le fort Saint-André afin de mieux surveiller la papauté voisine. La prospérité survivra au départ des papes : aux 17e et 18e s., la Grande-Rue se garnit de riches hôtels. Les couvents gardent une vie active et brillante, deviennent de véritables musées. Seule la Révolution mettra un terme à cette richesse aristocratique et ecclésiastique.

Se promener

De l'office de tourisme, suivre la rue Fabrigoule, prendre à gauche la rue de la Foire, puis descendre vers la tour.

Tour Philippe-le-Bel

☏ 04 32 70 08 57 - avr.-sept. : 10h-12h30, 14h-18h30 ; reste de l'année : 10h-12h, 14h-17h - fermé lun., déc.-fév., 1er Mai, 1er et 11 Nov. - 2 € (enf. 1,50 €).

Construite sur un rocher en bordure du Rhône, c'était la pièce maîtresse d'un châtelet qui défendait, en terre royale, l'entrée du pont Saint-Bénezet. Depuis la terrasse supérieure *(176 marches)*, **vue★★** superbe sur Villeneuve et le fort Saint-André, le Rhône et le pont Saint-Bénezet, Avignon et le palais des Papes, la Montagnette et les Alpilles et, en majestueuse toile de fond, le Ventoux.

Remonter jusqu'à la place de l'Oratoire, puis prendre la rue de l'Hôpital.

Église Notre-Dame

La tour de cet édifice fondé en 1333 par le cardinal **Arnaud de Via**, neveu de Jean XXII, était à l'origine un beffroi dont le rez-de-chaussée, formé d'arcades, servait de passage public. Celui-ci fut bouché pour devenir le chœur de l'église, qu'on raccorda à la nef en édifiant une travée supplémentaire. L'église contient plusieurs œuvres d'art : le tombeau du cardinal Arnaud de Via, reconstitué avec son gisant originel du 14e s., un *Saint Bruno* de **Nicolas Mignard** et un calvaire de Reynaud Levieux, ainsi qu'une copie de la célèbre *Pietà (3e chapelle de droite)*. Ce chef-d'œuvre absolu de l'école d'Avignon, datant du 13e s., avait été exécuté pour la chartreuse de Villeneuve. « Monté » à Paris pour une exposition dont il fut l'un des « clous », il poursuit depuis 1904 son exil au Louvre, au grand dam de certains Villeneuvois.

La **rue de la République**, quelques pas plus loin, est bordée par plusieurs de ces superbes « livrées » cardinalices que les cardinaux ont fait édifier à

Villeneuve. Citons celle du cardinal Pierre de Luxembourg (ce jeune homme fort précoce mourut à l'âge de 19 ans, déjà revêtu de la pourpre cardinalice), qui abrite aujourd'hui le Musée municipal ainsi que celles des n°s 3, 4 et 53. C'est au n° 60 qu'un portail donne accès à la chartreuse du Val-de-Bénédiction.

★ Musée municipal Pierre-de-Luxembourg

✆ 04 90 27 49 66 - avr.-sept. : 10h-12h30, 14h-18h30 ; reste de l'année : 10h-12h, 14h-17h - possibilité de visite guidée (1h30) sur demande (7 j. av.) - fermé lun., fév., 1er janv., 1er Mai, 1er et 11 Nov., 25 déc. - 3,10 € (enf. 2,10 €), gratuit 1er dim. du mois (oct.-juin).

Ce musée, installé dans l'hôtel Pierre-de-Luxembourg, propose quelques œuvres d'art exceptionnelles, en particulier une **Vierge★★** du 14e s. en ivoire polychrome : sculptée dans une défense d'éléphant dont elle épouse la courbure, c'est une des plus belles œuvres du genre. Remarquez aussi la Vierge à double face de l'école de Nuremberg (14e s.), le masque de Jeanne de Laval par Laurana, la chasuble dite « d'Innocent VI » (18e s.) et le voile du Saint Sacrement

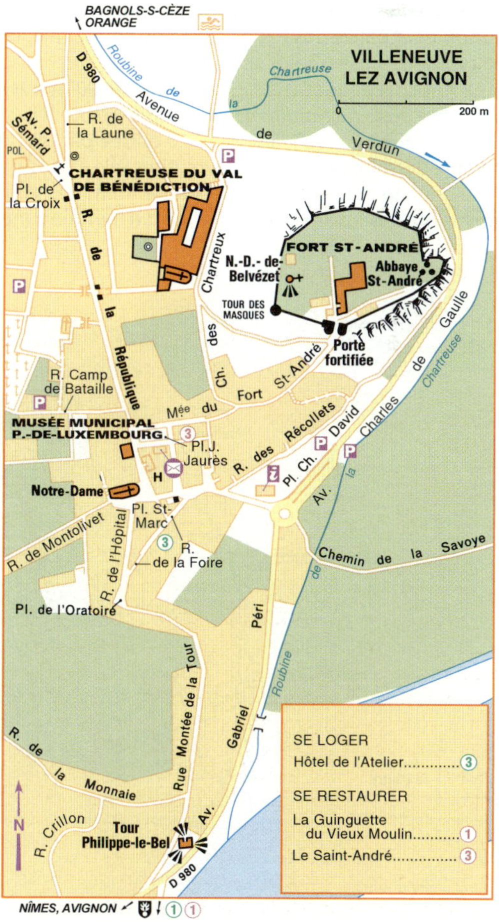

du 17e s. orné de perles fines. *Le Couronnement de la Vierge* (1454) d'Enguerrand Quarton est ici présenté, ainsi que des peintures de **Nicolas Mignard** (*Jésus au Temple*, 1649), Philippe de Champaigne (*La Visitation*, vers 1644), Reynaud Levieux *(La Crucifixion)*, Simon de Châlons ou encore Parrocel *(Saint Antoine et l'Enfant Jésus)*.

★ Fort Saint-André

Ce fort englobait une abbaye, la chapelle romane **Notre-Dame-de-Belvézet**, et un bourg dont ne subsistent que quelques pans de murs. Il fut élevé au 14e s. par Jean le Bon et Charles V, sur le mont Andaon, île que le dessèchement d'un bras du Rhône rattacha à la terre à la fin du 13e s.

Tours jumelles★ – *℘ 04 90 25 45 35 - www.fort-saint-andre.monuments-nationaux.fr - de mi-mai à mi-sept. : 10h-13h, 14h-18h ; de déb. avr. à mi-mai et de mi à fin sept. : 10h-13h, 14h-17h30 ; reste de l'année : 10h-13h, 14h-17h - fermé 1er janv., 1er Mai, 1er et 11 Nov., 25 déc. - 5 € (-18 ans gratuit).* Ce magnifique bâtiment d'entrée est l'un des plus beaux exemples de fortification médiévale. L'accès à la tour ouest permet de découvrir la salle de manœuvre des herses et la boulangerie (four à pain du 18e s). En grimpant les 85 marches de la tour, vous serez récompensé par une **vue★★** somptueuse sur le mont Ventoux, le Rhône, Avignon et le palais des Papes, la plaine comtadine, le Luberon, les Alpilles et la tour Philippe-le-Bel.

Abbaye Saint-André – *℘ 04 90 25 61 33 ou 06 71 42 16 90 - www.villeneuvelesavignon.fr/tourisme - accès aux jardins avr.-sept. : 10h-12h30, 14h-18h ; oct.-mars : 10h-12h, 14h-17h - fermé lun. (sf j. fériés) - 5 €.* Fondée par les bénédictins au 10e s. et en partie détruite pendant la Révolution, elle a conservé son portail d'entrée, l'aile gauche et la terrasse que soutiennent des voûtes massives. Mais ce sont surtout ses **jardins★** à l'italienne qui méritent une promenade,

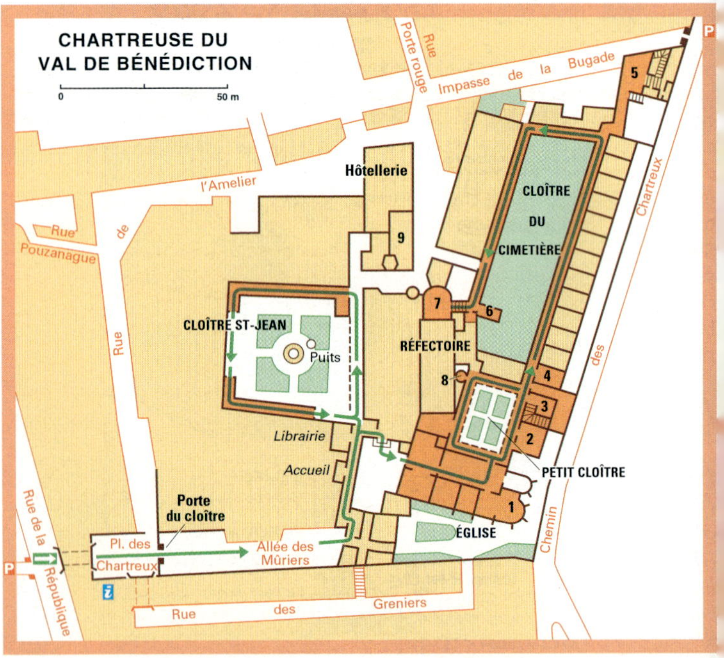

avec leurs superbes **vues★** sur Avignon. Les rois de France en avaient fait leur poste d'observation afin de mieux tenir à l'œil leurs inquiétants voisins pontificaux…

★ Chartreuse du Val-de-Bénédiction

☎ 04 90 15 24 24 - www.chartreuse.org - ♿ - juil.-sept. : 9h-18h30 ; avr.-juin : 9h30-18h30 ; oct.-mars : 9h30-17h, w.-end 10h-17h - possibilité de visite guidée (1h15) - fermé 1er janv., 1er Mai, 1er et 11 Nov., 25 déc. - 7 € (-18 ans gratuit), 8 € billet combiné avec le fort Saint-André.

En 1352, le conclave avait élu pape le général de l'ordre des Chartreux qui, par humilité, refusa la tiare. Désigné à sa place, Innocent VI, pour commémorer le geste, fonda sur les lieux mêmes de sa « livrée » une chartreuse qui allait devenir la plus importante de France.

C'est une véritable « ville dans la ville » (songez qu'elle occupe une surface double de celle du palais des Papes), et son architecture justifie à elle seule une visite.

Après avoir franchi la **porte du cloître** qui sépare l'allée des Mûriers de la place des Chartreux, on se retournera pour en admirer l'ordonnance et l'ornementation, avant de gagner le bureau d'accueil, en haut de l'allée des Mûriers.

On pénètre dans la nef principale de l'**église** dont l'abside effondrée encadre une **vue★** superbe sur le fort Saint-André. À droite, l'abside de l'autre nef et une travée abritent le tombeau d'Innocent VI (1) dont le gisant de marbre blanc repose sur un socle en pierre de Pernes.

Sur la galerie est du **petit cloître** donnent la **salle capitulaire** (2) et la **cour des Sacristains** (3), avec son puits et son pittoresque escalier. Une jolie coupole du 18e s. couvre le **lavabo** (8), petit édifice circulaire.

On gagne ensuite le **grand cloître du cimetière**, large de 20 m et long de 80 m, à la chaude coloration provençale, que bordent les cellules des moines. La première (4), avec son jardin des simples, se visite. Les autres, restaurées, sont habitées par des écrivains en résidence. À l'extrémité nord-est du cloître, un couloir mène à la « bugade » (5), ou buanderie, qui a conservé son puits et la cheminée du séchoir. De sa galerie ouest, au niveau d'une petite chapelle des morts (6), on rejoint la chapelle (7) qui faisait partie de la livrée d'Innocent VI. Remarquez les belles **fresques★**, attribuées à Matteo Giovanetti, l'un des décorateurs du palais des Papes (scènes de la vie de saint Jean-Baptiste et de la vie du Christ). Le **réfectoire**, ancien tinel (salle des festins du 18e s.), est aujourd'hui une salle de spectacles.

Si les galeries du **cloître Saint-Jean** ont disparu, des cellules de chartreux subsistent encore. Au centre, la monumentale fontaine Saint-Jean du 18e s. a conservé son puits et sa belle vasque ancienne. Enfin, jetez un œil à la boulangerie (9) avec sa tour hexagonale, et à l'**hôtellerie** qui, remaniée au 18e s., présente au nord une belle façade.

À proximité Carte de microrégion

Parc d'Astronomie, du Soleil et du Cosmos A1

Aux Angles, à 2 km du centre de Villeneuve. Sortir de Villeneuve par l'ouest, en direction de Nîmes. ☎ 04 90 25 66 82 - www.parcducosmos.net - visite guidée (1h30) mai-sept. : w.-end, j. fériés, merc. et vac. scol. (sf lun.) 15h (visite), 16h45 (planétarium) ; reste de l'année : w.-end, j. fériés, merc. et vac. scol. (sf lun.) 14h30 (visite), 16h15 (planétarium) - fermé 1er Mai, 15 déc.-2 janv. - 6,50 € (enf. 4,50 €).

Tracé au milieu des pins et des chênes verts, ce parc d'animation astronomique invite à un voyage imaginaire dans l'espace et dans le temps. L'architecture des bâtiments en terrasses superposées évoque celle des ziggourats de l'ancienne Mésopotamie, édifices symbolisant, croit-on, l'union de la terre et du ciel. Le parcours en labyrinthe parmi planètes, étoiles et autres astéroïdes résume de façon ludique l'évolution.

Rochefort-du-Gard A1

8 km à l'ouest par la D 900 (direction Les Angles), puis un tout petit bout de la N 100 (direction Remoulins) et la D 111.

Vous prendrez plaisir à flâner entre les ruelles pentues et les placettes ombragées de ce village, dont la mairie occupe une ancienne chapelle. Un peu à l'écart, à l'est, le *castellas* qui fut à l'origine du village n'est qu'un souvenir : il n'en subsiste que la silhouette blanche et massive de sa chapelle romane. Depuis la plate-forme, belle **vue★** sur Notre-Dame-de-Grâce, l'étang asséché de Pujaut et l'arrière-plan montagneux.

★ Musée du Vélo et de la Moto A2 en direction

À 14 km à l'ouest de Villeneuve par la D 900, puis la N 100. Après 9 km, faire demi-tour et reprendre la N 100. Au château de Bosc - ✆ 04 66 57 65 11 - 22 juin-9 sept. : 10h-18h30 ; 10 sept.-29 nov. : w.-end, j. fériés, merc. et vac. scol. 14h-17h ; reste de l'année : w.-end, j. fériés, merc. et vac. scol. 14h-17h30 - 6 € (enf. 4 €).

Aujourd'hui installé dans un château du 19e s. niché au milieu des vignes et des oliviers dans un parc à la française, ce musée présente une exceptionnelle collection de cycles et de motos, des draisiennes aux vélos de course d'aujourd'hui en passant par les tricycles à moteur, de 1900 aux années 1960. Parmi les pièces étonnantes ou incongrues, un vélocipède ciselé (1869) ayant appartenu à Yves Montand, une bicyclette à guidon articulé, un ancêtre du scooter, l'autofauteuil, une moto spécialement conçue pour les ecclésiastiques (!), un vélo à hélice (conduite allongée) et un tricycle solaire de 1980 qui offre la particularité de ne fonctionner qu'en théorie. Et surtout, le musée présente un (très rare) célérifère. Il s'agit d'une copie. Or l'original n'a jamais existé que dans l'imagination fertile d'un journaliste. Copie d'un objet imaginaire, cette pièce est donc, paradoxalement, un original !

Roquemaure A1

16 km au nord par la D 980.

Ce gros bourg viticole (qui a ouvert une académie du vin et du goût) a conservé quelques demeures anciennes, comme celle du cardinal Bertrand, dans le quartier de l'église. Cette dernière remonte au 13e s. et possède de belles orgues du 17e s. La tour des princes de Soubise est le plus important des vestiges du château où mourut le 20 avril 1314 Clément V, premier pape d'Avignon. En face, sur l'autre rive, avec sa tour à mâchicoulis, le château de l'Hers semble veiller sur le précieux vignoble.

LE PAYS DES AMOUREUX

Le week-end le plus proche du 14 février, **Roquemaure** célèbre la Saint-Valentin par la reconstitution historique de l'arrivée des reliques du saint dans le village en 1868. Celles-ci furent achetées à Rome par un viticulteur et offertes à la paroisse afin de protéger la vigne contre le fléau du phylloxéra qui était apparu à Roquemaure cinq ans plus tôt, pour la première fois en Europe.

NOS ADRESSES À VILLENEUVE LEZ AVIGNON

VISITES

Carte-Pass – *Voir p. 299.*
Visite-chocolat à la chartreuse du Val-de-Bénédiction – *Dim., 15h, visite commentée suivie d'un goûter, sur réserv. au 04 90 15 24 24 - 11 € (-18 ans gratuit).* La chartreuse organise régulièrement des visites guidées des bâtiments, suivies d'un chocolat chaud servi dans les anciens appartements du pape, au coin de la cheminée 18e s. en hiver, à l'ombre des jardins, en été.

HÉBERGEMENT

BUDGET MOYEN

Hôtel de l'Atelier – *5 r. Foire - ✆ 04 90 25 01 84 - www.hoteldelatelier.com - fermé en janv. - 23 ch. 59/135 € - ☕ 10 €.* Une vraie maison de charme (16e s.) : bel escalier, chambres dotées de meubles anciens, poutres apparentes, objets d'art et patio ombragé pour petit-déjeuner aux beaux jours.

RESTAURATION

BUDGET MOYEN

Le Saint-André – *4 bis montée du Fort - ✆ 04 90 25 63 23 - http://lesaintandre.com - fermé midi (lun.-jeu. en juil.-août), mar. et merc. (reste de l'année) - ♿ - formule déj. 9 € - 15/22 €.* À deux pas de la collégiale et de la chartreuse, arrêtez-vous dans ce frais restaurant au décor provençal : une petite étape sympathique et reconstituante, au cœur du vignoble des côtes-du-rhône.
La Guinguette du Vieux Moulin – *5 r. du Vieux-Moulin - ✆ 04 90 94 50 72 - www.guinguettevieuxmoulin.com- fermé nov., lun. sf festival d'Avignon, soirs de sem. de déc. à Pâques - 11/30 €.* Guinguette du 19e s. dont la terrasse borde le Rhône. Des spectacles musicaux (orgue de Barbarie, chansonniers…) animent la belle salle voûtée et le patio. La carte, assez simple, fleure bon la Provence et ses herbes. Tous les dimanches midi, « la Sardinade » rassemble habitués et touristes autour d'un menu unique et festif : sardines grillées à volonté.

ACTIVITÉS

Randonnée – Suivez les « sentiers de l'abbaye » (8, 12 et 23 km) au bord du Rhône ou, si vous préférez vous promener dans les terres, l'itinéraire « la montagne de Villeneuve » (8 km). Dépliants disponibles à l'office de tourisme.
Parc de loisirs Amazonia – *Rte d'Orange - ✆ 04 66 82 53 92 - www.parcamazonia.fr - avr., sept.-oct. : 11h-18h ; mai : 11h-18h30 ; juil.-août : 10h30-19h - 14 € ; hors sais. : 12,50 €.* Aztèques et Mayas envahissent la forêt de Roquemaure. Ce parc d'aventure pour la famille s'articule autour de nombreuses attractions : toboggan aquatique (Machu-Pichu), parcours 4x4 (Amazonia trophy), parcours rivière (Montée des Andes), petit train (Cuzco express), promenade en bateau (Rivière aux crocodiles), rocher d'escalade… Restauration et aires de pique-nique.

AGENDA

Rencontres de la Chartreuse – *Villeneuve Lez Avignon - ✆ 04 90 15 24 24 - www.chartreuse.org.* En juillet-août, la chartreuse devient le haut lieu des écritures contemporaines de spectacles.

L'huile d'olive, mode d'emploi

MIEUX LA CONNAÎTRE

Le berceau méditerranéen

L'olivier n'est pas symbole de longévité par hasard : l'arbre symbole du bassin méditerranéen y serait cultivé depuis 6 000 ans av. J.-C. L'oléiculture s'est depuis répandue sur les cinq continents mais son berceau reste la Méditerranée, le plus gros producteur au monde. En tête : l'Espagne, l'Italie et la Grèce.

Et la France ? Grand pays oléicole par son histoire, elle est toute petite par sa production : 4 500 t d'huile par an, soit 0,2 % de la production mondiale, uniquement dans le Midi, seul endroit du pays où le climat est adapté à l'olivier.

La renaissance provençale

Le savon de Marseille, à base d'huile d'olive, a assuré la fortune de la région au 19e s., avant que la concurrence de nouvelles huiles moins chères (tournesol, arachide) ne fasse chuter l'olive de son piédestal économique. Les oliveraies ont été remplacées par des cultures plus rentables (vin, arbres fruitiers). L'huile d'olive a été remise à la mode au début des années 1980, quand des études ont souligné ses bienfaits diététiques.

Pourquoi la relance est-elle si difficile ? Le redémarrage d'oliveraies laissées à l'abandon ou arrachées exige cinq à dix ans de labeur. Aujourd'hui, le secteur s'appuie aussi sur le tourisme : visites au moulin, dégustations, maisons d'hôtes oléicoles, routes balisées…

En ligne : retrouvez une foule d'informations sur le site de l'Association française interprofessionnelle de l'olive : **www.afidol.org**

Comment ça marche ?

L'olive a ses saisons : soins des oliveraies à l'automne et au printemps, récolte (appelée « olivade ») et fabrication de l'huile en hiver, la meilleure saison pour un séjour à thème *(voir ci-contre)*.

Le principe de fabrication n'a guère évolué depuis l'Antiquité : récoltées et lavées, les olives sont broyées. Généralement cueillies encore vertes pour les conserves, les **olives** ne sont récoltées qu'à maturité, lorsqu'elles prennent une couleur brun violacé, pour faire l'huile. Broyées entières, avec les noyaux, elles donnent une pâte, que l'on répartit sur une série de disques empilés placés sous le puissant piston d'une presse hydraulique. Le mélange d'huile et d'eau qui s'écoule est ensuite pompé vers des centrifugeuses, afin d'en séparer les deux composants. On obtient ainsi une huile vierge, par « première pression » à froid. Aujourd'hui, plutôt que de presser la pâte pour isoler l'huile, 60 % des moulins la centrifugent directement, ce qui va plus vite.

Quel goût ? Comme pour le vin, la saveur d'une huile dépend de la terre sur laquelle l'olivier a poussé, du degré de maturité de l'olive, de la variété du fruit et du savoir-faire du moulinier.

NOUVELLE GÉNÉRATION

C'est l'histoire d'un frère et d'une sœur, la petite trentaine chacun, qui ne voulaient pas que meure l'exploitation familiale de Saint-Rémy-de-Provence. Face aux 6000 oliviers abandonnés, Anne et Gilles Brun ont retroussé leurs manches, faisant sourire les sceptiques à s'agiter ainsi sous les feuillages argentés. Bientôt, il a fallu se rendre à l'évidence : leurs huiles forcent l'admiration, en particulier les monovariétales qui saisissent le moindre arôme du fruit (salonenque, verdale, picholine…). En prime, les rejetons Brun ont fait souffler un vent de modernité sur le monde figé de l'oléiculture. Ils ont inventé les chips de tapenade et les jus de fruits à l'huile d'olive. Ils se sont associés avec un grand chef de Genève pour les confitures (oh, la citron-olives-gingembre !). Et ils viennent d'ouvrir leur boutique en ligne. Jolie récolte.

Moulin du Calanquet – *04 32 60 09 50 - www.moulin-du-calanquet.fr*

SUR LE TERRAIN

Les routes de l'olivier

Idéales pour un séjour thématique entre octobre et février, quand les moulins sont en pleine action, deux itinéraires prennent l'olivier pour guide : en Baronnies *(brochure à l'office de tourisme de Nyons)* et dans les Alpilles *(brochure dans les six offices de tourisme des Alpilles)*. Au programme : visites de moulins, d'écomusées et de savonneries, au fil d'une Provence authentique.

À pied, à vélo : en Vaucluse, des moulins du Luberon et du mont Ventoux proposent 11 promenades thématiques d'une journée *(à télécharger sur www.provenceguide.com)*.

Petite virée au moulin

Plus qu'ailleurs, il serait dommage d'acheter au supermarché une huile d'olive que l'on peut choisir au moulin. Meule de pierre ou centrifugeuse ? Pour se décider, rien ne vaut la dégustation. Une seule règle : la meilleure huile d'olive, c'est celle que l'on aime.

Réussir sa dégustation : pour mieux découvrir les arômes, humecter le bout de la langue et attendre quelques secondes avant de prendre une gorgée à faire rouler en bouche. À vous de jouer.

Les abus sont rares mais ils existent, donc lisez bien les étiquettes. Des huiles estampillées « provençales », notamment, peuvent utiliser des olives d'importation.

AOC : sept Appellations d'Origine Contrôlée garantissent l'authenticité des huiles achetées : Nyons, Vallée des Baux-de-Provence, Aix-en-Provence, Haute-Provence, Corse, Nîmes et Nice.

Sur votre calendrier

Alicoque à Nyons, le 1er week-end de février : fête de l'huile nouvelle.

Oléades à Avignon, mi-février : dégustations, ventes, conférences, même le palais des Papes se transforme alors en bar à huiles.

Fête des olives à Mouriès, mi-septembre : les producteurs fêtent le début de la récolte, puis mi-décembre : ils fêtent l'huile nouvelle.

Fête de l'olive piquée à Nyons, samedi avant Noël : démonstration de piquage et visites de terroir.

L'Isle-sur-la-Sorgue

★

18 015 Islois – Vaucluse (84)

NOS ADRESSES PAGE 316

S'INFORMER

Office du tourisme de L'Isle-sur-la-Sorgue – *Pl. de l'Église - 84800 L'Isle-sur-la-Sorgue - 04 90 38 04 78 - www.oti-delasorgue.fr - 9h-12h30, 14h30-18h, dim. 9h-12h30 - fermé certains j. fériés.*

Visites guidées – *Rens. à l'office de tourisme - été : tlj sf w.-end ; reste de l'année : sur demande préalable.* Visites thématiques (2h).

SE REPÉRER

Carte de microrégion B2 *(p. 278) – carte Michelin Départements 332 D10.*

À 23 km à l'est d'Avignon, par la D 901, au pied du plateau du Vaucluse.

SE GARER

À l'extérieur du centre-ville. Parking payant le long de la rivière.

ORGANISER SON TEMPS

Si c'est la brocante qui vous attire ici, venez le week-end ou les jours fériés, quand les villages d'antiquaires sont ouverts. Hors saison, c'est encore plus agréable : il n'y a plus foule.

AVEC LES ENFANTS

Les grottes de Thouzon.

L'Isle est une ville de flâneries, plus que de visites. Il suffit d'une courte promenade pour comprendre pourquoi cette petite cité entourée d'eau porte le nom d'Isle. Quant à Sorga, ce mot occitan désigne une source au débit abondant, nom bien adapté pour cette rivière qui sourd de la fontaine de Vaucluse. Les bras de la Sorgue, les grands platanes, les petits ponts, les roues à aubes donnent à cette localité un aspect riant et frais où il est particulièrement agréable de chiner le week-end, lorsque les antiquaires l'investissent.

Se promener

★ Maison René-Char - Hôtel Campredon

20 r. du Dr-Tallet - 04 90 38 17 41 - www.maison-renechar.fr - juil.-oct. : 10h-13h, 15h-19h ; reste de l'année : 10h-12h30, 14h-17h30 - fermé lun., 1er janv., 1er Mai, 25 déc. - 6,20 € (-14 ans gratuit).

Ce bel hôtel particulier du 18e s., représentatif du classicisme français, accueille des expositions temporaires d'art moderne et contemporain. Le 3e étage est consacré au grand poète **René Char** (1907-1988) : reconstitution de son cabinet de travail, exposition permanente et centre de documentation.

Collégiale Notre-Dame-des-Anges

Visite libre - possibilité de visite guidée tlj sf w.-end 10h-12h, 15h-18h - gratuit.

Sa **décoration★** (17e s.) d'une extrême richesse rappelle celle des églises italiennes. La nef unique est ornée au revers de la façade d'une immense gloire

REPÈRES
Les **roues à aubes**, rescapées parmi toutes celles (il y en avait des dizaines) qui naguère rythmaient la vie de la cité : près de la place Émile-Char, à l'angle du jardin de la Caisse ; cours Victor-Hugo ; rue Jean-Théophile et quai des Lices. Elles étaient indispensables à l'époque où la ville était un grand centre de tisserands, de teinturiers, de tanneurs et de papetiers.

en bois doré attribuée à Jean Péru, comme les figures des Vertus placées sous les balustrades ; chapelles latérales décorées de belles boiseries et de tableaux de Mignard, Sauvan, Simon Vouet et Parrocel. Dans le chœur, un grand retable encadre une toile de Reynaud Levieux représentant l'Assomption. Orgues du 17e s.

Hôpital

✆ 04 90 38 04 00 - malgré les rénovations en cours, quelques parties classées se visitent (sur demande à l'accueil de l'hôpital) - gratuit.
S'ouvrant sur la rue Jean-Théophile, longée par un bras de la Sorgue, il est digne d'intérêt à plusieurs titres : Vierge en bois doré, grand escalier avec rampe en fer forgé (18e s.), boiseries de la chapelle, collection de pots en faïence de Moustiers dans la pharmacie et enfin, dans le jardin, charmante fontaine du 18e s.

À proximité Carte de microrégion

Le Thor B2

▶ 5 km à l'ouest sur la N 100, direction Avignon.
L'ancienne capitale du raisin de table « chasselas » est aujourd'hui un gros bourg agricole qui se partage entre cultures maraîchères et fruitières et viticulture. Le pont sur la Sorgue et ses alentours, notamment l'église, offrent une perspective rafraîchissante. Du Moyen Âge subsistent également des fragments de remparts et le beffroi.
L'**église★**, achevée au début du 13e s., est romane dans son ensemble, mais sa nef unique est couverte d'une voûte gothique qui compte parmi les plus anciennes de Provence. Extérieur imposant avec sa haute nef qu'étayent de massifs contreforts, son abside ornée d'arcatures lombardes et son lourd clocher central, inachevé. Portails directement inspirés de l'art antique. *✆ 04 90 33 92 31 - 9h30-11h30 - possibilité de visite lors de la visite guidée de la ville, sur demande à l'office de tourisme.*

Grottes de Thouzon B2

▶ 3 km au nord du Thor par la D 16, chemin à gauche. ✆ 04 90 33 93 65 - www.grottes-thouzon.com - visite guidée (45mn) juil.-août : 10h-18h30 (dernière entrée 30mn av. la fermeture) ; avr.-juin et sept.-oct. : 10h-12h, 14h-18h - 7,90 € (5-11 ans 5,40 €) - prévoir un pull (13 °C dans la grotte), parking gratuit et ombragé.
Elles s'ouvrent au pied d'une colline que couronnent les ruines du château de Thouzon et un monastère. Ce fut le hasard d'un coup de mine, sur le site d'une carrière, qui les fit découvrir en 1902. Sur 230 m, on parcourt l'ancien lit de la rivière souterraine qui creusa la galerie, terminée par un gouffre peu profond. Avec ses nombreuses concrétions colorées, la voûte, qui atteint parfois 22 m de hauteur, supporte des **stalactites fistuleuses** d'une rare finesse.

NOS ADRESSES À L'ISLE-SUR-LA-SORGUE

HÉBERGEMENT

BUDGET MOYEN

Hôtel Les Névons – *Chemin des Névons - ✆ 04 90 20 72 00 - www.hotel-les-nevons.com - piscine - fermé 13 déc.-25 janv. - ♿ - 44 ch. 51/92 € - petit-déj. 8,50 €.* Proche du centre-ville, chambres fonctionnelles, plus spacieuses et modernes dans la nouvelle aile ; certaines bénéficient d'un balcon. Solarium-piscine sur le toit.

RESTAURATION

PREMIER PRIX

Bistrot de l'Industrie – *2 quai de la Charité - ✆ 04 90 38 00 40 - fermé mar. - ♿ - formule déj. 12,90 € - 10/25 €.* Que l'on préfère l'intérieur « rénové à l'ancienne » avec son véritable zinc ou la terrasse sur la Sorgue et sa pergola, on aura de toute façon une place agréable dans ce restaurant. Pas de réel menu, mais de grandes salades, des pizzas, des galettes ou un plat du jour, et de vraies frites maison.

POUR SE FAIRE PLAISIR

L'Oustau de l'Isle – *147 chemin du Bosquet - 1 km par rte d'Apt - ✆ 04 90 20 81 36 - www.restaurant-oustau.com - fermé 12 nov.-4 déc., 18 janv.-5 fév., merc. sf le soir de mi-juin à mi-sept. et mar. - P - formule déj. 18 € - 29/50 €.* Ce mas entouré de verdure possède une ravissante terrasse ombragée et deux salles épurées. Douces saveurs régionales.

PETITE PAUSE

Café de France – *14 pl. de la Liberté - ✆ 06 78 66 72 75 - 6h30-21h - fermé 1er janv., 25 déc.* Profitez de la terrasse de ce café situé face à la collégiale Notre-Dame-des-Anges. L'adresse est membre de l'Association des cafés historiques et patrimoniaux d'Europe. Accès à la Wifi. Choix de salades, sandwiches et plats.

ACHATS

Chiner

Le Village des antiquaires – *2 bis av. de l'Égalité - ✆ 04 90 38 04 57 - w.-end, lun. et j. fériés 10h-19h.* Le plus important des villages d'antiquaires : 100 d'entre eux sont regroupés dans une ancienne manufacture de tisserands.

Autres

Marché – Le jeudi et le dimanche matin sur les quais le long de la Sorgue.

Les Délices du Luberon – *1 av. du Partage-des-Eaux - ✆ 04 90 20 77 37 - www.delices-du-luberon.fr - avr.-août : 9h-20h, dim. 8h30-19h ; reste de l'année : 9h30-13h, 14h30-19h, dim. 9h-18h30 - fermé 1er janv., 25 déc.* Cette entreprise familiale élabore des tapenades ainsi que du caviar d'aubergine ou de tomates séchées, de l'anchoïade, de l'olivade de poivrons rouges, etc. Vous trouverez également de l'huile d'olive, des croquettes Aujoras, du miel et des confitures.

AGENDA

Foire à la brocante – La plus grande foire à la brocante de Provence se tient à L'Isle-sur-la-Sorgue durant les week-ends de Pâques et du 15 août. Plus de 1 500 exposants dévoilent leurs trésors : boutis anciens, meubles provençaux, faïences, tableaux et objets divers. Un déballage-brocante a également lieu tous les dimanches sur l'avenue des Quatre-Otages.

Fontaine-de-Vaucluse

671 Vauclusiens – Vaucluse (84)

NOS ADRESSES PAGE 321

S'INFORMER

Office du tourisme de Fontaine-de-Vaucluse – *Chemin de la Fontaine - 84800 Fontaine-de-Vaucluse - ✆ 04 90 20 32 22 - avr.-sept. : 10h-13h, 14h-18h ; reste de l'année : tlj sf dim. et j. fériés 9h30-12h30, 13h30-17h30 - fermé 1er Mai.* Visites guidées de juin à sept., tous les vend., 10h-12h (3 €). Topoguides gratuits de randonnées pédestres autour du village.

SE REPÉRER

Carte de microrégion C2 *(p. 278) – carte Michelin Départements 332 D10.* On arrive à Fontaine depuis L'Isle-sur-la-Sorgue (7 km à l'ouest) par la D 25, en longeant la rivière. Vallis Clausa, la vallée close, a donné en provençal *vaù clusa*, francisé en « Vaucluse », devenu plus tard le nom du département.

SE GARER

Nombreux parkings (payants) aménagés : vu l'affluence, en particulier les week-ends, mieux vaut y laisser votre voiture dès qu'une possibilité de stationnement se présentera.

ORGANISER SON TEMPS

Prévoyez 30mn pour longer la Sorgue jusqu'à la résurgence, en espérant la voir à son plus haut niveau. Les passionnés de littérature garderont une heure de plus pour le musée-bibliothèque Pétrarque. Dans un autre genre, à Saumane-de-Vaucluse, ils pourront rendre hommage au marquis de Sade, dont le château natal coiffe le village *(ne se visite pas)*.

En période de hautes eaux, lorsque le niveau de l'eau atteint le figuier accroché à la paroi rocheuse de la source et que la Sorgue, d'un profond vert émeraude, se déverse par-dessus le talus en une masse tumultueuse et bondissante, ce qui malheureusement devient rare… le spectacle justifie une visite à Fontaine-de-Vaucluse. Le reste du temps, vous pourrez toujours retrouver Pétrarque ou observer la fabrication à l'ancienne du papier… comme plus d'un million de visiteurs chaque année ! La solitude sauvage qui a longtemps baigné cette vallée close est aujourd'hui gâchée par les bazars touristiques. Pour les éviter, il faudra vous lever de bon matin.

Se promener

Depuis la place de la Colonne de Pétrarque, gagner la rive droite de la Sorgue et suivre le chemin de la Fontaine qui s'élève sur 600 m, en pente relativement douce, vers la source. Prévoir des chaussures confortables.

★ Fontaine de Vaucluse

Au fond d'un cirque rocheux aux parois impressionnantes, derrière un talus de pierres et de rochers où les eaux s'infiltrent habituellement, la fontaine apparaît soudain : bassin d'eau verte, d'apparence paisible et propice à la rêverie. Il en émane un halo de mystère et de vieilles légendes qui reviennent confusément en mémoire, comme c'est souvent le cas devant un gouffre. Car cette claire fontaine en est un; de quelle profondeur? Nul ne le sait exactement : le dernier record, 308 m, a été établi le 2 août 1985, à l'aide d'un petit sous-marin téléguidé équipé de moyens vidéo. Est-ce une source? Non, car il s'agit en fait d'une **résurgence**, c'est-à-dire le débouché d'un fleuve souterrain qu'alimentent les pluies tombées sur le plateau de Vaucluse à travers ses nombreux avens. Cependant, les recherches menées par les spéléologues sont restées vaines : à ce jour, la Sorgue souterraine garde tout son mystère. Seule certitude : le site est un lieu d'offrande ancien, comme en témoignent les pièces de monnaie antiques et médiévales, régulièrement remontées à la surface par les plongeurs de la Société spéléologique de Fontaine-de-Vaucluse. Certaines des plus précieuses sont désormais exposées au musée Pétrarque *(voir plus loin)*.

À voir aussi

Vallis Clausa – Moulin à papier

Chemin de la Fontaine - ✆ 04 90 20 34 14 - www.vallis-clausa.com - ♿ - se renseigner pour les h. - fermé 2e et 3e sem. de janv., 1er janv., 25 déc. - 7 € (-12 ans 5 €).

Au 18e s., Fontaine-de-Vaucluse comptait 4 moulins à papier. Aujourd'hui, Le moulin est directement alimenté par les eaux de la Sorgue et l'on assiste, depuis une passerelle, aux différentes étapes de la fabrication du papier suivant des procédés anciens à base de chiffons.

La **boutique** réalise et propose à la vente de très beaux papiers pour des cartes de visite, faire-part, textes de poètes (Pétrarque) ou textes célèbres (Déclaration des droits de l'homme) et autres loisirs créatifs.

Le monde souterrain

Chemin de la Fontaine - ✆ 04 90 20 34 13 - ♿ - visite guidée (45mn) juin-août : 9h30-12h30, 14h-19h30 (dernière entrée 1h av. la fermeture); sept. : 9h30-12h30, 14h-19h; avr.-mai et oct. : 9h30-12h30, 14h-18h30; fév.-mars et vac. de Noël : 9h30-12h30, 14h-18h - fermé janv. - 6 € (7-12 ans 4,50 €).

Ce musée est lui-même souterrain, ce qui est la moindre des choses, il présente la **collection Casteret★** : les plus belles concrétions calcaires (calcite, gypse, aragonite) recueillies par le spéléologue, du même nom, en cinquante ans d'explorations. En complément, le visiteur chemine parmi une reconstitution de sites : grottes à stalactites et stalagmites, avens, rivières, cascades, gours… en font le précis du parfait petit spéléologue.

Musée d'Histoire Jean-Garcin 39-45

✆ 04 90 20 24 00 - ♿ - juin-sept. : 10h-18h; avr.-mai et de déb. à mi-oct. : 10h-12h, 14h-18h; de mi à fin oct. et vac. de la Toussaint : 10h-12h, 14h-17h; mars et nov.-déc. : w.-end 10h-12h, 14h-17h - fermé mar., 1er Mai, 25 déc. - 3,50 € (enf. 1,50 €).

Dans un bâtiment sobre et fonctionnel *(où se trouve également l'office de tourisme)*, il propose une approche historique, littéraire et artistique des années 1939-1945 : une première partie est consacrée à la vie quotidienne sous l'Occupation; la seconde aborde le thème de la Résistance dans le Vaucluse, retracée par des acteurs et témoins de cette épopée, tandis qu'un support audiovisuel aide à situer ces événements dans le contexte national. L'espace « La liberté de l'esprit » évoque les créateurs, écrivains et artistes engagés comme René Char ou Matisse, et invite à une réflexion sur les idéaux de la Résistance.

LES INFORTUNES DE LA VERTU
Francesco Petrarca dit **Pétrarque** (1304-1374) fut un immense poète et le premier des grands humanistes. Né à Arezzo en 1304, il fréquentait en Avignon la cour pontificale lorsque son chemin croisa en avril 1327 celui de la belle **Laure de Noves**. Le coup de foudre fut immédiat, mais non réciproque. La flamme du poète était vouée à demeurer idéale : Laure était mariée et vertueuse. Pétrarque rédigea son *Canzoniere*, sans doute le premier des grands poèmes lyriques, pendant son séjour en Vaucluse, où il s'était retiré afin de trouver l'apaisement « au bruit des eaux de sa chère fontaine ». Il décrit d'ailleurs, dans ses lettres, la vie et la nature provençales ; il nous parle ainsi des bergers, des pêcheurs de la Sorgue ou encore de son ascension du mont Ventoux. Comble d'infortune, en 1348, Laure meurt de la peste en Avignon. Pétrarque s'éteindra, en 1374, à Arquà, près de Padoue.

★ Église Saint-Véran
Petit édifice roman à nef unique couverte d'une voûte en plein cintre et d'une abside en cul-de-four. La crypte abrite le sarcophage de saint Véran, vainqueur du Coulobre, un terrible dragon. À l'extérieur, levez les yeux pour voir les modillons sculptés.
En face, demeure provençale aux vieilles pierres rose orangé, décorées de grappes de raisins.

Musée-bibliothèque Pétrarque
✆ 04 90 20 37 20 - sur demande préalable (3 j. av.) de déb. avr. à mi-nov. : 8h-17h - possibilité de visite guidée (1h) - fermé mar., 1er janv., 1er Mai, 25 déc. - 3,50 € (-12 ans gratuit).
Installé dans une maison bâtie, pense-t-on, à l'emplacement de celle où séjourna le poète, ce musée expose, au 1er étage, des dessins et des estampes consacrés au thème de Pétrarque et Laure ainsi que des éditions anciennes des œuvres de l'auteur du *Canzoniere* et de ses successeurs. Au rez-de-chaussée, intéressantes lithographies signées Miró et Braque, et esquisse au crayon de Giacometti. Ces œuvres illustrent des écrits de René Char, qui participa, en son temps, à l'ouverture de ce musée.
Au 2e étage, une salle présente une trentaine de pièces de monnaie anciennes (1er-3e s.apr. J.-C.), trouvées par les archéologues dans la résurgence de la fontaine. À la sortie du musée, le ruissellement de la Sorgue vous attirera dans le joli **jardin** du site.

À proximité Carte de microrégion

Saumane-de-Vaucluse C2
4 km au nord. Quitter Fontaine par la D 25 puis prendre à droite la D 57.
Taillée à flanc de coteaux sur les pentes calcaires des monts de Vaucluse, la route aboutit à ce village perché au-dessus de la vallée de la Sorgue, et à l'ancien château (15e s.) des **marquis de Sade**. C'est ici que le petit Donatien Alphonse François, qui allait devenir le divin marquis, passa son enfance. L'église Saint-Trophime, élevée au 12e s., mais largement remaniée depuis, est couronnée par un clocher-arcade. Depuis la place, vue sur la vallée de la Sorgue, le Luberon et les Alpilles.

HALTE À LA CONTAGION !

Un mur de six pieds (1,90 m environ) fut élevé en toute hâte entre mars et juillet 1721, sur une longueur de 25 km environ, entre Cabrières et Monieux. Équipé de guérites et de bastions, il était gardé jour et nuit par un millier de gardes qui avaient ordre de tirer sur quiconque tenterait de le franchir. Il n'empêcha cependant pas la peste d'atteindre le **comtat Venaissin** à peine un mois après l'achèvement de la muraille.

Cabrières-d'Avignon C2

5 km au sud par la D 100^A^. Laisser la voiture au parking de la mairie, cours Jean-Giono.

Le château des Adhémar, construit au 11e s. et en partie refait au 17e s. dans un style Renaissance plus aimable *(ne se visite pas)* fut le théâtre des tragiques événements des 20 et 21 avril 1545, lorsque les Vaudois, qui s'y étaient retranchés sous la direction du Cabrièrois **Eustache Marron**, y furent massacrés par l'armée levée par Meynier d'Oppède. Le tour du château *(par la rue du Vieux-Four, puis, à gauche, le chemin Eustache-Marron qui court en lisière de la campagne)* vous permettra de détailler les remparts reliant les cinq tours, vestiges de la forteresse des origines.

Mur de la peste – *1h AR. Accès sur la gauche du château par le chemin des Muscadelles, puis un sentier rocailleux balisé qui part à l'assaut d'une colline.* Arrivé sur la crête (petit monument commémoratif), redescendez droit devant vous (borne), puis prenez à droite. Bien restauré, le mur de pierres sèches, édifié pour protéger le Comtat de la peste arrivée à Marseille en 1720, épouse les ondulations du terrain, parmi une dense végétation d'oliviers sauvages et de pins.

Les plus endurants pourront suivre le tronçon restauré du mur, le long d'un chemin quelque peu rocailleux (GR 6) qui leur ménagera de jolies vues sur Gordes, et retourner à Cabrières par le chemin de Vaucluse. Les autres reviendront sur leurs pas jusqu'au village.

NOS ADRESSES À FONTAINE-DE-VAUCLUSE

HÉBERGEMENT

POUR SE FAIRE PLAISIR

L'Hôtel du Poète – *04 90 20 34 05 - www.hoteldupoete.com - fermé déc.-fév. - - 24 ch. 70-310 €.* Rénové avec goût, cet ancien moulin se love dans un jardin verdoyant traversé par la rivière. Cadre élégant et reposant, avec des chambres plus ou moins vastes, à prix variables. Piscine et Jacuzzi. Adresse de charme.

Aux alentours

Chambre d'hôte La Pastorale – *Rte de Fontaine-de-Vaucluse sur D 24 - 84800 Lagnes - 04 90 20 25 18 - www.la-pastorale.net - P - - 5 ch. 80 €* . Si, dans la région, le soleil veut que l'on vive dehors, on appréciera néanmoins les intérieurs de cette ancienne ferme et la grande simplicité de leur agencement, pour un calme à peine troublé par le chant des cigales.

RESTAURATION

BUDGET MOYEN

Philip – *Chemin de la Fontaine - 04 90 20 31 81 - ouvert 1er avr.-30 sept., fermé le soir sf juil.-août - 25/41 €.* Au pied de la célèbre Fontaine, cette affaire de famille (depuis 1926) a gardé son ambiance de guinguette. Terrasse au fil de l'eau et plats traditionnels à l'accent du terroir.

ACHATS

Centre Artisanal Vallis Clausa – *Chemin de la Fontaine - 04 90 20 34 14 - www.vallis-clausa.com.* Dans le prolongement du musée Casteret, ce centre permet de visiter un moulin à papier, alimenté par les eaux de la Sorgue, où l'on voit fabriquer du papier chiffon à la main suivant les procédés utilisés au 16e s.

ACTIVITÉ

Kayak Vert – *Quartier de la Baume - 04 90 20 35 44 - www.canoefrance.com - 9h-19h - se renseigner sur les dép. - fermé de fin oct. au 3e w.-end d'avr.* Descente en canoë-kayak de la Sorgue, de Fontaine-de-Vaucluse à L'Isle-sur-la-Sorgue (8 km). Débutants ou confirmés, en famille ou en groupe, chacun choisit la formule qui lui convient : parcours seul ou encadré (accompagnateurs diplômés).

N°1 mondial des pneumatiques avec 17,1 % du marché

Une présence commerciale dans plus de 170 pays

Une implantation industrielle au cœur des marchés

68 sites industriels dans **19** pays ont produit en 2008 :

- **177** millions de pneus
- **16** millions de cartes et guides

Des équipes très internationales

Plus de **117 500** *employés* de toutes cultures sur tous les continents dont* **6 000** personnes employés dans les centres de R&D en Europe, aux Etats-Unis, en Asie.

*110 252 en équivalents temps plein

Le groupe Michelin en un coup d'œil

Michelin présent en compétition

A fin 2008

- **24h du Mans**
  11 années de victoires consécutives
- **Endurance 2008**
  • 5 victoires sur 5 épreuves en Le Mans Series
  • 10 victoires sur 10 épreuves en American Le Mans Series
- **Paris-Dakar**
  Depuis le début de l'épreuve, le groupe Michelin remporte toutes les catégories
- **Moto GP**
  26 titres de champion du monde des pilotes en catégorie reine
- **Trial**
  Tous les titres de champion du monde depuis 1981 (sauf 1992)

ichelin,
nplanté près
e ses clients

68 sites de production dans 19 pays

- Algérie
- Allemagne
- Brésil
- Canada
- Chine
- Colombie
- Espagne
- Etats-Unis
- France
- Hongrie
- Italie
- Japon
- Mexique
- Pologne
- Roumanie
- Royaume-Uni
- Russie
- Serbie

Un centre de Technologies réparti sur 3 continents

- Amérique du Nord
- Asie
- Europe

2 plantations d'hévéa

- Brésil

Notre mission

Contribuer, de manière durable, au progrès de la mobilité des personnes et des biens en facilitant la liberté, la sécurité, l'efficacité et aussi le plaisir de se déplacer.

ichelin s'engage
our l'environnement

helin, 1er producteur adial de pneus à se résistance oulement, contribue diminution de la sommation de urant et des ssions de gaz les véhicules.

Michelin développe, pour ses produits, les technologies les plus avancées afin de :

- diminuer la consommation de carburant, tout en améliorant les autres performances du pneumatique ;
- allonger la durée de vie pour réduire le nombre de pneus à traiter en fin de vie ;
- privilégier les matières premières à faible impact sur l'environnement.

Par ailleurs, à fin 2008, 99,5 % de la production de pneumatiques en tonnage est réalisé dans des usines certifiées ISO 14001*.
Michelin est engagé dans la mise en œuvre de filières de valorisation des pneus en fin de vie.

*certification environnementale

Tourisme camionnette

Poids lourd

Michelin
au service de la mobilité

Génie civil

Avion

Agricole

Deux roues **Distribution**

Partenaire des constructeurs, à l'écoute des utilisateurs, présent en compétition et dans tous les circuits de distribution, Michelin ne cesse d'innover pour servir la mobilité d'aujourd'hui et inventer celle de demain.

Cartes et Guides

ViaMichelin, des services d'aide au voyage

Michelin Lifestyle, des accessoires pour vos déplacements

MICHELIN
joue l'équilibre des performances

- **Longévité des pneumatiques**
- **Economies de carburant**
- **Sécurité sur la route**

... les pneus MICHELIN vous offrent les meilleures performances, sans en sacrifier aucune.

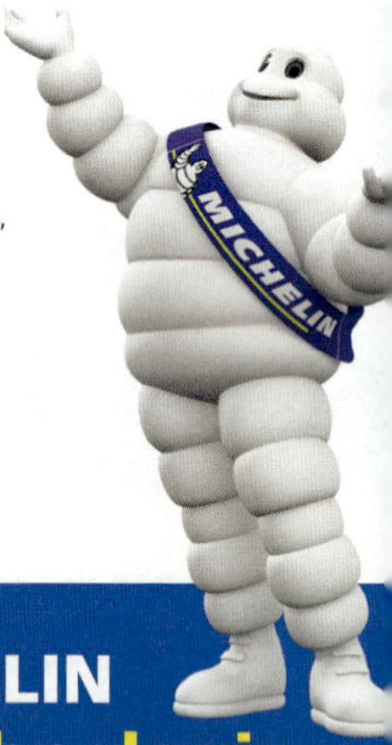

Le pneu MICHELIN
un concentré de technologie

1 Bande de roulement
Une épaisse couche de gomme assure le contact avec le sol. Elle doit évacuer l'eau et durer très longtemps.

2 Armature de sommet
Cette double ou triple ceinture armée est à la fois souple verticalement et très rigide transversalement. Elle procure la puissance de guidage.

3 Flancs
Ils recouvrent et protègent la carcasse textile dont le rôle est de relier la bande de roulement du pneu à la jante.

4 Talons d'accrochage à la jante
Grâce aux tringles internes, ils serrent solidement le pneu à la jante pour les rendre solidaires.

5 Gomme intérieure d'étanchéité
Elle procure au pneu l'étanchéité qui maintient le gonflage à la bonne pression.

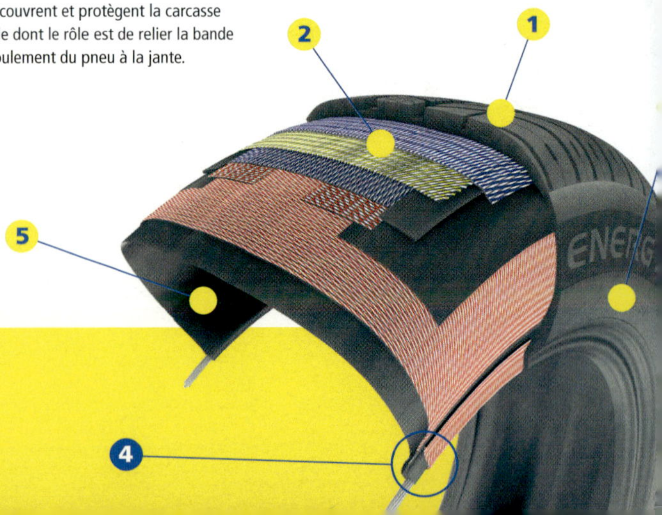

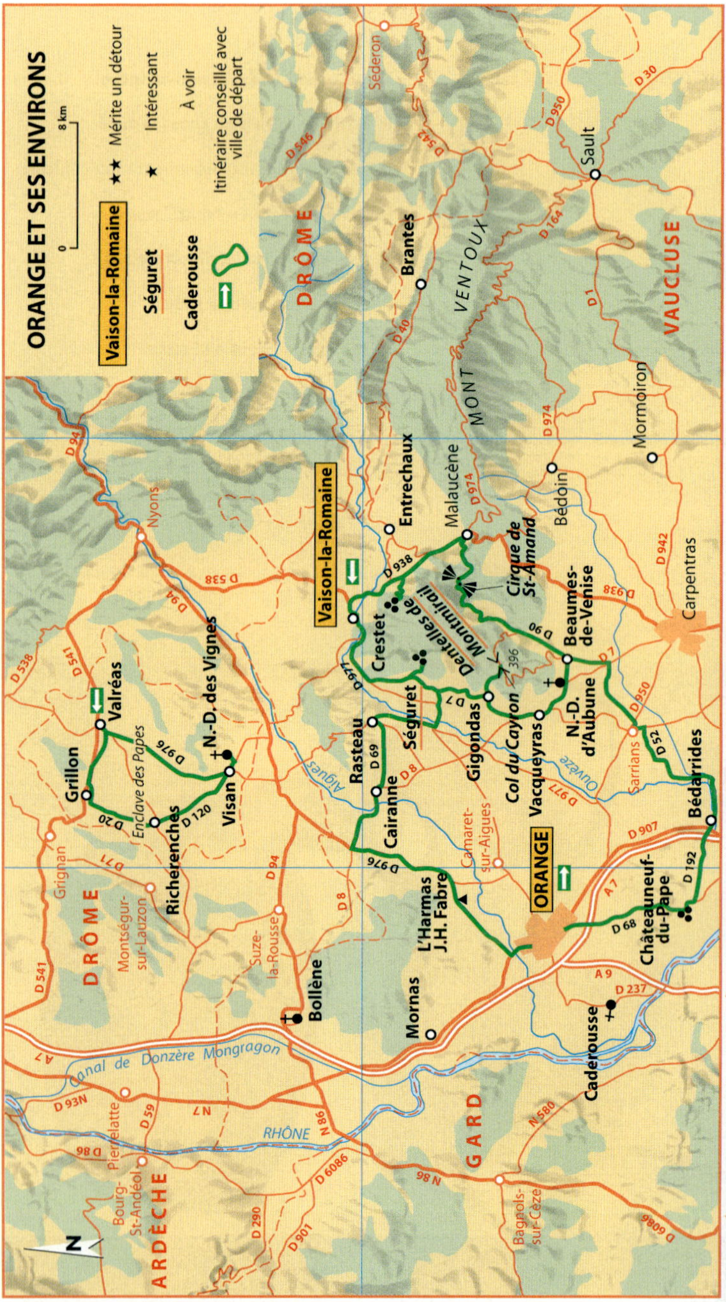
ORANGE ET SES ENVIRONS
0
8 km
Vaison-la-Romaine
★★ Mérite un détour
Séguret
★ Intéressant
Caderousse
À voir
Itinéraire conseillé avec ville de départ
DRÔME
VAUCLUSE
GARD
ARDÈCHE
MONT VENTOUX
Dentelles de Montmirail
Sault
Brantes
Sédéron
Entrechaux
Malaucène
Bédoin
Mormoiron
Carpentras
Cirque de St-Amand
Beaumes-de-Venise
N.-D. d'Aubune
Vacqueyras
Col du Cayron
Gigondas
Séguret
Crestet
Rasteau
Cairanne
Sarrians
Bédarrides
ORANGE
Camaret-sur-Aigues
Châteauneuf-du-Pape
L'Harmas J.H. Fabre
Mornas
Caderousse
Bollène
Suze-la-Rousse
Visan
N.-D. des Vignes
Valréas
Grillon
Richerenches
Enclave des Papes
Nyons
Grignan
Montségur-sur-Lauzon
Pierrelatte
Bourg-St-Andéol
Bagnols-sur-Cèze
Canal de Donzère Mondragon
RHÔNE
Aigues
Ouvèze
VALENCE
A 7
A 9
D 976
D 977
D 938
D 7
D 90
D 8
D 69
D 68
D 192
D 907
D 950
D 52
D 942
D 974
D 94
D 538
D 541
D 20
D 120
D 71
D 59
D 86
D 93N
N 7
N 86
N 580
D 6086
D 901
D 290
D 237
D 546
D 542
D 40
D 164
D 1
D 30
396
A
B
C
1
2

Orange et ses environs 6

Carte Michelin Départements 332 – Vaucluse (84)

Orange

★★

29 859 Orangeois – Vaucluse (84)

NOS ADRESSES PAGE 333

S'INFORMER

Office du tourisme d'Orange – *5 cours Aristide-Briand - 84100 Orange - 04 90 34 70 88 - www.otorange.fr - avr.-sept. : 9h-18h30, dim. et j. fériés 10h-13h, 14h-18h30 ; reste de l'année : tlj sf dim. et j. fériés 10h-13h, 14h-17h - fermé 1er janv., 11 Nov., 25 déc.*

SE REPÉRER

Carte de microrégion A2 *(p. 322) - carte Michelin Départements 332 B9.* Situé au milieu d'une vaste plaine agricole, Orange constitue un carrefour commercial et agroalimentaire d'importance, entourée de zones commerciales et artisanales qu'il vous faudra traverser avant de pénétrer dans le cœur historique. On accède à Orange par la N 7 (au sud depuis Avignon) ou par l'A 7, sortie « Orange centre ».

SE GARER

Inutile de vous aventurer dans le centre-ville où le stationnement est aléatoire et payant. Un grand parking gratuit s'étend à l'entrée nord d'Orange, sur l'avenue de l'Arc-de-Triomphe (où vous arrivez depuis Lyon, Montélimar et Valence), deux autres parkings gratuits *(Charlemagne et A.-Daudet, fléchés)* se situent à l'entrée sud. Il vous faudra ensuite 5mn pour rejoindre le vieil Orange à pied.

À NE PAS MANQUER

Savourez l'Orange romaine, bien sûr, avec deux morceaux de choix : l'arc de triomphe et le théâtre antique.

ORGANISER SON TEMPS

Comptez environ 2h pour la découverte de l'Orange romaine, dont une bonne heure consacrée à la visite du seul théâtre antique. Conservez un peu de temps pour flâner dans les agréables ruelles du vieil Orange.

AVEC LES ENFANTS

Pour rendre l'histoire plus vivante, emmenez-les voir les « Fantômes du Théâtre » au théâtre antique ou à la visite animée en costumes à la forteresse de Mornas ; randonnées à cheval ou en poney *(voir « Nos adresses »).*

Porte du Midi, important marché de primeurs, Orange doit le meilleur de sa célébrité à deux prestigieux monuments romains classés au Patrimoine mondial de l'Unesco : l'arc commémoratif et le théâtre antique, ce dernier constituant depuis bientôt un siècle et demi l'extraordinaire cadre des Chorégies.

Se promener Plan de ville

ORANGE ROMAINE

★★ Arc de triomphe A1

À l'entrée de la ville sur la N 7. Parking gratuit au carrefour.

Véritable porte de la cité, cet arc magnifique s'élève à l'entrée nord d'Orange, sur la via Agrippa qui reliait Lyon et Arles. S'il est remarquable pour ses dimensions imposantes (19,21 m de hauteur, 19,57 m de largeur et 8,40 m de profondeur, le troisième par la taille des arcs romains qui nous sont parvenus), c'est surtout l'un des mieux conservés : la face nord en particulier a gardé pour une bonne part sa décoration d'origine, qui tient à la fois du classicisme romain et de l'art hellénistique. Les scènes guerrières évoquent la pacification de la Gaule tandis que les attributs marins semblent faire référence à la victoire remportée par Auguste à Actium sur la flotte d'Antoine et Cléopâtre.

Construit vers 20 av. J.-C., et dédié plus tard à Tibère, il commémorait les exploits des vétérans de la IIe légion. Percé de trois baies encadrées de

ORANGE

SE LOGER

Hôtel St-Florent.............. (1)

SE RESTAURER

La Rom'Antique............... (2)

Le Forum........................ (4)

Le Monteverdi.................. (7)

Le Parvis........................ (10)

Le Yaca.......................... (13)

INDEX DES RUES

Clémenceau (Place)..........2

Herbes (Place aux)...........3

République (Place de la)...4

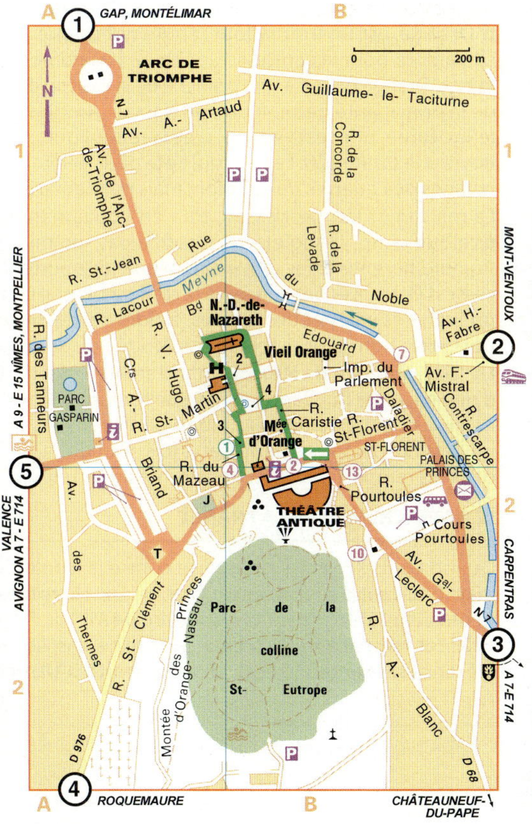

Orange et Pays-Bas

UNE CITÉ ROMAINE

Établie en 35 av. J.-C., la colonie romaine d'Orange accueille les vétérans de la IIe légion. La ville nouvelle se construit selon un plan très régulier, se pare de monuments et s'entoure d'une enceinte qui englobe environ 70 ha. Elle commande un vaste territoire que les arpenteurs romains cadastrent avec précision. Des lots fonciers sont attribués en priorité aux vétérans ; d'autres, plus médiocres, sont donnés en location ; d'autres encore restent propriété de la collectivité. Ainsi est facilitée la colonisation et la mise en valeur du sol, au détriment des autochtones. Jusqu'en 412, date du pillage de la cité par les Wisigoths, Orange connaît une existence prospère et devient le siège d'un évêché.

À SAVOIR

Le mur de scène du théâtre antique est orné d'une statue de l'empereur : sa tête est amovible, ce qui permettait d'en changer au gré des aléas politiques…

UN PETIT COIN DE HOLLANDE

Dans la seconde moitié du 12e s., la ville devient le siège d'une petite principauté enclavée dans le comtat Venaissin ; son prince, **Raimbaut d'Orange**, est un troubadour réputé qui chante son amour pour la comtesse de Die. Le hasard des alliances et des héritages fait qu'Orange échoit à une branche de la maison des Baux, héritière, en outre, de la principauté germanique de Nassau. Au 16e s., Guillaume de Nassau, dit le Taciturne, prince d'Orange, crée la république des Provinces-Unies, dont il devient le *stathouder*. La ville, qui opte pour la Réforme, subit de plein fouet les ravages des guerres de Religion, mais parvient à préserver son autonomie.

La maison d'Orange-Nassau, tout en gouvernant les Pays-Bas et, pendant quelque temps, l'Angleterre, n'oublie pas son minuscule domaine français. Aujourd'hui encore, les souverains néerlandais portent le titre de prince ou princesse d'Orange et ont conservé la couleur orange comme emblème. En outre, un État, des villes et des fleuves, fondés ou découverts par les Néerlandais, portent le nom d'Orange, tant en Afrique du Sud qu'en Amérique.

En 1622, **Maurice de Nassau**, grand amateur de fortifications, entoure la ville d'une enceinte puissante et élève un formidable château. Malheureusement, il utilise comme carrière les monuments romains que les Barbares n'avaient pu détruire complètement. Cette fois, tout disparaît, sauf le théâtre, englobé dans les remparts, et l'arc, transformé en forteresse.

LE RATTACHEMENT À LA FRANCE

Quand Louis XIV entre en guerre contre la Hollande, il s'empresse de faire main basse sur la principauté d'Orange. C'est le **comte de Grignan**, lieutenant général du roi en Provence et gendre de Mme de Sévigné, qui s'empare de la ville. Les remparts et le château sont mis à bas. Le rattachement d'Orange à la France sera entériné en 1713 par le **traité d'Utrecht**.

colonnes, surmonté à l'origine par un quadrige en bronze flanqué de deux trophées, il présente deux particularités : le fronton triangulaire, au-dessus de la baie centrale, et deux attiques superposés.

★★★ Théâtre antique B1-2

☏ 04 90 51 17 60 - www.theatre-antique.com - juin-août : 9h-19h (dernière entrée 15mn av. la fermeture) ; avr.-mai et sept. : 9h-18h ; mars et oct. : 9h-17h30 ; reste de l'année : 9h30-16h30 - possibilité de visite guidée - 7,90 € (-18 ans 5,90 €) avec audioguide ; possibilité de billet combiné avec le musée municipal, les Arènes de Nîmes, la Tour Magne, la Maison carrée et le château des Baux-de-Provence.

Édifié sous le règne d'**Auguste** (alors Octave), ce théâtre fait, à juste titre, la fierté d'Orange : il s'agit en effet du seul théâtre romain qui ait conservé son **mur de scène** pratiquement intact. Lorsque l'on arrive sur la place, on est avant tout frappé par ce mur imposant, long de 103 m et haut de 36 m, qui se dresse devant nous et que Louis XIV, dit-on, avait qualifié de « plus belle muraille du royaume ». On aperçoit, tout en haut, la double rangée de corbeaux (pierres en saillie) au travers desquels passaient les mâts servant à tendre le voile *(velum)* qui protégeait les spectateurs du soleil. Au bas, les 19 arcades donnaient accès aux coulisses et aux loges. La scène a été récemment couverte d'un **toit de verre**, mesurant 61 mètres de long et pesant plus de 200 t !

L'hémicycle *(cavea)* pouvait contenir environ 7 000 spectateurs, répartis selon leur rang social. Il se divise en 3 zones, étagées en 34 gradins et séparées par des murs. En contrebas, l'*orchestra* forme un demi-cercle ; en bordure, on plaçait des sièges mobiles qui étaient réservés aux personnages de haut rang. De part et d'autre de la scène, de grandes salles superposées (on entre actuellement par la salle inférieure occidentale) servaient à l'accueil du public et abritaient les coulisses. La scène, faite d'un plancher de bois sous lequel était logée la machinerie, mesure 61 m de longueur pour 9 m de profondeur utile : elle dominait l'*orchestra* d'environ 1,10 m, soutenue par un mur bas, le *pulpitum*. À l'arrière se trouve la fosse du rideau (que l'on abaissait pendant les représentations).

Au fait, comment se faire entendre lorsqu'on est acteur ? Certes, les masques faisaient office de porte-voix ; le plafond, les portes en creux et les vases résonateurs jouaient un rôle ; pourtant, s'ils ont aujourd'hui disparu, même du haut des gradins (sauf coup de mistral), on peut vérifier que le théâtre a conservé une acoustique étonnante.

Le mur de scène atteint le niveau du sommet de la *cavea* ; il présentait un riche décor de placages de marbre, de stucs, de mosaïques, de colonnades étagées et de niches abritant des statues, dont celle d'Auguste, haute de 3,55 m, qui a été remise en place en 1950. Ce mur est percé de trois portes : la porte royale au centre (entrée des acteurs principaux) et les deux portes latérales (entrée des acteurs secondaires).

Une nouvelle animation multimédia, « Les Fantômes du Théâtre », est proposée derrière les gradins du théâtre. Elle fait revivre, à travers quatre projections et photomontages, 2 000 ans de spectacles au théâtre antique (de l'Antiquité aux Chorégies, en passant par la Belle Époque et les années 1970).

Musée municipal B1

✆ 04 90 51 17 60 - mêmes conditions de visite que le théâtre antique - 7,90 € (-18 ans 5,90 €) billet combiné avec le théâtre antique.

Installé dans l'hôtel édifié au 17e s. par un noble hollandais, il expose les collections lapidaires provenant de fouilles effectuées dans la ville, ainsi qu'une pièce unique en France : les **cadastres** romains d'Orange. Sur ces tableaux de marbre, on a pu reconnaître le quadrillage des terres découpées en centuries, carrés de 709 m de côté organisés autour de deux axes, nord-sud et est-ouest, ainsi que des renseignements écrits sur le statut juridique des terres. On retiendra surtout les toiles consacrées à la **famille Wetter**, industriels d'origine suisse qui employaient en 1764 à Orange 530 ouvriers pour la fabrication d'indiennes qu'ils exportaient dans toute l'Europe.

LE VIEIL ORANGE

Depuis le théâtre, empruntez en face la rue Caristie jusqu'à la rue de la République, principale artère de la ville. Prenez à gauche pour atteindre la place de la République, remarquez au passage la statue du prince troubadour Raimbaut d'Orange, et dirigez-vous vers l'**ancienne cathédrale Notre-Dame**, en prenant à droite la rue Fusterie et, après la place du Cloître, à gauche la rue du Renoyer. D'origine romane, l'église a été très endommagée et en partie reconstruite après les guerres de Religion. Revenez à la place Georges-Clemenceau, où s'élève l'**hôtel de ville** qui a conservé son beffroi du 18e s., puis à la place de la République, investie par les terrasses des cafés et brasseries. La rue Stassart conduit à une placette ombragée de platanes, la **place aux Herbes**, que vous traversez pour regagner le théâtre par la rue du Mazeau.

La colline Saint-Europe AB2

Par la rue Pourtoules, rejoindre l'escalier est.

L'allée principale franchit les fossés de l'ancien château des princes d'Orange, dont les fouilles ont révélé d'importants vestiges. À l'extrémité nord du parc, à côté d'une statue de la Vierge, table d'orientation offrant une excellente **vue★** sur le théâtre antique, la ville avec ses toits de tuiles, la plaine du Rhône et son cadre de montagnes.

À proximité Carte de microrégion

Caderousse A2

8 km au sud-ouest par la D 17.

Cette localité, enserrée dans des remparts percés seulement de deux portes, est située au bord du Rhône, voisin fort envahissant : des plaques, apposées sur la façade de l'hôtel de ville, en témoignent. À l'intérieur de l'**église Saint-Michel**, exemple caractéristique de roman provençal, la chapelle Saint-Claude, avec ses belles voûtes de style flamboyant, fut ajoutée au 16e s.

Harmas Jean-Henri Fabre A2

À Sérignan-du-Comtat, 8 km au nord-est d'Orange par la N 7 (direction Bollène) puis la D 976, direction Sérignan. L'Harmas se cache derrière un grand portail en pierre, 200 m après le panneau d'entrée du village - ✆ 04 90 30 57 62 - juil.-août : 10h-12h30, 15h30-19h ; avr.-mai et sept.-oct. : 10h-12h30, 14h30-18h - fermé merc., sam. mat., dim. mat., 1er Mai - 5 € (7-18 ans, étudiants 3 €).

Théâtre antique.
G. Saint Martin / OFFICE DE TOURISME ORANGE

À l'entrée de Sérignan, à droite, se trouve l'harmas (« terrain en friche » en provençal), où l'entomologiste **J.-H. Fabre** (1823-1915) vécut les trente-six dernières années de sa vie. Le lieu a rouvert après six ans de travaux de restauration. On y visite le superbe jardin botanique et la maison bâtie en 1849, avec l'émouvante salle à manger restaurée à l'identique, le cabinet de travail où des vitrines contiennent les impressionnantes collections du savant (insectes, coquillages, fossiles, minéraux, soit 1 300 spécimens au total !), et la salle où sont rassemblées ses aquarelles peintes avec beaucoup de talent (champignons de la région). Les 20 000 planches de l'herbier sont en cours de restauration, mais 12 000 d'entre elles sont déjà accessibles sur le site du Muséum national d'histoire naturelle, dont dépend l'Harmas *(www.mnhn.fr)*.

Bollène A1

À 23 km au nord d'Orange.

Office de tourisme – *Pl. Henry-Reynaud-de-la-Gardette - 84500 Bollène - 04 90 40 51 45 - www.bollenetourisme.com - juil.-août : 8h30-12h30, 14h-19h ; reste de l'année : 8h30-12h, 14h-17h30 - fermé dim. et j. fériés.*

Bon à savoir – Un vaste parking le long du Lez, au nord-est de la ville, permet d'aborder la cité par le boulevard Victor-Hugo.

L'HOMÈRE DES INSECTES

C'est ainsi que Victor Hugo appelait **Jean-Henri Fabre**, personnage romanesque qui consacra sa vie aux insectes et leur dédia de passionnants *Souvenirs entomologiques* (2 360 pages dans la collection « Bouquins » que les fans de *Microcosmos* se doivent de dévorer !). Cet autodidacte, qui fut vendeur ambulant de citrons pour payer ses études, fut contraint de démissionner de l'enseignement pour avoir (horreur !) fait un exposé sur la sexualité des plantes en présence de jeunes filles ! Et, s'il proclamait haut et fort son amour des insectes vivants (à l'exclusion des cigales, trop bruyantes à son goût), il n'hésitait pas à les proposer accommodés à sa façon lors de repas que ses invités redoutaient particulièrement.

Postée à flanc de coteau et dominant le Rhône, Bollène ancienne possession papale, cultive un charme bien provençal. Avec ses rues étroites, les grands platanes de ses boulevards et ses importants marchés de primeurs, Bollène constitue une halte calme et authentique, tranchant agréablement sur d'autres sites provençaux plus fréquentés.

De l'office de tourisme, continuer tout droit, prendre à droite la rue de la Paix, puis à gauche la rue du Puy et encore à gauche pour monter à la collégiale.

Aujourd'hui lieu d'expositions, l'ancienne **collégiale Saint-Martin** possède un portail Renaissance. L'intérieur est surtout remarquable par l'ampleur de la nef unique couverte d'une charpente en bâtière (à deux pentes). *Juil.-sept., entrée libre.*

Depuis le petit jardin attenant, vue sur les toits de la ville.

Aller jusqu'au cours J.-Jaurès, tourner à droite, puis traverser la rue un peu plus loin.

C'est depuis le **belvédère Pasteur**, petit jardin public aménagé autour de l'ancienne chapelle romane des Trois-Croix, que vous aurez le panorama le plus étendu : au loin, sur les montagnes de l'Ardèche et du bas Vivarais ; au premier plan, sur l'usine hydroélectrique de Bollène et le vaste complexe nucléaire du Tricastin. *Retraverser le cours pour redescendre vers le centre-ville par la rue du Puy.*

À SAVOIR

Louis Pasteur séjourna à Bollène en 1882 et y découvrit le vaccin du rouget de porc, maladie contagieuse qui, lorsqu'elle était décelée, entraînait l'abattage de l'animal.

Mornas A2

17 km au sud par la D 26 qui traverse Mondragon, dominé par les ruines de son château, pour rejoindre la N 7.

Portes fortifiées, vieilles maisons accrochées au pied d'une vertigineuse falaise (137 m d'à-pic), vestiges d'une puissante forteresse : le village de Mornas a conservé un aspect médiéval. On y accède par une ruelle en forte pente *(parking)*, puis par un sentier.

Préférez la **visite animée** par des comédiens en costumes du 12e s. La **forteresse** se compose d'une vaste enceinte de 2 km, flanquée de tours semi-circulaires ou carrées et, à son point culminant, des vestiges du donjon et d'une chapelle. Elle doit sa célébrité à un terrible épisode des guerres de Religion : tenue par les catholiques, elle tomba aux mains du baron des Adrets qui ordonna de précipiter du haut de la falaise tous les habitants du lieu. *04 90 37 01 26 - de mi-mars à mi-oct. - visite guidée : 11h-12h, 14h-17h - 6 € (enf. 5 €) ; visite animée (1h15) : 11h, 14h, 15h, 16h, 17h - 8 € (enf. 6 €).*

Itinéraire conseillé Carte de microrégion

LES CÔTES DU RHÔNE AB2

Pour visualiser ce circuit de 85 km au départ d'Orange, se reporter à la carte p. 322 – compter environ 1/2 journée. Quitter Orange par le sud, en suivant la D 68.

Châteauneuf-du-Pape A2

Office de tourisme – *Pl. du Portail - 84230 Châteauneuf-du-Pape - 04 90 83 71 08 - www.paysprovence.fr - juil.-août : 9h30-18h30, dim. 10h-13h, 14h-18h30 ;*

juin et sept. : tlj sf dim. et j. fériés 9h30-18h, merc.-vend. 9h30-12h30, 14h-18h; reste de l'année : tlj sf dim., j. fériés et merc. 9h30-12h30, 14h-18h.
Les papes d'Avignon ont contribué au développement du vignoble de Châteauneuf dont la renommée date du milieu du 18e s. Ruiné par la crise du phylloxéra en 1866, le vignoble fut alors replanté et, en 1923, le syndicat des viticulteurs édicta une réglementation stricte, garante de la qualité : limites de la région plantée, choix des raisins et des cépages (il y en a 13), vinification… Aujourd'hui, les 320 vignerons castels-papaux exploitent 3 200 ha de vignes fameuses et l'appellation a été reconnue Site Remarquable du Goût.
Ne manquez pas la fête de la Véraison, le premier week-end d'août. De la forteresse papale, superbe **vue★★** sur la vallée du Rhône, Roquemaure et le château de l'Hers, Avignon avec le rocher des Doms et le palais des Papes se détachant sur la toile de fond des Alpilles ; on aperçoit aussi le Luberon, le plateau de Vaucluse, le mont Ventoux, les dentelles de Montmirail, les Baronnies et la montagne de la Lance.
Musée du Vin – *Dans la cave L.-C. Brotte-Père Anselme. ✆ 04 90 83 70 07 - www.brotte.com - mai-sept. : 9h-13h, 14h-19h ; reste de l'année : 9h-12h, 14h-18h - fermé 1er janv., 25 déc. - gratuit.* Avant la dégustation, une visite de ce musée s'impose. L'historique de l'appellation d'origine contrôlée est évoqué à travers un cheminement allant de la formation des sols au travail du vigneron, en passant par l'origine des cépages. Exposition très complète de vieux outils de vignerons.
Quitter Châteauneuf-du-Pape par la D 192.

Bédarrides B2
Ce bourg assoupi sur les bords de l'Ouvèze constitue une halte paisible, au cœur de l'appellation châteauneuf-du-pape, qui compte cinq communes. Aires de pique-nique en bord de rivière. En juillet-août, agréable marché de producteurs sur les quais *(vend. 17h-20h).*
Prendre la route de Sarrians (D 52), en passant par le « pont romain » sur l'Ouvèze (17e s.) qui tire son nom de l'ancien édifice qu'il a remplacé. À Sarrians, poursuivre vers Beaumes-de-Venise.

Beaumes-de-Venise *(voir p. 351)*
Suivre la D 81 vers Vacqueyras (5 km au nord-ouest).

Vacqueyras B2
Encore un grand cru des côtes du Rhône qui tire son nom d'un village. Voici donc Vacqueyras, serré en rond sur sa colline, au charme typiquement provençal. Notez le curieux clocher de l'église, ajouté à une ancienne tour de guet (12e s.), et les restes des remparts.
Poursuivre sur la D 7.

Gigondas B2
Connu pour son vin rouge issu de grenache, un des crus les plus recherchés des côtes du Rhône, le village mérite aussi une halte pour le charme de ses

FAMEUX CÔTES DU RHÔNE
Les vignerons de **Séguret** (vins capiteux et parfumés), **Vacqueyras** (rouges charpentés et blancs élégants), **Gigondas** (qui rivalisent avec leurs collègues de Châteauneuf-du-Pape) et **Beaumes-de-Venise** (spécialisés dans le muscat) ont porté haut le renom de la région… et méritent amplement une visite.

étroites ruelles pentues. Appartenant à la principauté d'Orange *(voir p. 326)*, le village médiéval de Gigondas était solidement fortifié, sans doute en souvenir des redoutables incursions sarrasines. Une partie des remparts est encore visible, tout comme les ruines du château féodal.

Poursuivre sur la D 7 vers Sablet, une route serpentant à travers les vignes et ménageant des jolies vues sur les dentelles de Montmirail (voir ce nom). Tourner à gauche sur la D 977. Après 3 km, prendre à droite la D 69, direction Rasteau.

Rasteau B2

Hameau viticole caractéristique de cette partie du Vaucluse, qui a gardé la trace de son passé médiéval : ruelles caladées, vestiges d'un château et église romane au sommet de la colline. De là, le panorama englobe le vignoble, le mont Ventoux et les dentelles de Montmirail.

Les amateurs ne manqueront pas de s'intéresser au **musée du Vigneron**, avec sa collection d'outils, et les bouteilles anciennes de sa vinothèque. *✆ 04 90 83 71 79 - www.beaurenard.fr - ♿ - visite audioguidée (30mn) - juil.-août : 10h-18h, avr.-juin et sept. : 14h-18h - fermé dim. et mar. - 2 € (visite guidée 5 €).*

Poursuivre sur la D 69.

Cairanne B2

Rte de Sainte-Cécile - 84290 Cairanne - ✆ 04 90 30 76 53 - www.cairanne.net.

La plus vaste des appellations côtes-du-rhône villages possède le plus ancien caveau de dégustation dans les côtes du Rhône, ouvert en 1959. Dressé sur sa colline, le vieux village conserve de beaux vestiges de son passé médiéval.

Parcours Sensoriel des Vins – *Dans la cave de Cairanne, route de Bollène - ✆ 04 90 30 82 05 - www.cairanne.com - 9h-19h, fermé 25 déc., 1er janv. - 3 € (-12 ans gratuit).* Au sous-sol de la cave de Cairanne, exposition interactive présentant les vins en général, ceux des côtes du Rhône et de Cairanne en particulier. Malheureusement, la cave n'organise plus de visites guidées pour les particuliers et la visite perd dès lors un peu de son intérêt. Dégustation en fin de parcours.

Reprendre la D 8 puis la D 976 pour revenir à Orange.

NOS ADRESSES À ORANGE

TRANSPORT

Orange est à 28,5 km au nord d'Avignon, le **TER** relie les deux villes en 30mn.

HÉBERGEMENT

PREMIER PRIX

Hôtel Saint-Florent – *4 r. du Mazeau - ✆ 04 90 34 18 53 - www.hotelsaintflorent.com - fermé déc.-fév. - P - 16 ch. 40/75 € - ☕ 7 €.* À deux pas du théâtre antique, vous serez surpris par ce petit hôtel original où toutes les peintures ont été réalisées par la propriétaire des lieux. Chaque chambre est personnalisée.

BUDGET MOYEN

Dans les côtes du Rhône

Chambre d'hôte The Wine B&B – *20 av. du G.-de-Gaulle - 84230 Châteauneuf-du-Pape - ✆ 04 90 83 79 38 - www.chateauneuf-wine-bb.com - 3 ch. 80/95 € ☕.* Danièle Raulet-Reynaud, une figure de la sommelerie régionale, a ouvert sa maison d'hôte. Elle y propose des initiations à la dégustation, des cours d'art de vivre (mise de table et étiquette) et des dégustations fromages et vins.

Hôtel-restaurant Montmirail – *2 km à l'est de Vacqueyras - 84190 Vacqueyras - ✆ 04 90 65 84 01 - www.hotelmontmirail.com - 🏊 - 39 ch. 82/92 € - ☕ 12 € - rest. : 24/42 € (fermé jeu. midi et sam. midi).* Demeure de caractère (19e s.), au milieu d'un plaisant jardin arboré. Chambres bien tenues, en partie rénovées. Salle de restaurant cosy et terrasse couverte, où déguster une appétissante cuisine traditionnelle.

RESTAURATION

PREMIER PRIX

Le Yaca – *24 pl. Silvain - ✆ 04 90 34 70 03 - fermé nov., 25 déc.-1er janv., mar. soir et merc. - formule déj. 12 € - 14/25 €.* Ici, le patron se décarcasse pour satisfaire ses clients. Tout est fait maison, frais et vraiment pas cher dans ce petit restaurant situé à quelques enjambées du théâtre antique… Petite salle voûtée provençale avec lampes et fleurs sur les tables. Terrasse en été.

Dans les côtes du Rhône

Le Pistou – *15 r. Joseph-Ducos - 84230 Châteauneuf-du-Pape - ✆ 04 90 83 71 75 - fermé dim. soir et lun. - 15/25 €.* Un petit bistrot chaleureux dont la carte, sans prétention, met la tradition provençale en valeur. Suggestion du jour intéressante.

BUDGET MOYEN

La Rom'Antique – *5 pl. Silvain - ✆ 04 90 51 67 06 - www.la-romantique.com - fermé 3 sem. en janv., 2 sem. en oct., sam. midi, lun. et dim. soir (hors sais.) - ♿ - 20/38 €.* On n'accordera que peu d'attention au cadre et à la décoration, pourtant très corrects, une fois que l'on aura été servi : en effet, l'excellente qualité des plats proposés, parmi lesquels la pintade aux lentilles, ferait oublier tout le reste. Pensée émue pour les desserts, petits trésors de finesse.

Le Parvis – *55 cours Pourtoules - ✆ 04 90 34 82 00 - le-parvis2@wanadoo.fr - fermé 8 nov.-1er déc., 10 janv.-1er fév., dim. et lun. - formule déj. 12 € - 18/47 €.* Couleurs du Sud, poutres, tableaux contemporains : aucune faute de goût dans ce restaurant servant une fine cuisine provençale à base de terroir, d'épices et de légumes régionaux.

Le Monteverdi – *443 bd E.-Daladier - ✆ 04 90 29 53 77 - monteverdi84000@gmail.com - fermé sam. midi - ♿ - 15/25 €.* Moderne et innovant… dans le décor et dans l'assiette. Le chef élabore des recettes bien dans l'air du temps avec des produits de qualité. Tables d'hôte et espace lounge.

Le Forum – *3 r. de Mazeau - ✆ 04 90 34 01 09 - fermé 20 août-3 sept., 23 fév.-5 janv., sam. midi, dim. soir et lun. - 19/38 €.* Coquet petit restaurant dissimulé dans une étroite ruelle proche du théâtre antique. Cuisine traditionnelle inspirée du terroir. Élégant décor au charme provençal.

Dans les côtes du Rhône

La Garbure – *3 r. Joseph-Ducos - 84230 Châteauneuf-du-Pape - ✆ 04 90 83 75 08 - www.la-garbure.com - fermé sam. midi, dim. midi, lun. midi (en sais.), dim. et lun. (hors sais.), janv., 15-30 nov. - P - formule déj. 16 € - 25/58 € - 8 ch. 69/85 € - ☕ 12 €.* Installé dans cette petite salle aux couleurs vives meublée avec soin, laissez-vous guider par votre appétit : les menus régionaux concoctés par le patron devraient vous plaire. Quelques chambres provençales pour prolonger l'étape.

Auberge Le Tourne au Verre – *Rte de Ste-Cécile - 84290 Cairanne - ✆ 04 90 30 72 18 - www.letourneauverre.com - fermé dim. soir et mar. d'oct. à avr., et merc. - 14/23 €.* Maison traditionnelle (1 800) et belle terrasse ombragée par de vieux platanes. Bar, salle contemporaine (grande cave à vins vitrée), plats régionaux proposés à l'ardoise.

L'Éloge – *Dans la cave des Vignerons de Caractère - rte de Vaison-la-Romaine - 84190 Vacqueyras - ✆ 04 90 65 84 54 - www.leloge.fr - fermé lun. et dim. soir - 14/35 €.* L'ouverture de restaurants semi-gastronomiques au sein des caveaux a le vent en poupe. Déco contemporaine et cuisine dans la même veine.

SE FAIRE PLAISIR

Dans les côtes du Rhône

L'Oustalet – *Pl. Gabrielle-Andéol - 84190 Gigondas - ✆ 04 90 65 85 30 - www.restaurant-oustalet.fr - fermé 22 déc.-20 janv., lun. soir, merc. soir, dim. soir, jeu. soir de nov. à mars et mar. sf de mi-juin à août - 21/75 €.* Coquette salle à manger, terrasse sous les vieux platanes, cuisine actuelle aux parfums de la Provence et bonne sélection de vins régionaux : on dirait le Sud !

ACHATS

Dans les côtes du Rhône

Marchés – Vendredi matin à Châteauneuf-du-Pape, lundi matin à Bédarrides, jeudi matin à Cairanne.

Chocolaterie artisanale Bernard Castelain – *Rte d'Avignon - 84230 Châteauneuf-du-Pape - ✆ 04 90 83 54 71 - www.vin-chocolat-castelain.com - juil.-août : 9h-12h, 14h-19h - fermé dim. sept.-juin - 4 € découverte de l'atelier de fabrication de chocolat avec dégustation (enf. : gratuit).* Cette chocolaterie abrite aussi un petit musée ; vous pourrez y déguster la spécialité maison : le palet des Papes.

Autour du vin

Bon à savoir – De nombreuses caves proposent des dégustations ou des visites au caveau. Renseignez-vous dans les offices de tourisme des villages de l'appellation côte-du-rhône.

École de dégustation

Mouriesse – *2 r. des Papes - 84230 Châteauneuf-du-Pape - ✆ 04 90 83 56 15 - www.oenologie-mouriesse.com - 40/60 €/pers. (cours de 2h), sur réserv.* Sise dans une cave de vigneron, cette nouvelle école de dégustation propose des cours pour tous les niveaux.

Vins et Chocolat – *Rte de Sorgues - 84230 Châteauneuf-du-Pape - ✆ 04 90 83 54 71 - www.vin-chocolat-castelain.com - 9h-12h, 14h-19h, fermé dim. sf juil.-août.* Cette chocolaterie artisanale abrite un mini-musée et une boutique, et surtout un espace atelier où découvrir l'accord vins-chocolats *(6 vins, 10 chocolats, atelier de 2h, 50 €/pers., sur réserv.)*.

« Vinadéa » - Maison des vins – *8 r. du Mar.-Foch - 84230 Châteauneuf-du-Pape - ✆ 04 90 83 70 69 - www.vinadea.com - juil.-août : 10h-19h ; reste de l'année : 10h-12h30, 14h-18h30.* Cette association de vignerons présente les vins de 90 viticulteurs de l'appellation Châteauneuf-du-Pape. Vous y trouverez de gouleyantes cuvées blanches ou rouges, de vieux millésimes et un espace dédié à la librairie et aux cadeaux. L'association organise des cours de dégustation *(5 €)*, à l'issue desquels le visiteur reçoit un verre de vin, un livret de recettes et une brochure sur le sentier de découverte dans le vignoble.

Caveau Gigondas – *Pl. du Portail - 84190 Gigondas - ✆ 04 90 65 82 29 - mars-oct. : 10h-12h, 14h-18h30 ; reste de l'année : 10h-12h, 14h-18h - fermé 2 sem. en janv., 1er janv., 25 déc.* Ouverte toute l'année, cette boutique gérée par le syndicat des vignerons permet aux visiteurs de déguster plusieurs crus sans se sentir obligé d'acheter. Chaque bouteille est le fruit de la production d'un viticulteur : le magasin ne propose aucun assemblage. Conseils avisés du personnel.

Cave de Rasteau – *Rte des Princes-d'Orange - 84110 Rasteau - ✆ 04 90 10 90 10 - www.cavederasteau.com - juil.-sept. : 9h-19h ; reste de l'année : 8h-12h30, 14h-18h - fermé 1er janv., 25 déc.* Cette cave, qui existe depuis 1925, profite d'un terroir d'exception pour produire des vins de caractère issus de cépages traditionnels.

Vignerons de Caractère – *Rte de Vaison-la-Romaine - 84190 Vacqueyras - ✆ 04 90 65 84 54 - www.vigneronsdecaractere.com - avr.-sept. 10h-19h ; oct.-mars 10h-12h30, 14h-18h.* Caveau-lounge, avec un bar de dégustation à la décoration soignée et une curiosité unique dans le Vaucluse : un distributeur automatisé de vin en vrac ! Choix de vins de Vacqueyras, Gigondas, Beaumes-de-Venise…

ACTIVITÉS

Découverte du vignoble

À vélo – L'office du tourisme de Châteauneuf-du-Pape *(voir p. 330)* propose trois boucles faciles pour parcourir le vignoble à vélo (12 à 28,5 km). Brochure gratuite.

À pied – Un sentier de découverte de 16 km traverse le vignoble de Châteauneuf-du-Pape (brochure gratuite sur demande à l'office de tourisme). L'office du tourisme de Cairanne *(voir p. 332)* propose des itinéraires de découverte du vignoble (brochures gratuites).

Autres activités

Centre équestre la Simioune – *Rte de Lambisque - ✆ 04 90 30 44 62 - www.la-simioune.fr - 9h30-12h, 14h-17h - fermé 25 déc.-1er janv.* Au cœur d'une pinède provençale, ce centre propose un choix complet de balades et de randonnées (d'une heure à une journée) à dos de cheval ou de poney Shetland pour les plus jeunes. Organisation de stages d'été et de bivouacs. Camping à proximité.

AGENDA

Chorégies – *Bureau de location : pl. Silvain (à côté du théâtre) - ✆ 04 90 34 24 24 - www.choregies.asso.fr.* De début juillet à début août, le théâtre antique accueille ce festival consacré à l'opéra et aux concerts (symphoniques et lyriques). C'est tout d'abord l'occasion de voir de très grands et beaux spectacles, ensuite d'apprécier la grandeur du théâtre antique.

Valréas

9 425 Valréassiens – Vaucluse (84)

NOS ADRESSES PAGE 340

S'INFORMER

Office du tourisme de Valréas et de l'enclave des Papes – *Av. du Mar.-Leclerc - 84600 Valréas - 04 90 35 04 71 - www.ot-valreas.fr - de mi-juil. à mi-août : 9h-12h30, 14h30-18h30, dim. et j. fériés 9h-12h30 ; de déb. à mi-juil. et de mi à fin août : tlj sf dim. 9h-12h30, 14h30-18h30 ; mars-juin et sept.-oct. : tlj sf dim. 9h15-12h15, 14h-18h ; reste de l'année : tlj sf dim. 9h15-12h15, 14h-17h, sam. 9h15-12h15 - fermé 1er janv., 1er et 11 Nov., 25 déc.*

Visite guidée de la ville – *Rens. à l'office de tourisme.* Cette visite payante (2h) permet de découvrir le centre ancien. L'office de tourisme édite également une brochure gratuite de découverte à pied (env. 2h), un parcours jalonné de quinze panneaux explicatifs.

SE REPÉRER

Carte de microrégion B1 *(p. 322) – carte Michelin Départements 332 C7.* Bien qu'en pleine Drôme, Valréas (à 10 km à l'est de Grignan par la D 941) est rattaché au département du Vaucluse. Autour de lui, Grillon, Richerenches et Visan ont subi le même sort.

ORGANISER SON TEMPS

Comptez 2h pour visiter Valréas et une demi-journée pour le circuit de l'enclave des Papes. L'hiver, la star est la truffe, en particulier à Richerenches, où se tient l'un des plus importants marchés truffiers de France.

Outre sa rareté géographique (un morceau de Vaucluse enclavé dans la Drôme !), Valréas offre aux promeneurs une charmante vieille cité. Cette petite ville a décidément plus d'un atout puisqu'elle possède aussi un musée du Cartonnage, unique en France. En effet, au 19e s. Valréas prospéra grâce à l'industrie du carton, supplantée depuis par la vigne et la truffe, comme en témoignent les collines tapissées de ceps et de chênes.

Se promener

La **tour du Tivoli** est le dernier vestige des remparts, qui ont aujourd'hui cédé la place à une ceinture de boulevards ombragés de platanes. Les ruelles de la vieille cité abritent d'anciennes demeures comme l'**hôtel d'Aultane**

DES PAPES ET DES BULLES

En 1317, afin d'agrandir leur fief du comtat Venaissin où ils se sont réfugiés, les **papes d'Avignon** achètent Valréas, puis Richerenches, Grillon et Visan. Séparé du comtat par une étroite bande de terre, le territoire forme une bulle pontificale en royaume de France. À la Révolution, cette enclave est rattachée à la France. Habituées à dépendre d'Avignon, les quatre cités deviennent vauclusiennes… alors que leur géographie les situe en Drôme, une curiosité administrative unique en France !

VALRÉAS

SE LOGER

Chambre d'hôte Domaine des Grands Devers.... ①

SE RESTAURER

Au Délice de Provence............ ①

(36 Grande-Rue), avec sa porte surmontée d'armoiries, l'**hôtel d'Inguimbert** *(à l'angle de la rue de l'Échelle)*, avec ses fenêtres à meneaux.

Château de Simiane (hôtel de ville)

℘ 04 90 35 00 45 - 11 juil.-23 août : dans le cadre du Salon de l'Enclave, tlj sf mar. 15h-19h ; reste de l'année : tlj sf merc., vend. et dim. 15h-17h - fermé j. fériés - gratuit.

La demeure du marquis de Simiane, époux de Pauline de Grignan, petite-fille de Mme de Sévigné, se distingue par une majestueuse façade Renaissance donnant sur la place Aristide-Briand. Au 1er étage, dans la bibliothèque décorée de boiseries du 17e s., sont exposés bulles papales, parchemins, incunables. Dans la salle du 2e étage, remarquable charpente.

Sur la place Pie, le portail sud de l'**église Notre-Dame-de-Nazareth** offre un bel exemple d'architecture romane provençale.

Musée du Cartonnage et de l'Imprimerie

℘ 04 90 35 58 75 - avr.-oct. : 10h-12h, 15h-18h, dim. 15h-18h ; reste de l'année : tlj sf j. fériés 10h-12h, 14h-17h, dim. 14h-17h - fermé mar. - 3,50 € (-12 ans gratuit).

Nous avons tous eu entre les mains des boîtes en carton. Mais saviez-vous que sans Valréas nous en serions peut-être privés ? Voilà une excellente occasion de combler cette lacune en visitant ce musée consacré à cette industrie, qui enrichit Valréas dès le 19e s.

Chapelle des Pénitents blancs

Visite sur demande à l'office de tourisme.

Toujours sur la place Pie, une belle grille en fer forgé s'ouvre sur l'allée menant à la chapelle des Pénitents blancs, construite au 17e s. Dans le chœur, stalles sculptées et beau plafond à caissons. La tour du château Ripert ou **tour de l'Horloge** domine le jardin ; de la terrasse, belle vue sur la montagne de la Lance et les Pré-Alpes.

LE PETIT SAINT-JEAN
C'est une tradition vieille de cinq siècles : la nuit du 23 juin, un garçonnet de trois à cinq ans est couronné Petit Saint-Jean. Symbolisant Saint-Martin des Ormeaux, protecteur de la cité, vêtu d'une peau de mouton, il parcourt les rues de la ville sur une litière, à la lueur des torches, et bénit la foule sur son parcours. Un cortège de 400 personnages costumés le suit dans une ambiance colorée et enthousiaste. Pendant un an, Valréas est placé sous la sauvegarde de l'élu.

Itinéraire conseillé Carte de microrégion

L'ENCLAVE DES PAPES B1

Pour visualiser ce circuit de 22 km au départ de Valréas, se reporter à la carte p. 322 – compter environ 2h, sur des routes bordées de vignes et chênes truffiers. Quitter Valréas par la D 941, vers l'ouest, direction Grillon (5 km).

Grillon
Entouré de vignes, ce paisible village offre deux visages : en bas, la place de la Bourgade, son clocher néogothique, ses platanes et son café ; en haut, le cœur médiéval (le « Vialle »), son beffroi au campanile en fer forgé et ses murailles restaurées, mixant pierres anciennes et matériaux modernes.
Quitter Grillon par le sud et suivre la D 20 sur 4 km.

Richerenches
Fondée au 12e s., cette **commanderie de Templiers** a été bâtie sur un plan rectangulaire. Elle a conservé son enceinte flanquée de quatre tours d'angle rondes. On y pénètre par le beffroi *(départ du cheminement signalétique qui relate l'historique des lieux)*, tour rectangulaire à mâchicoulis et porte cloutée. À gauche de l'église, imposants vestiges du temple.
Quitter Richerenches par le sud-est et suivre la D 120.

Visan
Ce gros village enroule ses ruelles bordées d'hôtels particuliers autour des ruines d'un château médiéval (le « Marot »). Il est juché sur une colline et ses grottes servent chaque année à enfermer dix mille magnums de vins rouges de Visan *(voir p. 341)*.
Dressée dans un vallon à l'écart du village (*fléché, direction de Vaison-la-Romaine*), abritée des lotissements modernes par une haie champêtre, la

CAVEURS ET RABASSIERS
Ce sont les noms que l'on donne à ces passionnés que l'on rencontre sous les chênes, les jours d'hiver, armés d'une binette et accompagnés d'un chien – qui a supplanté la truie de jadis. Ils sont en quête de la fameuse « mélano », ou *Tuber melanosporum*, autrement dit la truffe noire. Vous pourrez les voir rencontrer chefs et courtiers, sur les marchés rabassiers du Vaucluse, qui obéissent à un rituel précis et passablement mystérieux pour le profane : conciliabules à voix basse, pesée discrète effectuée sur une balance romaine, paiement en espèces… Vu de l'extérieur, le milieu très fermé des truffiers n'est pas loin d'évoquer une société secrète !

chapelle Notre-Dame-des-Vignes abrite un chœur du 13e s. Statue de la Vierge en bois polychrome vénérée le 8 septembre lors d'un pèlerinage. Boiseries du 15e s. dans la nef.

Par la D 976, regagner Valréas.

NOS ADRESSES À VALRÉAS

HÉBERGEMENT

BUDGET MOYEN

Chambre d'hôte Domaine des Grands Devers – *Rte de St-Maurice par la Montagne - 84600 Valréas - ✆ 04 90 35 15 98 - www.grandsdevers.com - 4 ch. 65 € ☕ - repas 20 €.* Posé au milieu des vignes, un ancien mas provençal au charme authentique. Les quatre frères propriétaires sont aussi viticulteurs, tendance agriculture raisonnée. Excellent rapport qualité-prix.

Dans l'enclave des Papes

Hotel Le Mas du Sillot – *Les Plans - 84600 Grillon - ✆ 04 90 28 44 00 - www.giteprovence.net - ♿ - P - 🚭 - 18 ch. 52 € ☕ - rest. 16 €.* Entourée par les vignes, au milieu de l'enclave des Papes, cette ancienne bergerie bénéficie de la protection d'une haie de thuyas, véritable rempart contre le vent. Les chambres sont un peu exiguës, mais très bien tenues. Une adresse d'une grande simplicité, à un prix incroyablement bas pour la région.

POUR SE FAIRE PLAISIR

Dans l'enclave des Papes

Chambre d'hôte Le Mas des Sources – *Chemin N.-D.-des-Vignes, rte de Vaison-la-Romaine - 84820 Visan - ✆ 06 98 10 13 00 - www.mas-des-sources.com - P - 🚭 - 5 ch. 75/80 € ☕ - rest. 25 € bc.* Posée entre les vignes et un verger, cette ferme restaurée vous propose ses chambres (dont une familiale et une suite) soignées et garnies de quelques meubles chinés. Table d'hôte près du magnifique tilleul à la belle saison. Week-ends à thèmes célébrant les spécialités locales : le vin et la truffe.

Chambre d'hôte Domaine de Château Vert – *84820 Visan - ✆ 04 90 41 91 21 - www.hebergement-chateau-vert.com - 🏊 🚭 - 5 ch. 70 € ☕ - repas 23 €.* Imposante demeure du 18e s. dans une propriété viticole et trufficole. Des week-ends truffes sont proposés de fin décembre à mi-mars, sur réservation.

Chambre d'hôte Le Mas du Canal – *9 rte de Grignan - 84600 Grillon - ✆ 04 90 35 62 55 - www.lemasducanal.fr - 🏊 - 3 ch. 75 € ☕.* Au cœur du village, au pied du Vialle, un ancien mas avec terrasse, jardin et piscine.

RESTAURATION

BUDGET MOYEN

Au Délice de Provence – *6 La Placette - ✆ 04 90 28 16 91 - fermé mar. et merc. - menu 17/30 €, carte 47/64 €.* Les murs d'une ancienne synagogue accueillent cette grande salle à manger ensoleillée, où savourer une appétissante cuisine au goût du jour.

Dans l'enclave des Papes

L'Escapade – *Av. de la Rabasse - 84600 Richerenches - ✆ 04 90 28 01 46 - du merc. au dim. midi, vend. et sam. soir. - 17/30 €, menu truffes 50 €.* Le QG des trufficulteurs, qui s'y réfugient par temps de mistral. Un bon restaurant aussi, tenu par Jeannot « le roi des pieds paquets ».

PETITE PAUSE

Au Pain d'Antan – *76 cours du Berteuil - 84600 Valréas - ✆ 04 90 28 15 76 - 6h-13h, 15h-19h30, fermé merc.* Excellente boulangerie, comme en témoigne la queue permanente. Pains, sandwichs et pâtisseries : tout est savoureux.

BOIRE UN VERRE

Café de La Paix – *26 r. de l'Hôtel-de-Ville - 84600 Valréas - ✆ 04 90 28 14 32.* Ce café vaut surtout pour son magnifique plafond Art nouveau, le seul du Vaucluse.

ACHATS

Marché – Marché traditionnel le mercredi matin.

Marchés aux truffes – *Cours du Mistral - 84600 Richerenches - ✆ 04 90 28 05 34 - www.richerenches.fr.* Richerenches est la capitale de la truffe et a reçu à ce titre l'appellation de « site remarquable du goût », au point qu'une messe rassemblant la Confrérie du « diamant noir » a lieu chaque 3e dimanche de janvier. L'obole des paroissiens ? Des truffes fraîches. Pour s'en procurer, cap sur le marché de Richerenches le samedi (nov.-mars). Celui de Valréas est réservé aux professionnels : leurs transactions sont tellement discrètes que l'on n'y voit pas les truffes.

Chocolats Jef Challier – *16 pl. A.-Briand - 84600 Valréas - ✆ 04 90 35 05 22.* L'un des meilleurs maîtres chocolatiers de la région. Excellentes pâtisseries.

Fromages de chèvre – *C. et V. Charansol - chemin des Étangs - 84600 Valréas - ✆ 04 90 35 58 25 - 17h-20h.* Pour acheter directement au producteur, bien sûr, mais aussi visiter la ferme (traite à 18h).

Dans l'enclave des Papes

Cave des Coteaux de Visan – *84820 Visan - ✆ 04 90 28 50 80 - lun.-vend. 8h-12h, 14h-18h (vend. 17h).* Dégustation et achat du visan villages (AOC côtes-du-rhône), caveau rénové en 2009.

ACTIVITÉS

Randonnée pédestre et cyclotourisme – L'office du tourisme de Valréas diffuse une pochette gratuite comprenant 18 boucles pédestres et vélo. Parmi elles : circuits pédestres à Valréas, Grillon, Richerenches et Visan ; **circuit des Bornes papales** (11,8 km), au fil des pierres gravées qui délimitaient au 14e s. le territoire de l'Enclave.

AGENDA

Festival des Nuits et Salon de l'Enclave – De mi-juillet à mi-août, concerts, théâtre et expositions de peinture.

Fête médiévale – Mi-août, artisans et artistes mettent Richerenches à l'heure médiévale.

Cuvée du Marot – 2e dimanche de juillet, 10 000 magnums de vin rouge de Visan sont libérés des grottes du château (le « Marot ») où elles ont été emmurées l'année précédente.

Corso de la lavande – Début août, défilé de chars fleuris.

Vaison-la-Romaine

★★

6 313 Vaisonnais – Vaucluse (84)

NOS ADRESSES PAGE 348

S'INFORMER

Office du tourisme de Vaison-la-Romaine – *Pl. du Chanoine-Sautel - 84110 Vaison-la-Romaine - ✆ 04 90 36 02 11 - www.vaison-en-provence.com - juil.-août : 9h-18h45, w.-end et j. fériés 9h-12h, 14h-18h45 ; sept.-avr. : tlj sf dim. 9h-12h, 14h-17h45 ; reste de l'année : se renseigner - fermé 1er janv., 1er Mai, 11 Nov., 25 déc.*

Visite guidée de la ville – *Rens. et réserv. : ✆ 04 90 36 50 48.* Le service municipal du Patrimoine organise pendant les vacances de Pâques et en juillet-août des visites commentées (sites romains, ville médiévale). La visite dure 1h30, elle est offerte avec le billet d'accès aux sites (8 €).

SE REPÉRER

Carte de microrégion B1 *(p. 322)* *– carte Michelin Départements 332 D8.* Une ville haute, médiévale et une ville basse, romaine et moderne, établies de part et d'autre de l'Ouvèze : ainsi se présente Vaison.

SE GARER

Arrivant d'Orange (28 km au sud-ouest) ou de Carpentras (27,5 km au sud), laissez votre voiture de préférence au parking de la place Burrus, afin d'explorer à pied les deux cités.

À NE PAS MANQUER

Les ruines romaines ; la haute ville médiévale ; le cloître de l'ancienne cathédrale.

ORGANISER SON TEMPS

Comptez 2h pour les ruines romaines, bien plus si vous souhaitez flâner en toute tranquillité dans la cité médiévale, bien résolue à vous séduire : l'été, un marché provençal y est organisé le dimanche matin.

Vous en avez assez de la vie moderne trépidante, stressante et harassante ? Venez à Vaison : la ville convie les amoureux du passé à une longue promenade dans le temps avec son immense champ de ruines antiques. Plongez ensuite au Moyen Âge en arpentant les douces ruelles de la ville ancienne, à l'ombre du château.

★★ Découvrir les vestiges gallo-romains

Environ 2h. ✆ 04 90 36 02 11 - juin-sept. : 9h30-18h30 ; mars : 10h-12h30, 14h-17h30 ; avr.-mai : Puymin 9h30-18h, Villasse 10h-12h, 14h30-18h ; oct.-fév. : 10h-12h, 14h-17h - possibilité de visite guidée (1h30) - fermé janv.-fév., 25 déc. - 8 € (12-18 ans 3,50 €) hte sais., 6 € (12-18 ans 3,50 €) basse sais.

L'émotion est grande quand on parcourt cet immense champ de ruines qui s'étend sur 15 ha, comme si l'on pénétrait par effraction dans le passé et dans la vie quotidienne des habitants de l'antique Vasio. Les vestiges dégagés sont

Vaison et les revers du temps

AU BON TEMPS DES VOCONCES

Capitale méridionale du peuple celtique des Voconces, Vaison est, après la conquête romaine de la fin du 2e s. av. J.-C., intégrée à la *Provincia* couvrant tout le sud-est de la Gaule. Cité fédérée (et non colonie), elle conserva une large autonomie. Fidèles à César pendant la guerre des Gaules (58 à 51 av. J.-C.), les **Voconces** se couleront aisément dans le moule romain et parmi eux s'illustreront des hommes comme l'historien Trogue Pompée et Burrus, le précepteur de Néron.

Mentionnée comme une des villes les plus prospères de la Narbonnaise sous l'Empire, **Vasio** s'étendait sur environ 70 ha, pour une population de moins de 10 000 habitants. Ce tissu urbain très lâche s'explique par la présence d'un habitat préexistant qui empêcha d'appliquer à la ville un plan d'urbanisme « à la romaine ». C'est sous les Flaviens seulement (après l'an 70) que l'on se décida à percer des rues rectilignes, remodelant ainsi les propriétés et décalant les façades des maisons, tandis que s'élevaient portiques et colonnades. La ville accumulait un habitat très hétéroclite où voisinaient luxueuses *domus*, petits palais, logements modestes, bicoques ou arrière-boutiques minuscules. Hors le théâtre et les thermes, les grands monuments publics ne nous sont pas connus. Les archéologues constatent que les luxueuses *domus* de Vasio étaient bien plus vastes que celles de Pompéi, ce qui en dit long sur la prospérité de la cité. Selon C. Goudineau, elles formaient « un monde clos réservant à leurs habitants et à leurs visiteurs leur perfection architecturale ».

À SAVOIR
C'est au chanoine **Joseph Sautel** que l'on doit la découverte et le dégagement de deux quartiers et du théâtre antiques : un véritable travail de romain, effectué entre 1907 et 1955.

DE VASIO À VAISON

Partiellement détruite à la fin du 3e s., Vaison se relève au siècle suivant dans un cadre urbain réduit. Siège d'un évêché, elle occupe encore aux 5e et 6e s., malgré la domination barbare, un rang assez important pour que deux conciles s'y réunissent en 442 et 529. Les siècles suivants sont marqués par un net déclin et l'insécurité pousse les habitants à abandonner la ville basse pour l'ancien oppidum, sur la rive gauche de l'Ouvèze, où le comte de Toulouse fait édifier un château. La haute ville médiévale ne sera abandonnée à son tour qu'aux 18e et 19e s., la ville moderne recouvrant alors la cité gallo-romaine.

QUAND L'OUVÈZE GRONDE

22 septembre 1992, 11h du matin : des trombes d'eau s'abattent brusquement sur la ville. Quelques minutes de déluge suffisent pour transformer la paisible Ouvèze en un torrent dévastateur qui déferle sur la ville, semant la désolation sur son passage. Le bilan est lourd : une trentaine de morts et autant de disparus, 150 maisons sont détruites et la zone artisanale est complètement anéantie. Seul le pont romain, qui en a vu d'autres, a résisté aux assauts de la rivière…

ceux des quartiers périphériques de la cité gallo-romaine, car son centre (forum et abords) est recouvert par la ville moderne. Actuellement, les fouilles progressent en direction de la cathédrale dans le quartier de la Villasse et autour de la colline de Puymin, où ont été mis au jour un quartier de boutiques et une somptueuse *domus* (la **villa du Paon**) avec son décor de mosaïques. À la limite nord de la ville antique, les fouilles des thermes (une vingtaine de salles – *non ouvert au public*) ont montré que ces derniers ont été utilisés jusqu'à la fin du 3e s.

QUARTIER DE PUYMIN

On découvre d'abord la **maison à l'Apollon lauré**, grande demeure d'une riche famille vaisonnaise. Cette *domus* (en partie enfouie sous la voirie moderne), avec son agencement intérieur très élaboré, constituait un cadre de vie somptueux et confortable. À l'entrée, un vestibule puis un couloir conduisent à l'*atrium* (1) autour duquel s'ordonnent différentes pièces, dont le *tablinum* (cabinet de travail, bibliothèque) du père de famille. L'atrium comportait au centre un *impluvium*, bassin carré alimenté en eau de pluie par un *compluvium*, ouverture ménagée dans le toit. On remarquera la pièce (2) où fut trouvée la tête d'Apollon laurée (que l'on pourra voir au musée), la grande salle de réception ou *œcus* (3), le péristyle avec son bassin et, dans les annexes, la cuisine (4) avec ses foyers jumelés et le bain privé (5) avec ses trois salles (chaude, tiède et froide).

Sur la droite, le **portique de Pompée** offrait une sorte de promenade affectant la forme d'une enceinte de 64 m sur 52 m. Quatre galeries, couvertes à l'origine d'une toiture en appentis, entouraient un jardin et un bassin au centre duquel s'élevait un édicule carré. Dans la galerie nord, des moulages des statues du Diadumène (la copie romaine est à Londres, au British Museum), d'Hadrien et de son épouse Sabine ont été placés dans trois exèdres, grandes niches servant de reposoirs aux promeneurs. La galerie occidentale est presque entièrement dégagée, tandis que les deux autres s'enfoncent sous les constructions modernes.

On arrive ensuite aux **maisons de rapport**, lotissement pour citoyens modestes (remarquez le *dolium*, grande jarre à provisions). En face, on aperçoit

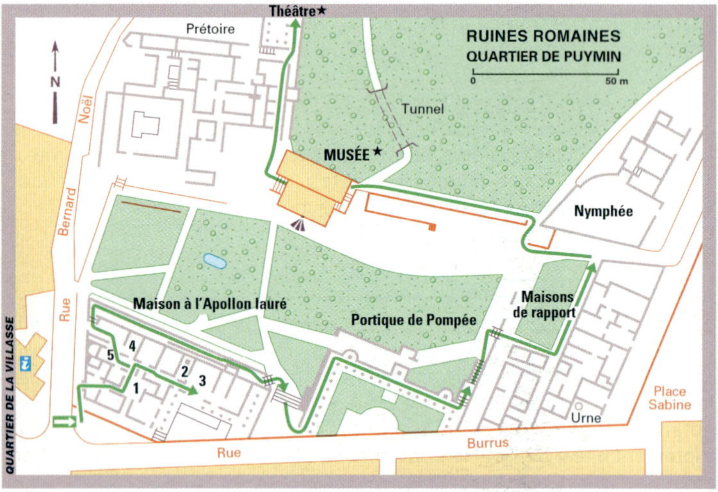

diverses structures d'un château d'eau établi autour d'une source captée dans un bassin de forme allongée, le **nymphée**. C'est un peu plus loin, à l'est, que s'élevaient le **quartier des boutiques** et la **villa du Paon**.

★ Musée archéologique Théo-Desplans

Dans le quartier de Puymin. ✆ 04 90 36 02 11 - ♿ - juin-sept. : 9h30-18h30 ; mars : 10h-12h30, 14h-17h30 ; avr.-mai : 9h30-18h ; reste de l'année : 10h-12h, 14h-17h - possibilité de visite guidée (1h30) - fermé janv.-fév., 25 déc. - 8 € (12-18 ans 3,50 €) billet donnant accès à l'ensemble des monuments.

Il évoque fort bien la vie quotidienne à l'époque gallo-romaine : religion, habitat, céramique, verrerie, armes, outils, parure, toilette. Mais on remarquera surtout les magnifiques **statues de marbre blanc** : Claude (en 43) est représenté la tête ceinte d'une couronne de chêne, Domitien est cuirassé, Hadrien, en 121, donne une image de majesté à la manière hellénistique en posant nu, tandis que Sabine, sa femme, plus conventionnelle, offre l'aspect d'une grande dame en vêtement d'apparat. Les statues acéphales représentent les personnages municipaux : n'existant que par leur charge, leurs têtes étaient... interchangeables. D'autres œuvres retiennent l'attention, comme la tête d'Apollon laurée, marbre du 2e s., le buste en argent d'un patricien (3e s.) et les **mosaïques** provenant de la villa du Paon.

En longeant le versant occidental du Puymin, où se trouve la maison dite « à la tonnelle », on gagne le **théâtre★** qui, édifié au 1er s. apr. J.-C., restauré au 3e s., a été démantelé au 5e s. Avec un diamètre de 95 m, une hauteur de 29 m et une capacité de 6 000 spectateurs, il est un peu plus petit que celui d'Orange qui, comme lui, s'adosse à la colline. Les gradins sont une reconstitution moderne effectuée par Jules Formigé. Sous les décombres de la scène, on a découvert les statues exposées au musée. La colonnade du portique du 1er étage subsiste ici en partie, alors qu'elle a disparu dans les autres théâtres antiques de Provence.

QUARTIER DE LA VILLASSE

On y pénètre par la **rue centrale**, grande artère dallée, sous laquelle court un égout qui descend vers les habitations modernes, en direction de l'Ouvèze. L'allée bordée de colonnades était réservée aux piétons et longeait des boutiques installées dans les dépendances des maisons. Sur la gauche apparaissent les restes des **thermes** du centre, ceinturés par de profondes canalisations. La grande salle a conservé une arcade à pilastres.

En face, dans la rue des Boutiques, s'ouvre l'entrée (1) de la **maison au Buste d'argent**, vaste *domus* : son opulent propriétaire s'était fait sculpter le buste

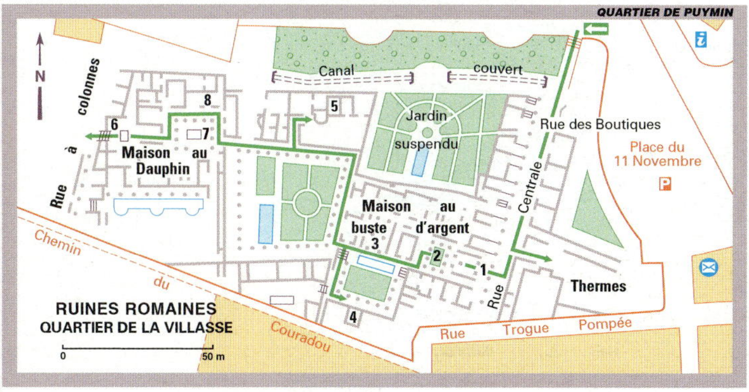

d'argent que l'on a pu voir au musée. Cette maison, d'une surface d'environ 5 000 m^2 est complète : on y reconnaît le vestibule dallé, l'*atrium* (2), le *tablinum* (3), un premier péristyle, puis, plus grand, un second, lui aussi avec jardin et bassin. Une maison contiguë, au sud, a livré plusieurs mosaïques (4) ainsi que des fresques autour d'un *atrium*. Au nord du second péristyle se trouve le bain privé (5) précédé d'une cour. À côté, un grand jardin suspendu agrémentait l'ensemble.

Plus loin, la **maison au Dauphin** (40 av. J.-C.) occupait le nord-est d'un grand enclos, dans un cadre qui n'était pas encore urbain. Le logis principal de cette vaste maison, qui s'étend sur 2 700 m^2, s'ordonne autour d'un péristyle (7) garni d'un bassin en pierre de taille. Au nord, un bâtiment séparé abritait le bain privé (8), le plus ancien connu en Gaule, flanqué à l'ouest par le *triclinium*, grande salle à manger d'apparat. L'*atrium* (6) donne sur la rue à colonnes : c'est l'une des deux entrées de la maison. Au sud se trouve un autre péristyle, lieu d'agrément orné d'un grand bassin, décoré de placages de marbre blanc.

La **rue à colonnes**, borde la maison au Dauphin sur une longueur de 43 m. Comme la plupart des rues, elle n'était pas dallée mais simplement recouverte de gravillons.

Se promener Plan de ville

L'exceptionnel site archéologique qui fait la renommée de Vaison ne doit pas pour autant faire oublier la ville médiévale, à partir de la cathédrale que l'on atteindra en longeant le quartier de la Villasse.

Ancienne cathédrale Notre-Dame-de-Nazareth

La découverte dans la cathédrale de fragments d'architecture datant de la fin du 1er s. laisse à penser qu'elle fut construite sur les vestiges d'un bâtiment gallo-romain.

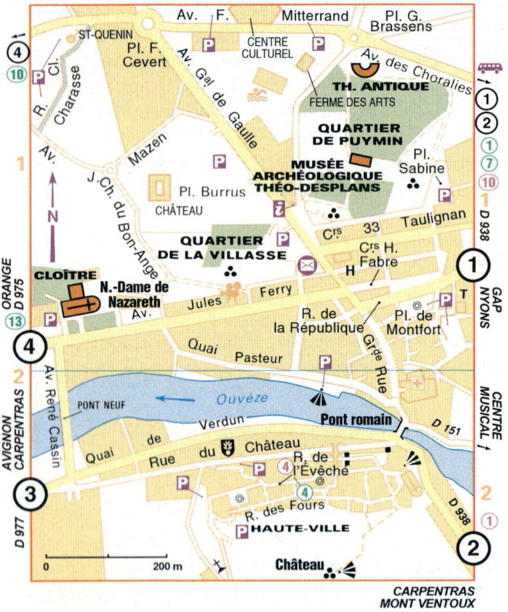

VAISON-LA-ROMAINE

SE LOGER

Chambre d'hôte Domaine Le Puy du Maupas.............. (1)

Chambre d'hôte L'Évêché...... (4)

Chambre d'hôte La Calade..... (7)

Chambre d'hôte Le Mas de Grateloup.......... (10)

Chambre d'hôte Domaine d'Auzières............ (13)

SE RESTAURER

Auberge d'Anaïs...................... (1)

Bistro d'O............................... (4)

Le Girocèdre.......................... (10)

Ce bel édifice de style roman provençal conserve du 11e s. le chevet pris dans un massif rectangulaire et ses absidioles, ainsi que les murs, renforcés au 12e s., lorsque l'on a entrepris de couvrir la nef par une voûte en berceau. La décoration extérieure du chevet présente des corniches et des frises imitées de l'antique. À l'intérieur, deux travées voûtées en berceau brisé encadrent la nef que surmonte une coupole octogonale sur trompes décorées (symboles des évangélistes), éclairées par des fenêtres percées à la base de la voûte.

★ Cloître

✆ 04 90 36 02 11 - juil.-sept. : 10h-12h30, 14h-18h30 ; avr.-juin : 15h-18h ; oct. : 10h-12h, 14h-17h ; fév.-mars : 15h-17h - possibilité de visite guidée (1h30) - fermé nov.-fév., 25 déc. (sf vac. scol.) - 1,50 €.

Accolé à la cathédrale, il a conservé trois de ses galeries d'origine (12e et 13e s., celle du sud-est ayant été reconstituée au 19e s.). On remarquera les chapiteaux de la galerie est, plus élaborés (feuilles d'acanthe, entrelacs et figurines).

Rejoindre l'avenue Jules-Ferry, puis, à droite, le quai Pasteur qui longe l'Ouvèze.

Pont romain

Avec son arche unique de 17,20 m d'ouverture, surplombant l'Ouvèze de 12 m, ce pont, vieux de 2 000 ans, nous est parvenu intact. Seul son parapet, qui avait été emporté par la dramatique crue de 1992, a été refait.

En traversant la rivière, on rejoint la ville médiévale.

★ Haute-Ville

On y accède, depuis la place du Poids, en franchissant une **porte fortifiée** dominée par le beffroi et son campanile de fer forgé. Les remparts qui enserrent ce bourg médiéval ont été en partie édifiés avec des pierres provenant de la ville romaine. En marchant au hasard des calades, des ruelles (rue de l'Église, rue de l'Évêché, rue des Fours…) et des placettes ornées comme celle du Vieux-Marché, vous découvrirez de jolies fontaines, d'anciennes demeures à la pierre chaleureuse et aux toitures colorées de vieilles tuiles rondes. Cette agréable promenade vous conduira à l'église : depuis le parvis, belle **vue** sur le mont Ventoux. Pour ceux qui se sentiraient des fourmis dans les jambes, un sentier assez raide mène au pied du **château**, élevé à la fin du 12e s. par les comtes de Toulouse, au sommet du rocher de la Haute-Ville.

À proximité Carte de microrégion

Entrechaux B2

▶ 6 km au sud-est par la D 938, puis la D 54.

Ancienne possession des évêques de Vaison, le village est dominé par les ruines perchées de son château et un donjon de 20 m.

Brantes C2

▶ 28 km à l'est par la D 938, puis la D 54 jusqu'à Entrechaux, la D 13 vers Mollans et enfin la D 40 à droite.

Ce village fortifié, avec sa chapelle des Pénitents blancs, aujourd'hui lieu d'exposition, les vestiges d'un manoir Renaissance (beau portail sculpté) et une église richement décorée mérite une visite, d'autant qu'il est placé dans un **site★** grandiose, au pied du mont Ventoux, sur le versant nord, très abrupt, de la vallée du Toulourenc.

NOS ADRESSES À VAISON-LA-ROMAINE

HÉBERGEMENT

BUDGET MOYEN

Aux alentours de Vaison

Chambre d'hôte Domaine Le Puy du Maupas – *Rte de Nyons - 84110 Puyméras - ✆ 04 90 46 47 43 - www.puy-du-maupas.com - fermé nov.-mars - P - 5 ch. 60/65 €* ☕. Maison au milieu des vignes (42 ha), adossée au chai du domaine viticole. Petit-déjeuner servi face au mont Ventoux. Visite de la cave avec dégustations des vins du domaine. Piscine. Un gîte est également disponible.

Chambre d'hôte La Calade – *R. Calade - 84110 St-Romain-en-Viennois - ✆ 04 90 46 51 79 - www.la-calade-vaison.com - fermé de mi-oct. à Pâques - P - ⊭ - 4 ch. 75/85 €* ☕. Cette ancienne grange adossée aux fortifications du village accueille ses hôtes dans une ravissante cour bercée par le murmure d'une fontaine. Aux beaux jours, on y sert le petit-déjeuner. Ses chambres, d'une simplicité monacale, plairont aux hôtes du style « ascète ». La terrasse, au sommet de la tour, offre une belle vue.

POUR SE FAIRE PLAISIR

Chambre d'hôte L'Évêché – *14 r. de l'Évêché - ✆ 04 90 36 13 46 - http://eveche.free.fr - ⊭ - 5 ch. 80/135 €* ☕. Dans la ville haute, plaisante maison du 16e s. qui faisait partie de l'ancien ensemble épiscopal. Chambres soignées, joliment meublées et agencées sur plusieurs niveaux ; deux suites récentes. Belle collection de gravures extraites d'un traité de serrurerie. De la terrasse, vue imprenable sur la ville basse.

Aux alentours de Vaison

Chambre d'hôte Le Mas de Grateloup – *Rte de Villedieu - 84110 Buisson - ✆ 04 90 28 17 95 - www.masgrateloup.com - P - ⊭ - 5 ch. 80 €* ☕. Derrière les vieux murs d'apparence presque austère de cette ferme du 18e s. se cache une petite cour qui, à la fraîcheur du soir, accueille la table d'hôte aux saveurs locales. Les chambres (dont 3 suites) sont comme éparpillées dans cette bâtisse toute provençale. Jolie piscine à flanc de colline.

Chambre d'hôte Domaine des Auzières – *84110 Roaix - ✆ 04 90 46 15 54 - www.auzieres.fr - P - 5 ch. 82 € ☕ - rest. 60 €.* Difficile de trouver plus isolé. Perdue au milieu des vignes et des oliviers, cette immense maison entourée de lavande et de lauriers roses vous reçoit dans ses belles chambres spacieuses et fraîches. Petits-déjeuners sur la grande table en bois de la salle à manger ou sur la terrasse, dans la cour abritée par une treille. Piscine. Vente de vin de la propriété.

RESTAURATION

BUDGET MOYEN

Aux alentours de Vaison

Auberge d'Anaïs – *Le Péreyras - 84340 Entrechaux - ✆ 04 90 36 20 06 - www.aubergeanais.com - fermé lun. (avr.-sept.) et sam. (mars et oct.-nov.), de fin nov. à fin fév. - ♿ - P - formule déj. 11 € - 17/29 € - 7 ch. 65/75 €* ☕. Cette auberge entourée de vignes et d'oliviers est fréquentée par une clientèle d'habitués qui apprécient, outre la simplicité d'une adresse vraiment sans chichi, la cuisine appétissante, le vin de la propriété et le service tout en gentillesse. Quelques chambres et une piscine.

Le Girocèdre – *Montée du Portalet - 84110 Puyméras - ✆ 04 90 46 50 67 - www.legirocedre.fr - fermé lun., mar. (de déb. oct. à Pâques), nov.-déc. - ♿ - 🅿 - 18 bc/26 €.* En haut du village, maison perchée sur une butte de « safre » dont les cavités, initialement creusées pour l'élevage du ver à soie, servent aujourd'hui de caves à vins. Sa terrasse et son jardin, ombragés de cèdres, oliviers, figuiers et tamaris, sont très agréables. Les soirs d'été, grillades au barbecue : côte de bœuf et poissons de la Méditerranée.

POUR SE FAIRE PLAISIR

Le Bistro d'O – *R. Gaston-Gévaudan Haute-Ville - ✆ 04 90 41 72 90 - fermé janv., lun. midi et dim. - formule déj. 19 € - 28 €.* Un cadre bistrot, élégant et épuré, qui associe voûtes, pierre, mobilier chiné et contemporain. Menu sagement créatif et régulièrement renouvelé ; bons vins à prix doux.

ACHATS

Marchés – Marché traditionnel mardi matin.

Moulin à huile Chauvet – *Porte Major - 26170 Mollans-sur-Ouvèze - ✆ 04 75 28 90 12 - avr.-juin : 10h-12h30, 14h30-19h (w.-end et j. fériés) ; juil.-sept. : 10h-12h30, 14h30-19h.* Ce moulin tricentenaire connaît une double activité. Durant l'hiver, il propose ses services aux producteurs d'olives de la région. À la belle saison, il ouvre ses portes aux visiteurs. Dégustations et belle sélection de produits dérivés de l'olive.

ACTIVITÉS

Randonnée pédestre – *Rens. à l'office du tourisme de Vaison.* Plusieurs itinéraires permettent aux marcheurs de découvrir la campagne vaisonnaise.

Circuits vélo – Trois itinéraires au départ de l'office de tourisme, plan téléchargeable sur www.provence-a-velo.fr.

AGENDA

Choralies – *Rens. auprès de l'association À cœur joie - ✆ 04 72 19 83 40 - www.acoeurjoie.com.* Tous les trois ans ont lieu à Vaison les Choralies, où les choristes venus de tous les horizons se retrouvent pour un festival unique en son genre. Prochaine édition : 2010.

Dentelles de Montmirail

★

Vaucluse (84)

NOS ADRESSES PAGE 352

S'INFORMER

Office du tourisme de Beaumes-de-Venise – *Pl. du Marché - 84190 Beaumes-de-Venise - ✆ 04 90 62 94 39 - www.ot-beaumesdevenise.com - mai-sept. : 9h-13h, 14h-18h30, lun. 9h-12h, 14h-18h30, merc. et sam. 9h-13h, 14h-18h ; fév.-mars et oct.-nov. : 9h-12h, 14h-18h ; reste de l'année : 9h-12h, 14h-17h30 - fermé dim. et j. fériés (sf manifestation).*

SE REPÉRER

Carte de microrégion B2 *(p. 322) – carte Michelin Départements 332 D8-D9.* Bien que de faible altitude (elles culminent à 734 m au mont Saint-Amand), les dentelles ont un caractère alpestre plus marqué que leur puissant voisin, le mont Ventoux, haut de 1 912 m.

À NE PAS MANQUER

Séguret ; les caveaux de dégustation à Beaumes-de-Venise.

ORGANISER SON TEMPS

Prévoir 1/2 journée minimum pour tricoter un circuit complet de découverte des dentelles. Attention à ne pas multiplier les arrêts dans les caveaux de dégustation, un coupe-jarret qui vous priverait de fort belles randonnées pédestres au cœur des dentelles.

En mai-juin, lorsque les genêts, très abondants, illuminent les collines de leurs fleurs jaunes, les paysages des dentelles de Montmirail révèlent alors leur sereine beauté. Rendez-vous des peintres, paradis pour botanistes, randonneurs, alpinistes, amateurs de crus locaux ou de vieilles pierres, les dentelles de Montmirail offrent, au cœur du comtat Venaissin, un environnement varié et préservé. De quoi satisfaire sa soif d'aventure, d'escalade... ou de bon vin.

Itinéraire conseillé Carte de microrégion

AU FIL DES DENTELLES B2

Pour visualiser ce circuit de 55 km au départ de Vaison-la-Romaine, se reporter à la carte p. 322 – compter 1h30 de route, sans les arrêts. Quitter Vaison-la-Romaine par la D 977, route d'Avignon, et à 5,5 km prendre à gauche la D 88 qui, en s'élevant, offre de belles vues sur la vallée de l'Ouvèze.

★ Séguret

Superbe village bâti en gradins au pied d'une colline. À l'entrée du bourg, empruntez le passage sous voûte que prolonge la rue principale. Chemin faisant, vous passerez devant la jolie fontaine comtadine des Mascarons (15e s.), le beffroi (14e s.), puis l'église Saint-Denis (12e s.). Depuis la table d'orientation installée sur la place, vue étendue sur les dentelles et la plaine du Comtat.

Dentelles de Montmirail.
D. Lefranc / Collection CDT Vaucluse

Un château féodal en ruine, des ruelles étroites en forte pente bordées d'anciennes demeures ajoutent encore au charme de ce lieu préservé où vous aimerez sans doute vous attarder.
À la sortie de Séguret, prendre à gauche la D 23 vers Sablet, puis la D 7 et la D 79 vers Gigondas.

Gigondas *(voir p. 331)*
Par Les Florets, gagner le col du Cayron.

Col du Cayron
Alt. 396 m. Ici, les parois des dentelles peuvent atteindre près de 100 m et les adeptes de l'escalade s'en donneront à cœur joie, d'autant qu'ils pourront y rencontrer toute la gamme des difficultés.
1h AR. En prenant à pied sur la droite une route non revêtue qui serpente parmi les dentelles, on aura de belles **vues★** sur la plaine rhodanienne barrée par les Cévennes, le plateau de Vaucluse et le mont Ventoux.
Rejoindre la D 7 à gauche et descendre sur Vacqueyras, autre haut lieu des côtes-du-rhône.

Chapelle Notre-Dame-d'Aubune
Chapelle romane située près de la ferme Fontenouilles, au pied des dentelles de Montmirail, sur une petite terrasse. Élégant **clocher★** orné sur chaque face de longs pilastres inspirés de l'antique ; les quatre baies sont encadrées de piliers ou de colonnettes décorées de cannelures droites ou torses, de raisins, de pampres, de feuilles d'acanthe et de visages grimaçants.
Suivre à gauche la D 81 qui serpente parmi vignes et oliviers.

Beaumes-de-Venise
Sur les premiers contreforts des dentelles, ce village (son nom est une altération de Venaissin) est le grand lieu de production du fameux **muscat**, subtilement parfumé. Ombragée de platanes, piquée d'une fontaine, la place distille une agréable fraîcheur, qui ne doit pas vous décourager d'explorer les ruelles étroites et tortueuses qui montent à l'assaut de la falaise.

Quitter Beaumes par la D 90 à l'est.
Après Suzette, la route pénètre dans le **cirque de Saint-Amand**, aux parois à pic. En direction de Crestet, la route s'élève vers un petit col qui ménage une belle **vue★** d'un côté sur les dentelles, de l'autre sur le mont Ventoux, la vallée de l'Ouvèze et les Baronnies.

Crestet

Laisser la voiture au parc de stationnement du château. Une placette ornée d'une arcade, d'une fontaine et du porche de l'église (14e s.), des ruelles bordées de maisons Renaissance escaladant la colline que couronne le château du 12e s. : un adorable village vauclusien. De la terrasse du château (table d'orientation), belle vue sur le village, sa colline verdoyante, l'Ouvèze, le mont Ventoux et les Baronnies.
Revenir sur la D 938 et tourner à gauche pour regagner Vaison-la-Romaine.

NOS ADRESSES AUTOUR DES DENTELLES

HÉBERGEMENT

PREMIER PRIX

Chambre d'hôte La Farigoule – *Le Plan de Dieu - 84150 Violès - ✆ 04 90 70 91 78 - www.la-farigoule.com - fermé de la Toussaint à Pâques - P - ⊭ - 5 ch. 50/58 € ☕.* Cette maison vigneronne du 18e s. a gardé son authenticité. Ses chambres, desservies par un bel escalier et meublées à l'ancienne, portent chacune le nom d'un écrivain provençal. Petits-déjeuners servis dans une jolie salle voûtée, à la fraîcheur appréciée en été. Jardin, cuisine d'été.

BUDGET MOYEN

Chambre d'hôte Mas de la Lause – *Chemin de Geysset, rte de Suzette - 84330 Le Barroux - ✆ 04 90 62 33 33 - www.provence-gites.com - fermé déc.-janv. - P - 5 ch. 65 € ☕ - rest. 20 €.* Mas de 1883 niché au milieu des vignes et des oliviers. Rénovées dans un style contemporain, ses chambres ont gardé leurs tonalités provençales. La cuisine familiale, préparée avec des produits locaux, est servie dans la salle à manger ou sous la tonnelle, face au château.

Chambre d'hôte Le Mas de la Fontaine – *Rte de Vacqueyras - 84260 Sarrians - ✆ 04 90 12 36 63 - www.lemasdelafontaine.com - fermé de mi-nov. à fin janv. - P - ⊭ - 5 ch. 67/93 € ☕ - rest. 28 € bc.* Véritable parasol naturel, le platane tricentenaire a fait corps avec la fontaine au fil des années. Tous deux offrent une fraîcheur apaisante à cette grosse bâtisse joliment rénovée, au milieu des vignes. Les chambres, toutes à l'étage, affichent la même décoration simple et sans fioriture. Table d'hôte provençale.

RESTAURATION

BUDGET MOYEN

La Bastide Bleue – *Rte de Sablet - 84110 Séguret - ✆ 04 90 46 83 43 - http://perso.wanadoo.fr/labastidebleue - fermé 7 janv.-28 fév. - ♿ - P 🏊 - 23/26 € - 7 ch. 66/79 € ☕.* Ancien relais de poste où vous savourerez des plats du terroir suggérés sur l'ardoise du jour. En été, la terrasse est dressée dans la cour agréablement ombragée. Chambres de caractère et, à l'arrière du bâtiment, jolie piscine au milieu d'un jardin.

ACHATS

Domaine de Fenouillet – *Allée St-Roch - 84190 Beaumes-de-Venise - ✆ 04 90 62 95 61 - www.domaine-fenouillet.fr - été : 9h-12h, 14h-19h ; hiver : 9h-12h, 13h30-18h30 - fermé dim.* Cette maison, qui pratique l'agriculture raisonnée, propose une belle gamme de vins : côtes-du-ventoux blanc, rosé et rouge, beaumes-de-venise, muscat et marc de muscat de Beaumes-de-Venise. Le domaine vend également de l'huile d'olive provenant du moulin familial situé à quelques kilomètres.

ACTIVITÉS

Association Agarrus – *Maison des dentelles - 84190 Beaumes-de-Venise- ✆ 06 80 43 12 12 - www.agarrus.com - 15 € - (-12 ans 10 €).* Cette association d'accompagnateurs diplômés d'État propose de découvrir le Vaucluse et ses massifs en pratiquant diverses activités : randonnée pédestre, raquettes ou escalade. Différentes formules : demi-journée, journée ou séjour.

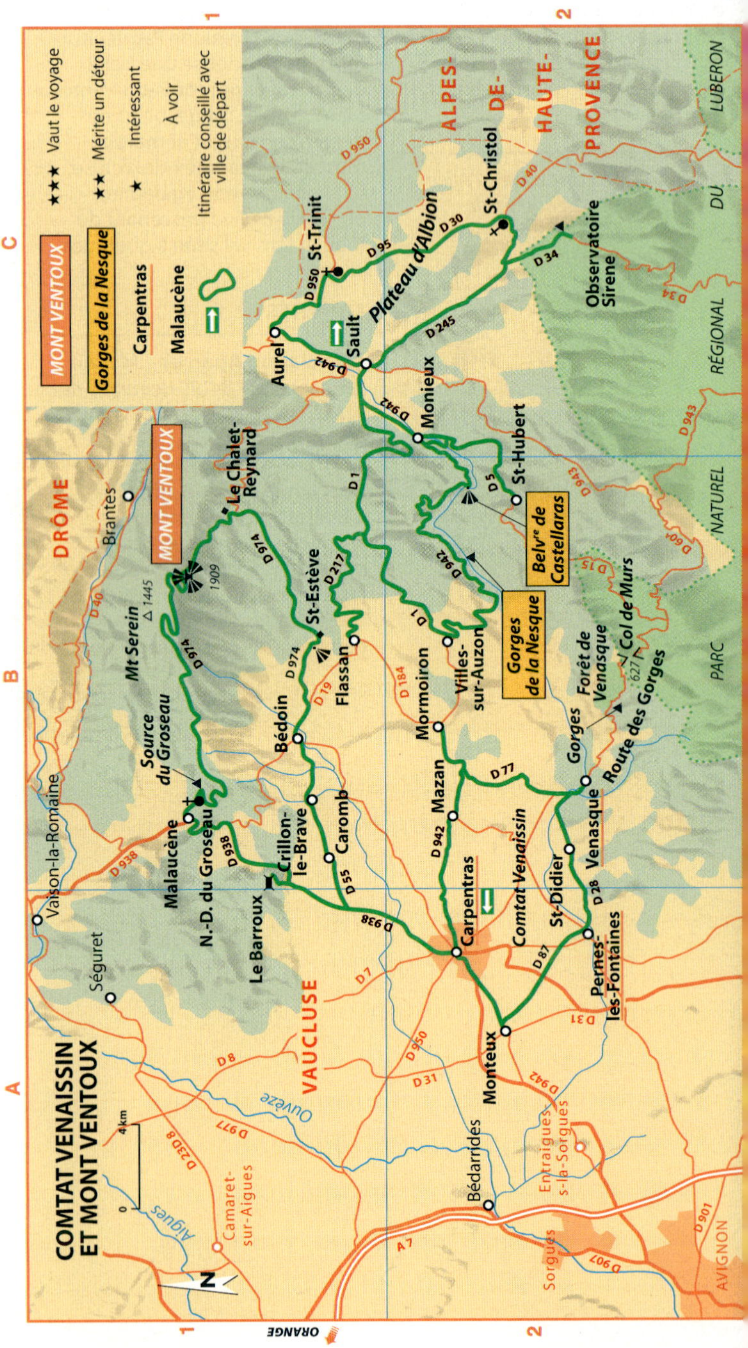
COMTAT VENAISSIN ET MONT VENTOUX
MONT VENTOUX
Gorges de la Nesque
Carpentras
Malaucène
★★★ Vaut le voyage
★★ Mérite un détour
★ Intéressant
À voir
Itinéraire conseillé avec ville de départ
DRÔME
ALPES-DE-HAUTE-PROVENCE
VAUCLUSE
PARC NATUREL RÉGIONAL DU LUBERON
Comtat Venaissin
Plateau d'Albion
Mt Serein
1445
1909
Le Chalet-Reynard
Source du Groseau
N.-D. du Groseau
Vaison-la-Romaine
Séguret
Brantes
Le Barroux
Crillon-le-Brave
Caromb
Bédoin
St-Estève
Flassan
Mormoiron
Villes-sur-Auzon
Mazan
Carpentras
Monteux
Pernes-les-Fontaines
St-Didier
Venasque
Gorges
Forêt de Venasque
Col de Murs
627
Route des Gorges
Belvre de Castellaras
Monieux
St-Hubert
Sault
Aurel
St-Trinit
St-Christol
Observatoire Sirene
Bédarrides
Entraigues-s-la-Sorgues
Sorgues
Camaret-sur-Aigues
AVIGNON
ORANGE
Ouvèze
Aigues
A 7
D 938
D 974
D 19
D 217
D 942
D 1
D 5
D 950
D 95
D 30
D 40
D 34
D 245
D 943
D 60
D 15
D 184
D 77
D 28
D 87
D 55
D 7
D 31
D 8
D 977
D 23D 8
D 907
D 901
0
4 km
A
B
C
1
2

Comtat Venaissin et Ventoux 7

Carte Michelin Départements 332 – Vaucluse (84)

Carpentras

★

27 451 Carpentrassiens – Vaucluse (84)

NOS ADRESSES PAGE 363

S'INFORMER

Office du tourisme de Carpentras – *97 pl. du 25-Août-1944 - 84200 Carpentras - ✆ 04 90 63 00 78 - www.carpentras-ventoux.com - juil.-août : 9h-13h, 14h-19h, dim. et j. fériés 9h30-13h ; reste de l'année : tlj sf dim. 9h30-12h30, 14h-18h, mar. 9h30-12h30, 15h-18h - fermé 1er janv., dim. de Pâques, 1er Mai, 1er et 11 Nov.*

Visite guidée – *Rens. à l'office de tourisme - avr.-sept. - 4 € (10-18 ans 2,50 €).* La communauté d'agglomération Ventoux-Comtat Venaissin, qui porte le label Pays d'art et d'histoire, propose des visites-découvertes (1h30) de Carpentras et des villages, animées par des guides-conférenciers agréés par le ministère de la Culture et de la Communication.

SE REPÉRER

Carte de microrégion A2 *(p. 354) – carte Michelin Départements 332 D9.* C'est en venant d'Orange (24 km au nord-ouest), par la D 950, que l'arrivée sur Carpentras est la plus belle : la porte d'Orange se dresse dans l'axe de la route, avant de traverser la vallée verdoyante de l'Auzon pour emprunter les boulevards, à l'ombre des platanes.

SE GARER

Sur l'allée des Platanes précisément, vaste parking gratuit, d'où vous pourrez partir à la découverte de la cité.

À NE PAS MANQUER

Une promenade dans le vieux Carpentras ; la synagogue, ultime vestige du quartier juif ; le marché aux truffes d'hiver.

ORGANISER SON TEMPS

Comptez 1h pour la visite du vieux Carpentras et autant pour la synagogue. Prévoyez plus de temps si vous passez un vendredi matin, jour du grand marché, l'un des plus courus de la région.

AVEC LES ENFANTS

L'écomusée des Appeaux à Saint-Didier ; la collection d'instruments de musique mécanique du Moulin à musique à Mormoiron ; la visite d'une confiserie pour voir la fabrication des berlingots *(voir « Nos adresses »).*

Carpentras est la capitale du Comtat mais aussi une cité d'art et surtout une ville gourmande. Difficile de passer à côté du fameux berlingot, la ville ayant mis en place un circuit de découverte du patrimoine balisé par… des berlingots. Carpentras se dresse sur une plaine maraîchère qui produit également des fruits et légumes réputés, dont la fraise. Il fait bon vivre et flâner dans les rues animées du centre ancien, en cours de réhabilitation. Si les demeures et les monuments pouvaient parler, ils nous conteraient (entre autres) l'épopée des Juifs du pape. Ce que vos oreilles n'entendront pas, vos yeux le verront. Neuf siècles plus tard, toujours figée dans la pierre, leur histoire affleure.

Se promener

LE CŒUR DE LA CITÉ Plan de ville

Au départ de la place A.-Briand (voir ci-dessous) – compter 3h.

Hôtel-Dieu

Visite guidée (hôtel-Dieu et apothicairerie) avr.-oct. - se renseigner à l'office de tourisme.

Ce bâtiment majestueux du milieu du 18e s. a été édifié à la demande de Mgr d'Inguimbert. Il fut construit en dehors des remparts, au sud, afin

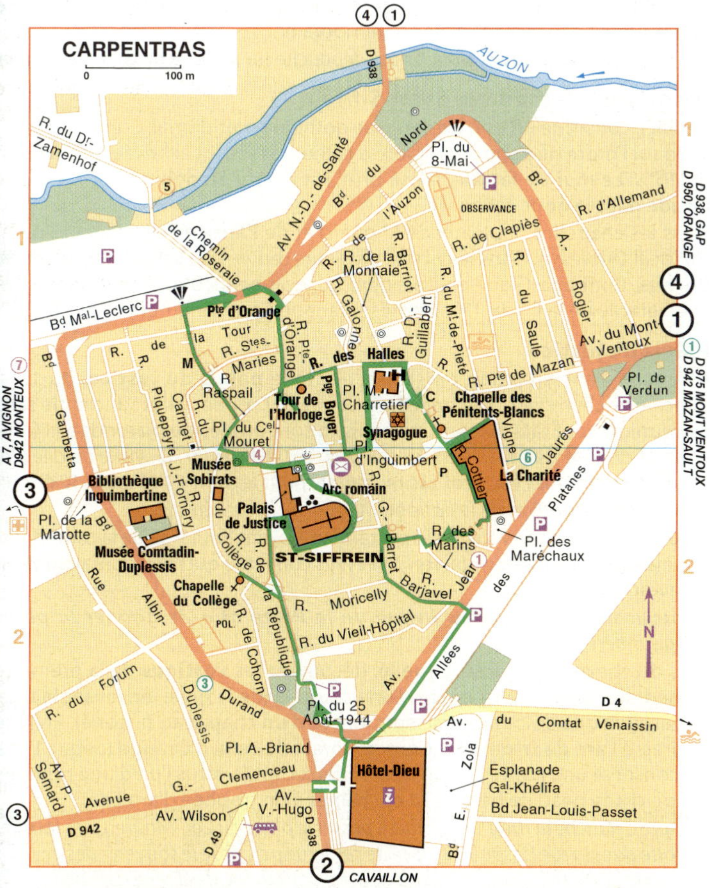

SE LOGER	Hôtel du Fiacre............ 6	La Petite Fontaine......... 4
Chambre d'hôte Bastide de Ste-Agnès....... 1	SE RESTAURER	Le Saule Pleureur.......... 7
Hôtel Le Comtadin.............. 3	Chez Serge.................. 1	

d'éviter aux malades les miasmes de la cité. Remarquez le fronton triangulaire surmonté de pots à feu baroques et la statue du bienfaiteur dressée sur la place.
Une gracieuse rampe en fer forgé borde l'escalier d'honneur. Remarquez sur les murs du couloir de nombreux donatifs (petites peintures sur toiles). L'**apothicairerie**★ a conservé son état d'origine : singes apothicaires et paysages décorent les panneaux et placards qui contiennent une remarquable collection de pots à pharmacie en faïence (canons et chevrettes) et en verre.
Traverser la place du 25-Août-1944 et pénétrer dans la cité par la rue de la République (piétonnière).
De la place Sainte-Marthe, admirez, à droite, les **belles demeures classiques** des 17e et 18e s. de la rue Moricelly, puis, à gauche, la **chapelle du collège**. Élevée au 17e s. dans le style jésuite, elle mérite un coup d'œil, ne serait-ce que pour ses expositions d'art contemporain.
Poursuivre la rue de la République qui débouche sur la place du Gén.-de-Gaulle.

★ Ancienne cathédrale Saint-Siffrein

L'édifice constitue un bon exemple de gothique méridional. Commencée en 1404 sur l'ordre du pape Benoît XIII, la cathédrale ne fut achevée qu'au début du 16e s. Le mur de façade, laissé brut, fut revêtu au début du 17e s. d'une façade dans le goût italien.
Dans les chapelles, tableaux de Mignard et de Parrocel, ainsi que du peintre local Duplessis. Dans le chœur, plusieurs œuvres du sculpteur provençal **Bernus**, dont une Gloire en bois doré qui doit beaucoup au Bernin ; à gauche, retable de la fin du 15e s. représentant un Couronnement de la Vierge.

Palais de justice

Attenant, l'ancien palais épiscopal abrite le **palais de justice**, du 17e s. L'ancienne chambre d'apparat des évêques de Carpentras et l'ancienne salle de réunion des États du comtat Venaissin sont ornées de plafonds à la française et de frise de toiles peintes du 17e s. *✆ 04 90 63 00 78 - visite guidée (2h) avr.-oct. et certaines vac. scol. : se renseigner pour les h - 4 € (-18 ans 2,50 €).*
Prendre à droite et longer le flanc méridional de la cathédrale.
Au passage, attardez-vous sur le portail flamboyant (fin 15e s.) de la cathédrale, appelé « **porte juive**★ », souvenir des juifs convertis qui l'empruntaient pour recevoir le baptême.
Contourner le chevet par la rue de la Poste afin de gagner la place d'Inguimbert.
Près du chevet de l'église actuelle, découvrez les **vestiges** de la première cathédrale romane surmontée d'une coupole (de la grille, en levant la tête, remarquez une colonne torse surmontée d'un chapiteau historié). En face se dresse l'**arc de triomphe**. Contemporain de celui d'Orange (début 1er s.), il a conservé une partie de son décor : deux captifs vêtus l'un d'une tunique, l'autre d'une peau de bête, sont enchaînés à un trophée d'armes.
Prendre à gauche la rue d'Inguimbert, passer la place du Col.-Mouret, puis tourner à droite dans la rue Raspail. Le tracé de cette rue perpétue le souvenir des anciens remparts. 50 m plus loin, tourner à gauche dans la rue des Frères-Laurens.
Après avoir longé la chapelle des Visitandines (16e s.), la rue débouche sur des escaliers, du haut desquels vous pouvez admirer la **vallée de l'Auzon** et distinguer, au loin, les **dentelles de Montmirail** *(voir ce nom)*.
En bas des escaliers, prendre à droite le boulevard Leclerc.

Carpentras et comtat Venaissin

UNE CITÉ PAPALE

La mère de l'empereur Constantin aurait fait forger un mors pour le cheval de son fils avec un clou de la croix du Christ. Conservé à Sainte-Sophie de Constantinople, le saint mors disparut lors du pillage de la ville par les croisés en 1204… pour réapparaître dès 1260 à Carpentras, dont il devint l'emblème.

Carpentras connaît sa période la plus brillante lorsque le pape **Clément V** décide de s'établir dans ses terres provençales et s'installe, en 1313, à Carpentras. Lorsqu'il meurt en 1314, son successeur donne sa préférence à Avignon. Cependant, **capitale du comtat Venaissin** en 1320 (supplantant Pernes-les-Fontaines), la ville profite de la munificence pontificale : administrée par l'évêque et un recteur, Carpentras s'agrandit et s'entoure d'une seconde enceinte de remparts, dont il ne reste aujourd'hui que quelques tronçons et la tour de la porte d'Orange. Au cours des siècles suivants, la cité connaît de belles réalisations : nouveau palais épiscopal (17e s.), nombreuses fontaines liées au nouvel aqueduc, hôtel-Dieu et bibliothèque Inguimbertine (18e s.) fondés sur l'initiative de l'évêque Malachie d'Inguimbert.

LE COMTAT VENAISSIN

Entre Rhône, Durance et mont Ventoux, ce territoire, qui doit son nom à Venasque, dépendait des comtes de Toulouse et, comme l'ensemble de leurs possessions, il fut, à l'issue de la croisade contre les Albigeois, réuni à la France en 1229. En 1274, Philippe III le Hardi le céda au pape Grégoire X et il demeura sous l'autorité pontificale jusqu'en 1791. Il possédait alors son administration et ses tribunaux à Carpentras.

Constitué par la riche **plaine de Vaucluse**, le comtat Venaissin occupe le bassin le plus large et le plus méridional de la vallée du Rhône. Son sol calcaire bien mis en valeur par l'irrigation (après le creusement en 1860 d'un canal dérivé de la Durance) a permis la création d'immenses jardins spécialisés dans la production de primeurs, exportés dans la France entière. L'Ouvèze, la Sorgue et la Durance abreuvent de vastes plaines aux riches alluvions. La **fraise de Carpentras** (déclinée en quatre variétés : pajaro, ciflorette, gariguette et cigoulette) est une marque déposée depuis 1987. Avec 5 000 t commercialisées, le comtat Venaissin représente toujours la plus importante production de Provence.

VILLE DE MARCHÉ ET VILLE EN SUCRE

Avec la réunion à la France (1791), Carpentras retrouve la prospérité grâce à l'essor de la **garance**, introduite en 1768, et redevient ville de marché. De nos jours, cette activité a conservé sa place première dans l'économie de la cité. C'est le maître queux du pape Clément V qui aurait eu la bonne idée d'inventer le **berlingot**. Le petit tétraèdre strié de blanc fut rouge et mentholé à ses débuts, puis s'est vite laissé tenter par d'autres saveurs : anis, orange, citron ou café. Autre star, le **fruit confit**, qui connut ici son apogée aux 18e et 19e s. La fabrication artisanale a peu à peu cédé au procédé industriel, mais quelques confiseurs perpétuent la tradition : dix à douze cuissons successives, étalées sur deux ou trois mois selon les fruits !

Porte d'Orange

Située au nord de la cité, elle constituait l'une des quatre portes fortifiées permettant l'accès à Carpentras. Haute de 26 m, c'est l'unique témoignage d'un ensemble défensif, murailles jalonnées de 32 tours, construit à la fin du 14e s.

Reprendre la rue Porte-d'Orange, puis tourner à gauche dans la rue des Halles.

Rue des Halles

Bordée de couverts où s'abritent de nombreuses boutiques, elle est idéale pour venir se rafraîchir lors des chaleurs d'été. Remarquez sur la droite, à l'entrée de la rue, un beffroi, ou **tour de l'Horloge**, vestige de la première maison communale (15e s.). Plus loin, le **passage Boyer** s'ouvre sur la droite ; couvert par une haute verrière (d'où son nom local de « rue Vitrée »), il fut édifié par les chômeurs des Ateliers nationaux en 1848.

Au bout du passage Boyer, tourner à gauche, rue d'Inguimbert.

On débouche sur la place Maurice-Charretier, percée sur l'emplacement d'une partie de l'ancien **ghetto**.

★ Synagogue

Pl. Maurice-Charretier - ✆ 04 90 63 39 97 - tlj sf w.-end 10h-12h, 15h-17h, vend. 10h-12h, 15h-16h - possibilité de visite guidée (3h) - fermé j. fériés et j. de fêtes juives - 4 € (10-18 ans 2,50 €) visite guidée, visite libre gratuite.

Édifiée en 1367, elle fut reconstruite au 18e s. Salle de culte au 1er étage, à la fois très simple et richement décorée : une forte émotion se dégage du lieu, qui dépasse le point de vue strictement artistique. Au rez-de-chaussée et en sous-sol, le mikvé, piscine du 14e s., et les boulangeries où l'on fabriquait le pain azyme jusqu'au début du 20e s. Le mikvé, bassin de 13 à 15 m² de superficie et profond de plus de 2 m, devait être approvisionné par une eau naturelle, lien direct avec les eaux d'Éden. Chaque mois, après leur menstruation, les femmes venaient s'y immerger.

Rejoindre la rue des Halles et contourner la mairie pour suivre la rue Bidauld.

La rue descend vers la **chapelle des Pénitents blancs** (17e s.) percée d'une porte à fronton triangulaire, puis la rue Cottier longe le bâtiment de la **Charité**, édifié en 1669 pour accueillir les nécessiteux, abritant aujourd'hui des expositions dans ses caves *(accès r. Vigne).*

De la place des Maréchaux, prendre à droite pour rejoindre la rue des Marins.

Cette rue est bordée de beaux hôtels, dont celui de Bassompierre, repérable à ses cariatides.

LES JUIFS DU PAPE

Chassés de France à plusieurs reprises du 12e au 14e s., les Juifs se réfugièrent en terres papales, où ils étaient en sécurité et bénéficiaient de la liberté de culte. Avec Avignon, Cavaillon et L'Isle-sur-la-Sorgue, Carpentras abrita une importante communauté juive dans un quartier qui ne devint **ghetto** qu'à la fin du 16e s. : la « carrière », rue de 80 m de longueur que l'on fermait chaque soir et où vivaient plus de 1 500 personnes astreintes au port d'un chapeau jaune. À dater de cette époque, les Juifs ne furent plus autorisés qu'à exercer certains métiers tels que l'usure ou la friperie. Ce ghetto ne fut aboli qu'à la Révolution. Aujourd'hui, la synagogue est le dernier vestige du quartier juif de Carpentras. Les traces de la communauté juive comtadine ont également disparu à L'Isle-sur-la-Sorgue.

Prendre à gauche la rue Gaudibert-Barret que prolonge la rue Barjavel. Traverser l'avenue Jean-Jaurès pour rejoindre l'allée des Platanes et l'hôtel-Dieu.

À voir aussi Plan de ville

Musée Sobirats

112 r. du Collège - ✆ 04 90 63 04 92 - avr.-sept. : 10h-12h, 14h-18h ; reste de l'année : se renseigner - fermé mar., j. fériés - 2 € (-14 ans gratuit), gratuit 1er dim. du mois.
Reconstitution d'un hôtel particulier du 18e s. : meubles, faïences et tapisseries.

Musée Comtadin-Duplessis

234 bd Alain-Durand - mêmes conditions de visite que le musée Sobirats.
Au rez-de-chaussée sont rassemblés différents souvenirs évoquant les traditions populaires et les savoir-faire régionaux : sonnailles, coiffes, monnaies, ex-voto… À l'étage, collection de peintures (16e-20e s.) : Parrocel, Rigaud et les artistes carpentrassiens Duplessis et Laurens.

Itinéraire conseillé Carte de microrégion

INCURSION DANS L'EST DU COMTAT AB2

Pour visualiser ce circuit de 50 km au départ de Carpentras, se reporter à la carte p. 354 – compter environ 1/2 journée. Quitter Carpentras au sud-ouest, direction Monteux.

Monteux A2

Cette petite ville maraîchère est la patrie de saint Gens *(pèlerinage le 16 mai)*, qui avait le pouvoir de provoquer la pluie : on comprend que les agriculteurs provençaux en aient fait leur patron… Dans le bourg, la **tour Clémentine** est le seul vestige du château où le pape Clément V aimait venir se reposer. Deux portes des anciens remparts du 14e s. ont également survécu.
Quitter Monteux par le nord et prendre à droite la D 87.

★ Pernes-les-Fontaines A2 *(voir ce nom)*

Quitter Pernes à l'est, par la D 28.

Saint-Didier B2

Naguère destinés à la chasse, les appeaux, petits instruments siffleurs, ont trouvé un second souffle avec l'apparition d'une nouvelle génération d'amoureux de la nature. C'est dans les collines du Ventoux, au milieu du 19e s., que Théodore Raymond développa ses prototypes ; aujourd'hui, 80 modèles sont fabriqués dans l'atelier de Bernard, l'arrière-petit-fils.

Dans son **écomusée des Appeaux**, il vous fera une **démonstration★** de reproduction de cris d'animaux (de la grive au sanglier) en faisant vibrer dans sa bouche experte une quarantaine d'appeaux !

✆ 04 90 66 13 13 - www.appeaux-raymond.com - ♿ - visite guidée (1h15) 9h-12h, 15h-19h - fermé w.-end, janv. - 4,50 € (-10 ans gratuit).
Poursuivre sur la D 28.

★ Venasque B2 *(voir ce nom)*

Suivre la D 4 vers le nord, puis prendre à droite la D 77 jusqu'à la D 942, que l'on prend à droite.

Mormoiron B2

Route de Carpentras *(sur la droite avant le fléchage du centre-ville)*, ne manquez pas le **Moulin à musique** qui rassemble une collection d'instruments de musique mécanique. Petit historique, explications techniques (les plus curieux jetteront un œil dans l'atelier de restauration) et, surtout, démonstrations. Vous pourrez entendre jouer une serinette de 1740, un grand orchestrion de 1900 (9 instruments), un orgue de manège, et tourner vous-même la manivelle des orgues de Barbarie. *Rte de Carpentras - ✆ 04 90 61 75 91 - http://perso.wanadoo.fr/musique.mecanique - ♿ - visite guidée (1h) - merc. 15h ou sur demande préalable - 5 € (-12 ans 4 €).*
Reprendre la D 942 en direction de Carpentras.

Mazan B2

Petite localité de la vallée de l'Auzon connue pour son gypse exploité près de Mormoiron, dans le plus important gisement d'Europe, elle est aussi le pays natal du sculpteur **Jacques Bernus** (1650-1728).
Le **château**, qui fut le théâtre de quelques frasques du marquis de Sade coseigneur du lieu, s'est reconverti en hôtel-restaurant. Installé dans la chapelle des Pénitents blancs, le **Musée communal** évoque la vie locale (mobilier, costumes, outils agricoles). Une sculpture de Bernus et, surtout, des vestiges de l'âge de la pierre trouvés lors des fouilles sur la face sud du mont Ventoux complètent la visite. Dans la cour, four banal du 14e s. *✆ 04 90 69 75 01 - de mi-juin à mi-sept. : 14h-19h ; reste de l'année : se renseigner - fermé mar. et j. fériés - gratuit.*
Le **cimetière** *(aller pl. du 8-Mai, avant la sortie du village dir. Villes-sur-Auzon, et suivre la montée)* est clôturé par 66 sarcophages gallo-romains qui jalonnaient l'ancienne voie romaine de Carpentras à Sault ; chapelle mi-souterraine de N.-D.-de-Pareloup (12e s). Belle **vue★** sur les dentelles de Montmirail, le mont Ventoux et la montagne de Lure.
Poursuivre sur la D 942 qui ramène à Carpentras.

NOS ADRESSES À CARPENTRAS

HÉBERGEMENT

BUDGET MOYEN

Chambre d'hôte Bastide de Ste-Agnès – *1043 chemin de la Fourtrouse - 84200 Carpentras - ✆ 04 90 60 03 01 - www.sainte-agnes.com - P - 76/120 €* . La pierre sèche est à l'honneur dans cette vieille bastide. Ses chambres aux couleurs ocre, ses carrelages anciens, la douceur de son jardin aux senteurs provençales et son atmosphère sereine vous séduiront sans aucun doute. Belle piscine dans l'ancienne citerne.

POUR SE FAIRE PLAISIR

Hôtel du Fiacre – *153 r. de la Vigne - ✆ 04 90 63 03 15 - www.hotel-du-fiacre.com - 18 ch. 68 € - 11 €*. Cet hôtel particulier (18e s.) de la vieille ville a conservé son atmosphère bourgeoise d'origine. Chambres personnalisées, confortables et chaleureuses ; joli patio-terrasse.

Hôtel Le Comtadin – *65 bd Albin-Durand - ✆ 04 90 67 75 00 - www.le-comtadin.com - fermé 19 déc.-4 janv., et dim. d'oct. à fév. - 19 ch. 75/115 € - 12 €*. Bel hôtel particulier de la fin du 18e s. dont la majorité des chambres, claires et bien insonorisées, donne sur le patio où l'on petit-déjeune l'été. Agréable salon *lounge*.

RESTAURATION

POUR SE FAIRE PLAISIR

La Petite Fontaine – *13 pl. du Col.-Mouret - ✆ 04 90 60 77 83 - lapetitefontaine84@wanadoo.fr - fermé 2 sem. (vac. de fév. zone b), 3 sem. (vac. de la Toussaint), dim. et merc. - formule déj. 17 € - 27/43 €*. Ce restaurant abrite au rez-de-chaussée une boutique traiteur. À l'étage, petite salle à manger décorée de quelques peintures sur le thème de la Provence. Cuisine semi-gastronomique et traditionnelle. Vous pourrez aussi déjeuner sur une agréable terrasse bercée par le murmure d'une fontaine.

Chez Serge – *90 r. Cottier - ✆ 04 90 63 21 24 - www.chez-serge.com - fermé dim. et lun. - formule déj. 19 € - 32/59 € bc*. Ici, le décor, comme l'assiette, oscille entre le contemporain branché (acier, zinc et verre) et le provençal rustique (bois patiné et terrasse ombragée). Le menu ne déçoit pas, avec d'honnêtes plats du jour à midi, et des plats plus élaborés le soir.

Dans le comtat Venaissin

Le Saule Pleureur – *145 chemin de Beauregard - 84170 Carpentras - ✆ 04 90 62 01 35 - www.le-saule-pleureur.com - fermé 2-8 janv., dim. soir, lun. sf fériés et 3 juin-27 sept., sam. midi - P - 29/89 €*. Une grande villa protégée par un jardin fleuri qui fait oublier la voie express toute proche. Service aimable et attentif. Cuisine généreuse et délicate, sagement créative, notée 1 étoile au *Guide Michelin* 2009.

ACHATS

Marché – Le marché de Carpentras, un peu partout au cœur de la ville le vendredi matin, propose des produits d'une qualité remarquable, qui lui valurent d'être élu « marché exceptionnel » en 1996. De plus, il y règne une ambiance haute en couleur, propice aux meilleures affaires.

Marché aux truffes – *Pl. Aristide-Briand - ✆ 04 90 60 33 33 - www.carpentras.fr - de mi-nov. à déb. avr. : vend. 9h*. C'est l'un des plus importants du Vaucluse.

Le vendredi précédant le 27 novembre, pour l'ouverture, défilé de confréries bacchiques et de la truffe, puis l'Amicale truffe passion offre à tous la brouillade truffée.

Gourmandises

Confiserie du Mont-Ventoux – *1184 av. Dwight-Eisenhower - ☏ 04 90 63 05 25 - www.berlingots.net - 8h-12h, 14h-18h45 - fermé 1 sem. en fév., 1 sem. en juin, 1 sem. en oct., dim., lun. et j. fériés*. Le berlingot de Carpentras, friandise parfumée à la menthe, reste la vedette de cette vénérable maison, rescapée des entreprises de confiserie qui firent la renommée de la ville. Pour les passionnés, visite possible de la fabrique sur rendez-vous.

Chocolaterie Clavel – *30 r. Porte-d'Orange - 84200 Carpentras - ☏ 04 90 63 07 59 - juil.-août : 9h-12h30, 14h30-19h30, vend. et sam. 9h-19h30 ; reste de l'année : 9h-12h30, 14h30-19h, vend. et sam. 9h-19h - fermé dim., lun., apr.-midi j. fériés (en hiver), janv.* Adresse gourmande incontournable. Vous pourrez déguster – entre autres – berlingots à la menthe, à la fraise ou au melon, rocailles de Provence, truffes à la lavande, sujets en pâte d'amandes... René Clavel, le maître des lieux, détient le record du plus gros berlingot du monde (56,7 kg).

Confiserie Bono – *280 allée Jean-Jaurès - 84200 Carpentras - ☏ 04 90 63 04 99 - www.confiseriebono.fr - 9h-12h30, 14h15-18h - fermé juin, dim. et j. fériés (sf déc.)*. Cette maison créée en 1925 perpétue la tradition des maîtres confiseurs de Provence. Outre les fruits confits, fabriqués artisanalement, vous trouverez un grand choix de confitures dont une, délicieuse, au citron et des pâtes de fruits. Belle présentation des produits.

Nougats Silvain – *Rte de Venasque - 84210 Saint-Didier - ☏ 04 90 66 09 57 - www.nougat-silvain-freres.fr - 9h-12h, 15h-19h.* Face à l'écomusée des Appeaux, les frères Silvain vous font partager leur passion en ouvrant leurs ateliers à la visite (diaporama et dégustation). Ils se définissent volontiers comme « paysans-nougatiers » puisqu'ils cultivent les amandes et récoltent leur miel.

AGENDA

Estivales – *64 r. Vigne - ☏ 04 90 60 46 00 - www.estivales-de-carpentras.com*. Ce festival pluridisciplinaire (musique, danse, théâtre, expositions) a lieu durant la 2e quinzaine de juillet.

Festival de musique juive – *Rens. à l'office de tourisme*. Début août, en alternance à la synagogue et à l'Espace culturel.

Fête de la truffe et du vin – Sous le patronage de la confrérie de l'Ordre de la truffe, concours de truffes, recettes à base de truffe, ateliers de cuisine, démonstration de cavage, stands de dégustation-vente, le 1er dimanche de février.

Pernes-les-Fontaines

★

10 410 Pernois – Vaucluse (84)

NOS ADRESSES PAGE 368

S'INFORMER

Office du tourisme de Pernes-les-Fontaines – *Pl. Gabriel-Moutte - 84210 Pernes-les-Fontaines - ✆ 04 90 61 31 04 - www.ville-pernes-les-fontaines.fr - juil.-août : 9h-12h, 14h-18h ; avr.-juin et sept.-oct. : tlj sf dim. 9h-12h, 14h-18h, 9h-12h, 14h-17h ; reste de l'année : tlj sf dim. 9h-12h, 14h-17h, sam. 9h-12h - fermé 1er janv., 1er et 11 Nov., 25 déc.*

Visites guidées – *Réserv. conseillée à l'office de tourisme - de mi-juin à mi-sept.* L'office de tourisme propose des visites guidées de la ville *(2h- dép. mar. à 10h - 3 €)* et une visite « Pernes insolite » *(2h - dép. jeu. à 9h30 - 6 €).*

SE REPÉRER

Carte de microrégion A2 *(p. 354) – carte Michelin Départements 332 D10.* Posée sur la Nesque, l'ancienne capitale du comtat Venaissin est située au carrefour de la D 28, venant d'Avignon (20 km à l'ouest), et de la D 938 joignant Carpentras (6 km au nord) à Cavaillon (21 km au sud).

SE GARER

Quittant ces voies un peu trop fréquentées, laissez votre voiture au parking situé non loin de l'office de tourisme, sur la droite du cours Frizet (D 1, direction Mazan) afin de pouvoir explorer la ville à pied.

ORGANISER SON TEMPS

Ne prévoyez pas moins de 2h pour vous promener dans les ruelles, surtout si vous voulez voir les quarante fontaines, datant souvent du 18e s., époque où l'on a découvert une source près de la chapelle Saint-Roch.

On la surnomme « perle du Comtat »... Dans cette petite ville, le temps, à l'ombre d'un haut donjon, semble suspendu. Placettes ornées de fontaines, ruelles enchevêtrées, attachants petits musées dédiés au patrimoine comtadin... C'est un lieu de flânerie idéal pour une longue soirée d'été, d'autant que les fameuses fontaines soufflent leur fraîcheur au passage et que des visites nocturnes commentées y sont organisées.

Se promener Plan de ville

À LA RECHERCHE DES FONTAINES

Se reporter au plan p. 366 – compter 2h ou plus pour ceux qui souhaiteraient prolonger leur flânerie dans le lacis de ruelles de la vieille ville. Départ de l'église Notre-Dame-de-Nazareth (depuis l'office de tourisme, longer la Nesque).

L'**église Notre-Dame-de-Nazareth** date, dans ses parties les plus anciennes, de la fin du 11e s. Elle a conservé (côté sud) une belle porte dont la décoration, malheureusement très endommagée, est inspirée de l'antique.

En face, la Nesque, ombragée de saules, est franchie par un vieux pont qui conduit à la **porte Notre-Dame★**. Sur l'une des piles s'élève la minuscule chapelle Notre-Dame-des-Grâces.

Sitôt après la porte, sur la droite, se dresse une halle couverte du 17e s. En face, la **fontaine du Cormoran** (E) est peut-être la plus intéressante de la ville.

Prendre à droite la rue Victor-Hugo qui court parallèlement à la Nesque, puis la rue de Brancas et immédiatement à droite.

Tour de l'Horloge

✆ 04 90 61 31 04 - www.ville-pernes-les-fontaines.fr - 10h-17h - gratuit.

Ce donjon est l'unique vestige du château des comtes de Toulouse. Depuis la terrasse, panorama sur la plaine du Comtat, le pays d'Avignon et, en arrière-plan, au nord et à l'est, les dentelles de Montmirail et le mont Ventoux.

De nouveau dans la rue Victor-Hugo, on passe devant le Clos de Verdun, bucolique et minuscule jardin public aménagé à l'emplacement d'un ancien moulin à huile.

Tour Ferrande

✆ 04 90 61 31 04 - www.ville-pernes-les-fontaines.fr - visite guidée (50mn) sur demande préalable de mi-juin à mi-sept. : 10h-11h ; reste de l'année : sur demande préalable - fermé dim. et j. fériés - 2 € (-16 ans gratuit).

Sur une placette qu'orne la fontaine de Guilhaumin, ou du Gigot, se dresse la tour Ferrande (13e s.), crénelée et enclavée dans les maisons. Le 3e étage renferme des **fresques** du 13e s. bien conservées.

Au bout de la rue Gambetta, la **porte de Villeneuve**, flanquée de deux tours rondes à mâchicoulis, est un vestige de l'enceinte du 16e s.

Revenir sur ses pas jusqu'à la rue de la République pour la prendre à droite.

Magasin Drapier - Musée du Costume comtadin

✆ 04 90 61 31 04 - www.ville-pernes-les-fontaines.fr - de déb. juil. à mi-sept. : 10h-12h30, 15h-19h ; avr.-juin : 14h-18h ; reste de l'année : se renseigner à l'office de tourisme - gratuit.

Au rez-de-chaussée, le magasin a conservé l'apparence d'une boutique d'étoffes du 19e s. Costumes, coiffes, châles de tradition comtadine garnissent abondamment les rayons. Au 1er étage, une salle présente onze costumes anciens

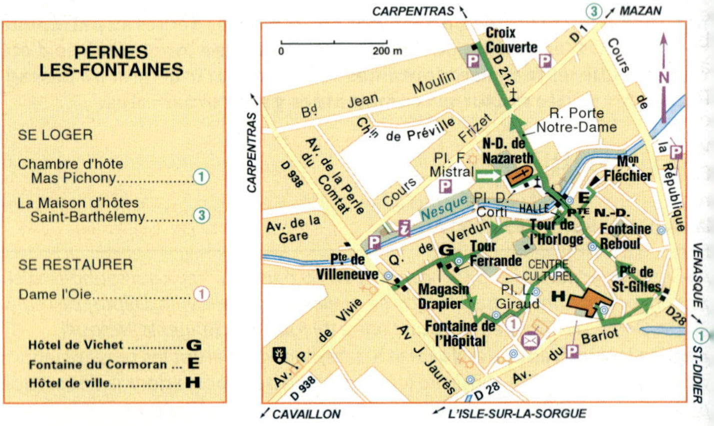

Fontaine Reboul.
S. Sauvignier / MICHELIN

comtadins (paysanne, grangère, noble, bourgeoise...), donations des familles pernoises. Au dernier étage, un atelier de fabrication de costumes à l'ancienne est ouvert au public trois après-midis par semaine.
En face, un portail surmonté d'un élégant balcon de fer forgé ouvre sur l'**hôtel de Vichet** (G) du 16e s. Passez devant l'hôtel de Villefranche du 17e s. Prenez à gauche la rue Barrau, où la **fontaine de l'Hôpital**, datant de 1760, fait face à l'hôtel des ducs de Berton, seigneurs de Crillon. On débouche bientôt sur la place Louis-Giraud, où s'élève le centre culturel des Augustins, installé dans une ancienne église.
Poursuivre rue des Istres qui débouche sur la place des Comtes-de-Toulouse, puis prendre à droite l'étroite rue Brancas.

Hôtel de ville H

Lun.-jeu. : 8h30-12h, 13h15-17h30 ; vend. : 8h30-12h, 13h15-16h - gratuit.
C'est l'ancien hôtel des ducs de Brancas (H), dont l'un fut maréchal de France et ambassadeur de Louis XIV en Espagne. Jetez un œil au bel escalier surbaissé à balustre, dans le hall ; à l'étage, salons de réception, avec plafonds à la française, volutes et trompe-l'œil. Dans les belles caves voûtées (17e s.), petit **musée comtadin du Cycle :** une cinquantaine de cycles exposés, dont le plus ancien est un Grand Bi de 1880 *(mêmes horaires que l'hôtel de ville)*.
En sortant, traversez la cour pour aller voir la fontaine de l'Ange (18e s.) entourée d'un portique. Agréable jardin. Par l'avenue du Bariot, à gauche, rejoignez la **porte de Saint-Gilles** : cette tour carrée qui a conservé ses mâchicoulis faisait partie de l'enceinte du 14e s.
Franchir la porte et prendre la rue Raspail.
Au no 214 *(en retrait)*, beau portail Louis XV de l'hôtel de Jocas. Vous passez ensuite devant la **fontaine Reboul**, ou « Grand Font », avec son décor en écailles de poisson.
Avant de retrouver la porte Notre-Dame, tourner à droite pour arriver place Fléchier.

Maison Fléchier

℘ 04 90 61 31 04 - de déb. juil. à mi-sept. : 10h-12h30, 15h-19h ; avr.-juin : 14h-18h ; reste de l'année : se renseigner - fermé mar. - gratuit.

Lieu de naissance du célèbre orateur Esprit Fléchier, cet hôtel particulier du 17e s. présente, sur deux étages, les principales traditions provençales : salle à manger du 19e s. où la table dressée à l'occasion du « gros souper » de Noël n'attend plus que ses convives, chambre évoquant les « souhaits au nouveau-né », reconstitution d'un atelier de santonnier et d'une magnanerie (élevage de vers à soie).

Revenir sur la porte Notre-Dame, traverser le pont et continuer sur 200 m environ, après le cours Frizet.

Croix Couverte

Élégant monument quadrangulaire qui aurait été élevé au 15e s. par le Pernais Pierre de Boët.

NOS ADRESSES À PERNES-LES-FONTAINES

HÉBERGEMENT

BUDGET MOYEN

Chambre d'hôte La Maison d'hôtes Saint-Barthélemy – *1623 chemin de la Roque - ℘ 04 90 66 47 79 - www.ville-pernes-les-fontaine.fr/st-barthelemy- - 5 ch. 60/70 €.* Beau mas provençal du 18e s., chambres au décor chaleureux. Petits-déjeuners maison servis près de la piscine. Parc de 4 ha avec cascade.

POUR SE FAIRE PLAISIR

Chambre d'hôte Mas Pichony – *1454 rte de St-Didier (RD 28) - ℘ 04 90 61 56 11 - www.maspichony.com - fermé nov.-mars - P - - 5 ch. 85 € .* Cette maison, posée au milieu des vignes, a des allures de carte postale provençale. Chambres à la décoration soignée et piscine. Table d'hôte.

RESTAURATION

BUDGET MOYEN

Dame l'Oie – *56 r. Troubadour-Durand - ℘ 04 90 61 62 43 - www.dameloie.fr - fermé lun. et mar. (oct.-avr.) - - formule déj. 15 € - 15/25 €.* Décor provençal égayé d'une riche collection d'oies miniatures, saveurs classiques et vins de terroir. Les nouveaux propriétaires ont gardé l'équation qui a assuré le succès du lieu.

BOIRE UN VERRE

Bistrot de la Paroisse – *44 pl. N.-D.-de-Nazareth - 84210 Pernes-les-Fontaines - ℘ 04 90 61 32 30 - 6h30-23h - fermé lun.* Sur une adorable placette, un sympathique bar de village, terrasse l'été.

ACHATS

Galerie-atelier de courtepointe – *7 pl. du Portalet - 84210 Pernes-les-Fontaines - ℘ 04 32 85 07 59 - 10h-12h, 14h30-18h30.* Spécialisée boutis-patchwork, cette boutique de fournitures abrite aussi l'atelier-galerie d'une artiste qui expose sa collection, de 1820 à nos jours.

ACTIVITÉ

Topoguides pédestres et VTT – Gratuit, sur demande à l'office de tourisme, une boucle VTT et deux pédestres (9 à 15 km, 4 à 6h), dans les collines environnantes.

Venasque

★

1 131 Venasquais – Vaucluse (84)

NOS ADRESSES PAGE 370

S'INFORMER

Office du tourisme de Venasque – *Grand'Rue - 84210 Venasque - ☏ 04 90 66 11 66 - www.tourisme-venasque.com - juil.-août : 10h-12h30, 15h-19h, dim. et lun. 15h-19h ; avr.-juin et sept.-oct. : 10h-12h, 14h-18h, dim. et lun. 14h-18h.*

SE REPÉRER

Carte de microrégion B2 *(p. 354) – carte Michelin Départements 332 D10.*
L'étroite D 4 au sud de Carpentras parcourt un paysage vallonné avant d'atteindre Venasque, posé sur le bord de son rocher dominant la vallée de la Nesque. Une petite route en lacet conduit à l'entrée du village.

ORGANISER SON TEMPS

Comptez 1h de visite pour le baptistère et au moins autant pour flâner dans les agréables ruelles. Vous pourrez prolonger le séjour en suivant un stage gastronomique *(voir « Nos adresses »).*

Ses maisons agrippées à la falaise, en aplomb de la vallée, offrent un spectacle saisissant. Mais Venasque ne se réduit pas à un site. Avec ses petites places ornées de fontaines et ses demeures de charme, d'une remarquable unité architecturale, il mérite bien d'être classé parmi « les plus beaux villages de France ». Un moment de calme et de sérénité ? Vous le trouverez sans peine en parcourant les rues du village, parmi les ateliers d'artistes et artisans (peintres, potiers, céramistes) et les maisons restaurées avec goût, souvent ornées d'une treille.

Se promener

Chemin faisant, la **place des Comtes-de-Toulouse** rappelle que Venasque dut à ces derniers d'être érigé en évêché. Depuis l'esplanade de la Planette, et plus encore depuis les **tours dites « sarrasines »**, vestiges des fortifications médiévales, en haut du village, belles vues sur le mont Ventoux et les dentelles de Montmirail.

★ Baptistère

Entrée à droite du presbytère. ☏ 04 90 66 62 01 - www.venasque.fr - 5 avr.-10 oct. : 9h-12h, 13h-18h30 ; reste de l'année : 9h15-12h, 13h-17h - possibilité de visite guidée (20mn) - fermé de mi à fin déc., 1er janv. - 3 € (-12 ans gratuit).

Communiquant avec l'église Notre-Dame par un long couloir, il est l'un des plus anciens édifices religieux de France. Datant vraisemblablement de l'époque mérovingienne (6e s.) mais remanié au 11e s., il est conçu en forme de croix grecque. À l'intérieur, une salle carrée, voûtée d'arêtes ; sur chaque côté s'ouvre une absidiole voûtée en cul-de-four. Les arcatures reposent sur des colonnettes de marbre, surmontées de chapiteaux antiques ou mérovingiens. Au centre de la salle, dans le sol, emplacement de la cuve baptismale.

Église Notre-Dame

Très remaniée, elle possède un beau retable du 17e s. en bois sculpté et, surtout, la **Crucifixion★**, tableau de l'école d'Avignon, daté de 1498.

À proximité Carte de microrégion

Route des gorges B2

10 km à l'est par la D 4 en direction d'Apt.

La route, sinueuse et pittoresque, parcourt la **forêt de Venasque**, constituée essentiellement de chênes verts, sur le plateau de Vaucluse en remontant les gorges. Après une ascension de quelque 400 m, elle atteint le **col de Murs** (alt. 627 m).

Au-delà du col, les premiers tournants de la descente sur Murs révèlent des vues étendues sur la plaine d'Apt et Roussillon.

NOS ADRESSES À VENASQUE

RESTAURATION

BUDGET MOYEN

Restaurant Les Remparts – *R. Haute - 04 90 66 02 79 - www.hotellesremparts.com - fermé de mi-nov. à mi-mars - P - formule déj. 12 € - 16/30 € - 8 ch. 52/57 €*. Restaurant posté sur les anciens remparts de ce village perché où il fait bon déambuler à travers les ruelles. Attablez-vous dans l'une des pimpantes salles à manger colorées et décorées de vieilles affiches de cinéma. Quelques chambres simples.

Auberge La Fontaine – *Pl. de la Fontaine - 04 90 66 02 96 - www.auberge-lafontaine.com - fermé le merc. et en janv. - 30/55 €*. Face à la fontaine du bourg, maison ancienne à l'ambiance *guesthouse*. Les duplex, soigneusement aménagés, donnent sur le patio ou les toits. Restaurant garni de meubles anciens et bibelots chinés ; dîners-concerts. Petite carte et menu du jour servi au bistrot.

ACTIVITÉS

Stage gastronomique – *04 90 66 02 96 - www.auberge-lafontaine.com - cours de cuisine sur réserv. tte l'année - 80 € par pers./j. - (enf. : forfait de 4 nuits + 3 jours de stage - forfait w.-end).* Apprendre les bases de la cuisine méditerranéenne à l'auberge La Fontaine (voir rubrique ci-dessus). Une excellente façon de prolonger les vacances tout au long de l'année.

Mont Ventoux

★★★

Vaucluse (84)

NOS ADRESSES PAGE 374

S'INFORMER

Office du tourisme de Bédoin – *Espace Marie-Louis-Gravier - 84410 Bédoin - ✆ 04 90 65 63 95 - www.bedoin.org - de mi-juin à fin août : 9h-12h30, 14h-18h (15h sam.), dim. et j. fériés 9h30-12h30 ; reste de l'année : tlj sf dim. 9h-12h30, 14h-18h, sam. et j. fériés 9h30-12h30 - fermé 1er janv., 1er Mai, 25 déc.*

SE REPÉRER

Carte de microrégion B1 *(p. 354) – carte Michelin Départements 332 E8*. Deux possibilités d'accès au sommet : par le versant nord et la D 974, ouverte en 1933, ou bien par le versant sud. À moins que l'on ne préfère monter à pied par un sentier…

ORGANISER SON TEMPS

Comptez 1/2 journée pour faire l'Itinéraire conseillé décrit ci-dessous.
Conditions de circulation – *✆ 0 892 680 284 (météo routière) - risques d'obstruction nov.-avr.*

AVEC LES ENFANTS

Des balades à VTT sont organisées pour les familles *(voir « Nos adresses »)*.

Avec ses 1 909 m d'altitude, le Géant de Provence, classé par l'Unesco « Réserve de biosphère », ne rivalise certes pas avec le mont Blanc. Quoique… Sa situation solitaire et son profil de pyramide, au sommet blanchi de neige en hiver, dressent leur majestueux point de mire sur toute la Provence rhodanienne.

Itinéraire conseillé Carte de microrégion

★★ À L'ASSAUT DU GÉANT DE PROVENCE B1

Pour visualiser ce circuit de 78 km au départ de ***Carpentras, se reporter à la carte p. 354*** *– compter environ 1h30 de route sans les arrêts. Quitter* ***Carpentras*** *par la D 938 au nord.*

Le Barroux

Parking à l'entrée du village. Pittoresque bourg aux rues pentues, dominé par la haute silhouette de son **château**. Ce vaste quadrilatère flanqué de tours rondes fut, au 12e s., une place forte qui assurait la protection de la plaine comtadine. Siège de plusieurs seigneuries successives, il fut remanié à la Renaissance, incendié au cours de la Seconde Guerre mondiale, puis restauré. La visite permet de découvrir la chapelle, les salles basses et la salle des Gardes, puis les étages, dont les salles accueillent des expositions d'art contemporain. Depuis les jardins, agréable vue panoramique. *✆ 04 90 62 35 21 - juil.-sept. : 10h-19h ; juin : 14h-19h ; avr.-mai : w.-end 10h-19h ; oct. : 14h-18h - 3,50 € (enf. gratuit).*
Quitter Le Barroux au nord pour poursuivre sur la D 938.

Malaucène

Ce gros bourg est entouré en grande partie d'un cours planté de platanes. Son **église fortifiée** (bâtie au 14e s. à l'emplacement d'un édifice romain, elle faisait partie de l'enceinte de la ville) ne manque pas d'intérêt : nef de style roman provençal et belles boiseries ornées d'instruments de musique du buffet d'orgues (18e s.). La **porte Soubeyran**, à côté de l'église, donne accès à la vieille ville. Là, maisons anciennes, fontaines, lavoirs, oratoires et, au centre, un vieux beffroi coiffé d'un campanile en fer forgé vous plongeront dans une atmosphère pleine de fraîcheur. À gauche de l'église, un chemin mène au calvaire : belle vue sur les montagnes de la Drôme et le mont Ventoux.

Prendre sur la droite la D 974.

Chapelle Notre-Dame-du-Groseau

Cette chapelle est le seul vestige d'une abbaye bénédictine qui dépendait de Saint-Victor de Marseille. On y distingue un édifice carré *(ne se visite pas)*, ancien chœur de l'église abbatiale du 12e s., dont la nef a disparu.

Source vauclusienne du Groseau

Sur la gauche de la route, l'eau jaillit par plusieurs fissures au pied d'un escarpement de plus de 100 m, formant un petit lac aux eaux claires ombragé de beaux arbres. Les Romains avaient construit un aqueduc pour amener cette eau jusqu'à Vaison-la-Romaine.

La route en lacet s'élève sur la face nord, la plus abrupte du mont Ventoux; elle traverse pâturages et bois de sapins, près du chalet-refuge du mont Serein. Du belvédère, après la maison forestière des Ramayettes, **vue★** sur les vallées de l'Ouvèze et du Groseau, le massif des Baronnies et le sommet de la Plate.

Mont Serein

Lieu de ralliement des sportifs en hiver comme en été *(voir « Nos adresses »)*.

2 et 5 km. Du chalet d'accueil part le **sentier botanique Jean-Henri-Fabre** *(voir p. 328)*.

Le panorama, de plus en plus vaste, découvre les dentelles de Montmirail, les hauteurs de la rive droite du Rhône et les Alpes. Après deux grands lacets, la route atteint le sommet.

★★★ Sommet du mont Ventoux

Le sommet du Ventoux est occupé par une station radar de l'armée de l'air et, au nord, par une tour hertzienne. C'est du terre-plein aménagé au sud que l'on découvre un vaste **panorama★★★** (table d'orientation) : du massif du

UNE RÉSERVE DE BIOSPHÈRE

Il s'agit de zones où l'on tente de concilier la protection des ressources naturelles avec le développement des activités humaines. La Réserve se compose d'aires centrales où la priorité est donnée à la protection d'un écosystème original : ici, le sommet du Ventoux, le mont Serein, la cédraie de Bédoin, la Tête des Mines… ou les gorges de la Nesque; dans les zones tampon, on tente d'allier activités économiques traditionnelles et « tourisme vert »; dans la zone de transition sont conservées des activités humaines (papeterie, exploitation de sable ou d'ocre, agriculture) dans un souci de « développement durable ».

OBSERVEZ LA FLORE
Après avoir rencontré, sur les pentes, la flore habituelle de la Provence, le botaniste amateur, une fois parvenu au sommet, pourra s'extasier devant des échantillons de flore polaire, tels que la saxifrage du Spitzberg et le petit pavot du Groenland. C'est durant la première quinzaine de juillet que les fleurs du mont Ventoux prennent tout leur éclat. Les flancs de la montagne, dénudés à partir du 16e s. pour alimenter les constructions navales de Toulon, sont en cours de reboisement depuis 1860. Pins d'Alep, chênes verts et blancs, cèdres, hêtres, pins à crochets, sapins et mélèzes forment un manteau forestier qui, vers 1 600 m d'altitude, cède la place à un immense champ de cailloux d'une blancheur étincelante. À l'automne, l'ascension au travers des frondaisons de toutes couleurs est un enchantement.

Pelvoux aux Cévennes en passant par le Luberon, la montagne Sainte-Victoire, les collines de l'Estaque, Marseille et l'étang de Berre, les Alpilles et la vallée du Rhône, et même, par temps particulièrement clair, le Canigou.
La descente s'amorce sur le versant sud. Tracée en corniche, à travers l'immense champ de cailloux, la route la plus ancienne, construite vers 1885, passe de 1 909 m à 310 m d'altitude, à Bédoin, en 22 km seulement.

Le Chalet-Reynard
C'est le lieu de rendez-vous des skieurs d'Avignon ou de Carpentras et de la région. Dans la forêt, aux sapins succèdent les hêtres et les chênes, puis une belle série de cèdres. Enfin la végétation provençale fait son apparition : vigne, plantations de pêchers et de cerisiers, quelques olivettes. Vue sur le plateau de Vaucluse et, au loin, la montagne du Luberon.
Laisser sur la gauche la D 164, puis rejoindre Sault (voir ce nom) par la haute vallée de la Nesque, pour suivre la D 974.

Saint-Estève
Du virage, naguère cauchemar des participants de la course automobile du Ventoux (arrêtée en 1973), **vue★** à droite sur les dentelles de Montmirail et le Comtat, à gauche sur le plateau de Vaucluse.

Bédoin
Ce village, perché sur une colline, a conservé ses rues pittoresques, qui montent vers son église de style jésuite.
Prendre la D 138.

Crillon-le-Brave
Louis de Balbe de Crillon, seigneur du village, fut surnommé pour sa vaillance « le brave des braves ». Afin d'honorer leur grand homme, les villageois lui ont élevé une statue… et ajouté « le Brave » au nom du bourg.
Perché sur une avancée qui fait face au mont Ventoux, ce charmant village a gardé quelques traces de ses remparts.
Poursuivre sur la D 138.

Caromb
Entouré d'oliveraies et de vergers, ce joli village provençal demeure un peu à l'écart des routes touristiques. Construit en 1766 pour l'irrigation des terres, le **barrage du Paty** – le plus ancien barrage de France – a créé une retenue d'eau de 450 000 m3 qui attire de nombreux promeneurs *(accès au nord de Caromb, sur la D 13 en direction de Malaucène, baignade interdite).*
Rentrer à Carpentras par la D 938.

NOS ADRESSES AUTOUR DU MONT VENTOUX

MÉTÉO

Une petite laine est de rigueur car le mistral souffle avec une furie sans pareille. Au sommet, la température est, en moyenne, de 11 °C plus basse qu'au pied et il pleut deux fois plus qu'en bas. Durant la saison froide, le thermomètre descend, à l'observatoire, jusqu'à – 27 °C ! En **été**, aux heures chaudes, le mont Ventoux est souvent entouré de brumes. Pour profiter du panorama, mieux vaut partir de très bonne heure. Autre solution : rester sur la montagne jusqu'au coucher du soleil. En hiver, l'atmosphère est plus transparente, mais on ne peut gagner le sommet qu'en chaussant des skis.

HÉBERGEMENT

BUDGET MOYEN

Hôtel La Garance – *Ste-Colombe - 84410 Bédouin - ✆ 04 90 12 81 00 - www.lagarance.fr - ouvert 3 avr.-31 oct. - 13 ch. 52/77 € - ☕ 8 €.* Le Ventoux pour toile de fond, un hameau entre vignes et vergers pour décor… Cette ancienne ferme, simple mais bien tenue, est prisée des randonneurs. Chambres avec terrasse.

Hôtel restaurant Chalet Liotard – *Station du Mt-Serein - 84340 Beaumont-du-Ventoux - ✆ 04 90 60 68 38 - www.chaletliotard.fr - 8 ch. 60 € - ☕ 7 € - rest. 11/29 €.*
Il flotte ici une ambiance résolument montagnarde : les chambres familiales, les lits superposés en pin blanc, le look de gros chalet, le restaurant façon rustique… Spécialités roboratives et accueil chaleureux.

POUR SE FAIRE PLAISIR

Chambre d'hôte La Bastide des Gramuses – *Rte de Buis-les-Baronnies - 84340 Entrechaux - ✆ 04 90 46 01 08 - P - ⊄ - 3 ch. 110 € ☕.* Isolée entre vignes et oliviers, cette ancienne ferme du 17e s. compte 3 chambres, directement accessibles depuis la petite cour carrée. Toutes bénéficient d'une association entre décoration authentique et confort moderne. Mini-réfrigérateurs, literie et salles de douches de qualité, entre vieux meubles et tomettes.

UNE FOLIE

Hôtel Crillon le Brave – *Pl. de l'Église - 84410 Crillon-le-Brave - ✆ 04 90 65 61 61 - www.crillonlebrave.com - ouvert 7 mars-30 nov. - 28 ch. 240/740 € - ☕ 19 €.* Sept maisons anciennes typiques dans un village perché face au mont Ventoux. Jardin à l'italienne débouchant sur la piscine. Ravissantes chambres provençales. Au restaurant ou sur la terrasse romantique, cuisine canaille et gourmande. Carte « snack » à midi.

RESTAURATION

POUR SE FAIRE PLAISIR

Le Vieux Four – *Au village - 84410 Crillon-le-Brave - ✆ 04 90 12 81 39 - fermé 11 Nov.-13 fév., lun. et le midi (sf dim.) - ⊄ - 28 €.* C'est dans l'ancienne boulangerie du village qu'est venue s'établir cette jeune cuisinière dynamique. Elle vous accueille dans le fournil, dont elle a conservé le four, ou sur la terrasse, installée sur les remparts. De là, vue sur le mont Ventoux.

Le Mas des Vignes – *Au virage de St-Estève - 84410 Bédoin - ✆ 04 90 65 63 91 - lemasdesvignes@aol.com - ouvert avr.-nov. et fermé* *mar. midi et lun. sf juil.-août et le midi en juil.-août sf dim. et fériés - P - ⊭ - 35/50 €.* Un cadre bucolique (jardin fleuri, rocaille, petit potager) entoure ce ravissant mas et sa terrasse panoramique. Beaux produits au service d'une cuisine régionale. Bon accueil.

ACHATS

Marché à Bédoin – Marché provençal lundi matin, très animé en saison estivale.

ACTIVITÉS

Cyclotourisme

Sur les flancs du Ventoux – *Brochure gratuite dans les offices de tourisme et itinéraires téléchargeables sur www.provence-a-velo.fr.* Sept itinéraires à vélo ont été conçus pour profiter des petites routes et des panoramas offerts par le Ventoux. En prime, un réseau de 33 professionnels a été qualifié pour faciliter l'accueil des cyclistes (loueurs, hôtels, restaurants…).

Randonnées pédestres

Topoguides disponibles dans les offices de tourisme locaux, avec de nombreux circuits proposés, de la découverte de la forêt de Bédoin à l'ascension du Géant de Provence par les GR 91 et 91B.

Ascensions nocturnes – Un spectacle inoubliable : la plaine provençale, lorsque, dans la nuit, villes et villages scintillent dans l'obscurité. En juil. et août, tous les vendredis soir, des ascensions pédestres nocturnes sont organisées par les offices du tourisme de Malaucène et de Bédoin, pour admirer le lever du soleil au sommet du mont Ventoux.

Sports d'hiver

Rens. à l'office du tourisme de Beaumont-du-Ventoux : ✆ 04 90 65 21 13 ou au chalet d'accueil : ✆ 04 90 63 42 02 - www.stationdumontserein.com. Entre décembre et avril, le mont Ventoux est encapuchonné de neige au-dessus de 1 300 à 1 400 m d'altitude et fournit aux sports d'hiver d'excellents terrains. Sur le versant nord, au mont Serein, ski sur neige et, aux beaux jours, sur herbe, remontées mécaniques et piste de raquettes.

Ateliers

Safran des Papes – *Domaine de la Madelène - Rte de Malaucène - 84410 Bédoin - ✆ 06 81 30 84 13 - www.safrandespapes.com - stages safran, 2 à 6 pers., 140 €/j (déj. compris), sur réserv.* Stages de découverte dans une exploitation de safran, au pied du mont Ventoux, dans un beau domaine : les safranières s'étagent au pied d'une chapelle romane.

Sault

1 285 Saltésiens – Vaucluse (84)

NOS ADRESSES PAGE 380

S'INFORMER

Office du tourisme de Sault – *Av. de la Promenade - 84390 Sault - ✆ 04 90 64 01 21 - www.saultenprovence.com - 4 fév.-19 déc. : 9h-12h, 14h-18h (se renseigner) - fermé dim., 1er janv., 1er Mai, 1er et 11 Nov., 25 déc.*

SE REPÉRER

Carte de microrégion C1 *(p. 354) – carte Michelin Départements 332 F9.* Bâti en hémicycle, à 765 m d'altitude, sur une avancée rocheuse qui termine le plateau de Vaucluse à l'ouest et domine la vallée de la Nesque, ce bourg agréable offre une bonne base d'excursions entre le mont Ventoux, les Baronnies et la montagne de Lure *(voir* Le Guide Vert Alpes du Sud*).*

SE GARER

Laissez la voiture sur la vaste place des Aires.

ORGANISER SON TEMPS

Vous viendrez pour la journée, le temps de vous promener à Sault et de découvrir le plateau d'Albion le matin, tandis que vous consacrerez l'après-midi aux gorges de la Nesque. Prévoyez deux jours si vous souhaitez également faire le circuit du mont Ventoux *(voir ce nom).*

AVEC LES ENFANTS

Le Centre de découverte de la nature à Sault.

Odorante lavande… L'été venu, ses nappes bleutées parent les paysages du plateau de Sault, région qui attire randonneurs, cyclotouristes… et gourmands ! Car outre le miel de lavande et le nougat, le pays de Sault s'est fait un devoir de réhabiliter l'épeautre (blé des Gaulois), au goût inoubliable, cultivé jusqu'à la fin de l'ère romaine.

Se promener

Le vieux bourg, autrefois fortifié, avec ses ruelles aux noms parfois insolites (comme la rue des Esquiche-Mouches dont l'appellation proclame l'étroitesse !), bordées de demeures anciennes et d'agréables placettes, ne manque pas d'un certain charme.

L'**église Notre-Dame-de-la-Tour**, commencée au 12e s., a conservé sa nef romane primitive que couvre une voûte en berceau brisé. Au nord du bourg par l'avenue de la Promenade (face à l'office de tourisme), belle **vue★** sur le plateau de Sault, l'entrée des gorges de la Nesque et le mont Ventoux.

Musée

R. du Musée - ✆ 04 90 64 02 30 - juil.-août : 15h-18h - fermé dim. - gratuit.

Au 1er étage de la bibliothèque, témoignages sur la préhistoire et l'époque gallo-romaine : monnaies, armes, roches du pays, documents anciens sur le pays de Sault et, importation plus inattendue, une momie égyptienne !

Bottes de lavande.
Sigfrid López / MICHELIN

Centre de découverte de la nature et du patrimoine cynégétique
Av. de l'Oratoire. Accès possible par la r. des Écoles. En haut de la volée de marches dominant la pl. des Martyrs-d'Izou-la-Bruisse. ✆ 04 90 64 13 96 - ♿ - juil.-août : 10h-12h, 15h-19h ; reste de l'année : 10h-12h, 14h-18h - fermé w.-end, de mi-déc. à mi-fév., 1er Mai - 3 € (-8 ans gratuit).
Cet espace permet, à l'aide de bornes interactives, de panneaux et de dioramas, de mieux connaître la faune, la flore, la géologie de la région, les activités traditionnelles (pastoralisme, chasse…), les produits du terroir (miel, lavande, etc.). Expositions permanentes et temporaires.

Itinéraires conseillés Carte de microrégion

PLATEAU D'ALBION C1-2

Pour visualiser ce circuit de 39 km au départ de Sault, se reporter à la carte p. 354 – compter environ 1h30 avec les arrêts. Quitter Sault au nord par la D 942 en direction d'Aurel.
On a recensé dans ce véritable causse plus de 200 gouffres ou avens aux ouvertures parfois très étroites et difficilement repérables. Si le plus beau (depuis le haut) est sûrement celui de la Cervi près de Saint-Christol, les plus profonds sont l'aven Jean-Nouveau, avec son puits vertical de 168 m, et l'aven Autran, qui dépassent les 600 m de profondeur. Ces gouffres absorbent les eaux de pluie, qui circulent dans un réseau souterrain enfoui très profondément dans la masse calcaire, et dont la branche maîtresse aboutirait à la célèbre fontaine de Vaucluse.

Aurel C1
Les restes de ses fortifications et sa robuste église en pierre claire dominent les champs de lavande de la plaine de Sault.
Quitter Aurel à l'ouest par la D 95, puis prendre la D 1, et enfin, à gauche, la D 950.

UNE BASE STRATÉGIQUE
De 1971 à 1996, au temps de la guerre froide, le plateau d'Albion fut le symbole de la dissuasion nucléaire française. À compter de 1964, l'armée aménagea, autour de **Saint-Christol**, une base souterraine de missiles. Dotée de 18 silos destinés à accueillir, à 30 m de profondeur, des fusées sol-sol à tête nucléaire, elle occupait près de 1 000 km². Le redéploiement des forces militaires en Europe a conduit, fin 1996, à l'abandon de ce site.

Saint-Trinit C1

Cette église du 12e s, dépendant à l'origine de l'abbaye bénédictine de Villeneuve Lez Avignon, est un bel exemple de l'architecture romane en Haute-Provence.
Par la D 95 au sud puis la D 30, rejoindre Saint-Christol.

Saint-Christol C2

Ce village possède plusieurs distilleries de lavande et une belle **église** romane construite au 12e s. (une seconde nef fut rajoutée au 17e s.). Intéressante décoration d'animaux fantastiques sur l'abside et sculptures de l'autel d'époque carolingienne.
Prendre la D 34, à la sortie de Saint-Christol, en direction de Lagarde-d'Apt.
La route en forte montée conduit sur le plateau, à 1 100 m d'altitude, dans un paysage dominé par le mont Ventoux et au loin les Alpes, vers **Lagarde-d'Apt**.

Observatoire Sirene C2

Avant le panneau d'entrée de Lagarde-d'Apt, après le chemin menant à la chapelle Notre-Dame-de-Lamaron. ✆ 04 90 75 04 17 - www.obs-sirene.com - ♿ - visite guidée sur réserv. - 40 € (8-15 ans 20 €) soirée découverte, 15 € (8-15 ans 7,50 €) balade nocturne - juil.-août : tlj ; reste de l'année : merc. et sam.
« Silo réhabilité pour nuits étoilées » : tel est le terme poétique désignant cet observatoire installé dans un ancien équipement militaire, afin de profiter de la visibilité à 360° et de la pureté incomparable de l'air. Lieu idéal pour vous initier à une découverte nocturne du ciel, en particulier grâce à un télescope entièrement automatisé. Sachez qu'une petite laine ne sera pas de trop pour affronter la fraîcheur nocturne !
Reprendre la D 34 en sens inverse, puis la D 245 à gauche pour rentrer à Sault.

★★ GORGES DE LA NESQUE BC1-2

▶ *Pour visualiser ce circuit de 90 km au départ de Sault, se reporter à la carte p. 354 – compter environ 4h avec les arrêts. Quitter Sault par la D 942 au sud-ouest, route tracée en corniche sur la rive droite de la Nesque.*
Longue de 70 km, la Nesque prend sa source sur le versant est du mont Ventoux et se jette dans la Sorgue de Velleron, au-delà de Pernes-les-Fontaines. Avant de pénétrer dans la plaine comtadine, elle se fraye un passage dans les assises calcaires du plateau de Vaucluse : ces gorges représentent la partie la plus spectaculaire de son cours.

Monieux C2

Pl. Léon-Doux - 84390 Monieux - ✆ 04 90 64 14 14. Entre autres informations sur le village, topoguides gratuits sur les randonnées de Monieux *(à télécharger aussi sur www.ot-monieux.com).*

SAULT

Ce vieux village, en balcon au-dessus de la Nesque, est dominé par une haute tour du 12e s. reliée au village par des vestiges d'enceinte. De belles maisons médiévales ont conservé des portes anciennes.

★ Gorges de la Nesque B2

3h AR, sentier balisé rouge et blanc (GR 9), 9 km, difficulté moyenne (380 m de dénivelé), uniquement réalisable l'été quand la rivière, qu'il faut traverser, n'est pas trop haute. Départ du centre de Monieux, devant l'office de tourisme.

L'intérêt de cette belle randonnée est de faire découvrir un paysage où prédominent l'olivier et le chêne vert, très différent de ce qu'en montre la D 942. Après avoir longé la rive gauche, suivez la direction « chapelle Saint-Michel » et traversez le torrent. Face à vous s'élève alors, rive droite, la **chapelle troglodytique Saint-Michel**, édifice roman niché sous un rocher. On est ému par la beauté simple de son architecture et par le petit autel où se dresse une statue de l'archange terrassant le dragon. C'est l'aventure… Le sentier se poursuit sur la rive droite. Une montée raide aboutit à la D 942. En la prenant à gauche, on peut atteindre en 15mn le belvédère de Castellaras ; en prenant en face, un sentier rejoint Monieux en 30mn de marche.

À la sortie sud de Monieux, prendre la première route à gauche, en direction du plan d'eau (fléché). Faire le tour du plan d'eau. Au stop, prendre à droite la route en direction de « Méthamis » et la suivre sur 10 km, jusqu'au gîte d'étape de Saint-Hubert. S'y garer.

Sentier botanique Saint-Hubert B2

Compter 2h30 AR, boucle de 4,5 km, facile. Cette marche sans difficulté particulière, bien fléchée, est balisée de panneaux sur la flore, présentant les espèces végétales de la réserve de biosphère du mont Ventoux. En chemin, vous longerez aussi un pan du **mur de la Peste** (une muraille de pierres sèches édifiée en 1720 à travers les monts de Vaucluse, sur plus de 25 km de long), des **aiguiers** *(voir l'encadré)* et des charbonnières.

Rejoindre les gorges de la Nesque par la route empruntée à l'aller.

★★ Belvédère de Castellaras B2

À 734 m d'altitude, sur la gauche de la route, il doit son nom à un ancien oppidum. Vous pourrez y lire sur une stèle un extrait du *Calendau* de Mistral. **Vue** remarquable sur l'enfilade des gorges et le **rocher du Cire**, très escarpé (872 m).

LES AIGUIERS DU PAYS DE SAULT

Témoins d'une vie rude dans une nature parcimonieuse, les **aiguiers** sont des réservoirs d'eau creusés par les paysans afin de recueillir les eaux de ruissellement, quelquefois précédés d'un impluvium et alimentés par des rigoles taillées dans la roche. Parfois recouverts d'une voûte en pierres sèches, comparable à celle des bories, ils servaient sans doute principalement à abreuver les troupeaux, mais aussi à l'approvisionnement en eau potable des habitats isolés. Vous pourrez en voir dans les gorges de la Nesque (aiguiers de Puits-Verrier, de Fayol et des Annelles, et, à partir de ceux de Castellaras, une promenade vous conduira aux superbes aiguiers du Champ-de-Sicaude).

Bon à savoir – L'office du tourisme de Sault met à la disposition des visiteurs un dépliant explicatif sur les aiguiers avec 3 propositions de balades, et vend *Le Guide des aiguiers (12 €).*

La descente amorcée, la route franchit trois tunnels. Entre chaque tunnel, on surplombe la Nesque, dissimulée par une abondante végétation, au creux d'une entaille profonde : seul un murmure cristallin signale sa présence. La D 942 s'éloigne un peu des gorges et traverse la combe de Coste Chaude. À la sortie du dernier tunnel, belle vue arrière sur les gorges et le rocher du Cire. La route passe au pied du hameau ruiné de Fayol, noyé dans la végétation. Soudain, le paysage change et la plaine comtadine succède aux gorges : **vue** sur le mont Ventoux, Carpentras et la campagne environnante.

La très belle combe de l'Hermitage mène à **Villes-sur-Auzon**, gros village agricole posé sur les pentes du Ventoux. Bordé de platanes et agrémenté de fontaines, un boulevard ceinture le noyau ancien.

Prendre la D 1 en direction de la Gabelle.

Cette route court sur le plateau et offre un large tour d'horizon sur le mont Ventoux, les dentelles de Montmirail et le bassin de Carpentras. À l'entrée de la Gabelle, la **vue** se porte sur l'autre versant avec au premier plan l'entaille de la Nesque et, à l'horizon, la montagne du Luberon.

De la Gabelle, continuer au nord, traverser la D 1 et prendre la D 217 vers Flassan.

La route descend dans un frais vallon boisé de pins et d'épicéas jusqu'à **Flassan**, village égayé par des maisons au revêtement ocre et une place on ne peut plus provençale.

Retour à Sault par la D 217 puis, à gauche, la D 1.

NOS ADRESSES À SAULT

HÉBERGEMENT

PREMIER PRIX

Hôtel-Restaurant Signoret – *Av. de la Résistance - ✆ 04 90 64 11 44 - www.lesignoret.fr - rest. fermé dim. soir et vend. - ♿ - 26 ch. 43/55 € - ☕ 7 €.* Rien de flamboyant certes, mais un entretien, une propreté et surtout des tarifs qui en font une adresse des plus convenables. Salle à manger et terrasse pour les repas.

Chambre d'hôte Lavand'inn – *Pl. du Château - ✆ 04 90 64 13 68 ou 06 22 03 73 - lavandinn@wanadoo.fr - 🚭 - 45/74 € ☕.* Douceur et qualité de vie vous attendent dans cette maison abritant des chambres meublées en fer forgé; certaines d'entre elles jouissent en outre d'une vue imprenable sur la vallée. Les copieux petits-déjeuners sont l'occasion de découvrir quelques spécialités locales comme le miel de lavande ou le pain d'épeautre.

BUDGET MOYEN

Aux alentours de Sault

Ferme Les Bayles – *84390 St-Trinit - ✆ 04 90 75 00 91 - http://les-bayles.com - 🅿 - 🚭 - 4 ch. 50 € ☕.* Cette ancienne bergerie est l'endroit rêvé pour un retour à la nature. Poulets, pintades, canards et lapins sont servis à la table d'hôte. Cinq chambres d'hôte et un gîte d'étape accueillant randonneurs, cyclistes et cavaliers. Ferme équestre et piscine.

RESTAURATION

BUDGET MOYEN

Le Provençal – *R. Porte-des-Aires - ✆ 04 90 64 09 09 - restaurantleprovencal@wanadoo.fr - fermé 8 déc.-1er janv., 1 sem. (vac. de fév.), lun. soir et mar. (sf 14 Juil.-15 août) - ♿ - 🏖 🚭 - formule déj.*

11 € - 16/22 €. Ne vous fiez pas à la modeste façade de ce restaurant, apprécié dans la région pour l'atmosphère de simplicité et la bonne humeur qui y règnent. Aux fourneaux, le jeune chef concocte une cuisine « couleur locale », à savourer en salle ou sur la terrasse abritée du soleil.

ACHATS

Maison des producteurs – *R. de la République - ✆ 04 90 64 08 98 - de Pâques à la Toussaint : 9h30-12h30, 14h-19h ; reste de l'année : vac. scol. et w.-end 9h30-12h30, 14h-19h - 24 déc.-1er janv.* Coopérative des producteurs de lavande et de petit épeautre du pays de Sault. Plantes aromatiques, huiles essentielles, miel, nougat, huile d'olive. Exposition-vente.

André Boyer – *Pl. de l'Europe - ✆ 04 90 64 00 23 - www.nougat-boyer.fr - 7h-19h - fermé fév.* La boutique d'André Boyer est une adresse incontournable, qui perpétue les traditions artisanales de fabrication. Miel de lavande et amandes de Provence constituent les matières premières nobles qui entrent dans l'élaboration du nougat blanc tendre ou du nougat noir croquant, sans oublier macarons et petites galettes à la farine d'épeautre.

Cave TerraVentoux – *Rte de Sault - ✆ 04 90 61 79 47 - www.terraventoux.com - avr.-août : 9h-12h, 14h-19h, dim. et j. fériés 9h-12h, 15h-18h30 ; reste de l'année : 8h30-12h15, 14h15-18h30, dim. 9h-12h, 15h-18h30 - fermé dim. (oct.-mars).* Depuis sa création en 1929, les hommes de TerraVentoux n'ont eu de cesse d'améliorer leur savoir-faire et la richesse de leur terroir. Sis au pied du Mont-Ventoux les 1 200 ha de vignoble produisent des vins rouge, rosé et blanc de qualité sous l'appellation AOC Cotes du Ventoux dont le produit phare est sans conteste « Terres de Truffes ». Retrouvez toute cette gamme en vente dans le caveau à la sortie du village, route de Carpentras. Balades vigneronnes assorties de dégustations et promenades en calèche (uniquement en été et sur réservation).

ACTIVITÉ

Accueil spéléologique du plateau d'Albion – *R. de l'Église - 84390 St-Christol - ✆ 04 90 75 08 33 - www.aspanet.net - ouv. tte l'année - adhésion annuelle : 2,50 € ; nuitée 11/35 € ; activités 18/60 €.* Avec les avens Autran, de la Cervi et du Trou Souffleur, St-Christol est devenue la capitale spéléologique du plateau d'Albion.

AGENDA

Fête de la lavande – Le 15 août, défilé de groupes folkloriques et démonstrations de coupe, manuelle, à l'hippodrome.

Autour du Luberon 8

Carte Michelin Département 332 et 340 – Vaucluse (84) - Bouches-du-Rhône (13) - Alpes-de-Haute-Provence (04)

C
D
UCLUSE
ALPES-DE-HAUTE-PROVENCE
SISTERON, GAP
Banon
Forcalquier
Lurs
Observatoire de Hte Provence
Salagon
Mane
Pont Médiéval
Vachères
Oppedette
Gorges d'Oppedette
Rustrel
Colorado
St-Michel-l'Observatoire
Sauvan
St-Maime
St-Paul
Dauphin
Lincel
Reillanne
PARC NATUREL RÉGIONAL DU LUBERON
Prieuré de Carluc
St-Martin-de-Castillon
Claparèdes
Céreste
Mont d'Or
663
Manosque
Montfuron
St-Pancrace
1125
MOURRE NÈGRE
Cucuron
Étg de la Bonde
Grambois
Gréoux-les-Bains
Verdon
Ansouis
Turcan
La Tour-d'Aigues
Défilé de Mirabeau
Jardin du Chât. Val Joanis
Pertuis
Pont-de-Mirabeau
Durance
Jouques
Peyrolles-en-Provence
Meyrargues
Canal E.D.F.
VAR
Rians
EN-PROVENCE
1
2
3

Apt

11 229 Aptésiens – Vaucluse (84)

NOS ADRESSES PAGE 387

S'INFORMER

Office du tourisme du pays d'Apt – *20 av. Philippe-de-Girard - 84400 Apt - 04 90 74 03 18 - www.luberon-apt.fr - juil.-août : 9h30-19h, dim. et j. fériés 9h30-12h30 ; mai, juin et sept. : 9h-12h30, 14h30-18h30, dim. et j. fériés 9h30-12h30 ; reste de l'année : tlj sf dim. 9h30-12h30, 14h30-18h30.* Vous trouverez aussi ici des informations sur 12 communes voisines.

Maison du Parc naturel régional du Luberon – *84400 Apt - 60 pl. Jean-Jaurès - 04 90 04 42 00 - www.parcduluberon.fr - avr.-sept. : 8h30-12h, 13h30-18h, sam. 8h30-12h ; reste de l'année : tlj sf sam. 8h30-12h, 13h30-18h - se renseigner pour les expositions - fermé dim. et j. fériés - gratuit.* Expositions et brochures sur le territoire du Parc *(voir p. 386).*

SE REPÉRER

Carte de microrégion B2 *(p. 382) – carte Michelin Départements 332 F10.*
Apt ne se laisse pas aborder sans peine : lorsque l'on arrive de l'ouest (Cavaillon est à 31 km, Avignon à 52 km) par la D 900, il faut en effet traverser de longs faubourgs avant de franchir le Calavon, pour soudain se retrouver sur la place de la Bouquerie, âme de la petite cité.

SE GARER

Le centre-ville est piétonnier. Parkings payants aménagés sur les quais, gratuits sous les berges et sur la place Lauze de Perret, sauf le mardi et le samedi matin, jours de marché.

À NE PAS MANQUER

Découvrir Apt un samedi matin lorsque la ville s'anime pour le grand marché ; la Maison du Parc naturel régional du Luberon.

ORGANISER SON TEMPS

Comptez 1h environ pour se promener dans la ville, 2h ou plus les jours de marché. Prévoir 1/2 journée pour le circuit de l'ocre.

AVEC LES ENFANTS

La base de loisirs du plan d'eau d'Apt *(voir « Nos adresses »).*

HISTOIRE SUCRÉE

Auzias Maseta fut intronisé en 1348 par le pape Clément VI, « écuyer en confiture », preuve que le **fruit confit d'Apt** (naguère appelé « confiture sèche ») était déjà apprécié en très haut lieu. Mme de Sévigné appelait Apt « un chaudron de confiture ».

Les fruits furent d'abord confits dans du miel, avant que le sucre ne soit introduit à l'époque des croisades. Depuis lors, l'élaboration du fruit confit n'a pas changé : il s'agit de conserver le fruit en remplaçant son eau par du sucre. Pour cela, une seule méthode : le plonger dans des sirops portés à ébullition et répéter l'opération entre 5 et 12 fois en l'espace d'un mois.

Marché d'Apt.
S. Sauvignier / MICHELIN

La Colonia Julia Apta fut une prospère colonie romaine établie sur la voie Domitienne au début de notre ère. Devenue capitale du fruit confit et de l'ocre (elle conserve la seule usine encore en exploitation), la sympathique cité vous réserve bien d'autres surprises, tout aussi singulières : à l'écart des chemins trop fréquentés, le charme paisible de ses ruelles ou l'animation de son grand marché vous retiendront peut-être plus longtemps que prévu.

Se promener Plan de ville

Se reporter au plan p. 386 – compter environ 1h. Prendre, depuis la place de la Bouquerie, la rue de la République jusqu'à la place du Septier, ornée de beaux hôtels particuliers, puis la place Carnot, et, sur la droite, la rue de la Cathédrale.

Cathédrale Sainte-Anne

04 90 04 85 44 - www.apt-cathedrale.com - lun.-vend. 9h-12h, 14h30-18h (sf pdt les cérémonies), dim. 14h30-18h.

Elle fut élevée entre le 11e et le 12e s. mais très remaniée depuis : s'y mêlent allégrement styles roman (bas-côté droit) et gothique (bas-côté gauche), tandis que la nef date du 18e s. La coupole sur trompes, soutenant le clocher roman, est semblable à celle de N.-D.-des-Doms à Avignon *(voir ce nom)*. Un remarquable vitrail du 15e s., au fond de l'abside, représente sainte Anne tenant dans ses bras la Vierge et l'Enfant.

Dans la **chapelle Sainte-Anne**, achevée en 1664 après qu'Anne d'Autriche fut venue à Apt en pèlerinage, reliquaire de la sainte et groupe sculpté (sainte Anne et la Vierge Marie enfant), œuvre en marbre de Carrare due à Benzoni. Un pèlerinage très suivi a lieu chaque année le dernier dimanche de juillet. Sainte Anne est connue pour rendre les femmes fécondes ; Anne d'Autriche, qui lui devait la naissance de Louis XIV, vint en pèlerinage à Apt en 1660.

L'ancienne sacristie renferme le **Trésor** : châsses en émaux de Limoges (12e s.), coffrets en bois doré florentins (14e s.), manuscrits liturgiques et un étendard

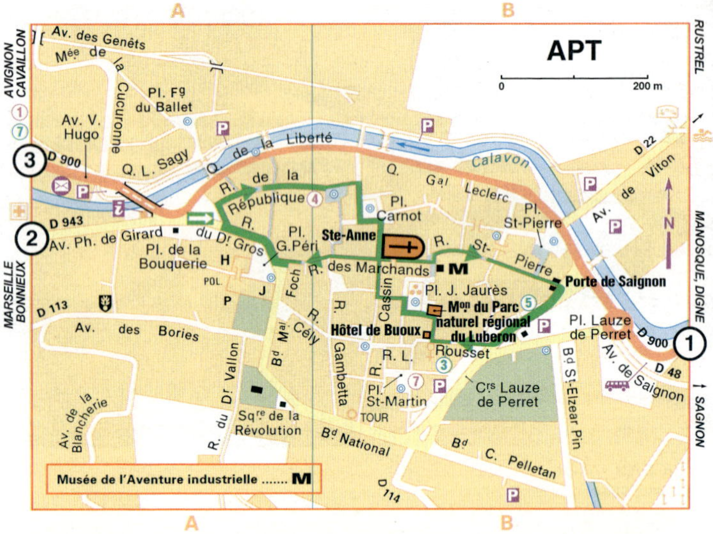

SE LOGER		SE RESTAURER	
Chambre d'hôte Le Couvent	3	Chez Sylla	1
Hôtel L'Aptois	5	L'Intramuros	4
Le Relais de Roquefure	7	Thym te Voilà	7

arabe tissé en 1097 à Damiette. ✆ 04 90 74 36 60 - *www.apt-cathedrale.com - visite guidée (15mn) juil.-août : 11h-12h30, 17h-18h30 ; reste de l'année : sam. 11h-12h30, sem. sur demande préalable - gratuit.*

Crypte sur deux étages : le niveau supérieur, roman, conçu comme une minuscule église, contient un autel du 5e s. ; l'étage inférieur est d'époque carolingienne.

Par la r. des Marchands, passant sous le clocher-porte, aller jusqu'à la pl. du Postel.

Poursuivez dans la rue Saint-Pierre jusqu'à la **porte de Saignon**, vestige de l'enceinte de la cité.

Suivre à droite le cours Lauze-de-Perret, longeant l'incontournable boulodrome provençal, jusqu'à la r. Louis-Rousset, par laquelle on entre à nouveau dans la cité.

Au coin de la rue P.-Achard, notez à gauche la façade classique de la **chapelle des Récollets** (17e s.), avant de poursuivre dans la rue P.-Achard. La Maison du Parc naturel régional du Luberon est installée dans un ancien hôtel particulier de la place Jean-Jaurès.

Maison du Parc naturel régional du Luberon

Voir p. 384. Excellente introduction pour une première approche avant de partir à la découverte de la région : bornes interactives, panneaux lumineux, fresques animées, diaporamas… présentent différents aspects, tant géographiques qu'humains, du Luberon. Et voilà, vous saurez tout… ou presque, en théorie.

Gagner, sur la droite, la place du Postel.

Musée de l'Aventure industrielle M

☎ 04 90 74 95 30 - ♿ - juin-sept. : 10h-12h, 15h-18h30, dim. 15h-19h ; reste de l'année : tlj sf dim. 10h-12h, 14h-17h - possibilité de visite guidée (1h) sur demande (15 j. av.) - fermé mar. et j. fériés - 4 € (-16 ans 2 €).

Installé dans une ancienne usine de fruits confits, ce musée présente les trois activités industrielles d'Apt et leur évolution du 19e s. à nos jours : la fabrication des **fruits confits** (machines et outillage) et leur conditionnement (collection d'étiquettes), l'exploitation de l'**ocre** (reconstitution d'une scène d'affinage) et la **faïencerie** (exposition de faïences 17e-20e s. et de céramiques architecturales).

Remonter, à gauche, la rue des Marchands.

Sur la **place Gabriel-Péri**, belle façade classique de la sous-préfecture flanquée de deux fontaines à dauphins.

Par la rue du Dr-Gros, rejoindre la place de la Bouquerie.

NOS ADRESSES À APT

HÉBERGEMENT

PREMIER PRIX

Hôtel L'Aptois – *289 cours Lauze-de-Perret - ☎ 04 90 74 02 02 - www.aptois.fr - fermé 25 déc.-1er janv. - 42/60 € - ☕ 8 €.* En plein centre-ville et face à une grande place, cet hôtel associe décoration simple et fonctionnalité. On aura une préférence pour les chambres fraîchement rénovées, plus confortables et modernes. Parmi ces dernières, les familiales restent un choix idéal avec 2 ou 3 enfants.

PRIX MOYEN

Le Relais de Roquefure – *Quartier de Roquefure - 3 km à l'ouest d'Apt par la D 900 - ☎ 04 90 04 88 88 - www.relaisderoquefure.com - fermé de déc. à mi-fév. - 🏊 - 16 ch. 61/118 € ☕ 10 €.* Belle demeure nichée dans un parc de cèdres centenaires, avec une piscine pour le farniente.

POUR SE FAIRE PLAISIR

Chambre d'hôte Le Couvent – *36 r. Louis-Rousset - ☎ 04 90 04 55 36 - www.loucouvent.com - 5 ch. 95/140 € ☕.* Dans les murs de cet ancien couvent (17e s.), vous oublierez que vous êtes en plein centre-ville. Chambres de charme ouvrant sur le jardin. Petit-déjeuner sous les voûtes du réfectoire.

RESTAURATION

PREMIER PRIX

Chez Sylla – *D 900, à la sortie d'Apt - ☎ 04 90 74 95 80 - www.sylla.fr - rest. : 12h-14h, fermé dim. - 10/15 €.* Cette coopérative vend ses vins et propose désormais des formules déjeuner, des assiettes composées avec fromages et vins, bien sûr.

BUDGET MOYEN

Thym te Voilà – *59 pl. St-Martin - ☎ 04 90 74 28 25 - http://thymtevoila.free.fr - fermé dim. et lun., janv.-mars - midi et soir mi-juin, mi-sept. - reste de l'année : jeu., vend., sam. soir - 21/30 €.* Une vraie bonne adresse qui a rapidement fidélisé sa clientèle. Aux fourneaux, un passionné qui a roulé sa bosse avant de revenir dans sa Provence natale. Ses plats sont à son image : le terroir dopé par les saveurs d'ailleurs.

POUR SE FAIRE PLAISIR

L'Intramuros – *120-124 r. de la République - ☎ 04 90 06 18 87 - fermé 10 janv.-28 fév., dim. et lun. - ♿ - formule déj. 18 € - 29,50 €.*

Charmant intérieur aux airs de boutique d'antiquaire où vous dégusterez des recettes provençales à base de produits du marché. Formule déjeuner intéressante. Également vente à emporter.

PETITE PAUSE

Les Gourmands Disent (...) – *17 pl. du Septier - ✆ 04 90 74 27 97 - lun.-sam. 9h-18h.* Petit salon de thé sobre et discret, avec un choix de thés, pâtisseries maison et tartes salées.

ACHATS

Marché – Place Lauze-de-Perret, marché traditionnel samedi matin, l'un des plus courus de la région, et petit marché paysan mardi matin.

Atelier du Vieil Apt – *61 pl. Carnot - ✆ 04 90 04 03 96 - www.atelierduvieilapt.com - lun.-sam. 8h30-12h, 14h-18h.* Des faïences fines réalisées sur place par des artisans d'art, pièces originales inspirées de l'orfèvrerie ou rééditions anciennes. Visite de l'atelier.

Confiserie Le Coulon – *24 quai de la Liberté - ✆ 04 90 74 21 90 - avr.-sept. : 9h15-12h15, 15h-19h ; reste de l'année : 9h15-12h15, 14h30-18h30 - fermé dim. et lun., 2 sem. en janv. et 2 sem. en juin.* Élaboration artisanale des fruits confits avec les produits de la région et sans colorant ni conservateur. Dans la jolie boutique colorée et cossue, vous découvrirez, entre autres, les deux fabrications vedettes de la maison : l'abricot et la mandarine.

Confiserie Aptunion / les Fleurons d'Apt – *D 900 - à Salignan - ✆ 04 90 76 31 43 - www.lesfleurons-apt.com - visite guidée de l'usine sur demande préalable - fermé dim. et j. fériés.* Impossible de manquer cette fabrique de fruits confits : une jolie boutique a été aménagée à l'entrée. Cerise bigarreau, cassis, melon, poire, pêche blanche, abricot et mangue y sont vendus glacés ou en purée, présentés en corbeille ou en composition. Visite de l'atelier sur rendez-vous.

Château de Mille – *Rte de Bonnieux - ✆ 04 90 74 11 94 - www.chateau-de-mille.fr - 8h-12h, 14h-18h.* Les vins du domaine bénéficient de l'AOC côtes-du-luberon et ont été maintes fois récompensés par des médailles d'or. Lors de votre venue, prolongez la visite jusqu'à la cuve taillée à même la roche.

ACTIVITÉS

Base de loisirs, plan d'eau d'Apt – *Rte de St-Saturnin-lès-Apt - ✆ 04 90 04 85 41 - sports@apt.fr - été : 8h30-12h, 13h30-19h ; hiver : 8h30-11h30, 13h30-16h30 - fermé de fin nov. à mi-mars.* Elle propose de nombreuses activités : voile, planche à voile, kayak, tir à l'arc, VTT, escalade, école de voile (FFV). Bon à savoir : la baignade n'est pas autorisée sur ce plan d'eau.

La montagne du Luberon

★★★

Vaucluse (84) – Alpes-de-Haute-Provence (04)

NOS ADRESSES PAGE 401

S'INFORMER

La Maison du Parc – *Voir Apt (p. 384).*

SE REPÉRER

Carte de microrégion ABC2 *(p. 382) – carte Michelin Départements 332 E11 à G11.* Fort de son succès, le terme de « Luberon » est aujourd'hui brandi comme un fier argument touristique, de Gordes à Forcalquier, de la Durance aux monts de Vaucluse. En réalité, le Luberon désigne une entité géologique précise, une montagne divisée en deux parties inégales par la combe de Lourmarin : à l'ouest, le **Petit Luberon**, plateau échancré de gorges et de ravins dont l'altitude ne dépasse guère 700 m ; à l'est, le **Grand Luberon**, qui aligne ses croupes massives s'élevant jusqu'à 1 125 m au Mourre Nègre. Le versant nord, aux pentes abruptes et ravinées, plus frais et humide, porte une belle forêt de chênes pubescents, tandis que le versant sud, tourné vers le pays d'Aix, est plus méditerranéen par sa végétation (chênaie verte, garrigues à romarin).

Parc naturel régional du Luberon

SE GARER

Des parkings, souvent payants, sont aménagés aux entrées des villages perchés qui se parcourent à pied.

À NE PAS MANQUER

Le célébrissime Petit Luberon, où sont perchés les villages les plus en vue, Bonnieux et Ménerbes en tête ; le Grand Luberon, plus tranquille, piqué de villages moins connus, comme Sivergues, Saignon et Grambois.

ORGANISER SON TEMPS

Si vous le pouvez, préférez l'arrière-saison, voire l'hiver, quand les villages retrouvent leur atmosphère paisible.

À mi-chemin entre les Alpes et la Méditerranée s'étend la barrière montagneuse du Luberon. Parsemant ces paysages lumineux et accidentés, villages perchés ou mystérieuses bories confèrent à la région une forte personnalité. Ce territoire préservé par le Parc naturel régional a été classé « Réserve de biosphère » par l'Unesco. Au royaume du tourisme, le Luberon concentre tous les clichés de la Terre promise. Du coup, les foules s'y bousculent, surtout l'été. Que les amoureux de solitude se rassurent : loin des villages stars, même en plein été, il reste suffisamment de poches de résistance pour retrouver la quiétude originelle.

Itinéraires conseillés Carte de microrégion

★★ LE GRAND LUBERON BC2

Pour visualiser ce circuit de 103 km au départ d'Apt, se reporter à la carte p. 382 – une journée. Quitter Apt par la D 48 au sud-est, par l'avenue de Saignon.
La route en montée offre de belles vues sur le site perché de Saignon, le bassin d'Apt, le plateau de Vaucluse et le mont Ventoux.

Saignon C2

Laisser la voiture sur le vaste parking à l'entrée du village. Bâti sur un promontoire rocheux dominant Apt, ce charmant village occupe un **site★** remarquable. Point de départ aisément repérable pour les promeneurs, l'église **Notre-Dame-de-Pitié**, romane, frappe par ses dimensions. Sur la façade, belles arcades trilobées sur pilastres et colonnettes, et portail de bois sculpté par Elzéar Sollier (14e s.). Descendant sous le parvis de l'église, la rue principale conduit à la **place de la Fontaine** (petit lavoir sur votre gauche). Tournez à droite dans la rue de l'Horloge pour atteindre une place surplombant la vallée, où un **moulin à huile troglodytique** a été conservé, dans les grottes sous les remparts. Poursuivez vers le **rocher Bellevue** *(fléché, table d'orientation)* : devant vous, le cône pelé du Ventoux surplombant le plateau de Vaucluse ; en contrebas, Apt ; derrière vous, à vos pieds, les toits de tuiles roses de Saignon ; en toile de fond, le Grand Luberon dominé par le Mourre Nègre.
Potager d'un curieux – *la Molière - ✆ 04 90 74 44 68 - visite sur demande préalable - gratuit.* Dans le quartier de la Molière, voici le royaume d'un passionné du jardinage, Jean-Luc Danneyrolles, qui cultive avec amour des plantes oubliées et des légumes du passé. Un véritable enchantement lorsqu'à la belle saison les massifs se parent de mille couleurs.
Reprendre la voiture et poursuivre sur la D 48 en direction d'Auribeau.

AVIS AUX RANDONNEURS

Cette partie du Luberon, encore relativement sauvage en certains lieux, abrite des sentiers balisés appréciés des randonneurs. De multiples ouvrages recensent les itinéraires. Nous vous conseillons notamment la collection « Balades en Luberon », éditée par le Parc, de petits topo-guides pleins d'informations, chaque titre étant consacré à une commune en particulier, détaillant les sentiers aux alentours *(5 € le titre)*. En vente à l'accueil du Parc *(voir p. 384)*.

La montagne du Luberon.
S. Sauvignier / MICHELIN

Le plateau des Claparèdes BC2

500 à 700 m d'alt. Depuis la D 48, belles vues sur plateau, situé entre Saignon et Bonnieux. Parsemé de bories, peu habité, il accueille quelques activités agricoles, telles la culture du lavandin, truffières et ruches. Son nom vient de « clapas », des tas de pierres disséminés ici et là, ramassés par les paysans pour améliorer la qualité de cette terre naturellement caillouteuse.

Poursuivre jusqu'à Auribeau, joli village au milieu des lavandins. À l'entrée, les randonneurs suivront les panneaux « Parking du Mourre Nègre », point de départ du sentier balisé qui permet d'atteindre le sommet du Mourre Nègre (4,9 km).

★★★ Le Mourre Nègre C2

Les plus sportifs prépareront soigneusement leur ascension du Mourre Nègre (« Museau Noir »), point culminant de la montagne du Luberon. Un topo-guide et un équipement adéquat sont indispensables à cette randonnée de cinq heures. Mais quelle récompense ! Du sommet, immense **panorama**★★★ sur la montagne de Lure et les Préalpes de Digne au nord-est, la vallée de la Durance, avec en arrière-plan la montagne Sainte-Victoire au sud-est, l'étang de Berre et les Alpilles au sud-ouest, le bassin d'Apt, le plateau de Vaucluse et le mont Ventoux au nord-ouest. Les moins sportifs se contenteront d'admirer le Mourre Nègre depuis Auribeau !

La D 48 traverse ensuite le hameau étagé de Castellet, pour atteindre la plaine du Calavon. Prendre à droite la D 900, puis, après 2 km, prendre à gauche la D 48, direction Saint-Martin-de-Castillon.

Saint-Martin-de-Castillon C2

Alt. 551 m. Outre un agréable café *(voir « Nos adresses »)* et une épicerie où reprendre des forces, ce village perché en balcon sur un flanc de colline offre de jolie **vue**★ sur la plaine du Calavon et le Grand Luberon.

Faire demi-tour pour revenir sur la D 900, direction Céreste. Juste après avoir franchi le Calavon, suivre sur 2 km la première petite route sur la droite (direction camping de Sibourg).

Après avoir dépassé le camping, vous arrivez devant l'imposante façade pratiquement aveugle de la **tour d'Embarbe** (12e s.).

Faire demi-tour et rejoindre Céreste par la D 900.

Céreste C2

Office de tourisme – *Pl. de la République - 04280 Céreste - ✆ 04 92 79 09 84 - www.cereste.fr - juin-sept. : 9h-12h, 14h30-17h30, merc., w.-end et j. fériés 10h-12h ; reste de l'année : 9h30-12h, 15h-17h, merc. et w.-end 10h-12h - fermé 20 déc.-5 janv.*

UN POÈTE ENGAGÉ

René Char habita Céreste et en dirigea le réseau de Résistance. Déchirante journée que celle où son camarade Roger Bernard fut exécuté sous ses yeux, sans qu'il pût intervenir : « Nous étions sur les hauteurs dominant Céreste, des armes à faire craquer les buissons et au moins égaux en nombre aux SS. [...] Je n'ai pas donné le signal parce que ce village devait être épargné à tout prix. » *(Feuillets d'Hypnos).*

On s'attardera volontiers dans cette ancienne cité romaine située sur la voie Domitienne. Elle a conservé une partie de ses fortifications et forme un bel ensemble architectural. La D 900 scinde le village. Côté mairie, le vieux village reste enserré dans une partie des remparts encore debout. Au détour du lacis de ruelles, vous découvrirez des maisons médiévales ou du 17e s., le four à pain, la fontaine. En face, vous flânerez dans la partie la plus récente du village (côté office de tourisme). Après avoir remonté la rue de la Bourgade, montez à l'église. La largeur étonnante de la façade et le clocher coiffé d'un élégant campanile lui donnent un air nettement provençal, encore accentué par la placette herbue devant le parvis.

À la sortie de Céreste, en direction de Forcalquier, se trouve l'ancienne place de l'**église primitive** : celle-ci présente un beau porche roman à arcatures en plein cintre.

À la sortie de l'église, prenez la première petite route à gauche pour rejoindre, à 300 m, le **pont romain** (mais roman), à angle cassé, enjambe l'Encrème.

Poursuivre sur la route du pont romain. Mal signalisé, le prieuré se niche à 5 km de là, juste avant un ruisseau longeant une clairière, sur une petite hauteur cachée par les arbres (suivre les panneaux pour vélotouristes indiquant la direction de Forcalquier).

Prieuré de Carluc C2

Intérieur fermé - possibilité de visite guidée sur réserv. à l'office du tourisme de Céreste.

Dominant un havre naturel, le ravin de Cure, les curieux vestiges du prieuré de Carluc n'ont pas livré tous leurs secrets. Édifié au 12e s., il dépendait de l'abbaye de Montmajour. Des trois églises qui s'y élevaient, il n'en reste qu'une, dont la nef est taillée dans la falaise. Sur son flanc gauche, creusée dans le roc, s'ouvre une galerie pleine de mystères. Des **tombes anthropomorphes** sont visibles dans le sol. Cette galerie menait à une seconde église dont il ne subsiste que la partie rupestre. La jolie clairière à proximité semble avoir été créée spécialement pour le pique-nique.

Revenir sur la D 900 et retraverser le village de Céreste. Prendre la D 31 en direction de Vitrolles-en-Luberon (13 km).

La route serpente sur le versant nord du Grand Luberon, ménageant de belles **vues★** sur la plaine du Calavon et le plateau de Vaucluse. Elle culmine au col de l'Aire deï Masco (alt. 696 m), avant de basculer sur le versant sud du Luberon et ses garrigues à romarins.

Descendre le versant sud vers Vitrolles et prendre la D 33 vers Grambois (18 km). Belle vue sur le village perché à l'arrivée.

Grambois C2

Plus rustique (certains diront plus authentique) que Ménerbes ou Bonnieux, ce vieux village juché au sommet d'une colline n'en est pas moins séduisant,

recroquevillé autour d'une charmante place dominée par la silhouette fortifiée de l'**église Notre-Dame-de-Beauvoir**. À l'intérieur *(1re chapelle à gauche), Vie de saint Jean-Baptiste*, triptyque de l'école gothique d'Aix attribué par certains à un peintre de Pont-Saint-Esprit, André Tavel. En période calendaire, dans l'église, remarquez les **santons** très expressifs de **Pierre Graille**. Et pour cause : l'artiste a pris pour modèles les habitants du village !
Quitter Grambois à l'ouest par la D 27, direction Saint-Martin-de-Brasque. Passer la Motte d'Aigues et l'étang de la Bonde, direction Cucuron (15 km).

Cucuron C2

Un village agréable, où flâner au fil des ruelles médiévales et du bassin de l'Étang, avec sa ribambelle de cafés et restaurants, autour d'un vaste bassin ombragé de platanes plusieurs fois centenaires. L'**église** du village a conservé sa nef romane : Christ assis et enchaîné en bois peint du 16e s. dans la chapelle des fonts baptismaux, chaire en marbre de couleurs variées. En face de l'église, l'hôtel de Bouliers (17e s.) abrite le petit **musée archéologique Marc-Deydier** consacré à la préhistoire, à l'époque gallo-romaine et aux traditions locales.
04 90 77 25 02 - de Pâques à la Toussaint : 10h-12h, 15h-19h, mar. 15h-19h ; reste de l'année : 10h-12h, 14h-18h, mar. 14h-18h - gratuit.
De la plate-forme au pied du donjon, belle vue sur le bassin de Cucuron et, à l'horizon, sur la montagne Sainte-Victoire.
3,5 km et 4 km. Départ de la cave coopérative. Dépliant disponible dans les offices de tourisme et à la Maison du Parc. Pour découvrir le vignoble, suivez le **Sentier des vignerons**, ponctué de panneaux d'informations.
Prendre la D 56 en direction de Lourmarin.

Vaugines B2

À l'entrée du village (quelques vieilles demeures), au creux d'un vallon, dans un cadre romantique, l'église romane **Saint-Pierre-et-Saint-Barthélemy★**, que borde un vieux cimetière, compose un **tableau** empreint d'une sérénité inouïe. Les cinéphiles reconnaîtront sans peine l'église de *Jean de Florette* et de *Manon des Sources*.

★ Lourmarin B2

Office de tourisme – *9 av. Philippe-de-Girard - 84160 Lourmarin - 04 90 68 10 77 - www.lourmarin.com - 10h-12h30, 15h-18h, vend. 10h-13h30, 15h-18h, sam. 10h-12h30, 15h-18h - fermé dim. et j. fériés.*
Bon à savoir – Outre la documentation traditionnelle, l'office de tourisme propose des **visites guidées** sur les pas d'Albert Camus et de Henri Bosco.
Agrémentées de fontaines et de façades Renaissance, les étroites ruelles de

LE MAI DE CUCURON

Le samedi suivant le 21 mai, une équipe de villageois part couper la « piboulo » parmi les plus grands peupliers qui se dressent sur la commune. L'arbre choisi doit dépasser le faîte de l'église. Un enfant portant le drapeau français, juché dessus, « le Mai » est alors porté à dos d'hommes à travers les rues sinueuses du village, accompagné d'un cortège et de danseurs folkloriques. Arrivé sur le parvis de l'église Notre-Dame-de-Beaulieu, l'arbre fleuri est dressé le long de la façade où il trônera jusqu'au 14 août. Cette fête est organisée pour respecter un vœu prononcé en témoignage de reconnaissance à **sainte Tulle**, patronne de Cucuron, qui fit cesser la terrible peste de 1720.

Un secteur préservé

LE PARC NATUREL RÉGIONAL DU LUBERON

Créé en 1977, il englobe 77 communes couvrant plus de 175 000 ha répartis sur les départements du Vaucluse et des Alpes-de-Haute-Provence, de Manosque à Cavaillon et de la vallée du Coulon (ou Calavon) à celle de la Durance. Il a pour vocation de préserver l'équilibre naturel de la région tout en visant à l'amélioration des conditions de vie des villageois et la promotion des activités agricoles par l'irrigation, la mécanisation et la restructuration foncière. Les principales réalisations dans le domaine touristique concernent l'ouverture de centres d'information et de musées à Apt et La Tour-d'Aigues, le balisage de sentiers de découverte dans la forêt de cèdres de Bonnieux, les falaises d'ocre de Roussillon, les terrasses de culture à Goult, les collines de Cavaillon, la restauration des remparts à Saignon, la création des « marchés paysans » ou encore l'aménagement de routes touristiques thématiques comme « la route des Vaudois » et l'édition d'ouvrages, souvent remarquables. Depuis 1997, le parc appartient au réseau mondial des Réserves de biosphère de l'UNESCO (la France en compte dix, notamment celle du mont Ventoux – *voir p. 373*). La révision de sa charte en mai 2009 l'a amené à renforcer encore ses pouvoirs d'action et à élargir son périmètre d'intervention en incluant Forcalquier et ses environs.

LE MILIEU NATUREL

La diversité du tapis végétal comblera les amoureux de la nature. Outre les forêts de chênes, de nombreuses autres essences se développent : cèdre de l'Atlas sur les sommets du Petit Luberon, hêtre, pin sylvestre… Les landes à genêts et à buis, les garrigues, l'extraordinaire palette de plantes odorantes s'agrippent un peu partout sur les pentes rocailleuses. Le mistral se met de la partie et provoque des inversions locales, transportant le chêne vert sur les ubacs (versants exposés au nord) et les chênes blancs sur les adrets (versants exposés au sud). En hiver, les contrastes sont frappants entre les feuillages persistants et caducs. La **flore** du Luberon se distingue par quelques espèces propres comme la leuzée à cône (reconnaissable au cône résineux qui la termine), le ciste cotonneux, aux feuilles pelucheuses, et le chèvrefeuille d'Étrurie, particulièrement odorant. La **faune** est aussi très riche : couleuvre (sept espèces différentes), psammodrome d'Edwards (lézard), fauvette, merle bleu, hibou grand duc, aigle de Bonelli, circaète jean-le-blanc, etc.

VIE ET SURVIE DES VILLAGES PERCHÉS

Si le Luberon fut habité dès la préhistoire, les villages perchés n'apparaissent qu'au Moyen Âge. Blottis au pied d'un château ou d'une église, ils pressent à flanc de rocher leurs maisons aux murs imposants et aux pièces parfois creusées dans le roc. Les habitants descendaient des villages pour travailler dans la campagne environnante, où, lorsque l'éloignement le commandait, ils s'abritaient quelque temps dans des cabanes de pierres sèches, les bories. Chaque parcelle cultivable était soigneusement épierrée – les pierres étaient rassemblées en tas, les « clapiers » – et bordée de murettes de pierres sèches, pour protéger le terrain du ravinement des eaux de pluie. Les troupeaux étaient aussi parqués dans des enclos de pierre. Les ressources venaient principalement de l'élevage (moutons), de l'olivier, de maigres céréales et de la vigne ; s'ajoutèrent ensuite la culture de la lavande et l'élevage du ver à soie. Cette économie traditionnelle a été balayée par les mutations agricoles des 19e et 20e s. et la fin de l'insécurité : peu à peu, les villages se sont dépeuplés et sont tombés en ruine. De nos jours, la tendance s'est inversée : les villages sont souvent bien restaurés et une nouvelle population, en augmentation constante, a remplacé les autochtones.

LECTURE

L'Avignonnais **Henri Bosco** (1888-1976) est l'écrivain du Luberon : cette escapade pourrait être l'occasion de relire quelques-uns de ses ouvrages, à commencer par *Le Mas Théotime*.

LES BORIES

Sur les pentes du Luberon et du plateau de Vaucluse se dressent de curieuses cabanes de pierres sèches : les bories. Le mot *boria*, en occitan, désigne, au féminin, une ferme. Mais dans le Luberon, bien qu'ayant la même étymologie, on dit un « bori ». Elles se présentent soit isolées, soit groupées en véritables villages : on en dénombre environ 3 000. Certaines d'entre elles n'étaient que des remises à outils ou des bergeries, mais beaucoup ont été habitées à différentes époques, depuis l'âge du fer jusqu'au 18e s. Les bories étaient bâties avec les matériaux trouvés sur place : feuilles de calcaire se détachant du rocher ou plaquettes provenant de l'épierrage des champs. Ces pierres, appelées **lauzes**, d'environ 10 cm d'épaisseur, étaient assemblées sans mortier ni eau. L'épaisseur des murs, obtenue par la juxtaposition de plusieurs rangs de plaquettes, toujours renforcée à la base, varie de 0,80 m à 1,60 m. Pour leur couverture, à mesure que les murs montaient, on prenait soin de faire légèrement déborder chaque assise de pierres sur la précédente de façon que le diamètre diminue jusqu'à la dimension d'un simple orifice que l'on n'avait plus qu'à fermer avec une dalle. Pour éviter les infiltrations d'eau, les différents lits de pierres étaient inclinés vers l'extérieur. À l'intérieur, la voûte se présente souvent comme une coupole hémisphérique sur pendentifs, ces derniers permettant de passer du plan carré au cercle ou au cône. Leurs formes sont très variées. Les plus simples, d'aspect circulaire, ovoïde ou carré, ne comportent qu'une seule pièce et une seule ouverture, la porte située à l'est ou au sud-est. L'agencement intérieur se limite à des cavités aménagées dans l'épaisseur des murs, servant de placards. La température de la cabane reste constante en toute saison. Des bâtiments de plus grandes dimensions existent. Ils sont rectangulaires, ont quelques rares ouvertures étroites, et leur toiture à double ou quadruple pente utilise la technique des fausses voûtes en plein cintre, en berceau brisé ou en « carène ». Leur organisation est celle d'une ferme traditionnelle : à l'intérieur d'une cour ceinte d'un haut mur, on trouve, outre l'habitation (sols dallés, banquettes et cheminée pour les plus confortables), le four à pain et les différents bâtiments d'exploitation.

Voir le village des Bories à Gordes et l'enclos des Bories à Bonnieux.

UN INVENTEUR OPINIÂTRE
Natif de Lourmarin, **Philippe de Girard** (1775-1845) ne manquait ni d'imagination ni de talent : songez qu'il inventa entre autres une machine à utiliser les vagues (1789), la lampe hydrostatique (1801), un procédé pour la conservation des aliments (1806), la machine à filer le lin (1810), la mitrailleuse à vapeur (1814), une machine à résoudre les équations, le chronothermomètre… et on en passe ! Hélas pour lui, Girard manquait de sens pratique et il fut dépouillé de la plupart de ses inventions par de peu scrupuleux associés. S'il mourut pauvre, son souvenir perdure à Lourmarin… ainsi qu'en Pologne, dans la ville de Żyrardów qui porte son nom : elle fut en effet créée autour d'une filature de lin conçue par lui et est aujourd'hui jumelée avec la cité natale de son bienfaiteur.

ce village très touristique offrent d'agréables promenades. Galeries d'art, boutiques d'artisanat et terrasses de cafés ensoleillées ajoutent au charme. Les plus gourmands compléteront leur visite en dégustant un « gibassier », galette sucrée à l'huile d'olive, spécialité du lieu.

Château★ – *✆ 04 90 68 15 23 - www.chateau-de-lourmarin.com - juin-août : 10h-18h ; sept. et mai : 10h30-11h30, 14h30-17h ; mars-avr. et oct.-nov. : 10h30-11h30, 14h30-16h30 ; reste de l'année : 10h30-11h30, 14h30-16h - possibilité de visite guidée (1h) sur demande préalable - fermé 1er janv., 25 déc.- 2,50 € (-10 ans gratuit).* Légué par son dernier propriétaire, Robert Laurent-Vibert, à l'Académie des arts et belles-lettres d'Aix-en-Provence afin qu'elle en fît une « Villa Médicis de Provence », ce château situé sur une butte en surplomb, un peu à l'écart du village, comprend une partie du 15e s. et une partie Renaissance. Cette dernière est remarquable par son unité de style et de composition. Originalité : une fine colonnette soutenant une coupole de pierre parachève le grand escalier. La partie du 15e s. est occupée par la bibliothèque et les chambres des pensionnaires, qui donnent sur d'agréables galeries de pierre ou de bois.

La D 943 au nord-ouest remonte la combe de Lourmarin. Après 8,5 km, prendre à droite la D 113, direction Buoux.

La route, sinueuse, descend dans un vallon sombre et boisé, couronné de belles falaises. Elle traverse des gorges étroites, aux parois abruptes, ouvertes dans le massif par l'Aiguebrun, le seul cours d'eau pérenne du Luberon. En chemin, vous apercevrez certainement, sur les **falaises de Buoux**, des grimpeurs. Hautes de 30 à 120 m, ces falaises furent, dès les années 1970, l'un des hauts lieux de l'escalade libre en France.

Après le pont, poursuivre en direction du « Fort de Buoux » jusqu'au parking aménagé.

Fort de Buoux B2

20mn à pied AR, puis 1h de visite. Passer la grille, puis sous une roche en surplomb, gagner la maison du gardien. ✆ 04 90 74 25 75 - du lever au coucher du soleil (sf mauvaises conditions météorologiques) - 3 € (enf. 2 €) - un plan du fort est fourni avec le ticket d'entrée.

Bon à savoir – Cette visite se fait le long de falaises aux abords non sécurisés. La prudence est de mise, en particulier avec des enfants.

Dans un décor d'impressionnantes falaises et de vestiges médiévaux en partie troglodytiques, cette promenade escarpée sera récompensée par l'extraordinaire **panorama★★** qui se dévoile au sommet, sur le mont Ventoux, la montagne de Lure et les monts de Vaucluse. L'éperon rocheux qui supporte le fort a longtemps conservé sa vocation militaire. Déjà occupé par les Ligures, puis par les Romains, le fort fut le témoin des combats entre catholiques et protestants, avant d'être démantelé sur ordre de Louis XIV en 1660. Trois enceintes défensives demeurent, avec une chapelle romane, des habitats, des silos taillés dans le rocher, un donjon et une pierre de sacrifice ligure. Pour revenir à la maison du gardien, deux options : faire demi-tour et descendre par le sentier principal ou emprunter un impressionnant escalier taillé à flanc de roche, fortement déconseillé à ceux qui souffrent du vertige.

Revenir au château pour prendre à droite la D 113 qui traverse Buoux et prendre sur la droite la D 569, puis encore à droite la D 114.

Sivergues B2

À l'écart des routes, ce village perché sur les pentes du Grand Luberon fut peuplé par des **Vaudois** qui, mettant à profit l'isolement de leur village, échappèrent à la répression, avant de rallier le protestantisme officiel *(voir p. 46)*. C'est peut-être ici, sur ce site que Henri Bosco qualifiait de « bougrement perché », que vous toucherez au plus près l'âme du Luberon, pour peu que vous sachiez vous abandonner à la solitude et au silence.

Faire demi-tour vers Apt par la D 114.

★★ LE PETIT LUBERON AB2

Pour visualiser ce circuit de 101 km au départ d'Apt, se reporter à la carte p. 382 – une journée. Quitter Apt par la D 943, puis prendre à droite la D 3.

Effectuez ce circuit tranquillement pour « vivre » pleinement le charme des villages perchés : prendre un café à la terrasse d'un petit bar, flâner dans les ruelles, sillonner le vignoble en faisant halte chez quelques producteurs de côtes-du-luberon, dénicher de belles plantes dans l'une des nombreuses pépinières de la région… Et si vous voulez profiter de tous les panoramas offerts par les villages perchés, la journée vous laissera de beaux souvenirs et… quelques courbatures dans les cuisses !

★ Bonnieux B2

Office de tourisme – *7 pl. Carnot - 84480 Bonnieux - 04 90 75 91 90 - www.tourisme-en-luberon.com - 9h30-12h30, 14h-18h, dim. 14h-18h - fermé 1er janv., 1er et 8 Mai, jeu. de l'Ascension, 14 Juil., 15 août, 1er et 11 Nov., 25 déc.*

Bon à savoir – Laissez votre voiture dans le bas du village, où se situent les principaux parkings. Un autre, plus petit, se trouve dans le haut Bonnieux, sur la droite en arrivant de Lourmarin.

Adossé à un promontoire surplombant la vallée du Calavon, ce village perché domine la vallée dont il commande l'accès par le sud. Cette position à la croisée du Petit et du Grand Luberon en fait une base idéale pour sillonner la région. En poursuivant jusqu'à la forêt de cèdres, il y aura soudain comme un petit parfum de Liban en Luberon.

Il ne faudra compter ni les marches ni les efforts pour explorer les recoins de ce village perché. Votre récompense : le charme de ces ruelles entortillées, avec leurs escaliers pierreux où poussent les touffes d'herbe. Rejoignez le **haut Bonnieux** par la rue de la Mairie (passage sous voûte), en forte montée, pour atteindre la terrasse située en contrebas de l'église vieille. De là, jolie **vue★** sur la vallée du Calavon, tout à fait à gauche, sur le village perché de Lacoste, plus à droite, sur le bord du plateau de Vaucluse où Gordes *(voir ce nom)*, puis Roussillon *(voir ce nom)* s'accrochent et se confondent avec les falaises rouges. Un escalier mène à l'**église vieille** *(ne se visite pas, hormis les visites guidées l'été, assurées par des bénévoles, rens. à l'office de tourisme)* qu'entourent de très beaux cèdres.

Musée de la Boulangerie – *12 r. de la République - ✆ 04 90 75 88 34 - juil.-août : 10h-13h, 14h-18h ; reste de l'année : 10h-12h30, 14h30-18h - fermé mar., nov.-mars, 1er Mai, 25 déc. - 3,50 € (-12 ans gratuit).* Un grand four, qui s'éteignit en 1920, sert de cadre à cette exposition qui relate l'histoire du pain et le travail du boulanger à travers son outillage, des documents et reproductions de gravures se référant à son métier.

★ **L'Enclos des Bories** – *15mn depuis le camping de Bonnieux, par un sentier balisé. En voiture, prendre la direction de Lourmarin jusqu'à la forêt de cèdres (voir ci-dessous), puis suivre un chemin sur la droite pendant 1 km ✆ 06 08 46 61 44 - avr.-nov. : 10h-19h ; hors sais. : sur RV - 5 € (-12 ans gratuit) - dernière visite 1h av. fermeture - visite guidée sur demande.* Il aura fallu 10 ans aux propriétaires pour mettre au jour ce trésor de pierres sèches, enseveli par la végétation. Le site de 4 ha, planté de chênes et parsemé de garrigue, est séparé en deux parties par un impressionnant **mur** de 250 m de long. Parmi une vingtaine de bories, fermées par un mur d'enceinte, on imagine ici une vie pastorale avec un superbe **rucher**, des enclos à bétail et une aire de battage en cirque pour le blé. Un **aiguier** servait à récupérer les eaux de pluie et des puits creusés dans les rochers descendent à 7 m de profondeur. De curieuses « **bories jumelles** » (avec une ouverture entre les deux) côtoient des bories à meurtrières où les Vaudois se seraient réfugiés au 16e s. Et pour finir la visite, le site offre une **vue**★ sur le village de Bonnieux, le Petit Luberon et le mont Ventoux.

Forêt de cèdres – *À 5 km de Bonnieux sur la route de Lourmarin - parking payant. 2h.* Importés du moyen Atlas algérien, les cèdres ont été plantés sur le plateau, au-dessus de Bonnieux, en 1861. Aujourd'hui, trois générations de cèdres se mêlent sur 250 ha. Aménagé par le Parc, un **sentier botanique**, ponctué de 8 stations d'information sur les espèces végétales typiques du Luberon, y a été aménagé.

Revenir vers Bonnieux, puis continuer sur la D 109 vers Lacoste. Laisser sa voiture dans le bas du village.

★ Lacoste B2

Office de tourisme de Lacoste – *La Cure - pl. de l'Église - 84480 Lacoste - ✆ 09 75 12 96 71 - www.lacoste-84.com - de mi-juil. à mi-août : 9h-12h, 14h-18h ; de déb. mai à mi-juil. et de mi-août à fin sept. : 9h-11h30, 14h-18h, sam. 9h-11h30 ; reste de l'année : 9h-11h30, 14h-16h - fermé dim. et j. fériés.*

Plus petit que Bonnieux qui semble le surveiller depuis la colline opposée, ce charmant village niche sous les murailles de son imposant **château**, qui appartenait à la famille de Sade. Plusieurs fois emprisonné, condamné à mort par contumace, le divin marquis vint s'y réfugier en 1774. L'actuel propriétaire, le couturier Pierre Cardin, l'a fait restaurer.

Très raide, bordée de belles maisons en pierre, elles aussi restaurées, la « calade » principale grimpe jusqu'au pied des murailles, offrant de belles vues sur Bonnieux. Le haut du village bute sur une impasse, il faut redescendre par le même chemin.

Continuer vers Ménerbes par la D 109. La route longe les carrières de Lacoste, d'où l'on extrait une pierre de taille renommée. Après 2,5 km, tourner à gauche dans un chemin boisé, vers l'abbaye de Saint-Hilaire (fléché).

Abbaye de Saint-Hilaire B2

www.prieuresthilaire.com - de la sem. av. Pâques à fin juin : 9h-19h ; de déb. juil. à la fin des vac. de la Toussaint : 9h-12h ; 26 déc.-1er janv. : 10h-18h - gratuit.

Isolée au fond d'un vallon face au Luberon, l'abbaye de Saint-Hilaire se dresse sur un ancien site troglodytique. Occupée par les Carmes du 13e au 18e s., elle est aujourd'hui propriété privée, ouverte à la visite par ses propriétaires passionnés. Remarquez les deux chapelles (14e et 15e s.), et, en façade du chevet, l'étonnant pigeonnier, unique en Provence.

En sortant, suivez le sentier pédestre *(fléché en bleu, 15mn)*, au milieu des oliviers, pour une belle vue sur l'abbaye.

Continuer sur la D 109.

★ Ménerbes B2

Ce village perché sur son fier éperon est placé sous le patronage de Minerve, la déesse de la sagesse et des arts. Cela ne pouvait qu'attirer écrivains (Albert Camus qui habitait Lourmarin venait en voisin) et artistes : Picasso y séjourna en 1945, Nicolas de Staël s'y installa en 1953. C'est l'un des plus célèbres villages perchés du Luberon. L'un des plus beaux également ? La concurrence est rude… C'est une affaire de goût et de coup de cœur.

En haut du village, gagnez la belle **place de l'Horloge** que domine le beffroi de l'hôtel de ville et son sobre campanile en fer forgé. Dans un angle, un hôtel particulier (construit aux 17e et 18 s.), avec son portail en plein cintre, ajoute à la séduction du lieu. Il abrite la **Maison de la truffe et des vins du Luberon**, comprenant un petit espace muséographique et une librairie dédiés à ces deux produits du terroir, ainsi qu'une cave rassemblant – presque – tous les crus produits dans le Parc naturel régional du Luberon, que vous pourrez apprécier dans l'agréable bar à vin *(voir « Nos adresses »)*. Depuis la terrasse, **vue**★ sur la vallée du Calavon, Gordes, Roussillon et le mont Ventoux. *✆ 04 90 72 38 37 - www.vin-truffe-luberon.com - 10h-13h, 14h-18h ; juil.-août : 15h-19h - fermé dim.-merc. d'oct. à mars.*

Poursuivez dans la rue principale jusqu'à l'extrémité du village, où se dresse l'**église Saint-Luc**, du 14e s., jadis prieuré de Saint-Agricol d'Avignon *(visites sur demande à la mairie)*.

En redescendant au bas du village, rue du Portail-Neuf, remarquez le jardin et la **maison Dora Maar** *(fermée à la visite hors vernissages)*. Picasso y séjourna dans les années 1940 avec sa muse. Celle-ci s'y retira jusqu'à sa mort, en 1997. Le bel hôtel particulier accueille depuis une résidence pour artistes.

Plus bas, la **citadelle**, du 13e s. (reconstruite au 16e s. puis au 19e s.), joua un rôle important lors des guerres de Religion : si les calvinistes s'en emparèrent en 1573, ce fut par la ruse ; pour les en déloger cinq ans plus tard, il fallut verser une rançon. De son système de défense subsistent tours d'angle et mâchicoulis *(propriété privée)*.

Maison Jane-Eakin – *R. Sainte-Barbe - ✆ 04 90 72 22 05 (mairie) - 1er mai-30 sept. : 14h-19h ; reste de l'année sur RV - 3 € (-18 ans gratuit).* Cette artiste peintre américaine (1919-2002) a légué sa maison à Ménerbes qui l'a transformée en musée, hommage à son œuvre, figurative et lumineuse. Touchant atelier sous les combles.

Musée du Tire-Bouchon – *À la sortie de Ménerbes, sur la D 3 en direction de Cavaillon. ✆ 04 90 72 41 58 -*

LE SAVIEZ-VOUS ?

Un de leurs concitoyens d'adoption, le Britannique **Peter Mayle**, a donné au village, dans son roman *Une année en Provence*, une renommée telle que Ménerbes est devenu une étape incontournable pour maints touristes japonais et américains. Depuis, Peter Mayle est parti. Les touristes, eux, sont restés…

www.domaine-citadelle.com - ♿ - avr.-oct. : 9h-19h, w.-end et j. fériés 10h-19h ; nov.-mars : tlj sf dim. et j. fériés 9h-12h, 14h-17h - fermé 1er janv., 25 déc. - 4 € (-18 ans gratuit), gratuit Petit Noël de la citadelle. Installé dans le domaine viticole de la Citadelle, ce musée rassemble 1 000 tire-bouchons du 17e s. à nos jours, de matières (corne, métal, ivoire…) et de formes (en T, à l'effigie du sénateur Volstead, instigateur de la loi sur la prohibition aux États-Unis…) très diverses. Vous ferez donc le tour de la question du débouchage, à laquelle l'ingéniosité humaine a donné toute sa mesure. Et pourquoi ne pas conclure par une visite des caves, suivie d'une dégustation de côtes-du-luberon ?

★ Oppède-le-Vieux A2

Laisser la voiture sur le vaste parking (payant de Pâques à la Toussaint, 2 €) aménagé au pied du village pour partir à sa découverte à pied. Étagé dans un **site★** remarquable sur un éperon rocheux, le vieux village a été abandonné en 1912 pour une installation dans la plaine. Taillé dans le roc, naguère en grande partie ruiné, il a retrouvé vie grâce à l'intervention d'artistes et d'hommes de lettres qui s'emploient, tout en le restaurant, à préserver sa rugueuse authenticité. Quelques maisons sont désormais habitées, certaines à l'année, et une astucieuse organisation de la circulation automobile préserve le village d'intempestifs bruits de moteurs.

Depuis l'ancienne place du bourg, on accède au village supérieur, couronné par l'**église** du 16e s. *(en cours de restauration)* et les ruines du château, en passant sous une ancienne porte de ville. De la terrasse devant l'église, belle **vue★** sur la vallée du Coulon, le plateau de Vaucluse et Ménerbes. Derrière le **château** (fondé par les comtes de Toulouse et reconstruit aux 15e et 16e s.), vue dégagée sur les ravins qui sillonnent le flanc nord du Luberon.

1h30. Départ près de l'oratoire Saint-Joseph. Dépliant disponible dans les offices de tourisme et à la Maison du Parc. Circuit similaire à Cucuron, versant sud. L'itinéraire, balisé de petits panneaux représentant une grappe de raisin, s'enfonce à travers le **vignoble**, au pied du vieil Oppède.

Après la traversée de Maubec (D 176, D 29), tourner à droite dans la D 2.

Coustellet A2

Premier **marché paysan** de France, créé au début des années 1980 par le Parc, c'est désormais un lieu très couru, aux prix plutôt raisonnables. Tôt le dimanche matin *(du 23 mars au 23 déc.)*, on trouve les meilleurs produits de la centaine de producteurs réunis (herbes aromatiques, pains au levain, fromages fermiers…). Plus tard, on profite de l'ambiance.

Musée de la Lavande – *Sur la D 2, à droite, peu après avoir traversé la D 900. Visite audioguidée - ✆ 04 90 76 91 23 - www.museedelalavande.com - ♿ - mai-sept. : 10h-19h ; avr. et oct. : 9h-13h, 14h-18h ; reste de l'année : 10h-12h15, 14h-18h - fermé 10-31 janv., 1er janv., 25 déc. - 6 € (-15 ans gratuit).* Il rassemble différents alambics anciens en cuivre rouge (à feu nu, à vapeur, au bain-marie, pour concrètes et pour l'absolue), dont le plus ancien date de 1626. On y fait connaissance avec le lavandin, hybride issu de la pollinisation de la lavande fine (la « vraie ») et de la lavande aspic. C'est de la lavande fine que l'on tire les parfums les plus subtils. Mais le rendement du lavandin est bien plus important. Les produits proposés sont obtenus à partir de lavande cultivée au château du Bois à Lagarde-d'Apt, sur le plateau d'Albion *(voir Sault)*.

Revenir à la D 900 en direction d'Apt et prendre la D 60, à gauche, vers Goult.

Dans son parc agréable, **Notre-Dame-de-Lumières** *(sur la gauche)*, lieu de pèlerinage célèbre en Provence, conserve une importante collection d'ex-voto.

Goult B2

Laisser la voiture sur le parking de l'église. Moins perché que les autres, moins escarpé aussi, Goult est dominé par son château *(privé)*. Il fait bon faire halte à l'une des terrasses de la place de l'église avant de rejoindre le haut du village où le moulin a retrouvé ses ailes. De là part un circuit de découverte du patrimoine, mais vous pourrez tout aussi bien voir ces panonceaux en flânant au hasard des ruelles.

1h. Départ à côté du moulin. Le **Conservatoire des terrasses de cultures** a pour vocation de préserver et mettre en valeur ce système de construction en pierres sèches (*restanques* ou *bancaus*), qui permettait de mettre en culture et d'irriguer les terrains accidentés.

Revenir à Apt par la D 900 qui remonte la plaine du Calavon.

Sur la gauche s'étend le **pays de l'ocre** *(voir Roussillon)*.

A 3,5 km de Goult, prendre à droite sur la D 149 en direction de Bonnieux.

Pont Julien B2

Ce pont de l'antique voie Domitienne a été jeté sur le Coulon (ou Calavon) en 3 av. J.-C. Remarquez les ouvertures pratiquées dans les piles de façon que les eaux s'écoulent rapidement en cas de fortes crues.

Reprendre la D 900 jusqu'à Apt.

NOS ADRESSES DANS LA MONTAGNE DU LUBERON

HÉBERGEMENT

PREMIER PRIX

Hôtel L'Aiguebelle – *Pl. de la République - 04280 Céreste - ✆ 04 92 79 00 91 - www.hotel-luberon-aiguebelle.com - fermé 14 nov.-13 fév. - 12 ch. 36/56 € - ☕ 7 €- rest. 16/30 €.* Hôtel-restaurant sans prétention, au cœur du village. Chambres bien équipées, sobres et claires. Cuisine régionale simple et copieuse. Prix raisonnables.

Auberge des Seguins – *84480 Buoux - ✆ 04 90 74 16 37 - www.aubergedesseguins.com - 27 ch. 50/56 € - dortoir 20 lits - rest. menu unique 25 € - buvette.* Une vaste auberge de campagne au pied des falaises de Buoux, rendez-vous des marcheurs, des grimpeurs et des flâneurs. Chambres simples, voire spartiates. Bassin de baignade.

Chambre d'hôte La Ferme de l'Avellan – *Chemin St-Jean - 84480 Lacoste - ✆ 04 90 75 85 10 - www.lavellan.com - 5 ch. 64 € ☕ - table d'hôte le soir : 20 €.* Ambiance campagne et développement durable pour ces cinq chambres toutes simples, labellisées « Gîte Panda », sur une exploitation bio. Bassin de baignade.

BUDGET MOYEN

Chambre d'hôte La Lombarde – *À Puyvert - 84160 Lourmarin - D 973 - ✆ 04 90 08 40 60 - www.lalombarde.fr - fermé nov.-fév. - ⊭ - 4 ch. et 2 gîtes 75 € ☕.* Dans la tranquillité d'un domaine de 10 ha, cette ancienne maison abrite 4 chambres et 2 gîtes. Terrasses privatives et piscine. Petits-déjeuners servis sur la grande table en bois ciré. Promenades en avion.

Chambre d'hôte Domaine de Layaude Basse – *Chemin de St-Jean - 84480 Lacoste - 1,5 km au nord de Lacoste dir. Roussillon et rte secondaire - ✆ 04 90 75 90 06 - www.domainedelayaude.com - fermé 1er déc.-1er mars - ⊭ - 5 ch. 75/98 € ☕ - table d'hôte (soir seult) 27 €.* Vos hôtes vous reçoivent dans les jolies chambres de leur mas familial du 17e s., au cœur d'une grande exploitation agricole, face au mont Ventoux.

Chambre d'hôte Les Grandes Garrigues – *84160 Vaugines - 3 km à l'ouest de Cucuron par D 56 et D 45 (rte de Cadenet) - 04 90 77 10 71 - www.grandesgarrigues.com - fermé oct.-avr. - - 5 ch. 80/110 €* . Bâtie sur un domaine de 11 ha, au pied du Luberon, belle propriété aux murs ocre et aux chambres confortables. Piscine et cuisine d'été à disposition des hôtes. Jolie vue sur les Alpilles et la montagne Sainte-Victoire.

Chambre d'hôte Chambre de Séjour avec Vue – *1 r. de la Burgade - 84400 Saignon - 04 90 04 85 01 - www.chambreavecvue.com - fermé déc.-fév. - 5 ch. 80/100 €* . Cette maison d'hôte atypique fait également galerie d'art et résidence d'artistes, dont certains ont laissé des œuvres *in situ*. Chambres minimalistes décorées avec une précision de collectionneur.

POUR SE FAIRE PLAISIR

Chambre d'hôte Le Clos du Buis – *R. Victor-Hugo - 84480 Bonnieux - 04 90 75 88 48 - www.leclosdubuis.com - fermé de déb. janv. au 1er mars et de mi-nov. au 20 déc. - - 8 ch. 92/120 € - repas 25 €*. Cette demeure située tout près de l'église occupe une ancienne épicerie-boulangerie (four à pain dans le salon) ! Chambres climatisées, lumineuses et élégantes. Agréable jardin, piscine et jolie vue.

L'Hostellerie du Luberon – *Cours St-Louis - 84160 Vaugines - 04 90 77 27 19 - www.hostelleriedulubéron.com - fermé 11 Nov.-9 mars - - 16 ch. 99/118 € - rest. 29/48 € (fermé merc. midi et mar.)*. Face à la vallée de la Durance, un hôtel familial avec de jolies chambres provençales. Bibliothèque et jeux variés pour petits et grands. Restaurant dans la grande salle à manger ou sur la terrasse à côté de la piscine.

RESTAURATION

PREMIER PRIX

Bar de la Fontaine – *84750 St-Martin-de-Castillon - 04 90 75 24 67 - déj. tte l'année, dîner seult l'été - 12/15 €*. Un petit bar de village labellisé « Bistrot de pays » avec des plats du jour qui prennent l'accent provençal en été.

BUDGET MOYEN

L'Escanson – *450 av. A.-Briand - 84440 Robion - 04 90 76 59 61 - www.lescanson.fr - fermé 2 janv.-2 fév., midi en juil., merc. midi et mar. - 18/44 €*. Tons pastel et fer forgé donnent un cachet provençal à la salle de ce petit restaurant. Fine cuisine traditionnelle relevée d'une pincée de créativité. Terrasse ombragée.

La Cuisine de Soko – *R. Cilly - 84400 Saignon - 04 90 71 16 78 - fermé nov.-mars, lun.-mar. - 14/26 €*. Une toute nouvelle table qui fait déjà parler d'elle grâce à sa cuisine de saison, inventive et soignée, aux influences japonaises. Assiette unique à midi, deux menus le soir. Jolie petite terrasse.

Maison de la Truffe et des Vins du Luberon – *Pl. de l'Horloge - 84560 Ménerbes - 04 90 72 38 37 - 1er avr.-30 oct., déj. seult - 20/30 €*. Dans un cadre superbe (magnifique terrasse avec vue et hôtel particulier du 18e s.), un bar à vins avec assiettes composées et spécialités de truffes.

Le Garage à Lumières – *Hameau de Lumières - 84220 Goult - 04 32 50 29 32 - 26/39 €*. Un ancien garage aménagé en restaurant branché et design ; murs décorés de petites voitures, toiles contemporaines, projections de films… Belle cuisine actuelle créative.

Bistrot la Cour de Ferme – *Auberge la Fenière - 84160 Lourmarin - 2 km par la rte de Cadenet - ✆ 04 90 68 11 79 - www.reinesammut.com - fermé 17 nov.-4 déc. et janv. - 25/35 €.* Alternative à la cuisine fine de l'Auberge de la Fenière (noté une étoile au *Guide Michelin* 2009), Reine Sammut propose cette 2e table, ambiance chaleureuse sous le préau, autour des recettes de campagne.

POUR SE FAIRE PLAISIR

Le Fournil – *Pl. Carnot - 84480 Bonnieux - ✆ 04 90 75 83 62 - fermé 6 janv.-20 fév., 20 nov.-20 déc., sam. midi, mar. sf le soir d'avr. à sept. et lun. - réserv. obligatoire - 28/45 €.* Cette maison adossée à la colline abrite une originale salle à manger troglodytique, meublée dans un esprit bistrot contemporain. L'été, terrasse sur la place ombragée de platanes. Carte à tendance régionale.

Auberge de la Bartavelle – *R. du Cheval-Blanc - 84220 Goult - 6 km au nord-est de Ménerbes par D 218 et D 145 - ✆ 04 90 72 33 72 - fermé de mi-nov. à déb. mars, mar. et merc. - 40 €.* Le « petit Marcel » et son chasseur de père auraient apprécié cette salle voûtée avec ses tomettes rouges… comme des bartavelles ! Cuisine régionale de produits frais.

La Petite Maison – *Pl. de l'Étang - 84160 Cucuron - ✆ 04 90 68 21 99 - www.lapetitemaisondecucuron.com - fermé lun. et mar. - 40/60 €.* Au cœur du village, près de l'étang, une petite maison avec sa tonnelle ombragée. Belle cuisine de produits qui change au gré du marché, des saisons et de l'inspiration d'un chef de talent, Éric Sapet.

L'Auberge des Tilleuls – *Moulin du Pas - 84240 Grambois - ✆ 04 90 77 93 11 - www.tilleuls.com - fermé lun. et mar. - 35/55 €.* Récemment reprise par un chef bien connu dans la région, belle auberge de campagne cossue, avec des spécialités provençales retravaillées au goût du jour. Également des chambres récemment rénovées.

UNE FOLIE

La Bastide de Capelongue – *Rte de Lourmarin, puis D 232 et voie secondaire - 84480 Bonnieux - ✆ 04 90 75 89 78 - www.edouardloubet.com - de mi-mars à mi-nov. - fermé mar. midi et merc. - 140/190 €, menu 70 €.* Ce grand mas provençal niché dans la garrigue abrite une élégante salle à manger où le chef deux étoiles au *Guide Michelin* 2009 vous surprendra avec sa cuisine inventive.

PETITE PAUSE

Épicerie du Luberon – *84560 Ménerbes - ✆ 04 32 50 12 86 - lun.-sam. 8h-12h30, 15h30-19h ; dim. et j. fériés : 8h-12h30.* Excellents pains (Auzet de Cavaillon pour les

connaisseurs), petits fromages… Bref, tout pour le pique-nique.

Saladerie Chez Christine – *R. St-Louis - 84400 Saignon - ✆ 04 90 04 50 10 - vac. de Pâques et vac. d'été : 7h30-19h ; reste de l'année : fermé merc. et fév. - 7/9 €.* Petite restauration non-stop, pâtisseries et point Internet, accueil attentif en prime. Jolie terrasse.

BOIRE UN VERRE

Café de la Poste – *R. de la République - 84220 Goult - ✆ 04 90 72 23 23.* Autant apprécié par les locaux que par les touristes, un authentique bistrot de village où flâner sur la terrasse ensoleillée.

Café Dol – *84240 Grambois - ✆ 04 90 77 93 87 - pizzas le soir en été - 9/10 €.* Un café de village rustique, tenu par la même famille depuis quatre générations. Petite terrasse et « les plus belles toilettes de la vallée ».

EN SOIRÉE

La Gare – *105 quai des Entreprises - Coustellet - 84660 Maubec - ✆ 04 90 76 84 38 - www.aveclagare.org - vend.-sam. 21h30-2h, dim. 8h-14h - fermé janv., août et j. fériés - 10 €.* Dûment labellisé scène de musiques actuelles, le lieu conserve quelques éléments de son décor ferroviaire d'antan, comme une vieille horloge et la pancarte de l'arrêt : « Maubec ». Aujourd'hui : pôle d'animation, où concerts, pièces de théâtre, débats et événements inclassables se disputent un programme étonnant (et détonnant) et espace multimédia.

ACHATS

Marchés paysans – Apt (mar. mat., mai-nov.), Coustellet (dim. mat., avr.-nov.), Saint-Martin-de-la-Brasque (dim. mat., avr.-nov.).

Soins et santé

Distillerie Bio Lavande 1100 – *Bastide Notre-Dame - 84400 Lagarde-d'Apt - ✆ 04 90 75 01 42 - tte l'année sur RV.* Cette distillerie familiale fabrique des huiles essentielles depuis quatre générations. Vente sur place. Accueil charmant.

La Ferme de Gerbaud – *Campagne Gerbaud - 84160 Lourmarin - ✆ 04 90 68 11 83 - www.plantes-aromatique-provence.com - nov.-mars : w.-end 15h ; avr.-oct. : mar., jeu. sam. 17h (visite guidée) ; 14h-19h (boutique) - fermé janv.* Un chemin cahoteux mène à ce domaine de 25 ha dédié à la culture des plantes aromatiques et médicinales. La visite vous fera découvrir comment on cultive les plantes, quelles sont leurs propriétés et leurs utilisations. La boutique vend herbes de Provence, miels, huiles essentielles…

Décoration

Établissement Vernin – *D 900 - quartier du Pont-Julien - 84480 Bonnieux - ✆ 04 90 04 63 04 - www.carreauxdapt.com - 9h-12h, 14h-18h - fermé dim.* Fabrication artisanale de carreaux d'Apt en terre cuite ou en faïence émaillée et peints à la main. Vous trouverez des reproductions de motifs anciens ainsi que d'originales créations contemporaines.

ACTIVITÉS

Cyclotourisme

Vélo en Luberon – Un gros effort a été fait ces dernières années pour baliser un ensemble d'itinéraires adaptés à une découverte à vélo du Luberon : « Le tour du Luberon » (236 km), « les Ocres » (51 km), « le Pays d'Aigues » (91 km) mais aussi la Véloroute du Calavon (18 km entre Pont-Julien et le Boisset) et la voie verte Apt-Cavaillon. Au total, 450 km de voies balisées et sécurisées, jalonnées de panneaux de signalisation (postés à chaque carrefour) et de pancartes d'informations culturelles et pratiques, installées dans une quarantaine de villages… Renseignements auprès du Parc naturel régional du Luberon *(voir p. 384)*.

Vélo Loisir en Luberon – *Voir p. 451.*

Randonnées

Randonnées pédestres – Topo-guides édités par la Fédération française de la randonnée pédestre : *Tour du Luberon, GR 9 et Le Parc naturel régional du Luberon à pied*. La collection « Balades en Luberon », éditée par le PNR du Luberon, répertorie des circuits à faire à pied ou à vélo au départ de Roussillon, Buoux, Apt, Les Taillades, Murs, Robion. La Maison du Parc informe sur les promenades accompagnées (gratuites) et les possibilités d'hébergement en gîtes d'étape.

Randonnées équestres – Itinéraire du tour du Luberon, adresses de centres équestres et accompagnateurs de randonnée sont réunis dans le *Guide des loisirs de plein air en Vaucluse* édité par le Comité départemental de tourisme.

Autres activités

Escalade – De nombreuses voies ont été aménagées dans les falaises de Buoux. Contactez l'office du tourisme de Cavaillon ou l'office du tourisme d'Apt *(voir ces noms)*.

AGENDA

Festival international de quatuors à cordes – *✆ 04 90 75 89 60 - www.festival-quatuors-luberon.com*. De mi-juillet à mi-septembre, à Cabrières-d'Avignon, L'Isle-sur-la-Sorgue, Goult, Roussillon et l'abbaye de Silvacane.

Festival de Lacoste – *✆ 04 90 75 93 12*. De début juillet à début août, ce festival d'art lyrique et de théâtre se déroule dans les anciennes carrières du château de Sade.

Roussillon

★★

1 265 Roussillonnais – Vaucluse (84)

NOS ADRESSES PAGE 410

S'INFORMER

Office du tourisme de Roussillon – *Pl. de la Poste - 84220 Roussillon - ✆ 04 90 05 60 25 - www.roussillon-provence.com - sais. : 9h-12h, 13h30-18h30, lun. et sam. (tous les 15 j.) 9h30-12h, 13h30-18h30 ; reste de l'année : se renseigner - fermé dim., 1er janv., 1er et 11 Nov., 25 déc.*

Pass'Tourisme « Couleurs matières - couleurs lumières » – *5 € pour une famille de 4 pers.* Il donne droit à des réductions dans 9 sites répertoriés dans la zone du pays d'Apt.

SE REPÉRER

Carte de microrégion B2 *(p. 382) – carte Michelin Départements 332 E10.* Venant d'Apt (12 km au sud-est) ou de Gordes (10 km à l'ouest), vous aboutirez au parking de la place du Pasquier, où vous pourrez laisser votre voiture. En haute saison, inutile d'espérer vous y garer : prenez le premier emplacement que vous trouverez sur les routes d'accès, et sachez que tout stationnement dans la commune est alors payant !

À NE PAS MANQUER

Une balade dans les ruelles badigeonnées d'ocre du village, avant de retrouver l'ocre dans les carrières et à l'usine.

ORGANISER SON TEMPS

À Roussillon, une promenade au soleil couchant a deux avantages : les foules ont quitté le village et ce dernier se trouve alors illuminé par les rayons rasants. Au printemps et à l'automne, le village retrouve un semblant de tranquillité, plus propice aux rêveries esthétiques.

AVEC LES ENFANTS

Conservatoire des ocres et Sentier des ocres ; Colorado Aventures à Rustrel *(voir « Nos adresses »).*

Rouge comme la terre qui l'entoure, rouge comme son nom, le village de Roussillon entremêle ses maisons aux façades badigeonnées d'ocre. Le couchant révèle une palette de couleurs toute en nuances, du jaune au rouge, composant un tableau de rêve, fort apprécié des nombreux groupes de touristes qui s'y pressent.

Se promener

Avec ses ruelles étroites, parfois en escaliers, ses maisons imbriquées dont les façades badigeonnées d'ocre rivalisent de couleur et d'harmonie, ses galeries où artistes et potiers exposent leurs créations, les vues que l'on découvre soudain, au hasard d'une échappée, le village de Roussillon est un enchantement continuel, en particulier à la tombée du jour lorsque les rayons rasants du soleil viennent illuminer les façades.

407

ROUSSILLON

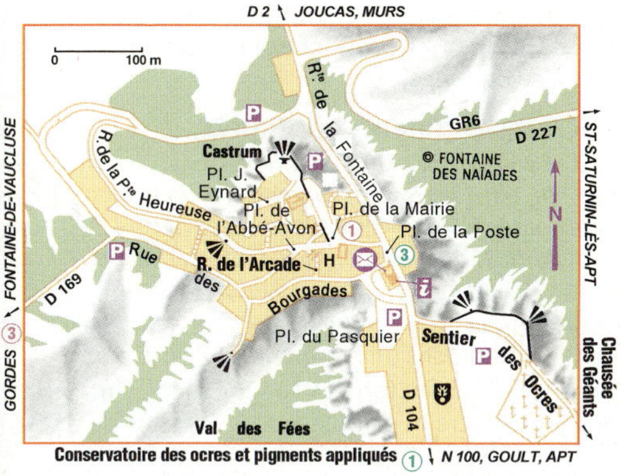

ROUSSILLON

SE LOGER

Hôtel Les Sables d'Ocre .... (1)
Les Clos de la Glycine .. (3)

SE RESTAURER

Le Bistrot de Roussillon .... (1)
Le Piquebaure-Côté Soleil .... (3)

Vous pouvez prendre, à gauche de l'office de tourisme, la rue des Bourgades puis vous engager dans la rue de l'Arcade, venelle à degrés en partie couverte. Par la place Pignotte, gagnez le chemin de ronde : vue sur les **aiguilles du val des Fées**, entailles verticales dans une falaise d'ocre couronnée de pins aux silhouettes torturées. Passant sous la tour du Beffroi, gagnez le **castrum** *(fléchage)*. De cette plate-forme, vue panoramique avec, au nord, le mont Ventoux, au sud, le Grand Luberon avec le Mourre Nègre et, perché sur son roc, au nord-ouest, le village de Gordes.

Découvrir l'ocre

Vous verrez à Roussillon l'ocre dans tous ses états, depuis les carrières où elle était extraite jusqu'aux murs auxquels elle donne leur éclat, en passant par l'usine où elle était transformée. Vous pourrez poursuivre cette découverte en suivant le circuit de l'Ocre.

★★ Sentier des ocres

Dép. devant le cimetière, face à la pl. Pasquier - de déb. mars au dim. qui suit le 11 Nov. - 2,50 € (-10 ans gratuit). Dans le site, il est interdit de prélever de l'ocre, de fumer et de pique-niquer. Fermé en cas de pluie.

Deux boucles balisées : jaune 35mn, rouge 50mn. Ces sentiers aménagés, balisés et agrémentés de panonceaux didactiques permettent de découvrir la flore particulière des collines d'ocres (yeuses, chênes blancs, genévriers…) ainsi que les étonnants paysages formés par les anciennes carrières : l'action de

POUR LA PETITE HISTOIRE

Un Roussillonnais, **Jean-Étienne Astier**, eut l'idée à la fin du 18e s. de laver le sable ocreux pour en extraire le pigment pur et fit naître l'industrie qui allait apporter au village sa renommée. Outre la fabrication du pigment utilisé pour les peintures et badigeons, l'**ocre** avait diverses applications industrielles parfois insolites : mélangée à l'hévéa, elle entrait dans la composition du caoutchouc ; on en faisait des chambres à air, des élastiques, du linoléum, la peau des saucisses de Strasbourg et… on en colorait le papier des Gitanes maïs.

l'homme mais aussi de l'érosion ont sculpté ces **aiguilles de Fées** au-dessus de la fameuse **chaussée des Géants**★★ (le sentier des ocres balisé en rouge est l'unique moyen d'accès à ce dernier site).

★ Conservatoire des ocres et pigments appliqués

Rte d'Apt - D 104 - ✆ 04 90 05 66 69 - www.okhra.com - juil.-août : 9h-19h ; 8 fév.-30 juin et 1er sept.-14 nov. : 9h-13h, 14h-18h ; reste de l'année : tlj sf lun. et mar. 9h-13h, 14h-18h - possibilité de visite guidée (45mn) - fermé 1er janv., 25 déc. - 6 € (-10 ans gratuit) billet combiné avec Ôkhra Société coopérative d'intérêt collectif.

Dans cette **usine**, fermée en 1963, on transformait l'ocre extraite des carrières et apportée ici en wagonnets. La première étape consistait à éliminer un maximum de sable en le versant dans un batardeau avec de l'eau.

Après malaxage, le sable se déposait au fond et l'ocrier, grâce à un jeu de bouchons, évacuait le mélange d'ocre et d'argile vers les bassins de décantation après avoir évalué la teneur en sable… en le goûtant. À l'étape suivante, l'ocre reposait dans des bassins (un par couleur). L'argile se déposait au fond et l'eau était alors évacuée. Plusieurs couches successives étaient ainsi amenées dans les bassins jusqu'à la fin de l'hiver et mises à sécher tout l'été. Lorsqu'elles avaient la consistance de la pâte à modeler, elles étaient découpées en briques. Enfin, elles étaient conduites au four où s'achevait le séchage (certaines ocres rouges étaient obtenues en cuisant une ocre jaune à 450 °C), puis au moulin où elles étaient broyées et mises dans des sacs ou des tonneaux.

Le **Jardin des Teinturiers** attenant permet de s'initier aux couleurs, végétales cette fois, qui furent longtemps produites dans la région.

Ôkhra Société coopérative d'intérêt collectif – *Juil.-août : 9h-19h ; reste de l'année : 9h-13h, 14h-18h - fermé 1er janv., 25 déc. - 6 € (-10 ans gratuit) billet combiné avec le conservatoire des ocres.* Cette coopérative culturelle, dont le nom grec signifie « terre jaune » organise, tout au long de l'année, des visites et des circuits sur le patrimoine industriel. Expositions à thème, ateliers et stages d'initiation aux techniques liées au travail de l'ocre (badigeons, chaux…) pour les petits comme les grands. Vente de pigments et librairie spécialisée sur la couleur.

Itinéraire conseillé Carte de microrégion

★★ CIRCUIT DE L'OCRE BC1-2

Pour visualiser ce circuit de 49 km au départ de Roussillon, se reporter à la carte p. 382 – compter environ 4h. Quitter Roussillon par la D 227 (belles vues à droite sur les falaises d'ocre et le Luberon, à gauche sur le plateau de Vaucluse), puis prendre à droite la D 2 et, tout de suite à droite, la D 101.

Dans un champ à droite, une vingtaine de bassins de décantation ont été creusés pour le traitement de l'ocre, que l'on extrait des carrières voisines.

Mines de Bruoux à Gargas B2

Rte de Croagne - ✆ 04 90 06 22 59 - visite guidée (dernier accès 45mn av. fermeture) - juil.-août : 10h-20h, mai-juin et sept.-oct. : 10h-19h, reste de l'année : 10h-13h, 14h-18h - 7,50 € (6,50 € basse saison). Attention, 11 °C dans les galeries : prévoir un pull.

On extrait encore l'ocre de nos jours à Gargas (dernière carrière d'Europe), mais rien à voir avec l'activité prospère du 19e s. Ne vous fiez pas à son nom : ces « mines » n'en sont pas. Certes, vous cheminerez à travers 650 m

Sentiers des ocres.
S. Sauvignier / MICHELIN

de galeries souterraines (le site en compte 40 km) mais c'est à la pioche qu'elles ont été creusées, d'où ces voûtes semblables à celles des cathédrales. L'architecture monumentale et l'étendue du réseau qu'explique la recherche du bon filon (le plus ocré, donc le plus rentable) impressionnent. Pour l'anecdote, laissées à l'abandon, ces galeries servirent un temps de champignonnières.

Revenir sur vos pas pour reprendre la D 2.

Saint-Saturnin-lès-Apt B1

Ce village perché, adossé aux premiers contreforts du plateau de Vaucluse, est dominé par les vestiges des **murailles** du château qui semblent nées de la falaise. Sa chapelle romane et son moulin à vent (17e s.) offrent un tableau d'un charme tout provençal. Tout en haut, la **porte Ayguier** (15e s.) a conservé une partie de son système de défense.

Les ruelles étroites et sinueuses, les maisons aux murs de pierres sèches et la tranquillité de ce village en font une agréable base pour randonneurs : près de 250 km de sentiers sont balisés sur les anciens chemins de transhumance des alentours, vous permettant d'apercevoir au passage *aiguiers (voir Sault)* et vestiges de bories *(voir Gordes).*

Poursuivre par la D 179, puis la D 30 jusqu'à Rustrel.

★★ Colorado de Rustrel C1

Depuis le centre du village, prendre la route de Sault (D 30A) puis, immédiatement à droite, le bd du Colorado que l'on suit sur 500 m. Le parking (4 €) est indiqué - guides et plans sont disponibles à la Maison du Colorado - ✆ 04 90 04 96 07 ou 06 81 86 82 20 - www.colorado-provencal.com - possibilité de visite guidée sur demande préalable.

Bon à savoir – La Maison du Colorado dispose d'un plan, mais nous vous conseillons la brochure « Rustrel » dans la collection Balades en Luberon, proposée par le Parc (4,60 €). Dans tous les cas, ne partez pas les mains dans les poches et prévoyez des chaussures confortables.

Plusieurs circuits vous permettront de découvrir le Sahara, le cirque de Barriès, les cascades, la rivière de sable et le tunnel *(l'accès aux cheminées des fées reste fermé)*, émouvants résultats de l'œuvre conjointe de l'activité humaine (arrêtée en 1956) et de l'érosion. Ces étranges paysages sont hélas appelés à disparaître dans un avenir plus ou moins proche, la nature reprenant ses droits.
Faites un tour dans l'agréable village de **Rustrel**, dominé par le clocher-peigne de son église et la silhouette d'un manoir.
1h15. Départ du cimetière de Rustrel, balisage jaune. Des charbonniers étaient venus d'Italie, au milieu du 18e s., pour fabriquer le charbon de bois nécessaire au fonctionnement des usines de fer établies sur la commune de Rustrel. Un itinéraire rappelle leur mémoire.
Revenir à Roussillon via Apt.

NOS ADRESSES À ROUSSILLON

HÉBERGEMENT

BUDGET MOYEN

Hôtel Les Sables d'Ocre – *Rte d'Apt - ✆ 04 90 05 55 55 - www.roussillon-hotel.com - fermé nov.-mars - P - 22 ch. 69/82 € - ☕ 10 €.* Au cœur du pays de l'ocre, ce mas récent à l'aspect engageant allie confort moderne et décoration provençale. Le mobilier en métal peint apporte une note gaie à l'ensemble.

POUR SE FAIRE PLAISIR

Hôtel Les Clos de la Glycine – *Pl. de la Poste - ✆ 04 90 05 60 13 - www.luberon-hotel.com - P - 9 ch. 105/175 € - ☕ 13 € - rest. David : 33/52 €.* Dans le village haut perché, un hôtel plein de charme : chambres fraîches et confortables, avec une vue magnifique sur la chaussée des Géants et le mont Ventoux. Au restaurant, agréable terrasse panoramique sous les glycines, où déguster des recettes provençales.

Aux alentours de Roussillon

Chambre d'hôte La Forge – *Notre-Dame-des-Anges - 84400 Rustrel - 2 km par rte d'Apt et rte secondaire - ✆ 04 90 04 92 22 - www.laforge.com.fr - ouv. 1er mars-15 nov. - 5 ch. 120 € ☕.* Aux confins du Colorado provençal, ancienne fonderie partiellement réaménagée en accueillante maison d'hôte. Grandes chambres décorées dans un style original et coloré. Jardin bien fleuri et belle piscine.

RESTAURATION

PREMIER PRIX

Aux alentours de Roussillon

Auberge de Rustréou – *3 pl. de la Fête - 84400 Rustrel - ✆ 04 90 04 90 90 - fermé 24 déc.-1er janv. - 12,90/21,90 € - 7 ch. 52 € - ☕ 6 €.* Une salle climatisée aux tonalités chaudes ; un village tranquille, aux portes du colorado provençal ; une cuisine soignée : l'auberge du Rustréou s'est fait depuis longtemps une réputation de qualité.

BUDGET MOYEN

Le Bistrot de Roussillon – *Pl. de la Mairie - ✆ 04 90 05 74 45 - fermé d'oct. à mars sf vac. scol. - 15/22 €.* Un petit bonheur, cette terrasse derrière la maison, offrant la vue sur les toits du village et le val des Fées : cadre idéal pour savourer le menu à l'accent provençal et déguster un vin du coin gouleyant à souhait. Salle aux tons ocre et seconde terrasse sur la place animée.

Aux alentours de Roussillon

La Table de Pablo – *Hameau des Petits-Cléments - 84400 Villars - ✆ 04 90 75 45 18 - www.latabledepablo.com - fermé 1er janv.-13 fév., jeu. midi, sam. midi et merc. sept.-mai - 16/48 €, réserv. conseillée - cours sam. mat., sur réserv.* Pour goûter une cuisine délicate et volontiers créative, n'hésitez pas à faire étape dans ce restaurant isolé entre vignes et cerisiers. Cadre « couleur locale », paisible terrasse.

POUR SE FAIRE PLAISIR

Le Piquebaure-Côté Soleil – *Quartier les Estrayas, rte de Gordes - ✆ 04 90 05 79 65 - fermé de mi-nov. à mi-déc., janv., merc. hors sais. et mar. - 30/59 €.* Ce restaurant emprunte son nom à l'un des rochers qui jalonnent le circuit de l'Ocre. Intérieur campagnard chic et belle terrasse couverte côté vallée. Cuisine du marché.

ACTIVITÉS

Cyclotourisme

Deux grands itinéraires ont été balisés, à suivre en partie ou en totalité, avec sur le parcours des prestataires spécialisés dans l'accueil des cyclotouristes : **« Autour du Luberon »** (236 km, boucle au départ de Cavaillon, via Apt, Forcalquier, Manosque, Lourmarin) et **« Les ocres à vélo »** (51 km, via Apt, Rustrel et Roussillon).

Renseignements auprès du Parc naturel régional du Luberon *(voir p. 386)*.

Autres activités

Colorado Aventures – *Forêt N.-D.-des-Anges - 84400 Rustrel - ✆ 06 78 26 68 91 - www.colorado-aventures.fr - juil.-août : 9h30-17h30 ; reste de l'année : sur demande préalable 10h-16h30 - fermé 11 Nov.-15 mars - 18 € : accès au parcours Canyon, Forêt et Indiana - (enf. 14 € : accès au parcours Mempapeur et Pasifacile).* Place à l'aventure avec ces parcours acrobatiques aménagés en pleine forêt. Ponts de singes et tyroliennes accessibles à partir de 6 ans. Et comme les émotions ouvrent l'appétit, le snack et l'aire de pique-nique offriront l'occasion de lever le pied après ces exercices périlleux.

École Rustr'Aile Colorado – *Le Stade - 84400 Rustrel - ✆ 04 90 04 96 53 - www.parapente.biz.* Baptême de parapente : survol des falaises d'ocre du Colorado de Rustrel *(le soir - 100 €)*.

Gordes

★★

2 126 Gordiens – Vaucluse (84)

NOS ADRESSES PAGE 415

S'INFORMER

Office du tourisme de Gordes – *Pl. du Château - 84220 Gordes - ✆ 04 90 72 02 75 - www.gordes-village.com - juil.-août : 9h-19h, dim. et j. fériés 10h-19h ; reste de l'année : 9h-12h, 14h-18h, dim. et j. fériés 10h-12h, 14h-18h - fermé 1er janv., 25 déc.*

SE REPÉRER

Carte de microrégion B2 *(p. 382) – carte Michelin Départements 332 E10.* Il faut aborder Gordes depuis Cavaillon (17 km au sud-ouest) par la D 15, afin de découvrir ce superbe site perché dont les maisons en pierres sèches s'étagent et se pressent jusqu'aux contreforts du château.

SE GARER

Vous n'aurez pas le choix : d'avril à novembre, vous devrez stationner sur l'un des parkings payants obligatoires aménagés près du village *(3 €).* Pour un séjour supérieur à une journée, le macaron semble tout indiqué *(5 €, valable un an !).*

ORGANISER SON TEMPS

Envahi à la belle saison, le village redevient au printemps et à l'automne ce qu'il a toujours été : magique ! Moyennant une petite laine (et un bon anorak, et une bonne écharpe, et un gros bonnet !), découvrez le bonheur d'y être au cœur de l'hiver, quand le mistral balaie le ciel transparent.

AVEC LES ENFANTS

Le village des Bories, transformé en musée de l'Habitat rural.

Il y a fort longtemps, avant de devenir « le village des villages », l'un des plus fréquentés du Luberon au 21e s., Gordes était habité par une tribu celto-ligure, les Vordenses. Vorda (qui signifiait « village perché ») se prononçait à peu près « gworda », d'où l'évolution du nom en Gorda. À l'extrémité du plateau de Vaucluse qui domine les vallées de l'Imergue et du Calavon, face au Luberon, Gordes offre au soleil ses pierres dorées par le temps, ses panoramas sur la plaine en contrebas, ses calades où il fait bon s'isoler de la foule qui ne s'éloigne guère des rues les plus commerçantes, ses maisons et son château mêlés à une végétation méditerranéenne. Pas étonnant qu'il soit classé parmi « les plus beaux villages de France ».

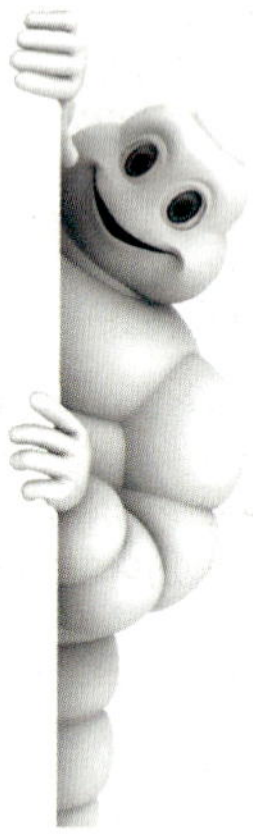

Gordes : un village perché.
Sigfrid López / MICHELIN

Se promener

★ Le village

Les **calades**, ces ruelles pavées bordées de caniveaux à deux rangées de pierres, s'achèvent parfois en escalier ou, enjambées par des passages voûtés, se faufilent entre de vieilles et hautes maisons qui prennent appui sur les vestiges des fortifications. Çà et là, on découvre une échappée sur la garrigue écrasée de soleil en contrebas, tandis que les foules se pressent dans les échoppes d'artisans et les boutiques de souvenirs. En effet, littéralement envahi à la belle saison, Gordes est alors victime de son succès.

Château

Il fut bâti à la Renaissance par **Bertrand de Simiane**. Sur l'emplacement d'une forteresse médiévale, sa silhouette monumentale présente une allure austère que contredit l'intérieur, délicatement orné : ainsi, la porte Renaissance de la cour, la splendide **cheminée★** de la grande salle du 1er étage, ornée de frontons, coquilles, décor floral et pilastres. Ses trois étages abritent aujourd'hui un **musée** consacré au peintre flamand **Pol Mara** (1920-1998), au style souvent assez lourdement symbolique. *✆ 04 90 72 02 75 - 10h-12h, 14h-18h - fermé 1er janv., 25 déc. - 4 € (10-18 ans 3 €).*

Caves du palais Saint-Firmin

Accès depuis la place Genty-Pantaly par la petite rue de l'Église, puis la rue du Belvédère, en direction du « point de vue ». ✆ 04 90 72 02 75 - juil.-août : 10h30-19h ; avr.-juin et sept.-oct. : tlj sf mar. 11h-18h - animation de 25mn, ttes les 30mn - 4 €.

Une animation son et lumière vous accompagne dans les souterrains de ce « palais » (en fait, une grande maison de village), mettant au jour un aspect méconnu du Gordes d'autrefois : l'activité artisanale troglodytique, dont témoignent des citernes, des escaliers et les vestiges d'un très ancien moulin à huile, datant probablement du 15e s.

À proximité Carte de microrégion

★★ Village des Bories B2

3 km au sud par la D 15 en direction de Cavaillon. Peu après l'embranchement de la D 2, prendre à droite le chemin goudronné qui, entre des murettes de pierres sèches, conduit après 2 km environ, au parking aménagé. ✆ 04 90 72 03 48 - http://gordes-village.com - 9h au coucher du soleil - fermé 1er janv., 25 déc. - 6 € (enf. 4 €).

Ce hameau d'une vingtaine de bories restaurées, vieilles de 2 à 5 siècles, est organisé en musée de l'Habitat rural. Une vingtaine de bâtiments, habitations, bergeries ou granges de formes variées, bâties avec les matériaux trouvés sur place (pour l'essentiel des lauzes, feuilles de calcaire se détachant du rocher et assemblées sans mortier ni eau), s'ordonnent autour d'un four à pain. Si l'on sait qu'elles ont été occupées jusqu'au début du 19e s., de nombreuses questions se posent quant à leur origine, et, surtout, leur utilisation : habitat permanent ou saisonnier ? Lieu de refuge au cours d'époques troublées ? Le mystère demeure. En tous les cas, on éprouve à parcourir ce hameau (du moins, lorsque l'affluence n'y est pas trop importante), l'étrange impression de se retrouver hors du temps.

Musée du Moulin des Bouillons B2

5 km au sud par la D 15 (direction Cavaillon), la D 2 puis la D 103, à gauche, vers Beaumettes. Tourner encore à gauche dans la D 148 vers Saint-Pantaléon ; la suivre sur 100 m jusqu'au « Moulin des Bouillons ». ✆ 04 90 72 22 11 - ♿ - avr.-oct. : 10h-12h, 14h-18h - fermé mar. - 5 € (enf. 3,50 €) ; 7,50 € billet combiné avec le musée de l'Histoire du verre et du vitrail.

Cette bastide des 16e et 17e s. a été transformée en petit musée de l'huile d'olive : les passionnés viendront admirer la collection de lampes à huile, d'outils nécessaires à la culture de l'olivier, et surtout, l'impressionnant **pressoir★** à olives fait d'une seule pièce de chêne de 10 m de long et pesant 7 t ! À proximité, un bâtiment vitré semi-enterré de 600 m² abrite le **musée de l'Histoire du verre et du vitrail**. Mi-musée, mi-galerie d'art (les œuvres de la propriétaire sont exposées), ce site retiendra les curieux qui s'intéressent à l'histoire du verre : son invention en Syrie voilà 7 000 ans et ses utilisations dans la technique du vitrail. Une belle collection d'objets est représentée, de la perle de verre à la vitre et du vitrail aux cellules photovoltaïques. Dans le parc arboré de 3 ha, les immenses sculptures de Frédérique Duran sont exposées.

Mêmes conditions de visite que le moulin.

Saint-Pantaléon B2

7 km au sud-est par la D 104, puis à droite la D 148.

Minuscule **église romane** construite à même le roc. Des tombes l'entourent, également creusées dans la roche ; beaucoup ont la taille d'un enfant : s'agissait-il d'un de ces « sanctuaires de répit » dont on trouve quelques exemples en Provence ? On y amenait les enfants morts avant le baptême : ils semblaient ressusciter le temps d'une messe au cours de laquelle on les baptisait, avant de les inhumer sur place.

NOS ADRESSES À GORDES

HÉBERGEMENT

BUDGET MOYEN

Aux alentours de Gordes

Chambre d'hôte La Badelle – *7 km au sud de Gordes par D 104 dir. St-Pantaléon et Goult - ✆ 04 90 72 33 19 - www.la-badelle.com - réserv. obligatoire en hiver - 5 ch. 88/99 €* ☕. Les chambres sont aménagées dans les anciennes remises de cette ferme ancestrale. Leur sobre décor et leur carrelage de terre cuite mettent en valeur le mobilier ancien. Pratique, une cuisine est disponible en été.

Chambre d'hôte Les Hauts de Véroncle – *84220 Murs - 8,5 km au nord de Gordes par D 15 - ✆ 04 90 72 60 91 - http://hauts.de.veroncle.free.fr - fermé 4 nov.-29 mars - 3 ch. 65 €* ☕ *- repas 27 €*. Rien ne perturbe la quiétude de ce mas isolé en pleine garrigue. Chambres plaisantes, sobres et soignées et gîte (4 personnes) . Dîner sous la tonnelle en été et au coin du feu l'hiver.

Chambre d'hôte Mas Val - Chênaie – *Les Sauvestres - 7 km au sud-est de Gordes par D 2 et D 156 - ✆ 04 90 72 13 30 - www.mas-val-chenaie.com - fermé janv.-fév. - 4 ch. 100/120 €* ☕. Ce superbe mas niché dans une chênaie abrite 4 grandes chambres. Poutres lasurées et douches à l'italienne. Cuisine d'été à disposition, près de la piscine entourée d'arbres.

POUR SE FAIRE PLAISIR

Hôtel Le Mas des Romarins – *Rte de Sénanque - ✆ 04 90 72 12 13 - www.masdesromarins.com - fermé de mi-nov. à mi-déc., janv.-fév. - 19 ch. 99/192 €* ☕. Petit-déjeuner aux premiers rayons de soleil sur la terrasse de cette ferme centenaire dominant Gordes. Jolies chambres fraîches et personnalisées.

Chambre d'hôte Le Mas de la Beaume – *✆ 04 90 72 02 96 - www.labeaume.com - 5 ch. 110/175 €* ☕ *- repas 30 €*. Ce joli mas provençal niché dans un jardin où poussent l'olivier, l'amandier et la lavande, abrite de spacieuses chambres aux tonalités provençales. Piscine et Jacuzzi, belle vue sur le village de Gordes.

RESTAURATION

PREMIER PRIX

Aux alentours de Gordes

La Farigoule – *Les Imberts (D 2, entre Gordes et Cabrières-d'Avignon) - 4 km de Gordes - ✆ 04 90 76 92 76 - lafarigoule@wanadoo.fr - fermé merc. soir et jeu. - formule déj. 13,50 € - 13,50/27,50 €*. Ce restaurant propose une savoureuse cuisine provençale dans une sympathique salle à manger méridionale. Agréable terrasse couverte et prix raisonnables pour la région. Il est préférable de réserver.

BUDGET MOYEN

L'Artegal – *Pl. du Château - ✆ 04 90 72 02 54 - 15/34 €*. Au menu, de délicieux plats du jour et de copieuses salades. Pâtisseries maison à savourer en terrasse, au pied du château, selon le temps. Plaisant intérieur façon bistrot rehaussé de touches design.

POUR SE FAIRE PLAISIR

Le Mas Tourtouron – *Chemin de St-Blaise - ✆ 04 90 72 00 16 - ouvert du 4 mars au 8 nov., le w.-end en nov. et déc. et fermé le dim. soir en oct. et mars, lun. et mar. - 62/75 €*. « Une cuisinière dans sa maison ». La propriétaire de ce mas magnifié par son jardin bucolique résume ainsi son savoir-faire (menu régional) et sa convivialité. Cadre rustico-provençal.

Abbaye de Sénanque

★★

Vaucluse (84)

SE REPÉRER

Carte de microrégion B1 *(p. 382) – carte Michelin Départements 332 E10.* En arrivant de Gordes par la D 177, on reste saisi à la vue de ces harmonieux bâtiments, lovés au creux d'un petit canyon : la Senancole y a creusé son lit, dans le plateau de Vaucluse.

ORGANISER SON TEMPS

Compter environ 1h. Pour respecter la tranquillité des six moines qui vivent dans l'abbaye, il n'y a aucune visite libre. Les visites sont uniquement guidées, en français, et il faut réserver au préalable. Une tenue correcte est exigée à l'entrée.

Les messes et offices sont ouverts au public. Horaires des messes : 8h30 le lundi, 12h en semaine, 10h les dimanches et jours de fêtes religieuses, vêpres à 18h.

La Senancole a donné son nom à Sénanque après avoir tiré le sien de la racine sin-, « montagne », d'où dérive également le nom du mont Sinaï. Patronage de choix pour une abbaye… à la recherche d'un moment de sérénité ? Pourquoi ne pas aller méditer un peu à quelques kilomètres de Gordes, loin du bruit et de la foule estivale, dans cette abbaye austère et paisible, nichée dans son écrin de lavande et baignée par une douce lumière ?

Se promener

L'abbaye Notre-Dame de Sénanque est le lieu de vie de la communauté monastique. Les moines offrent la possibilité de découvrir, au cours de quelques visites par semaine (effectif limité), les bâtiments du 12e s. Visite sur réserv. au ✆ 04 90 72 05 72 - www.senanque.fr - tenue correcte exigée.

Magnifique illustration de l'art cistercien, le monastère a conservé sa forme primitive, à l'exception de l'aile des convers (18e s.). Les parties médiévales sont construites en bel appareil de pierres du pays aux joints finement taillés. L'église n'est pas orientée à l'est comme le voulait la coutume, mais au nord,

LES CISTERCIENS

Inspiré par **saint Bernard de Cîteaux**, le mouvement cistercien prônait un idéal ascétique et la règle bénédictine primitive était observée dans ses établissements avec une extrême rigueur : isolement, pauvreté et simplicité, seules voies pouvant mener à la béatitude. Les conditions de vie des cisterciens sont donc très dures : les offices, la prière, les lectures pieuses alternent avec les travaux manuels, le temps de repos ne dépassant pas sept heures ; les repas, pris en silence, sont frugaux et les moines se couchent tout habillés dans un dortoir commun dépourvu du moindre confort.

les bâtisseurs ayant dû se plier aux exigences de la topographie. L'austérité inspire les conceptions artistiques de l'ordre : les bâtiments sont dépouillés de toute ornementation, qui détournerait les moines de l'essentiel ; vitraux colorés, statues, peintures ou tympans sculptés sont bannis.

On retrouve l'austérité de Sénanque dans les abbayes du Thoronet *(voir* Le Guide Vert Côte d'Azur*)* et de Silvacane *(voir ce nom)* qui nous sont presque parvenues dans leur état d'origine, quand l'ordre connaissait son apogée.

La visite commence par le dortoir, situé au nord-ouest du cloître, au 1er étage.

Dortoir

Dans cette vaste salle voûtée, éclairée par un oculus et d'étroites fenêtres (sol dallé de briques), les moines dormaient chacun sur leur paillasse ; le premier office (matines) avait lieu à 2h du matin, le second à l'aube (laudes). Le dortoir abrite une exposition sur la construction de l'abbaye.

★ Église

Elle fut édifiée entre 1150 et le début du 13e s. La pureté de ses lignes (du fond de la nef, on pourra apprécier l'équilibre des proportions et des volumes), que rehausse l'absence de toute décoration, crée une ambiance de recueillement.

La croisée du transept est couronnée par une ample coupole sur trompes très ouvragées (arcatures, dalle de pierre incurvée, pilastres cannelés qui rappellent le style des églises du Velay et du Vivarais). Une abside semi-circulaire, percée de trois fenêtres (symbolisant La Trinité) et flanquée de quatre absidioles, parachève l'édifice. Nef, transept et collatéraux sont recouverts de pierres plates reposant à même la voûte.

★ Cloître

Galeries (fin 12e s.) voûtées en berceau plein cintre avec doubleaux reposant sur des consoles sculptées. Notez la décoration très discrète sur les chapiteaux : feuillages, fleurs, torsades, palmettes et entrelacs.

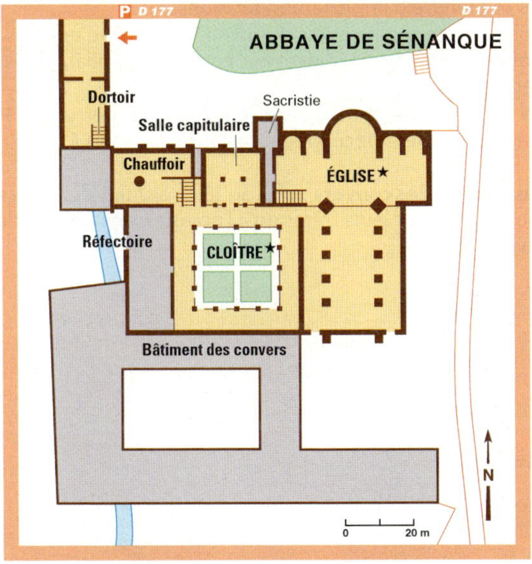

UNE HISTOIRE TOURMENTÉE

Fondée en 1148 par des moines venus de Mazan (haut Vivarais), Sénanque prospéra rapidement, au point que, dès 1152, sa communauté était assez nombreuse pour fonder une seconde abbaye dans le Vivarais. Elle bénéficia de nombreuses donations, en particulier des terres de la famille de Simiane et des seigneurs de Venasque. Le monastère ne tarda pas à installer, parfois très loin, des « granges », sortes d'annexes à la tête des exploitations qui étaient mises en valeur par les frères convers, moines auxiliaires chargés des tâches agricoles. Mais l'abbaye accumula des richesses peu compatibles avec les vœux de pauvreté; au 14e s., c'est la décadence. Le recrutement et la ferveur diminuent tandis que la discipline se relâche. Pourtant, la situation s'améliore et le monastère retrouve sa dignité en s'efforçant de respecter l'esprit des fondateurs. En 1544, l'insurrection vaudoise porte à l'abbaye un coup dont elle ne se relèvera pas : des moines sont pendus et plusieurs bâtiments incendiés. À la fin du 17e s., Sénanque ne compte plus que deux religieux. Vendue comme bien national en 1791, elle trouve par chance un acquéreur qui la préserve de toute destruction, et va jusqu'à la faire consolider. Rachetée par un ecclésiastique en 1854, elle retrouve sa vocation d'origine : des bâtiments nouveaux viennent flanquer les anciens et 72 moines s'y installent. Depuis lors, malgré quelques tourments durant la IIIe République, la vie monastique se poursuit à Sénanque (communauté de moines cisterciens).

Le cloître donne accès aux différentes pièces des bâtiments conventuels, chacune tenant une fonction bien précise.

★ Bâtiments conventuels

Les moines se réunissaient dans la **salle capitulaire**, assis sur des gradins, pour lire et commenter les Écritures, recevoir les vœux des novices, veiller les défunts et prendre d'importantes décisions.

Un étroit passage donne accès au **chauffoir**, où subsiste une des deux cheminées d'origine : elles fournissaient aux copistes travaillant dans la pièce la chaleur nécessaire.

Parallèle à la galerie ouest du cloître, le **réfectoire**, détruit au 16e s., a été reconstruit par la suite et récemment restauré dans son état primitif *(ne se visite pas)*.

Au sud, le **bâtiment des convers**, refait au 18e s., abritait les moines « auxiliaires » : ils ne rejoignaient leurs frères qu'à l'occasion des travaux des champs et de certains offices.

Cavaillon

25 819 Cavaillonnais – Vaucluse (84)

NOS ADRESSES PAGE 422

S'INFORMER

Office du tourisme de Cavaillon – *Pl. François-Tourel - BP 176 - 84305 Cavaillon Cedex - 04 90 71 32 01 - www.cavaillon-luberon.fr - avr.-sept. : 9h-12h30, 14h-18h30 ; oct.-mars : 9h-12h, 14h-18h, sam. 10h-12h - fermé dim.*

Autres points d'accueil – *466 av. de la-Canebière-à-Cheval-Blanc - 04 90 14 52 94 ; les Taillades (pl. de la Mairie - 04 90 75 09 26) ; Mérindol (r. des Écoles - 04 90 72 88 50).*

Bon à savoir – L'office de tourisme organise des visites guidées de la ville et propose également des circuits thématiques : « Autour du melon et de l'irrigation » et « Huile d'olive dans le village de Mérindol ». N'hésitez pas à vous renseigner.

SE REPÉRER

Carte de microrégion A2 *(p. 382) – carte Michelin Départements 332 D10.*
Bien des visiteurs ne garderont de Cavaillon qu'une image ingrate : celle de la zone artisanale et commerciale en bordure du boulevard périphérique, qu'ils empruntent pour gagner la montagne du Luberon. Pour accéder au centre, de larges avenues conduisent aux abords de la place Gambetta.

SE GARER

Tentez de vous garer à proximité de la place Gambetta ou bien sur les parkings de la place François-Tourel.

À NE PAS MANQUER

La synagogue et le Musée juif comtadin, ultimes témoignages de l'épopée des Juifs du pape.

ORGANISER SON TEMPS

Prévoyez 2 à 3h pour visiter la ville basse, synagogue incluse ; moins fréquentée que le Luberon voisin, Cavaillon constitue une agréable base de séjour alternative (et moins chère).

L'emblème qui figure sur les armoiries de Cavaillon ? Non pas le melon, mais la colline Saint-Jacques dominant la ville, où était posté l'antique oppidum Cabellio. Autre chapitre marquant de l'histoire de Cavaillon : l'épopée des Juifs du pape, dont vous suivrez les rebondissements au Musée juif comtadin. Mais n'oublions pas le fameux melon, indissociable de Cavaillon, puisque la cité est devenue la plus emblématique zone de production française de cette cucurbitacée. En outre, la production de fruits et légumes cultivés aux alentours fait du marché des primeurs de Cavaillon (réservé aux professionnels) le plus important de France.

SAVOUREUSE DISTINCTION
La ville compte près de 300 citoyens d'honneur, les grands chevaliers de l'Ordre du melon de Cavaillon, personnalités des arts, de la littérature et de la vie économique qui marchent sur les traces d'**Alexandre Dumas** : l'auteur des *Trois Mousquetaires* avait fait don en 1864 à la bibliothèque de la ville de la totalité de son œuvre publiée, en échange d'une rente viagère de douze melons par an. Le conseil municipal prit un arrêté en ce sens et la rente fut servie au romancier jusqu'à sa mort en 1870.

Se promener Plan de ville

LA VILLE BASSE

Depuis la place Tourel, gagnez la place du Clos, contiguë, qui fut longtemps le principal lieu du marché aux melons. Les vestiges d'un petit **arc romain** y ont été placés en 1880.
Prendre le cours Sadi-Carnot, puis, à droite, la rue Diderot.

Cathédrale Saint-Véran

Elle honore le patron des bergers qui fut évêque de Cavaillon au 6e s. Édifice roman à l'origine, elle a été très remaniée, en particulier au 18e s. On y accède par le flanc droit, en traversant un charmant petit cloître. À l'intérieur, on peut voir des tableaux de Mignard et de Parrocel.
Prendre la Grand'Rue qui traverse le vieux Cavaillon.
Vous passez alors devant la façade du **Grand Couvent** avant de franchir la **porte d'Avignon**, vestige des fortifications de la ville.

Musée de l'Hôtel-Dieu

☏ 04 90 76 00 34 - www.cavaillon.org - mai-sept. : 9h30-12h30, 14h30-18h30 ; oct. : 9h-12h, 14h-17h - fermé mar. - 3 € (-18 ans gratuit) billet combiné avec la synagogue et Musée juif comtadin.
Section lapidaire dans la chapelle, histoire de l'hôtel-Dieu (pots à onguent en faïence et en verre) et, à l'étage, **collection archéologique★** d'objets découverts sur la colline Saint-Jacques : céramiques, monnaies, etc.
Prendre à droite le cours Gambetta jusqu'à la place du même nom, puis encore à droite la rue de la République, piétonne et commerçante.
Vous entrez dans la « carrière », ancien ghetto juif. À droite s'ouvre la **rue Hébraïque**, au-dessus de laquelle est construite la synagogue.

Synagogue et Musée juif comtadin

☏ 04 90 76 00 34 - mai-sept. : 9h30-12h30, 14h30-18h30 ; oct. : 9h-12h, 14h-17h ; reste de l'année : tlj sf dim. 9h-12h, 14h-17h - fermé mar., 1er janv., 1er Mai, 25 déc. - 3 € (-18 ans gratuit) billet combiné avec le musée de l'Hôtel-Dieu.
Reconstruite entre 1772 et 1774, c'est, avec celle de Carpentras *(voir ce nom)*, le dernier exemple de synagogue de style baroque provençal du comtat. Seule la tourelle extérieure (15e s.) atteste d'un bâtiment antérieur au même emplacement. Les lois papales imposant aux édifices cultuels juifs de rester invisibles dans le paysage urbain, toute la magnificence se concentrait à l'intérieur. La salle de prière renferme des boiseries de couleurs, des stucs représentant des rameaux d'olivier et des corbeilles de fleurs, des ferronneries et des colonnes cannelées.

CAVAILLON

SE LOGER

Etap Hôtel........................... ①

Mercure.............................. ④

SE RESTAURER

Côté Jardin.......................... ①

Fin de Siècle........................ ④

Prévôt............................... ⑦

Restaurant de la Colline............. ⑩

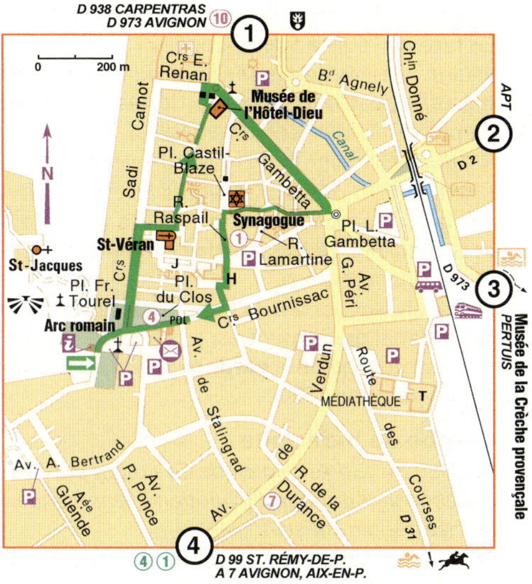

Les parties basses ont été transformées en **musée**, où sont rassemblés divers objets de la liturgie juive, des manuscrits, des livres de prières et une carte du comtat Venaissin.

Retourner place Tourel par la rue Raspail et, à droite, le cours Bournissac.

LA COLLINE SAINT-JACQUES

Possibilité d'y monter à pied, depuis l'arc romain, par le sentier de découverte (fléché) émaillé de panneaux thématiques - compter 45mn. Les moins vaillants pourront l'atteindre en voiture par la D 938 (direction Carpentras), puis par une route à gauche après un grand carrefour.

Un joli site pour un pique-nique familial : cyprès, pins et amandiers récompenseront les courageux marcheurs de leurs fraîches frondaisons… Depuis la table d'orientation, **vue étendue★** sur la ville et la plaine maraîchère, la vallée de la Durance, le mont Ventoux et les Alpilles. La **chapelle Saint-Jacques**, romane à l'origine, se dresse dans un joli jardin.

À proximité Carte de microrégion

Les Taillades A2

5 km à l'est par la D 143. Au rond-point, suivre l'indication « Vieux village ». Laisser la voiture sur la place de la mairie.

Posé à l'extrême pointe du petit Luberon, voici un village étonnant et qui ne manquera pas de vous charmer! Rien de naturel dans l'étrange topographie des Taillades : elle est due aux nombreux carriers qui découpèrent littéralement les assises des maisons de leur village pour en extraire la molasse, grès tendre fort prisé pour la construction. Les bâtisses reposent donc sur des sortes d'immenses stalagmites de pierre, composant un **site★** aussi saisissant qu'empli de sérénité.

Suivez la rue de l'église qui s'élève en colimaçon et passez devant la **tour**, vestige probable d'un ancien donjon : remarquez à gauche une curieuse sculpture (le « Mourvellous », représentant, selon la tradition, saint Véran). En face de l'église Sainte-Luce, un petit enclos, ancien cimetière, domine le village : vieilles demeures, toits de tuiles moussues, constructions troglodytiques, et, partout, parois verticales découpées dans le roc par ces tailleurs de pierre décidément infatigables !

Rebrousser chemin et prendre à droite la rue des Carrières.

Une arche voûtée donne accès à cette carrière creusée au cœur même du village. Ses parois rocheuses taillées verticalement forment un espace à peu près circulaire. Le **théâtre des carrières** sert de cadre saisissant aux Estivales *(voir « Nos adresses »).*

En continuant par la D 143, au carrefour vers Cavaillon, le **moulin Saint-Pierre**, sur le canal de Carpentras, a conservé sa grande roue à aubes. Il fut utilisé pour le broyage de la **garance**, avant de devenir un moulin à farine, rôle qu'il assura jusqu'en 1870.

Combe de Vidauque A2

5 km au sud-est. Sortir de Cavaillon par la D 973 et bifurquer à gauche en direction de Vidauque. Circulation à sens unique ; vitesse limitée à 30 km/h, route fermée mi-juin-mi-sept.

Très raide et en lacets, la route qui longe la combe sauvage de Vidauque offre de magnifiques **vues★★** plongeantes : au nord, la pointe du plateau de Vaucluse et la vallée du Calavon, au sud et à l'ouest, les Alpilles, la vallée de la Durance et, en contrebas, la plaine de Cavaillon.

La descente par la route du Trou-du-Rat mène à la D 973. Prendre à droite, vers Cheval-Blanc, pour revenir à Cavaillon.

NOS ADRESSES À CAVAILLON

TRANSPORT

En train – Le **TER** relie Cavaillon à Avignon en environ 40mn.

HÉBERGEMENT

BUDGET MOYEN

Etap Hôtel – *175 av. du Pont - ✆ 0 892 680 791 - www.etaphotel.com - P - 47 ch. 47/53 € - ☕ 5 €.* Facile à trouver depuis la sortie d'autoroute, cet hôtel de chaîne « économique » pourra rendre service, que l'on soit de passage dans la région ou que l'on veuille rester à l'écart du centre-ville. Chambres au confort standard, sans grand charme, mais équipées de façon pratique. À retenir aussi pour ses prix corrects.

POUR SE FAIRE PLAISIR

Mercure – *601 av. Boscodomini, 2 km au sud par D 99 - ✆ 04 90 71 07 79 - www.mercure.com - 46 ch. 116/170 € ☕.* À 5mn de l'autoroute, un hôtel moderne de style méridional rénové en 2007. Les chambres sont plus calmes côté sud.

RESTAURATION

PREMIER PRIX

Fin de Siècle – *46 pl. du Clos (1er étage) - ✆ 04 90 71 12 27 - http://findesiecle.facite.com - fermé 20 août-3 sept., sam. et dim. (de mi-oct. à fin juin) - 13,50/29,50 €.* Le décor de ce restaurant installé dans une maison datant de 1899 s'inspire du style Empire et vaut vraiment le coup d'œil : chaises en velours, lustres de cristal, cadres à l'effigie de Napoléon III, verres ciselés, couverts en argent… Cuisine traditionnelle et service efficace. Patio-terrasse à l'étage.

BUDGET MOYEN

Côté Jardin – *49 r. Lamartine - ✆ 04 90 71 33 58 - www.cotejardinprovence.com - fermé 3 sem. en fév. - formule déj. 13 € - 24/31 €.* Vous serez ravi de découvrir ce pimpant restaurant de poche à façade ocre et murs égayés de frises. L'été, les tables sont dressées dans la jolie cour-jardin, autour d'une petite fontaine. Cuisine ensoleillée.

Prévôt – *353 av. Verdun - ✆ 04 90 71 32 43 - www.restaurant-prevot.com - fermé dim. et lun. sf juil.-août et j. fériés - 25/110 €.* Tableaux, bibelots, vaisselle... et une cuisine qui célèbre le melon (un menu entier lui est dédié). Truffes et légumes du pays occupent aussi une place de choix sur la carte.

POUR SE FAIRE PLAISIR

Restaurant de la Colline – *Chemin des Chênes-Verts - Ermitage St-Jacques - ✆ 04 90 71 44 99 - www.la-colline-luberon.com - fermé janv., mar. et lun. soir. (oct.-mai) - ♿ - 🅿 - formule déj. 16 € - 26/32 €.* Ce restaurant, situé sur les hauteurs de la colline Saint-Jacques, bénéficie d'un environnement paisible. Vous y dégusterez des plats honnêtes rehaussés d'une pointe d'exotisme (chop suey de crevettes à la citronnelle ou magret de canard crème de cébettes), accompagnés de vins locaux, mais également étrangers.

PETITE PAUSE

Sole Pan – *61 cours Bournissac - ✆ 04 90 78 06 54 - 7h-19h30 - fermé mar.* Les habitants de Cavaillon s'approvisionnent dans cette belle boulangerie depuis cinq générations. L'actuel patron perpétue la tradition du bon pain fabriqué et cuit à l'ancienne et en propose 30 différents : à l'ail, aux noix, au roquefort, au vin rouge, aux olives, au chèvre, etc. Petit salon de thé ouvert toute la journée.

ACHATS

Choisir son melon – Pour éviter de tomber sur une « cougourde », deux méthodes : celle, empirique, consistant à se fier à sa bonne étoile, ou bien la scientifique : le melon doit être lourd, le pécou (pédoncule) prêt à se détacher. Et si votre melon est fendu et semble prêt à éclater, c'est sûr, vous allez vous régaler !

Marché – Marché traditionnel lundi matin.

Patissier-chocolatier Étoile du Délice – *57 pl. Castel-Blaze - ✆ 04 90 78 07 51 - www.etoile-delice.fr - 7h-13h, 15h-19h, dim. et j. fériés 7h-13h - fermé merc.* Melon encore, cette fois enrobé de chocolat et baptisé « melonettes ». Le sorbet au melon (en saison uniquement) est très parfumé (téléphoner à l'avance pour la préparation de portions individuelles).

AGENDA

Melon en fêtes – Le week-end précédent le 14 Juillet, **Melon en fêtes** : expositions, dégustations, vente de livres, défilé de charrettes fleuries, reconstitution d'un marché ancien, spectacles.

Les Estivales des Taillades – *✆ 04 90 76 09 26.* En juillet : concerts classiques et de jazz au théâtre des carrières et dans la cour du moulin Saint-Pierre.

La Tour-d'Aigues

3 912 Tourains – Vaucluse (84)

NOS ADRESSES PAGE 430

S'INFORMER

Office du tourisme de la vallée d'Aigues – *Le Château - 84240 La Tour-d'Aigues - 04 90 07 50 29 - www.souriredulubeon.com - juil.-août : 10h-18h, sam. et j. fériés ; reste de l'année : tlj sf dim. et j. fériés 10h-12h, 14h-17h, lun. 14h-17h, sam. 10h-12h.*

SE REPÉRER

Carte de microrégion C3 *(p. 382) – carte Michelin Départements 332 G11.*
À 27 km au nord d'Aix-en-Provence et à 30 km au sud d'Apt, entre la Durance et le Luberon, le bourg, dominé par son château, est la véritable capitale du pays d'Aigues.

SE GARER

Vaste parking sur la place du château.

À NE PAS MANQUER

Une flânerie au fil de la Durance.

ORGANISER SON TEMPS

Prévoyez au moins 1h pour la visite du château, musée et expositions comprises, et une journée environ pour un itinéraire au fil de la Durance.

AVEC LES ENFANTS

Musée de Géologie et d'Ethnographie à La Roque-d'Anthéron.

Pour qui vient du rude Luberon, le pays d'Aigues, baigné par la Durance et largement ouvert sur Aix, apparaît comme une région bénie des dieux, une petite Toscane aux portes de la montagne luberonnaise, avec ses paysages riants et ses riches terroirs portant vignobles, cerisiers et cultures maraîchères.

Découvrir le château

04 90 07 50 33 - www.chateaulatourdaigues.com - de déb. juil. à mi-août : 10h-13h, 14h30-18h ; avr.-juin : 10h-13h, 14h30-18h, lun. 14h30-18h, mar. 10h-13h ; nov.-mars : 10h-12h, 14h-17h, lun. 14h-17h, mar. 10h-12h ; reste de l'année : se renseigner - fermé 1er janv., 25 déc. - 4,50 € (-8 ans gratuit).

UN BIEN POUR UN MAL

1 300 ha de terrains communaux, peuplés pour l'essentiel de pins, sont partis en fumée lors d'un incendie il y a une dizaine d'années. Les habitants, se souvenant alors qu'ils vivaient sur une terre à **truffes**, ont reboisé le terrain d'arbres truffiers (chênes, en particulier) afin de tenir les sous-bois propres. Et c'est ainsi que d'une catastrophe, **Rognes** a tiré une spécialité d'autant plus renommée que le terrain sableux et humide donne à la truffe locale un parfum très apprécié.

LA TOUR-D'AIGUES

Il a encore fière allure, ce château, avec sa silhouette émouvante, aux fenêtres ouvrant sur le vide! Édifié entre 1555 et 1575 dans le goût de la Renaissance par un architecte italien sur une vaste terrasse dominant l'Èze, il s'honore d'avoir reçu en 1579 Catherine de Médicis. Mais s'il brillait alors de mille feux, un incendie accidentel, en 1780, suivi du saccage par les révolutionnaires de 1792, l'ont ruiné. Le conseil général du Vaucluse, propriétaire des lieux, a entrepris sa restauration en 1974.

Deux imposants pavillons encadrent le monumental portail d'entrée, inspiré des arcs de triomphe, abondamment décoré de colonnes et pilastres corinthiens avec une frise d'attributs guerriers.

Au cœur de l'enceinte se dresse le donjon, restitué dans son état du 16e s. Dans un angle subsiste la chapelle. Les caves accueillent des salles d'expositions et de conférences, ainsi que les collections de deux musées.

Musée des Faïences

C'est fortuitement que l'on a retrouvé, au cours de travaux réalisés dans les caves du château, une grande quantité de **céramiques vernissées**, base de cette collection. Pour l'essentiel, il s'agit de pièces, blanches ou polychromes, réalisées dans la fabrique de Jérôme Bruny à La Tour-d'Aigues, entre 1750 et 1785. Parmi les beaux exemples de faïence, on remarque un plat ovale représentant une scène de chasse au renard en camaïeu, d'après une gravure de J.-B. Oudry.

En contrepoint, des porcelaines européennes (Delft, Moustiers, Marseille) et asiatiques (Chine, Japon) du 18e s., des médaillons en marbre du 16e s. et des carreaux de pavement en terre cuite émaillée (17e-18e s.) viennent éclairer cette présentation.

Musée de l'Habitat rural du pays d'Aigues

Une des salles du château est consacrée à l'histoire de l'occupation de la région et présente les différentes formes d'habitat.

Itinéraire conseillé Carte de microrégion

FLÂNERIE AU FIL DE LA DURANCE BCD3

Pour visualiser ce circuit de 129 km au départ de La Tour-d'Aigues, se reporter à la carte p. 382 – compter 1/2 journée.

Au pied du **Luberon**, cette rivière fantasque suit un cours souvent paresseux, parallèle à la Méditerranée jusqu'au Rhône qu'elle rejoint au sud d'Avignon. Ce ne fut pas toujours le cas puisque, à l'époque des dernières grandes glaciations, elle formait un coude à peu près à hauteur de Lamanon et se jetait directement dans la mer en charriant une énorme masse de cailloux devenue aujourd'hui la **Crau**.

Bon à savoir – Poissons, cormorans, hérons et castors ont aujourd'hui réinvesti les eaux de la rivière, qui ont retrouvé leur pureté.

Quitter La Tour-d'Aigues vers l'est par la D 135 en direction de Mirabeau.

Sur la gauche après le village, la D 996 (en direction de Manosque) emprunte le **défilé de Mirabeau**, étroit couloir creusé dans la roche par lequel la Durance quitte la Haute-Provence pour entrer en Vaucluse.

Après avoir franchi la Durance sur le pont de Mirabeau, prendre à gauche au rond-point, en direction de Saint-Paul-lès-Durance, puis à droite dans la D 11, en direction de Jouques.

LA DURANCE

Un débit irrégulier et des crues aussi spectaculaires que dévastatrices ont marqué l'histoire de la Durance, qui ne s'est laissé apprivoiser que peu à peu. La retenue de Serre-Ponçon *(voir* Le Guide Vert Alpes du Sud*)* a permis de réguler son cours et de pouvoir irriguer les plaines de la basse Durance en saison sèche. De nombreux canaux, destinés à l'alimentation des villes, à l'irrigation (cas du plus ancien, le canal de Craponne, du 16e s.) ou utilisant son important potentiel hydroélectrique, ont été creusés dans la région comprise entre la Durance et la mer.

Jouques C3

Étagé en bordure du Réal, ce village avec son mail ombragé de majestueux platanes, ses maisons aux façades de couleurs chaudes, ses ruelles pentues en escaliers parfois enjambées par des arcs et ses toits de tuiles romaines évoque irrésistiblement le village provençal tel qu'il est représenté dans les crèches. Une balade agréable vous conduira au sommet du village où, depuis l'église de **Notre-Dame-de-la-Roque**, la jolie vue sur un site harmonieux et verdoyant sera une belle récompense.

Prendre la D 561 en direction de Peyrolles.

Peyrolles-en-Provence C3

Le bourg a conservé de son enceinte médiévale un beffroi (campanile en fer forgé) et une tour ronde ruinée, près de l'église. Ancienne résidence du roi René largement remaniée au 17e s., le **château**, qui domine le village, abrite aujourd'hui la mairie. À l'intérieur, grand escalier « de vanité » et gypseries du 18e s. De la terrasse est, ornée d'une « fontaine au gladiateur », vue sur la vallée. *Visite guidée sur demande auprès du Service tourisme (2 j. av.) - ✆ 04 42 57 89 82 - gratuit.*

Au pied du château a été découverte une grotte contenant d'étonnantes traces de **palmiers fossilisés** remontant à l'ère tertiaire, uniques en Europe. *Visite sur demande auprès du Service tourisme (2 j. av.) - ✆ 04 42 57 89 82 - gratuit.*

L'**église Saint-Pierre**, maintes fois remaniée, a conservé une nef romane.

Sur un éperon rocheux, la **chapelle du Saint-Sépulcre**, édifiée au 12e s., présente un plan en forme de croix grecque. Sur les murs, des fresques : la création d'Adam et Ève (au-dessus de la porte) et une procession de saints auréolés.

Poursuivre sur la D 96 en direction de Meyrargues.

Meyrargues C3

L'imposant château qui surplombe la cité est aujourd'hui un hôtel. En contrebas, une promenade conduit aux vestiges de l'aqueduc romain qui, passant à travers les gorges sauvages de l'Étroit, alimentait Aix-en-Provence.

À la sortie de Meyrargues, prendre à droite la D 561 en direction de La Roque-d'Anthéron, puis tourner à gauche dans la D 15 vers Le Puy-Sainte-Réparade qu'on traverse pour atteindre Rognes, à 9 km.

Rognes B3

Office de tourisme – *5 cours St-Étienne - 13840 Rognes - ✆ 04 42 50 13 36 - 10h-12h, 15h-18h - fermé dim., lun. et j. fériés.*

Rognes est renommé à double titre : pour sa pierre, qui fut longtemps très utilisée en Provence dans la construction et la décoration *(carrières sur la route de Lambesc, sur les six qu'a comptées Rognes au 19e s., deux sont encore en activité)*, et, depuis peu, pour la truffe.

L'**église**, du 17e s., possède un remarquable ensemble de dix **retables**★ des 17e et 18e s. *04 42 57 01 01 - ♿ - merc., jeu., sam. 12h-20h, vend. 12h-14h, 18h30-20h, dim. et j. fériés 12h30-0h, mar. 12h-17h30 - fermé lun. de Pâques, lun. de Pentecôte, 11 Nov.*

À la sortie de Rognes, prendre à droite la D 66, direction Saint-Estève-Janson.

La route traverse une jolie vallée très peu habitée, très boisée, avant de redescendre vers le village de Saint-Estève-Janson.

Prendre à gauche la D 561, direction La Roque-d'Anthéron.

La D 561 longe la **centrale électrique**, où prend naissance le canal de Marseille qui, creusé au 19e s., a longtemps alimenté la cité en eau potable, on longe le **bassin de Saint-Christophe**, vaste réservoir de retenue situé au pied de la chaîne des Côtes, dans un site de rochers et de pins.

★★ Abbaye de Silvacane *(voir ce nom)*

La Roque-d'Anthéron B3

Office municipal du tourisme – *Cours Foch - 13640 La Roque-d'Anthéron - 04 42 50 70 74 - se renseigner pour les horaires.*

Au cœur du bourg, le **château de Florans**, vaste demeure du 17e s. aux tours d'angle roses, abrite désormais une clinique privée *(ne se visite pas)*. Son magnifique parc accueille chaque année un prestigieux festival international de piano.

Place Paul-Cézanne, le **Centre d'évocation vaudois et huguenot** rappelle l'installation des Vaudois *(voir p. 46)* à La Roque entre 1514 et 1545 (évocation qui peut être complétée par la visite du temple, situé dans le vieux quartier vaudois et daté de 1825).

Cours Foch, un nouvel espace rénové accueille le **musée de Géologie et d'Ethnographie**, retraçant 300 millions d'années d'histoire géologique provençale. Fossiles, moulages et reconstitutions amuseront petits et grands.

04 42 53 41 32 - ♿ - juil.-août : 10h-13h, 15h-19h ; reste de l'année : 10h-13h, 14h-17h, merc. 14h-17h - possibilité de visite guidée (1h) sur demande préalable - fermé 1er janv., lun. de Pâques, jeu. de l'Ascension, lun. de Pentecôte, 14 Juil., 1er et 11 Nov. - 4 € (-18 ans 2 €).

La D 561 puis, à droite, la D 23C conduisent à Mallemort, ouvrant de belles vues sur le Luberon et la plaine agricole. Franchir la Durance puis tourner à gauche sur la D 973. Faire 2 km avant de prendre à droite une petite route qui longe une carrière (fléchage) et conduit à un parking aménagé sous les oliviers.

Mérindol B3

Sur un talus surélevé au bord de la Durance, une cabane en bois aménagée offre un panorama exclusif sur les ébats de ces centaines d'oiseaux, loin de se douter de votre présence. Cet **observatoire ornithologique** *(accès libre, panneaux didactiques sur les différentes espèces)* a été construit par le Parc naturel régional du Luberon. La meilleure période d'observation y est le matin. Dernière précision : n'oubliez pas vos jumelles !

Continuer sur la D 973.

Lauris B3

Office de tourisme – *Le Château - 84360 Lauris - 04 90 08 39 30 - www.laurisenluberon.com - saison : 9h-12h30, 14h-18h ; hors sais. : tlj sf vend., et sam. apr.-midi 9h30-12h, 14h-17h.*

Il serait dommage que les nombreuses constructions nouvelles fassent négliger le vieux village perché à 200 m d'altitude, avec ses charmantes ruelles bordées de demeures anciennes. L'**église** possède un des plus jolis campaniles en fer forgé de la région. Le **château** (18e s.), au point culminant de la falaise, contrôlait la vallée de la Durance. Après avoir visité sa cour, qui abrite huit ateliers d'artisans, n'hésitez pas à déambuler librement dans les jardins en terrasse. Au deuxième niveau se trouve le **Conservatoire des plantes tinctoriales**, avec 300 variétés de plantes du monde entier (henné, curcuma…), produisant les couleurs végétales utilisées dans les colorants alimentaires ou cosmétiques, la peinture, la teinturerie, etc. *℘ 04 90 08 40 48 - juin-mi-sept. : 15h30-19h, fermé lun. ; mi-mai-1er juin, mi-sept.-15 oct. : 14h-17h, fermé sam.-dim. ; reste de l'année : 14h-18h, fermé sam.-dim. - 5 € (- 12 ans gratuit).*

Cadenet B3

Office de tourisme – *Pl. du Tambour-d'Arcole - 84160 Cadenet - ℘ 04 90 68 38 21 - juil.-août : 10h-13h, 13h30-18h ; reste de l'année : tlj sf dim. 9h30-12h30, 13h30-17h30.*

Centre important de vannerie grâce à la proximité de la Durance dont le lit fut, jusqu'au milieu du 20e s., un lieu de récolte de l'osier. Florissante entre 1920 et 1930, la production subit ensuite la concurrence du rotin importé d'Extrême-Orient et dut se diversifier : ustensiles à usage domestique, récipients et objets décoratifs. La dernière usine ferma ses portes en 1978. Dans l'ancien atelier La Glaneuse, le **musée de la Vannerie** expose outillage, objets à usage quotidien, chaises longues coloniales, landaus et berceaux, dames-jeannes, malles et valises. Sur la mezzanine, montage audiovisuel retraçant la vie quotidienne d'autrefois. *℘ 04 90 68 24 44 - ♿ - avr.-oct. : 10h-12h, 14h30-18h30, merc. et dim. 14h30-18h30 - possibilité de visite guidée sur demande (2 j. av.) - fermé mar., 1er Mai - 3,50 € (enf. gratuit).*

Sur la place principale, une statue perpétue la mémoire du héros local, André Estienne, le **tambour d'Arcole**.

Une belle tour carrée supporte le clocher de l'**église** (du 14e s. mais plusieurs fois remanié). À l'intérieur, beaux **fonts baptismaux★** constitués par un sarcophage romain du 3e s. orné de bas-reliefs.

Après Villelaure, sur la D 973, tourner à gauche direction Pertuis et suivre « Château Val Joanis » (3 km). Attention : soyez prudent en traversant la route au moment de vous engager, à gauche, dans l'allée du château.

À SAVOIR

Novembre 1796, **pont d'Arcole**. Un combat acharné s'engage entre l'armée française et les Autrichiens. L'issue est incertaine lorsque soudain, un jeune tambour traverse la rivière à la nage et bat la charge sur l'autre rive. Se croyant encerclés, les Autrichiens reculent.

Jardin du château Val Joanis C3

Visite du jardin suivie d'une dégustation des vins du domaine (côtes-du-luberon). ℘ 04 90 79 20 77 - www.val-joanis.com - avr.-oct. : 10h-19h ; janv.-mars : tlj sf w.-end et j. fériés 14h-17h30 - possibilité de visite guidée -1h sur demande préalable - fermé 1er janv., 25 déc. - gratuit.

Derrière les caves de ce domaine viticole se cache un beau jardin étagé sur trois terrasses : la 1re est consacrée au potager, la 2e aux fleurs et la 3e aux arbres d'ornement. Le jardin est fermé à gauche par une tonnelle couverte de roses tandis qu'à droite est plantée une oliveraie. Calme et sérénité se dégagent de ce jardin, île de couleurs et de fraîcheur au milieu de l'océan des vignes.

Faire demi-tour vers Villelaure et prendre à droite la D 37 jusqu'à Ansouis (4 km).

Ansouis C3

Office de tourisme – *Pl. du Château - 84240 Ansouis - 04 90 09 86 98 - www.tourisme-ansouis.com - mars-sept. : 10h-12h30, 14h-18h30, dim. 10h-12h, 14h-18h ; reste de l'année : merc.-sam. 10h-12h, 14h-18h (h. variables, se renseigner).*

Entre Durance et Luberon, le village perché d'Ansouis se dore paresseusement au soleil, à l'ombre protectrice du prestigieux château des Sabran-Pontevès, l'une des nobles lignées du Luberon depuis le 13e s. Le charme méditerranéen des ruelles du bourg saura aussi vous retenir, à moins que ce ne soient les vignes alentour.

L'**église** a été édifiée au 13e s. sur la première enceinte fortifiée du château : d'où les meurtrières étroites du mur sud.

★ **Château** – *04 90 77 23 36 - avr.-sept. : tlj sf mar. à 14h30 et 16h - reste de l'année dim. et j. fériés - fermé 10 nov.-10 déc. - 7 € (enf. 5 €).* Au 12e s., cette forteresse fut élevée par les barons d'Ansouis. Celle-ci évolua vers une habitation de plaisance au fil des remaniements effectués aux 17e s. et 18e s., visibles de l'extérieur avec l'ajout d'une façade semblable à celle des hôtels particuliers qui ont fait la renommée d'Aix-en-Provence *(voir ce nom)* et le dessin des jardins (topiaires, terrasses). À l'intérieur, les styles se succèdent également de la chapelle aménagée dans l'ancienne salle des gardes, à l'enfilade des pièces (salons et chambres) éclairées de grandes fenêtres du 17e s., en passant par les appartements du 18e s. (chambre desservant un cabinet de toilette, un boudoir et un jardin privatif), ou la cuisine qui a conservé son potager.

Propriété de la famille Sabran-Pontevès pendant plus de mille ans, le château a été vendu en 2009. Les nouveaux propriétaires s'attachent à poursuivre l'œuvre de restauration et à faire vivre les lieux en habitant le château, où leur mobilier personnel ou chiné (madame entretient depuis trente ans une passion pour les objets et arts décoratifs du 18e s.) a pris place.

Musée extraordinaire – *R. du Vieux-Moulin - 04 90 09 82 64 - avr.-sept. : 14h-19h ; reste de l'année : 14h-18h - possibilité de visite guidée (45mn) - fermé janv.-fév., 25 déc. - 3,50 € (-16 ans 1,50 €).* Le monde sous-marin sur les contreforts du Luberon ? Pourquoi pas puisque, dans des temps (très) reculés, la mer recouvrait la région… Dans les caves voûtées de cette ancienne bâtisse, une « grotte marine », baignée d'une lumière bleutée et éclairée de vitraux, a été aménagée : c'est la **grotte bleue aux coraux**, point d'orgue de la visite. À voir également : tableaux et céramiques de **Georges Mazoyer**, peintre, céramiste et créateur de vitraux, que sa passion pour la plongée sous-marine a conduit à réunir cette étrange collection.

Reprendre la D 56 vers Pertuis. 2 km après, tourner à gauche (fléchage) dans un chemin empierré bordé de cyprès.

Château Turcan - musée de la Vigne et du Vin C3

04 90 09 83 33 - www.chateau-turcan.com - ♿ - 4 janv.-24 déc. : 9h30-12h, 14h30-18h (dernière entrée 1h av. la fermeture), dim. et merc. sur demande préalable (sf vac. scol.) - possibilité de visite guidée (30mn) - fermé 1er janv., 25 déc. - 5 € (-18 ans gratuit).

Cette propriété viticole abrite un agréable musée où sont exposés plus de 3 000 objets et outils du 16e s. à nos jours, souvent fort beaux, parfois inattendus, tous relatifs à la viticulture, à la vinification et aux activités annexes (comme la tonnellerie, présentée dans un atelier 1900 reconstitué). Une fois sortis du musée, vous voilà au fait de l'art de la vigne et aptes à vous adonner à une dégustation des produits de la propriété…

Poursuivre sur la D 56 jusqu'à Pertuis.

Pertuis C3
Ce gros bourg, capitale du pays d'Aigues, a conservé quelques traces de son passé : la tour de l'Horloge (13e s.) et la tour Saint-Jacques (14e s.) à mâchicoulis. Dans l'**église Saint-Nicolas**, remarquez deux belles statues de marbre du 17e s. et un triptyque du 16e s.
Rentrer à La Tour-d'Aigues par la D 956.

NOS ADRESSES À LA TOUR-D'AIGUES

HÉBERGEMENT

BUDGET MOYEN

Hôtel-restaurant Le Petit Mas de Marie – *Quartier Revol, 1 km de Pertuis - 84240 La Tour-d'Aigues - ✆ 04 90 07 48 22 - www.lepetitmasdemarie.com - fermé vac. de la Toussaint et de fév. -* P *- 15 ch. 60/77 € - ☕ 10 € - rest. 14/36 €.* Cette accueillante maison du pays d'Aigues est entourée par un paisible jardin. Chambres provençales impeccablement tenues. Cuisine aux accents du Sud dans une salle à manger spacieuse ou en terrasse aux beaux jours.

Aux alentours

Bastide de la Roquemalière – *Rte de Font-de-l'Orme - 84360 Mérindol - ✆ 04 90 72 86 72 - www.calme-nature.com - 5 ch. 60 €.* Enfouie dans la verdure, au calme, une adresse simple mais charmante, aux chambres impeccables, dans une maison de famille, piscine et grand jardin, au pied du Luberon.

Chambre d'hôte Un Patio en Luberon – *R. du Grand-Four - 84240 Ansouis - ✆ 04 90 09 94 25 - www.unpatioenluberon.com - 1er janv.-15 mars - - 5 ch. 65/75 € ☕ - repas 25 €.* Au cœur du village médiéval, cette auberge du 16e s. bien rénovée a conservé son charme originel. Décoration soignée. Salle à manger voûtée et délicieux patio où murmure une fontaine.

Chambre d'hôte Domaine de La Carraire – *Chemin de la Carraire - 84360 Lauris - ✆ 04 90 08 36 89 - www.lacarraire.com - fermé 15 nov.-1er avr. - - 5 ch. 70/80 € - ☕ 8 €.* On ne peut pas rêver plus provençal : une superbe bastide, des vignes, une piscine et des vieux platanes ! Le tout à des prix encore abordables, même en haute saison. Une adresse rare.

Chambre d'hôte La Maison des Sources – *Chemin des Fraisses - 84360 Lauris - 4,5 km au sud-ouest de Lourmarin par D 27 - ✆ 04 90 08 22 19/06 08 33 06 40 - www.maison-des-sources.com - de fin nov. à déb. janv. - - 4 ch. 89 € ☕.* Ferme rénovée abritant des chambres colorées à la chaux pigmentée ; dans la plus originale sont rassemblés quatre lits à baldaquin !

RESTAURATION

PREMIER PRIX

Aux alentours

La Table de Margot – *36 av. Joseph-Garnier - 84360 Lauris - ✆ 04 90 08 40 40 - www.latabledemargot.com - 8/10 €.* Un adorable salon de thé où se rassasier d'une salade ou d'une tarte salée dans un décor brocante envahi de livres anciens, ou sur la jolie terrasse. En prime : la boutique déco des propriétaires, esprit Provence, au coin de la rue.

BUDGET MOYEN

Aux alentours

La Table des Mamées – *1 r. du Mûrier - 84360 Lauris - 4,5 km* *au sud-ouest de Lourmarin par D 27 - ✆ 04 90 08 34 66 - www.latabledesmamees.com - fermé 17 nov.-8 déc., dim. soir et lun. - réserv. conseillée - 15/26,50 €.* La tradition de la cuisine de femme est cultivée avec passion dans ce restaurant de village où les recettes de grands-mères font le bonheur des convives installés dans deux salles voûtées des 14e et 15e s.

La Source – *3 r. Hoche - 84160 Cadenet - ✆ 04 90 08 57 66 - www.la-cour-restaurant.com - fermé 10-20 nov., 11 janv.-12 fév., jeu. et vend. sf le soir de sept. à juin., le midi en juil.-août et merc. - 25/55 €.* Ancien atelier de vannier (vieux lavoir à osier) converti en un plaisant restaurant, les nouveaux propriétaires proposent une carte nouvelle.

La Closerie – *Bd des Platanes - 84240 Ansouis - ✆ 04 90 09 90 54 - fermé vac. de Toussaint et 1er-15 janv. - 21/34 €.* Pensez à réserver pour découvrir la cuisine riche en saveurs et en parfums de ce restaurant. Le chef inspiré renouvelle souvent ses menus. Jolie terrasse face au Luberon.

PETITE PAUSE

Boulangerie artisanale – *6 rte d'Aix - 13840 Rognes - ✆ 04 42 50 21 75.* Une boulangerie à l'ancienne, où se fournir en pains au levain et biscuits artisanaux, navettes, craquants ou roulés.

ACHATS

Marchés paysans – Cadenet (avr.-nov. : sam. matin), Pertuis (merc. et sam. matin), La Tour-d'Aigues (juil.-août : jeu. matin).

Marchés traditionnels – Pertuis (vend. matin), Rognes (merc. matin), La Roque-d'Anthéron (jeu. matin sur le cours Foch).

Marché aux truffes – *✆ 04 42 50 35 77.* Un grand marché « truffe et gastronomie » se tient le dernier dim. avant Noël : 120 exposants, conférences, ateliers, jeux, animations…

Espace tourisme, création et terroir – *466 av. de la Canebière - 84460 Cheval-Blanc - ✆ 04 90 04 52 94 - www.cavaillon-luberon.fr - juil.-août : 9h-12h, 14h-18h ; reste de l'année : 10h-12h, 14h-18h, sam. 9h-12h - fermé lun., dim. et j. fériés.* Installé dans les locaux de l'office du tourisme, cet espace permet aux artisans des environs de présenter le fruit de leur travail. On y trouve de l'artisanat d'art et de bouche. Une autre salle expose des œuvres d'artistes régionaux.

ACTIVITÉ

Montgolfière Hot-Air Ballooning – *Le Mas Fourniguière, Joucas - 84220 Gordes - ✆ 04 90 05 76 77 - www.montgolfiere-provence-ballooning.com - de 175 à 245 €.* Pour survoler en silence le Luberon. Prévoir 3h (transfert sur site d'envol et préparation de la montgolfière compris). Les vols se déroulent généralement en début de matinée.

AGENDA

Festival international de piano – *✆ 04 42 50 51 15 - www.festival-piano.com.* Dernière semaine de juillet et 3 premières semaines d'août, dans le parc du château de **La Roque-d'Anthéron**.

Abbaye de Silvacane

★★

Bouches-du-Rhône (13)

SE REPÉRER

Carte de microrégion B3 *(p. 382) – carte Michelin Départements 340 G3.* L'abbaye s'étend au bord de la Durance, en contrebas de la D 561A, aux portes de La Roque-d'Anthéron *(voir La Tour-d'Aigues).* Un parking est aménagé pour les véhicules des visiteurs. L'accès s'effectue par un bâtiment d'accueil élevé à l'emplacement de l'ancienne hôtellerie.

ORGANISER SON TEMPS

Compter environ 1h.

Une forêt (*sylva*) de roseaux (*cana*) : au 11e s., les moines de Saint-Victor de Marseille choisirent ce lieu pour s'y établir. Sur la rive gauche de la Durance, l'abbaye de Silvacane étage ses toitures rosées et son petit clocher carré, exemple admirable de sobriété cistercienne.

Se promener

Compter environ 1h15. ✆ 04 42 50 41 69 - www.monum.fr - du 28 mai à fin sept. : 10h-18h ; de déb. oct. au 27 mai : tlj sf mar. 10h-13h, 14h-17h - possibilité de visite guidée (1h) - fermé 1er janv., 1er Mai, 25 déc. - 6,10 €.

Église

D'une grande sobriété, elle fut construite entre 1175 et 1220 sur un terrain en pente, d'où les décalages de niveau qui frappent lorsque l'on observe la façade occidentale, percée de nombreuses ouvertures : le portail central et les deux portes latérales sont surmontés de trois hautes baies et d'une rosace, aujourd'hui en partie abîmée. La nef de trois travées se termine par un chevet plat. Sur chacun des bras du large transept se greffent deux chapelles.

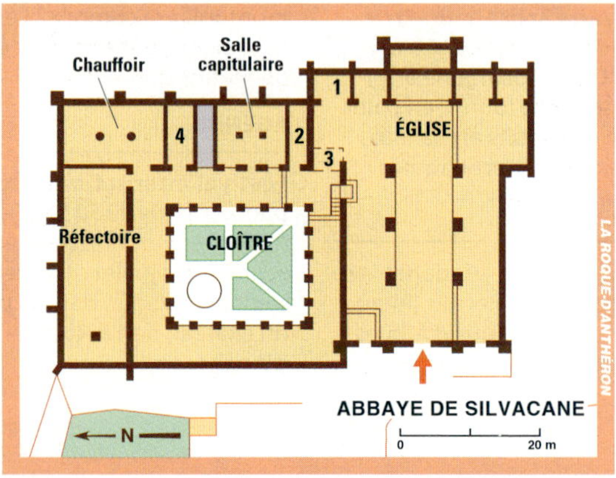

UNE HISTOIRE CONFLICTUELLE

C'est un groupe de cisterciens de Morimond qui prit en main l'abbaye de Silvacane dès son affiliation à l'**ordre de Cîteaux** et effectua les travaux de bonification des terres environnantes. Toutefois, à la fin du 13e s., un violent conflit opposa les moines de Silvacane à ceux de Montmajour *(voir p. 203)*; les moines en vinrent aux mains et quelques cisterciens de Silvacane furent même pris en otages par leurs collègues. Il fallut un procès pour que l'abbaye soit rendue à ses légitimes occupants.

Protégée par les grands seigneurs de Provence, l'abbaye prospéra, pour fonder à son tour une filiale à Valsainte, près d'Apt. Mais le sac de 1358 par le seigneur d'Aubignan et les grandes gelées de 1364 qui anéantirent les récoltes d'olives et de vin entraînèrent le déclin et, en 1443, l'abbaye était annexée au chapitre de la cathédrale d'Aix. Devenue église paroissiale de La Roque-d'Anthéron au début du 16e s., elle subit des dégradations pendant les guerres de Religion. Lorsque la Révolution éclata, les bâtiments étaient à l'abandon ; vendus comme bien national, ils furent transformés en ferme. Depuis le rachat par l'État, juste après la Seconde Guerre mondiale, ils ont été progressivement restaurés : ainsi, sur des fondements découverts en 1989, ont été restitués, à l'ouest, des bâtiments monastiques, le mur d'enceinte ainsi que l'hôtellerie des moines.

Vous pourrez observer comment l'architecte a tenu compte de la pente très accusée du terrain en étageant les niveaux du collatéral sud jusqu'à la galerie nord du cloître.

Cloître

Il date de la seconde moitié du 13e s. Cependant, les voûtes de ses galeries demeurent romanes. De puissantes arcades en plein cintre, jadis ornées de baies géminées, ouvrent sur le préau.

Bâtiments conventuels

À l'exception du réfectoire, ils furent construits entre 1210 et 1300. Toute en longueur, l'exiguë **sacristie (2)** jouxte l'**armarium (3)** (bibliothèque) situé sous le croisillon nord du transept. La salle capitulaire avec ses six voûtes d'ogives retombant sur deux piles centrales rappelle Sénanque. Après le **parloir (4)**, servant de passage vers l'extérieur, vient le **chauffoir** qui a conservé sa cheminée. À l'étage se situe le **dortoir**. Le magnifique **réfectoire** a été reconstruit au 14e s., avec de hautes fenêtres et une large rosace dispensant abondamment la lumière indispensable au lecteur, dont la chaire a été conservée. Ses chapiteaux sont plus ornés que ceux des autres salles. Le bâtiment des convers a, quant à lui, complètement disparu. Les archéologues estiment qu'il était accolé au mur ouest du cloître. Des fouilles ont permis de dégager, à l'extérieur, les vestiges de la porterie et du mur de clôture de l'abbaye.

Manosque

★

21 162 Manosquins – Alpes-de-Haute-Provence (04)

NOS ADRESSES PAGE 440

S'INFORMER

Office du tourisme de Manosque – *Pl. du Dr-Joubert - 04100 Manosque - 04 92 72 16 00 - www.manosque-tourisme.com - juin-sept. : 9h-13h, 14h-18h30, dim. et j. fériés 10h-12h; reste de l'année : tlj sf dim. et j. fériés 9h-12h15, 13h30-18h.*

Visite guidée de la ville – *Rens. à l'office de tourisme - durée : 1h30 - juil.-août : mar. 10h; juin et sept. : mar. 14h30 (1 sem. sur 2); reste de l'année sur demande préalable et vac. scol. mar. 14h - 4 € (-12 ans gratuit).*

Visite d'une oliveraie – *Juin-sept. : merc. mat. - dép. 9h en voiture individuelle - rens. et réserv. à l'office de tourisme - 5 € (-12 ans gratuit).* Balade commentée par un oléiculteur.

Maison du Parc naturel régional du Luberon – *Voir p. 384.*

SE REPÉRER

Carte de microrégion D2 *(p. 382) – carte Michelin Départements 334 C10.* À 80 km de Marseille, dans la vallée de la moyenne Durance, Manosque est entourée de 5 collines. À la place des anciens remparts, un petit boulevard circulaire fait le tour de la vieille ville.

SE GARER

Le parking le plus central est celui du Terreau. Les premières 50mn sont gratuites, tout comme au parking de la Poste. Vos autres options : parking la Villette (gratuit, au nord de la ville, proche de la porte Soubeyran), et parking Drouille (au sud de la ville, en partie gratuit).

À NE PAS MANQUER

Le marché de la place du Terreau *(voir p. 441)*; la Fondation Carzou et le Centre Jean-Giono; la vue depuis le sommet du mont d'Or qui surplombe la ville.

ORGANISER SON TEMPS

Comptez au moins une demi-journée pour apprécier pleinement les beautés de la ville.

AVEC LES ENFANTS

La maison de la Biodiversité; les activités du plan d'eau des Vannades *(voir « Nos adresses »).*

À deux pas de la Durance, de longues avenues bordées de platanes mènent à une vieille cité toute ronde couchée sur les derniers coteaux du Luberon. Ses portes sont grandes ouvertes, mais derrière, seule une flânerie attentive vous permettra de pénétrer les secrets d'étroites rues provençales, de hautes maisons dont les toitures sont « agencées les unes aux autres comme les plaques d'une armure ». Ainsi les voyait Giono, dont l'âme vole sur la ville comme son hussard sur les toits...

Façade du Centre Jean-Giono.
DR à la promotion des activités du Centre Jean-Giono de Manosque

Se promener Plan de ville

★ VIEUX MANOSQUE

Se reporter au plan p. 436.
Un réseau d'andrônes, rampes abruptes souvent voûtées (du grec *andron*, « passage ») transforme la ville en un labyrinthe où il fait bon flâner.

★ Porte Saunerie

Elle doit son nom à d'anciens entrepôts de sel. Rien n'est plus beau que cette haute façade médiévale avec ses mâchicoulis et ses quatre fenêtres géminées où l'on s'attend à voir paraître de belles dames du temps jadis. Sous la porte, vous remarquez au sol une grande représentation des **armoiries** de la ville : « Écartelé d'azur et de gueules à quatre mains appaumées d'argent ».

Rue Grande

Pittoresque et animée, l'artère principale abonde en belles portes, cages d'escalier et cours intérieures. Une plaque est apposée sur la maison natale de Giono à l'angle de la rue Torte et de la rue Grande, mais c'est au **nº 14** qu'il grandit, entre un père cordonnier et une mère repasseuse. Au **nº 23**, l'hôtel particulier de Gassaud (16e-17e s.) abrita les frasques de Mirabeau.

Église Saint-Sauveur

Fermé dim. apr.-midi et j. fériés.
Sa sobre façade donne sur une place où murmure une fontaine. Sur le flanc nord *(au niveau du nº 3 de la rue Voland)*, levez les yeux pour apercevoir un pèlerin avec son bâton et une poule luttant contre un serpent. Dans l'entrée, d'imposants atlantes soutiennent la tribune. Beau **buffet d'orgues★** en bois doré (1625), entièrement refait en 1826 par Piantanida, célèbre facteur d'orgues lombard. Le **campanile**, chef-d'œuvre d'un forgeron de Rians (1725), est l'un des plus ouvragés de Provence.

★ Église Nôtre-Dame-de-Romigier

Son porche Renaissance est d'une grande finesse. L'autel est un magnifique **sarcophage** en marbre de Carrare du 5e s. représentant les apôtres la main levée vers la Croix en signe de serment. D'époque préromane, la **Vierge noire**, coiffée d'une couronne, est l'une des plus anciennes de France (depuis sa restauration en 1993, cette sculpture n'a de noir que le nom). Au 10e s., un laboureur aurait vu ses bœufs s'agenouiller devant un buisson de ronces (*roumi* en provençal, d'où Romigier). Intrigué, il brûla le buisson et découvrit le sarcophage où la Vierge avait été mise à l'abri des Sarrasins au 9e s.

Hôtel de ville H

Sa **façade★**, du 17e s., est l'une des plus remarquables de Manosque. À l'intérieur, bel escalier, gypseries et clés de voûte du 15e s.

Porte Soubeyran

Cette porte du 12e s. a été décorée tardivement d'une fine balustrade de pierre et d'une tour couronnée par un bulbe de fer forgé aérien. Le tout a presque l'air oriental.

Revenir sur ses pas et prendre à gauche. Traverser la pl. M.-Pagnol, puis suivre la rue Soubeyran.

Place des Observantins

L'ancien couvent abrite le conservatoire de musique et de danse. Jolie fontaine ancienne. En face, l'**hôtel d'Herbès** où est domiciliée la bibliothèque municipale possède un bel escalier du 17e s.

Retour porte Saunerie par les rues J.-J.-Rousseau, des Ormeaux et de la Saunerie.

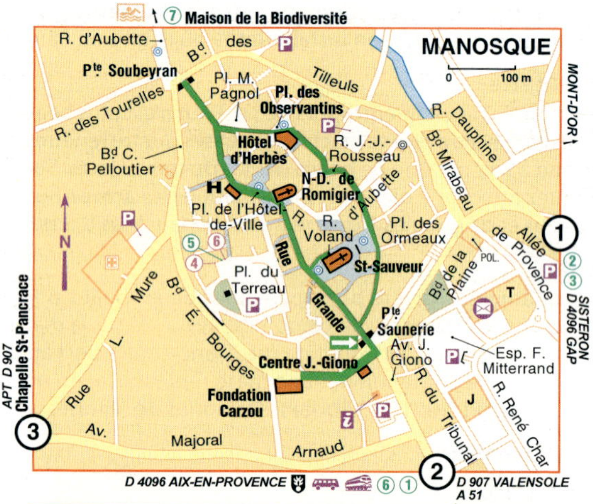

SE LOGER
Chambre d'hôte La Bastide de l'Adrech ... 1
Chambre d'hôte La Bastide des Collines ... 2
Chambre d'hôte La Maurissime ... 3
Hôtel du Terreau ... 5
Hôtel Ibis ... 6
Hôtel Le Pré St-Michel ... 7

SE RESTAURER
Le Luberon ... 4
Le Petit Lauragais ... 6

ROMANCE ET LITTÉRATURE

Giono avait beau prétendre que François Ier ne mit jamais les pieds à Manosque, une tradition tenace veut que le souverain ait été reçu à la porte Saunerie par Péronne de Voland, fille du consul. La jeune fille, qui lui présenta les clés sur le traditionnel coussin de velours, était si belle que le roi fut subjugué. Mais plutôt que de céder à ses avances, elle préféra se défigurer en exposant son visage à des vapeurs de soufre. Depuis lors, Manosque s'appelle « la Pudique ».

Ce qui est sûr, c'est qu'une bonne partie de l'œuvre de **Jean Giono** (1895-1970) a pour cadre Manosque et sa région : « En bas de la colline était la ville : une carapace de tortue dans l'herbe. » Dans *Jean le Bleu* surtout, il évoque la figure de son père, cordonnier, les rues de Manosque, son enfance sur les bords de la Durance et ses séjours auprès des bergers de la montagne.

L'auteur de *L'Homme qui plantait des arbres* est ici l'arbre qui cache la forêt. Avant lui, des personnalités ont donné ses lettres de noblesse à la ville, tels **Joseph-Toussaint Avril** (1775-1841) qui composa le premier dictionnaire français-provençal. Après lui, d'autres auteurs ont pris la relève, dont **Pierre Magnan** qui situe ses romans, comme *La Naine* et *L'Amant du poivre d'âne*, dans sa ville natale.

À voir aussi Plan de ville

Centre Jean-Giono

3 bd Élémir-Bourges - ☏ 04 92 70 54 54 - www.centrejeangiono.com - juil.-sept. : 9h30-12h30, 14h-18h, w.-end 9h30-12h, 14h-18h ; avr.-juin : tlj sf dim. 9h30-12h30, 14h-18h, sam. 9h30-12h, 14h-18h ; reste de l'année : tlj sf dim. 14h-18h - fermé lun. et j. fériés, vac. de Noël - 4 € (enf. 2 €).

Cette bâtisse provençale fut le premier hôtel particulier construit hors les murs. Il appartenait à M. de Raffin, maire qui sut sauvegarder le patrimoine local lors de la Révolution. Levez la tête vers les beaux plafonds, puis baissez-la pour admirer le dallage de tomettes provençales.

Deux salles d'**exposition** présentent la vie et l'œuvre de l'écrivain manosquin. La **bibliothèque** abrite une partie de ses manuscrits et, pour les adorateurs polyglottes, une collection de ses œuvres traduites dans toutes les langues. Une **vidéothèque** diffuse à la demande la plupart de ses films, interviews et émissions de télévision. L'étage accueille des expositions temporaires thématiques.

Enfin, ceux qui voudraient marcher dans les pas de Giono s'informeront du programme des **randonnées littéraires**.

Fondation Carzou

7- 9 bd Élémir-Bourges - ☏ 04 92 87 40 49 - juil.-août : tlj sf lun. 10h-12h, 14h30-18h30 ; juin et sept. : tlj sf dim. et lun. 14h30-18h30 ; reste de l'année : merc.-sam. 14h30-18h30 - fermé 2 sem. à Noël - 4 € (-12 ans gratuit).

Imaginez une église du 19e s. avec **voûte à caissons**, frise et colonnes antiques, dont le néoclassicisme serait sauvé par des fresques surréalistes. Autrefois, lors des messes, une grille séparait les religieuses des élèves. Aujourd'hui, académisme et liberté de ton s'y épousent avec bonheur.

JEAN CARZOU
Né en 1907, français d'origine arménienne, il a décoré l'église de l'ancien couvent de la Présentation en adaptant à la peinture murale certaines de ses toiles inspirées de *L'Apocalypse*. Après un passage par l'abstraction, son style se distingue par un graphisme complexe et une touche de fantastique sur un fond monochrome qui évoque alternativement les villes modernes, Venise ou la Provence. Son œuvre est importante dans la création de décors de théâtre.

Débuter la visite à droite de l'entrée. Carzou mit sept ans à réaliser **L'Apocalypse★**. Chaque panneau de cette fresque saisissante illustre un thème particulier. L'unité d'ensemble est renforcée par la dominante bleu-vert des fonds que l'éclairage naturel des vitraux fait ressortir.
L'aile gauche du chœur regroupe les destructions et massacres réalisés par l'homme, l'abside représente la luxure, la coupole du chœur est soutenue par 4 piliers historiés illustrant les quatre évangélistes. La partie droite évoque l'œuvre de la Femme. Carzou a aussi conçu les **vitraux★** (sauf celui de la porte centrale). Certains décrivent les guerres de Vendée et de Napoléon. Les 4 cavaliers de l'Apocalypse symbolisent les grands génocides de l'histoire : massacre des Indiens d'Amérique, des Arméniens par les Turcs en 1915, la Saint-Barthélemy à Paris (petit panneau), puis les camps de concentration.
L'aile droite annonce la reconstruction du monde grâce à l'amour et au travail. Remarquez le discret hommage à Millet et à son **Angélus** dans l'angle du mur gauche.

Maison de la Biodiversité

Chemin de la Thomassine - depuis le centre-ville, suivre la direction « Dauphin » (ou les panneaux de l'hôtel Pré Saint-Michel), passer le cimetière et le stade, prendre à gauche le chemin de la Thomassine sur 2 km (fléché) - parking en partie ombragé. 04 92 87 74 40 - juil.-sept. : mar.-sam. 10h30-13h, 15h-18h30 (visite guidée [1h] à 10h30 et 16h30) - oct.-juin : merc. 10h-12h30, 14h-16h30 (visite guidée [1h] à 10h30 et 15h) - 4 € (-18 ans gratuit) - aire de pique-nique, toilettes, points d'eau.
Isolé dans un bel amphithéâtre de collines boisées, sur les hauteurs de Manosque, cet ancien domaine agricole a été reconverti en verger conservatoire par le Parc régional naturel du Luberon. Dans les trois salles d'expositions permanentes, quelques panneaux explicatifs brossent un tableau de la biodiversité. Mais c'est en sortant se promener que l'on en comprendra le mieux l'enjeu : dans les huit jardins en terrasse, 500 variétés de fruits anciens sont cultivées et récoltées, figues, pommes, poires, olives, cerises… Tous sont vendus sur place en saison ! Après avoir arpenté le petit potager aux légumes oubliés et la jolie roseraie, cap sur la ferme rénovée, qui abrite une exposition permanente sur la biodiversité.

À proximité Carte de microrégion

Chapelle Saint-Pancrace (de Toutes Aures) D2

2 km au sud-ouest. Quitter Manosque par ③ du plan.
Près de la chapelle, au sommet de la colline, **panorama★** étendu sur le Luberon, Manosque, la vallée de la Durance, le plateau de Valensole, les Préalpes de Digne.

★ AU SOMMET DU MONT D'OR D2

3,5 km au nord-est de Manosque.
Il serait dommage de quitter Manosque sans une promenade sur cette éminence plantée d'oliviers, à la fois toute proche et délicieusement bucolique, qui domine la ville de 150 m.
De la porte Saunerie, suivre dir. Sisteron, puis prendre à gauche la rue Dauphine et à droite la montée des Vraies-Richesses. À hauteur du n° 190 (« Résidence Jean-Giono »), un petit chemin à droite conduit au Paraïs, dernière maison à droite au bout de l'allée.

Maison de Giono Le Paraïs

La famille Giono habite encore là : la plus grande discrétion est de rigueur. Montée des Vraies-Richesses - ✆ 04 92 87 73 03 - visite sur RV vend. apr.-midi - fermé vac. de Noël, 1er Mai - gratuit.
Installé dans ce quartier depuis 1930, Giono acquit la propriété en 1968. Dans sa bibliothèque, dont le mur est parcouru d'une fresque peinte par Lucien Jacques, notez l'importance du fonds de littérature chinoise, qui montre l'ouverture de Giono aux autres cultures. Sur la cheminée, une tête précolombienne vous lance un sourire énigmatique. Dans son bureau, de très émouvants souvenirs : le marteau de savetier de son père, ses pipes, le moulage de sa main droite. De la fenêtre mansardée, vous apercevez les toitures tassées de la vieille ville.
Reprendre la montée et se garer sur le parking avant le sommet.

★ Sommet du mont d'Or

10mn AR. La **vue★** atteint toute son ampleur au sommet que couronne une tour en ruine, vestige d'un château des comtes de Forcalquier. Vous contemplez Manosque, la vallée de la Durance couverte de vergers, le Luberon, au loin la montagne Sainte-Victoire et la Sainte-Baume.

NOS ADRESSES À MANOSQUE

HÉBERGEMENT

PREMIER PRIX

Hôtel du Terreau – *Pl. du Terreau - 04 92 72 15 50 - www.hotelmanosque.fr - fermé 27 déc.-17 janv. - P - 19 ch. 41/80 € - 7 €.* Cet hôtel situé sur une jolie place du centre ancien de Manosque n'a de cesse d'améliorer son confort. Chambres correctement insonorisées; certaines arborent un décor provençal réalisé à la mode d'autrefois (chaux et bois). Accueil sympathique.

Chambre d'hôte La Bastide des Collines – *82 chemin de Valvéranne - 04 92 87 87 67 - http://monsite.wanadoo.fr/labastidedescollines/ - - P - - 3 ch. 50/52 €.* À l'écart de la ville, au milieu des vergers et des oliviers, trois chambres au confort simples, avec chacune sa terrasse, vue sur la campagne. Cuisine régionale biologique réalisée avec les produits de la ferme.

Aux alentours de Manosque

Chambre d'hôte La Maurissime – *Chemin des Oliviers - 04180 Villeneuve - 04 92 78 47 61 - fermé 10 janv.-1er mars - P - - 4 ch. 50/60 € - rest. 20 €.* Ici, accueil et convivialité sont dispensés avec savoir-vivre et bon goût. Dans cette villa récente, il fait bon lézarder sur la terrasse et y dîner. Ensuite, vous regagnerez votre chambre aux accents provençaux, face au jardin.

BUDGET MOYEN

Chambre d'hôte la Bastide de l'Adrech – *Av. des Serrets - 04 92 71 14 18 - www.bastide-adrech.com - P - - 5 ch. 68 €.* Isolée dans la campagne aux portes de Manosque, cette imposante bastide bâtie au début du 18e s. a recouvré son lustre d'antan. Pour votre bonheur, cheminées, grandes fenêtres, portes, poutres, tomettes et marches du monumental et bel escalier sont d'origine. Quant aux pièces communes et chambres, elles sont décorées dans la pure tradition provençale avec murs teintés à la chaux, mobilier ancien, jolis tissus… Parc aux arbres classés, domaine oléicole, sorties à thèmes et cours de cuisine compléteront agréablement votre séjour.

Hôtel Le Pré Saint-Michel – *1,5 km au nord par bd M.-Bret et rte de Dauphin - 04 92 72 14 27 - www.presaintmichel.com - - P - 24 ch. 60/110 € - 10 €.* Récente bâtisse régionale aux chambres spacieuses, décorées avec goût dans le style provençal; quelques-unes profitent d'une terrasse privative. Vue sur les toits de Manosque.

Hôtel Ibis – *04 92 71 18 00 - www.ibishotel.com - - 48 ch. 55/77 € - 8 € - rest. 17 €.* Vous n'aurez aucun mal à repérer ce bâtiment contemporain à la façade jaune. Chambres fonctionnelles conçues selon les dernières normes de la chaîne. Pratique pour l'étape. Lumineuse salle à manger où l'on propose une restauration traditionnelle.

RESTAURATION

BUDGET MOYEN

Le Petit Lauragais – *6 pl. du Terreau - 04 92 72 13 00 - fermé sam. midi, merc. midi et dim., 1 sem. (vac. de fév. zone B), 12-31 juil., 1 sem. (vac. de la Toussaint) - formule déj. 12,50 € - 22,80/35 €.* Poussez la porte de ce restaurant à la façade discrète et attablez-vous autour de spécialités du Sud-Ouest fort bien tournées et de quelques incontournables recettes provençales. Les gens d'ici y ont leurs habitudes, c'est plutôt bon signe. Bon accueil.

Le Luberon – *21 bis pl. du Terreau - ✆ 04 92 72 03 09 - Fermé 12-26 oct., jeudi soir, dim. soir et lun. - formule déj. 15 € - 20/55 €.* Petite adresse du centre-ville et sa salle rustique rehaussée de tons ensoleillés. Terrasses verdoyantes (brumisateurs bienvenus en cas de chaleur). Carte aux accents du Sud.

ACHATS

Marché – Place du Terreau, le samedi matin. Haut en couleur, traversé d'effluves de lavande et d'huile d'olive, voici un marché qui incarne la quintessence de la Provence. Il s'étend également sur la place de l'hôtel-de-ville et la place Marcel-Pagnol.

Rue Grande – Ombragée et piétonne, la rue principale de la vieille ville égrène nombre de petits commerces (prêt-à-porter, art de la maison, artisans…).

Le Moulin de l'Olivette – *Pl. de l'Olivette - ✆ 04 92 72 00 99 - www.moulinolivette.fr - avr.-sept. : 8h-12h30, 13h30-19h ; reste de l'année : 8h-12h, 14h-18h - fermé dim. et j. fériés.* Ce moulin fait partie des plus gros producteurs d'olives des Alpes-de-Haute-Provence. Depuis 2000, son huile d'olive vierge extra AOC obtient régulièrement la médaille d'or au Concours général agricole. La boutique propose également des spécialités régionales, de la vaisselle provençale et des articles en bois d'olivier.

Santons Gilli – *27 r. Grande - ✆ 04 92 87 70 60 - http://santons.gilli.free.fr - 9h-12h, 14h-18h (19h mai-août) - fermé dim. (sf 2 av. Noël), j. fériés et lun. (sf juil.-août).* Dans la boutique, grand choix de santons de tradition inspirés de la fameuse Pastorale Maurel et possibilité d'assister à la décoration des santons de crèche (6 et 10 cm). Les passionnés se rendront dans l'atelier situé à l'entrée de la ville pour tout apprendre sur la fabrication des fameuses figurines. Vente de produits régionaux.

Aux alentours de Manosque

Cave des Vignerons de Pierrevert – *1 av. Auguste-Bastide - 04860 Pierrevert - ✆ 04 92 72 19 06 - www.cave-pierrevert.com - de mi-juin à mi-sept. : 9h-12h, 15h-19h ; reste de l'année : 9h-12h, 14h-18h - fermé dim. et j. fériés.* Dressée au pied du village célébré par Giono, cette petite boutique accolée à la coopérative commercialise un choix impressionnant de crus régionaux, maintes fois récompensés, notamment par une médaille d'or au Concours agricole de Paris en 2006. Notez que vous trouverez aussi ces vins à Villeneuve ou Quinson.

ACTIVITÉS

Les Vannades – *Quartier Saint-Jean - ✆ Mairie : 04 92 70 34 25 - ouvert tte l'année.* Les 11 ha de cette base de loisirs terrestres et nautiques réservent des surprises qui effacent d'un coup les tracas du voyage : baignade (surveillée), cours de voile et d'aviron, circuits de randonnée pédestre, terrains de volley, boulodromes et minigolf.

AGENDA

Les Correspondances – *www.correspondances-manosque.org.* Festival littéraire dédié à l'art épistolaire, fin septembre.

Forcalquier

★

4 654 Forcalquiérins – Alpes-de-Haute-Provence (04)

NOS ADRESSES PAGE 449

S'INFORMER

Office de tourisme intercommunal du Pays de Forcalquier et montagne de Lure – *13 pl. du Bourguet - BP 15 - ✆ 04 92 75 10 02 - www.forcalquier.com - se renseigner pour les horaires.*

Visite guidée de la ville – *Sur demande préalable en juil.-août - 5 € (9-18 ans 2,50 €).* L'office de tourisme vous fait découvrir la vieille ville, l'hôtel de ville, la cathédrale, la citadelle, les hôtels particuliers. De juin à septembre, il propose également un programme très complet *(inscription obligatoire)* de **sorties accompagnées** par des guides de pays ou accompagnateurs en montagne : balades ou randonnées à thème, à pied ou à cheval.

Maison du Parc naturel régional du Luberon – *Voir p. 384.*

SE REPÉRER

Carte de microrégion D1 *(p. 382) – carte Michelin Départements 334 C9.*
À 23 km au nord de Manosque, Forcalquier occupe un site pittoresque entre la montagne de Lure et le Luberon. C'est aussi une ville idéale pour rayonner : vous pourrez vous rendre à Sault *(voir ce nom)* en passant par le plateau d'Albion (54 km au nord-est).

À NE PAS MANQUER

À Forcalquier, le panorama de la terrasse de N.-D.-de-Provence ; dans le pays de Forcalquier : Oppedette pour ses toits, entre autres.

ORGANISER SON TEMPS

Venez de préférence un lundi matin, quand le marché, un des plus importants de Provence, rassemble producteurs, artisans et habitants dans une débauche de parfums et de couleurs. Ensuite, vous flânerez dans la ville et la matinée sera bouclée. Faites le circuit l'après-midi car le château de Sauvan se visite à 15h30.

AVEC LES ENFANTS

Le Centre d'astronomie de Saint-Michel, dépendant de l'observatoire de Haute-Provence, propose des animations et des veillées d'observation du ciel.

Jadis capitale d'un comté florissant, cette petite ville est aujourd'hui la capitale culturelle du pays : point de départ de mille escapades, elle a pourtant tout pour retenir ses visiteurs. Ses rues très étroites, bordées de hautes maisons, ont été conçues pour protéger du mistral. Quel que soit le chemin emprunté pour parcourir la Cité comtale, ouvrez l'œil pour ne pas manquer les belles façades à baies géminées, les portes et portails gothiques, Renaissance ou classiques.

SI FORCALQUIER M'ÉTAIT COMTÉ...
Le comté de Forcalquier, créé au 11ᵉ s., vit de façon souveraine. Le long de la Durance, son territoire a Manosque, Sisteron, Gap et Embrun pour places principales, et Forcalquier pour capitale. Ses comtes accroissent leur puissance, défiant même les comtes de Provence. L'église de Forcalquier reçoit le curieux titre de « concathédrale ». Ne pouvant supprimer l'évêché de Sisteron, on décide en 1065 de le couper en deux, créant ainsi une situation unique dans l'histoire de l'Église : un évêché sans évêque. En 1195, la rivalité entre les deux comtés voisins s'éteint dans la joie et les chants nuptiaux : Gersende de Sabran, comtesse de Forcalquier, épouse Alphonse II, comte de Provence. Leur fils **Raymond Bérenger V** hérite des deux comtés, finalement légués à la France en 1481.

Se promener

Cathédrale Notre-Dame
Sa curieuse silhouette blanche pleine de recoins oppose le côté massif de sa haute tour (d'allure romane, mais achevée au 17ᵉ s.) à la minceur du clocher couronné par un lanternon à baies. Le transept et le chœur, bâtis avant 1217, représentent le plus ancien exemple connu d'art gothique en pays d'oc. Au 17ᵉ s., on ajouta des bas-côtés s'harmonisant plutôt bien avec l'existant, et aussi les **grandes orgues**, qui comptent parmi les meilleures de Provence.
Contourner l'édifice par le bd des Martyrs et prendre en face du couvent des Cordeliers.

Couvent des Cordeliers
Les cordeliers s'installent à Forcalquier en 1236, fondant là l'un des premiers couvents de leur ordre en Provence. Très endommagés pendant les guerres de Religion et la Révolution, vendus comme biens nationaux et devenus exploitation agricole, les bâtiments médiévaux ont été restaurés. Le couvent abrite aujourd'hui un pôle de formation avec l'**Université européenne des saveurs et des senteurs** qui propose des journées et des ateliers ouverts à tous publics *(✆ 04 92 72 50 68 - www.uess.fr).*
Le **cloître** abrite un joli jardin de buis taillés. Remarquez les arcades-tombeaux. Ces enfeus gothiques servaient de sépultures aux seigneurs de Forcalquier. Du côté de la salle capitulaire, de gracieuses baies géminées encadrent une porte romane.

Cité comtale
Passant sous la **porte des Cordeliers**, seul vestige subsistant de l'enceinte fortifiée, on pénètre dans les vieux quartiers. Au bout de la rue des Cordeliers, tournez à droite dans la rue Passère et poursuivez dans la rue St-Mari, où se trouve l'hôtel de Castellane-Adhémar du 17ᵉ s. (porte à arcature, sur la droite), pour escalader les pentes de la citadelle. Du château des comtes ne subsistent que quelques pierres. Au sommet, une **chapelle** octogonale dédiée à Notre-Dame-de-Provence a été érigée en 1875. De la terrasse s'ouvre un **panorama★** sur la ville et sur les montagnes voisines (table d'orientation). Enfin, remarquez un **carillon** unique en son genre : il se joue à coups de poing, car il a conservé un clavier manuel permettant ce jeu traditionnel. Pour voir le carillonneur en action, rendez-vous sur la terrasse le dimanche à 11h30.

Redescendez vers la rue de la Citadelle. à l'angle de la rue Bérenger, prenez le bel **escalier** (19e s.) pour arriver place du Palais. De là, partez à droite pour atteindre la place St-Michel, où vous observerez les curieuses scènes sculptées d'une belle **fontaine Renaissance** en forme de pyramide, couronnée par un saint Michel terrassant le dragon. Par la rue Mercière, gagnez la place du Bourguet, centre de Forcalquier.

★ Cimetière

Quitter le centre de la ville par la D 16 au nord.

Les ifs ont été taillés en arcade et forment d'étonnantes perspectives végétales.

À proximité Carte de microrégion

★ Observatoire de Haute-Provence D1

Accès par la D 305 au nord de la ville.

La visite nécessite l'ascension de 60 marches. 04870 Saint-Michel l'Observatoire - 04 92 70 64 00 - www.obs-hp.fr - juil.-août : merc., jeu. 13h-16h30; des vac. de Pâques à fin juin et de déb. sept. à déb. nov. : merc. 14h-16h - fermé j. fériés - 4,50 € (6-16 ans 2,50 €) billet à retirer au syndicat d'initiative - navette gratuite obligatoire au dép. du village (ttes les 30mn).

On décida de construire ici l'observatoire de Haute-Provence peu après la création du Centre national de la recherche scientifique par le ministre Jean Perrin, durant le Front populaire. Les travaux commencèrent en 1937 mais une guerre mondiale troubla quelque peu l'ordre des priorités et ce n'est qu'en 1958 que le grand télescope entra en service. Aujourd'hui, les observatoires importants sont implantés en haute altitude, dans l'hémisphère Sud (Chili) et dans l'océan Pacifique (Hawaï). Si la qualité des images de l'observatoire de Haute-Provence n'est pas excellente, le nombre de nuits utilisables pour la photométrie s'avère exceptionnel. Les trois télescopes en service ont été conçus pour utiliser au mieux les propriétés du site.

L'implantation de l'observatoire s'explique par la pureté de l'atmosphère du pays de Forcalquier. Quatorze coupoles abritent des instruments astronomiques parmi les plus grands d'Europe, des laboratoires, des ateliers et des logements accueillant des astronomes français et étrangers. Avec leur télescope d'1,93 m de diamètre et leur spectrographe très performant, ils ont découvert en 1995 la première planète extérieure au système solaire (un spectrographe analyse la lumière des astres, détermine leur composition chimique, leur température et leur vitesse radiale). Une équipe de géophysiciens étudie la haute atmosphère par sondages laser. D'autres chercheurs conçoivent les instruments du futur, notamment les télescopes géants.

Le **Centre d'astronomie de Saint-Michel**, au plateau du Moulin-à-Vent, propose des animations thématiques et veillées d'observation dirigées par des spécialistes. *04 92 76 69 09 - www.centre-astro.fr - juil.-sept. : « l'été astro » : découverte de la voûte céleste et conférences sur réserv. (calendrier sur demande) - observation du soleil oct.-mai : 1 merc./mois 14h ; en soirée : veillées découvertes et d'initiation à l'utilisation d'instruments 1 sam./mois 21h ou 21h30 - 9,75 € (6-16 ans 7,75 €) veillées ; 6,20 € (6-16 ans 4,50 €).*

Chapelle Saint-Jean-des-Fuzils

Un chemin à droite de l'entrée de l'observatoire mène à cet édifice du 11e s., modeste avec son toit de lauzes et son curieux décor de spirales.

LA RENAISSANCE DE LURS

Cette puissante place forte au Moyen Âge compta jusqu'à 3 000 habitants. Les évêques de Sisteron portaient même fièrement le titre de « princes de Lurs ». Ici, ils prirent leur quartier d'été, puis firent édifier un séminaire. Déserté par ses derniers habitants au début du 20e s., tombé en ruine, Lurs semblait voué à la disparition. C'est après la dernière guerre que le village fut redécouvert par un groupe de graphistes emmené par **Jean Giono** et **Maximilien Vox** (un des meilleurs typographes de France, auteur des lettres du frontispice du *Larousse du XXe siècle*). Depuis 1955, les **Rencontres internationales de Lure** (du nom de la montagne voisine) réunissent chaque été les professionnels de l'imprimerie.

★ Lurs D1

11 km à l'est de Forcalquier.

Office de tourisme intercommunal Pays de Forcalquier et montagne de Lure – *Pl. de la Fontaine - 04700 Lurs - de mi-avr. à mi-sept. : lun., mar., jeu., vend. et sam. 14h-17h.*

Vous pénétrez dans ce village perché, intelligemment restauré sans ostentation, par la **tour de l'Horloge** surmontée d'un campanile. On découvre d'abord l'**église** avec son clocher-arcade à trois baies, puis des ruelles fleuries de roses trémières, des maisons à encorbellement, des portes anciennes, les restes des remparts médiévaux. De l'église, une ruelle à gauche conduit à la chancellerie des compagnons de Lure, point de ralliement des graphistes, et au théâtre de plein air. Une ruelle à droite mène au **prieuré**, devenu le centre culturel, et au **château** des princes-évêques, qui a été en partie relevé de ses ruines. Après avoir contourné le château, la **promenade des évêques** bordée de 15 oratoires mène à la chapelle N.-D.-de-Vie. De là s'offre une vue panoramique : à l'est sur la vallée de la Durance, le plateau de Valensole et les Préalpes de Digne, à l'ouest sur la montagne de Lure et le bassin de Forcalquier.

Itinéraire conseillé Carte de microrégion

LE PAYS DE FORCALQUIER CD1-2

Pour visualiser ce circuit de 100 km au départ de Forcalquier, se reporter à la carte p. 382 – compter environ 4h.

Ce riche terroir contraste avec les sévères plateaux qui l'entourent et la montagne de Lure. Ses collines harmonieuses sont semées de villages perchés au charme indéniable, qu'on découvrira par l'est ou le sud, à cause de leur position à l'abri du vent dominant, le mistral.

Quitter Forcalquier en direction de Manosque et prendre à gauche la D 13.

★ Mane D1

Le village, qui se serre autour de sa citadelle médiévale, s'élève sur un piton et domine une plaine à laquelle il a donné son nom.

L'**église Saint-André** date du 16e s. Son portail florentin est décoré de palmes. À l'intérieur, bel autel en marbre polychrome. À gauche de l'église, empruntez la **Grande Rue** bordée de maisons Renaissance aux linteaux de porte sculptés. Arrivé à la fontaine, poursuivez sur la rue Haute et prenez à gauche le chemin de Palissat tout en escaliers. La **citadelle** *(ne se visite pas)* date du 12e s. Elle

frappe par ses deux enceintes qui forment des rampes superposées s'élevant en hélice. Vous pouvez en faire le tour. Belle **vue** sur les plateaux du Vaucluse, du Luberon, l'observatoire de Saint-Michel et vers la vallée de la Durance.
Poursuivre sur la 13.

Saint-Maime D1

Au-dessus du village, ruines et chapelle castrale gardent le souvenir du château des comtes de Provence où auraient grandi les quatre reines, filles de Raymond Bérenger V.

Dauphin D2

Dauphin a conservé une partie de ses fortifications du 14e s., ses ruelles médiévales et son donjon, couronné d'une statue de la Vierge et d'une balustrade d'où s'offre un vaste **panorama** sur la région.
Poursuivre sur la D 16 pour continuer sur la D 5 (traverser la D 4100).

★ Saint-Michel-l'Observatoire D1

Célèbre pour son observatoire dont les coupoles brillent sous le ciel le plus pur de France, Saint-Michel est aussi un agréable **village** étageant sur une colline ses fontaines et ses maisons anciennes aux belles portes.

L'**église haute** frappe par l'équilibre de ses volumes et sa pierre blanche lumineuse. De la terrasse, belle **vue** sur le pays de Forcalquier. L'**église basse**, construite par les comtes d'Anjou, est mentionnée comme église royale dès 1302. À l'intérieur, beau Christ en bois du 15e s.
Quitter Saint-Michel par le sud (D 105).

Chapelle Saint-Paul D2

Ce modeste oratoire présente des colonnes trapues à chapiteaux corinthiens, vestiges d'un prieuré du 12e s.
Poursuivre sur la D 105 puis prendre la D 205 à droite.

Lincel D2

Niché dans un repli de colline, ce village conserve une église et un château qui montre quelques vestiges du 16e s.
Traverser la D 4100, poursuivre par la D 105, puis tourner à droite dans la D 907 et à gauche vers Montfuron.

Montfuron D2

Un beau **moulin à vent** a été restauré. *Sur demande à la mairie - ✆ 04 92 76 41 65 - possibilité de visite guidée (15mn) - 1,50 € (-12 ans 0,50 €).*
Vue sur les montagnes de haute Provence et la Sainte-Victoire.
Reprendre la D 907 et poursuivre par la D 14.

LES COUSINS MÉCONNUS DES CÉLÈBRES BORIES

Les paysans des 18e et 19e s., obligés de dépierrer leurs champs, ont édifié ces curieux cabanons pointus qui leur servaient d'abris les jours de canicule, de remise ou de bergerie. En se promenant au nord et à l'Est de **Mane**, on découvrira une dizaine de cabanons de 3 à 7 m de haut émergeant de la végétation. Ils sont généralement ronds (parfois à base carrée), et leur **voûte** défie les lois de la pesanteur : chaque rangée de pierres sèches est légèrement décalée vers l'intérieur. Cet encorbellement progressif transmet le poids de la voûte vers le pied du mur porteur. À l'intérieur, fenêtre, cheminée ou placard, tout est en pierres sèches.

Toits de tuiles rondes d'Oppedette.
D. Pazery / MICHELIN

Reillanne C2

Pittoresque village dont les maisons montent à l'assaut d'une colline. Pour atteindre la chapelle Saint-Denis (18e s.) et le sommet, l'avenue Long-Barri contourne la colline et passe près du portail des Forges, seul vestige du château. **Panorama** sur le vieux village, la montagne Sainte-Victoire au sud et le Luberon à l'ouest.

Poursuivre sur la D 14 et faire un crochet par Vachères.

Vachères C1

C'est à un guerrier antique, découvert sur son territoire et conservé au musée Calvet à Avignon, que ce village perché sur un éperon doit sa célébrité.

Le **Musée communal** en possède une reproduction. Le passé préhistorique et archéologique de Vachères y ressurgit à travers des silex taillés, des haches, des fossiles, dont celui du bachyterium, une sorte de gazelle qui bondissait dans la région. *✆ 04 92 75 67 21 - juil.-août : 14h-18h ; reste de l'année : merc., dim. et j. fériés 14h-18h - possibilité de visite guidée sur demande 1 mois av. - fermé de mi-déc. à mi-fév. - 2,30 € (-7 ans 0,80 €).*

En sortant de Vachères vers Oppedette, un vaste point de vue (alt. 822 m) embrasse un panorama couvrant 7 départements (dont les Bouches-du-Rhône et les Alpes-Maritimes).

En face de la chapelle N.-D.-de-Bellevue, prendre vers Oppedette.

Oppedette C1

Une restauration discrète a su respecter la rusticité de maisons groupées en parfaite symbiose avec leur environnement. On en a une très belle **vue★** depuis le belvédère, près du cimetière. Ainsi, en arrivant de Vachères, ce magnifique village perché sur un socle rocheux paraît jaillir de la roche. Il domine le **canyon d'Oppedette**, étroite clue rocheuse longue de 2,5 km creusée par le Calavon, et dont les parois atteignent 120 m de haut.

★ **Gorges d'Oppedette** – Vous pourrez les parcourir en suivant une boucle de 7 km (compter 3h). Site d'exception de par la richesses de sa faune et sa flore, elles font l'objet d'une protection (respectez les consignes).

DES CHÂTEAU EN ESPAGNE

En 1719, Joseph-Palamède de Forbin-Janson, brigadier des armées du Roi, engage l'architecte avignonnais **Jean-Baptiste Franque** et lance les travaux de construction du château de Sauvan. Dès l'année suivante, une épidémie de peste les interrompt. Un élève de Franque, Rollin, prend la suite, mais la décoration intérieure reste inachevée, et, quand les travaux se terminent enfin en 1729, Joseph-Palamède est mort. Grâce à la réputation des seigneurs de Forbin, la Révolution épargne le château. Il connaît ensuite une longue période de semi-abandon jusqu'en 1981 : deux jeunes gens passant par là tombent amoureux de Sauvan et entreprennent de lui rendre son éclat d'antan : c'est aujourd'hui en grande partie chose faite. Après la remise en état de la bâtisse et le rachat du mobilier d'origine au fil de recherches tenaces, un projet de reconstitution du jardin à la française (sur 4 ha) est à l'étude.

Prendre la D 201 puis la D 155 qui ramènent sur la D 4100 en longeant le Calavon. Reprendre la direction de Forcalquier.

★ Château de Sauvan D1

✆ 04 92 75 05 64 - www.chateaudesauvan.com - visite guidée - juil.-août : tlj sf sam. 15h30 ; avr.-juin et 1er sept. -14 nov. : jeu., dim. et j. fériés 15h30 ; fév.-mars : dim. 15h30 - fermé 15 nov.-31 janv. (sf jeu. ou dim. entre 25 déc. et 1er janv.) - 6 € (enf. 3 €).

On ne sait plus où porter son admiration tant la restauration a pris soin du moindre détail. Le mobilier, datant des 17e, 18e et 19e s., fait ressortir la beauté des pièces (dont certaines ont retrouvé leurs papiers peints d'origine) : salon, chambres Louis XIII, Louis XV et de la marquise, salon de musique, salle à manger, oratoire… Des fenêtres nord ou de la terrasse qui fait face au piton de Mane et à Forcalquier, on rêvera devant un paysage évoquant la Toscane par sa lumière et sa végétation.

Poursuivre sur la D 4100.

Pont médiéval sur la Laye D1

Pont à becs dont l'arche la plus élevée est romane.

★★ Prieuré de Salagon D1

✆ 04 92 75 70 50 - www.musee-de-salagon.com - juin-août : 10h-19h30 ; mai et sept. : 10h-12h30, 14h-18h30 ; fév.-avr., oct. et déc. : 14h-17h ; reste de l'année : dim. 14h-17h - fermé janv., 1er janv., 25 déc. - 6 € (-12 ans gratuit).

Mentionné dès 1105, ce prieuré a été construit sur le site d'une ancienne exploitation agricole gallo-romaine. Il a été réhabilité à l'initiative de l'association Les Alpes de Lumière, connue pour ses publications, et dont l'action a été relayée par la commune et le département.

Vous visiterez l'**église★** (12e s.), dont la profonde rosace et le portail, qui rappelle celui de Ganagobie *(voir* Le Guide Vert Alpes du Sud*)*, s'inscrivent dans une façade nue offerte aux jeux de la lumière. Les ouvertures sont habillées de vitraux contemporains d'Aurélie Nemours. Le **logis prieural** a pris la place du monastère à la fin du 15e s. et a servi de ferme durant la Révolution. Vous remarquerez une curieuse fenêtre d'angle et la tour de l'escalier à vis. Il abrite le **Musée départemental ethnologique** qui présente deux expositions permanentes, l'une autour d'une forge sur les artisans du village, l'autre sur la lavande et les plantes aromatiques en Haute-Provence. Les bâtiments qui les accueillent se trouvent autour d'une belle **cour caladée**, dont la partie basse est classée. Des expositions temporaires variées sont également proposées, de nombreuses manifestations et activités (nocturne, concerts, stages de jardinage, visites) sont au programme toute l'année. Le musée propose en juillet-août, décembre et avril des ateliers destinés aux 6-12 ans.

Enfin, les nombreux **jardins à thèmes** s'organisent autour du prieuré : le jardin médiéval avec son potager d'avant l'Amérique, ses parterres médicinaux, ses fleurs de plaisir et ses herbes des sorts, le jardin de la noria où vous pourrez prendre un peu de repos, le jardin du chêne blanc, celui des Temps modernes, le jardin des simples et des plantes villageoises, et le jardin des senteurs. Plus de 2000 espèces et variétés de plantes sont ici présentées. Plantes aromatiques et rares sont en vente.

À SAVOIR

Exploitée dans les carrières proches de Porchères, la « pierre de Mane » a servi à l'édification de nombreux monuments de la région, dont le prieuré de Salagon et le château de Sauvan.

NOS ADRESSES À FORCALQUIER

HÉBERGEMENT

BUDGET MOYEN

Auberge Charembeau – *Rte de Niozelles - 04 92 70 91 70 - www.charembeau.com - ouvert 1er mars-15 nov. - P - 24 ch. 60/128 € - 9 €.* Ferme du 18e s. dans un charmant parc vallonné. Ce cadre avenant et la décoration provençale des vastes chambres vous plongeront dans un havre de quiétude.

Aux alentours de Forcalquier

Chambre d'hôte Jas des Nevières – *Rte de St-Pierre - 04300 Pierrerue - 04 92 75 24 99 - www.jasdesnevieres.com - fermé nov.-mars - P - - 70/80 € .* Cette ancienne bergerie située dans un hameau est un véritable havre de paix. Les chambres sont confortables et décorées avec goût et sobriété. Aux beaux jours, les petits-déjeuners sont servis sur la terrasse couverte équipée d'une cuisine à disposition des hôtes ou dans la jolie cour intérieure.

Chambre d'hôte le Relais d'Elle – *Rte de La Brillanne - 04300 Niozelles - 04 92 75 06 87 - www.relaisdelle.com - fermé 7 janv.-7 fév. - P - - 5 ch. 60/65 € .* Au pied de la montagne de Lure, entre La Brillanne et Forcalquier, cette grande ferme-relais du début 19e s. a été joliment restaurée. Il règne ici une atmosphère chaleureuse, conviviale et familiale. La maîtresse de maison, n'a rien laissé au hasard : salons douillets avec cheminée, chambres spacieuses, confortables, décorées à la provençale et offrant une vue sur les collines ou sur le parc boisé, petits-déjeuners et repas à base de spécialités du terroir servis, selon les saisons, sur la grande terrasse, à l'auberge ou dans la petite cuisine. Agréable piscine paysagée.

Hôtel du Mas du Pont Roman – *Chemin Châteauneuf (rte Apt) - 04300 Mane - 04 92 75 49 46 - www.pontroman.com - P - 9 ch. 80 € - 8 €.* Mas traditionnel situé en retrait de la N 100, à proximité d'un vieux pont roman. Coquet salon et chambres calmes, garnies de meubles provençaux. Le plus :

deux piscines (l'une balnéo et à contre-courant).

Hôtel Le Séminaire – *04700 Lurs - ✆ 04 92 79 94 19 - www.hotel-leseminaire.com - 🏊 P - 16 ch. 88 € - ☕ 12 € - rest. 16/35 €.* Récemment repris par un jeune couple, ce trois étoiles a revu ses tarifs à la baisse. Bordé par un jardin qui domine la vallée de la Durance, l'ancien séminaire abrite toujours des chambres fonctionnelles. Cuisine régionale servie dans une agréable salle voûtée ou sur la jolie terrasse ombragée. Piscine et espace de remise en forme.

RESTAURATION

BUDGET MOYEN

L'Aïgo Blanco – *5 pl. Vieille - ✆ 04 92 75 27 23 - fermé janv. et lun. soir (hors vac. scol.) - formule déj. 17 € - 24 €.* Restaurant situé au cœur de la vieille ville, derrière l'église Notre-Dame. Salle à manger de style provençal et terrasse dressée sur une placette aux beaux jours. Copieuse cuisine régionale complétée en hiver d'une carte de spécialités savoyardes. Service simple et sympathique.

La Tourette – *20 bd Latourette - ✆ 04 92 75 14 00 - latourette04@free.fr - fermé 1er-15 nov. - formule déj. 12 € - 18/25 €.* L'accueil souriant, le décor aux couleurs du Midi, les petits plats traditionnels et provençaux vous donneront envie de revenir dans ce restaurant du centre-ville. La terrasse dressée sous un marronnier est très appréciable aux beaux jours.

ACHATS

Bon à savoir – Le pays de Forcalquier est labellisé « Site remarquable du goût » *(voir p. 13).*

Le Marché – Le lundi matin, ce célèbre marché attire autant les habitants du pays que les nombreux touristes au cœur de la ville. Outre les produits régionaux traditionnels, vous y trouverez le banon, fromage de chèvres artisanal enveloppé dans des feuilles de châtaignier. L'été, il est conseillé d'arriver très tôt pour éviter la foule.

Marchés paysans – À Forcalquier (jeu. apr.-midi), Pierrerue (sam. matin). Créés en 1982 à l'initiative du Parc naturel régional du Luberon, ces marchés rassemblent des agriculteurs venus vendre directement leurs productions.

La Fontaine sucrée – *Pl. St-Michel - ✆ 04 92 75 02 50 - 8h-12h30, 15h30-19h30, dim. 8h-12h30, 16h-19h30, mar. 8h-12h30 - fermé merc. (sf juil.-août), fév. et oct.* Cette pâtisserie confiserie compte parmi ses spécialités la Pierre du Luberon.

Distilleries et Domaines de Provence – *9 av. St-Promasse - ✆ 04 92 75 15 41 - www.distilleries-provence.com - juil.-août : tlj sf dim. 9h-19h ; reste de l'année : lun., merc.-sam. 10h-12h30, 14h-19h - fermé janv.-mars.* Un alambic centenaire agrémente le beau cadre rustique de cette distillerie fondée en 1898, où le savoir-faire traditionnel est plus que jamais d'actualité… L'endroit rêvé pour découvrir les fameux alcools provençaux tels que le pastis Henri Barouin, l'apéritif Rinquinquin, la Farigoule ou l'Absente, liqueur à base d'absinthe.

Charcuterie La Brindille-Melchio – *Pl. de la République - ✆ 04 92 73 23 05 - www.charcuterie-melchio.fr - juil.-août : 7h30-19h ; avr.-juin et sept. : 7h30-12h30, 14h30-19h ; reste de l'année : 8h-12h30, 14h30-18h30 - fermé 1er janv., 25 déc.* Cette minuscule devanture ouvre sur un antre incontesté de la saucisse et du saucisson. Aux noix, à la sarriette, au piment, au chèvre, à l'ancienne : il y en a pour tous les goûts. Les autres charcuteries plaisent aussi, tout comme les fromages : on trouve ici le savoureux banon, de la tomme et du brebis.

Aux alentours de Forcalquier

Maison des Produits de pays de Haute-Provence – *Rte de Salagon - 04300 Mane - ✆ 04 92 75 37 60 - lun.-vend. : 10h-18h ; sam.-dim. : 10h-19h.* De Manosque à la vallée du Jabron, 40 producteurs ont réuni leur savoir-faire et leurs spécialités au sein de cette maison dédiée aux produits gourmands et à l'artisanat d'art. Poteries, vins, charcuterie, huiles essentielles, etc. : une belle sélection pour un shopping tout ce qu'il y a de plus local.

ACTIVITÉS

Randonnées – Il existe de très nombreux circuits de randonnées autour de Forcalquier et dans la montagne de Lure. Pas moins de quatre sentiers GR traversent ce pays : GR4, GR6, GR97 et le GR de Saint-Jacques de Compostelle.

Cyclotourisme – « Le pays de Forcalquier et la montagne de Lure à vélo » est un itinéraire de 78 km fléché dans les deux sens. Dépliant disponible à l'office de tourisme. De Forcalquier, vous pouvez également suivre le circuit qui fait le tour du Luberon *(voir Manosque)*.

Vélo Loisir en Luberon – *13 bd des Martyrs - 04300 Forcalquier - ✆ 04 92 79 05 82 - www.veloloisirluberon.com.* Ce groupement de professionnels propose des services afin de faciliter les séjours à vélo en Luberon. Un guide gratuit édité chaque année recense tous les affiliés à la démarche (hébergements, loueurs, taxis, restaurants, sites culturels, caves, accompagnateurs…) et détaille différents itinéraires.

Vols en montgolfière – *France Montgolfières - ✆ 0 810 600 153 - www.france-montgolfiere.com - de mars à nov. décollages tlj selon les conditions météorologiques - 398 €/couple, 155 € enf. 6-12 ans.*

AGENDA

Bon à savoir – Pour connaître l'actualité culturelle et les animations proposées dans le pays de Forcalquier, demandez à l'office de tourisme l'agenda mensuel *Le Petit Colporteur*.

Notes

Notes

Notes

Notes

Notes

Notes

Notes

Notes

INDEX GÉNÉRAL

Avignon : villes, curiosités et régions touristiques.
Cézanne, Paul : noms historiques ou termes faisant l'objet d'une explication.
Les sites isolés sont répertoriés à leur propre nom.
Nous indiquons par son numéro, entre parenthèses, le département auquel appartient chaque ville ou site. Pour rappel :
04 : Alpes-de-haute-Provence
13 : Bouches-du-Rhône
30 : Gard
84 : Vaucluse
83 : Var

A

B

N

T

U

V

Y

Z

CARTES ET PLANS

CHANGEMENT DE NUMÉRATION ROUTIÈRE !

Sur de nombreux tronçons, les routes nationales passent sous la direction des départements. Leur numérotation est en cours de modification.
La mise en place sur le terrain a commencé en 2006 mais devrait se poursuivre sur plusieurs années. De plus, certaines routes n'ont pas encore définitivement trouvé leur statut au moment où nous bouclons la rédaction de ce guide.

LÉGENDE DES CARTES ET PLANS

Curiosités et repères

- Itinéraire décrit, départ de la visite
- Église
- Mosquée
- Synagogue
- Monastère - Phare
- Fontaine
- Point de vue
- Château - Ruine ou site archéologique
- Barrage - Grotte
- Monument mégalithique
- Tour génoise - Moulin
- Temple - Vestiges gréco - romains
- Temple : bouddhique - hindou
- Autre lieu d'intérêt, sommet
- Distillerie
- Palais, villa, habitation
- Cimetière : chrétien - musulman - israélite
- Oliveraie - Orangeraie
- Mangrove
- Auberge de jeunesse
- Gravure rupestre
- Pierre runique
- Église en bois
- Église en bois debout
- Parc ou réserve national
- Bastide

Sports et loisirs

- Piscine : de plein air - couverte
- Plage - Stade
- Port de plaisance - Voile
- Plongée - Surf
- Refuge - Promenade à pied
- Randonnée équestre
- Golf - Base de loisirs
- Parc d'attractions
- Parc animalier, zoo
- Parc floral, arboretum
- Parc ornithologique, réserve d'oiseaux
- Planche à voile, kitesurf
- Pêche en mer ou sportive
- Canyoning, rafting
- Aire de camping - Auberge
- Arènes
- Base de loisirs, base nautique ou canoë-kayak
- Canoë-kayak
- Promenade en bateau

Informations pratiques

- Information touristique
- Parking - Parking - relais
- Gare : ferroviaire - routière
- Voie ferrée
- Ligne de tramway
- Départ de fiacre
- Métro - RER
- Station de métro (Calgary, ...) (Montréal)
- Téléphérique, télécabine
- Funiculaire, voie à crémaillère
- Chemin de fer touristique
- Transport de voitures et passagers
- Transport de passagers
- File d'attente
- Observatoire
- Station service - Magasin
- Poste - Téléphone
- Internet
- H Hôtel de ville - Banque, bureau de change
- J Palais de justice - Police
- Gendarmerie
- T Théâtre - Université - Musée
- Musée de plein air
- Hôpital
- Marché couvert
- Aéroport
- Parador, Pousada (Établissement hôtelier géré par l'État)
- A Chambre d'agriculture
- D Conseil provincial
- G Gouvernement du district, Délégation du Gouvernement Police cantonale
- L Gouvernement provincial (Landhaus)
- Chef lieu de province
- Station thermale
- Source thermale

Axes routiers, voirie

- Autoroute ou assimilée
- Échangeur : complet - partiel
- Route
- Rue piétonne
- Escalier - Sentier, piste

Topographie, limites

- Volcan actif - Récif corallien
- Marais - Désert
- Frontière - Parc naturel

Comprendre les symboles utilisés dans le guide

LES ÉTOILES

★★★ **Vaut le voyage** ★★ **Mérite un détour** ★ **Intéressant**

HÔTELS ET RESTAURANTS

9 ch.	Nombre de chambres
7,5 €	Prix du petit-déjeuner en sus
50 €	Prix de la chambre double, petit-déjeuner compris
bc	Menu boisson comprise
	Air conditionné dans les chambres
	Restaurant dans l'hôtel
	Établissement servant de l'alcool
	Piscine
CC	Paiement par cartes de crédit
	Carte de crédit non acceptée
P	Parking réservé à la clientèle

SYMBOLES DANS LE TEXTE

	A faire en famille
	Pour aller au-delà
	Promenade à pied
	Randonnée à vélo
	Facilité d'accès pour les handicapés
A2 B	Repère sur le plan

Manufacture française des pneumatiques Michelin
Société en commandite par actions au capital de 304 000 000 EUR
Place des Carmes-Déchaux - 63000 Clermont-Ferrand (France)
R.C.S. Clermont-Fd B 855 200 507

Dépôt légal : 11 2009 – ISSN 0293-9436
Compograveur : Michelin, Paris
Imprimeur : Canale, Borgaro Torinese (Italie)
Imprimé en Italie : 11 2009

Dans la collection Le Guide Vert

Nos guides sur l'étranger

- Allemagne
- Andalousie
- Angleterre Pays de Galles
- Autriche
- Barcelone et la Catalogne
- Belgique Luxembourg
- Bulgarie
- Canada
- Chine [N]
- Chypre [N]
- Croatie
- Écosse
- Égypte
- Espagne Atlantique
- Espagne du Centre Madrid Castille
- Espagne Méditerranéenne Baléares
- Grèce
- Irlande
- Italie du Nord
- Italie du Sud Rome Sardaigne
- Japon
- Londres
- Maroc
- Mexique [N]
- Moscou St-Pétersbourg
- Nouvelle Angleterre [N]
- Pays Baltes
- Pays Bas
- Pologne
- Portugal
- Québec
- Rome
- Roumanie
- Sardaigne [N]
- Scandinavie
- Sicile
- Sud-Ouest américain [N]
- Suisse
- Thaïlande [N]
- Toscane Ombrie Marches

Nos guides week-end en France et à l'étranger

- Week-end Amsterdam
- Week-end Barcelone [N]
- Week-end Berlin
- Week-end Bordeaux [N]
- Week-end Bruxelles
- Week-end Budapest
- Week-end Cracovie
- Week-end Edimbourg [N]
- Week-end Florence
- Week-end Istanbul
- Week-end Lisbonne
- Week-end Londres
- Week-end Lyon [N]
- Week-end Marrakech Essaouira[N]
- Week-end Marseille [N]
- Week-end Montpellier [N]
- Week-end Nantes [N]
- Week-end New York
- Week-end Prague
- Week-end Rome [N]
- Week-end Stockholm [N]
- Week-end Tunis [N]
- Week-end Venise
- Week-end Vienne [N]

Nos guides sur la France

- Alpes du Nord
- Alpes du Sud
- Alsace Lorraine
- Aquitaine
- Auvergne
- Bourgogne
- Bretagne
- Champagne Ardenne
- Charente-Maritime
- Châteaux de la Loire
- Corse
- Côte d'Azur
- Essonne
- France
- France Sauvage
- Franche-Comté Jura
- Haut-Rhin
- Idées de promenades à Paris
- Idées de week-ends aux environs de Paris
- Idées de week-ends en Provence
- Île-de-France
- Languedoc Roussillon
- Limousin Berry
- Loire
- Loiret
- Lyon Drôme Ardèche
- Meuse
- Midi Toulousain
- Moselle
- Nord Pas-de-Calais Picardie
- Normandie Cotentin
- Normandie Vallée de la Seine
- Paris
- Paris enfants
- Pays Basque France Espagne et Nav
- Périgord Quercy
- Poitou Charentes Vendée
- Provence
- Puy-de-Dôme
- Tarn [N]
- Touraine côté Sud
- A75 La Méridienne
- 31 sites français au patrimoine de l'Unesco [N]

[N] : Nouveau